KB201511

환경경제학

이 도서의 국립중앙도서관 출판예정도서목록(CIP)은 서지정보유통지원시스템 홈페이지(http://seoji.nl.go.kr)와 국가자료공동목록시스템(http://www.nl.go.kr/kolisnet)에서 이용하실 수 있습니다.
CIP제어번호 : CIP2016004371(양장), CIP2016004436(반양장)

환경경제학

미야모토 겐이치 지음 이재은 · 김순식 옮김

한울
아카데미

차례

옮긴이의 글

오늘날 세계경제는 다면적인 위기에 봉착해 있다. 2008년 금융자본 중심의 탐욕적 이윤추구가 파탄하며 세계경제가 침체의 늪에 빠졌고, 모든 국가들이 양적·물적 성장을 회복하고자 쉴 새 없이 돈을 찍어내고 있으나 인플레이션이 아니라 심각한 디플레이션을 우려하는 현상이 지속되고 있다. 새로운 사회경제적 패러다임이 요구되고 있음에도, 더 큰 부를 축적하려는 자본의 탐욕이 상승작용을 하며 우리 삶은 점점 더 열악해지고 있다.

게다가 인간의 탐욕은 폐쇄된 공간 지구환경을 파괴하고 환경파괴는 삶의 조건을 파괴하며 인간사회의 유지 가능성을 위협하고 있다. 지구온난화로 상징되는 기후변화는 사회경제구조 자체의 변화를 강제하고, 극지방의 만년설이 녹으면서 해수면이 올라가자 태평양의 아름다운 섬나라들이 사라질 위기에 있으며, 엘니뇨 현상과 라니냐 현상의 주기적 발생은 지구시민의 삶의 기초조건을 위협하고 있다. 그럼에도 기후변화를 막으려는 노력은 세계환경회의의 결과가 보여주듯이 각국의 이해관계가 충돌하며 실질적 해법을 도출하지 못하고 있다.

산업혁명을 바탕으로 물질적 풍요를 구가하던 20세기형 성장 패러다임은

21세기로 들어오며 더는 유효하지 않다는 공감대가 형성되고 있다. 우리는 지구공동체의 유지 가능성을 위해 인간의 삶을 자연의 순환체계의 일부로 설정하고 사회경제적 순환체계의 전환을 모색해야 하는 과제를 안고 있다.

이 책은 환경문제와 지역문제 연구에 평생을 바친 미야모토 겐이치 교수의 필생의 연구결과가 집약된 명저의 하나로, 1989년에 출판된『환경경제학(環境経済学)』을 전면적으로 개정한 신판이다. 미야모토 선생은 1962년 일본의 《세카이(世界)》라는 잡지에「소리 없이 다가오는 공해(しのびよる公害)」라는 글을 게재하면서 환경문제의 이론적 실증적 연구에 심혈을 기울여왔으며, 인간사회의 공동사회적 조건에 대한 정치경제학이론을 구축해왔다.

소위 현대 경제학의 주류이론은 사회자본, 도시, 국가, 환경 등 인간사회가 원활하게 순환하기 위한 공동사회적 조건을 외부성(externality)이라는 개념을 통해 경제분석의 이론틀 외부에 방치해왔다. 지은이는 이러한 공동사회적 조건들을 정치경제학의 이론 틀 안에 설정하는 연구를 평생 동안 진행해왔다. 지은이 스스로 이 책은 그 연구의 최종편이라고 적고 있다.

현대 경제학은 오늘날 우리가 사는 이 시대의 폐색(閉塞) 상태에 대해 제대로 설명하지도, 해결책을 제시하지도 못하고 있다. 그것은 근대 경제학만이 아니라 마르크스 경제학도 마찬가지이다. 두 경제학 이론 모두 자본주의시장경제를 상품경제로 파악하고 자본의 운동을 해명하는 데 집중해왔다. 그러나 인간의 경제적 삶은 상품에 의해서만 영위되는 것이 아니라 생산과 생활의 공동기반인 사회자본을 필요로 하며, 특히 상품의 생산과 소비가 집적되는 도시에서의 다양한 조건들, 국가의 존재, 그리고 오늘날 가장 중요한 과제인 지구환경 등을 바탕으로 한다. 이러한 것은 모두 인간이 더불어 살아가는 공동체를 형성·유지·관리해가는 데 필수적인 기초조건들이다. 지은이는 이것을 '그릇[容器]'이라고 정의하면서, 이 사회적 공동조건으로서의 그릇이 자본주의 상품생산경제의 내용을 결정하고 또 그것이 다시 그릇의 변화를 강제하는 과정에 주목한다. 자본주의경제의 발전 속에서 이러한 '그릇'도 변모해왔고, 따라서 공동사회적 조건들은 그 자체가 역사적 산물이다.

우리가 살아가는 사회는 이윤추구를 위한 치열한 경쟁이 펼쳐지는 승자독식의 경제체제로만 구성되어 있는 것이 아니다. 경쟁의 승자이든 패자이든 모든 사람들이 똑같은 사람으로서 사람답게 살아가는 공동체, 즉 사회체제도 존재한다. 지은이는 이를 '**그릇**[容器]**의 경제학**'이라고 규정하면서도 유형적(hard)인 것만이 아니라 무형적(soft)인 것을 포괄하는 것으로 설명한다. 예컨대 도시문제를 다룰 때 도시의 시설만이 아니라 시민사회의 조직(자치단체 등)도 동시에 다루어야 한다. 인간이 살아가는 장(場)인 도시라는 그릇은 이윤추구를 위한 경제활동과 행복추구를 위한 사회생활이 조화를 이루어야 유지 가능하다. 그런데 이러한 그릇의 성격을 거스르는 경제활동의 산물이 공해와 같은 도시문제로 나타난다. 지은이는 환경문제를 인류 공동생활의 장인 지구라는 그릇과 그 그릇의 한계를 넘어서 이윤을 추구하려는 경제활동의 모순의 발현형태로 파악한다.

지은이의 환경경제이론은 여타 환경경제학 이론과 확연히 구분되는 요소가 있다. 근대 경제학은 환경문제를 단순히 '시장의 결함 또는 실패(market failure)'로 규정하면서도 결국은 시장가격기구의 의제적 장치를 통해 해결하려고 한다. 규제적 조세를 부과하거나 장려적 보조금을 지급해서 가격을 조정하고 이를 통해 오염활동을 줄일 수 있다고 본다. 심지어 환경오염권(배출권)을 설정하고 이것의 시장거래를 통해 해결하려고 한다. 그러나 이러한 수단들은 환경파괴·오염·공해 등을 근본적으로 해결하지 못한다.

한편 마르크스 경제학은 환경파괴를 이윤추구라는 자본주의 상품경제의 산물로 설명해왔다. 이윤증식에 도움이 되지 않는 자본투하를 절약하는 자본의 행동이 환경파괴를 가속시켜온 것은 사실이지만, 그렇다고 해도 사회주의체제에서 환경파괴나 공해가 발생하지 않는 것도 아니다. 환경오염이나 공해는 체제적 요소와 소재적 요소가 중첩되어 나타난다. 광범위한 환경문제를 단순히 자본주의 시장경제라는 체제 문제로 귀결시킬 수는 없다. 동유럽 사회주의권이 붕괴하고 냉전이 종결된 이후 지구환경 문제는 체제를 넘어 인류 공통의 과제로 등장했다.

지은이 미야모토 겐이치 선생은 평생 연구의 결정체인『환경경제학』을 집필하기 이전에 공동사회적 조건에 관한 정치경제학의 체계화를 위해『사회자본론』,『도시경제론』,『현대자본주의와 국가』등 훌륭한 저작을 발표했다.『환경경제학』초판이 출간된 이후 세계의 곳곳에서 크고 작은 환경문제들이 끊임없이 발생했고, 1992년 리우에서 개최된 국제환경개발회의와 그 이후 지속되어온 지구 차원의 환경대책으로서 '유지 가능한 발전'을 구체화하려는 노력이 전개되어왔다. 이 책은 초판 간행 후 20년이 지나면서 그동안 변모한 세계적 상황을 참작하며 다시 새롭게 정리했다. 그 후 일본에서 끔찍한 후쿠시마 원전사고가 발생했다. 지은이는 2014년에『전후 일본 공해사론(戰後日本公害史論)』을 집필하여 후쿠시마 원전사고에 이르기까지 전후 일본의 공해문제를 집약 정리하면서 공해문제의 역사적 교훈을 전하고 있다.

이러한 환경이론은 '소재로부터 중간시스템 그리고 체제로'라는 방법론을 견지한다. 지은이는 '시장의 결함'을 비판하면서 '정부의 결함'을 지적한다. 즉 환경문제는 이 두 측면에 대한 파악이 전제되어야 하지만 지은이가 책에서 강조하고 상세히 설명하는 것이 '중간시스템'이다. 특히 오늘날 환경문제가 전형적인 환경오염문제만이 아니라 석면재해에서 보듯이 복합형 축적성(stock) 공해라든지 경관을 중시하는 어메니티 문제 또는 국제적 환경문제로까지 확대되고 있다. 지은이는 최근 환경정책의 주체와 수단의 변화를 치밀하게 분석하며 비판하고 있다. 정부의 역할 대신 경제주체의 자기책임을 강조하거나 직접규제 대신 오염물(bads)에 소유권을 부여하는 배출권거래제도 등 경제적 수단으로 전환하는 경향을 보면서, 지은이는 이러한 경향들이 결국 환경오염의 항상화(恒常化)를 통해 인간공동사회의 불가역적 파괴를 초래할 수 있다고 경고한다.

지은이는 환경경제학을 단순한 환경문제를 다루는 경제학이 아니라 '유지 가능한 사회'를 만들어가는 정치경제학으로 확장시키고 있다. '유지 가능한 사회'는 환경보전만이 아니라 평화, 절대적 빈곤의 극복, 국제적·국내적 민주주의, 사상표현의 자유, 다양한 문화의 공생 등이 실현되는 사회라고 규정한다.

지은이는 현재와 같은 자본주의 시장경제로는 '유지 가능한 사회'의 실현은 불가능하다고 보는 듯하다. 사회주의국가들마저 시장의 세계화를 뒤쫓아 물적 성장을 확대해가는 오늘의 현상을 볼 때 지구환경 문제는 파멸의 길로 가고 있다고 우려한다. 오늘날, 지구환경 문제의 근원은 발전도상국이 아니라 300년 이상 된 선진자본주의국가에 의한 축적성(stock) 공해가 그 핵심이다. 그런데 이들 체제를 유지하려는 신자유주의적 개혁이 30여 년간 지속되면서 오히려 환경문제나 빈부 양극화, 불균등발전이 더욱 심화되고 있음에도 이를 방치하고 '유지 가능한 사회'가 실현될 수 있을까라는 근본적 물음을 던진다.

옮긴이가 이 책에서 가장 중시하는 것은, 85세의 노학자인 지은이가 던지는 짧은 경구 내지 권고이다. 우리에게 이성과 용기가 있다면 다음 30년 동안 무언가 바꾸어야 한다. '유지 가능한 사회'가 실현 불가능한 이상향처럼 들리겠지만 그것을 향해 나아가는 것만이 환경문제를 해결할 수 있다. 그것은 자국이기주의에서 벗어나지 못하는 국제회의에 맡겨서는 해결되지 않으며, **주민자치를 통해 지금 우리의 발밑에서부터 '유지 가능한 사회'를 창조하려고 노력해야 한다**는 것이다. 이는 옮긴이가 오랜 기간 밑으로부터의 자치분권운동을 전개해오면서 스스로에게 다짐하는 경구이기도 하다. "발밑에서부터!"

함께 번역에 참여한 김순식 박사는 리츠메이칸(立命館) 대학에서 지은이 미야모토 겐이치의 지도하에 박사학위를 취득했다. 옮긴이는 1970년대 초대학원에서 재정학을 전공하며 지은이의 저서를 처음 접한 이후 위에 열거한 많은 저서를 읽으면서, 근대 경제학과 마르크스 경제학의 틀을 넘어 도시·지역·환경·국가재정 문제 등을 분석하는 정치경제학을 공부해왔다. 이후 도쿄 대학 경제학부에서 연구년을 보낼 때 한국재정학회장으로서 일본재정학회 정기학술대회에서 학술발표를 하면서 지은이를 처음 뵈었다. 그 후 한국지방재정학회장으로서 역시 일본지방재정학회와 교류를 정례화하면서 당시 일본지방재정학회의 이사장을 맡고 있던 지은이와 정기적으로 교류의 기회를 가졌고 큰 가르침을 받았다.

이 책은 지은이가 옮긴이에게 책을 손수 건네주면서 직접 한국어판 출간을 요청하셨기에 기꺼운 마음으로 번역을 맡았다. 선생의 제자인 김 박사의 희망에 따라 공역을 하기로 했으나, 대학에서 여러 보직을 수행하게 되면서 차일피일 미루다 이제야 완성을 보게 되었다. 미야모토 선생께는 송구스럽기 그지없다. 늦었지만 한국의 경제학도들에게 환경경제학의 독보적인 저작을 소개할 수 있게 된 것은 옮긴이들의 기쁨이다.

남북분단과 이데올로기적 경직성이 심각한 한국사회에서, 신고전파류 경제학의 한계를 비판하는 동시에 마르크스 경제학의 한계도 지적하며 정치경제학으로 환경문제를 다루는 이 책의 열린 방법론은 한국의 독자들에게도 많은 가르침을 줄 것으로 기대한다.

번역은 서로 다른 언어의 소통이므로 그 과정에서 잘못 이해하는 오류가 있을 수 있다. 이 번역에 있을 수 있는 오류는 온전히 옮긴이의 책임이다. 끝으로 번역서의 출간을 맡아준 도서출판 한울 관계자분들께 감사드리며, 편집교정에 수고를 아끼지 않은 조수임 님에게 고마움을 전한다.

2016년 2월 광교호수공원을 바라보며

이 재 은

한국어판 서문

1989년에 출판된 이 책의 초판은 일본 최초의 환경경제학 연구서였다. 그래서 일본만이 아니라 한국, 대만, 중국에서도 번역되어 교과서로 사용되었다. 한국에서는 1994년에 번역되어 서울, 광주, 부산에서 출판기념회가 열렸다. 한국에서는 경제가 급성장하는 과정에서 공해·환경 문제가 확산되었기 때문에 이 책을 통해 일본의 연구나 경험을 참고로 하여 연구나 대책이 추진되었다는 것은 필자에게도 영광이고, 이로 인해 많은 연구자와 교류할 수 있었던 것은 대단히 의의 깊은 일이었다.

초판 이후 약 20년간은 소련의 붕괴로 냉전이 끝나고 경제의 세계화와 함께 지구환경 문제가 국제정치의 중심과제가 되었다. 1992년 유엔환경개발회의에서는 유지 가능한 발전(sustainable development: SD로 약칭)이 이후 인류의 공통과제로 되었고, 온난화 방지나 생물다양성 보전을 위한 국제행동이 시작되었다. 1997년 온난화 가스의 구체적인 삭감을 위한 교토 의정서가 열려 EU와 일본은 구체적인 삭감목표를 결정하고, 한국 등 협정에 가입하지 않았던 나라도 구체적인 삭감책을 채택하게 되었다. COP21의 파리 회의에서는 미국이나 발전도상국을 포함시킨 국제협정이 비로소 체결되었다. 지구환경정책은 각국의 이해 때문에 벌칙을 포함한 강제적인 협정은 불가능했지만, 모든 나라가 5년마다 에너지정책을 공개하고 세기말까지 온도 상승을 1.5℃까지 억제할 것을 결정한 것은 커다란 진전으로서 이제까지의 경제학에 근본적인 혁신을 압박하는 것이었다. 또한 금세기에 들어와서부터 급격한 발전을 거듭하는 BRICs, 특히 중국은 세계의 공장이 되고 최대의 세계시장이 되었지만, 심각한 공해문제가 발생하고 있다. 그것은 고도성장기 일본의 공해문제보다 더 심각한 것이다. 게다가 중국이나 BRICs, 나아가 다른 아시아국가가 유럽·미국·일본·한국과 같은 근대화의 길을 걸으면 지구환경과 자원은 한계에 달할 것이다. 아시아에서는 일본의 고도성장과 공해문제의 경험이 참고가 되어, 어떤 사회경제체제를 만들 것인가를 묻고 있다. 동시에 이제까지의 자본주의적 근대화 노선과는 다르고, 또한 소련형의 사회주의와도 다른 아시아의 길을 창조하지 않으면 안 될 것이다.

이러한 환경문제의 변화 때문에 이 책은 18년 만에 새로운 과제를 넣어서 대폭 개정했다. 전체의 구성은 환경, 환경문제, 환경정책이라는 3단계 개념의 사회과학적 정의를 서술하고, 그것들이 시장경제의 발전과 함께 어떻게 변모하는가를 서술했다. 그리고 이제까지의 GDP(GNP)의 성장을 제일로 생각해온 경제학의 혁신을 제안했다. 구성이나 기본적인 생각은 계승되고 있지만 세계사적인 변화가 진행되고 있기 때문에 내용은 크게 보수했으며, 문자 그대로 신판이다. 이론적으로는 이미 초판에서도 환경문제는 신자유주의가 초래하는 '시장의 결함'과 중앙집권형 사회주의를 전형으로 하는 '정부의 결함'이 상승해서 발생한다는 것은 서술했지만, 이 책에서는 더 자세하게 설명했다. 그리고 나의 독자적인 이론인 소재와 체제를 연결하는 중간 시스템론(환경을 규정하는 사회경제정치시스템론)을 구체적으로 설명하였다. 환경, 환경문제에서는 그 후 세계적으로 진행되어온 축적성(stock) 공해(석면재해, 산업폐기물공해), 자연환경·도시재생 등의 어메니티 문제, 공해수출 같은 국제적 환경문제, 그리고 지구환경문제를 경제학적으로 설명하였다.

지구환경문제는 온난화가스 문제만이 아니다. 금세기 중반에는 식료, 물, 삼림 등의 고갈이 온난화에 의한 영향보다도 더 빨리 인류를 위기로 빠뜨릴 지도 모른다. 지구환경위기의 사회적 영향은 공해와 똑같이 빈곤한 사회적 약자를 피해자로 만들고, 그 피해는 경제적으로 보상할 수 없는 불가역적 손실을 초래하며, 예방을 서두르지 않으면 안 된다는 것을 설명하였다.

이번 개정에서 가장 분량이 많아진 것은 환경정책이다. 환경문제가 공해로부터 지구환경문제까지 크게 넓어졌기 때문에 환경정책의 목적, 방법, 주체에 커다란 변화가 생겼다. 미나마타병처럼 개별적 인과관계가 밝혀진 경우는 PPP(오염자부담원칙)도 좋지만, 3000종류의 상품에 사용되고 게다가 15~50년에 걸쳐 영향이 나타나는 석면재해의 경우에는 기업 전체의 연대책임이나 규제권한을 갖는 정부의 책임을 물어야 한다. 생산자확대책임이 새로운 PPP로서 이론화되어야 한다. 지구환경 정책으로 가면 공해문제 이상으로 예방원칙이 중시된다. 이러한 문제들이 보충되었다.

신자유주의의 영향도 있어서 환경정책은 행정이나 사법에 의한 직접규제보다는 경제적 수단이 중시되어왔다. 특히 에너지의 고정가격제도 등의 보조정책, 환경세에 의한 녹색(green) 재정정책이나 허용량을 할당하는 배출권거래 등이 중시되었다. 그러나 이러한 정책들은 행정이나 사법의 규제가 있어야 유효한 것이다. 환경세도 배출권거래도 시장에서 자동적으로 채용된 것이 아니라 모두 정치적인 결정이 필요한 것이다. 나는 직접규제와 경제적 수단이 종합된 정책혼합(policy mix)이 경험적으로도 유효하다고 생각하고 있다. 배출권거래에 대해서는 goods가 아니라 bads를 상품으로서 거래하는 것이기 때문에 바람직한 거래가 아니다. 또한 환경세에 비해 정치적 점검이 유효하지 않기 때문에 항구적 제도가 아니라 한정적 제도로서 평가했다.

마지막 장에서는 현대의 대량생산·유통·소비·폐기의 사회를 바꾸어 인

류의 목표인 유지 가능한 사회(Sustainable Society: SS로 약칭)를 제시했다. SS
의 실현에 최대의 문제는 정치가, 기업가, 나아가 많은 경제학자가 GDP 성
장주의자라는 것이다. 그것이 어떻게 비현실적인가는 경제의 세계화에 의한
각국의 GDP 성장경쟁이 지구환경의 위기나 자원의 고갈을 야기하고 있다는
것에서 밝혀지고 있다. 여기에서는 GDP 성장주의를 바꾸자고 제창한 SD 또
는 SS의 경제학은 어떠해야 하는가를 밀(J. S. Mill)에서부터 센(A. K. Sen)이나
쓰루 시게토(都留重人)에 이르기까지 사상의 흐름을 소개하고, 나의 제언을
제시했다. 그리고 세계국가가 없고, WEO(세계환경기구)와 같은 국제규제기
관이 없는 현실에서는 지역으로부터 SS를 만들어가는 것이 원칙이며, 그것
을 위해서는 시민의 자치에 바탕을 둔 내발적 발전, 그것을 위한 학습이 필요
하다고 결론지었다.

　이 기회에 한국의 환경과 지방자치의 연구자와의 교류에 대해서 서술하고
싶다. 1984년 '환동해 심포지엄'이 가나자와 시에서 열렸다. 이것이 처음으로
동해를 둘러싼 한국, 소련, 중국, 미국, 일본의 제1급 연구자를 모아 고대사나
도시문제에 대한 동해권 공통의 과제를 보고하고 토론하는 학술회의였다.
이때 한국에서 초청되어 온 사람이 서울대 환경대학원장 노융희 교수였다.
노 교수는 한국에서 행정학의 창시자이지만 동시에 환경정책학의 창시자이
다. 이듬해 나는 노 교수의 안내로 처음 서울에 머물렀고, 이후 한국의 연구
자와 교제가 시작되었다. 1991년에는 노 교수와 함께 권숙표 교수나 김정현
교수의 협력으로 제2회 아시아태평양 환경회의가 서울에서 열리고, 이후 일
본과 한국의 환경연구자나 환경단체와의 교류가 활발해졌다. 그 후 노 교수
는 일본지방자치학회에서 초청강연을 한 후, 이 같은 학회의 필요성을 느껴
한국지방자치학회를 창립하였다. 이후 두 나라 학회의 교류가 이어지고 있
다. 환경, 도시, 지방자치, 나아가 지역개발 등의 분야에서 노 선생의 소개를
받아 많은 한국의 연구자와 교류할 수 있었다. 이 교류를 통해 일본의 대학원

생에게 한국의 공공정책을 가르쳐야겠다고 생각하여 노 교수에게 리츠메이칸(立命館) 대학 정책과학대학원 객원교수로서 3년간 강의를 부탁했었다. 이 책의 번역자인 김순식 후쿠야마 시립대학 교수는 그 세미나모임 출신이다. 또한 오사카 시립대학 상학부 창립 50주년 심포지엄이나 시가(滋賀) 대학 환경종합연구센터의 기념 심포지엄에서도 기념강연을 해주었다. 노 선생의 오랜 학은(學恩)에 감사드린다.

1990년 일본환경회의는 과거부터 친교가 있던 유럽환경국(European Environmental Bureau)과 벨기에 브뤼셀에서 국제회의를 개최하였다. 이 회의에 한국 대표로서 김정욱 교수를 초대하였다. 그 후 김 교수에게는 아시아태평양환경회의의 사무국장을 작년까지 10여 년간 부탁했다. 김 교수는 노 교수의 뒤를 이어 서울대 환경대학원장을 맡아 대학원 창립 30주년 기념행사의 강연에 나를 초대해주었으며, 그 뒤 정년퇴임하고 서울대 명예교수로 있다. 지금 한국은 환경문제의 전기를 맞고 있다고 하는데, 환경연구자의 중심인 김 교수의 건강과 활발한 활동을 기원한다. 지역경제학이나 내발적 발전론에서는 부산대 황한식 교수 등과의 교류가 나의 연구에 큰 격려가 되었다. 그 밖에 이름을 열거할 수 없지만 이제까지 많은 한국의 연구자들과의 교류가 이 책의 출판으로 더욱 깊어지기를 희망한다.

마지막으로, 각국의 제도나 사례가 많이 기술되어 번역하기 어려운 이 책의 번역을 흔쾌히 맡아준 이재은 경기대 명예교수와 김순식 일본 후쿠야마 시립대학 교수에게 마음으로부터 감사의 뜻을 전하고 싶다. 이재은 명예교수는 일본재정학회·일본지방재정학회와 한국재정학회·한국지방재정학회의 교류의 길을 열었고, 중심이 되어 활약해왔다. 다시 한 번 그동안의 많은 도움에 고마움을 전하고 싶다.

2016년 1월

미야모토 겐이치(宮本憲一)

제 I 부

환경 위기와 정치경제학: 문제의 소재

제 1 장

근 대 문 명 의 전 환 기 와 환 경 파 괴

1. 환경보전 정책의 창조와 동태

♟ '코페르니쿠스적 전환'

1960년대 후반부터 1970년대를 거치면서, 인류는 환경보전을 공통적인 역사적 과제로 인식하고 공동 행동을 위한 노력을 시작하였다. 또한 1992년 유엔환경개발회의(이하, 리우 회의)를 출발점으로 하여, 지구환경을 보전하기 위하여 유지 가능한 발전(sustainable development)을 인류 공통의 과제로 삼고 국제협력 활동을 시작했다. 이는 군축 노력과 마찬가지로 역사적 전환이라고 할 수 있다. 산업혁명기 이후, 인류는 끝없는 경제발전을 목표로 과학과 기술을 개발해왔다. 각국의 기업과 정부는 공업 생산액이나 국민총생산(GNP)의 성장을 최우선의 정책 목표로 내걸고 치열한 경쟁을 벌여왔다. 환경문제는 인류가 도시를 형성한 고대 사회부터 발생한 것이지만, 18세기 산업혁명 이후의 공업화와 도시화에 의해 더욱 심각해졌고, 환경정책은 19세기 중반에 들어와서야 비로소 시작되었다고 할 수 있다. 그 결과 그로부터 100

여 년 사이에 공중위생 행정이 진전되어 하수도 등의 사회자본이 만들어졌고, 눈에 보이는 커다란 오염물 제거나 슬럼 해소 등의 환경 개선이 진행되었다. 그러나 대기오염 방지를 위해 1920년대에 작성된 영국의 뉴턴 위원회 보고서에서 볼 수 있듯이 '연기(煙氣)는 번영의 상징'이라는 의식이 지금도 강하다. 환경보전을 위한 시책이나 연구 개발은 평화로운 호황기의 '한계 활동'에 지나지 않으며 불황이나 전쟁 중에는 제일 먼저 중단되는 존재일 뿐이다.[1] 제2차 세계대전 후에는 체제를 불문하고 경제 경쟁이 끝없이 격화되었다고 할 수 있다. 자본주의의 황금시대라고 일컬어지는 1950~1960년대의 고도성장기에는 공해방지책은 외면한 채 자본축적이 진행되었고, 대량생산·대량유통·대량소비·대량폐기의 일상적인 경제활동 과정에서 공해나 자연 파괴가 지구적 규모로 진행되었으며, 인류사상 일찍이 없었던 심각한 피해를 인간 생활에 끼치게 되었다. 특히 서구 사회를 앞지르기 위해 고도성장의 선두를 달렸던 일본은 공해의 실험장처럼 되었다.

다행스럽게도 1960년대 중반부터 선진공업국의 주민이 세계적인 규모로 환경파괴에 대한 항의 행동을 하기 시작하였다. 일본에서는 건강 피해가 주요 문제로 거론되었고, 피해자를 중심으로 한 환경정책이 펼쳐지도록 하기 위해 자치단체 개혁이 추진되고, 공해재판이 시작되고, 공해에 반대하는 여론과 운동이 커지게 되었다. 1970년 4월 '지구의 날'에는 일본의 가공할 만한 공해를 인류의 미래에 대한 경종으로 받아들여, "노 모어(no more) 도쿄"가 공동의 슬로건이 되었다. 이러한 국제적 여론을 배경으로 1972년에 유엔 인간환경회의(이하 스톡홀름 회의)가 스톡홀름에서 열렸다. 개회 석상에서 발트하임(K. J. Waldheim) 유엔 사무총장은 이번 역사적인 회의가 "산업혁명의 진행에 중요한 수정을 가한 시대의 전환점"이라고 말했으며, 또 인류학자인 마거릿 미드(Margaret Mead)는 《뉴욕 타임스》 1972년 6월 18일 자에 공업화·도시화의 문명에 코페르니쿠스적 전환을 가져올 "사상의 혁명"이라고 평가하였다.

이 시점을 전후하여 대부분의 선진공업국은 환경법 체계를 만들고, 그 실행 기관인 환경부(청)를 설치하였다. 일본에서는 1967년에 「공해대책 기본법」이 조화론(調和論)이라는 재계와 정부의 타협에 의해 제정되었는데, 1970년에 전면 개정하여 생활환경이 우선한다는 원칙을 명시하였다. 그와 더불어 공해와 관련된 14개 법을 제정하고, 1973년에는 세계 최초로 「공해건강피해보상법」을 제정하였다. 이 법에는 대기오염에 의한 건강 피해에 대하여 오염시킨 기업이 부과금을 내야 한다는 조치가 규정되어 있다는 점이 중요하다. 이것은 산업재해보상제도에 필적하는 중요한 실험이었다. 1969년에 미국은 「국가환경정책법(National Environmental Policy Act)」에 의해 공공 관련 사업에 대한 환경영향평가를 의무화하여 환경파괴를 사전에 예방할 수 있도록 하였으며, 그 뒤를 이어 서독·스웨덴·프랑스·캐나다 등도 이를 의무화하였다.

선진공업국에서는 대기나 물 등에 관한 주요 오염물질에 대하여 환경기준을 정하고, 그것에 기초하여 정부가 오염원을 직접 규제하는 정책을 공통적으로 채택하기 시작하였다. 또 일부분 시장 원리를 이용한 경제적 자극책을 도입하였다. 즉 공해대책의 일환으로 PPP(Polluter Pays Principle : 오염자 부담 원칙)[2])에 따른 과징금을 부과하거나, 또는 반대로 오염원에 대한 방제책 추진을 위해 보조금을 지급하기도 하였다. 사법 분야에서도 공해에 관한 손해 배상이나 예방을 위한 조치가 취해진 예도 나왔다.

그러면 어메니티(amenity: 양호한 주거환경) 측면에서는 어떠한가? 원래 유럽, 북미에서는 공해대책보다는 자연 환경이나 역사적인 경관을 보전하는 더욱 폭넓은 환경보전 정책의 전통이 있다. 1947년에 제정된 이탈리아 공화국 헌법 제9조에는 "공화국은 국가의 풍경과 역사적 및 예술적 가산(家産)을 보호한다"고 규정하고 있다. 이에 의거하여 1985년에는 경관 보전을 위해 광역의 토지 이용을 규제하는 획기적인 「갈라소법(Legge Galasso)」이 제정되었다.[3] 지금까지 각국에는 도시계획 같은 산업 기반이나 주택 정비를 위해 토지소유자를 규제하는 법률은 있었지만, 경제활동의 촉진이나 인간의 이익 추구와 무관한 토지 이용에 대한 규제는 없었다. 그러나 이제 숲이나 해안을 보전하기 위한 토지 이용 규제가 법제화되고, 나아가 이탈리아처럼 풍경 보전이 추진되게 되었다.

이러한 공해·환경법 체계는 현실적 효과를 거두지 못하거나 실행에 제한을 받는 경우도 있었지만, 각국 정부가 근대 사회 이후 최초로 창조적인 제도를 구축한 것이라고 할 수 있다. 이와 더불어 공해·환경행정이 전문 조직을 갖춤으로써 행정직원을 고용하고, 일정한 예산을 갖고 경상적(經常的)으로 이루어지게 되었다. 환경보전을 위한 공·사 두 부문의 지출은 선진국의 경우 GNP의 1%대에 이르렀다. 이것은 군사비와는 비교도 되지 않을 뿐만 아니라 거대한 기업 활동이나 대량소비생활을 제어하기에도 불충분하다. 그러나 제2차 세계대전 후에 '정부의 변화' 또는 국가 활동의 새로운 분야를 상징하기라도 하듯이 환경보전을 위한 지출이 급격하게 팽창하였다. 국제적으로도 유엔(UN: 국제연합), 유럽연합(EU), 경제협력개발기구(OECD) 등의 국제기구에 환경보전을 위한 조직이 만들어졌다.

과학이나 기술 분야에서도 마찬가지로 환경에 대한 과학적 연구가 발전하였다. 지금까지 환경문제에 대해 과학은 종합적이지 못했고 사태의 심각함에 비해 매우 뒤떨어져 있었다고 할 수 있다. 의학 분야에서는 공중위생이나 공해에 관한 병리학·임상 의학, 공학 분야에서는 공해측정과 제어에 관한 기술, 특히 대기정화나 물 처리, 소음대책에 관한 연구가 이루어지고 있으나, 모두 근래에 이루어진 연구들이 중심이다. 더군다나 사회과학 연구는 거의 찾아보기 힘든 형편이라고 할 수 있다. 그러나 환경문제의 주원인은 경제, 특히 기업 활동과 관련되어 있으며, 그 대책은 입법이나 사법 그리고 정부·자치단체의 정책에 의지해야 하는 것이 많다. 환경보전에 대한 여론이나 법의 규제 없이 사기업이나 개인들의 자주적인 공해대책이 자동적으로 작동하는 예는 거의 없다. 그렇게 되면 경제학·정치학·법학의 발전이 필요하게 된다. 따라서 1970년대에 들어와 비로소 사회과학도 움직이기 시작했고, 그와 더불어 학제적인 연구모임이 생겨나고 대학교 강좌나 연구기관이 조금씩이나마 설치되기 시작했다. 또 환경교육이 초등학교부터 대학교까지 이루어지게 되었다. 각국 정부는 환경보전에 관한 연차보고서를 내고, OECD나 이탈리아의 국제환경보전연구소(DOCTER) 등이 유럽 지역을 중심으로 국제적인 환경보전에 관한 연보를 발행하게 되었다.

♟ 공해대책의 효과

그렇다면 과연 이러한 정책 변화에 의해 환경문제가 해결되어온 것일까? 제2차 세계대전 후의 역사를 돌이켜보면 공해대책은 대단히 지지부진하였다. 예를 들면 일본의 미나마타병(水俣病)에 의해 일약 유명해진 수은 중독 사건은 이라크·미국·캐나다·핀란드·중남미·중국 등에서 재연되었다.[4] 그리고 일본에서는 2007년 현재, 약 3700명의 피해자들이 자신들을 미나마타병으로 인정해줄 것을 요구하고 있다. SO2(아황산가스) 공해도 제2차 세계대전 후의 런던 스모그 사건처럼 심각한 피해가 발생했음에도, 일본을 비롯한 여러 나라에서 되풀이되었다. 아시아에서는 더욱 심각한 SO2의 대기오염이 계속되고 있다. 정보화 시대라고 하지만, 공해처럼 기업의 아킬레스건이라 할 수 있는 문제와 관련된 정보는 비밀에 붙여지고 자유롭게 유통되지 않는다.

그래도 1970년대에 들어와 선진공업국에서는 몇 가지 전통적인 공해가 억제되기 시작하였다. 수은·카드뮴·비소(砒素)·PCB 등과 같이 일본 등에서

〈표 I-1〉 주요 공업국의 오염 추이와 환경보전 지출

오염원	연도	일본	미국	프랑스	독일	영국	스웨덴	폴란드	한국
질소산화물 (NOx) 배출량 (1000톤)	1975	1,677	19,100	1,612	2,700	1,758			
	1985	1,322	21,302	1,400	2,539	2,398	437	1,500	722
	1995	2,143	22,405	1,702	1,916	2,192	298	1,120	1,153
	2002	2,018	18,833	1,350	1,417	1,587	242	796	1,136
유황산화물 (SOx) 배출량 (1000톤)	1975	1,780	25,600	2,966	3,600	5,130			
	1985	835	21,072	1,451	2,637	3,759	266	4,300	1,351
	1995	938	16,881	978	1,937	2,364	77	2,376	1,532
	2002	857	13,847	537	611	1,003	58	1,455	951
생물화학적 산소요구량 (BOD) (mg O_2/l)	1975	3.2	2.0	10.2	7.9	3.4			
	1985	3.4	2.1	4.3	3.2	2.4		5.6	
	1995	2.3	2.6	4.4	2.7	1.8		4.2	3.8
	2001	1.0	2.1	2.7	2.3	1.7		3.7	3.4
도시폐기물 (1000톤)	1975	38,074	140,000		20,423	16,036			
	1985	43,450	149,189		20,268	16,398	2,650	11,087	20,994
	1995	50,694	193,869	28,919	44,390	28,900	3,555	10,985	17,438
	2002	52,362	207,957	32,714	48,836	34,851	4,172	10,509	18,214
환경보전 연구개발 공적지출 (100만 달러)	1975	62.6	235.6	44.0	65.8	32.0			
	1985	80.4	343.8	65.0	429.3	128.7	27.2		
	1995	82.2	549.0	259.3	563.0	201.6	47.2		
	2002	193.7	524.2	419.9	470.7		17.3		251.1

주 1) NOx와 SOx의 수치는 발생원별로 추계하여 합계한 것으로, 어림값일 뿐 정확한 수치는 아니다. NOx에 대해서 1985년의 스웨덴은 1987년의 수치, 2002년의 한국은 1999년의 수치이다(한국은 NOx만 측정한 것). SOx에 대해서 일본의 1985년은 1986년의 수치. 한국의 2002년 1999년의 수치. 독일은 1985년까지는 서독만의 수치이다.

주 2) BOD는 일본은 요도가와 강, 미국은 델라웨어 강, 프랑스는 센 강, 독일은 다뉴브 강(1975년만 라인 강), 영국은 템스 강. 폴란드는 비슬라 강, 한국은 한강의 수치이다. 또 일본의 2001년은 2002년, 영국의 2001년은 1999년의 수치이다.

주 3) 도시폐기물은 가정폐기물과 사업상 폐기물 가운데서 도시 당국이 수집한 분량의 총계. 2002년에 대해서 일본은 2000년의 추계치, 미국, 프랑스, 영국은 2001년의 추계치, 독일의 1985년은 서독의 1982년의 추계치. 또 독일의 1975년은 서독의 추계치이다.

주 4) 환경보전 연구개발의 공적지출은 1975년은 1980년의 구매력지수로 평가했고, 그 이후는 1990년의 구매력지수로 평가했다. 또 독일은 서독의 추계치이다.

자료) OECD, *Environmental Data Compendium*(1985, 1987, 1999, 2004)에서 작성.

사건을 일으킨 오염물질은 단속이 엄격해져 생산과정에서의 배출은 급감하게 되었다. 대기나 물의 전통적인 오염 지표를 살펴보자. OECD의 환경통계 자료(1985~2004)를 보면 〈표 I-1〉에서와 같이 약간의 개선이 나타난다. 각국의 자료는 추계방법에 차이가 있기 때문에 정확하게 비교할 수는 없지만, 질소산화물(NOx)과 유황산화물(SOx)의 배출량 삭감 분야에서는 일본이 가장 많이 개선되었다. 다만 일본은 주거가능면적이 좁고 대도시화가 계속되고 있기 때문에 3대 도시권 등의 오염도 개선은 NOx는 그 정도는 아니다. 각국 모두 SOx에 대해서는 배출량을 억제하고 있다. 그 사이 GNP가 증대한 것을 감안한다면, 어느 정도 억제력이 작용했다고 할 수 있다. 이에 비해 NOx의 규제는 진전되지 않았으며, GNP가 증대하는 수준만큼은 아니지만 배출량은 비슷한 수준을 유지하고 있다.[5] 물 오염은 BOD(생화학적 산소요구량)으로 볼 때는 하수 처리에 막대한 투자가 이루어진 것과 맞물려 특히 유럽 쪽에서 크게 개선되고 있다. 도시폐기물은 일반적으로 계속 증대하고 있다. 수은 등 유해물질은 근래에는 생산과정에서 배출된 것보다는 수은 전지처럼 상품에 들어가게 되는 경향이 있어, 도시·산업 폐기물의 증대는 새로운 공해의 발생 요인이 되고 있다. 전반적으로 오염은 없어진 것이 아니라 억제되기 시작했다는 것이 맞는 말이다.

1970년대 이후 자연보전과 역사적 경관의 보전은 유럽, 북미를 중심으로 진행되었다. 즉 해운과 임해 공업의 변화에 의해 쇠퇴하고 있던 수변공간(waterfront)[6]의 재개발이 추진되고, 1960년대 후반부터 1970년대 전반에 걸쳐 보스턴이나 샌프란시스코 등에서 오래된 항만 시설과 공장·창고 들을 보전하면서 상점가나 공공시설로 개조하여 경제적으로도 성공을 거두었다. 또 제V부에서 소개할 볼로냐 방식처럼, 현대적인 시민 생활과 도심의 역사적 지역 보전이라는 두 가지를 모두 성공시킨 예를 각지에서 볼 수 있다. 영국의 유서 깊은 시장으로 유명한 '코벤트 가든' 지구처럼 고층빌딩 지역으로 개조하는 것을 중지하고, 오래된 건물을 이용하여 재개발하는 사례가 많아지고 있다. 또 파리의 '마레' 지구처럼 거리 전체의 경관 보전을 꾀하는 경우도 있다. 도시 안의 농지나 근교 농지에 대해서도 그것을 택지로 개발하는 것이 아니라 녹지 환경으로서 또는 시민의 여가 활용 장소로 보전하는 경향이 강해지고 있다. 예를 들면 피렌체 시는 계획적으로 도시 안에 농촌을 남겨놓고 있으며, 프랑스에서도 이제까지는 택지 예비지였던 근교 농지를 보전하는 데 힘을 쏟고 있다. 독일에서는 원래 도시 식량은 자급해야 한다는 사상 아래 '클라인 가르텐(klein garten: 시민 농원)'을 만든바, 도시가 숲으로 둘러싸인 아름다운 풍경을 이루고 있다. 이 시민 농원은 서독에서 시민들의 요구(needs)가 커져서 법제화되었고, 유럽, 북미 등 다른 여러 나라에서도 유행하기 시작하였다. 산업으로서의 농업은 쇠퇴하는 한편 관광 또는 레저·복지 산업으로서 농장이 인간성 회복을 위해 도시에서 부활하고 있는 것이다. 참으로 역설적인 일이지만 농지 보전이 중요한 녹지 환경보전 정책으로 바뀌고 있다. 공원과는 다르게 도시와 도시 근교의 나무나 숲을 보전하고 또는 삼림을 창조하는 운동도 전개되고 있다. 일본에서도 근래에 들어 비로소 이러한 움직임이 나타나고 있다. 이러한 새로운 움직임이 있기는 하지만, 전체적으로 도시환경의 보전은 국가의 성장 속도에 비해서는 뒤쳐져 있다고 할 수 있다.

♣ 산업구조의 변화와 환경문제

1970년대의 환경정책은 SO_x 등 특정 오염물질의 상대적·절대적 감소나 어메니티 보전 등에서 일정한 효과를 거두었다. 특히 일본에서는 1970년대 말에 이르기까지 4대 공해재판[7]에서의 원고 승소와 혁신 자치단체가 중심이 되어 추진했던 중앙정부보다도 더 엄격한 자치단체의 환경행정에 의해 기업의 공해방지투자(〈그림 I-1〉)가 1975년에는 약 1조 엔에 달해 세계 제1위가

〈그림 I-1〉 민간기업 공해방지투자의 추이

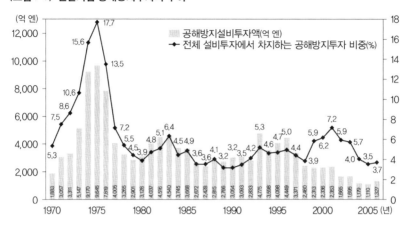

주 1) 2005년은 실적예상, 2006년은 계획.
자료) 經濟産業省 經濟産業政策局 訳, 『主要産業の設備投資計畵』에서 작성

되었고, 산업공해방지가 진전되고 또한 소형 승용차의 배기가스 규제에 성
공하는 등의 성과를 올렸다. 그러나 1970년대 후반에 들어서면서부터 나타
나기 시작한 환경문제의 변화를 환경정책 그 자체의 성과로만 평가하는 것은
오류이다. 오히려 이 시기에 일어난 획기적인 경제구조의 변화가 근본적인
원인이었다고 할 수 있다.

　1960년대 후반 이후 미국의 베트남 전쟁 패배와 석유 파동을 계기로 세계
자본주의는 전환기를 맞이하였다. 팍스 아메리카나(Pax Amercana: 미국을 중
심으로 하는 세계평화 체제)는 종말을 맞이하였고, 실업과 인플레이션이 공존
하는 스태그플레이션이 발생하고, 복지국가는 위기에 빠졌다. 다른 한편으
로는 다국적 기업의 발전에 의한 경제의 국제화가 진행되고, 하이테크화·정
보화·서비스화라고 일컬어지는 산업구조의 변화가 기술 혁신과 더불어 눈
부시게 진행되었다. 이 과정에서 각국 사이에 경제적 불균등 발전이 시작되
었다. 이러한 경제적 변화가 환경문제에 영향을 미쳤다. 근대의 공해문제는

도시화와 공업화를 배경으로 하는데, 이 근대화의 두 기둥이 이상하게 변화한 것이다. 먼저 산업구조의 변화부터 살펴보자.

1960년대에 제3차 산업화가 이루어졌는데, 환경정책의 진전과 1973년의 석유 파동에 의한 에너지 및 일부 자원가격의 상승은 산업구조에 큰 변화를 주었다. 이를 서비스화 또는 소프트화라고 일컫는데, 에너지 절약·자원 절약, 나아가 로봇이나 컴퓨터 등의 기술개발이 이를 촉진하였다. 철강·알루미늄·석유·석유화학·펄프 등의 소재공급형 산업은 과잉 투자까지 겹쳐 불황산업이 되었고, 그 대신에 전자공학을 중심으로 한 첨단산업 등 고차 가공업으로 공업의 주체가 옮겨갔다. 또한 서비스 산업이 급속하게 성장하였다. 이러한 산업구조의 변화는 에너지 절약 기술의 개발과 맞물려 오염량을 억제하였다. 1975년을 정점으로 공해방지투자는 격감하여 1980년대에는 3분의 1로 줄어들었는데, 오염물질의 감소는 기업의 공해방지를 위한 노력이라기보다는 비용 절감을 위한 에너지 절약을 포함한 산업구조의 변화 때문이라고 할 수 있다.

이는 공해대책을 정태적으로 파악하여 오염 업종의 생산량을 그대로 둔 채 직접규제나 경제적 자극책을 취하는 것보다는, 동태적으로 오염 업종의 조업도를 낮추거나 저오염 업종으로 구조를 전환시키는 것이 공해를 방지하는 데 효과가 컸다는 것을 보여준다.

♟ 도시구조의 변화와 환경보전

1970년대에 산업혁명 이후 최초의 변화로서 대도시권의 쇠퇴 현상이 일어났다. 이것은 인구 감소, 도심문제(inner city: 대도시 중심부의 인구 감소·실업·환경 악화·범죄 증대 등의 도시문제를 가리킨다), 산업구조 변화에 따른 미스매칭(mismatching: 생산직 노동자가 사무직 노동자로 전환하지 못하고 실업자가 되는 현상), 도시의 재정긴장(fiscal stress)[8] 등의 현상을 가리킨다. 직접적으로는 국제화와 산업구조의 변화에 대응하여 도시 간 불균등 발전이 이루어지면서, 새로운 상황에 적절히 대응하지 못한 옛 공업도시일수록 쇠퇴 현상이 심각하게 진행되었다. 그리고 이것은 유럽에서 전 도시의 인구가 감소 또는 정체되고 있듯이 도시화가 한계에 도달했음을 상징적으로 보여준다.

1920년대 이후 계속된 도시의 외연적·내포적 팽창이 일단락되고 도심문제가 심각해지자, 종래처럼 교외에 신도시(new town)를 만드는 것보다 도심을 재개발하는 것이 정책 과제로 되지 않을 수 없었다. 원래 도심에는 교외의 신도시보다 집적 이익이 많고 또 어메니티도 있기 때문에, 재개발을 할 경우 도심의 사무실·택지 수요가 증가하는 것은 당연하다. 이러한 이유로 앞에서 언급했듯이 수변공간을 재개발하고 역사적인 지역을 보전하는 등의 개조가 시작되었다. 이른바 도시경제의 쇠퇴가 도시환경의 보전을 필연적인 것으로 만들고 또 가능하게 했다고 할 수 있다. 그와 더불어 중화학공업화가 중지되고 서비스화가 진행되면서 관광이나 레저를 목적으로 도시의 자연이나 아름다운 도시경관 같은 어메니티가 신산업의 요구로서 강조되었다.

이른바 자본주의의 전환기를 맞이하여 고도성장에서 저성장으로 바뀌고 산업구조와 도시구조가 산업혁명기 이후 변화해온 것을 배경으로, 오염물 감소나 환경보전 정책이 일정한 효과를 거둔 것이다. 이처럼 경제의 내적 동기, 이른바 자본축적의 구조변화가 원동력이 되어 이룩한 면이 있기 때문에, 시장의 실패라고 일컬어지는 자본주의의 기본 모순이 해소되어 환경문제가 해결된 것은 아니다. 따라서 환경문제는 내용과 질을 달리하여 나타나기에 이르렀다.

요컨대 산업구조의 변화에 따른 소재산업 공해에서 하이테크산업 공해로, 석유 연소에 수반되는 공해에서 LNG·LPG 재해나 원자력에 의한 전력 공해로 공해의 전형이 바뀌는 새로운 환경문제가 발생하고 있다. 이에 따라 전통적인 오염물질에 의한 지표가 실태에 맞지 않게 되고, 미규제 물질을 문제시할 필요가 발생한다. 또 지금까지처럼 특정 물질의 대량 오염에 의한 눈에 보이는 피해가 발생하는 단기적 공해에서 장기간에 걸친 미량 유해물질에 의한 눈에 잘 띄지 않는 장기적인 복합오염 공해로 바뀌기 시작하였다. 또 골프장 공해나 수변공간 개발에 의한 자연 파괴 등 어메니티 파괴 문제로 나아가는 경향이 있다. 이와 함께 오염형 산업이 선진공업국에서 발전도상국으로 이전하는 경향이 있다. 이른바 '공해 수출'에 의해 선진공업국의 도시 오염이 감소한 것이다. 선진 자본주의 국가의 도시가 공장 공해에서 벗어나 아름다운 경관 등의 어메니티 향상을 가져왔다 할지라도, 그것은 발전도상국에 공해를 떠넘긴 결과이므로 지구 전체적으로 볼 때 공해가 사라진 것은 아니다.

♟ 신자유주의·신보수주의와 환경정책의 후퇴

경제구조의 전환에 따른 환경문제의 변화와 더불어 복지국가의 위기, 특히 재정위기는 가까스로 출발한 환경정책에 어두운 그림자를 드리웠다. 1970년대 말부터 영·미·일 3국 정부가 취하는 복지국가로부터의 이탈, 즉 신자유주의는 환경정책을 계속 후퇴시켰다. 이들 세 나라의 움직임은 서독이 1983년 이후 대기오염의 규제를 강화시켰던 것과는 차이가 난다.

신자유주의란 스태그플레이션에 따른 경제위기의 원인을 복지국가와 그 때문에 생겨나는 재정적자에서 찾으며, ① 민영화(국공유 기업의 사기업화와 국공유 재산의 민간 불하), ② 규제완화(민간기업의 경제활동, 특히 국토개발·도시계획·환경정책상의 규제완화), ③ '작은 정부'(사회 서비스 삭감, 공공 서비스의 민간 위탁, 세제 개혁에 의한 행·재정개혁), ④ 분권화를 수반하는 새로운 중앙집권화를 실시하여 민간기업의 활력을 회복시켜 경제를 되살리려는 것이다.

도로나 다리 등 대규모 공공시설의 건설과 도시 재개발 사업의 민영화는 도시계획의 규제완화와 맞물려 부동산업뿐만 아니라 불황에 허덕이는 소재공급형 산업에 대한 시장 제공을 목적으로 한다. 또 의료·보건·보육·노인대책·교육 등의 사회 서비스 삭감과 그 일부의 민간 이양은 과잉 자본의 배출구와 새로운 서비스업·부동산업과 금융업의 투자처를 만들어냈다. 1987~1988년의 내수 확대에 의한 일본의 호황, 그에 앞선 영국과 미국의 경기 회복은 그것을 잘 보여준다.

신자유주의의 정책은 전통적으로 보수주의의 기반이 되어온 농업·중소기업에 대한 보조정책을 정리하는 한편, 다국적 기업화에 대응하여 대외 원조를 대폭 늘리거나 또는 사회주의 국가나 중동·중남미에 대한 군사력 증강을 추진했다. 정치적으로는 노동자 계급의 일부인 신중간층을 보수 정치의 사회적 기반으로 삼는 신보수주의의 실험이 진행되고 있다. 즉 '납세자 반란'이라고 일컬어지는 복지국가의 중과세에 대한 반감에서 비롯된 감세 요구를 이용하여 소득 재분배를 목적으로 하는 누진세제를 폐기함으로써, 중간·고소득자의 감세를 추진하는 것과 동시에 소비세를 강화하고 있다. 또한 민영화된 옛 국공유 기업의 주식을 중간층을 주체로 하는 대중에게 소유하게 하거나 또는 영국처럼 공영주택을 불하하여 근로자를 재산 소유자로 만들어 반국유화＝반사회주의화의 물질적 기초를 창출함으로써 신보수주의를 만들어가고 있다.

대처 수상(재임: 1979~1990)은 인민자본주의(popular capitalism)라는 말을 썼다. 요컨대 공공부문을 축소하고, 통화주의로 인플레이션을 억제하며, 효율주의로 민간기업의 활력을 증진시킨다는 것이다. 1970년대에 시작된 미국의 환경정책은 연방 주도형으로 이루어졌다. 그러나 공장 유치에 열을 올리는 주나 시·군 특히 남부지역의 공해대책은 느슨하였다. 1977년에 버지니아 주의 호프웨일 시에서 일어난 농약 키폰(Kepone)에 의한 오염 사건 등이 그 전형적인 예다.9) 그러나 카터 정권(1977~1981) 말기부터 높은 실업률과 재정 위기를 해소하기 위해 기업의 요구에 따라 연방의 환경행정 자체를 완화하려는 경향을 보였다. 레이건 정권(1981~1989)은 1981년 1월 '규제완화를 위한 대통령 특별위원회'를 설치하여 공해규제완화에 들어갔다. 이에 따라 이후의 모든 규제는 행정관리국의 비용-편익분석에 의해 사회적 비용은 최소가 되어야 했으며, 기업이나 사회에 끼치는 편익은 최대가 되어야 했다.10) 레이건 정권은 신연방주의에 기초하여 연방 환경보호청의 예산과 인원삭감을 추진했다. 환경보호청의 권한이 각 주로 이양되면서 예산과 인원이 축소되었다. 재정지출 면에서는 인플레이션에도 불구하고 1980년도에 비해 1984년도는 73%로 대폭 삭감되었고, 행정 직원도 1980년도에 비해 1983년도에는 2784명으로 20% 가까이 감원되었다. 이 때문에 환경백서조차 제대로 발행하지 못하는 상황이 되었다. 복지국가의 환경정책은 관료주의적이어서 별로 효과적이지 못하다는 비판은 스웨덴 등에서도 있다. 환경정책이 개혁되어야 함은 분명한 사실이지만, 레이건 정권은 개혁이 아닌 축소를 하고 말았다. 미국의 환경 단체는 레이건 정권이 공해규제에 의한 공중위생 개선의 역사를 30년 전으로 되돌려 놓았다고 혹독하게 비판하고 있다.11) 게다가 웨스트 게이트 사건이라고 일컬어지는 바와 같이, 규제를 완화하는 과정에서 연방 환경보호청장과 기업 사이의 유착이 문제로 된 사건까지 일어났다.

일본의 경우는 1978년 국제적인 무역 마찰의 해소책을 지상명제로 삼아, 민간의 공해방지투자 완화와 공공사업 촉진을 위해 NO2(이산화질소) 기준을 완화시켰다. 이후 「공해건강피해보상법」의 전면 개정에 이르기까지 환경정책이 계속 퇴보하였다. 한편 「전원삼법(電源三法)」처럼 공해반대운동을 해체시키기 위한 보조정책도 출현했다.

신자유주의는 복지국가의 '정부의 실패'를 꼬집었지만, 그에 따른 환경정책의 후퇴로 인해 1960년대와는 차원이 다른 '시장의 실패'를 재연시켜 환경

문제를 심각하게 만들 우려가 생겼다. 획기적인 광역 환경보전 제도라고 일컬어지는 「세토나이카이(瀨戶內海) 환경보전특별조치법」에 실질적으로 위반되는 간사이(關西) 신공항 건설을 위한 매립이 공항 주식회사의 사업으로 시작되었고, 더욱이 오사카 만(大阪灣)의 3분의 1을 매립하려는 계획이 출현했다.

신자유주의는 무역 마찰과 재정위기를 심각하게 하고, 금융의 과잉 투기나 무계획적인 국토개발로 다양한 사회문제를 발생시켰다. 그 때문에 점차 일본에서는 주민의 여론과 주민운동이 고양되어, 신지코(宍道湖) 호와 나카우미(中海) 호의 간척·담수화 저지나 각지의 원자력 발전소 입지 중지 등을 요구하는 새로운 상황이 발생하기 시작하였다. 그리고 다음에 서술하는 대로, 지구환경의 위기 때문에 환경정책의 전환이 진행되었다.

2. 경제의 세계화와 지구환경 문제

♟ 리바이어선(Leviathan)으로서 다국적 기업과 환경 문제

1980년대에 세계경제에 중대한 변화가 일어났다. 그것은 다국적 기업에 의한 새로운 세계경제 질서의 형성이다. 유엔무역개발회의(UNCTAD)가 발표한 「세계투자보고서」(1993)에 따르면 전 세계의 다국적 기업이 3만 7000사, 보유 자회사 17만 사, 외국인 직접투자액(잔액 기준)은 1조 8000억 달러, 해외 영업액은 5조 5000억 달러에 달했다. 이것은 전 세계 재화·서비스의 연간 무역거래총액인 4조 달러보다 큰 액수이다. 1990년대에 처음으로 소련과 동유럽의 사회주의 체제가 붕괴하고, 이 지역뿐만 아니라 중국·인도·베트남 등에서도 시장경제체제의 도입이 진행되자, 다국적 기업의 지배는 거의 전 세계적 범위로 확대되었다. 이 지배력은 종래의 국민국가 체제에서는 충분하지 못했다고 할 수 있다.

경제의 세계화(globalization)에 대응하는 국제기구로 세계무역기구(WTO), 경제협력개발기구(OECD), 아시아태평양경제협력체(APEC), 세계은행(World Bank), 아시아개발은행(Asian Development Bank: ADB), 국제통화기금(IMF) 등 권한과 자금을 갖고 있는 조직과 기구가 정비되어 있다. 이 국제기구들은 무역과 투자의 자유화를 추진한다는 원칙을 갖고 있다. 이 기구들은 다국적 기업을 직간접적으로 유도하는 조직이기는 하나, 규제조직이 아니다. 1990 년대의 아시아 경제위기 대책이나 육성책에서 볼 수 있듯이, 이들은 각국의 주권보다도 다국적 기업의 이익과 선진 자본주의 국가의 패권을 지키기 위해 활동하고 있다.

다국적 기업의 세계경제 질서가 형성되면서 선진 자본주의 국가뿐만 아니라 발전도상국의 위기와 남북문제를 격화시켜왔다. 다국적 기업을 연구하는 세계자원연구소(World Resource Institute: WRI) 등에서는 다국적 기업은 수입국의 기업과 비교하여 환경의 질, 자연자원 관리나 작업장의 건강과 안전을 고려하고 있기 때문에 공해나 환경파괴의 원흉이 아니라고 말한다. 또 일반적으로 말하는 공해 천국(pollution heaven)도 없고, 다국적 기업으로서는 생산비에서 차지하는 환경대책비가 적기 때문에, 특별히 환경대책이 느슨한 국가를 선택하는 일은 없다고 말한다.[12] 다국적 기업이 현지기업과 비교해서 공해·환경대책 기술을 보유하고 있으며 다국적 기업의 활동과는 별개로 현지인의 삼림벌채 등으로 인한 환경파괴가 심각한 것이 분명한 사실이다.

그러나 시장 원리하에서는 다국적 기업에 의한 '공해 수출'이 장려된다. 1991년 12월, 세계은행 부총재였던 서머스(L. Summers)는 다음과 같은 메모를 발표했다고 한다.

첫째로 건강을 훼손하는 오염물질은 인명의 가치를 낮게 평가하는 국가에서는 최저 비용으로 처분할 수 있다. 둘째로 오염의 정도가 심해짐에 따라 처분 비용도 상승하기 때문에 오염되지 않은 국가에서는 최저 처분 비용으로 끝낼 수 있다. 셋째로 소득수준이 높은 국가일수록 청정한 환경에 대한 욕구가 강하기 때문에 오염물질의 처분은 비용이 높아질 수밖에 없다.[13]

신고전파 경제학에서 보면 환경 비용이 낮은 발전도상국에 '공해 수출'을 하여 폐기물 처리를 맡기고, 댐 건설 등의 대규모 공사로 자연을 파괴하는 것이 논리적으로 당연한 귀결이다. 위에서 말한 WRI의 주장에서도 선진국의 환경기준 등의 안전기준을 전 세계에 일률적으로 적용해버리면 무역경쟁에서 평등은 실현되지 않아, 경제적으로도 비효율적이라고 말한다. 즉 자본의 논리에서 보면 글로벌 미니멈(global minimum: 지구상의 인류에 대한 최저 수준의 인권보장)의 확립은 바람직하지 않다는 말이다. 이렇게 다국적 기업은 발전도상국이 선진국 수준으로 환경 법제화하는 것을 바라지 않으며, 환경정책의 이중 잣대를 용인하고 있다.[14]

'공해 수출'의 전형적인 사건은 인도의 보팔에서 다국적 기업인 유니온 카바이드사가 일으킨 사고이다.[15] 이것은 20세기 최대의 화학 산업 사고이다. 제Ⅲ부에서 소개하겠지만, 공식 사망자 수는 2500명을 헤아렸고 8만 명의 주민이 중증 장애를 입었으며, 사건은 아직까지 해결되지 않았다. 이 기업은 본국에서보다 훨씬 싼 보상비로 사고를 처리해버렸다. 또 일본의 미쓰비시카세이(三菱化成)가 35%의 지분을 출자했던 아시안 레어 어스(Asian Rare Earth, 이하 ARE)사가 일으킨 방사능 폐기물 공해사건[16]이나 한국의 온산 지역의 공해 등도 다국적 기업이 일으킨 공해이다.

환경정책의 국제화는 상술한 대로 1972년의 스톡홀름 회의에서도 다루어졌으나, 남북문제의 대립으로 실현되지 못했다. 그러나 그 후에 남쪽의 개발도상국은, 아시아의 일부 국가를 제외하고, 경제성장이 정체되어 있음에도 사막화, 삼림 감소 등 환경악화가 심화되었다. 이 경험 때문에, 개발의 양태를 바꾸면 환경보전과 양립할 수 있지 않을까 하는 반성이 생겨났다.

♟ 환경정책의 국제화

일본은 1970년대 말부터 환경정책을 후퇴시켰으나, 유럽 각국은 1980년대에 환경정책의 국제화를 향해 전진했다. 그 단초를 만든 것이 산성비의 피해이다. 1979년 11월, 유엔 유럽경제위원회(ECE)에서 채택된 '월경성(越境性) 장거리이동 대기오염에 관한 협약(Convention on Long-Range Transboundary Air Pollution)'에 35개국이 합의하고 1983년부터 효력을 발휘했다. 서독은 처음 이 국제 대책에 별 관심을 보이지 않았으나, '숲의 죽음'이라고 일컬어지는 산성비에 의한 대규모 삼림 피해가 명백해진 이후 이 정책을 가장 열성적으로 추진하게 되었다. 1982년 6월 스톡홀름의 '환경의 산성화에 관한 1982년 스톡홀름 회의'에서는 국제 프로그램의 의무화에 21개국이 서명했다. 이 프로그램은 1980년을 기준으로 하여 목표기준년도(원칙적으로 1993년)까지 SO2 연간 배출량의 30% 감축 또는 월경성 배출량의 30% 감축을 목표로 했다. 이 통칭 '30% 감축 클럽'에는 EC 내에서도 영국·스웨덴·그리스·아일랜드는 가맹하지 않았으며, 미국도 들어 있지 않다.

하지만 서독은 고정 발생원의 배출을 더욱 규제하여 1995년까지 부유분진을 40%, SO2를 60%, NOx를 40% 감소시킨다는 「대규모 연소 공장의 배출량 제한에 관한 EC 지도요강」을 제안하였다. 그러나 가맹국의 강한 반대에 부딪혀 채택되지 못했다. 본래 국제정책에 강력하게 반대했던 영국의 주장은, 오염물질이 다른 나라에 미치는 영향이 아직 증명되지 않았으며, 배출량 감축을 위한 높은 비용의 필요성이 인정될 정도로 오염물질의 유해성이 증명되지는 않았다는 것이었다. 그 외에도 '높은 굴뚝주의'를 고집하여 비용이 많이 드는 탈유황(脫硫)·탈질소(脫硝) 장치의 도입을 반대했으며, 원자력 발전으로 전환하면 된다고 생각하고 있었다.[17] 이렇게 유럽 각국의 국제환경정책은 전면적으로 전진하지는 않았으나, 감축기준을 언제까지라고 국제적으로 설정하여 강조한다는 점에서는 현재의 교토(京都) 의정서의 방법이 이미 실행되고 있었음을 보여준다.

♣ '지속 가능한 발전(Sustainable Development)'

1984년 일본의 제창도 힘을 실어 노르웨이 수상 브룬트란트(G. H. Brundt-land)를 위원장으로 하는 유엔의 '환경과 개발에 관한 세계위원회'가 발족하였다. 이 위원회는 환경과 성장이라는 이원론을 극복하기 위해 3년간의 토론을 거쳐, 1987년 4월에 「우리 공동의 미래」라는 보고서를 발간하였다.[18] 스톡홀름 회의 이후 15년 동안, 아프리카에서는 가뭄으로 3500만 명이 위험에 노출되었으며, 사망자는 100만 명에 이르렀다. 또 앞에서 언급한 인도 보팔의 재해, 1000명 이상의 사망자를 낸 멕시코시티의 액화가스탱크의 폭발, 스위스의 창고 화재에 의한 농약·수은의 라인 강 오염 등 국제적인 환경파괴가 발생하였다. 특히 1986년의 체르노빌 원자력발전소 사고는 전 세계를 뒤흔들었다. 이런 경험을 배경으로 지구환경을 보전하기 위한 정책 원리로서 '지속 가능한 발전'의 이념을 제창하였다.

인류는 개발을 지속할 수 있는 능력을 가지고 있다. 지속적인 발전이란 장래의 세대가 스스로의 욕구를 충족시킬 능력을 손상시키지 않고, 오늘날 세대의 욕구를 충족시키는 것이다. 지속적인 발전의 개념에는 몇 개의 한계가 내포되어 있다. 그것은 절대적인 한계가 아니고, 오늘날 과학 기술의 발전 상황이라든지 환경을 둘러싼 사회 조직의 상황, 또는 생물권이 인간 활동의 영향을 흡수할 수 있는 능력과 같은 것이다. 그러나 경제성장의 새로운 시대로 길을 열기 위해 기술·사회 조직을 관리하고 개량하는 것은 가능하다.

여기에서는 지구 인구의 대부분이 사는 가난한 나라의 성장이나 가난한 사람들이 풍요로움을 얻는 것을 불가결한 목적으로 설정한 뒤에 그에 필요한 자원이 공평하게 분배되도록, 시민참여의 정치 시스템과 국제적인 장에서의 민주적 의사결정이 필요하다고 주장했다. 또 선진공업국 사람들이나 부자들이 에너지 소비 등을 지구 생태계를 유지할 수 있는 범위 내에서 억제된 생활양식으로 바꿀 것을 요구하였다. 그리고 다음과 같은 목적을 내걸었다.

① 의사결정에 효과적인 시민 참여를 보장하는 정치제도
② 잉여가치 및 기술적 지식을 다른 사람에게 맡기지 않고 지속적인 형태로 만들어낼 수 있는 체제
③ 조화가 결여된 개발에서 비롯되는 긴장을 해소할 수 있는 사회체제
④ 개발을 위한 생태학적 기반을 보전하는 의무를 존중하는 생산체계
⑤ 새로운 해결책을 끊임없이 추구할 수 있는 기술체계
⑥ 지속적인 무역과 금융을 육성하는 국제적 체계
⑦ 스스로의 오류를 시정할 수 있는 유연한 행정체계

이러한 체계는 상호모순적인 면도 있어, 타협의 산물처럼 나열되어 있다. '지속한다'는 요소를 강하게 주장하면 환경보전이 우선되고, 그 테두리 안에서만 경제성장이 허용될 것이다. 'Sustainable'을 '지속 가능'으로 번역하는 것에 대해서 쓰루 시게토(都留重人)는 의문을 제기하여, 이것을 '유지 가능'이라고 번역하고 있다. 필자도 이 번역을 따른다. 그것은 지구환경을 유지하는

체계의 테두리 안에서 경제발전을 추진하는 체제를 제시했기 때문이다. 이 것은 제Ⅴ부에서 상세히 서술하겠다. 이렇게 '지속 가능한 발전'이라는 위원회의 제안이 애매모호한 부분이 있기는 하지만, 이는 1972년 스톡홀름 회의에서 나타난 남북의 대립, 개발인가 환경인가라는 이원론을 극복하는 이념을 제시하려고 한 것으로, 다음에 개최된 1992년 리우 회의의 이념이 된다.

♟ 소련형 사회주의체제의 붕괴

1989년의 베를린 장벽의 붕괴에서 1991년의 고르바초프 대통령 사임으로 소비에트 연방이 소멸됨에 따라, 소련형 사회주의 체제는 붕괴되었다. 제2차 세계대전 전에는 많은 사회학자들이 소련은 자본주의 체제의 모순을 극복하고 인류의 미래를 지고 나갈 체제를 건설할 것이라고 평가하였으나, 그것이 겨우 건국 70년 만에 붕괴되어버렸다. 왜인가? 필자는 사회주의 경제론 연구자가 아니라서 상세한 논증은 할 수 없지만, 1970년대 이후 폴란드 등의 환경조사를 한 경험에서 다음과 같이 말할 수 있을 것으로 본다.

먼저 첫째로 소련형 사회주의 체제가 경제의 변화에 적합하지 않게 되었기 때문이다. 현재 진행되고 있는 기술혁신은 18세기 후반 이후의 산업혁명과는 이질적인 성격을 지니고 있다. 그것은 육체노동의 생력화(省力化)가 아니라 정신노동의 생력화와 관리이다. 또는 의사(疑似) 인간이나 생명을 창조하려는 기술혁신이다. 이 새로운 산업혁명이 인간과 그 사회·문화에 미치는 영향은 엄청나게 크다. 왜냐하면 인류는 발생 이래 500만 년 동안 농업과 공업으로 대표되는 육체노동을 중심으로 생산물을 만드는 활동을 계속해왔기 때문이다. 그 노동형태를 완전히 뒤바꾸는 기술혁신이 진행 중이며, 그것이 어디까지 진행되고 그것에 적합한 사회 시스템이나 문화가 어떤 식으로 바뀔 것인지는 아직 불분명하다.

이 기술혁신은 산업구조에 큰 변화를 가져왔다. 정보·서비스 산업이 증가했을 뿐만 아니라 농업과 제조업도 정보화되었다. 소련형 사회주의는 이 기술혁신과 산업구조의 변화에 대응할 수 없었다. 소련형 사회주의는 우주개발이나 군사기술 개발 분야 같은 특정분야에 집중된 기술혁신에서는 뛰어났다. 중화학공업과 같은 규모의 이익으로 획일적이고 대규모의 생산을 진행하는 구조에서는 우위를 차지했다. 그러나 정보화·서비스화 시대의 다품종 소량생산, 정보와 어우러져 부가가치가 높은 상품을 만드는 생산에는 적합하지 않았다. 선진 자본주의와 비교해서 명확하게 생산력 발전이 뒤떨어진 것이다.

앞에서 말했던 경제의 국제화도 소련형 사회주의 체제에 충격을 주었다. 1929년의 대공황이 상징하는 잉여자본과 시장의 협애성 때문에 발생했던 자본주의의 위기는, 세계화 속에서 발전도상국을 포함한 투자와 시장의 확대로 극복되었다. 제2차 세계대전 후의 식민지 해방과 민족독립은 사회주의의 이상을 실현한 것이었으나, 자본주의의 세계화를 진전시키는 기반으로도 되었다. IMF와 세계은행을 핵으로 하는 자본주의의 브레턴우즈 체제에 대항하기 위해 만들어진 사회주의의 국제경제기구 COMECON(경제상호원조회의)은 소련의 패권을 유지하는 경직된 기구로 각국의 자유로운 발전을 저해하였기 때문에 국제화를 진전시킬 수 없었다. 게다가 군사경제화한 소련의 경제 시스템은 군비 축소의 충격을 견뎌낼 수 없었다.

둘째, 시민사회화가 일당독재에 의한 중앙집권의 정치와 문화를 전복시켰다. 사회주의의 발전으로 교육수준이 높아지고, 지적 수준이 고양된 중간층이 생겨났으며, 대중사회화가 진행되자 자유와 참여를 요구하는 민주주의가 보급되게 되었다. 특히 앞서 언급한 정보화와 국제화로 선진 자본주의 국가의 상황을 알 수 있게 되자 소련형 사회주의의 일당독재에 의한 지배와 문화·이데올로기 통제에 대한 불만이 축적된다. 소비에트 정부는 페레스트로이카를 실시하여 위로부터 개혁을 통해 자유와 민주주의를 추진하려고 했으나, 급격한 시민의 요구에는 따라갈 수 없었다. 특히 기업, 지방자치단체(넓게 말하면 지역사회)와 시민에게 자치와 자유가 없었던 것, 그리고 일종의 쇄국에 의한 배외주의가 전환기에 내발적(內發的) 발전을 할 수 있는 능력을 손상시킨 원인이라고 할 수 있다.

이렇게 소련형 사회주의는 산업구조의 변화, 국제화 그리고 시민사회화라는 물결을 타고 넘지 못하고 자멸하였다. 소련형 사회주의의 붕괴는, 실은 중앙집권형 복지국가의 재정위기 또는 개발독재형 발전도상국의 변화와 일체화되어 나타났던 20세기 패러다임의 해체의 일부이다. 이 의미에서 볼 때 선진 자본주의 국가의 경우도 중앙집권형 복지국가의 개혁이 진행 중인데, 과연 신자유주의·신보수주의로 이 세계적인 사회 경제 시스템 변동을 극복할수 있을지는 명확하지 않다. 사회주의의 자멸로 선진 자본주의의 우위성은 증명되었다. 그러나 과연 그것이 지속할 것인가. 또 더 근본적인 문제로서 지금의 기술혁신과 산업구조의 변화, 그리고 다국적 기업에 의한 세계경제 질서가 환경문제나 남북문제의 해결 등 인류에게 행복을 가져다주는가도 해답이 나와 있지 않다. 어찌되었든 소련형 사회주의의 생산관계는 선진 자본주의 국가의 생산관계보다 뛰어나지 못했으며, 생산력의 발전에 부합하지 못했다는 의미에서는 후진적이었다. 또 마르크스가 이상으로 삼았던 '자유의 왕국'과도 연관이 없었다고 할 수 있다.

사회주의 국가의 환경문제가 심각하다는 것은 이미 많은 자료에서 밝혀졌으며 필자도 과거의 논문에서 지적해왔다. 1989년 옛 소련 정부는 제1회 환경백서를 발표했는데, OECD의 소개를 따르면 환경오염이 심각한 지역이 370만 km²(독일 면적의 약 10배)에 이르며, 산업공해가 심각한 지역에 살고 있는 주민이 약 6000만 명(전체 인구의 20%)에 달한다. 비교하기는 어렵지만, OECD는 사회주의 국가의 공해로 인한 건강피해가 서방 공업국의 10배에서

100배가 될 것으로 추정하고 있다. 수원(水源)의 3분의 2는 오염되었으며, 오염된 음료수 때문에 매년 1500명 이상이 사망한다. 환경기준의 10배 이상 오염된 도시가 103개, 거주 시민이 5000만 명 이상이며 호흡기 환자가 많다. 서독, 프랑스, 일본, 영국, 미국의 5개국과 옛 소련을 비교해보면 호흡기 질환으로 인한 사망자 수가 서방 5개국은 100만 명당 남성 120명인 데 반해 옛 소련은 340명으로 2.8배, 5개국은 여성 60명인 데 반해 옛 소련이 100명으로 1.7배 높다. 식품오염도 심각해서 우즈베키스탄에서는 식품 중 결함상품으로 보고된 것이 20%에 이른다.[19]

체르노빌 발전소 사고와 그 후의 대책을 보면 옛 소련의 환경정책이 일본과 비교해서 결함이 많다는 것이 밝혀졌다. 환경의 시대에 옛 소련 사회주의의 체제는 적합하지 않았을 것이다.

♟ 리우 회의

냉전의 종결은 세계의 상호의존과 일체감을 고양시켜, 유럽을 중심으로 진행되고 있던 지구환경 보전에 대한 여론과 운동을 한꺼번에 국제화시켰다. 이 최초의 이벤트가 1989년의 파리 아르슈 선진국정상회담(G7)이다. 이 회담은 프랑스혁명 200주년을 기념하여 열렸는데, 경제문제나 대(對)사회주의정책 일변도였던 그때까지의 회담과는 완전히 달라져서 의제의 3분의 1 이상이 환경문제였기 때문에 그린 서미트(green summit)로 불렸다. 이 회담은 처음으로 NGO의 참가를 촉구했다. 한편 유럽환경국(European Environmental Bureau: EEB)을 중심으로 한 국제적인 환경회의가 EC, 미국, 일본 3강의 NGO 연합을 목표로 하여 동시에 퐁텐블로에서 열렸다. 회의 석상에서는 지구 온난화 방지를 촉구하는 결의를 채택하고 이것을 정상회담에 제출했다.[20] 이 정상회담은 지금까지 환경정책에 열성적이지 않았던 영국과 미국 정부에게 변화가 나타났다는 것을 보여준다. 또 재계에도 변화가 나타났다. 듀폰이 프레온 가스의 대체물질 발명에 성공하여, 프레온 가스 규제를 적극적으로 추진하는 전략으로 전환한 것이나, 체르노빌 이후 원자력 발전에 대한 비판을 얼버무려 넘기고 원전 도입을 서두르는 정부, 전력업계나 일부 과학자가 CO2 감축 캠페인에 적극적인 태도로 바뀐 것이 그 예다. 1989년 유엔환경계획(UNEP)은 1992년에 브라질 리우데자네이루에서 유엔환경개발회의를 개최할 것을 결정했고, 또『세계환경보고서(The World Environment, 1972~1992)』를 발표했다. 이 책에서는 "지구 역사상 지금만큼 환경이 위협에 놓인 적은 없었다"고 서술하고 있다. 이 보고서에 따르면 선진국의 대기오염 개선은 유일한 예외이고, 모든 환경 분야에서 상태가 악화되고 있다. 생물종의 4분의 1은 20~30년 사이에 멸종될 위기에 놓여 있다. 환경 관련 질병으로 사망하는 어린이가 매일 3만 5000명에 달하며, 항상적인 기아 상태에 놓인 사람은 1970년 4억 6000만 명에서 1990년에는 5억 5000만 명으로 늘어났다고 보고서는 서술하고 있다. 이렇게 리우 회의는 지구환경의 위기와 빈곤을 둘 다 해결하고, '유지 가능한 발전'을 위해 새로운 국제정치경제 질서를 만들어낼 것을 목적으로 개최되었다.

1992년 6월, 유엔 역사상 최초로 세계 105개국의 정상을 포함한 178개국의 정부대표가 참가하여 '지구 정상회담'이 열렸다. 동시에 전 세계 100개국을 넘는 4000의 NGO 대표가 모여 국제 NGO 지구 포럼이 열렸다. 일본에서도 백 수십 명의 정부대표, 약 400명의 NGO 대표 등 실로 1000명에 가까운 관계자가 참가했다. 아마 이렇게 거대한 규모의 국제회의는 당분간 열리지 않을 것이다. 이전의 스톡홀름 회의는 정상들의 참가도 적었고, 사회주의 국가들은 참가하지 않았으며, 위에서 언급한 대로 남북 대립이 심해서 구체적인 협정체결은 없었다. 1992년 회의에는 쿠바를 비롯해서 사회주의 국가와 대부분의 발전도상국이 출석하였고 국제협정도 체결되었다. NGO의 참가가 인정되어 NGO 독자적인 포럼을 열 수 있었다.

이것은 세계 정부와 민중들이 얼마나 지구환경 보전과 남북문제에 절실한 관심을 갖고 있는가를 보여주고 있다. 그러나 회의는 환경과 개발이라는 두 가지 목표의 조화를 생각하고 있었기 때문에 각국의 관심이 갈라졌다. 필자가 리우 회의에 참가하기 위해 탔던 브라질 항공회사의 PR 잡지에는 리우 회의는 빈곤문제를 해결하기 위한 유엔 회의라고 되어 있었으며, 환경에 대해서는 전혀 언급하지 않았다.

리우 회의는 '의제(Agenda) 21'을 채택하였고, '기후변화협약', '생물다양성 보전협약'에는 많은 나라가 회의 기간 중에 서명을 했으며, '삼림원칙'을 정하고 '사막화방지협약'을 빠른 시기에 책정할 것을 결정했다. 애초에는 '지구환경헌장'을 선언할 예정이었으나, 발전도상국이 개발권을 강하게 주장하여 '환경과 개발에 관한 리우 선언'(27개 원칙)이 되었다. 이 선언은 "인간은 자연과 조화를 이룬 건강하고 생산적인 삶을 향유할 권리를 가진다"[21]고 공표했다. 남북을 초월한 "우리들의 보금자리인 지구의 불가분성·상호의존성"[22]에 대한 인식을 호소하고, 각국이 자신의 주권을 주장한 나머지 국경을 초월하여 피해를 주어서는 안 되며 "개발의 권리는 현재 그리고 미래 세대의 개발과 환경상의 필요성을 공평하게 충족시킬"[23] 것을 요구했다. 이 때문에 환경보호는 개발과정과 불가분의 관계라고 생각하여 유지 가능하지 않은 생산과 소비를 줄일 것과 환경기준의 설정 및 환경영향평가의 실시, 오염자가 부담하는 피해자 구제조치의 확립, 환경 관련 정보의 공개와 의사결정과정에 대한 주민 참여를 요구하고 있다. 이런 부분에서 리우 선언은 적극적인 내용을 담고 있다. 그러나 한편 발전도상국의 정계·재계 요구를 받아들여, 환경 목적을 위해 국제무역을 규제해서는 안 된다는 것과 지구환경 보전에는 평등한 정책이 아닌 차별이 필수적이며 선진국의 책임이 무겁다는 것도 언급하고 있다.

'의제 21'은 이 선언을 실행할 행동강령으로서 40개의 장으로 구성되었다.

그 전문에서는 다음과 같이 그 목표를 규정하고 있다.

인류는 역사상 결정적인 순간에 서 있다. 우리는 국가 간 그리고 국내에서 끊임없는 불균형, 빈곤, 기아, 질병, 문맹률 악화, 그리고 우리의 행복의 기반인 생태계의 악화에 직면해 있다. 그러나 환경과 개발을 통합하고 여기에 더욱 큰 관심을 둠으로써 인류 생존의 기본적인 요구(needs)를 충족시키고 생활수준의 향상을 꾀하며 생태계의 보호와 관리를 개선하여 안전하고 번영된 미래로 이어갈 수 있다.

그리고 이하 '사회적 경제적 측면', '개발자원의 보존과 관리', '주된 그룹의 역할강화', '실행수단'의 장별로 상세한 강령을 정하고 있다. 마치 지구환경 보호 운동의 교과서 같다. 각국은 이것을 기초로 하여 행동강령을 만들었으며 또 자치단체는 지방의제를 만들었다. 그러나 1997년 무렵부터 이 의제 (Agenda)를 실행하는 적극적 움직임이 멈추었다고 한다.

이 의제는 리우 회의가 열리기 약 2년 전부터 180개국이 작성한 것이나, 회의 중에는 개발도상국에 대한 선진국의 원조를 GNP의 0.7%로 하는 달성 시기를 명기하는 것까지는 결정되지 못했다.

'기후변화협약'(1994년 3월 발효)은 온실효과 가스가 자연 생태계와 인류에게 주는 악영향을 우려하여, 이를 억제하기 위해 26개조로 이루어진 구체적인 국제협약을 제정한 것이다. 이 원안의 작성단계에서 미국의 반대로, 1990년의 CO_2 배출량을 기준으로 하여 억제한다는 구체적인 규제기준을 정하지 못했다. 이 때문에 리우 회의의 6개월 이내에 협의를 개시하는 것으로 하고, 구체적인 규제책에 대해서는 다음으로 넘어갔다.

'생물다양성보전협약'(1993년 12월 발효)은 생물의 진화와 생물권에서 생명 유지 기구를 유지하기 위해서는 생물의 다양성이 중요함에도 인간 활동 때문에 이것이 현저하게 감소하고 있는 것을 우려하여, 생물의 다양성을 보전하고 지속 가능한 이용을 하기 위한 국제협약이다. 이 조약은 42개조로 이루어졌으며, 각국의 주권 범위 내에서 보호를 위한 지역과 특별조치를 취할 것이 정해져 있다. 이 조약에 대해서는 발전도상국의 반대로 당초 예정되어 있었던 보호대상 종과 서식지 목록을 만드는 조문이 빠져버렸다. 그리고 미국은 유전자의 지적재산권을 주장하여 서명하지 않았으나, 클린턴 정권(1993~2001)에 이르러서 겨우 승인했다.

'삼림원칙성명(Rio Declaration of Forest Principles)'은 모든 형태의 삼림이 인류의 필요를 충족시킬 자원과 환경적 가치를 공급하는 존재이고, 장래의 잠재적 능력의 기초를 이루는 복잡하고 고유한 생태학적 과정을 지니고 있다는 것을 인식하여, 건전한 관리와 보전을 요구하는 성명이다. 여기에서는 15원칙을 제시하고 있으며, 보전보다 자원으로서 지속적 개발을 요구하는 원칙이 강하게 나타나 있다. 이것은 2년 후에 채택되고 1997년에 발효된 '국제열대목재협정(International Tropical Timber Agreement)'에도 들어가 있다.

리우 회의에서는 사막화 방지에 대해 시급히 국제조약을 정할 것이 논의되어, 1994년 '사막화방지협약'이 체결되고 1996년에 발효되었다. 일본 정부는 이 모든 협약을 국회에서 승인했다. 또한 인간생활에 더욱 중요한 담수의 보전·보호를 위해서 전문가들의 열띤 토론이 있었으나, 이 회의에서 구체적 제안으로까지는 나아가지 못했다.

NGO는 이 선언과 조약에 반대 또는 만족하지 못하여 독자적인 '지구 헌장'을 만들었고 35개의 NGO 조약을 정했다. '지구 헌장'의 특징은 다음과 같다.

① 생물적·문화적 다양성을 인정하고, 그 기반 위에서 환경의 기초적 생존조건의 권리를 인정하고 그것을 함께 지키고 회복할 것을 촉구
② 빈곤과 지구에 대한 손상행위를 없애버리고 내발적(內發的) 해결을 촉구

③ 국가주의는 성역이 아니며, 무역관행과 다국적 기업이 환경파괴를 야기해서는 안 되고 사회적 공평, 공정무역, 생태원칙과 일치되도록 조절·규제되어야 한다는 것을 촉구

④ 분쟁처리수단으로서 군사력 증강, 군사력 행사, 경제적 압력에 반대

⑤ 정책결정과정과 그것을 정지시킬 기준의 공개, 특히 남측 국가와 국내 피해자의 정보입수, 그리고 그 과정에 참가하는 것

⑥ 변혁에 대한 원천으로서 여성의 역할을 인정하고 그것을 반영하는 공정한 사회 건설

스톡홀름 회의에 이어서 리우 회의의 사무총장을 맡은 스트롱(M. Strong)은 이 회의를 처음에는 '인류에게 마지막 기회'라 하였으나, 끝난 뒤에는 '지구보전을 향한 첫걸음'이라고 어조를 낮추었다. 그만큼 이 획기적인 회의도 많은 과제를 남겼다.

리우 회의는 왜 그 임무와 시기에 대해 불충분한 결과로 끝난 것일까.

그것은 첫째로 국익의 대립 때문에 전 지구적 합의가 이루어지지 못했기 때문이다. 특히 미국 정부가 기후변화협약의 골자를 삭제하려고 한 것이나 생물다양성보전협약에 반대한 것은 회의의 적극적인 성과를 저해하였다. 선진공업국은 과거의 공해 수출이나 자원약탈에 대해 배상이나 중지 등 명확한 책임을 지지 않았던 것이다. 한편 발전도상국은 세계경제질서의 근본적인 개혁과 대안의 길을 제시하지 못하고, '근대화 노선'을 답습하고 있었기 때문에 선진 자본주의 국가로부터 자금과 기술이전을 요구하였다. 발전도상국의 정부 대표는 쿠바를 비롯해서 회의에서 선진국의 경제침략을 고발하고 빈곤문제의 해결을 호소했다. 이는 너무 정도가 심해서 자본주의 국가의 대표들의 가슴이 아플 정도의 발언이었다. 그러나 그들은 서구형 근대화를 대신하는 '유지 가능한 발전의 길'을 제시하지 못했다. 그들이 빈곤과 기아에서 벗어나기

위해 경제성장을 하는 것은 당연한 권리이다. 그러나 '근대화 노선'으로 대량생산·대량소비의 경제 시스템을 추종한다면 지구의 미래는 없을 것이다.

둘째로, 리우 회의에서는 다국적 기업의 규제를 위한 제도나 조직에 대해서 논의도 제안도 전혀 없었다. 오히려 이 회의는 GATT나 WTO를 통해 자유무역주의 제도를 추진할 것을 제안했다. 1992년 유엔 경제사회이사회 '유지가능한 발전 위원회'의 다국적 기업에 관한 보고서에서는 다국적 기업을 세계경제발전의 기관차로 규정하고 있다. 리우 회의에서는 경제단체도 NGO로서 회의에 참석했다. 이는 기업도 지구시민으로서 행동하겠다는 것인데, 기업을 자주적 규제에 맡겨도 된다고는 생각할 수 없다. 현실에서 발생하고 있는 공해 수출이나 자연파괴를 보면 국제적인 환경규제의 필요성은 분명하다. 그래서 NGO들은 국제조직으로서 WEO(세계환경기구)나 국제환경재판소 등을 설치할 것을 요구했으나, 실현되지는 못했다.

셋째로, NGO의 참가에 제한이 있었으며 또한 정책형성 능력이 미숙했던 때문이다. UNEP는 NGO가 리우 회의에 참가하는 것을 중요하게 생각하여, 등록단체는 2인, 등록 연합체는 4인의 대표가 회의에 출석하는 것을 인정했다. 또 시 중심부의 플라멩코 공원에 NGO 포럼을 설치하고 약 40개의 텐트를 마련하여 한밤중까지 이벤트를 열 수 있도록 하였다. 그러나 실제로는 일반적인 NGO가, 특히 공해 피해자들의 NGO가 정책결정과정에 들어가는 것은 불가능했다. 한편 NGO의 국제조직은 결성되지 못했고, 정책형성 능력에도 문제가 있었다.

일본 정부는 이 회의에서 공해대책의 성공을 제시했지만, 미나마타병이나 대기오염 피해자단체는 정부의 견해를 비판하고 참가자들에게 '공해는 끝나지 않았다'고 주장했다. 다른 유럽과 미국의 정부는 매일 NGO와 브리핑 모임을 개최하였으나, 일본 정부는 NGO와 의논은커녕 정보조차 알려주지 않았다. 이 회의에서 미국이 '생물다양성보전협약'에 반대하여 조인이 위태로 위졌을 때 각국 NGO는 일본 정부가 미국을 설득해줄 것이라고 기대했으나, 일본 정부는 설득은커녕 반대로 미국의 동향만 살피다가 겨우 마지막 날에 조인을 한 형편이었다. 게다가 이 회의에는 평화유지군(PKO: Peace Keeping Operation) 법안을 위해 당시의 미야자와(宮沢) 수상이 참석하지 않았던 문제도 있어, 저널리스트와 NGO 사이에서 일본 정부에 대한 평가는 미국 정부 다음으로 나빴다.

이렇게 리우 회의는 충분한 결과를 얻지 못하였지만 환경의 시대를 여는 개막식이었다. 그 시대의 첨단을 달리는 능력을 갖고 있을 일본은 회의 중의 역할에서도 기회를 놓쳐버린 것이다.[24]

♟ 교토 의정서

지구환경 문제에서 정치경제학적으로 가장 중요한 문제는 지구 온난화 방지일 것이다. 경제성장은 에너지 소비에 의존한다. 화석연료는 온실효과 가스의 주체가 되는 CO_2를 발생시키므로 이를 감축하는 것은 경제발전의 양태를 좌우한다. 이미 이와 비슷한 문제로 오존층 보호를 위해 프레온 가스 등을 규제하는 1985년의 빈 조약(Vienna Convention)과 이를 기초로 해서 2년 후에 체결된 몬트리올 의정서(Montreal Protocol)가 있다. 이 의정서에서는 특정 프레온의 소비량을 1989년부터 1998년까지 단계적으로 감축하고, 1998년 이후에는 1986년 수준의 50%까지 감축, 특정 프레온은 1992년 이후에 1986년 수준으로 동결한다는 것을 정했다. 그 후에 이 내용으로는 충분치 않아 감축 스케줄을 앞당겼다.[25] 이것은 국제협정으로서는 획기적인 일로, 기후변화협약도 이것을 본떠서 진행하고 있다. 그러나 오존층 보호는 배출원이 한정되어 있고 대체물질 문제 등의 기술적 해결의 가능성이 크기 때문에, 앞서 거론한 듀폰을 비롯하여 기업이 참가할 수 있었다. 이에 반해 지구 온난화 방지는 산업혁명 이래 에너지 소비에 의존해온 근대화의 변혁을 요구하는 내용을 담고 있어, 기업을 비롯한 경제 주체의 부담이 비교할 수 없을 정도로 크다. 그래서 국제적 협약을 채택하고 실행하는 데 어려움이 많다. 리우 회의에서 채택된 기후변화협약은 제2조에서 다음과 같이 목적을 규정하고 있다.

> 기후체계가 위험한 인위적 간섭을 받지 않는 수준에서 대기 중 온실효과 가스
> 농도의 안정화를 달성하는 것을 궁극의 목적으로 한다. 그러한 수준은 생태계가
> 자연적으로 기후변화에 적응하고 식량생산이 위협받지 않으며 경제개발이 지
> 속적인 양태에서 진행될 수 있도록 하기에 충분한 기간 내에 달성되어야 한다.

지금까지 과학에서 논의되던 뜬구름 잡는 식의 막연한 목적이 현실의 정책이 된 것은, UNEP와 세계기상기구(WMO)의 협력으로 1988년에 설립된 '기후변화에 관한 정부간협의체(IPCC)'가 중대한 발표를 했기 때문이다. IPCC는 1990년 1월에 발행한 제1차 평가보고서에서 산업혁명 이후 공업화 등 인위적 행위에 의해 발생하는 CO_2 등의 온실효과 가스에 때문에 지구 온난화가 진행되고 있으며, 이대로 방치하면 2100년까지 평균기온이 1~3.5℃ 상승하고, 해수면이 15~95cm 상승하며, 이로 인해 폭풍, 가뭄, 홍수 등의 이상기후를 초래하여 식량생산의 변화를 비롯한 중대한 손해를 입힌다는 내용을 발표했다. IPCC는 그 후 1995년에 제2차 평가보고서를, 2001년에 제3차 평가보고서를, 2007년에 제4차 평가보고서를 발표했다. 최신 평가보고서에서는 인간의 활동으로 인한 온난화의 가능성을 90% 이상으로 평가하여, 제3차 평가보고서의 66%보다 가능성이 더욱 증대하였다. 1906~2005년의 세계 평균기온은 0.74℃ 상승하였고, 앞으로 21세기 말까지 순환형사회가 실현되더라도 약 1.8℃, 고도성장으로 화석연료에 의존하는 경우는 약 4℃ 상승한다고 하였다. 그리고 해수면은 20세기 말보다 18~59cm 상승하여 극단적인

고온과 열파, 호우의 빈도는 계속해서 증가할 가능성이 높다고 예측하였다. 이것은 농작물이나 물 부족 등에 심각한 영향을 초래하며, 각국의 연안부가 수몰되어 돌이킬 수 없는 재해를 가져올 것이다.

이 최신 보고서는 지금까지 IPCC의 권고에 회의적이던 미국 등 각국에 결정적인 영향을 주었다고 할 수 있다. 온난화 방지는 과학의 단계에서 정치의 단계로 넘어갔다고 할 수 있다.[26] 하지만 온난화를 방지하기 위해서는 앞으로 반세기 동안 온실효과 가스 배출량을 50~60% 감축하고, 전 세계 GDP의 1% 이상의 비용을 들여야 한다.

그러면 이러한 지구환경의 위기에 정치·경제는 어떻게 대응해왔는가. 시대를 거슬러 올라가 보겠다.

'기후변화협약'에서는 구체적인 수치목표를 제시하여 규제를 하는 것까지는 결정하지 못하고, 이후의 국제회의로 위임했다. 그래서 매년 기후변화협약 당사국 총회(Conferences of the Parties: COP)가 열리고, 1997년 12월 제3차 기후변화협약 당사국 총회(COP3)에서 간신히 교토 의정서가 채택되었다. 이 의정서에서는 부속서 I 국가 ── OECD 가맹국과 옛 사회주의 국가 ── 는 개별적으로 또는 공동으로 온실효과 가스 전체량을 제1차 의무공약기간인 2008년부터 2012년까지 1990년 수준보다 적어도 5.2% 감축한다고 되어 있다. 감축률은 국가별로 정해져 있는데, EU 전체로 8%, 미국에게 7%, 일본에게 6%를 요구했다. 발전도상국은 이 기간에 수치목표의 감축 의무를 지지 않는다. 또 이 비율의 산정에는 1990년 이후의 신규 식림, 재식림, 삼림 벌채에 한정하여 흡수량을 산정한다고 규정하고 있다.

이 회의에서는 158개 협약 당사국과 참관인 3000명이 참가했다. 주도권을 잡은 것은 이미 환경세 등을 채용하여 구체적으로 감축을 시작한 EU였으며, 이에 반해 미국 등은 소극적이었고, 일본은 EU와 미국의 중개역할을 맡았다. 발전도상국 내부에서는 산유국과 도서국가가 의견 대립하였다. 장래의 주요 배출국이 될 중국과 인도는 온실효과 가스의 축적은 선진국의 경제활동의 결과라며, 경제성장을 억제하는 것에 반대하였다. 그리고 앞으로의 기술원조로서 발전도상국에 대한 보상기금을 제안하였다. 이 회의에서는 리우 회의와 마찬가지로 산업계의 일부를 제외한 수백 개의 NGO 단체는 본 회의에 참가할 수 없었다. 그러나 휴대전화라는 무기를 활용하여 발코니에서 대표단에게 지시를 하는 등 상당한 성과를 올렸다. 특히 일본의 NGO는 곧잘 기세가 죽는 일본 정부를 응원해주었다. '기진맥진 교섭'이라고 불린 격렬한 토론 끝에 예정보다 하루 늦게 의정서가 채택되었다. 오베르튀르(Sebastian Oberthür)와 오트(Hermann E. Ott)는 『교토 의정서: 21세기를 위한 국제기후정책(The Kyoto Protocol: International Climate Policy for the 21st Century)』에서 다음과 같이 평가하였다.

> 교토 의정서는 명백하게 결함이 있지만, 이것은 기후보호 역사의 이정표로 간주할 수 있다. 역사상 처음으로 전 세계의 주요국을 포함하여 대부분의 국가가 경제, 사회적 번영이 반드시 온실효과 가스를 무한정 배출해야 가능한 것은 아니라는 점을 이해한 것이다.[27]

이것은 신자유주의의 조류 속에서 시장원리주의로 움직이는 경제에 국제적인 공공 개입을 했다는 점에서 획기적인 사건이었다. 이것은 다카무라 유카리(高村ゆかり)의 지적대로 공해의 교훈을 살릴 것이라고 말할 수 있다. 즉 사전예방원칙(Precautionary Principle)이 채용된 것이다. 사전예방원칙은 "일반적으로 일정한 피해가 발생할 우려가 있는 경우, 과학적으로 확실하지 않더라도 피해를 미연에 방지하기 위한 조치를 취해야 한다는 것"이다.[28] 또한 온실효과 가스의 재해는 축적성(stock) 재해라고 할 수 있으며 산업혁명 이후 역사적으로 지금까지 온실효과 가스를 배출하고 축적시켜온 선진공업국에

주된 책임이 있기 때문에, 형평의 원칙에서 발전도상국과 대책의 차이를 두는 것을 인정한 것도 국제정치경제상 진일보한 것이다.

교토 의정서의 중심은 시장 메커니즘에 따른 공공적 개입을 인정한 것이다. 즉 교토 메커니즘으로 불리는 다음 세 가지이다. 첫째는 공동이행제도 (Joint Implementation: JI)다. 이것은 부속서 I 국가가 다른 부속서 I 국가에서 시행한 프로젝트에서 발생한 감축량을 당사국 간에 배분하는 것을 인정하는 제도다. 둘째는 청정개발체제(Clean Development Mechanism: CDM)다. 이것은 부속서 I 국가가 발전도상국에서 시행한 프로젝트에서 발생한 감축량을 시행 당사국이 획득하는 것을 인정하는 제도이다. ODA의 변형이라고 할 수 있으나, 교토 의정서에 참가한 발전도상국이 가장 구체적으로 요구한 것이다. 셋째는 배출권거래제도(Emission Trading: ET)이다. 이것은 부속서 I 국가끼리 배출 의무량을 거래하는 것을 인정하는 제도이다. 이미 SO_x에서 배출권거래 시장을 갖고 있는 미국이 강하게 요구한 것이다. CDM과 배출권거래제도는 시장에서 거래를 통해 배출량을 감축하는 것으로 자국의 배출량 억제 노력이나 기술발전을 저해할 염려가 있다. 이 때문에 배출권거래제도에 대해서는 각 기업에 맡기지 않고, 국가의 승인 또는 국제기관의 인증을 요구하고 있다.[29]

교토 의정서는 2007년 6월 현재 84개국이 서명했고, 175개국이 협약했다. 그러나 전 세계 온실효과 가스의 4분의 1을 배출하는 미국의 부시 정권은 의정서에서 탈퇴했다. 의정서를 따르면 대책비가 커서 에너지의 대량소비에 기초를 둔 미국적 생활양식을 개혁하지 않으면 안 된다. 미국 정부는 GDP당 온실효과 가스 배출량을 감축하는 기술개발로 대응하겠다고 하지만, 그럼에도 연성장률이 3%라면 배출량은 30% 증가한다. 미국이 참가하지 않으면 발전도상국이 참가하지 않는 것이 당연해진다. 이렇게 해서 어렵게 만든 획기적인 교토 의정서는 그 목적을 달성하기가 힘들어졌다. 1997년 이후 이 문제는 서서히 국제정치의 중심에서 멀어져 리우 회의 10주년인 2002년의 요하네스버그 회의는 구체적인 성과를 거두지 못했다.

하지만 앞에서 언급한 IPCC의 제4차 평가보고서는 가령 온실효과 가스의 농도 상승을 멈추게 하더라도 온난화는 수백 년간 계속된다고 하며, 온실효과 가스의 60~70% 감축이 필요하다는 것을 전제로 한다. EU에서는 2002년까지 15~30%, 2050년까지 60~80% 감축을 검토하고 있다. 이를 위해서 적극적으로 자연에너지로 전환을 추진하고 있다. 여기에 비교하면 일본은 자연에너지의 도입이 늦고 환경세 도입은 연기되었으며, 배출권거래제도도 순조롭게 진척될 것 같지 않다. CO2는 이미 1990년 수준 대비 8% 증가하여, 2012년까지 감축량은 14%가 된다. 상당히 과감한 정책을 펼치지 않으면 실현이 어렵게 된 것이다. 2013년 이후의 대책협의가 시작되었으나 미국과 발전도상국, 특히 경제대국이 되어가는 중국과 인도의 정책전환이 없으면 제2차 세계대전 전에 군축협상이 실패한 것과 마찬가지로 지구환경 보전은 실패로 끝날지도 모른다.

♨ 아시아의 환경문제

1980년대 이후, 심각한 환경문제의 주역은 유럽과 북미, 일본의 세 지역에서 발전도상국으로 옮겨갔다. 리우 회의에서는 발전도상국의 중심과제가 빈곤과 기아의 극복이었으나, 21세기 전반의 지구환경 문제는 발전도상국, 특히 아시아의 경제성장과 환경파괴의 동향에 달려 있다고 해도 과언이 아니다. 이 변화는 특히 중국과 인도가 세계 시장경제에 참가한 것과 급속한 서구형 근대화를 추진한 것이 요인이다. 1980년대 이후의 아시아의 평균성장률은 전 세계 평균성장률의 2~3배로, 21세기 전반에는 일본을 제외한 아시아의 GNP가 미국과 EU를 추월하고, 인구는 세계인구의 3분의 2를 넘을 것으로 전망하고 있다.

　여기서는 중동 이외의 아시아 지역, 특히 일본을 제외한 동아시아와 동남
아시아를 대상으로 하겠다. 이 지역의 사회는 참으로 다양하다. 언어, 문화,
종교는 무수하게 많다. 경제체제도 자본주의와 사회주의로 나뉜다. 자본주
의도 필리핀처럼 대지주제 같은 전근대적 요소를 갖고 있는 지역도 있으며,
태국이나 대만처럼 국영기업이 산업의 주축을 이루는 지역도 있다. 정치·행
정의 형태를 보아도 태국처럼 군주제를 실시하는 국가, 중국과 베트남처럼
집권적 일당독재도 있으며 한국이나 대만처럼 지방자치제도를 가진 민주주
의 국가·지역도 있다. 아시아를 논할 때는 이런 다양성을 무시할 수 없다.
그렇지만 아시아는 급성장과 그에 따른 환경문제에 직면해 있으며, 이 점에
서는 공통적이다.

　1980년대에는 아시아 환경문제의 실태가 거의 밝혀져 있지 않았다. 아시
아 정부들은 환경백서를 발행하지 않았다. 일본 기업도 공해 수출 때문에 재
판에 계류되는 경우를 제외하고는 정보를 공개하지 않았다. 1985년, 필자가
처음으로 조사를 위해 한국에 들어갔을 때 '온산병'이 문제가 되어 있었는데,
주민을 집단이주시켜 버렸기 때문에, 실태를 밝힐 수 없었다. 1999년 중국의
환경행정 담당자를 양성하는 중국환경관리학원에서 미나마타병 심포지엄이
있어 요시이 마사즈미(吉井正澄) 전 미나마타 시장과 함께 일본의 미나마타병
의 책임에 대해 강연을 했다. 그때 중국의 미나마타병에 대해 질문을 했는데
당국의 대답은 중국에는 미나마타병이 없다는 것이었다. 그것이 사실과 반
대라는 것은 분명하나 공식적으로는 인정하지 않았던 것이다. 이렇게 최근
까지 중국은 환경피해를 공표하지 않았다. 1994년 이후 『중국환경연감』이
발행되면서 환경피해를 발표하게는 되었으나 피해의 일부분밖에 공표되지
않았다. 1980년대 말에 한국과 대만의 군사정권이 물러나고 민주화가 진행
되어, 이 지역에서 환경 NGO의 활동이 활발해졌다. 리우 회의 이후 상황이

달라졌다고는 하나 아시아 정부들은 개발지향형이라, 공해·환경파괴를 고발하는 주민을 탄압하거나 피해자를 차별하는 일이 여전히 계속되고 있다. 이 때문에 공해·환경 문제가 공표되기 시작했다고는 해도 전부가 밝혀져 있는 것은 아니다. 지금 NGO의 입장에서 아시아의 공해·환경 문제의 실태, 그 원인, 시민의 여론·운동, 정책의 변화 등에 대해 매년 조사를 해서 발표하는 것은 일본환경회의의 『아시아 환경백서(アヅア環境白書)』이다. 각국의 상황에 대해서는 이 백서를 참조하기 바라며, 여기서는 아시아의 공해·환경 문제에 공통된 특징을 정리해보겠다.

아시아 경제의 근대화에서 본 생활 면에서의 후진성과 생산력 발전의 급진성이라는 특징은 환경문제를 중첩시키고 심각하게 만들고 있다. 이 경우 중첩성이란 선진공업국이 이미 해결한 오래된 사회문제와 현대의 사회문제가 동시에 발생하고 있다는 말이다. 일본은 영국이 300년 걸린 공업도시화를 100년 만에 달성함으로써 주택난이나 산업공해와 같은 오랜 도시문제와 자동차 공해 같은 새로운 도시문제를 동시에 발생시켰다. 아시아 국가들은 일본과 마찬가지로 공해와 재해를 발생시키기 쉬운 정치·경제 시스템이며, 게다가 일본보다 빠른 속도로 근대화를 진행하고 있다. 이 때문에 발전단계가 다른 공해·환경문제가 일본 이상으로 복잡한 형태로 중첩되어 환경정책을 어렵게 만들고 있다. 더욱이 그 원인에는 일본을 포함한 다국적 기업이 관계되어 있다. 아시아의 환경문제를 역사적인 발전단계에 따라 항목별로 구분해보면 다음과 같다.[30]

(1) 자본의 시초 축적기의 자원 남획·수출에 따른 산업재해와 환경파괴

일본의 아시오(足尾)나 시사카지마 섬(四阪島) 등의 구리광산과 제련소에서 발생한 구리중독[31] 사건과 똑같은 일이 아시아에서 되풀이되고 있다. 말레이시아 동부의 마무트(Mamut) 구리광산 —— 해외광산자원개발 사바 유한회사가 개발 —— 은 배수와 폐기물로 17개 부락에 피해를 안겼다. 중국의 후난 성(湖南省)·샹장(湘江) 강과 광둥 성(廣東省)·베이장(北江) 강 제련소에서 발생한 카드뮴 유출, 열대우림 벌채와 새우양식을 위한 맹그로브 숲의 파괴 등 무수한 사건이 일어나고 있다.

(2) 고전적 도시문제와 산업재해

도시화는 급속하게 진행되지만, 도시정부에 행정·재정 권한이 없으며 정부도 도시정책에 소홀하기 때문에 산업혁명기 같은 주택난, 깨끗한 물의 부족, 분뇨의 무분별한 방류 등 위생 악화가 심해지고 있다. 아시아의 대도시는 외국자본 등에 의존하여 화려한 호텔이나 기업 사무실과 슬럼이 공존한다. 한국은 1990년대에 서울 일극집중(一極集中)에서 보는 대로 도시의 인구집중이 급속하게 진행되었기 때문에 상수도원 오염이 심각했다. 아시아는 공통적으로 이 깨끗한 물 공급을 해결하지 못하고 있다. 세계에서 안전한 식수를 마실 수 없는 인구 중 3분의 2 이상인 7억 명이 아시아 거주하고 있으며, 개량된 하수 설비를 이용하지 못하는 사람들이 중국, 인도에만 15억 명이 있다. 이 물의 위생상태 악화가 전염병을 발생시키고 유아사망률을 증대시키며 평균수명 단축에 영향을 주고 있다. 또한 아시아의 공장이나 사무실에서는 안전설비가 정비되어 있지 않아, 열악한 노동조건, 허약한 노동조합 등이 맞물려 산업재해나 직업병이 많다. 이것이 고전적 도시문제와 겹쳐 재해를 증가시키고 있다.

(3) 산업공해

한국의 공업단지에서 발생한 '온산병', 공업단지의 페놀 폐수에 의한 낙동강(대구) 오염 등 동아시아의 산업공해는 일본의 고도성장기와 똑같거나 또는 그 이상으로 심각하다. '온산병'은 한때 이타이이타이병이라고 일컬었으나, 하라다 마사즈미(原田正純)에 따르면 중금속 복합오염의 가능성이 크다고 한다.[32] 이미 8400세대(3만 7600명)가 이주해버렸기 때문에 분명하지 않은 점이 많다. 대만의 국영중국석유 가오슝정유총창(高雄精油總廠)의 공해사건이나 또 앞에서 밝힌 말레이시아 ARE사는 방사능 피해를 발생시켰다. 이포 고등법원은 ARE을 조업정지시켰으나 대법원에서는 원고가 패소했다. 그러나 현재는 폐업을 한 상태이다. 최근 중국에는 전국에 심각한 산업공해가 있다는 것이 밝혀져 있다. 1990년대 중반까지는 중국 정부는 공해의 피해자를 공표하지 않았다. 지금도 역시 역학조사는 공표하지 않기 때문에, 공해 실태는 큰 문제가 된 것에 한해서만 밝혀져 있다.

(4) 현대적 도시공해와 리조트 개발에 따른 자연·도시 경관 파괴

타이베이 시, 서울시, 방콕 시, 상하이 시 등 아시아 대도시의 호텔이나 백화점은 유럽, 북미의 초일류 시설과 비교해도 뒤지지 않는다. 그러나 사회자본이나 사회 서비스는 충분히 공급되고 있다고 할 수 없다. 특히 문제는 자동차 사회가 되면서 공공교통체계가 낙후되어 있다는 점이다.[33] 이 때문에 공통적인 과제는 자동차의 교통정체와 대기오염·소음공해이다. 방콕 시나 상하이 시의 공기오염은 심각해서 해결될 전망이 섰다고는 생각되지 않는다.

대량생산·대량소비에 따른 폐기물 문제도 동아시아 도시의 공통적인 사회문제이다. 과거에 서울시는 인구 1인당 쓰레기 배출량이 세계 제일로 이 해결이 과제가 된 적이 있었다. 1995년부터 '쓰레기 종량제'가 시행되어 생활폐기물 배출량은 안정되었으나, 산업폐기물은 여전히 증가하여 재활용에 힘을 쏟고 있다. 대량소비시대에 들어서서 중국의 도시에서는 폐기물 문제가 앞으로 발생할 것이다. 중국은 1980년대에는 거의 가전제품을 이용하지 않았다고 할 수 있다. 그러나 단기간에 도시에 가전제품이 보급되었고 이 때문에 상하이시에서는 종종 전력부족으로 정전이 발생한다. 이미 휴대전화는 미국의 2배인 3억 5000만 명이 사용하고 있다. 자동차 보유 대수는 1995년 32만 대였으나, 2003년에는 260만 대, 2020년에는 1억 2000만 대가 될 것으로 전망된다. 이렇게 급속하게 대량소비 생활양식으로 돌입하여 폐기물 처리 등 새로운 현대적 도시문제가 아시아를 뒤덮어가고 있다. 동남아시아가 직면한 환경문제는 리조트 개발이나 외국인 관광객 유입에 따른 자연파괴와 경관파괴이다. 동양의 와이키키로 불리는 태국의 파타야에서는 하수도가 정비되지 않아서 해양오염이 진행되고 있다. 이런 예는 동남아시아 전체에 존재한다고 할 수 있다.

이렇게 아시아에는 네 가지 환경문제가 동시에 중첩되어 발생하고 있다. 또 다른 시각에서 보면 SOx의 대기오염 같은 유동적(flow) 공해와 석면 재해나 폐기물 공해 같은 축적성(stock) 공해가 동시진행으로 일어나, 대책을 복잡하게 만들고 있다. 이를 해결하는 데는 선진공업국이 오랜 시간을 들여 시행해온 환경정책을 동시에 가능한 한 조속하고 철저하게 시행해야 한다. 이것은 공해방지의 전문가와 거대한 자금과 에너지를 요구할 뿐만 아니라, 사회적 마찰을 야기할 것이다. 중국에서 보는 것처럼 고도성장을 우선하면 환경문제뿐 아니라 지역격차와 빈부격차가 심각해진다. 지금까지는 경제가 성장해서 여유가 생기면 이런 사회문제를 해결하려고 하였으나, 이런 문제가 사회분쟁을 낳는 원인이 되고 정치적으로는 방치할 수 없는 긴급사태를 낳는다. 특히 환경문제는 오염으로 인한 깨끗한 물 부족, 사망자와 장애자 등의 절대적 손실을 초래하며, 경제성장 그 자체를 멈추게 할 가능성이 있다. 중국 정부는 제11차 5개년 장기계획에서 유지 가능한 발전을 달성하기 위해 「순환형사회 형성법」 등을 제정하고 환경정책을 우선하는 정책을 취한다고 말하고 있다. 그러나 이를 위해서는 분권이 필요하며, 정치·경제 시스템의 근본적 개혁을 일으켜야 한다.

미국과 함께 아시아 특히 중국과 인도가 교토 의정서 이후의 온실효과 가스 규제에 참가하지 않으면 지구환경 문제는 해결되지 못한다. 2020년까지 중국이 기본적인 대책을 시행하지 않으면 중국만으로 지구 온난화 규제목표 (CO_2 농도 550ppm)를 돌파해버린다.

후발자 이익으로, 아시아 국가들은 선진 자본주의 국가의 법제도, 행정, 환경보전 기술을 도입할 수 있다. 그러나 그것만으로 환경문제는 해결되지 않는다. 일본의 교훈에서 보아, 주민이 주체적으로 환경정책을 창조하고 행정을 유도할 때 문제해결이 시작된다. 아시아의 민중들이 공해를 고발하고 환경문제를 조사해서 정책을 움직여갈 힘을 가질 수 있는가. 그것을 받아들여 성립되는 민주주의 제도, 즉 자유롭고 자립된 매스미디어, 삼권분립, 지방자치제도를 확립할 수 있는가 없는가가 아시아의 미래, 나아가서는 지구환경 문제를 해결할 열쇠를 쥐고 있다고 할 수 있다. 필시 그것은 지금의 시장제도 만능주의로 진행되고 있는 다국적 기업에 의한 세계화 시스템을 개혁하는 국제정치경제 시스템을 만드는 것으로 이어질 것이다.

3. 일본 환경문제의 새로운 국면

♟ 공공성과 어메니티권

1970년대에는 기업의 범죄적인 공해사건은 해결되어갔으나, 환경문제는 생산에서 유통, 소비 그리고 폐기에 이르는 전체 국면에서 발생하게 되었다. 이른바 체제적 재해의 양상을 띠게 된 것이다. 공해의 원인자도 기업만이 아니라 공공기관도 되었으며, 피해도 특이한 건강질환보다는 소음과 같은 일상적인 생활환경 침해가 많아졌다. 이것이 잘 나타난 것이 1968년에 제소된 오사카(大阪) 공항 공해사건이다. 지금까지 정부는 공공사업은 무조건 일방적으로 공공성이 있다고 하여 공공사업으로 인한 피해는 참고 받아들여야 한다고 주장해왔다. 그러나 공공사업으로 인해 환경이 침해되고 생활을 방해받는 일이 생긴다면 그런 사업에 공공성이 있다고 할 수 있는가가 문제로 등장하게 되었다. 이 최초의 사례인 오사카 공항은 오사카 엑스포를 위해 확장되었는데, 여기에 제트기가 운항하게 되고 이와 함께 소음이 발생하여, 안면과 단란한 생활에 방해를 받은 주민들이 손해배상과 야간비행 중지를 요구하며 제소한 것이다. 똑같은 공해사건이 고베(神戸)와 오사카를 잇는 국도 43호선, 그리고 도카이도(東海道) 신칸센 나고야(名古屋) 역 주변에서 발생했다. 정부는 재판이 시작된 후 서둘러 공항, 도로, 철도의 소음기준을 정했으나 이미 때를 놓쳐버렸다. 각 사건이 가지는 의의와 경과에 대해서는 제IV부에서 설명하겠지만, 이 사건은 세 가지 새로운 문제를 제기하고 있었다.

첫째는 지금까지 정부가 주장한 공공성은 정부와 주민 사이의 수직적 지배와 종속이라는 관계를 나타내는 권력적 공공성이었다. 반면에 주민들이 주장하는 공공성은 기본적 인권을 지키는 시민적 공공성이다. 기본적 인권의 옹호, 특히 환경이라는 공공재의 보전이 정부의 의무라고 한다면, 공공사업이 아무리 사회적 유용성이 있더라도 공해를 발생시켜서는 안 된다. 둘째, 사회자본은 민간 시설과 달라서 100년 이상 반영구적으로 이용되는 시설이다. 그러므로 사회자본이 건설되는 경우에는 도시의 어메니티를 증진시키고, 커뮤니티의 미관과 일체성을 유지하는 것이어야 한다. 이 점에서 일본의 신칸센이나 고속도로는 편리성만을 생각하고 있으며, 도시를 종단하여 경관과 커뮤니티의 일체성을 파괴하고 있다. 어메니티가 있는 사업이 아니면 공공성은 주장할 수 없다. 셋째, 공공기관이라 하더라도 공해나 환경파괴를 일으키는 이상은 손해배상이나 중지명령(공해대책)을 시행해야 한다는 원칙이 이 공공사업 재판에서 확립되었다.[34]

♟ '공해는 끝난 것'인가

1977년 OECD는 일본의 환경정책을 재검토한 결론을 다음과 같이 평가했다. "일본은 공해 전투에서는 승리를 거두었지만, 환경의 질의 전쟁은 지금부터이다."[35)

이 후자의 평가는 올바르지만, 전자는 일면적인 과대평가였다. 1993년, OECD는 다시 다음과 같이 평가했다.

과거 20년간 일본은 OECD 국가 중에서 최대의 경제성장을 달성하는 한편, 대기오염 물질이나 수질의 대부분에 상당한 정도의 배출을 삭감하였으며, 또한 다른 많은 오염물질과 폐기물의 발생증가를 억제해왔다. 예를 들어 이 기간 동안 122%의 경제성장을 이룩한 한편 SOx의 배출은 82% 감소하고 NOx의 배출은 21% 감소했는데, 이것은 OECD 국가 중에서 최고의 성적이다.[36)

에니케(M. Jänicke)와 바이트너(H. Weidner)도 마찬가지로 일본을 32개 공업국 중에서 상대적으로 볼 때 산업구조 전환과 생태적 근대화로의 환경개선이 실현된 최적의 사례라고 소개했다.[37) 이런 평가로 일본 정부는 큰 자신감을 갖게 되었고 리우 회의에서는 일본의 경험이 경제성장과 환경보전이 양립할 수 있는—유지 가능한 발전의 예로서, "일본의 심각한 공해는 끝났다"고 선언하기에 이르렀다. 미나마타병이나 욧카이치 천식 등 재해라고 부르고 싶을 정도의 심각한 공장공해는 극복되었다. 이것은 피해자들의 피어린 고발과 이를 지원한 시민운동의 압력에 의해 환경정책을 최우선시하는 혁신 자치단체가 탄생하고, 공해재판이 진척된 결과다. 여기에 덧붙여 석유가격 폭등 등의 국제 정세의 변화가 산업구조 전환이나 에너지 절약 기술의 향상을 가져왔다.

그러나 환경문제가 전체적으로 개선되지 않았다는 것은, 제2차 OECD 평가에서도 최근 20년간 자연림은 감소하였고, 호수, 늪지, 하천, 해안의 개조가 진행되었으며, 많은 동식물이 위기에 직면해 있다고 적고 있다. 또 에니케와 바이트너도 일본의 환경개선은 시장 원리에 근거한 경제적 수단으로 이루어진 것이 아니라, 시민운동과 여론을 배경으로 한 공공기관의 직접규제(command and control)에 의해 이루어진 것이라고 말한다. 나아가 일본의 예를 보면 고도성장은 환경을 파괴하기 때문에 물적 투입량을 긴급하게 줄일 필요가 있지만, 공업이 발전하는 곳에서는 환경문제가 수없이 발생한다고 말하고 있다.[38]

환경청(당시)과 기업은 이러한 평가를 받아들고, 공해는 끝났으며 다음은 삶의 질 등 어메니티 개선과 지구환경 문제라고 선언하였다. 앞에서 말한 대로 1978년에는 NO_2의 환경기준을 대폭 완화하여 그동안 중단했던 대규모 공공사업에 착수했다. 미나마타병의 인정 기준을 엄격하게 적용하여 이른바 '환자 잘라내기'가 시작되었다. 사법 분야에서도 오사카 고등재판소에서는 야간비행 중지를 포함하여 전면 승소했던 오사카 공항 공해사건이 최고재판소에서 비행 중지는 행정권 침해라 하여 파기당했다. 1988년 2월, 정부는 대기오염은 끝났다고 하여 「공해건강피해보상법」의 지정지역을 해제하고, 이후 대기오염 환자의 신규인정을 종료했다. 다른 한편 여기에 반대하는 공해 환자들은 미나마타병 2차 소송, 3차 소송, 간사이(関西) 소송, 그리고 니시요도가와(西淀川), 가와사키(川崎), 나고야 남부, 아마가사키(尼崎), 미즈시마(水島) 등의 대기오염 소송을 일으켰다. 그리고 그 대부분이 화해를 통해 사실상 승소했으나, 정부는 「공해건강피해보상법」을 재생하려 하지 않았다.

♟ 공해에서 환경문제로 ── 쇄도하는 법제

1980년대, 일본의 공해 반대 여론과 운동이 침체하고 동시에 환경정책이 정체되었으나, 1992년의 리우 회의를 계기로 새로운 전개가 시작되었다. 1993년「환경 기본법」이 제정된 것이다.[39] 이것은「공해대책 기본법」과「자연환경보호법」을 통합하여 복잡하게 된 국내외의 환경문제에 대응하며, 리우 회의 이후의 새로운 정세에 적응하려는 것이었다. 이와 함께 그때까지의 법률이 개정 또는 폐지되었다. 특히 리우 회의 이후 환경정책의 기본적 이념이 된 사전예방원칙을 위한 법제와 유지 가능한 발전을 가져오는 순환형 사회를 실현하기 위한 법제가 만들어졌다.

미국이 1969년에 제정한「국가환경정책법」에서는 정부의 사업에 대한 환경 사전영향평가(assessment)가 의무화되어 있다. 일본에서는 1963~1964년의 미시마 시(三島市)·누마즈 시(沼津市)·시미즈 정(清水町)의 석유 콤비나트 유치반대 주민운동이 환경평가를 시행했고, 이에 대항하기 위해 정부의 구로가와(黑川) 조사단이 환경평가를 했던 것이 시작이었다. 그 이후, 욧카이치 공해재판에서 입지의 과실이 지적되기도 했기 때문에「환경영향평가법」의 필요성은 명백해졌다. 그러나 산업계와 정부 내부의 반대도 있어, 환경청은 법안을 준비했으면서도 여섯 번이나 제도화에 실패했다. 그리고 리우 회의 이후의 외압을 이용하여, 1997년 6월에 겨우「환경영향평가법」이 제정되었다.

또 EU와 비교해서 뒤쳐져 있던 화학물질의 규제도 수출과 해외투자를 할 때 압력을 받아「특정 화학물질의 환경에 대한 배출량 파악 등 및 관리개선 촉진에 관한 법률」을 1997년 7월에 제정했으며,「화학물질의 심사 및 제조 등의 규제에 관한 법률」(1973년 제정)을 2003년에 대폭 개정했다. 이렇게 사전예방을 위한 법제가 정비되었지만, 제IV부에서 지적하는 대로 이것으로 안전이 확보되었느냐 하면, 중지명령을 받은 예가 없었다는 점에서 불충분했다.

축적성 공해의 중심이었던 폐기물에 의한 시가지 오염을 대상으로 삼은 「토양오염대책법」이 2002년에 겨우 제정되었다. 원래 일본은 아시오 구리 중독 사건 이래 폐기물 공해에 따른 피해가 커서, 다른 나라보다 앞서 축적성 공해의 PPP(오염자 부담 원칙)를 도입하였고, 1970년에 「농지용 토양의 오염 방지 등에 관한 법률」을 만들었다. 그러나 이것은 농지용에만 한정되어 기업의 부담이 평균 50%, 미쓰이(三井) 금속의 경우 30%였다. 뒤에 언급하겠지만 미국은 1978년의 '러브' 운하 사건을 계기로 1980년 「슈퍼펀드법」[본래 명칭은 「포괄적 환경처리·보상·책임법」(Comprehensive Environmental Response, Compensation and Liability Act: CERCLA)][40)을 제정하여, 오염기업으로부터 기금을 징수하는 획기적인 토양오염 방지법을 만들었다. 유럽 국가들도 이 것을 본떠 토양법을 만들었다. 이것과 비교하면 선구자였던 일본은 제도가 뒤떨어졌다. 게다가 전국을 대상으로 한 것이 아니라 공업 용지를 대상으로 하고 있다. PPP에서 보면 미국과 비교해도 후퇴한 내용이다.

이런 축적성 공해는 SOx 공해 같은 유동적 공해와 다르고, 미래 공해의 중심이 될 것이다. 이것을 기본적으로 방지하기 위해서는 폐기물을 줄이는 재활용이 필요하다. 그 때문에 순환형 사회를 목표로 하는 「순환형 사회형성 추진 기본법」이 2000년에 제정되었다. 그리고 실효성을 보장하기 위해 「자원유효이용촉진법」과 각종 재활용법이 생겨났다.

또한 그때까지 환경정책 중에서 가장 뒤쳐져 있던 어메니티 관련 법률도 겨우 제정되기 시작했다. 2004년 6월에 「경관법」이 제정된 것이다. 이것은 제2차 세계대전 후에 파괴를 계속해온 경관과 문화재를 보호하고 일본의 도시 경관을 보전·정비하는 첫걸음이 되는 것이다. 하지만 이탈리아의 「경관보전법」보다 20년이 늦어, 이 기간 동안 많은 경관이 소실되고 경관을 무시한 도시의 고층화가 진행되었다. 이미 손쓰기에 늦은 감이 드는 것을 부정할 수 없다.

이렇게 「환경 기본법」 이후, 매년 많은 환경법이 제정되고 있다. 법제만 보면 일본은 틀림없는 선진국이다. 그러나 한편 신자유주의에 기초한 구조개혁이 진행되고 있다. 이 구조개혁에서는 규제완화에 의해, 민간기업의 환경정책은 자주·자기 책임을 본 취지로 하고, 정책수단도 행정·사법에 의한 직접규제보다 경제적 수단을 중심으로 생각하고 있다. 따라서 법의 내용도 그에 맞게 만들어져 있으며, 법제화하면 곧바로 벌칙이 있는 엄격한 규제가 시행되는 것이 아니다.

법치국가에서 정책은 원칙적으로 법에 근거하여 시행된다. 그러므로 주민의 여론과 운동이 성과를 획득하려면 법과 조례를 제정시켜야 한다. 그러나 법은 자동적으로 적용되는 것이 아니다. 주민의 여론과 운동이 있어야 비로소 법이 발동하고 효력을 발휘한다. 비유해서 말하면 법이나 조례는 고무공의 거죽 같은 것이다. 환경정책을 위해서는 고무공의 거죽을 만들 필요가 있지만, 그 안에 공기나 가스가 없으면 고무공이 튀지 않고 공기가 빠져 납작하게 짜부라지는 것처럼 주민의 여론과 운동이 없으면 환경정책도 빈껍데기가 되어버린다. 많은 법률이 생겼지만 반드시 주민의 요구로 생긴 것은 아니며, 외압이나 정부 내부의 요구로 생긴 것이 많다. 예를 들어 자치단체의 경관조례가 유행처럼 제정되었지만, 주민참여를 통해 만들어진 것은 적다.

환경관계법이 현실에서 효력을 발휘하고 있는지 의문인 것은 환경재생이라는 현재의 환경정책의 중심이 조금도 진척되지 않고 있는 것에서 나타난다. 환경재생은 니시요도가와(西淀川) 대기오염의 피해자들이 배상금의 일부를 기부해서 재생사업을 위한 '아오조라' 재단을 만들었을 때에 시작되었다. 그 후에 앞서 언급한 공해재판의 피해지역으로 넓어지고 있다. 「환경재생법」이 있기는 하지만 자치단체도 정부도 이 사업에 함께하고 있지 않다. 정부의 도시재생사업은 도쿄에서 보는 것처럼 고층 빌딩을 집적시켜 오히려 열섬 현상 등의 새로운 환경문제를 야기하고 있다.

♟ 공해는 끝나지 않았다

정부는 「환경 기본법」 제정 이후, 공해에서 지구환경 문제로 정책의 중심을 이동시키기 시작했다. 『환경백서』는 1993년판까지는 「공해상황에 관한 연차보고서」로 공해의 현황과 대책이 중심이었고 지구환경보전책에 관한 국제적인 대응은 보론적으로 취급되었다. 그러나 『환경백서』 1994년판부터는 표제도 「환경상황에 관한 연차보고서」로 바뀌고, '환경에 대한 부하가 적은 지속적 발전'에 관한 데이터와 대책이 중심이 되었으며, 공해는 보론적으로 취급된다. 이 구성은 이때부터 『환경백서』의 정형이 되었다.

이 변화는 앞에서 언급한 '공해 전투에서 승리'했다는 인식을 토대로 하고 있다. 「환경 기본법」 이후, 환경문제의 원인을 기업의 경제활동에서 찾지 않고 신고전파 경제학의 소비자 주권론처럼 국민의 소비성향에서 찾는 경향이 나타났다. 지구환경 문제의 해결에는 대량소비 생활양식의 개혁이 필요하다. 국민은 자연에너지를 도입하거나 일상적으로 에너지를 절약하며 자동차 이용을 중단하고 공공교통기관을 이용하며 청정상품을 구입하고 가정 쓰레기의 재활용에 협력해야 할 것이다. 그러나 이런 개인의 행동으로 대량소비 생활양식이 바뀌지는 않는다. 소비자의 선택의 자유는 주어진 조건에 한정되어 있다. 대량소비 생활양식은 기업의 대량생산양식의 결과로서 태어난 것이다. 백화점이나 마트에 넘쳐나는 상품의 홍수를 보면 안다. 또 끊임없이 상품과 서비스를 선전하고 있는 텔레비전이나 신문의 장수보다 많은 광고지 상황을 보면 안다. 그것은 개별 소비자가 제어할 수 있는 것이 아니다.

미나마타병 같은 범죄적인 공해만 공해였던 것이 아니다. 공해는 사회 경제 시스템이 생성하는 사회적 재해이다. 또 '정부의 실패'는 미나마타병 시기에만 생겨난 것이 아니다. 정부는 공공재인 환경을 보전하지 않고, 국민의 기본적 인권을 지키지 않으며, 기업의 경제성장을 우선하는 행정 시스템을 구축하고 있었기 때문에 공해를 막지 못하고 오히려 공해를 촉진시킨 것이다. 주민이 그 행정을 점검하고 정책을 변혁시키는 행동을 일으켰을 때에 공해대책이 전진했다. '공해는 끝났다'고 선언한 뒤부터 환경문제의 기본적인 원인인 사회 경제 시스템의 결함을 문명 일반에서 찾으며, 신자유주의 조류를 따라 환경정책에 대한 정부의 책임을 소비자인 국민에게 전가하는 경향이 대두한 것이다.

2005년 6월, 일본 전국을 뒤흔든 석면 재해가 표면화되었다. 독성이 강한 청석면을 1957~1975년 사이에 약 9만 톤 사용했던 구보타에서는 석면 수도관을 10년 이상 취급했던 종업원의 반수 정도가 석면 관련 질병에 걸렸고 실제로 4분의 1 이상이 사망했다는 것이 밝혀졌다. 전쟁터를 방불케 하는 이 정보가 표면화된 것은 공장 주변의 주민에게 중피종(中皮腫) 환자가 발견되었기 때문이다. 공해의 특징이긴 하지만, 피해자가 스스로 원인자를 고발하지 않는 한 사건은 표면화되지 않는다. 용기 있는 세 명의 피해자가 지원조직의 지원을 받아 구보타를 고발한 결과 석면 공해가 세상에 알려지게 되었다. 그리고 과거의 석면 사용실태나 산재·직업병 실태가 공표되었다. 구보타가 석면 재해 정보를 공표하고 공해 피재자(被災者)들에게 위로금을 지급한다는 것이 결정되자 다른 석면 관련 기업들은 피해 실태를 공표하지 않을 수 없게 되었다.

석면이 심각한 피해를 준다는 것은 이미 제2차 세계대전 이전부터 밝혀져 있었다. 일본에서는 1937년부터 석면 산업의 중심이었던 오사카 부(大阪府) 센난(泉南) 지구에서 이미 산업재해 조사를 실시했다. 특히 세계적인 주목을 끈 것은 1960년에 시작된 미국의 석면 재해 재판이다. 뉴욕시립대학교 환경과학연구소장 셀리코프(I. J. Selikoff) 교수와 공동 그룹의 연구로 석면과 암의 관계가 밝혀졌으며, 미국 전역에서 피해구제를 요구하는 재판이 일어났다. 지금까지 6만 건의 재판이 있었고, 최대의 석면 산업이었던 맨빌(Manville)사를 비롯해서 73사가 도산하고 보상금은 650억 달러가 지불되었다. 그러나 매년 약 1만 명의 사망자가 생기고 있으며 구제는 충분하지 않다.

이미 1972년에 국제노동기구(ILO)는 석면에 의한 직업성 암을 공인하였고, 1977년 일본은 ILO 직업성 암 조약을 비준하였다. 그러나 실제로는 1980년대까지 계속해서 세계에서도 최대량을 사용했다. 1980년대에 이 책 초판을 비롯해서 일부 연구자들이 이 세계 최대의 산업재해에 경종을 울렸으나, 일본 정부의 대응은 뒤떨어졌다. 일본은 산재에 대해서는 구제제도를 갖고 있었지만, 다른 산재·직업병과 달리 석면은 노출되어 발병할 때까지 10~50년이 걸린다는 것, 재해의 예고-방비가 되어 있지 않은 이유도 있어서, 중피종 환자의 몇 %밖에 구제를 받지 못했다. 더욱이 일반 시민의 공해에 대해서는 대책이 없었다.

구보타의 아마가사키 공장 주변에서는 오늘까지 150명을 넘는 피해자가 밝혀져 있다. 구보타는 이 환자·사망자에 종업원의 산재보상 수준으로 2500만~4600만 엔의 구제금을 지불했다. 그러나 이것은 구제금이며 책임을 인정한 배상금이 아니다. 한편 여론의 압력으로 정부는 2006년 2월에 '예외 없는 구제'를 한다고 하며 「석면에 의한 건강피해 구제에 관한 법률」(석면구제법)을 제정했다. 여기서는 대상을 중피종과 석면폐암으로 한정하고 또한 위로금은 구보타 구제금의 10분의 1인 300만 엔에 지나지 않았다. 이 법률을 제정할 당시 행정 부작위(행정 과실)는 인정하지 않았으며, 또한 공해로도 인정하지 않고 있다. 피해자들은 심사 기준이 엄격하기도 해서 비판이 크다. 구보타의 대응이나 발 빠르게 신법을 제정한 것은 공해대책은 먼저 구제부터 시작해야 한다는 것을 제2차 세계대전 후의 공해의 교훈을 통해 배웠기 때문일 것이다. 그러나 구보타도 정부도 법적 책임을 인정하지 않는 점에서는 미나마타병의 실패의 교훈을 배우지 않는다.

2004년 10월, 최고재판소는 정부의 미나마타병 인정 기준을 비판하고 사지 말초신경 중심의 감각장애와 역학적 조건으로 미나마타병을 판단하는 종래의 사법의 판단기준을 채용하는 동시에 국가와 구마모토 현(熊本県)의 행정 부작위, 즉 국가와 자치단체의 법적 책임을 인정했다. 이것으로 1995년에 정치적 결착을 본 미나마타병 문제가 다시 문제가 되었다. 주민 약 3700명이 환자로서 인정신청을 했으며(2006년 4월), 그중 약 1000명이 배상과 국가의 책임을 요구하는 소송을 제기했다. 일본의 환경문제 연구도 하고 있는 독일의 바이트너 박사는, 필자가 지금 다수의 미나마타병 환자들이 인정과 재판을 요구하고 있다고 했더니, '석기시대'의 이야기가 아니냐며 놀랐다. 사실은 일본에서는 환경문제의 '석기시대'의 피해가 해결되지 않은 것이다.

또한 미에 현(三重県), 아이치 현(愛知県), 기후 현(岐阜県)과 교토 부(京都府)에서, 이시하라 산업(石原産業)이 재활용 제품이라고 판매하고 매립에 사용했던 페로실트(ferosilt)가 사실은 유해한 폐기물이며 환경기준을 초과하는 불소나 육가 크롬을 배출했다는 것이 밝혀졌다. 페로실트는 산화 티타늄의 제조 공정에서 배출되는 폐황산을 석탄으로 중화하여 여과 처리를 한 침전물인 아이언클레이라는 산업폐기물이다. 약 72만 톤의 페로실트가 위의 네 지역 지방자치단체의 약 서른 군데에 매립되었고, 주민의 고발로 부정이 발각되었다.

이시하라 산업은 제2차 세계대전 전에는 유일하다고 할 수 있는, SO2 공해 재판에서 패소한 오사카 알칼리의 후신이다. 1972년에는 욧카이치 대기오염 소송의 피고로 두 번째 패소를 했으며 다음 해 약 1억 톤의 폐황산을 욧카이치 항에 배출한 것이 적발되어 전 공장장이 유죄 판결을 받았다. 이렇게 해서 네 번째의 역사에 남는 공해사건을 일으켰다.

미에 현은 욧카이치 공해소송의 피고였지만, 판결에서는 입지(지역개발과 환경정책)의 과실을 엄중히 지적받았다. 그 후에는 대기오염의 공해대책에 노력했다 하여 UNEP의 '글로벌 500 상'을 수상했다. 국내의 환경정책에 그치지 않고 '국제환경기술이전연구센터'를 만들어 일본의 환경정책을 아시아 등 발전도상국에 전파하고 있다. 그 '환경선진현'을 자칭하던 미에 현이 터무니없게도 유해 폐기물을 재활용 제품으로 인정하여 각지에 장려한 것이다.[41] 또한 자기 지역 내의 욧카이치 시 오야치(大矢知) 산업폐기물 처리장에서 약 160만 톤의 산업폐기물을 투기한 일본 최대의 산업폐기물 불법투기 사건이 발생했다. 환경선진현으로서 받은 유엔의 표창이 무색할 일이었다.

또 이 페로실트 사건보다 앞서 고베(神戸) 제강, 이데미쓰(出光) 산업, 후지(不二) 새시, 오지(王子) 제지, 기린 맥주, 미쓰비시 지쇼(三菱地所), 쇼와(昭和) 전공, 히가시니혼(東日本) 제철소, 미쓰이(三井) 물산 등이 환경 데이터를 조작하는 등 '환경 불상사'가 연이어 발생했다. 각 전력회사는 실로 1만 건의 원자력 발전 사고를 공표하지 않았으며, 그중에는 중대한 피해를 입힐 가능성이 있는 사건도 있었다.[42]

진정으로 공해는 끝나지 않았다.

왜 이런 일이 일어나는 것인가. 그것은 환경문제의 원인을 사회경제 시스템에서 찾아서, 시스템의 주체가 되는 기업의 책임이나 그것을 규제하는 주체인 국가·자치단체의 책임이 애매모호해졌기 때문이다. 전쟁 책임을 국민에게 돌린 '1억 총참회'론처럼 국민 일반에게 환경문제의 책임을 돌린 결과라고 할 수 있다.

다른 표현을 빌리면, 과거 옛 「공해대책 기본법」의 취지였던 '경제성장과 생활환경 보전의 조화를 도모한다'는 조화론이 부활했기 때문이라고도 할 수 있다. 일본의 공해의 교훈이 정부나 미디어뿐만 아니라 학계에도 계승되지 않았다는 것이 '불상사'를 되풀이하는 원인의 하나라고 하겠다. 최근의 규제완화라는 '작은 정부'의 무책임이 여기에 박차를 가하고 있지 않은가.

　말할 것도 없이 공해·환경문제의 양상은 정치·경제·사회의 변화와 함께 바뀐다. 미나마타병이나 욧카이치 천식 같은 유해물질에 노출되어 비교적 단기간에 발생하는 유동적 공해와 비교해서 석면 재해나 산업폐기물 공해는 유해물질이 인체, 상품이나 자연 속에 축적되어 시간이 지난 뒤에 피해가 발생한다는 의미에서 축적성 공해라 할 수 있다. 이 때문에 원인자가 소멸되어 버린다든가, 유동되어 있다든가, 또는 유해물질 발생 시의 상황이 불명확해서 원인과 책임의 확정이 곤란한 경우가 있다. 이것을 적용하는 양태, 구제의 양태, 비용부담 등에서 서로 다른 문제가 발생한다. 향후 선진국에서는 축적성 공해가 주요 과제가 될 것이다. 또 지구환경 문제의 많은 부분도 축적성 공해일 것이다. 앞으로 대책 원리의 재검토가 필요하다.

♟ 지구환경 문제와 일본의 책임

　지구환경정책에서 구체적인 한 걸음을 제시한 것은 온난화 대책이지만, 이미 설명한 대로 CO_2 최대 배출국인 미국이 교토 의정서에 참가하지 않았고, 가까운 장래에 최대 배출국이 될 것으로 전망되는 중국과 인도의 대책도 명확하지 않다. 이런 상황을 해결하기 위해서 강한 규제권을 가진 국제기관이 필요하지만, 현재로서는 바랄 수도 없다. 따라서 위기감을 가진 국가들이 EU 국가들처럼 자주적으로 규제를 해나갈 것을 기대한다. 일본은 COP3의 주최국이며 지금까지 환경대책 기술의 선진국이라는 점에서 적극적으로 온실효과 가스 억제를 해야 하는 것이 당연함에도, 현재로서는 구체적 감축이 진전되지 못하고 반대로 증가하는 경향에 있다. 일본의 국제 공헌이 환경정책에 있다는 것은 국내외에서 인정하는 바이다. 지금 획기적인 정책을 보여줄 것이 요구된다.

그러기 위해서는 EU처럼 환경세를 도입하고 자동차 교통을 억제하며 대량운송의 공공 교통기관을 우선시하고 자연에너지를 도입하는 등의 생각할 수 있는 최대한의 제도를 도입해야 한다.

이때 공해대책의 교훈을 살려보면 어떨까. 과거의 공해대책은 시민운동을 토대로 자치단체가 발생원을 규제하여 성공했다. 같은 식으로 지구 온난화 대책 추진법을 강화하여 자치단체 —— 광역 자치단체인 도·도·부·현(都道府縣)과 정령지정도시(대도시) —— 에 지구 온난화 대책 권한을 부여해야 한다. 자치단체는 각 지역의 발생원의 실태를 조사하고 기업 등의 발생원별로 정보를 공개한다. 온실효과 가스의 총량규제계획을 결정한다. 구체적으로는 개별 발생원의 총량을 결정하고 연차별로 감축할 목표를 명시한다. 주요한 발생원에 대해서는 개별적으로 온난화방지 협정을 체결한다. 이를 위반한 경우에는 공표해서 사회적 책임을 지게 한다. 이것이 나중에 서술할 유지 가능한 도시(커뮤니티)의 계획과 합쳐진다면 더욱 효과적일 것이다.

지구환경 문제의 해결은 국제회의에 참가하면 진전되는 것이 아니다. 실제 발생원은 모두 자기 주변에 있다. NGO의 운동은 자기 주변부터 시작하지 않으면 효과가 나지 않는다. 공해와 달리 구체적인 피해를 체험할 수는 없지만, 환경교육을 추진하면서 자기 주변에서 발생원을 제어할 수 있는 시스템을 만들어야 한다. 또한 국제적 공헌으로서 일본의 공해의 교훈, 특히 실패의 교훈을 중국을 비롯해서 발전도상국에 올바르게 전해줄 것이 요구된다.

제 2 장

환 경 경 제 학 의   탄 생 과   과 제

1. 근대 경제학의 환경경제학

♟ 경제학에 대한 충격

환경문제는 근대 경제학의 창세기인 17세기 중엽에 페티(W. Petty)[43]와 그랜트(J. Grant)의 손으로 문제화하기 시작했다. 당시 런던의 대기오염이 심각해서, 이블린(J. Evelyn) 등의 제안으로 대기오염방지가 의회에서 논쟁이 되고 있었기 때문이었다. 그러나 근대 경제학이 애덤 스미스(A. Smith) 이후 자본주의적 상품 경제론으로서 정교하고 치밀해져 감에 따라, 환경문제는 도시나 국가와 마찬가지로 시장경제의 외부성이 되어 그 대상 영역에서 제외되고 말았다.

산업혁명기 이후 심각한 공해와 도시문제는 뒤에 설명할 마르크스·엥겔스와 같은 사회주의자의 경제학을 제외하면, 경제 외각에 있는 공중위생 행정의 대상으로 문제시되었을 뿐 정치경제학의 문제로 인식되지 않았다. 밀(J. S. Mill)이나 마셜(A. Marshall)은 외부불경제[44]로 다루었고 피구(A. C. Pigou)

는 사회적 비용으로 생각했으나 양쪽 모두 일시적 또는 예외적인 마찰 현상으로 보았으며, 보조금, 과징금과 조세 등 정부의 대책에 의해 해결되는 문제라고 생각하였다. 그러나 제1장에서 살펴보았듯이 근대사회 이후의 환경문제는 정치·경제의 외적 조건으로서 일시적·예외적으로 일어나는 것이 아니며, 경제의 내부에서 일상적으로 발생하여 국민 생활에 심각한 영향을 끼칠 뿐만 아니라 기업과 체제의 운명을 거는 문제가 되었다. 복지국가의 탄생에 따라 민간경제에 대한 전면적인 공공적 개입이 시작되었음에도, 외부불경제나 사회적 비용의 해결 또는 민간경제로의 내부화는 진척되지 않았다. 오히려 국가 자체가 전쟁 또는 공기업과 공공사업으로 환경파괴의 직·간접적 원인을 야기하였다. 환경문제의 해명을 소홀히 해온 경제학은 현대에 이르러 결정적인 충격을 받았다.

농촌사회에서는 경제와 환경이 공존하며 환경에 규정을 받으면서 인간 생활을 영위해왔다. 현대사회도 궁극적으로는 환경에 의해 규정을 받고 있지만, 공업사회 이후의 기술혁신과 그에 따른 거대한 생산력 발전은 그것을 망각한 채 환경을 개조하고 파괴했다. 그 결과 현대사회의 환경은 경제체제나 경제구조에 규정되어 변화하고, 환경문제의 발생 원인과 양태, 그리고 환경정책의 창조·전진·후퇴는 정치·경제에 규정되어 있다. 환경문제는 실업이나 빈곤문제와 마찬가지로 중대한 사회적 문제이며, 환경정책은 사회정책이나 평화정책과 견줄 만한 기본적인 공공정책이 되었다. 따라서 입장의 차이를 불문하고 환경을 경제학의 체계로 내부화하지 않으면 안 되게 되었다.

인간 사회는 환경 속에 포섭되어 있다. 과학기술의 발달로 인간이 환경을 어느 정도는 자유롭게 개조하고 관리할 수 있는 것처럼 보이지만 인간 사회에 대한 환경의 복수라고 볼 수 있는 자연재해나 공해를 방지하기는 어려운 것처럼, 궁극적으로 인간 생활은 환경 속에서 영위된다. 그런 의미에서 환경을 경제학 속에 모두 포섭할 수 있는 것은 아니다. 오히려 만약 환경학이 창조된다면 경제가 그 속에 내포될 것이다. 이것을 전제로 하고 환경을 경제학 속으로 내부화하려면 기존의 상품경제학, 시장경제론 그리고 국민경제학 ── 자본주의 경제론만이 아니라 일국 사회주의 경제론도 포함하여 ── 은 한계에 부딪히게 된다. 새로운 경제학 체계가 만들어져야 한다. 이와 함께 환경과 경제의 관계는 인간의 권리(소유권·생존권·사회권), 민주주의(기본적인 인권을 지키는 정치사상과 제도), 문화 수준(언론·사상·출판·결사의 자유, 교육·연구의 자유)이나 관리 능력(기업·협동조합과 같은 지역 조직, 자치단체·국가·국제 조직 등을 자주적으로 스스로 경영하면서 또한 다른 조직과 협동할 수 있는 능력) 등 '상부구조'에 의해 규정된다. 그런 의미에서 환경을 대상으로 하는 경제학을 환경경제학이라고 부른다면, 이는 정치경제학 또는 정치사회경제학이라고도 할 수 있다. 또한 자본주의 경제학에만 머무르지 않고 체제를 넘어서 역사를 관통하는 의미를 갖고 있기 때문에, 광의의 경제학이라고 부르는 것도 가능할 것이다.

시장경제론의 경우 이러한 정치경제학의 체계화의 길이 곤란했다. 이 가운데 1950년대에 재빨리 공해문제를 경제학의 대상으로 삼아 전면적인 검토를 시도했던 사람이 카프(K. W. Kapp)이다. 카프는 마르크스 경제학에도 정통할 뿐만 아니라 스스로를 제도학파라 불렀기 때문에, 갤브레이스(J. K. Galbraith)나 뮈르달(K. G. Myrdal) 등과 더불어 신고전학파에서 보면 이단이다. 카프는 피구의 사회적 비용론을 뛰어넘어, 공해 현상을 사기업의 사회적 비용(사회적 손실)으로 규정하고 이것이 자본주의적 사기업 제도의 모순이라는 점을 밝혔다. 그리고 사회적 비용을 없애기 위해서는 사회주의 체제를 선택하는 것이 아니라, 민주주의의 전진에 따른 공공사업·서비스를 시행해야 한다고 주장하였다. 또한 기본적으로 교환가치가 아니라 사회적 비용을 내부화하는 사회적 가치론을 채용하고, 그 제도화를 실현할 것을 주장하였다. 이 이론은 제III부에서 살펴보겠지만 선구적이기 때문에 혼란이 있으며, 필자가 이미『사회자본론(社会資本論)』에서 비판적으로 평가한 바 있다. 그러나 과거의 경제학에 대한 비판은 정당하며, 오늘날 정치경제학이 대처해야 할 시각을 보여준다고 할 수 있다.[45]

1950년대부터 1960년대에 걸쳐 미국에서는 환경을 자원으로서 소재론(素材論)적으로 보는 경제학이 발전하기 시작했다. 이는 니스(A. V. Kneese)를 비롯한 미래자원연구소(Resource for the Future) 연구원들의 업적이다. 그들은 정책론적 지향이 강하고, 환경에 시장가격을 붙여 시장경제제도 속에 내부화시키기 위해 공해대책, 특히 물 오염 대책에 대한 경제학적 분석을 진전시켰다. 이러한 선구적인 업적들은 드문드문 찾아볼 수 있지만, 쇼지 히카루(庄司光)와 필자가 학제적이며 계몽적 연구서인『가공할 공해(恐るべき公害)』를 준비하고 있던 1960년대 전반기에는 적어도 일본의 경제학, 넓게 말해서 사회과학에서 공해연구 또는 환경연구는 없다시피 했다. 그러다가 1960년대 후반에 들어서면서 일본을 포함한 전 세계에서 경제학의 환경문제에 대한 연구가 갑자기 늘어나기 시작했다. 환경정책의 체계화가 국제적으로 추진되기 시작했고, 대학에서 강의를 할 수 있게 된 1970년대에 체계적인 환경경제학이 탄생하게 되었다. 이 중에서도 대표적인 것이 쓰루 시게토의『공해의 정치경제학(公害の政治経済学)』과 밀스(E. S. Mills)의『환경의 질 경제학(The Economics of Environmental Quality)』일 것이다.

♣ 신고전파의 환경경제학
── 밀스의『환경의 질 경제학』을 중심으로

환경문제를 거론하려면 사회자본·도시 및 국가를 문제 삼는 것과 마찬가지로 소재 면에서 검토하는 작업을 피할 수 없다. 여기에서는 근대경제학의 대표로 밀스의『환경의 질 경제학』을 검토하고자 한다. 이 저서는 학부 학생용 교과서로 만들어진 것인데, 저자인 밀스가 일찍이 공해문제와 도시문제에 관심을 가져 환경문제의 현실 —— 일본의 공해문제까지 포함하여 —— 을 숙지하고 있는 만큼 잘 정리되고 체계화되어 있다.

밀스는 오염물 배출이라는 새로운 소재를 추가하여 신고전파의 기업과 소비(가계) 이론을 재구축하고, 환경의 질의 악화를 외부성에서 발생하는 '시장의 실패'로 포착하여 후생경제학을 재편성하였다. 그리고 비용편익분석을 이용하여 '오염의 최적량'을 결정하고 더욱 많은 오염을 만들지 않으면서 자원배분의 최적화를 도모하기 위한 정부의 계획을 이론화하려고 하였다. 그의 이론을 간단하게 소개하면 다음과 같다.[46]

밀스에 의하면 인간의 복지나 효용은 그들이 소비하는 재화와 서비스에 의해 결정될 뿐만 아니라, 그들이 살아가는 환경의 질에 의해서도 영향을 받는다. 또 환경에서 자연의 산물을 추출해 에너지를 가하여 인간이 사용하는 형태로 바꾸는 경제활동은 반드시 폐기라는 행위를 동반한다. 더욱이 기업은 오염 방제 비용 —— 실제로는 싼 비용으로 영향을 축소시키는 것이지만 —— 을 절약하려고 하기 때문에 환경의 질이 변화된다. 그러므로 이러한 사실을 경제학의 대상에 포함시키려면 물질 수지(materials balance)를 경제학의 방정식에 넣어서 적합하게 만들어야 한다고 주장한다.

물질 수지는 다음과 같이 단순화할 수 있다.

$$R = M - C$$

(R: 배출물, M: 환경에서 추출한 물질, C: 자본축적)

즉 배출량을 적게 하기 위해서는 환경에서 추출하는 물질을 줄이든가, 자본축적을 크게 하면 된다. 그러나 재화와 서비스의 생산에 기여하지 않는 자본축적은 그 자체가 오염문제이다.

첫째로, 폐기물을 적게 하는 현실적인 유일한 방법은 M을 줄이는 것이다.

이때 생산을 축소하면 좋겠지만 그것은 생활수준을 저하시키고 만다. 또 생활수준과 오염은 비례하는 것이 아니므로 생산량이 크고 생활수준이 높은 나라가 생활수준이 낮은 나라보다 오염이 심하다고 할 수 없다. 현실적으로 많은 발전도상국이 선진국보다 오염이 심하고 더러운 음료수를 마시고 있다. 따라서 다른 대체 수단이 없는 한 전체적인 생산의 감축이라는 방법을 택하는 것은 불가능하다. 환경보전 정책을 수립하여 오염물질을 만들어내는 산업구조를 바꾸거나 또는 하수도 같은 환경보전에 재화와 서비스를 할당하여 전체 배출량을 줄이는 것이 바람직하다.

둘째로, 물질의 재이용과 재활용(recycle)으로 환경에서 신규 물질의 추출을 줄이는 방법이 있다. '열광적으로' 재활용을 외치는데도 진전되지 않는 것은, 그것보다 새로운 자원을 추출하는 것이 비용이 적게 들고, 재활용 기술이 진보하지 않기 때문이다.

셋째 방법은 자원의 효율을 높이는 기술을 개발하여 동일한 생산량을 만드는 데 필요한 단위당 새로운 자원의 양을 줄이는 것이다.

넷째 방법은 물과 공기의 오염이 가장 큰 문제이므로 자연으로 환원하는 경우(매립 같은 경우) 배출물이 되도록 대기와 물을 오염시키지 않도록 하는 것이다. 그런데 토지는 사유화되어 있으므로 토지소유자가 다른 경제 주체의 배출물을 제한하든지 받아들이든지 해서 어느 정도 제어가 가능하지만, 공공재산(public domain)인 대기나 물은 공공기관이 제어하지 않는 한 경제 주체는 가장 값싼 형태로 배출을 해서 오염을 시켜버린다.

밀스는 이렇게 물질 수지로 오염문제를 살펴본 다음 미시경제학의 생산이론과 소비자이론을 재구축한다. 결론적으로 말하면, 생산이론에서는 폐기물의 양이 투입된 자원의 가격에 의존하므로 환경정책으로 오염부과금(effluent fee)을 부과하면 자원가격을 상승시키는 것과 마찬가지 효과를 갖는다는 것이다. 폐기물을 줄이기 위한 정부의 개입으로 이러한 과징금 외에 직접규제라는 방법이 채택되고 있다. 밀스의 방정식에 의하면, 개별 기업에게는 직접 규제가 과징금보다 이윤수준이 높아진다. 또한 오늘날과 같은 중과세 아래에서 과징금은 다른 세목이 감세되지 않으면 승인되지 않기 때문에 도입이 어려운 점도 있다. 이러한 사실 때문에 현재 상태에서는 각국의 기업이 과징금보다 직접규제를 택하고 있다고 한다.

소비자이론의 분야에서 물질 수지를 집어넣어 생각해보면, 재화보다 서비스에 대한 지출이 늘면 폐기물이 적어진다. 생산자와 달리 가계(소비자)에 대한 공적규제는 거의 없다. 자동차 오염문제도 제조업자에 대한 규제가 중심이다. 이것은 선거와 관련하여 자동차 소유자에게 과징금을 부과하면, 제조업자에게 부과하는 것보다 지지율이 현저하게 감소되기 때문이다. 밀스는 소비재에도 과징금을 부과함으로써 소비를 억제하여 오염물을 줄이고, 재활용을 하게 만드는 것이 가능한가를 검토하고 있는데, 이 안은 그다지 적극적이지 않다. 오히려 소비자 부담으로 하수처리장이나 청소공장을 만들어 폐기물 오염을 줄이는 간접적 과징금을 택할 것을 권한다. 이 경우 커뮤니티가 산더미 같은 쓰레기에 의해 위생이 악화되는 쪽보다 소비를 일정액 절약하여 얻은 자금으로 청소공장을 건설·관리하는 쪽을 택한다는 것이다. 이것은 하나의 추상적인 이론으로서는 성립하지만, 실제 의지결정은 정치적인 것이므로 커뮤니티의 경제적인 효용만을 보고 주민이 선택할 수는 있는 것은 아닐 것이다.

밀스는 미시경제학을 재구성한 뒤에 후생경제학 속에 환경정책을 자리매김하려 하고 있다. 지금까지 살펴본 것처럼 사적 경제에서 생산과 소비의 분야가 각각 자주적으로 자기 책임하에 행해질 수는 있지만, 그것으로 환경문제는 방지되지 않는다. 그러기는커녕 환경문제에 대해서 일반인들은 정보조차 알지 못한다. 자주적이고 자기책임적인 개인보다 정부의 행위가 나쁘다는 사람도 있다. 그러나 사회적 효율·자원배분 그리고 공평이라는 분야에서 자주·자기 책임원칙의 효과는 없다. 밀스는 환경문제를 우자와 히로후미(宇澤弘文)가 공평의 시각에서 취급하는 것과는 달리[47] 공평의 분야와는 관계가 없다고 하여, 다른 분야의 문제, 사회적 효율의 분야에서 검토하고 있다.

후생경제학 분야에서는 환경의 질의 악화를 외부불경제로 파악한다. 외부성을 지금까지는 생산의 기술적 조건으로 파악해왔는데, 코스(R. Coase)에 의해 더 복잡하다는 사실이 밝혀지게 되었다.[48] 그런데 이 외부불경제를 내부화하는 데 종래에 생각해온 방법은 두 가지가 있다. 하나는 피해자가 오염자와 직접 교섭하여 방지 대책을 강구하는 방법이다. 예를 들어 밀스는 석유정유회사의 오염을 거론한다. 이 경우 회사의 방지비용이 1000달러이고 그로 인해 공해가 줄어들어 근처의 주민이 1500달러의 편익을 얻는다고 하면, 주민이 그 일부인 500달러를 부담하고 기업에게도 500달러를 부담시켜 방지책을 강구하면 된다고 한다. 또 하나의 방법은 재판으로 주민의 손해액을 오염원에게 지불하도록 하는 방법이다. 이 방법이 앞의 직접 교섭보다도 주민과 회사 종업원의 부담 증가 —— 앞의 방법에서 회사가 방지비용 부담분을 이윤을 줄여서 조달하지 않고 종업원의 임금 인하를 통해 조달하는 경우 —— 를 초래하지 않으므로, 주민은 재판을 통해 해결하는 것이 통례라고 한다. 이 경우 법원이 기업과 주민 중 어느 쪽의 재산권에 비중을 두는가에 따라 판결이 결정될 것이라고 한다.

그러나 밀스에 의하면 일반적으로 환경문제에서는 사적인 교섭이나 재판으로 가기가 어렵다고 한다. 그것은 첫째로 대도시의 경우 오염원이 자동차·공장·사무실 등 수없이 많고 다른 한편 피해 주민이 다수이며, 그 손해도 다양하기 때문이다. 따라서 특정 오염원과 특정 피해자 사이의 오염문제에만 당사자 교섭이나 재판이 가능하다. 둘째로 공해방지는 공공재와 똑같은 성격을 지니고 있다. 즉 일단 시작하면 하등의 추가 부담을 지지 않더라도 편익이 생겨나고, 또 부담을 지지 않은 사람에게도 깨끗한 환경을 향유할 수 있게

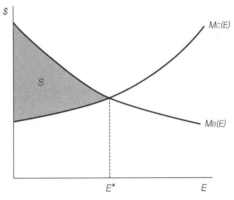

〈그림 I-2〉 비용편익분석에 의한 환경최적점

자료) E. S. Mills, 같은 책, p.89.

하는 비배제성이 있다. 사적 교섭 시에 피해자 조직에 들어가지 않았던 사람일지라도 공해대책이 강구되면 이익을 얻고, 조직에 들어 있는 사람일지라도 그 공헌도에 관계없이 평등하게 이익을 받게 된다.

요컨대 이러한 조건을 고려해보면, 정부가 공해방지의 책임을 지지 않을 수 없게 된다. 물론 오염방지에 대한 사적 활동의 책임을 부정하는 것은 아니지만, 정부활동이 저렴하고 적합하다는 것이다. 그렇다면 정부가 공해를 제거할 때 이를 효과적으로 추진하는 기준은 무엇인가? 밀스는 그것이 비용편익분석이라고 한다. 즉 〈그림 I-2〉와 같이 세로축에 방지비용을 놓고 가로축에 환경수준을 놓은 뒤 편익을 B, 비용을 C, 잉여를 S라고 할 때, 정부 활동에 의한 환경정화라는 편익곡선 M_B는 오른쪽으로 내려가고 비용곡선 M_C는 오른쪽으로 올라가게 된다.

$$S = B - C$$

여기에서 $S > 0$이고 $B/C > 1$이면, 공해방지책은 유효하다. 환경 최적점 E^*는 M_B와 M_C가 만나는 점이 된다. 이 경우 하수도와 같은 경우의 편익효과는 장기간에 이르며, 반대로 슬러지(하수처리 후의 잔재)를 바다에 버렸을 경우의 오염도 장기간 계속되기 때문에, 이 비용편익분석은 다음 연도의 영향 예측을 포함해 생각해야 한다. 이 경우는 현재의 S를 할인율 ρ로 환원하여 거기에서 초기투자 K를 빼면, 총잉여의 현재 가치 V가 나온다.

$$V = \sum_t \frac{St}{(1+\rho)^t} - K = B - K$$

이 경우 B/K가 클수록 V가 커진다.

밀스는 이러한 비용편익분석을 제창하였으나 동시에 이것은 추상 이론으로, M_B에는 시장의 수요와 같은 명확한 통계가 없고, M_C도 측정이 어렵다는 것을 인정하고 있다.

그런데 정부의 환경기준을 달성하기 위해 부과된 과징금도 그림의 M_B와 M_C가 일치되는 점에서 결정되어야 할 것이다. 그렇게 되면 기업은 극소의 공해방지투자로 환경기준을 달성할 수 있고, 사회적으로도 효율이 극대화될 것이다. 그러면 공공적 개입은 개별 기업의 생산과정에서가 아닌 사회적 효율이라는 전체적인 생산과정에서 이루어진다는 점에서, 밀스는 과징금과 직접규제 중 어느 쪽을 선택할 것인가 재검토하고 있다.

밀스는 과징금을 선택했다. 그 이유는 첫째로 대도시 구역에서 새로운 공장을 만들 때나 낡은 공장을 다시 새롭게 지을 때 과징금은 통고하면 되지만, 직접규제를 할 경우, 특히 앞으로 규제를 하려고 할 경우에는 정부는 이 공장이 어느 정도 오염물을 배출하는지에 대한 사전 정보를 갖고 있어야 하기 때문이다. 공장의 설비방식이나 생산기술과 조업방식에 대해 권고해야 하는데 그것이 곤란하다는 것이다. 둘째로는 날마다 기술이 새로워지기 때문에 새로운 공해방지투자 비용과 효율이 불안정하여, 어느 수준에서 규제하면 되는지 알기 어렵고 이런 점 때문에 과징금 쪽이 유효하다는 것이다. 즉 과징금의 경우는 경제적 자극이 되어 기술개발이 진행되지만, 직접규제로는 정부가 정한 기준을 지키면 공해대책의 효율이 나쁘더라도 언제까지나 현상유지만 한다는 것이다.

밀스는 과징금이 오염권을 파는 것이라는 비판에 대해, 그렇다손 치더라도 회소한 오염권을 배분하는 데는 직접규제보다는 과징금이 더욱 효율적이라고 하였다. 그리고 무엇보다 일본과는 달리 미국에서는 직접규제가 성공하지 않았다며, 최종적인 환경정책의 수단으로 과징금을 제창하고 공해대책의 결론으로 삼고 있다.

밀스 이후의 신고전파 환경경제학의 업적은 어마어마하며, 특히 환경정책의 수단에 대해서는 전문화가 진행되고 있다. 피구의 사회적 비용론에 의거한 피구세(Pigouvian Tax)를 더욱 현실적인 정책으로 하기 위해, 오염물의 감축 목표를 전제로 하여 탄소세 등 환경세의 기준이 된 보몰-오츠세(Baumol-Oates Tax)가 그 한 예이다. 또 신자유주의의 자주·자기책임 사상과 소유권 이론에 의거하는 배출권거래제도가 유력한 정책수단으로 제창되었다. 이러한 정책론에 대해서는 뒷장에서 논하기로 하고, 지금까지 출판된 신고전파의 환경경제학은 밀스 이론의 기본적인 수정은 아니다.

♟ 근대경제학의 환경경제론의 한계

소개가 길어졌지만, 신고전파 경제학 —— 공공경제학이라는 근대경제학 —— 의 주류 환경경제학은 이 밀스의 이론으로 거의 골격을 이야기할 수 있다. 굳이 간략하게 정리한다면 다음과 같다.

경제활동이 환경이라는 외부에서 자원을 끌어내서 배출물로 오염시키는 행위는 '시장의 실패'에 의한 것으로, 사회적 효율을 낮추고 자원배분을 적정하지 않게 하는 '사회적 비용'이다. 오염물의 방제·감축 또는 환경의 질을 보전하는 것은 개인적으로 불가능하므로 행정 개입＝'공공적 개입'을 해야 한다. 공공적 개입이 사회적 효율을 최대화하고 자원배분을 적정하게 한다는 조건에서 사기업의 이윤이나 소비자의 효용을 최대로 유지하고, 동시에 공적 지출을 최소한으로 시행하기 위해서는 '비용편익분석'에 의해 선택되어야 한다. 정책수단으로는 직접규제보다도 '경제적 수단'(보조금, 과징금, 환경세, 배출권거래 등)이 유효하다.

그런데 이 이론이 현대의 환경문제·정책을 설명하기에 적당한 것인가. 위에서 5개의 개념을 작은따옴표로 묶었는데, 이것이 근대경제학 환경경제론의 키워드가 된다. 과연 이 개념들이 현대의 환경문제를 설명하는 데 성공하고 있는가? 이것이 앞으로 각 장에서 검토할 과제의 하나다.

개별 이론의 검토에 앞서 총괄적으로 말하면, 근대경제학의 환경경제론은 기본적으로 체제론이나 제도론이 결여된 기능론으로 되어 있다. 현실은 체제론을 포함시켜 다음과 같이 분석할 수 있다. 현대 자본주의 환경문제의 원인은 상품경제 일반의 '시장의 실패'로 볼 것이 아니라, 자본주의 축적에 기초한 환경 대책비의 결여에 의한 '사회적 손실'로 보아야 한다. 특히 오늘날에는 거대한 독점체의 출현으로 환경을 독점적으로 이용하고 오염시키는 점, 집적 이익을 추구하여 자본이 특정 지역으로의 집중과 집적을 진행시키는 한편 오염과 같은 집적 불이익을 주민들에게 일방적으로 부담시키고 있는 '독점'과 '집적'의 이론이 있어야 한다. 사회적 손실(사회적 비용)의 부담 문제에서는 소득 재분배 문제나 공평의 문제가 빠져 있다. 공해에 의한 피해자는 미샨(E. J. Mishan)이 지적한 바와 같이 항상 저소득자거나 중간 저소득자이다. 즉 '자본주의 축적에 따른 빈곤화'의 시점이 피해론에 있어야 한다. 더욱이 공공적 개입은 자동적으로 이루어지는 것이 아니며 또한 피해자의 입장에 서서 행해지는 것도 아니다. 신고전파의 주장처럼 국가는 중립적이지 않고, 오염자＝가해자의 입장에 서서 적극적으로 기업성장이나 지역개발을 추진하고 있다. 그러므로 주민이 국가의 정책을 개혁 또는 제어하기 위해 '공해 반대나 환경보전의 여론이나 운동'을 일으키고, 그것이 성공할 때 환경정책이 비로소 진전된다. 방치해두면 국가는 비록 공해방지나 환경보전을 위한 법이나 조례가 있더라도, 재계와의 균형을 고려해 적극적으로 움직이려 하지 않는다. 오히려 주민의 여론이나 운동이 약해지면, 제1장에서 살펴본 것처럼 언제라도 공해대책은 후퇴한다. 그러한 의미에서 물질 수지론이나 비용편익 분석으로 정책을 선택하고, 수단으로서는 시장경제에 맞추어 과징금 등을 부과하는 경제적 수단만으로는 불충분하다. 피해자의 실태와 그 원인을 정치경제학적으로 해명하여 구제제도를 생각하고, 생산과정에서 사용되거나 또는 제품 속에 포함되어 있는 유해물질을 '공개'시키며, '토지 사유권의 규제나 기업의 민주적 관리'(예컨대 경영진에 지역 주민이 들어가는 방법), 또는 정부나 자치단체의 공해 행정에 대한 '주민 참가' 등 체제의 심장부에 메스를 가할 수 있는 정책이나 제도를 검토하는 것이 환경경제학의 과제라고 할 수 있다.

2. 정치경제학의 공해론

♟ 사상의 계승과 창조: 모색의 과정

산업혁명기의 공해를 자본주의의 사회문제로 다루었던 사람은 마르크스와 엥겔스이다. 엥겔스는 『영국 노동자계급의 상태』(1845)[49]에서 공해와 같은 노동자의 위생상태 악화에 따른 부작위의 피해를 '사회적 상해·살인'이라고 명명하고, 그 책임을 사회의 지휘자인 자본가 계급에게서 찾았다. 또한 마르크스는 『자본론』에서 노동자들의 거주 환경의 악화를 자본주의 축적에 따른 빈곤화 현상의 하나로 해명하였다. 마르크스와 엥겔스는 이처럼 노동자의 거주 환경 악화를 자본주의 운동법칙과 연관시켜 이해하고, 자본주의 발전의 사회적 제 결과로서 경제학 체계 속에 자리매김했다는 점에서 신고전파 경제학의 '외부성' 실패론을 극복했다고 할 수 있다.[50]

나아가 마르크스와 엥겔스는 경제 현상을 자본주의적 생산관계의 협소한 틀 속에 가두지 않고 먼저 자연과 인간의 관계에서 출발하여 광의의 경제학으로의 길을 열어 사적 유물론의 입장에서 역사적으로 고찰하였다. 그들은 사회사 속에 하나의 구성체인 자본주의가 자본주의 축적이라는 발전의 기동력 때문에 자연과 인간 모두를 무계획적으로 착취하고 파괴한다는 점을 명확하게 밝히고, 그것이 언젠가는 자연재해나 혁명이라는 복수를 받을 필연성을 갖고 있음을 보여주었다. 그리고 과학·기술이 진보된 결과 종전의 상품 경제를 규정하는 척도로서의 교환가치가 극복되어 환경을 고려한 새로운 '사회적 사용 가치'라는 가치 척도가 생겨나고, 그것에 의해 경제가 발전하는 미래 사회를 내다보고 있었던 것이다.

마르크스와 엥겔스의 이론은 공해·환경문제를 이론화하는 사상을 제시했다고 할 수 있다. 그러나 그들은 미래 세계의 공해나 환경파괴를 보지 못했다. 환경파괴가 도시 노동자의 생활 곤란에 머물지 않고 널리 지구 인민의 생활에 영향을 미치며, 자본주의 사회뿐만 아니라 현대 사회주의 사회나 개발도상국에서 발생하고 있는 심각한 상황을 보지 못했다. 환경문제가 다면적으로 발생하고 환경정책이 다양하게 전개되고 있는 오늘의 세계 상황을 마르크스와 엥겔스의 저작으로 환원시켜 한마디 말로 재단을 한다면 마르크스와 엥겔스의 비판 정신으로 가득 찬 사상을 모독하는 것이다. 그러나 창조하는 것은 어렵다. 근대경제학의 환경경제론이 밀스가 그랬듯이 신고전파의 체계 속에 이를 짜 넣으려 했기 때문에 비현실적이 된 것처럼, 마르크스 경제학의 경우도 기성의 체계나 용어로 먼저 공해·환경문제를 자리매김하는 데서 시작했기 때문에 실패했다고 할 수 있다. 일본 마르크스 경제학자로서 최초로

공해론을 구성해보려 했던 필자의 시행착오를 하나의 예로 소개하고자 한다. 필자는『가공할 공해(恐るべき公害)』에서 공해를 다음과 같이 정의하였다.[51]

공해는 자본주의적 생산관계에 부수되어 발생하는 사회적 재해라고 말할 수 있다. 그것은 자본주의적 기업·개인 경영의 무계획적인 국토·자원의 이용과 사회자본의 부족, 도시계획의 실패가 원인이 되어 발생하고, 농민·시민의 생산이나 생활을 저해하는 재해이다. 따라서 공해는 계급대립의 표현이다. 가해자는 주로 자본가 계급이고, 피해자는 주로 농민·노동자 계급이다.

공해의 역사는 자본주의의 역사이기도 하며, 공해가 드러나는 방식은 자본주의 발전 단계에 따라 달라진다. 따라서 시초 축적기에 도시와 농촌의 대립에서 발생한 공해(아시오·벳시 구리중독 사건 등), 산업혁명기 도시 노동자 생활의 어려움으로 표현되는 공장공해, 독점 단계의 중화학공업화·대도시화에 수반되어 나타나는 광역적 공해, 그리고 현대 자본주의 아래에서 국가가 환경을 관리하면서 일어나는 체제적인 공해(자동차 공해나 공공기관에 의한 공해 등)를 묘사했던 것이다.

또한『사회자본론』에서는 이 이론에서 한 걸음 더 발전시켜 공해문제를 자본주의 축적의 일반적 경향인 빈곤화의 한 현상으로 파악했다. 그것은 마르크스가 노동위생 등에 관해서 언급하고 있는 '불변자본 사용상의 절약'을 토대로 하였다. "자본주의적 생산양식은 그 모순적이고 대립적인 성격 때문에, 불변자본 사용의 절약, 따라서 이윤율의 증대 수단으로 노동자의 생명과 건강의 손상, 그리고 그들의 생존 조건 악화를 내포하고 있다."[52] 자본주의 기업은 이윤을 갈망한 나머지 가변자본에 비해 불변자본 부분(기계·설비·원료·연료 등)을 끊임없이 증대시키지만, 그에 따른 이윤율 저하를 되도록 피하기 위해 직접 생산과정과 관계없는 고정설비(공해방지, 복리후생) 등의 부분을 절약하여 이윤을 증대시키는 것이다. 이것은 일본의 고도성장기의 산업설비 투자 구성에서도 명백하게 드러난다.

또한 이 개별 자본의 축적 법칙은 사회적 총자본의 축적에도 응용할 수 있다. 공장(기업) 내 노동자의 안전을 위한 불변자본도 절약하기 때문에, 더군다나 공장 외부의 주민 안전을 위한 불변자본(공해·재해방지투자)의 절약은 더욱 철저하게 행해진다. 뒤에 설명하겠지만 1970년 전후까지의 공해방지투자(더 나아가 공해방지비용)는 일부의 기업을 제외하고는 거의 없었다. 더욱이 이러한 자본주의 축적의 법칙은 사회자본이라고 일컬어지는 분야, 즉 생산이나 생활의 일반적 공동조건이며 주로 공공부문이 조성하고 있는 영역에까지 관철된다. 즉 사회자본 가운데에는 사회적 일반생산수단(철도·도로·항만·공항·댐 등)이 우선되고, 사회적 공동소비수단(노동자의 공동주택, 상하수도, 교통안전 시설, 공원, 의료·복지 시설, 학교, 보육소, 기타 사회시설)과 그 서비스는 절약되거나 뒷전으로 밀려났다. 사회적 공동소비수단과 그 서비스의 절약은 사회적 총자본의 이윤율 또는 사회적 편익을 높이고, 자본으로서는 사회적 낭비를 절약하는 방법이다. 이것은 고도성장이라고 불리는 자본주의 축적이 급속하게 진행되는 시기나 인권을 무시한 성장지상주의 국가일수록 명확하게 나타난다. 노동자 계급을 중심으로 한 주민의 기본적 인권, 특히 생명·건강 보호와 양호한 주거 환경권의 확립을 위한 여론과 운동이 일어나 의회, 정부, 법원이나 자치단체에 공해대책을 수립시키지 않는 한 이러한 경제 법칙의 작용 아래에서 공해방지나 주거 환경의 개선은 진전되지 않는다.

『사회자본론』에서는 산업혁명기 이후의 자본주의 공해와 주거 환경 악화의 역사, 특히 일본 고도성장기의 환경문제 실태와 그 원인을 기업의 설비 투자·사회자본(특히 공공투자)이나 지역개발에 대한 분석을 통해 밝히려고 했다. 몇 가지 자료를 잘못 읽어 생긴 오류나 지나친 생각도 있었으나 기본적으로 이 이론은 잘못되지 않았다고 생각한다.

자본주의와 공해의 관계를 실증분석하면 누구든지 이 이론을 증명할 수 있을 것이다. 그런 점에서 기본적인 시각의 차이가 있어도, 앞서 말한 바와 같이 '시장의 실패', 즉 '공공적 개입에 의한 사회적 비용의 내부화'를 주장하는 근대경제학의 공해론도 앞 절에서 비판했던 것처럼 체제론은 없지만, 기능론적으로는 자본주의 체제의 내적 메커니즘으로 공해를 설명하는 하나의 이론이라고 할 수 있다. 카프의 사기업의 사회적 비용론 등은 글자 그대로 마르크스주의와 공통된 자본주의 제도론이다.

그러나 그렇다면 사회주의 국가의 공해는 어떻게 설명할 것인가? 자본주의적 축적만으로 이론을 구성하면 사회주의에서는 공해가 없어야 한다. 1960년대의 사회주의 연구자 가운데는 사회주의의 환경문제를 전면 부정하든가 또는 사회주의의 환경정책을 예찬하는 사람이 많았다. 이것은 종래의 사회주의 연구의 공통된 결함으로, 자본주의의 실증 분석처럼 관청뿐만 아니라 폭넓은 범위의 통계·자료의 비판적 이용이나 실태조사를 하지 않고, 정부 문서·정부 기관지나 '어용학자'의 문헌만으로 서술했기 때문에 공해가 없다고 하는 잘못된 평가가 나온 것이다. 1960년대 초 사회주의 국가의 공해에 대한 객관적인 정보는 거의 없었다. 그러나 WHO 등의 국제 기관에 제출된 단편적인 자료를 보는 한, 1960년의 체코 실레지아 지방 오스트라바 시 주변의 대기오염은 같은 시기의 가와사키(川崎) 시나 야하타(八幡) 시 — 현재의 기타큐슈(北九州) 시 야하타 구 — 와 같은 정도의 오염을 보인, 세계에서 가장 오염도가 극심한 지역이었다. 그래서 『가공할 공해』에서도 이것을 소개하고 사회주의 국가에도 중화학공업에 의한 대기오염이나 수질오염이 있으며, 농촌에서 도시로 급속한 인구 집중이 진행되는 시기에는 공해와 같은 도시문제는 피하기 어렵다고 했던 것이다.

사회주의의 환경오염 사실을 소개했다고는 하나, 필자가 그 후 폴란드를 중심으로 사회주의 국가의 공해실태를 조사하기 전까지는 자본주의 국가와 비교해서 사회주의 국가도 공해 현상이 있다고 해도, 정부가 국영기업의 생산 활동을 규제하고 완전한 도시계획을 시행할 수 있는 능력을 가지고 있기 때문에 공해대책을 수행할 능력을 갖고 있다고 생각했다. 따라서 사회주의 국가의 공해 원인을 체제＝생산관계에서 구하지 않고, '저급한 생산력'(공해 방지기술의 낙후나 산업구조 등)과 일당독재라는 조건 아래에서 국유화에 수반되어 생긴 '관료주의'의 폐해에서 그 원인을 찾았다. 그렇지만 자본주의 체제론으로만 설명하는 공해론의 정의에 대해서는 사회주의 국가의 공해 현실을 보면 비판이 나오는 것이 당연하다.

1970년, 도쿄에서 열린 국제사회과학평의회 공해문제특별위원회는 세계 최초의 학제적인 국제 심포지엄을 개최하였다. 이 석상에서 소련의 세묘노프(V. S. Semenov)는 공해의 원인을 자본주의 체제에서만 찾아, 소련에서는 유효한 공해방지 대책을 강구할 수 있다고 했다. 이 의견에 대해 많은 반론이 나왔다. 특히 미국의 소련 연구자인 골드먼(M. Goldman)은 환경파괴를 공업화 현상에서 찾았다. 그는 1972년 소련의 잡지·신문을 세밀하게 조사하여 『소련의 환경오염』을 출판하였다.[53] 또 이때를 전후하여 소련의 공해에 관한 정보가 들어오게 되었다. 그 후 사회주의에 대한 연구의 발전 그리고 실제로는 1986년의 체르노빌 원전 사고 등을 보면, 지금은 사회주의 국가의 공해문제는 논란의 여지가 없다. 자본주의 체제의 비판으로서의 공해론과 사회주의 공해론을 어떻게 통일시킬 것인가는 마르크스 경제학뿐만 아니라, 널리 정치경제학 전반에 그 진가를 물었다고 할 수 있다.

♟ 소재 면과 체제 면의 통일
─── 쓰루 시게토의 『공해의 정치경제학』의 위치

이 문제를 정치경제학의 입장에서 해명한 것이 쓰루 시게토의 『공해의 정치경제학』[54]이다. 정치경제학적 입장에서 공해를 분석한다는 것은 '경제체제가 다르면 공해의 발생이나 그것에 대한 대응책의 효과가 체제적 이유에 의해 다를 수 있다고 간주하는 입장'이다.[55] 그러나 공해는 실업과 같은 자본주의 체제의 독자적인 현상과는 달리 사회주의 체제에서도 발생한다. 그것은 공해가 기술진보 등 생산력 발전, 즉 소재 면에 규정되기 때문이다. 앞에서 언급했던 밀스가 경제활동에 물질 수지의 시각을 넣어서 재정리하려고 했던 것도 소재 면에서의 정리였지만, 쓰루는 매튜스(R.C.O. Matthews)의 생산함수 속에 기술진보 요인을 추가한 이론을 소개했다. 쓰루는 이 책에서 체제를 초월하여 공해에 대한 소재 면 연구의 중요성을 강조하고 있다. 하지만 동시에 일본과 같은 자본주의 국가의 공해는 소재론만으로는 발생 메커니즘을 해명할 수 없고, 소재 면에서 정리 가능한 재화의 흐름을 체제 면에서 분단하여 그곳에서 공해의 원인이 생긴다고 하였다. 예를 들면, 본래 인류의 공유재산이어야 할 기술이 자본주의 기업에 점유되면 환경이라는 자원을 이용하는 것 때문에 발생하는 기술진보에 수반하여 공(비용의 절약)도 죄(공해)도 기업의 판단으로 처리되고, 외부성의 내부화는 '사적 자본'의 필요에 의해 행해진다. 환경이라는 희소 자원의 고갈이나 공해대책을 기업은 내부화하지 않는다.

쓰루는 우유 소비라는 일상적인 소비행위를 예로 들어, 체제 면이 소재 면을 분단하는 상황을 설명한다. 우유 소비의 과정을 소재 면에서 정리하면 다음과 같다.

① 우유 생산   ② 용기(容器) 생산   ③ 유통 과정
④ 소비자에 의한 구입   ⑤ 용기 처리

기업이 관여하는 ①부터 ③까지는 이윤 극대화 동기가 작용하고, ④·⑤는

소비자의 만족 극대화가 작용한다. 기업은 용기의 비용과 유통비의 절약을 도모하여 용기를 병에서 폴리에틸렌으로 바꾼다. 그러면 이 폴리에틸렌 용기의 수집, 처리, 청소공장의 대기오염 등 공해대책 비용이 외부화되어 자치단체나 주민의 부담이 된다. 결국 'goods'에는 소재 면에서 반드시 'bads'가 있는데, 체제 면에서는 'bads'를 보상하는 비용을 넣지 않고 팔리기 때문에 'bads'가 더욱 많아진다는 것이다.[56] 쓰레기의 양이 소득량과 함께 늘어나는 것은 체제 문제가 들어가 있으며, 물리적인 것이 아니다. 또 소비자가 스스로 자제한다고 해서 쓰레기 문제가 해결되는 것도 아니다.

이렇게 쓰루 시게토는 소재 면에서 특히 기술진보의 외부 효과에 의해 체제를 불문하고 공해가 일어날 가능성을 밝힌 다음, 그것이 현실화되는 메커니즘이나 공해대책은 체제 면에 따라 차이가 있다는 것을 밝히고 있다. 즉 자본주의라는 생산관계에 의해 공해가 규정된다는 것을 이론적으로 해명한 것이다.

쓰루는 오늘날의 기술 진보-생산력 확대가 교환가치를 척도로 하는 제도를 뛰어넘어 시장 그물 밖의 '외부 효과'를 크게 하고, 시장 메커니즘의 합리성을 상실시키고 있음을 강조하고 있다. 더구나 '우주선 지구호'라고 일컬어지는 폐쇄계의 상황 아래에서는 폐기물이 어떠한 형태로든 자연과 인간에게 영향을 미치므로, '외부성'이라는 것은 실제 모두 내부화되는 것이다. 그런 의미에서 '외부성'을 '내부화'할 수 있는 시장 메커니즘을 넘어선 척도가 필요하게 된다.

이미 마르크스는 로봇이 생산과정의 주역이 될 때에는 가치를 초월한 새로운 척도로서의 사회적 가치가 필요하다는 점을 시사하였다. 쓰루는 그 새로운 척도로 GNP를 대신하는 정책목표로서 시빌 미니멈(Civil Minimum)[57]을 거론하고 있다. 시빌 미니멈 속에는 시장에서 공급되는 것도 있지만, 사회 복지, 사회 보건 등 대부분이 공공부문에서 공급되지 않으면 안 되는 것이며, 또 화폐가 아닌 실물로 지급되는 시설과 서비스가 많다. 말하자면 소재 면에서 정책목표를 정해야 하며, 그렇게 되면 공공적 개입은 불가피하다는 것이다.

쓰루는 일본의 역사를 돌이켜보면서 주민운동의 중요성을 역설하고, 주민 운동 없이는 공공적 개입=공해대책은 진전될 수 없다는 것을 밝히고 있다. 그리고 자본주의 사회에서는 주민 운동을 풀뿌리의 원점으로 삼아 체제적 시 각을 목표 범위에 넣은 사회 개혁 전체를 문제로 삼을 수 있는 대책이 검토되 어야 한다고 하면서, 생산물(flow)의 사회화·토지의 공유화·과학 기술의 사 회적 관리를 제언했다. 이러한 근본적인 개혁을 추진하는 한편, 주어진 법 제 도와 시장기구의 틀을 전제로 한 대책으로서 직접규제, 공해세, 유해물질의 포괄적 목록 작성이나 금지 항목의 설정을 전제로 한 과징금 제도 등을 제안 하고 있다.

이『공해의 정치경제학』은 1970년대 초의 정치경제학의 도달점을 보여주 는 것이다. 그러나 현실의 세계 환경문제를 경제 현상으로 해명하려면 이것 만으로는 추상적이고, 이 이론을 토대로 하여 환경문제를 해명하기 위한 경 제 이론을 만들어야 한다.

3. 중간 시스템론 — 이 책의 기본적 방법론

♟ 중간 시스템론의 제창

쓰루 시게토가 정리한 바와 같이 환경문제의 해명에는 소재에서 시작해서 체제로 가는 방법론을 취해야 한다. 이 점에서 신고전파 경제학자들처럼 체 제를 빼버리고 현대의 기술과 기업경영을 전제로 최적오염량(혹은 리스크 한계)을 찾고, 그것을 달성 또는 제어할 수 있는 정책을 선택하는 소재론 또는 기능론적인 경제학을 채용하지 않는다. 그러나 이 경우에 체제 면이라는 것은 자본의 이윤극대화의 원리며, 이 기저로 환원해버리는 것만으로는 환경문제를 해명하는 정치경제학으로서는 불충분하다. 환경의 정치경제학으로서는 독자적인 문제발생 메커니즘과 대책의 규정요인이 필요하다. 필자는 1950년대에 시작된 일본의 고도성장 초기부터 일본의 환경문제를 분석하고 정책제언을 해왔는데, 그 과정에서 다음에 설명하는 정치 사회 경제 시스템이 환경·환경문제·환경정책을 규정한다고 생각했다. 이것을 소재와 체제의 중간에 있는 것이라 하여 '중간 시스템'이라고 명명했다. 이 책은 이 '중간 시스템'론을 기본적 방법론으로 하여 전개시켜 나가는데, 그 전체상을 도입부에서 밝히기 위해서 일본의 경험을 예로 하여 구체적으로 이 이론을 소개해두고자 한다.[58)]

(1) 자본형성(축적)의 구조

환경문제를 규정하는 첫 번째 경제구조는, 공사부문의 자본형성의 양태다. 현대경제의 특징은 대량생산 방식에 있다. 이것은 확대재생산을 목적으로 한 자본의 운동이다. 기술혁신에 의한 기계화·자동화, IT화 등으로 노동비용은 줄어들지만 이윤율도 저하된다. 그래서 이윤율을 높이려고 하면 설비투자를 더욱 확대하여 대량생산을 해야 한다. 그때 상품·서비스의 가치와 직접 관계가 없는 환경보전이나 산업재해 방지 등의 안전 투자는 공적규제가 없는 한 절약을 하는 경향이 있다. 산업혁명 이후 환경문제는 이런 확대재생산을 계속하면서 안전 비용을 절대적·상대적으로 절약하는 자본형성(축적)의 양태에서 발생했다. 이 경우 공해방지·환경보전비용은 민간기업(개인기업체 포함), 공공부문(중앙정부·지방정부·기타 공사·공단 등), 가계의 세 부문에 포함되나, 중심은 민간기업의 공해방지·환경보전비용의 설비투자, 운전

비용, 보수비용 등의 합계이다. 공해·환경대책은 현재는 사후처리(end of pipe: 오염물의 최종단계에서 발생량을 감축하거나 정화) 기술의 혁신이 중심이므로, 기술이 일정하다고 가정하면 환경보전비용 특히 공해방지 설비투자가 커지므로 오염물의 양이 감소한다. 투입하는 물질, 에너지의 양을 줄이고 재활용을 철저히 하는 경우에는 공해방지투자량의 확대가 환경보전 개선을 직접적으로 나타내지는 않지만 대책의 주요인은 공해방지 등의 안전 비용이다.

고도성장기에는 기업의 공해방지투자가 환경보전의 결정적 요소였다. 공해방지투자의 추이는 앞에서 제시한 〈그림 I-1〉과 같다. 즉 1965년의 투자액은 297억 엔(전체 설비투자의 1.7%)이며 수질정화 설비투자는 0에 가까웠다. 그러다가 공해반대 여론이 고양되고 법의 규제가 강화된 1975년에는 9645억 엔(전체 설비투자의 17.7%)에 도달했다. 이 내역은 철강 2091억 엔, 전력 1726억 엔, 석유 1720억 엔, 화학 1443억 엔으로 '오염 사천왕'으로 불렸던 산업에 집중되어 있다. 이것은 설비투자액과 투자비율에서 세계 최고이다. 1973~1976년 말까지 거액의 투자가 이루어졌다. 이 기간에 공공기관의 예산도 급증했다. 오염이 심각했던 1963년에는 국가의 환경보전예산이 7649만 엔으로 1억 엔도 안 되었으며, 대부분의 지방자치단체에서는 지출이 없었다. 그러나 1974년도 국가의 환경보전예산은 3421억 엔, 지방자치단체는 〈표 I-2〉에서처럼 9537억 엔의 거액으로 상승했다. 이에 따라 1960년대부터 심각했던 공해문제의 해결이 진척되었다.

그런데 이때를 정점으로 기업의 공해방지투자는 격감했다. 1977년도에는 전력 1569억 엔, 철강 812억 엔, 기계 284억 엔, 화학 257억 엔이 되었다. 이후에도 전력을 제외한 다른 중화학공업에서는 공해방지투자가 감소했고 갱신 이외의 대규모 투자는 없어졌다. 『환경백서』(1992년판)는 공해방지투자가 거의 다 갖추어져 일단락되었기 때문이라고 설명하고 있으나, 이는 분명히 다음에 설명할 산업구조의 변화로 소재공급형 중화학공업이 전력 이외에

〈표 I-2〉 지방자치단체의 공해 · 환경담당 조직 · 예산의 추이

	1961		1974		1986		1995	
	도도부현	시정촌	도도부현	시정촌	도도부현	시정촌	도도부현	시정촌
공해·환경 담당 조직이 있는 단체	14	16	47	765	47	562	47	845
담당직원 수	300		5,852	6,465	5,865	4,816	6,384	4,534
예산(단위: 억 엔)	140		3,501	6,036	8,910	20,800	14,458	46,738
하수도예산을 제외한 예산(단위: 억 엔)	2			3,838		8,785		17,319
공해방지 · 환경조례 설치 단체	6	1	47	346	47	496	47	608

주) 1961년도는 후생성 조사, 1974년 이후는 『環境白書』(각 년도)에서 조사.

는 축소 또는 중국 등의 발전도상국으로 중점을 옮겼기 때문이다. 또 석유 등의 자원가격 상승으로 자원절약형 기술개발이 진전되어 그것이 오염물의 질과 양을 변화시켰기 때문이다.

공해방지설비의 보급과 함께 그것을 조작하여 공해를 미연에 방지 · 축소할 관리자가 필요해진다. 1971년부터 시작된 공해방지관리자 국가시험 합격자는 2005년까지 약 30만 명에 달했다. 최고점인 1972년도는 응시자가 10만 명을 넘었다. 일본의 에너지 절약이나 공해방지는 이렇게 생산과정에서 노동자의 공해관리업무로 유지되고 있다. 일본의 공해설비가 동유럽이나 중국에 수출되어도 그다지 효율이 좋지 않은 것은 생산과정의 전 분야에서 공해방지 관리업무를 수행할 기술자나 노동자가 배치되지 않고, 또한 시스템화되어 있지 않기 때문이다. 그러나 최근의 규제완화로 공해방지 관리자 또는 원자력 발전소 등의 안전 관리자가 보고의무를 소홀히 하거나 데이터를 날조하는 사건이 많아졌다. 안전 시스템을 유지하는 것은 기계설비뿐만 아니라 제도이며 그것을 담당하는 노동자이다.

환경문제는 환경오염만이 아니며 주택과 생활환경의 질로 규정된다. 일본의 자본형성의 특징은 제2차 세계대전 전부터 기업의 설비투자에 중점을 두

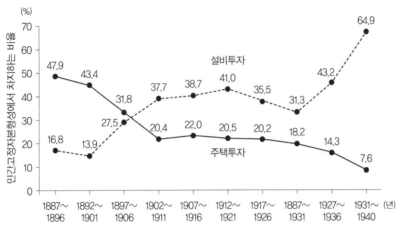

〈그림 I-3〉 주택투자와 설비투자의 추이

자료) H. Rosovosky, *Capital Formation in Japan, 1868-1940*(1961), p.38의 수치로 작성.

고, 주택이나 상하수도·공원·녹지대 등의 생활환경에 대한 투자를 극단적으로 절약해왔다. 제2차 세계대전 전에 주택은 거의 모두 민간 건설에 맡겨져 있었다. 〈그림 I-3〉에서처럼 민간고정자본형성에서 차지하는 주택건설의 비율은 1887~1896년도의 47.6%가 최고점이었으며, 제1차 도시화가 일어난 1900년대부터 1930년대까지 그 비율은 20% 전후로 거의 증가하지 않았고 반대로 1927년 이후 감소하는 경향에 있다. 이에 반해 제1차 세계대전 전후에는 중화학공업화가 진전되어 설비투자는 1912~1921년도에 41%에 이르렀으며 1931~1940년도는 64.9%까지 상승했다. 또 공공투자에서도 도로, 항만 등의 산업기반투자가 우선했다. 상하수도는 최고 시점인 1930년대까지도 도로의 3분의 1 이하였다. 당시 동양 최대의 제철도시였던 야하타 시(八幡市) ── 현재의 기타큐슈 시 ── 에도 하수도는 1cm도 없었다. 이런 사정이 맞물려 제2차 세계대전 전의 생활환경은 열악했다.

제2차 세계대전 전에는 군사투자가 공공투자의 반을 차지하고 있었는데, 제2차 세계대전 후에는 그것이 크게 감축되었다. 그 대신 사회자본 충실정책에 따라 공공 토목사업이 세계 최고 수준으로 상승했다. 유럽의 복지국가의 공공투자, 특히 1980년대 초까지 영국의 공공투자는 공영주택 중심이었다. 반면에 일본의 공공투자는 4분의 1 이상을 차지하는 도로투자가 중심이었다. 한편 공공주택 건설은 도로투자의 5분의 1에 지나지 않았다. 민간주택투자도 민간설비투자의 3분의 1 이하였다. 이런 공공투자의 구조는 자동차 교통을 확대시켰고, 이 때문에 자동차 공해가 도시공해의 중심이 되었다. OECD 보고서에서도 '토끼집'이라고 비판했던 일본의 열악한 주택사정, 그리고 공원 등의 녹지대와 수변환경의 빈곤은 도시의 어메니티를 열악하게 만들었다. 스모그와 SO2의 오염은 1970년대 말에는 해소되었으나, 제2차 세계대전 전부터 계속되어온 주택과 생활환경의 빈곤에서 오는 환경문제는 '일본병'이라고 할 수 있을 정도이다.[59] 지금 일본병이라고 했지만, 일본과 유사한 설비투자 우선의 자본형성을 추구하는 중국 등 발전도상국도 완전히 똑같은 환경문제를 발생시키고 있다.

(2) 산업구조

환경문제의 원인은 산업구조에 있다. 이것은 급격한 산업구조 변화를 경험한 제2차 세계대전 후의 일본의 공해에서 명확히 나타난다. 고도성장기의 일본은 농업에서 공업으로, 경공업에서 중화학공업으로 단시일에 변화를 이루었다. 1960년부터 10년간 국민총생산에서 차지하는 농림수산업의 비중은 13%에서 6%로, 제조업은 43%에서 46%로, 특히 그중에서 중화학공업의 비율은 54%에서 63%로 비약했다. 주요 중화학공업 제품은 대부분 세계 1·2위의 생산력 수준이 되었다. 이 때문에 수질오탁 중 BOD와 COD의 부하량을 보면 광공업 배수(排水)가 62%, 그중 화학공업과 종이·펄프공업이 37%에 달한다. 대기오염 중에서 SO2 발생량에서는 광공업이 65%를 차지하는데, 그중 철강, 화학공업에서 40%, 화력발전소를 넣으면 세 업종에서 59%가 된다. 오염원에는 종이·펄프공업 같은 소재공급형 경공업도 포함되나 주로 소재공급형 중화학공업이 오염원이다. 게다가 일본의 소재공급형 중화학공업은 임해 콤비나트로서 도쿄 만(湾), 이세(伊勢) 만, 오사카 만, 세토우치(瀬戸内) 같은 인구집중 지역에 모두 집적해 있다. 그래서 다음 (3) 지역구조에서 언급할 대도시권역에서는 보기 드문 심각한 공해가 발생했다.

1973년과 1978년의 석유파동에 따른 원료가격 상승, 그리고 그 이상으로 4대 공해재판으로 상징되는 공해 반대 여론의 압력이 만들어낸 지역개발의 전환은 이런 오염형 산업구조와 산업입지의 개혁을 가져왔다.

예니케는 이러한 일본의 산업구조 전환을 생태적 근대화로 평가한다. 예니케는 이 생태적 구조전환에는 부문 내 전환과 부문 간 전환의 두 가지가 있다고 한다. 부문 내 전환은 환경부하를 줄이는 기술혁신이 중요하며, 제품과 제조과정을 바꾸는 것이다. 전력산업에서는 청정에너지를 이용한다든가, 건축업에서는 건자재와 건축방법을 에너지나 물을 사용하지 않는 건축으로 바꾸는 식의 것들이다. 이에 반해 부문 간 전환이란 소재공급형 중화학공업에서 자동차·전기 등의 하이테크산업으로 산업정책의 중심을 옮기는 것이다. 예니케는 다음과 같이 말한다.

일본에서는 부문 간 전환과 부문 내 전환이 둘 다 다른 국가와는 비교할 수 없을 정도로 진전되었다. 광물·금속·종이 생산의 상대적 감소, 그리고 특정 기초산업 생산(알루미늄·비료)의 절대적 감소가 각 부문의 근본적 이행과 병행해서 일어났다. 화학공업의 성장이 평균을 상회했다고는 해도, 그 에너지 소비는 절대액에서 16% 감소했다. 금속산업에서 일어난 절약도 같은 식으로 진행되었으며 또 섬유산업도 모든 요소에서 개선을 인정했다.[60]

1969년 제2차 전국종합개발 및 1977년 제3차 전국종합개발의 1985년 목

〈표 I-3〉 정부의 계획과 현실의 비교

	2전총	3전총	1985년도 실적
국민총생산(GNP)	150조 엔	170조 엔	321조 엔
조강(粗鋼)	1억 8000만 t/년	1억 7800만 t/년	1억 528만 t/년
석유 정제	4억 9100만 kl/년	3억 8700만 kl/년	1억 8976만 kl/년
석유화학(에틸렌)	1100만 t/년	783만 t/년	423만 t/년
석유 수입	5억 600만 kl	4억 4000만 kl	1억 9833만 kl
공업용지	30만 ha	22만 ha	15만 ha
공업용수 수요	1억 700만 m³/일	7000만 m³/일	3493만 m³/일
전력(공급 능력)	1억 9000만 kw	1억 8000만 kw	1억 6940만 kw

자료) 각 전국종합개발계획과 정부통계에서 작성.

표치와 그해의 실적을 비교해보면, 〈표 I-3〉에서처럼 명목 GNP의 증대에 비교해서 철강·정유·석유화학 등의 중화학공업은 현저하게 감소했다. 자원면에서도 공업용지·용수·석유수출량은 더욱 현저한 감소를 보인다. 원래 전국종합개발계획대로 생산을 증대시키면 자원위기나 해상운송 파탄이 생기는 것을 피할 수 없기 때문에 계획대로 실행해왔다고는 생각할 수 없지만, 이 정부의 전망을 뒤집고 국제정세와 공해반대의 압력이 고도성장기의 환경문제를 변화시킨 것은 분명하다. 그러나 이 산업구조의 변화는 자원낭비형·환경파괴형 중화학공업을 해외 특히 아시아와 호주 등에 입지시킨 것이 주원인이다. 이른바 산업부문 간 전환은 '공해 수출'의 원인도 된다. 또 예니케가 지적한 대로 산업부문 내의 전환도 고도성장으로 생산량이 증대하면 오염량이 늘어나고, 기술혁신의 성과가 상쇄되어버린다.

(3) 지역구조

환경문제, 특히 어메니티 문제에서 중요한 것은 공간이용의 양태, 즉 지역구조이다. 현대는 대도시화의 시대이다. 게다가 다음 (4) 교통체계에서 언급할 자동차 교통의 보급으로 도시권이 끝없이 확대된다. 프랑스의 지리학자 고트망(J. Gottman)의 메갈로폴리스론에서는 밤하늘의 별처럼 이리저리 주거지가 확대되는 '성운상 대도시'를 현대 도시의 특징으로 삼았다.[61] 이 때문에 도심이 쇠퇴하고 도시의 이익이 상실되는 한편, 농촌의 삼림과 농지가 침식당해 환경이 파괴된다. 이 상황은 급격하게 대도시화가 진행된 일본을 비롯해서 아시아 대도시권에 공통적으로 환경악화를 초래했다.

도시화가 진행되면, 도시 내의 환경이 악화된다. 그 도시권에서 산업과 인구의 배치가 결정요인이 된다. 일본의 경우 〈표 I-4〉에서 보는 것처럼, 제2차 세계대전 후 3대 도시권에 인구가 급격히 집중 집적했다. 1970년대 전반까지는 공업화가 동기가 되었고, 그 이후는 정치·행정의 집권화와 금융·서비스·정보산업을 중심으로 하는 중추관리기능이 집중되면서 도시화가 진행되었다. 특히 1980년대 이후, 도쿄 일극집중(一極集中)으로 '세계도시화'가 진행되었다. 제2차 세계대전 후의 개발의 첨단을 달린 임해 콤비나트는 모두 3대 도시권과 세토우치에 집중되었다. 이 때문에 대량의 유해폐기물이 좁은 지역에 복합되었고, 인접한 거대 인구를 덮쳤다. 지옥도처럼 온갖 심각한 공해

〈표 I-4〉 3대 도시권으로 인구집중

(단위: 1000명)

	1960		1965		1975		1985		1995	
	인구	%	인구	%	인구	%	인구	%	인구	%
3대도시권	37,380	40.0	42,926	43.7	53,233	47.6	58,342	48.2	61,644	49.1
도쿄권	17,864	19.1	21,017	21.4	27,042	24.2	30,273	25.0	32,575	25.9
오사카권	12,186	13.0	13,896	14.1	16,773	15.0	17,838	14.7	18,259	14.5
나고야권	7,330	7.8	8,013	8.2	9,418	8.4	10,231	8.5	10,810	8.6

주) 도쿄권: 도쿄 도(東京都)·가나가와 현(神奈川県)·지바 현(千葉県)·사이타마 현(埼玉県),
   오사카권: 오사카 부(大阪府)·교토 부(京都府)·효고 현(兵庫県)·나라 현(奈良県),
   나고야권: 아이치 현(愛知県)·미에 현(三重県)·기후 현(岐阜県).
자료) 総理府·統計局,『国勢調査』에서 작성.

가 발생한 것은, 고도성장을 위해 기업이 집적이익의 극대화를 추구하여 좁은 지역에 집중한 결과 시민들에게 극도의 집적불이익을 가져다준 것이다.

일본의 대도시권은 그린벨트가 없고, 배후지의 구릉지역과 농지를 파괴하고 해안부를 매립하였기 때문에 자연파괴가 심각해졌다. 도시권의 확대와 기업 사무실의 증가는 교통량의 증대와 더불어 에너지와 물질 소비량을 증가시켰다. 도시화에 동반하여 주택, 상하수도, 에너지, 교통, 교육, 복지, 의료 등의 사회적 공동소비수단이 대량으로 필요해진다. 그러나 일본의 독특한 토지소유제 때문에 일본의 공공투자는 도로건설을 우선하였으며, 주택이나 생활환경시설 정비는 뒤처졌다. 도시정책은 기업의 효율적인 공간이용에 중점이 있었으며, 경관이나 역사적 문화재를 보존하는 것은 생략하거나 뒤로 미루었다. 그 전형적인 모습이 다른 나라, 특히 유럽에서는 찾아볼 수 없는 건물의 건축방법이다. 일본에서는 고속도로와 신칸센이 도심을 가로지르도록 건설되어 공해를 발생시키고 있다. 또 교토에서 보는 것처럼 역사적 지구를 파괴하고, 고도와 색상도 규제가 느슨하거나 아예 없기 때문에 미관을 손상하는 도시가 만들어졌다.

일본의 국토는 도시에 어메니티가 없는 것과 맞물려 농촌의 환경이 변화하고 있다. 일찍이 생산과 생활의 기지였던 동네 산이 방치되어 골프장이나 별장지 등의 관광시설이 무계획적으로 만들어지고 있다. 유럽은 농산물의 자급률이 높고 환경을 중시하는 농업·농업정책을 펼치기 때문에 농가와 농촌이 풍요롭고 아름답다. 그러나 일본의 농업은 농산물의 자급률이 낮은 것이 상징하는 것처럼 농업으로서 자립성을 잃어버렸기 때문에 농업종사자, 특히 젊은 노동력이 없어지고 과소화가 극한까지 진행되었다. 이것은 국토로서는 환경의 위기를 부르는 원인이 된다. 어떻게 도시와 농촌이 공존·공영하는가가 환경문제를 결정함과 동시에 환경정책의 기본일 것이다.

(4) 교통체계

교통 —— 인류(人流)·물류·정보류 —— 은 문명을 진보시켰지만 현대 사회에서는 무익한 교통이 많아지고, 사고·재해나 환경파괴가 일상적으로 일어나, 정신의 황폐를 낳고 있다. 교통은 (3) 지역구조에서 언급한 국토형성·지역구조의 양태와 대량생산·소비·폐기의 시스템에 의해 규정된다. 시장 원리가 지배하는 사회에서는 사업장 입지와 인구배치가 무계획적으로 진행된다. 예를 들어 고도성장기의 오사카 콤비나트는 배후지에 소재가공산업이 집적해 있었음에도, 실제로 지역의 가공 산업으로 공급된 것은 콤비나트에서 생산된 철강 생산물의 20%, 석유화학 생산물의 7%에 지나지 않았다. 생산된 소재의 대부분은 다른 지역으로 수송해서 가공, 소비되었다. 오사카의 전통적 공업의 소재는 다른 지역에서 이입되었기 때문에 화물 수송량이 컸다.[62]

일본의 도시는 교외에 신도시를 건설했지만, 영국처럼 직장이 있는 신도시가 아니었다. 그래서 신도시나 교외의 주택에서 중심 도시를 향해 수많은 통근자와 화물 수송을 위해 교통이 필요해졌다. 이렇게 직장과 주거가 분리된 도시에서는 인구이동량이 많아진다. 제2차 세계대전 후의 일본처럼 도시화를 진행하면 교통량이 비약적으로 많아지는 것이다.

여기에 더하여 환경문제에 중대한 영향을 준 것은 자동차 사회가 이루어진 점이다. 〈그림 I-4〉에서처럼 물류, 인류(人流)가 모두 철도에서 자동차로 교통수단이 변화했다. 물류에서는 1965년도 자동차의 점유율이 26.0%였는데, 2004년도에는 57.5%가 되었고, 반면에 철도는 30.7%에서 겨우 3.9%로 격감했다. 택배(소량 물품 수송)를 보면 1980년에 1억 682만 건이던 배달이 2004년에는 28억 7404만 건으로 27배의 경이적인 성장률을 보였다. 트럭 수송은 산업 간 유통에 그치지 않고 소비자 물류 분야에서도 급증하고 있다.

다음 (5) 단락의 생활양식과 관련된 것인데, 승용차 보유 대수가 1970년

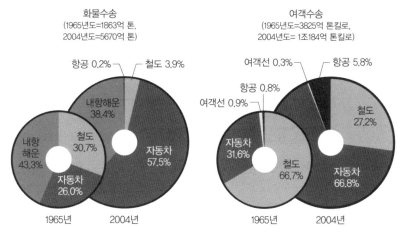

〈그림 I-4〉 국내 수송비율의 변화

화물수송
(1965년도=1863억 톤,
2004년도=5670억 톤)

여객수송
(1965년도=3825억 톤킬로,
2004년도= 1조184억 톤킬로)

항공 0.2% / 철도 3.9%

내항해운 38.4%

내항해운 43.3%

철도 30.7%

자동차 26.0%

자동차 57.5%

1965년   2004년

여객선 0.3% / 항공 5.8%

항공 0.8%

여객선 0.9%

자동차 31.6%

철도 66.7%

철도 27.2%

자동차 66.8%

1965년   2004년

주) 국토교통성 자료에서 작성. 내역의 합계가 100%가 되도록 조정하지 않았다.
자료) 『日本局勢圖会』2006, p.407.

878만 대에서 2005년 5709만 대로 급증하여, 개인적인 교통에서도 자동차가 주역이 되었다. 이 때문에 여객수송에서는 〈그림 I-4〉에서처럼 1965년도에 자동차의 점유율이 31.6%이었으나 2004년도에는 66.8%가 되었다. 한편 과거의 주역이었던 철도는 66.7%에서 27.2%로 점유율이 격감했다. 다른 나라와 비교하면 일본의 대도시권은 철도망이 잘 정비되어 있다. 그럼에도 수도권의 여객수송에서는 자가용 승용차가 차지하는 비율이 1970년의 17.5%에서 2002년에는 34.5%로 점유율이 2배나 증가했다.

이렇게 자동차 중심의 교통체계는 도로를 필수적인 설비로 만든다. (1) 단락에서 언급한 공공투자가 도로중심이었기 때문에, 시너지효과를 발휘했다고 할 수 있다. 2004년도의 수송기관별 수송량과 에너지 소비율을 보면 〈그림 I-5〉에서처럼 자동차가 인류(人流)·물류 모두 80% 이상의 에너지를 소비하고 있다. 이동수단별 CO_2 배출원 단위에서는 영업용 승용차가 철도의 30배나 된다. 대기오염에 따른 공해의 주역은 지금은 자동차이다. NO_2나 SPM

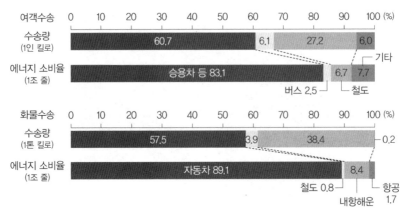

〈그림 I-5〉 수송기관별 수송량과 에너지 소비율(2004년)

주) 국토교통성『国土交通白書』에서 작성. 국내수송. 자가용 화물차를 포함한다.
자료)『日本局勢圖会』 2006, p.441.

(부유입자상 물질)은 자동차 특히 트럭이 주요 배출원이다. (3) 지역구조에서
도 언급했듯이, 고속도로 등의 거대한 건조물은 경관을 파괴한다. 이러한 사
실과 맞물려 일본에서는 자동차 공해를 '도로 공해'로 총칭하고 있다.

본래 승용차나 텔레비전은 농촌부에서 유용한 생활수단이다. 반면 도시는
공공수송수단과 극장이 필요한 생활수단이다. 승용차와 텔레비전이 도시의
문화를 파괴했다고 볼 수 있다.

(5) 생활양식

지금까지 경제학에서는 소비는 소비자 주권에 의해 자유라고 생각하고 있
었다. 그러나 현대 사회에서 소비자는 경제에서도 주권을 갖고 있지 않으며,
생산자가 만들어내는 공통의 생활양식의 부수적 존재가 되었다. 현대의 생
활양식은 대량소비의 도시적 생활양식이라 할 수 있다. 이는 대량생산의 생
산양식과 도시화 사회에 의해 규정된다. 현대의 생활양식은 1920년대에 시
작된 미국 문명에 의한 개인주의적 생활양식이며, 대량소비 생활양식은 일

본에서는 1960년대에 도시를 중심으로 보급되어 지금도 체제를 뛰어넘어 전 세계로 확대되고 있다.

　대량소비는 대량생산에 의해 규정되는데, 이 출발은 포드의 T형 자동차가 승용차 가격을 인하하여 대중이 이용할 수 있게 된 것에서 기인한다. 이후 중간층 확대와 소비자 금융의 발달과 함께 자동차 보급이 진전되었다. 그와 함께 편리한 가전제품과 정보기기가 소비의 대상이 되었으며, 다시 가격인하로 보급이 확대되었다. 이 보급 확대에는 대량의 광고·선전이라는 정보 서비스의 매스미디어의 영향이 크다. 갈브레이드는 의존효과에 의해 사적 소비의 대량수요가 창출된다고 설명한다.[63] 일본에서는 1970년대에 전기냉장고, 전기세탁기, 컬러텔레비전 등이 거의 100% 보급되었으며 2005년의 평균적인 세대에 대한 보급률은 에어컨 87%, 승용차 82%, 퍼스널 컴퓨터 65%, 디지털 카메라 46%였다. 휴대전화 보유자는 눈 깜짝할 사이에 9000만 명이 되었다. 생산자는 이런 내구소비재를 끊임없이 대량생산하여 신제품으로 교체시킨다. 자동차와 텔레비전은 연간 500만 대 이상이 폐기된다. 대량소비는 대량폐기를 동반하는 것이다.

　도시화와 함께 개인주의적 생활양식이 보급된다. 도시적 생활양식은 집주(集住), 상품소비, 사회적 공동소비라는 세 가지 구성요소로 이루어져 있다. 농촌적 생활양식은 단독 주택을 중심으로 하며 정주적인 것에 반해, 시민생활은 아파트와 같이 집단주거를 중심으로 하며 거주활동은 유동적이다. 이 때문에 주택은 매매되는 내구소비재가 되어, 정주인구보다 많은 수의 주거지를 필요로 하게 된다. 또한 끊임없이 감가상각되어 새로운 건설을 필요로 한다. 농촌에서는 자급자족이 가능하지만 도시에서는 재화와 서비스 그리고 노동력도 모두 상품으로서 매매된다. 즉 교통에 의한 상품 생산과 집중·집적이 끊임없이 이루어지지 않으면 시민생활은 마비된다. 지금의 농촌은 도시화되어 있지만, 원래 생활용수는 자연의 혜택이며 분뇨와 폐기물은 자가 처리를 하고 있었다. 이에 반해 도시는 하수도가 공급되고 폐기물이 사회적으로 처리되지 않으면 시민생활을 유지할 수 없다.[64]

이런 대량소비의 도시적 생활양식은 에너지 소비에 의한 대기오염, 합성세제 등의 화학물질에 의한 물 오염, 소음·악취 등의 공해를 일으키고 환경문제에 큰 영향을 미친다. 유럽과 비교해서 일본의 생활양식은 소비가 많고 공해·환경파괴의 원인을 만들고 있다.

(6) 폐기와 물질순환

대량소비·유통·소비는 대량의 폐기물을 발생시킨다. 자급자족형이고 에너지·물질·정보의 지역 내 순환이 이루어지는 사회와 달리, 개방경제의 세계화 사회에서는 대량 폐기물 처리의 양태가 환경문제의 질과 양을 결정한다. 1970년에 「폐기물처리법」이 제정될 때까지 일본에서는 폐기물을 '쓰레기'라고 불렀다. 이것의 처리를 위해서 대형 청소공장과 대형 하수도처리장이 필요하게 된다는 것은 전혀 생각하지 않았다. 산업폐기물에 대해서도 독자적인 폐기물 처리 산업이 발전할 것이라고는 생각하지 않았다. 그러나 고도성장기에 들어서자 그때까지 가정폐기물이 1인당 1일 200g이었던 것이 1kg을 넘어, 전국에서 연간 500만 톤을 처리해야 했다. 내용물도 완전히 바뀌어서, 자동차·전기제품·피아노·가구·텔레비전 등의 대형쓰레기, 플라스틱·비닐·종이 등의 포장지, 합성세제 등의 화학물질, 여기에 음식쓰레기·식용유 등 많은 종류가 대량으로 폐기되어 거액의 비용과 노력이 들게 되었다.

산업폐기물도 급속하게 늘어 20년간 약 2배인 4억 톤에 이르렀다. 이런 일반폐기물(가정폐기물과 자치단체가 처리하는 사업장 계통 폐기물)과 산업폐기물은 소각 후 매립 등으로 처분하는데, 그 과정에서 다이옥신을 발생시킨다든가 또는 매립지에서 유기물질을 포함한 침수와 대기오염으로 주민에게 피해를 준다. 이런 축적성(stock) 공해는 가가와 현(香川県) 데시마 섬(豊島), 미에 현 욧카이치 시 오야치(大矢知) 처분장 등 산업폐기물을 불법 투기한 지역에서 발생한다.

최근 「순환형 사회형성 추진 기본법」하에서, 각종 재활용법이 제정되었다. 이로 인해 산업에 따라서는 배출 제로(zero emission)를 추진하고 있다. 2003년도에 산업폐기물 4억 1162만 톤 중에서 재이용이 49%이고, 최종처분이 7%(3000만 톤), 일반폐기물 5161만 톤 중에서 최종처분이 16.4%(845만 톤)이다. 재활용이 추진되고 있지만 그래도 이 둘만으로도 4000만 톤의 최종 처분을 해야 하고 처분장의 여유가 없어져 고착상태에 빠져 있다. 이런 사정도 한몫해서 자동차처럼 폐기물이 상품으로서 수출되고 있다. 재활용의 국제화인 것이다. 이것은 일종의 '공해 수출'이라는 새로운 환경문제이다.

여기서는 일본의 경험을 예로 삼아 사회 경제 시스템이 공해·환경문제를 규정하는 것을 설명했다. 이것은 일반론으로서 다른 나라에도 적용할 수 있다. 일본이나 중국 등 고도성장을 하고 있는 나라에서는 이 여섯 가지 요인이 동시에 중첩되고 누적되어 심각한 공해·환경파괴를 발생시킨다. 이런 요인은 경제의 세계화와 함께 일국 내의 현상이 아니라 국제적으로 발생한다. 예를 들어 산업구조의 부문 간 변화의 하나인 소재공급형 중화학공업을 발전도상국으로 수출하는 것, 폐기물의 국제순환 등이 그 전형일 것이다.[65]

이 경제 시스템에서 생겨난 공해·환경문제는 정치·사회 시스템에 의해 제어를 받거나 또는 반대로 조장된다. 그래서 이제 정치·사회 시스템에 대해 이야기하고자 한다.

(7) 공공적 개입의 양상
① **기본적 인권의 양상** ㅣ 시민혁명을 거쳐 성립된 국민국가는 기본적 인

권을 법제상으로 확립하고 공권력은 그것을 인정하며 권리침해를 하지 않는다는 것을 규정했다. 애초에는 기본적 인권은 재산권이었으며, 자본주의제도 아래에서는 그것은 지금도 절대적 권리이다. 그러나 그 후의 노동운동 등의 사회운동의 발전 등으로 노동권, 생명·건강권 등의 사회권이 헌법상 인정되었다. 나아가 최근에는 경관권(景觀權)을 인정하는 나라도 생겼다.

일본은 제2차 세계대전 전의 헌법에서 재산권은 인정되었으나 기본적 인권, 특히 사회권은 제약을 받았다. 특히 제2차 세계대전 중에는 천황의 명령으로 재산은 물론이고 생명도 국가에 바치는 것이 국민의 의무로 여겨졌다. 제2차 세계대전 후의 헌법은 기본적 인권을 확립하고, 사회권에 대해서도 인정하고 있다. 그러나 현실에서는 뒤에 언급할 오사카 공항 공해사건을 비롯해서 공공사업에 대해 주민의 동의 없이도 일방적으로 정치가 의사결정을 하고, 그 결과 발생하는 공해나 환경문제에 대해 수인의무를 강제해왔다. 이러한 권력적 공공성에 대해서 기본적 인권을 지키는 시민적 공공성이 공공사업 공해재판에서 주장되었다. 국민국가는 조세국가이며 국민의 조세에 의해 성립된다. 따라서 공권력의 행위는 국민의 기본적 인권을 지킨다는 공공성이 있어야 한다. 또 그 행위가 공공성이 있는가에 대해서는 의회의 결정이 필요하다. 국방이라는 행위는 최고의 공공성을 갖고 있지만 그것은 다른 나라의 군사행위로 생명·재산 등 국민의 기본적 인권이 침해당하고 그것을 개인이 막을 수 없기 때문이다. 어떤 특정한 지배집단의 이데올로기(신념)나 이익을 위해 군사 활동이 행해진다면 공공성에 위반된다. 이렇게 본래의 공공성은 시민적 공공성인데, 일본에서는 여전히 권력적 공공성이 강하고 시민적 공공성이 약하다. 이 때문에 정부는 기업과 유착하여 경제(기업)성장을 우선하고 공해나 환경파괴를 용인해온 것이다.

이렇게 공공재로서 환경을 지키기 위해서는 공공적 개입이 필요한데, 공공적 개입을 위해서는 기본적 인권이 행정목적으로서 최우선시되거나, 영업권(재산권)보다도 사회권이나 환경권이 우선되어야 한다. 이 기본적 인권의 사상의 양태에 따라 공해방지나 환경보전 정책의 형태가 결정될 것이다.

②**민주주의와 자유의 양태** | '정부의 결함'을 시정할 수 있는 것은 민주주의와 개인의 자유이다. 소련은 노동동맹이라는 소비에트 체제를 사회주의적 민주주의라 하여 민주주의 국가로 칭하고 있었다. 그러나 실제로는 일당독재체제로 이것을 견제할 장치가 없었다. 경제는 국유기업이 독점하고 있었으며, 대학교 등의 교육·연구기관이나 언론기관도 당의 지배 아래에 있었다. 민주주의는 견제와 균형(check and balance) 또는 견제와 혁신(check and innovation)이라는 제도에 의해 유지된다. 이를 위해서는 의회제 민주주의 제도에서 삼권분립이 이루어져야 한다. 특히 오늘날처럼 행정국가화되어 관료제가 우위에 있는 사회에서는 사법의 독립이 중요하다. 미국처럼 자유주의에 의한 시장제도가 우위인 나라에서는 공해문제는 당사자 간에 싸우는 것이 되므로 재판의 공정성이 중요하다. 또 민주주의는 시민의 참여로 유지되기 때문에 지방자치가 기본이다. 자치단체에 의한 중앙정부의 견제, 주민에 의한 자치단체 견제가 이루어져야 민주주의가 보장된다.

소련식 중앙지령형 사회주의 체제에서는 당과 정부가 경제성장 우선을 결정하면 그에 따른 공해를 견제할 장치가 충분히 작동되지 않는다. 1970~1980년대까지 폴란드에서는 공해고발운동이 일어나, 이것을 언론이 보도하고, 재판이 이루어질 때까지 주민운동이 계속되었다. 그러나 판결이 거액의 배상이나 중지일 것이라고 예상되자 정부의 압력 또는 자주규제가 작동하여 재판이 흐지부지되어 버렸다. 그리고 보도도 사라지고 주민운동도 소멸되어 버렸다. 이 때문에 공해는 방지되지 못했던 것이다.

일본에서 제2차 세계대전 후에 환경정책이 진전한 것은 이미 설명한 대로 주민운동과 그것을 적극적으로 보도한 언론을 배경으로 한 혁신 자치단체와 공해재판의 성과였다. 불충분한 부분도 있었지만 여기서는 지방자치, 사법의 독립, 보도의 자유와 시민 참가라는 민주주의 활력이 있었다. 이 활력이 점점 쇠퇴하면서 환경정책도 정체되었다. 이처럼 민주주의 제도를 활용한 시민의 정치활동이 환경문제의 억지력이 된다.

(8) 시민사회의 양태

시민사회에는 계급, 문벌, 기업질서나 공동체 규제에서 시민이 자유롭고 평등하게 권리를 주장할 수 있어야 한다. 이 때문에 사상·언론·표현(출판, 신문, 방송 등)·결사의 자유가 보장되어야 한다. 이것은 국가가 앞에서 언급한 기본적 인권과 민주주의를 지키는 것이 전제가 되는데, 이것뿐만 아니라 각각의 도시·농촌 등의 지역사회 내부에서 그리고 민족 사이에 시민의 권리 보장이 이루어져야 한다.

일본의 공해는 차별이 원인이라고 이야기되듯이 많은 지역에 그리고 일본 전체로서도 시민사회가 성립되어 있는지는 의문이다. 미나마타병을 비롯해 공해가 감추어지는 원인은, 피해자가 차별을 받고 있어서 피해자를 자처하고 나서면 직간접적으로 박해를 받거나 따돌림을 당하기 때문이다. 일본의 언론이 정부의 동향에 지배되며 이를 추종하는 것도 시민사회가 성립되어 있지 않다는 증거이다.

공해나 환경문제가 밝혀지고 구제와 해결책을 전진시키는 데에는 시민사회의 성립이 꼭 필요하다.

(9) 국제화의 양태

경제의 세계화에 의해 공해의 국제화나 지역경제의 위기가 진행되고 있는데, 이것은 일개 국민국가의 단독적인 환경정책으로는 막을 수 없다. 그것을 제어하는 데에는 국제조약·협약이나 국제기관의 설치와 그 운영의 형태가 문제가 된다. 1972년의 스톡홀름 선언 이후 수많은 국제협약이 생겼지만, 경제개발을 둘러싼 남북 간의 대립 때문에 국제조약은 제정되지 못했다. 또한 규제력을 가진 국제기관도 만들지 못했고, 환경문제의 조사도 각국의 정책 조정을 하는 UNEP의 발족에 그쳤다. 그 후 OECD나 EU의 설립으로 선진공업국이나 가맹 유럽 국가들의 환경정책 조사와 표준화가 진행되었는데, 지구규모의 환경정책에 대응할 수 있는 능력은 갖고 있지 않다. 1992년의 리우 회의는 남북의 대립을 해소하기 위해, 유지 가능한 발전이라는 환경과 개발을 통합하는 이념을 제시하고 기후변화협약을 비롯해 국제조약을 제정하였으며, '의제(Agenda) 21'을 채택했다. 그러나 국제기관을 만들지는 못했다. 또 'Sustainable Development'의 정의를 둘러싸고 여전히 남북 간의 의견대립은 해소되지 못하고 스톡홀름 회의에서보다도 경제성장의 촉진이라는 체제가 더 강화되었다.

제1장에서 언급한 대로, 다국적 기업의 무역과 투자의 자유화를 추진하기 위한 세계무역기구(WTO)는 있지만, 그 활동을 환경 면에서 제어하는 세계환경기구(WEO)나 유엔환경기구(UNEO)는 없다. 이미 1980년대 말부터 옛 소련 외무장관이었던 세바르드나제(E. Shevardnadze)나 전 프랑스 수상 조스팽(L. Jospin) 등 정치가 사이에서도 WEO의 설립을 요구하는 목소리가 나왔지만 실현되지 못했다. 지구환경정책의 첫 걸음이 된 교토 의정서도 EU 이외에는 국민국가에 의존하지 않으면 실현할 수 없었다.

그런데 자본주의를 기반으로 하는 국민국가는 기본적 인권이나 민주주의를 헌법 등의 국법으로 규정하고 있고, 또 시민사회의 관습으로서 정착되어 있다. 그러나 국제적으로 보면 기본적 인권(Global Minimum)은 보장되어 있지 않다. 또 국제정치의 민주주의는 이념으로서도 제도로서도 존재하지 않는다. 유엔은 대국이 주도하면 특히 미국의 영향을 크게 받는다. 리우 회의 전후부터 지구환경정책에서 NGO가 국제회의에 참가하는 것을 인정하고 있지만 NGO에게 정책결정권은 없다.

이렇게 현대는 경제의 세계화, 그것도 자본주의적 자유시장 원리가 선행하고, 정치·행정·사법조직의 확립이 없으면 지구환경 등의 국제적 환경문제의 정책은 각국 정부에 맡겨지게 되어, 좀처럼 전진하지 못한다. 미국처럼 자국의 경제제도나 대량소비 생활양식을 고집하면 지구환경은 위험에 빠져버린다. 또 과거에 이탈리아의 대법관 포스틸리오네(Postiglione)가 제안한 국제 환경재판소와 같은 국제적 사법기관을 만들 수 있는가가 과제일 것이다. 바이츠제커(E. U. von Weizsäcker)는 경제적 규모에서 생태적 규모로 바뀌려면 '지구정치'가 요구된다고 했다.[66] 그러나 '지구정치'를 위한 기관이 없는 현실에서 각국 정부가 국제조약·협정을 얼마나 준수할까 하는 점이 환경문제의 양태를 결정한다고 할 수 있겠다.

이상의 아홉 가지 중간영역이 환경을 결정한다. 이것들은 자본주의인가 사회주의인가 하는 체제(생산관계)의 차이, 선진공업국인가 발전도상국인가 하는 생산력의 차이를 넘어서 환경문제를 규정하는 정치 경제 사회적 요인이다. 예를 들어 같은 체제에도 산업구조가 소재공급형 중화학공업을 중심으로 하며 대도시화가 진행되었고 자동차 중심의 교통체계를 만들었으며 대량소비를 하고 있는 A국은, 서비스화된 산업구조, 중소도시로 분산된 지역구조, 철도 중심의 교통체계를 만들고, 절약형 소비로 재활용을 하고 있는 B국과 비교하여 공해나 어메니티 파괴가 잘 일어난다고 할 수 있다. 또 기본적 인권과 민주주의가 확립되고 시민사회가 확립되어 있는 C국은, 이런 것들이 아직 발달되어 있지 않은 D국과 비교하여 공해나 환경파괴를 자유롭게 고발하는 시민의 여론과 운동으로 환경정책을 추진하기 쉽다고 할 수 있다.

이렇게 외부불경제 또는 사회적 비용을 내부화하기 위하여 시장 원리를 어떻게 활용할 것인가를 다루는 신고전파 경제학이 아니라, 또한 소재나 체제라는 이원론이 아니라, 이러한 정치·경제·사회 시스템을 해명하는 것이 환경경제학의 주요한 과제다. 이 정치·경제·사회 시스템은 기술과 같은 차원의 소재 면으로서는 다룰 수 없다. 마치 상품이라는 개념이 자본주의 체제를 초월하여 상품경제 밑에서는 공통의 성격을 갖는 것으로 사용되는 것과 마찬가지로 경제학의 대상에는 내부경제와 외부경제 또는 소재와 체제라는 이원론적인 구별만으로는 정리되지 않는 중간영역의 개념이다. 그리고 그것은 상품과 같은 식으로 역사관통적이고 동시에 자본주의 체제의 규정을 받는다. 자본주의 사회를 최고도로 발달한 상품경제라고 말하듯이, 앞서 언급한 환경을 규정하는 정치·경제·사회 시스템 역시 자본주의 사회에서 전면적으로 개화하는 것도 있지만, 사회주의 체제에서는 그것과는 다른 성격을 갖는 것도 있다. 그 의미에서 이 정치·경제·사회 시스템을 중간 시스템이라고 부른다.

지금까지 말해왔듯이 환경경제학은 신고전파 경제학이나 마르크스주의 경제학의 기성이론을 응용하는 것만으로는 불충분하다고 할 수 있다. 먼저 소재에서 들어가 중간 시스템을 해석하고 그다음에 체제적 규정을 받는 정책을 비판하며, 그리고 대안을 제시해야 한다.

4. 환경경제학의 영역

♟ '현장'에서 창출하는 이론과 정책

이 책은 경제(주로 자본주의 경제)의 발전에 따른 '환경'의 변화, 거기에서 발생하는 공해와 어메니티의 손상, 나아가서는 기상·삼림·하천·바다 등의 자연과 생태계의 파괴라는 '환경문제', 그리고 공해를 방지하고 경관·문화재 보전 등의 어메니티 보전·창출을 하며 지구환경을 유지하는 '환경정책'의 세

국면을 정치경제학의 방법으로 체계적으로 밝히려고 한 것이다. 환경경제학은 도장의 검법처럼 이론의 게임을 만들어 연습하는 것에 그치지 않고, 그 이론의 유효성을 끊임없이 시험하는 진검승부의 분야이다.

환경경제학에는 기존의 이론 체계는 없다. 환경의 변화와 환경문제라는 현실의 소재와 역사에서 출발하여 이론을 만들어내야 한다. 환경경제학은 기존 이론을 발전 또는 응용하는 제3차 산업적인 학문이 아니다. 또한 인터넷을 이용하여 그 정보만으로 이론을 만드는 비인간적인 학문도 아니다. 발로 뛰어서 현실의 데이터를 발견하고 조사하여 기존 정보와 이론을 현장에서 검증하고, 그것을 가공한 다음 이론화하는, 투박하지만 독창적인 작업을 쌓아나가야 하는 분야이다. 특히 공해나 어메니티의 파괴는 가해자가 정보를 비밀로 하거나 피해자를 억압해서 발언을 덮어버리는 경우가 많다. 그래서 문자로 써진 자료를 그대로 믿어버리면 잘못된 인식을 낳기 쉽다. 반드시 현장을 찾아가 가해자와 피해자를 만나고, 행정당국도 만나며, 환경파괴의 사실과 대책의 현실을 보아야 한다. 이 책에서는 많은 저작과 데이터를 사용하고 있다. 동시에 필자가 세계 곳곳을 여행하면서 피해나 대책의 현장을 자신의 눈으로 보고, 나아가 재판이나 행정의 장에서 피해자 쪽의 증인으로서 가해자나 그 대리인 또는 행정관과 논쟁했던 경험 중 일부를 이론화한 것이다.

환경연구는 학제적인 분야이다. 앞서 언급한 세 가지 국면의 소재는 공학, 의학, 생물학, 법학, 사회학 등의 업적 또는 해당 분야 전문가와의 공동 조사로 얻어진 자료에서 출발하고 있다. 학제적 연구가 바로 환경경제학의 특성이다.

♟ 이 책의 의도

이 책을 『공해의 정치경제학』이라 하지 않고 『환경경제학』이라고 이름

붙인 데는 두 가지 이유가 있다. 하나는 이미 언급했듯이, 환경·환경문제·환경정책 이 세 국면을 체계적으로 다루기 때문이다. 즉 공해라는 경제의 사회적 제결과(피해)를 중심으로 다루는 것이 아니라, 원인·결과·대책을 종합적으로 취급하기 때문이다. 또 하나는 공해뿐만 아니라 어메니티 문제나 지구환경 문제를 포함하여 환경문제를 폭넓게 다루고 싶기 때문이다. 이것은 최근에 경관·역사적 문화재의 파괴 등 어메니티 문제가 전국적으로 발생하고, 어메니티를 요구하는 주민 여론과 운동이 활발해져 그에 관한 이론이 요구되고 있기 때문이다. 또 상상력을 필요로 하는 지구환경 문제를 다루어야할 필요도 있기 때문이다. 그러나 이 책은 지금 유행하고 있는 어메니티나 지구환경 문제의 교과서와는 다르다.

이 책의 의도는 첫 번째 지금까지 언급한 '중간 시스템'을 제창하는 것이다.

두 번째는 어메니티 문제, 그리고 지구환경 문제를 연속시켜 종합적으로 다루는 것이다. 제1장에서 언급한 바와 같이, 1980년대 후반 이후 정부는 공해는 끝났다며 의식적으로 공해대책과 지구환경 문제를 별개의 문제로 다루고 있다. 그러나 이 책에서 밝힌 것처럼 둘은 같은 정치·경제·사회 시스템에서 발생하고 있다.

세 번째로 목적으로 한 것은, 중앙집권형 복지국가와 중앙지령형 사회주의 국가의 '정부의 결함'을 지적하는 것, 그리고 그것을 극복하고 등장한 신자유주의·신보수주의를 비판하는 것이다. 이 신자유주의는 선택의 자유와 경쟁을 제창하면서 실제로는 규제완화로 기업을 통합해서 독점·과점을 진행시키고, '작은 정부'로 사회 서비스를 민영화하여 공공성을 위기로 빠뜨리고 있다. 환경정책도 시장 원리를 기반으로 한 제도에 편중되어 있다. 이 책은 그것을 비판하고 공공신탁재산으로서 환경을 지키기 위한 정책 원리를 제시했다.

네 번째는 '시장의 결함'과 '정부의 결함' 양쪽을 극복하는 새로운 사회구성체를 추구하는 것이다. 이 책은 리우 회의가 제창한 '유지 가능한 발전'이라는 정책 원리를 발전시켜 '유지 가능한 사회'를 제창한다. 이 '유지 가능한 사회'의 생산관계는 아직 분명하지 않지만, 당분간은 공사 혼합경제가 될 것이다. 그리고 그것을 창조하기 위해 지금까지 걸어온 근대화 노선을 뛰어넘는 '내발적 발전'의 길을 제창한다. 이것은 환경이냐 개발이냐는 이원론이 아니라, 환경보전의 틀 안에서 지구의 종합적 발전을 주민 주체로 추진하자는 것이다. 이것을 선진공업국만 아니라 발전도상국이 채용하지 않으면, 지구환경의 위기는 해소하지 못한다.

이렇게 이 책이 대상으로 삼은 문제는 경제학으로서도 코페르니쿠스적 전환을 요구한다. 따라서 이 책의 방법은 마르크스 경제학을 포함하여 지금까지의 경제학의 범주에 구애받지 않는다. 방법론으로 먼저 환경·환경문제·환경정책이라는 소재의 성격을 보이고, 다음에 중간 시스템에서 분석을 하고, 이어서 체제적인 규정을 하고, 마지막으로 각국의 특수성, 특히 일본의 문제를 밝히는 순서를 원칙으로 삼고자 한다.[67]

◆ 주

1) 홀리데이 교수는 그의 선구적 업적 『대기오염의 역사적 검토(A Historical Review of Atmospheric Pollution)』에서 "이렇게 세기가 바뀌는 때에는(19세기 말) 매연의 원인과 제거에 대해 오늘날 알려져 있는 것이 이미 모두 언급되었다. 그러나 도시의 매연으로 인한 오염은 거의 제거되지 않았다"라고 말한다. 홀리데이 교수는 그 이유를 매연이 재계인의 재화와 이윤을 창출하는 활동의 부산물이었기 때문이라고 지적한다. 1914년에 설립한 영국의 뉴턴 위원회는 1921년에 최종 보고서를 제출하였는데, 결론을 다음과 같이 서술하였다. "거의 견뎌낼 수 없다 싶을 정도의 공장지대 환경 속에서 태어나 성장한 사람들은 어찌할 수 없는 일이라고 체념할 수밖에 없다고 착각하고 있다. …… 많은 사람들은 매연의 존재가 번영을 나타내며, 땅이 더 검게 되고 오염될수록 경제생활이 풍요로워진다는 착각을 하고 있다. 이러한 무관심한 태도는 임무 수행에 태만했던 대다수 지방 당국이 이 문제에 대해 냉담해 하는 것에서도 엿볼 수 있다. 매연 재앙에 대한 조치가 실패한 최대 원인은 중앙정부가 아무런 일도 하지 않았다는 데에 있다. 오랫동안 어떤 정부도 위원회를 임명하는 것으로 사태를 종결지었을 뿐만 아니라 각 위원회에서 행한 작업도 아무런 결실을 맺지 못하였다." 정부에 대한 이 엄중한 비판적 보고를 받고 1926년에 공중위생법이 제정되고, 1930년대에는 대기오염 조사가 실시되었으나 전쟁의 영향 때문에 그 대책이 진전되지 못하였다. 1952년 12월 5일부터 9일까지 영국 본토를 뒤덮은 안개와 기온의 역전 속에서 런던 스모그 사건이 일어나, 과잉사망자가 약 4000명을 헤아렸다. 그리고 다시 1962년 12월 3일부터 7일까지 런던에 스모그가 발생하여 과잉사망자 약 340명을 냈다. 런던 스모그가 개선을 보이게 된 것은 그 이후의 일로서, 연료를 석탄에서 석유로 전환한 것이 최대의 개선 요인이 되었다. 홀리데이 교수는 대기오염에 대한 기술과 조사의 역사를 총괄하여 "대기오염의 연구 활동은 전쟁과 경제공황으로 인해 아마 다른 과학연구 이상으로 악영향을 받았다"라고 언급하면서, 이 사회에서 공해연구는 '한계연구(marginal activity: 여유가 있을 때에만 하는 연구)'라고 한다. 연구활동뿐만 아니라 공해대책 전체가 기업에게는 한계활동이라고 해도 좋지 않을까. E. C. Halliday, "A Historical Review of Atmospheric Pollution", WHO(ed.), *Air Pollution*, 1961, WHO Monograph Series, New York: Columbia U. P. 그리고 庄司光・宮本憲一, 『恐るべき公害』, 岩波新書(東京: 岩波書店, 1964) 참조.

2) (옮긴이 주) 오염자 부담 원칙(Polluter Pays Principle)이란 환경을 오염시키는 자가 오염의 방지, 환경의 복원, 피해 보상에 필요한 비용을 부담하는 것이다. 이 원칙은 1972년 경제협력개발기구(OECD)의 개발이사회에서 국제 강령으로 의결되었다. 3P 또는 PPP로 줄여서 부르기도 한다. 이 원칙은 기본적으로 '비용부담원칙'이다. 오염자가 공해방지비용을 부담하며, 이 비용을 오염자(기업가)가 생산한 상품의 가격에 포

함시킬 것인지의 여부는 기업가의 자유로운 판단에 맡긴다는 것이다. 이 원칙의 근본적인 한계는 오염방지비용을 상품 가격에 떠넘기는 것을 허용함으로써 소비자들에게 비용 부담을 떠안도록 유도하고 있다는 점이다.

3) (옮긴이 주) 「갈라소법(Legge Galasso)」은 이탈리아의 상원의원이며 문화재 환경관리국 정무차관이었던 나폴리 대학교 역사학 교수 주세페 갈라소(Giuseppe Galasso)가 기초한 「환경가치 보전을 위한 법률」을 말하며, 정식 명칭은 Convensione in legge, con modificazioni, de 1 decreto —— legge 27, n. 312, recencte disposizioni urgenti per la tutela delle zone di particolara interesse ambientale이다.

4) 물 오염의 역사도 대기오염의 역사와 마찬가지로 오래되었고 실패한 역사이다. 물 오염 대책은 전염병대책으로 시작되었으며, 영국에서는 19세기 중엽에 유명한 공중위생관인 채드윅(E. Chadwick)의 보고서에 의해 런던 하수도 건설이 시작되었다. 그러나 그 후 중화학공업의 발전에 따라 유해물질 오염이 심각하게 되었다. 유기수은 중독으로서 미나마타병은 그 상징적인 사건이다. 본문에서 후술하겠지만 만일 수은 중독으로 인한 산업재해 정보가 정확하게 알려져 있었다면, 미나마타병의 발생을 방지할 수 있었거나 아니면 가벼운 피해로 그쳤을 것이다. 또 만일 1956년의 일본의 미나마타병 정보가 정확하게 각국에 전달되어 대책이 취해졌다면, 그 후 각국의 수은 중독 사건, 특히 이라크 등의 가공할 재앙은 막을 수 있었을 것이다. 都留重人, 『公害の政治経済学』(東京: 岩波書店, 1972), 제1~제2장. 또 미국·캐나다·핀란드의 미나마타병에 대한 현지 조사에 대해서는 우이 준(宇井純), 하라다 마사즈미(原田正純)와 필자의 보고가 있다. 都留重人 訳, 『世界の公害地圖(上)』(東京: 岩波新書, 1977), 「II. 水俣病を追って」 참조.

5) 이 OECD의 대기오염물질 데이터는 그대로 유엔의 데이터로 따로 발표되었는데, 그 출처는 각국 정부의 백서로 되어 있으나 불가사의하게도 일본만은 정부 통계가 아니라 OECD 자료를 근거로 하고 있다. UNEP, *Environmental Data Report*, New York: 1987, p. 13, p. 19 참조.

미국의 장래 예측을 보면, 유럽의 OECD 국가들의 오염물 합계와 미국의 합계가 거의 일치하고 있다. 또 일본의 대기오염물질 배출량은 미국의 3분의 1로 되어 있다. 『西曆 2000年の地球』[*The Global 2000 Report to the President: Entering the Twenty First Century*(Washington, 1980)을 요약 번역한 책. 逸見謙三·立花一雄 監訳](東京: 家の光協会, 1980), 下卷, pp. 296~297 참조.

본문에서도 언급했지만, 대기오염물질의 배출량이 각 지역의 오염도를 나타내는 것은 아니다. 일본처럼 주거 가능 면적이 좁고 도시화로 인해 인구 밀도가 높은 나라에서 오염원이 집중되는 경우, 배출량이 전국적으로는 적더라도 3대 도시권이나 공업도시의 오염도는 심하게 된다. 유엔환경계획(UNEP)의 자료로 1979~1980년도의 SO_2의 도시별 오염 상황을 보면 뉴욕 시 59, 시카고 시 48인데, 도쿄 도 54, 오사카 시 38(μg/

m^3)로 되어 있다.

6) 옮긴이 주 수변공간(waterfront)이란 해안이나 강가의 공간을 대규모로 개발하여 도시 기능을 갖는 새로운 거점 도시로 만드는 것을 말한다. 산업구조 조정에 따라 도시 근교의 임해 지대나 노후화된 항만·창고·공장 시설 등을 재개발하여 상가·사무용 건물·호텔·문화 시설·주택 등이 들어서는 경우가 많다. 그러나 환경에 대한 부정적인 영향과 공유 공간을 상업지역으로 개발하는 데에 대한 비판의 여론이 크다.

7) 옮긴이 주 4대 공해란 두 곳의 미나마타병(熊本·鹿兒島縣/新潟縣), 이타이이타이병(富山縣), 욧카이치 천식(三重縣)을 말한다.

8) 옮긴이 주 재정긴장(fiscal stress)이란 도시정부의 재정수준이 압박을 받는 것. 재정지출수요의 증가에 상응하는 재정수입이 확보되지 못하여 공공사업, 복지 등과 관련된 공적섹터의 활동에 지장을 초래하거나 항상적인 지출삭감의 압력을 받는다. 이민이나 이주자 폭증, 자연재해나 테러, 경기변동 등에 따른 지출수요의 증가를 재정수입이 받쳐주지 못해 일어난다.

9) Aileen M. Smith, 「アメリカのキ ── ポン中毒事件」, 《公害研究》, 第7卷 第3号(1978年 1月).

10) 寺田瑛子, 「規制緩和とアメリカの環境」, 《公害研究》, 第15卷 第4号(1986年 4月).

11) Friends of the Earth and other Circles(eds.), *Ronald Reagan and the American Environment*, San Francisco: Friends of the Earth Books, 1982.

12) 세계자원연구소에의 업적에 대해서는 宮本憲一, 『環境政策の国際化』(東京: 実教出版, 1995).

13) 鷲見一夫, 『世界銀行』(東京: 有斐閣, 1994), p. 2.

14) 같은 책 및 C. S. Pearson, *Down to Earth: Multinational Corporations, Environment, and the Third World* (New York: WRI, 1985).

15) 옮긴이 주 1984년 12월 3일 밤, 시민들이 조용히 잠들어 있는 사이에 유니온 카바이드사 공장에서 유독성인 메칠이소시안산염(MIC) 가스가 42만 톤이나 유출되는 사고가 발생하였다. 이 사고로 다음 날 아침까지 최소한 3700명의 보팔 시민이 죽거나 죽어갔다. 델리과학보험의 보고에 의하면 가스에 노출된 시민은 20만 명에 달하고, 매일 한 명의 생명이 죽어간다고 한다. 인도 정부는 피해를 입은 64만 명의 부상자들로부터 손해배상을 청구받았다. 마다프라데시 주정부 자료에 따르면, 유니온 카바이드사가 1만 8000명의 평생 장애자와 6800명의 일시 장애자에게 치료비를 보상해주고 있다고 한다. 인도의 의사·과학자들의 기구인 MFC는 가스에 노출된 여성의 낙태율이 일반인보다 4배나 높다는 사실을 확인했다.

16) 옮긴이 주 ARE는 말레이시아에 있는 미쓰비시카세이 계열의 합작회사로 이 회사의 공장이 희토류 금속 정제 시에 부산물로 생성되는 방사능물질을 공장 뒤편의 연못 등에 그대로 쌓아놓고 방치해두었다. 이 때문에 주변의 이포(Ipoh) 시 부키메라 지구의

주민에게 암이나 백혈병이 다수 발생했다. 1984년부터 주민의 반대운동이 시작되어, 1992년에는 고등법원에서 주민측이 승소하였으나, 그 뒤 대법원에서는 주민 측이 패소했다. 판결 직후 미쓰비시카세이는 철수하였고 ARE사는 조업을 정지하였으나, 방사성물질을 포함한 부산물은 가까운 창고에 보관해둔 채로 있어, 아직도 주민의 건강 불안은 해소되지 않고 있다.

17) H. Weidner, *Clean Air Policy Europe: A Survey of 17 Countries*(Berlin: Wissenschaftzentrum Berlin für Sozialforschung), 1987.

18) WCED ed., *Our Common Future* (New York: Oxford U.P.), 1987 (大來佐武郎 監修, 『地球の未來を守るために』, 福武書店, 1987, pp. 28~29).

19) IMF, IBRD, OECD and European Bank of Reconstruction and Development, *A Study of Soviet Economy* (Paris: OECD, 1991).

20) 宮本憲一, 「経済のグローバリゼーションと環境管理に関する国際会議」, 《公害研究》, 第19卷 第2号(1989年 10月).

21) (옮긴이 주) They are entitled to a healthy and productive life in harmony with nature.

22) (옮긴이 주) Recognizing the integral and interdependent nature of the Earth, our home.

23) (옮긴이 주) The right to development must be fulfilled so as to equitably meet developmental and environmental needs of present and future generations.

24) 宮本憲一, 「国連環境開発課会議の歴史的意義」, 宮本憲一, 『環境政策の国際化』(東京: 実教出版, 1995), S.P. Johnson, *The Earth Summit: The United Nations Conference on Environment and Development (UNCED)* (London: Graham & Trotman), 1993.

25) 대체 프레온 가스는 지구 온난화 문제에도 영향을 준다. 이 '부(負)의 상호연관'의 해결에 대해서 다음의 논문이 참고가 된다. 松本泰子, 「代替フロン問題解決の一視点」, 《環境ホルモン》第4号(東京: 藤原書店, 2004).

26) "기후변화 회의론자의 논문의 대부분 전부는 그 자체가 자연과학적 사독이 붙어 있지 않으며 과학적 지견의 신뢰성에 의문이 있기 때문이다." S. Oberthür and H. E. Ott 著, 国際比較環境法センター・地球環境戦略研究気候 訳, 岩間徹・磯崎博司 監訳, 『京都議定書 —— 21世紀の国際気候政策』(Tokyo: Springer Verlag, 2001), p. 11.

27) 같은 책, p. 343.

28) 다카무라 유카리(高村ゆかり)는 사전예방원칙의 기원과 전개에는 1970년대의 서독이 기원으로, 1980년대의 산성비 대책 그리고 1982년의 세계자연헌장에서 승인되었다. 1985년 오존층보호조약은 사전방지를 인정한 최초의 국제조약이라고 한다. 그리고 리우 선언 원칙 15, 기후변화협약, 생물다양성보전협약 등에서 채용되었다고 설명한다. 국제적으로는 그렇지만 국내적에는 이미 1973~1974년, 미시마 시(三島市)・누

마즈 시(沼津市)·시미즈 정(清水町)의 석유 콤비나트 유치반대 주민운동에서 어세스
먼트가 시도된 이래 사전예방원칙은 지역개발과 환경정책의 최우선 과제가 되어 있다
고 할 수 있으나, 법제에 명문화되지는 못했다. 사전예방원칙의 내용에 대해서는 제IV
부에서 검토한다. 高村ゆかり, 「国際環境法におけるリスクと予防原則」, 《世界》, 第
963号, 2004.

29) 田中則夫·増田啓子 訳, 『地球温暖化防止の課題と展望』(京都: 法律文化社, 2005), p.
19.

30) 宮本憲一, 『環境政策の国際化』; 日本環境会議 訳, 『アジア環境白書 1997/1998』(東京:
東京経済新報社, 1997) 이후 약 2년마다 출판되고 있는 『アジア環境白書』 참조.

31) (옮긴이 주) 아시오(足尾) 구리중독 사건은 1870년대에 도치기 현(栃木県) 가미쓰가
군(上都賀郡)에 있는 아시오 구리광산의 광독(鑛毒)이 와타라세가와 강(渡良瀬川)에
유입되어, 하류 지역의 광대한 면적의 토양을 오염시키고 심각한 농업 피해를 일으킨
사건. 이 사건은 근대 일본이 처음으로 맞닥뜨리게 된 대규모 공해사건·공해반대운
동이고, 메이지 시기 최대의 사회문제였다. 아시오 구리중독 사건은 제2차 세계대전
후에 발생한 미나마타병과 함께 일본에서 '공해의 원점'이라 불린다.
벳시(別子) 구리중독 사건은 1880년대에 에히메 현(愛媛県) 니하마 시(新居浜市)에
있는 벳시 구리광산의 광독이 수차례 강을 오염시키고 구리 제련소가 매연 문제로 피
해를 일으킨 사건. 주민들의 반대운동이 일어나 1895년에 시사카지마 섬(四阪島)으로
제련소를 옮겼으나, 역시 그곳에서도 제련소의 매연피해는 계속되었다.

32) 原田正純·堀田宣之·韓茂道, 「温山工業団地(韓国)の環境汚染」, 《公害研究》, 第16巻
第4号(1987年 4月).

33) (옮긴이 주) 서울에서는 최근 버스전용중앙차로제도나 실시간 교통안내체계가 구축
되어 공공교통체계가 많이 개선되었다. 그러나 여전히 1인 승차 차량이 증가하는 등
교통정체, 대기오염, 소음공해가 줄어들고 있지는 않다.

34) 宮本憲一, 「公共事業の公共性 —— DevelopmentからSustainabilityへ」, 山口定·佐藤
春吉·中島茂樹·小関素明 訳, 『新しい公共性 —— そのフロンティア』(東京: 有斐閣,
2003).

35) OECD, *Environmental Policies in Japan* (Paris: OECD, 1977), p. 83, 国際環境問題研
究会 訳, 『日本の経験 —— 環境政策は成功したか』(東京: 日本環境協会, 1978), p. 112.

36) OECD, *OECD Environmental Performance: Japan*(Paris: OECD, 1991), pp. 182, 環
境廳地球環境部企画課·外務省経済局国際機関第二課 監訳, 『OECDレポート —— 日
本の環境政策』(東京: 日本環境協会, 1978), p. 112.

37) M. Jänicke and H. Weidner(eds.), *Successful Environmental Policy: A Critical
Evaluation of 24 Cases*(Berlin: Edition Sigma, 1995), 長尾伸一·長岡延孝 監訳, 『成
功した環境政策 —— エコロジー的成長の条件』(東京: 有斐閣, 1998).

38) 같은 책, p. 22.

39) 「환경 기본법」은 리우 회의 전후에 있은 환경정책의 최대 성과라고 평가되지만, 그 작
성과정과 내용에서는 문제점이 많았다. 이것은 제IV부에서 상술하겠지만, 당시의 학
자와 시민운동에 의한 평가를 기록한 것으로 다음 저서가 참고가 된다. 日本環境会議
訳, 『環境基本法を考える ―― JEC主催/専門家・市民シンポジウムの記録および関係
資料集』(東京: 実教出版, 1994).

40) (옮긴이 주) 이 법률이 「슈퍼펀드법」으로 불리는 것은 연방정부가 거액의 자금 (슈퍼
펀드)을 보유하고, 오염책임자를 특정할 수 없거나 오염책임자가 비용을 지불할 수 없
을 경우에 이 기금으로 오염시설을 정화하기 때문이다. 기금의 재원은 석유세, 화학약
품세, 환경법인 소득세와 기타 일반재원으로 조달된다.

41) 이상의 세 가지 사건에 대해서는 많은 문헌이 나와 있지만 宮本憲一, 『維持可能な社会
に向かって ―― 公害は終わっていない』(東京: 岩波書店, 2006)을 참조.

42) 《日経エコロジー》 No. 90. 2006年 12月号. "環境不祥事を防ぐ"; 《朝日新聞》, 2006年
11月 29日. "公害防止惜しむ投資 ―― 相次ぐ環境不祥事".

43) (옮긴이 주) 페티(W. Petty, 1623~1687)는 영국의 경제학자이자 영국 혁명기의 사상
가이며 근대 경제학・통계학의 시조이다. 학문적으로는 수량적 관계의 착안하여 사회
현상을 분석하였다.

44) (옮긴이 주) 외부불경제란 영국 경제학자 마셜이 최초로 주장한 개념으로 기업 등의
경제 주체가 소속된 산업의 일반적 발전에 의존하여 성장하는 경제를 외부경제라 하
고, 그 반대 영향을 가져오는 것을 말한다. 외부불경제의 전형이 공해이다. 공해 발생
기업은 공해대책의 사회적 비용을 부담할 필요가 있다. 기업이 그러한 사회적 비용을
부담하지 않을 경우 그 기업의 상품 가격은 사회적 비용을 부담하지 않는 것을 의미하
기 때문에 시장의 실패를 의미한다.

45) K. W. Kapp, The Social Costs of Private Enterprise(Cambridge, Mass: Harvard
U.P., 1950), 篠原泰三 訳, 『私的企業と社会的費用 ―― 現代資本主義における公害の
問題』(東京: 岩波書店, 1959); 宮本憲一, 『社会資本論』(東京: 有斐閣, 1967, 改訂版
1976).

46) 이하 E. S. Mills, The Economics of Environmental Quality(New York: Norton,
1978)의 전반부 이론 부분을 소개한다.

47) 宇澤弘文, 『自動車の社会的費用』, 岩波新書(東京: 岩波書店 1974) 등 참조.

48) Cf. R. Dorfman and N. Dorfman(eds.), Economics of Environment, 2nd ed.(New
York: 1977).

49) (옮긴이 주) 엥겔스, 『영국 노동자계급의 상태』, 박준식 외 옮김(세계, 1988).

50) 宮本憲一, 『社会資本論』 및 宮崎義一・玉井龍象・西川潤・宮本憲一, 『現代資本主義論』
(『経済学全集 第2版』)(東京: 筑摩書房, 1977), p. 30 등에서 마르크스・엥겔스의 공해

론과 빈곤화론의 관계를 위치 지웠다.

51) 庄司光·宮本憲一,『恐るべき公害』, pp. 139~140.

52) K. Marx, *Das Kapital*, Bd. 3, S. 690 マルクス゠エンゲルス全集刊行委員会 訳,『資本論』第3卷(東京: 大月書店, 1965), pp. 108~109.

53) V. S. Semenov, "Man in Socialist City Environment and Problems of Scientific City Planning", in S. Tsuru ed., *Environmental Disruption : Proceedings of International Symposium, March, 1970, Tokyo*(Tokyo: International Social Science Council, 1970); M. I. Goldman, *The Spoils of Progress: Environmental Pollution in the Soviet Union*(Cambridge, Mass: M.I.T. Press, 1972), 都留重人 監訳,『ソ連における環境汚染 —— 進歩が何を与えたか』(東京: 岩波書店, 1973). 폴란드의 환경문제를 조사했던 나의 감상으로는, 골드먼이 지적했듯이 정부가 경제성장을 우선하여 환경문제를 뒷전으로 미루면 국유화에 따라 내부화된 사회적 비용이 외부화되어버리고, 게다가 토지나 물 등의 자원이 무료이며 이데올로기적으로 과징금을 부과하기가 어려우면, 오염은 자본주의의 경우보다도 억제력이 없어진다는 지적은 거의 타당하다고 본다.

54) (옮긴이 주) 쓰루 시케토,『공해의 정치경제학』, 이필렬·조홍섭 옮김(풀빛, 1983).

55) 都留重人,『公害の政治経済学』, p. 1.

56) (옮긴이 주) 통상 재화라고 번역되는 goods는 사람들에게 유용한 것을 가리키며, 재화는 소비되면 반드시 폐기물을 남기는데 이처럼 사람들에게 피해를 주거나 유용하지 않은 것을 총칭해서 bads라고 규정하고 있다.

57) (옮긴이 주) 시빌 미니멈(Civil Minimum)이란 말을 최초로 정식화한 사람은 마쓰시타 게이치(松下圭一)이다. 1960년 무렵부터 일본에서 제기되기 시작한 지역 민주주의를 올바로 실현하기 위한 '자치단체 개혁'과 그것을 어떻게 구체화할 것인가에 대한 논의를 배경으로 하고 있다. 그 당시 새로 만들어진 이 낱말은 1960년대 일본의 이른바 혁신 자치단체의 상징이었다. 시빌 미니멈은 이중의 의미를 지니고 있다. 하나는 임금뿐만 아니라 도시형 생활의 모든 측면에 관한 시민의 현대적 '생활권'의 최저 보장 기준이고, 동시에 시민의 '청구권(또는 저항권)'이기도 하다. 또 하나는 자치단체를 시민의 자발성에 기초하여 현대적으로 재구성하는 정책 공준(公準)이고, 사회적 잉여의 배분을 계획적으로 재편성하게 하는 자치단체의 정책 공준이다.

58) 庄司光·宮本憲一,『日本の公害』, 岩波新書(東京: 岩波書店, 1975), pp. 33~66에 중간 시스템의 전신이라고 할 수 있는 서술이 있다.

59) 이 제2차 세계대전 전의 서술에 대해서는 宮本憲一,『社会資本論』의「日本の社会的費用」을 참조. 이 장은 개정판(1976)에는 삭제되었다. '일본병'은 宮本憲一,『経済大国』(東京: 小学館, 1983, 小学館ライブラリー版, 1994) 참조.

60) M. Jänicke and H. Weidner/長尾伸一·長岡延孝 監訳,『成功した環境政策 —— エコロジー的成長の条件』, pp. 60~61.

61) Cf. J. Gottman, *Megalopolis: The Urbanized Northeastern Seaboard of the United States*(Cambridge, Mass: M.I.T. Press, 1961), p.385. 상세한 것은 宮本憲一, 『都市政策の思想と現実』(東京: 有斐閣, 1999) 중의 고트만과 멈포드의 논쟁을 참조.

62) 宮本憲一 訳, 『大都市コンビナート·大阪』(講座 『地域開発と自治体』 第1卷)(東京: 筑摩書房, 1977).

63) Cf. J. k. Galbraith, *The Affluent Society*(New York: New American Library, 1958), 鈴木哲太郎 訳, 『ゆたかな社会』(東京: 岩波書店, 1960, 第4版 1985).

64) 도시와 도시적 생활양식의 정의에 대해서는, 宮本憲一, 『都市経済論 —— 共同生活条件の政治経済学』(東京: 筑摩書房, 1980), 第1章 또는 宮本憲一, 『都市政策の思想と現実』, 第1章을 보라.

65) 吉田文和, 『廃棄物と汚染の政治経済学』(東京: 岩波書店, 1998). 여기서는 산업구조의 전환으로 산업폐기물의 내용이 바뀌고, 자동차 폐기물 문제나 하이테크 오염이 일어나는 것을 실증적으로 명쾌하게 제시하고 있다.

66) E. U. von Weizsäcker, *Erdpolitik : Ökologische Realpolitik an der Schwelle zum Jahrhundert der Umwelt*(Darmstadt: Wissenschaftliche Buchesellschaft, 1990), 宮本憲一·楠田貢典·佐々木建 監訳, 『地球環境政策 —— 地球サミットから環境の21世紀へ』(東京: 有斐閣, 1994), 第1章 참조.

67) 근래의 환경경제학의 성과로 검토해야 할 이론은 주로 제3장 이하에서 소개하겠지만, 종합적인 정리를 하고 있는 저작으로 다음의 두 책을 소개한다. 하나는 佐和隆光·植田和広 訳, 『環境の経済理論』(岩波講座 『環境経済·政策学』, 第1卷)(東京: 岩波書店, 2002)이며, 또 하나는 岡敏弘, 『環境経済学』(東京: 岩波書店, 2006)이다.
전자의 강좌 안에서 데라니시 순이치(寺西俊一)는 「環境問題への社会的費用論アプローチ」라는 주목할 만한 논문을 발표했다. 그는 오늘날의 환경문제에 접근하기 위한 이론적 단서를 다음의 여덟 가지로 분류한다. ① 물질대사론 접근, ② 환경자원론 접근, ③ 외부불경제론 접근, ④ 사회적 비용론 접근, ⑤ 경제체제론(정치경제론) 접근, ⑥ 고유가치론 접근, ⑦ 권리론 접근, ⑧ 경제문명론 접근.
그리고 이런 다양한 접근의 종합화를 지향해야 한다고 한 다음, ④ 사회적 비용론 접근을 소개한다. 환경문제가 다양화되고, 또 환경에 관한 사회과학의 업적이 각각의 학파의 이론에서 해석되기 때문에, 이런 다양한 접근이 되는 것이다. 그러나 환경경제학은 다른 경제학 이상으로 인간의 운명과 관련되어 있는 과학이며 여러 방법으로 접근으로 해석해서 끝나는 무책임한 것이 되어서는 안 된다. 데라니시(寺西)가 환경피해라는 사실에서 출발해야 한다고 하며, 사회적 비용론에서 접근하는 것은 환경경제학의 목적을 거기에 두었기 때문일 것이다. 이것은 정당한 접근법이다.
오카 도시히로(岡敏弘)는 최근의 환경경제학이 특정한 이론체계를 고집하기 때문에 시각이 한정되는 폐해가 강화되고 있는 상황에서, 그 폐해를 타파하기 위해서 "때로는 서로 대립하는 다양한 이론체계 전부를 사용해서 문제에 대응한다"는 목적에서 『環境經済学』을 집필했다. 이 내용은 신고전파, 마르크스 경제학, 엔트로피 경제학 나아가 제도파 경제학과 윤리적 후생경제학에 이르며 그에 따라 공해, 유해화학물질, 생물다양성보호, 지구 온난화가 어떻게 해석되는가, 어떤 정책이 나오는가를 밝히고 각 논자의 비평을 하고 있다. 대립하는 이론을 즉시적으로 해석하는 발군의 능력에 감탄하며 동시에 각각의 비판도 훌륭하게 되어 있지만, 그것을 종합한 자신의 이론은 어디에 있는가, 그것으로 현장(예를 들어 석면 재해)을 조사해서 어떤 대책이 나오는가 하는 문제에 이르면 이것으로는 불충분해서 새로운 저서가 나오기를 기대하고 있다.

제 II 부

환경과 사회체제·정치경제구조

제 3 장

공 공 신 탁 재 산 으 로 서 의 환 경

1. 환경이란 무엇인가?

♟ 정의: 영역과 이 책의 대상

환경은 인류의 생존·생활의 기초조건으로서 인류 공동의 재산이다. 환경은 공유재산(commons)이라고 말하듯이 인간의 공동사회적 조건이다.

현대 사회에서 환경은 그 일부가 사유 또는 점유되어 있지만, 그 본래의 성격에서 볼 때 공공의 이익을 위해 공공기관에 신탁되어 유지·관리되어야 하는 것으로서 공공신탁재산이다.

환경이란 무엇인가, 어떤 범위의 대상을 가리키는 것인가를 말하기는 대단히 어렵다. 환경에 관한 저작은 수없이 많다고 해도 좋을 정도이지만 환경의 정의도 또한 수없이 많다고 할 수 있다. 그것은 환경이 자연 그 자체가 아니라 인간사회의 발전에 수반하여 인간의 손이 가해져 변화하고 있기 때문이다. 인간의 생산과 생활 활동은 원시시대에는 한정된 공간에서 이루어졌고 인간은 자연의 일원이었다고 해도 옳다. 이 경우 환경은 자연 자체였다. 그러나 도시의 성립, 특히 산업혁명 이후의 공업화와 도시화 과정에서 환경은 인공적인 것이 되었다. 도시에서 자연은 원시림이나 자연하천·해안이 아니라 2차림·인공정원이고, 콘크리트로 축조된 제방이 있는 하천이며, 항만시설이나 방풍림을 가진 해안이다. 빈(Wien)의 숲, 피렌체의 언덕이나 교토의 히가시야마(東山)·니시야마(西山)는 세계를 대표하는 도시의 자연이지만, 이러한 모든 것이 도시의 경관을 유지하려는 시민의 공동의지에 기초하여, 인간의 계속적인 노동에 의해 보존되어온 것이다. 즉 누마타 마코토(沼田眞)가 말하는 '인간주체적 생태계'인 것이다.[1] 현대는 도시사회이며, 선진공업국에서는 자연과 공존하고 있는 것처럼 보이는 농촌에서도 도시화가 진전되고, 도시적 생활양식을 영위하고 있다. 이 때문에 인간이 거주하는 지역의 환경은 자연 자체가 아니라 생활환경, 특히 도시적 생활환경으로서 구성되어 있다고 할 수 있다.

도시의 생활환경은 시민이 일상생활을 영위하고 건강을 유지하기 위한 기초적인 주거조건이다. 도시의 생활환경은 두 가지 조건으로 이루어져 있다. 첫째는 자연적 생활환경이다. 즉 대기(기상)·하천·호소(湖沼)·바다·숲·동식물 등 이화학적·생물학적 환경이다. 앞에서 언급한 것처럼 이것은 자연 그 자체도 있지만 어느 정도는 인공적인 생태계로 이루어져 있다. 둘째로 사회적 생활환경이다. 그중에서도 중요한 것은 도시의 골격을 이루는 사회자본, 특히 주택·거리·녹지대·공원·상하수도·청소시설·공공교통기관·학교·의료시설·복지시설·에너지시설 등 사회적 공동생활수단이다. 이 사회적 공동생활(소비)수단은 도시생활에 필수적인 시설이며 도시화와 함께 종류가 많아지는 경향이 있다. 또한 건축물과 길거리 등이 만들어내는 경관이나 문화재 등의 역사적 유산도 주거환경의 질을 구성하는 요소로서 중요한 성격을 지니고 있다. 도시 안에서는 이 자연적 사회적 조건은 혼연일체가 되어 어메니티(amenity: 양호한 주거환경)를 만든다. 이렇게 본다면 사회의 발전,

특히 도시화와 함께 환경이 인공적이고 다의적이며, 또한 역사적으로 변화하고 있다는 것을 알 수 있다. 즉 환경에는 역사성이 있는 것이다.

인류의 생존은 주거환경에 의해서 규정되어 있을 뿐 아니라 우주나 지구의 생태에 의해서도 규정되어 있다. 인간의 경제활동이 거대화되었기 때문에 CO_2나 프레온 가스에 의해 지구의 기상조건이 바뀌고 또는 브라질이나 아프리카의 삼림벌채가 산소의 공급을 감소시키는 등 지구 규모의 환경문제가 생기고 있다. 이러한 문제를 고려하면 환경은 지구 그 자체로까지 넓어진다. 환경은 도시주거환경에서 보듯이 지역성과 동시에 지구나 우주로 연결되는 연속성이 있다.

이렇게 보면 환경을 일의적으로 규정하는 것은 어렵고 연구의 관심에 따라서 문제영역을 설정해야 한다고 말할 수 있을는지 모른다.

필자는 이미 『사회자본론』이나 『도시경제론』 등에서 도시의 생활환경, 특히 사회적 생활환경의 정치경제학에 대해서는 이론적 실증적 고찰을 마쳤다.[2) 그래서 이 책이 대상으로 하는 환경은 대기, 물, 토양, 숲, 경관이나 역사적 유산을 중심으로 삼고자 한다. 이것을 논하는 데 필요한 범위 안에서, 사회적 생활환경을 다루고자 한다.

♟ 환경의 성격 ── 소재 면에서

환경은 희소자원이라고 말한다. 이 말 자체가 틀린 것은 아니지만 환경과 자원은 동일하지 않다. 자원은 석유처럼 경제활동 내부에서 이용되거나 또는 이용가능성을 갖는 물적 재화 또는 노동력이다. 그러나 환경은 경제활동의 기반이지 원료나 연료처럼 재화나 상품의 생산에 직접 개입하는 것은 아니다. 물은 환경에서 취득하여 원료 또는 발전·냉각용 등에 자원으로서 이용된다. 이 경우 용수(用水)는 시장 메커니즘 속에 편입되어, 노동에 의해서

'가공'되고 일정한 가격이 붙는다. 그리고 그 일부가 이용된 후 환경으로 되돌아간다. 이처럼 물은 환경 – 자원 – 환경으로 순환하는데, 자원화된 물(利水)과 환경의 물(保水)은 자연적 형태는 같더라도 경제적 의미는 다르다. 자원은 경제활동 내부에서 경제적 재화로 이용되는 데 비해, 환경은 직접적으로는 경제적 재화는 아니고 하천이나 호수의 경관처럼 인간활동의 기초조건이다. 물론 자원으로 이용된 물이 오염 또는 낭비되어 고갈되면 환경파괴나 공해를 유발하기 때문에 자원문제는 환경문제와 연결된다. 그런 의미에서 둘은 밀접한 연관을 갖고 있지만 혼동해서는 안 된다.

환경은 소재 면에서 보면 독특한 성격을 지니고 있다.

첫째로, 환경은 공생적이고 비배제성이 있다. 인간이 생존하기 위해서는 일정한 성분의 공기가 없으면 안 되기 때문에 좋은 공기를 호흡하는 것은 개인의 생존권이다. 그러나 동일한 공간에서 살아가는 사람은 그것을 공동으로 이용한다. 따라서 특정한 사람이 그 공기를 독점할 수 없다. 또한 누구든지 요금을 내지 않고 똑같은 공기를 호흡할 수 있다. 자원화된 용수의 경우에는 현상적으로 도시화가 진행됨에 따라 수질오염이 심해져, 정화해서 공급하기 위한 비용이 들어가기 때문에 요금을 징수하고, 요금을 납입하지 않은 세대는 공급이 중단된다. 이런 의미에서 배제성이 있다. 호수나 해안의 경우에는 호텔이나 공장 등에 의해 이용이 독점되어, 주민이 친수권(親水權: 물 접근권)을 갖지 못하고 배제되는 경우가 있다. 그러나 환경은 본래 공동성이 있고, 비배제성이 있으며, 많은 부분이 자원화된 현재에도 그러한 성격을 갖고 있다. 가령 수도 등의 용수처럼 요금을 징수해도 자치단체에게는 누구나 이용할 수 있도록 공급 의무가 있으며, 요금 또한 빈곤자도 지불할 수 있도록 지극히 낮은 금액으로 억제되어 있다.

둘째로, 환경은 역사적 축적물이어서 그중에는 일단 파괴되면 불가역적 성격을 갖는 것이 있다. 예를 들면 숲이나 역사적 거리는 보통의 상품처럼 단기간에 만들 수 없다. 오랜 세월이 걸린 축적물이라고 해도 좋다. 그리고 일단 만들면 도시의 환경처럼 전쟁이나 재해를 당하지 않는 한 장기간에 걸친 내구성이 있다. 이탈리아의 도시처럼 고대나 중세의 건물과 거리가 그대로 현대의 환경이 되어 있는 경우도 있다. 2차림처럼 벌채하거나 또는 고사된 경우에 조림이 가능한 것도 있지만, 원시림이나 역사적 거리 등은 일단 파괴되면 재생은 불가능에 가깝다.

가령 환경이 재생 또는 새로 만들어질 수 있다고 해도 일상적인 경제활동의 재생산 시간에 비하면 비교할 수 없을 정도로 오랜 시간이 걸린다. 이처럼 환경이라는 그릇의 내구성 또는 영속성과 일상적인 생산·생활의 순간성 또는 비연속성 사이의 모순, 이른바 시간의 차이가 환경문제를 야기할 가능성이 있다.

셋째로, 환경은 지역 고유재로서의 성격을 갖고 있다. 경관은 그 도시 또는 지역 특유의 것이며, 대체는 불가능하다. 물의 경우에도 유역 또는 수계(水系)라는 것이 있다. 대기는 연속되어 있지만 오염이 문제가 될 경우에는 '공역(空域)' 같은 것이 고려된다. 청정한 대기를 가진 고원과 모든 오염물이 복합되어 있는 임해 공업지대는 분명히 '공역'이 다르고, 대기 상황도 다르다. 그 결과 환경은 지역적으로 불균등하고, 어메니티가 있는 거리와 없는 거리는 큰 차이가 생긴다. 더구나 단기간에 좋은 환경을 만드는 것이 불가능하기 때문에 한번 어메니티를 상실한 도시는 그 회복이 어렵다.

환경을 넓게 파악해서 사회적 환경을 포함하는 경우에도 이 세 가지 성격은 공통된다. 즉 사회적 환경의 중심인 공원이나 하수도 같은 사회적 공동소비수단은 토지고착성이 있고, 건설하는 데 시간이 많이 걸리며, 건설되면 그 수명은 1세기 또는 반영구적인 성격을 가지고 있다. 기술혁신이 급속하게 진행되는 오늘날에는 그릇으로서의 도시(사회자본)와 환경, 기업 활동과 주민 생활 사이에 마찰이 발생하는 것은 이 때문이다. 이러한 성격 때문에 환경은 상품으로서 시장에서 매매하기 곤란하며, 공공적인 성격을 갖는 것으로서 시장 밖에 있는 것이다.

2. 공공신탁재산론

♟ 공공신탁재산이란 무엇인가?

1970년 도쿄에서 열린 국제 심포지엄에서 환경권을 제창했던 사람으로서 일본에서도 이름이 알려진 삭스(J. L. Sax)는 『환경보호』라는 책에서 환경을 공공신탁재산으로 정의하고 다음과 같이 언급하고 있다.

청정한 대기나 물 등의 공유의 재산 자원을 이미 기업의 쓰레기 하치장이라든가, 이윤에 굶주린 사람들에 의해서 자기 하고 싶은 대로 소비되는 공짜 음식으로 생각할 필요는 없다. 오히려 시민 전체가 공유하는 이익이라고 생각해야 한다. 이러한 이익은 그 어떠한 사적 이익과 마찬가지로 법적 보호를 받을 자격이 있고, 그 소유자는 강제집행을 할 권리가 있다. 앞에 인용한 고대의 격언 (로마법 —— 인용자 주) —— 타인의 재산 사용을 침해하지 않도록 자기의 재산을 사용할 것 —— 은 오늘날 소유자 사이의 분쟁뿐만 아니라, 예를 들면 공장 소유자와 청정한 대기에 대한 공공의 권리 사이의 분쟁, 부동산 개발업자와 수산자원이나 야생생물의 서식 지역을 유지할 공공의 권리 사이의 분쟁, 토지를 파헤치는 채굴업자와 자연의 쾌적함의 유지에 대한 공공의 이익 사이의 분쟁에도 적용되는 것이다.[3]

환경은 앞에서 설명한 경제적 성격 때문에 시장 원리 밖에 나와 있지만, 현실에서는 그로 인해 재산권과 자주·자기 책임을 전제로 하는 경제활동 속에서 파괴되어버렸다. 삭스는 다음과 같이 말한다.

환경의 질이 종종 위협받는 것은 우리가 통상적인 사유재산 물건처럼 그것에 가치를 부여하거나 시장 안에 내놓지 않았기 때문이다. 예를 들면 청정한 대기나 물, 공공의 해변, 오픈 스페이스 등은 본질적으로 공짜로 취급되었고, 그래서 낭비적으로 사용되어왔다는 것도 조금도 이상한 일이 아니다.[4]

즉 토지소유의 경우와 달리 환경 고유의 가치가 없이 무상의 것으로서 취급되었기 때문에 낭비 또는 파괴되더라도 법적 권리를 주장할 수 없어 질의 저하를 초래했다는 것이다.

그래서 삭스에 따르면 공공신탁이론은 다음의 세 가지 연관된 원칙 위에서 있다고 한다.

첫째는 대기나 물 같은 일정한 이익은 시민 전체에게 매우 중요하므로 그것을 사적소유권의 대상으로 삼는 것은 현명하지 않다는 것. 둘째는 대기나 물은 개별 기업의 물건이이 아니라 자연에서 받는 혜택이 매우 크므로 개인의 경제적 지위에 관계없이 모든 시민이 자유롭게 이용할 수 있어야 한다는 것. 그리고 마지막으로 공공물을 광범위하게 일반적으로 사용할 수 있는 상태에서 사적 이익을 위해서 제한적으로 다시 분배하지 않고 오히려 일반대중의 이익을 증진시키는 것이 정부의 주요한 목적이라는 것이다.[5]

환경은 가령 오염되어도 그 상황을 개인이 측정할 수 없고, 공공기관의 감시에 의존할 수밖에 없다. 그런 의미에서 환경의 보전은 공공기관에 신탁할 수밖에 없다. 그러나 공공기관은 신탁된 환경을 지키고 있을까. 구체적인 것은 제IV부으로 미루겠지만, 삭스는 행정당국에 신탁하는 것에 의문을 보이고 있다. 환경보전을 담당하는 행정당국은 조직이 커지고 전문화될수록 환경보전에 유효한 활동을 하지 않는다. 그래서 삭스가 공공신탁재산이라고 하는 의미는 행정기관에 신탁하는 것이 아니다. 삭스의 주장은 주민이 환경권을 갖고 법원에 제소할 수 있는 권한도 갖고, 법원이 내리는 중지명령 같은 예방조치를 발동하여 환경을 보전하려는 것이다. 이 사법부에 의한 보전 효력의 시비에 대해서는 뒤에 검토하겠지만, 환경이라는 공동재산을 보전하려고 하면 이것을 시장에 맡길 것이 아니라 사법부와 같은 공공기관에 신탁할 수밖에 없을 것이다.

♟ 왜 공공기관은 시민의 신탁에 부응할 수 없는가

문제는 여기에 있다. 삭스의 말처럼 공공신탁은 시장의 결정이 아니라 시민의 의사를 공공의 장에 반영할 수 있도록 하기 위한 것이지만, 그 경우에 유효한 장이 행정부인가 사법부인가라는 것만이 문제가 아니다. 삭스가 거론하지 않은 문제가 있다. 현대의 공공기관은 공동성보다는 권력성을 가진다는 점이다. 헌법 등의 법제상에서 공공기관은 민주주의를 원칙으로 하며, 입법·행정·사법은 주민의 공동의사를 반영하는 장처럼 되어 있다. 그러나 현실에서 공공기관은 권력기관이고 지배계급의 공동기관으로서의 성격을 가지고 있다. 현대에는 만약 국민의 여론이나 운동이 강하고, 반체제적인 정당이 정치적 결정력을 가지고 있어, 재계 등 지배계급의 의사를 뛰어넘거나 그 의사를 수정할 힘이 있으면 사유재산권이나 자본의 영업권보다 환경권, 인격권이나 생존권이 우위를 차지할 수도 있을 것이다. 그러나 기본적으로 공공기관은 지배계급의 의사를 관철해서 영업권이나 재산권을 우선시하고 또는 주민의 요구를 받아들이더라도 기껏해야 기업이나 고액소득자의 요구를 더하여 둘로 나누는 식의 타협으로 끝나는 것이다. 일본의 대기오염을 대상으로 한 「공해건강피해보상법」의 운명을 보면 분명하다. 이 제도는 공해대책의 정책결정(policy making)을 이해하는 출발점이자 중심 문제라고 할 수 있다. 1973년, 급격한 공해반대 여론과 운동에 떠밀려 재계가 타협해서 성립되었지만, 재계에 대한 위기가 사라지자 1988년 2월에 사실상 폐지에 가깝게 개정되어버렸다. 즉 공공기관은 약자를 보호하는 정의나 사회적 손실을 원인자에게 부담시키는 공평의 이념으로 움직이지 않는다. 그것은 오늘날 경제제도가 지배자의 이익을 기초로 하며, 주민의 공해반대의 힘이 강해진 경우에는 그것과의 정치역학 속에서 움직이고 있는 것이다.

이러한 공공기관의 성격은 국가론의 과제이며 뒤에서도 검토할 것이다. 여기에서는 환경은 소재 면에서 보면 공동재산의 성격을 가지고, 시장에 위임할 수 없기 때문에, 공공신탁을 하지만 현재의 경제체제하에서는 그것에 의해서 반드시 보전되는 것이 아니라는 것을 1차적인 결론으로 삼고 싶다.

이하에서 경제발전에 따라서 소재로서의 환경이 어떻게 그 경제적 성격을 변화시키는가에 대해서 간략하게 언급하고자 한다. 이 경우 방법론은 제 I 부에서 언급한 대로 먼저 체제적인 규정을 한 뒤에 정치경제구조(중간 시스템)상의 규정을 하고자 한다.

제 **4** 장

자 본 주 의 사 회 의 발 전 과 환 경

1. 사유재산제 · 상품시장경제와 환경

♟ 환경의 사유화

사회의 공동성의 상실은 재산, 특히 토지의 사유제에서 시작된다. 환경의 일부인 토지가 생산수단으로서 사유화되면 토지 그 자체와 그에 부속되어 있는 표류수(表流水), 지하자원, 지상의 삼림과 공간(대기 포함)은 소유 또는 점유하는 기업과 개인의 사적 이익을 위해서 자유롭게 이용된다. 사유재산제 하에서는 환경은 재산으로 매매되고, 또는 지대라는 이용권료를 지불하면 자유롭게 사용할 수 있다. 이 사회에서는 사적 기업이나 개인에 의한 환경의 개조나 파괴는 재산권에 기초하며, 영업권 또는 생활권의 행사로 인정된다.

노동생산물로서의 재화와 서비스가 제3자 또는 사회를 대상으로 하여 생산되고, 시장을 통해서 물물교환 또는 화폐를 매개로 하여 매매되는 것이 상품경제이다. 상품경제는 인류사회의 경제를 발전시킨 원동력이고, 그것은 사회적 지역적 분업, 교통과 시장에 의해 발전되었다. 그런데 자연환경은 노동생산물이 아니며, 노동이 가해지더라도 가벼운 정도의 가공물에 지나지 않는다. 거리경관 같은 사회적 환경은 시장에서 거래가 곤란한 역사적 공공적 산물이다. 환경은 상품으로서 교환가치가 없다. 또는 교환가치가 있어도 매우 작다. 그래서 환경은 공짜 또는 공짜와 다름없는 싼 가격으로 시장에서 평가되고 매매되기 때문에 기업이나 개인에게는 비용(cost)이 들지 않아 낭비, 파괴하기 일쑤인 것이다.

청정한 대기나 물은 인간의 생존조건이다. 그런 의미에서는 최고의 사용가치를 가진다. 그러나 지금까지 대기나 물 또는 모든 자연은 풍부하고, 노력을 하지 않더라도 무한히 소비할 수 있으며, 또한 오염물을 폐기해도 자연이 정화하든가 가령 오염되더라도 인간사회에는 오염량이 적어서 해롭지 않은 상황이라고 생각해왔다. 즉 환경의 한계생산비는 영(0)이라고 여겨왔다.

그래서 대기는 공짜이고, 물은 공짜이거나 공짜에 가까운 싼 가격으로 되었다. 이들을 이용하더라도 비용이 들지 않거나 많은 경비를 발생시키지 않는 것이었다. 환경을 오염 또는 파괴해도 대기처럼 공짜라면 보상할 필요가 없다. 법적 규제가 없는 한 보상 또는 복원할 비용은 계상하지 않아도 되었던 것이다. 만일 그로 인해 인간사회에 공해로 인해 사회적 손실이 발생했다고 해도 사유재산이나 상품경제와 연관되지 않는 것에 대해서는 보상 의무가 발생하지 않는다. 예를 들어 생물이라도 목장의 소나 말, 농장의 야채가 대기오염으로 사멸하면 보상하지만 가정의 개나 고양이, 가정의 채마밭의 피해는 보상이 어렵다. 뒤에 언급하겠지만 노인이나 연소자들의 대기오염에 의한 피해의 구제가 늦어진 것은 그들이 노동력이라는 상품을 매매하지 않고, 기업의 상품생산에 지장이 생기지 않았기 때문이다.

이 사회에서는 국·공유재산의 성격도 민간의 재산과 마찬가지로 상품경제에 규정된다. 특히 현대 자본주의하에서는 그 경향이 강해지고 있다. 전형적인 예가 일본의 국유림일 것이다. 즉 환경은 생산, 넓게는 영업을 위한 자원으로 생각되어 효율적인 이용이 국공유재산운영의 원칙이 된다. 이렇게 되면 가령 환경을 국·공유화해도 그것은 공공신탁재산으로서 공공적으로 보전되기보다는 중국의 현상처럼 사유재산과 똑같이 상품화되고 용이하게 오염, 파괴되어버린다.

♟ 도시역사 속의 환경

상품경제는 고대에서부터 시작되었다. 특히 도시는 상품경제를 발전시켰다. 따라서 중세까지는 환경을 규정하는 경제구조로서 먼저 지대구조, 특히 도시의 상황을 살펴보아야 한다. 도시는 그 자체가 인공공간이고 자연개조에 의해 이루어진 공간이지만, 그것과 함께 상품경제를 개화시켜 발전시킴으로써 주변의 자연환경을 오염 또는 파괴했다. 고대 그리스의 폴리스, 이집트 또는 중국의 도시 —— 예를 들면 누란(樓蘭) —— 는 삼림을 벌채하고 그것을 자원으로 사용하여 문명을 발전시켜왔지만, 동시에 그 지역을 사막이나 바위산으로 만들어버리고 도시 자체도 멸망해버렸다.

유럽의 중세도시는 똑같은 경험을 한 결과 목재에서 석탄으로 연료를 전환하기 시작했을 뿐 아니라 자연과 공존을 시작하게 되었다. 왜냐하면 도시는 직장과 주택이 좁은 지역에 집적해 있기 때문에 도시 안의 오염을 피할 수 없었다. 17세기의 런던 스모그와 수질오염은 유명하다. 이처럼 중세도시는 공해를 발생시켰지만 오늘날 같은 심각한 환경문제는 없었다.

유럽의 중세는 농노의 농업생산 위에 성립되었고 가톨릭이 지배하는 종교문화와 봉건적 신분지배의 정치에 의해 전체 사회가 암흑 속에 있었지만, 멈포드(L. Mumford)의 『역사 속의 도시(The City in History)』가 묘사하고 있듯이, 그 안에서 봉건영주로부터 상대적으로 독립되어 있는 도시, 시민적 질서를 갖는 아름다운 도시가 성장하였다.[6] 도시는 봉건영주의 군대와 대항하기 위해 주위를 성벽으로 둘러쳤기 때문에 한정된 공간이었다. 그 좁은 공간 안에 극장, 학교, 병원, 상하수도 등의 도시시설을 집적시키고 또 직업이나 혈연, 지연이 다른 시민들이 사회적 계약을 맺어 자치단체를 만들고, 연대해서 공동생활을 영위하는 사회를 만들었다. 이것은 다음에 등장하는 근대도시처럼 끊임없는 인구팽창과 성벽(도시공간)을 넘어 확대해가는 도시화가 발생하지 않도록 제한되어 있었다. 산업구조는 국토 전체로 보면 농업이 주축이었고, 대부분의 인구는 농업과 관련되어 있었다. 이 때문에 상품경제의 발전은 완만했다. 베버(M. Weber) 등이 서술하고 있듯이 중세도시는 콩유라티오(conjuratio: 서약단체)라는 15세 이상의 남자가 평등 계약을 맺은 자치단체였다.[7] 이것은 상업 귀족의 지배조직이었으나 일정 부분의 도시계획을 수행함으로써 '계획적으로 아름다운 거리를 만들고 환경을 보전했던 것이다. 이처럼 중세의 시장경제가 도시라는 국지적 발전에 그친 점, 산업구조상 공업이 차지하는 비중이 적고 더욱이 도시라는 공간이 자치단체에 의해 한정되고, '시민'의 공동체였다는 점에 의해 환경의 오염이나 파괴가 급격하게 진행되지 않았다고 할 수 있다.

♟ '시장의 실패'에서 자본주의의 모순으로

제Ⅰ부에서도 다루었지만 신고전파 경제학에서는 환경문제의 원인을 '시장의 실패'에서 찾는다. '시장의 실패'라는 것은 시장의 결여와 시장의 불완전성 둘 다를 가리킨다. 시장의 결여라는 것은 비배제성과 공동성을 갖는 재화나 서비스가 시장에서는 공급될 수 없든가 공급이 곤란한 것을 가리킨다. 경찰이나 소방 같은 공공재가 그 전형이다. 시장의 불완전성이란 어떤 재화나 서비스의 생산, 유통, 소비에는 외부효과가 있으므로 시장경제에서는 최적 공급이 달성될 수 없다는 것을 말한다. 예를 들면 교육은 교육비를 지불한 학생에게 그 효과가 귀속될 뿐 아니라 학생을 고용하는 기업, 나아가 일반사회에도 그 효과가 돌아간다. 이것을 긍정적 외부효과라고 하면 공해는 그 반대로 부정적 외부효과이다. 따라서 환경은 시장의 결여라는 의미에서 공공재이며, 환경문제는 시장의 불완전성을 나타내는 외부불경제가 되는 것이다. 그러나 환경파괴는 쓰루 시게토(都留重人)가 말한 대로 '시장의 실패'가 아니라 시장제도 그 자체의 발달에서 찾을 수 있다.[8] 즉 그것은 상품경제 특히 자본주의 경제의 발달의 결과인 것이다.

드라이젝(J. S. Dryzek)은『합리적 생태학(Rational Ecology)』이라는 주목할 만한 문헌에서, 시장경제는 긍정적(positive)인 피드백(feedback) 장치이고 자동적으로 경제성장을 추진시키는 성격을 갖고 있기 때문에 그 얼개에서는 환경파괴의 누적은 피할 수 없다고 한다. 그에 따르면 다음과 같다. 저성장은 저투자율을 의미하며 실업을 초래하고 이윤율을 저하시키기 때문에, 그것을 피하려면 어떻게든 성장시킬 수밖에 없다. 시장경제의 본질은 물질적인 경쟁을 추진하는 동기로서 언제나 소득의 불평등을 전제로 한다. 이 불평등 구조를 빈곤자의 반란 없이 유지하려면 성장을 계속해서 파이를 크게 만들어 빈곤자의 절대적 소득을 증대시켜야 한다. 저성장이나 제로섬 사회에서는 경제적 파이의 분배를 둘러싼 분쟁이 커져 시장경제는 위기에 빠진다. 시장제도가 작용하는 중심은 이윤동기이다. 이것에 부수해서 생산자는 결국 대량생산을 하지 않을 수 없고, 그 때문에 필요 없는 것도 선전을 해서 대량으로 팔아야 한다. 시장제도하에서 근대 정부는 단기 불황 이외에는 지속적 성장을 바라므로, 성장정책을 제1의 과제로 할 수밖에 없다는 것이다.[9]

이렇게 환경문제의 원인을 시장경제에서 찾는 것은 잘못된 것이 아니다. 그러나 시장경제 일반에서만 환경의 변화를 분석하는 것은 곤란하다. 시장경제가 부분적으로 개화한 중세의 도시나 비공업적인 산업구조하에서는 환경의 변화는 서서히 일어난다. 환경의 급격한 변화는 상품경제가 최고도로 발달한 자본주의 체제에서 찾아야 하며, 또한 그 경제구조를 해명해야 할 것이다. 이 문제는 '보이지 않는 손'의 모순인바, 좀 더 깊이 살펴보도록 하자.

♟ 시민혁명과 환경

자본주의 체제는 시민혁명에 의해 성립되었다. 시민혁명은 환경에 어떤 성격을 부여한 것일까. 영국과 프랑스의 혁명을 전제로 해서 생각해보자.

시민혁명은 국왕과 귀족의 재산 대부분을 몰수하고 농노를 해방시키고, 시민의 사유재산권을 인정하였다. 국가는 토지를 비롯한 생산수단을 상실한 무산국가가 되었다. 국유재산은 국왕의 사유물이 아니라 국민의 공유재산이 되었다. 봉건적 특권은 폐지되었고 자유의 이름 아래 자연, 국토나 도시의 모든 계획과 각종 규제는 폐지되었다. 국가는 조세국가로서 시민의 소득을 원천으로 하는 조세를 주재원으로 삼게 되었고, 납세자주권에 따라 인민이 참가한 의회에서 정해진 '공공성'이 있는 대상에게만 최소한의 재정지출을 하는 '값싼 정부(cheap government)'가 주장되었다.

이러한 혁명은 자본가가 자본을 무한히 축적하고, 자유롭게 입지해서 자연을 자원을 소유 또는 점유하고, 국내외의 전 지역에서 모인 노동자를 고용해서 이윤을 거두는 길을 보장하였다. 한편 노동자는 이 혁명에 의해서 토지·신분·직업의 속박에서 벗어나, 거주와 직업을 선택할 자유를 얻었다. 노동자는 노동력이라는 상품의 소유자로서 생산수단이라는 상품을 소유하는 자본가와 시장에서는 평등하게 되었다. 즉 서로가 자주·자기 책임의 상품소유자가 된 것이다. 그러나 그것은 표면상의 평등일 뿐 실제로 노동자는 어디까지나 노동력이라는 상품을 생산수단을 가진 자본가에게 팔지 않으면 생활할 수 없고, 자유를 주장할 수도 없는 존재로 되었다. 즉 근대노동자는 중세의 농노처럼 생산수단이나 주거를 갖지 못하고, 무일푼으로 노동력을 팔아 일하지 않으면 최저한의 생활도 보증받지 못하고, 언제라도 기아, 실업, 노숙자의 처지가 될 자유를 갖게 된 것이다.

시민혁명 시기의 기본적 인권이란 우선 무엇보다도 사유재산권이었다. 생존권을 비롯한 시민 특히 노동자의 사회권은 후에 노동운동이나 사회주의 정당의 발전에 의해 20세기에 들어오면서 인정되기 시작했고, 특히 제2차 세계대전 후에야 선진공업국에서 성립되었다. 자유경쟁만이 자본주의 경제의 기본 원리이고, 그에 따라 약자는 자연 도태되며, '보이지 않는 손'에 의한 시장의 조정으로 인해 생기는 균형만이 사회의 질서를 만든다고 생각하였다. 이 자유주의 경제 위에 공리주의의 국가가 국민을 지배하게 되었던 것이다.[10]

자본주의 경제는 최고도로 발달한 상품경제라고 일컬어지는데, 그것은 이중의 의미에서 그러하다.

① 노동력이 상품화되어 인간의 육체나 정신의 노동, 나아가서는 인격이 매매되는 길이 열렸다. 이는 상품화되지 않은 노동력, 또는 상품으로서의 노동력을 갖지 못한 노인, 연소자 또는 신체장애자 등의 인격을 인정하지 않든가 또는 법적으로는 인격을 인정하더라도 자주·자기 책임의 시장경제하에서는 그것이 주장될 수 없는 길을 열었다.

② 국가는 무산화되어 상품경제의 규제자가 아니라 오히려 수호자가 되었다. 자연이나 문화재 등의 모든 자산의 상품화와 그 사적 소유가 인정되었다. 중세도시 같은 공동체는 상실되고 자치단체는 국가의 하부기관으로 되었으며, 도시라는 공공공간은 상품경제의 급격한 발전의 장으로서 자본가와 지주가 자유롭게 이용할 수 있도록 일임되었다.

이러한 체제하에서 자연은 무한한 자원으로서 기업이나 개인의 자유로운 이용의 대상이 되고, 자원으로서의 가치를 유지하는 한도 내에서 보전된다.

환경은 무엇보다도 먼저 자본운동(자본축적)의 장이 되었다. 이에 비해 주민, 특히 그 중심을 이루는 노동자의 생활환경은 자본 측에서 보면 노동력을 재생산하는 장으로서, 그것을 위해 최저한의 필요조건만을 보전 또는 창조하는 부차적인 존재가 되었다. 그리하여 환경은 자본주의의 발전에 따라 사기업의 의사로 자유롭게 변용되었으며, 인간의 생존과 생활을 위한 환경으로서 일체성과 자연으로서의 질서를 파괴당하게 되었다.

이것은 논리로서만이 아니라 자본주의 역사가 보여주고 있다. "양이 인간을 잡아먹는다"라는 토마스 모어의 비평처럼 영국은 16세기부터 농업의 자본주의화가 진행되고, 17세기 두 차례의 시민혁명을 거쳐 18세기에 들어서서 산업혁명을 맞이하며 공업화와 도시화에 의한 환경의 변화를 명확하게 보여주었다. 다른 자본주의 국가의 경우에도 영국처럼 전형적이지는 않지만 마찬가지로 자본주의 아래서 환경의 변용과 환경문제의 발생이 보였다고 할 수 있다. 그래서 다음에는 산업자본주의 단계의 경제구조와 환경의 변화의 관계를 살펴보고자 한다.

2. 산업자본주의와 환경

산업혁명으로 변모한 경제구조는 환경의 변화에 결정적인 영향을 미쳤다. 그것은 공업화와 도시화를 동시에 진행시켰다. 더구나 그것은 앞에서 언급했듯이 자본주의적 경쟁에 의한 무계획적 발전으로 진행되었기 때문에 환경이 완전히 달라져, 오염에 의한 인간의 건강장해나 사망이라는 공해문제가 우발적인 것이 아니라 사회적·필연적 문제로서 발생하기에 이르렀다. 산업혁명기의 공해에 대해서는 당시의 채드윅(E. Chadwick) 등의 공중위생관의 보고서, 마르크스·엥겔스의 『자본론』이나 『영국 노동자계급의 상태』, 또는 현대에는 고전이 된 망투(P. Mantoux)의 『산업혁명(The Industrial Revolution in the 18th Century)』이나 멈포드의 『도시의 문화(The Culture of Cities)』 등 다수의 저작이 있다. 여기서 그 비참한 상황을 재현할 것까지는 없을 것이다. 여기에서는 왜 그러한 환경의 변화가 일어났는가에 대해 정치경제학적인 정리를 해보도록 하겠다.

♟ 공업화와 불변자본의 축적 ── 환경의 외부화

자동기계 및 증기기관의 출현과 급속한 보급·응용에 따른 산업혁명으로 기계제대공장제도가 탄생했다고 할 수 있다. 산업구조는 완전히 달라졌다. 영국을 예로 들어보자. 1841년 제조업인구는 182만 명(전체 산업고용인구의 35.7%)으로 농림수산업의 146만 명(28.6%)을 웃돌았고, 1860년대를 전기로 해서 농림수산업 고용인구가 감소로 전환하여 공업의 패권이 결정적으로 되었다고 할 수 있다. 1861년에는 제조업 인구 261만 명(35.9%), 농림수산업 인구 182만 명(25.0%)이었다가, 1901년에는 각각 406만 명(39.2%), 139만 명(12.0%)이 되었다. 공업화와 연관된 광업, 운수, 통신, 건설, 상업, 서비스 등의 다른 산업 인구도 증가하였다. 이런 산업구조의 변화는 생산자와 환경의 관계를 결정적으로 바꾸었다. 농업인에게는 토지나 기상이라는 환경은 생산의 내부적 개별적 조건이었다. 공업인에게는 환경은 외적 조건에 지나지 않는다. 그러므로 공업인에게 환경보전은 농업인과 같이 생산의 필수조건이 아닌 '외부 조건'이 되어버렸다.

공업화는 농업을 주체로 했던 시대와 달리 원료와 연료를 대량으로 사용하고 폐기함으로써 오염물의 양을 비약적으로 증가시켰고, 또한 유해물질을 대량 사용, 폐기함으로써 오염의 질을 유해한 것으로 만들었다고 할 수 있다. 당시의 오염물질이나 그 양에 대한 자료는 없으나 에너지의 주역인 석탄의 산출량을 보면 1816년에 1620만 톤에서 1850년에는 5020만 톤으로 3배 이상 증가하였고, 1880년에는 1억 4933만 톤으로 9배 이상 증가하였다. 원료의 오염물 함유량과 공해방지기술은 거의 일정했기 때문에 오염은 이 산출량에 비례했을 것이다. 멈포드는 당시의 공업도시를 '코크스(Cokes) 도시'라고 불렀는데, 석탄연소에 따른 매진(煤塵)과 오수는 도시의 부산물이었다. 당시의 주역은 섬유산업이었는데, 여기에 필요한 표백제를 만들기 위해 화학공업이 발전하였다. 주로 알칼리를 생산하는 화학공업의 SO_2에 의한 대기오염과 폐황산 등에 의한 물 오염은 석탄 사용에 의한 오염을 가중시켰다.[11] 산업혁명은 기계 등의 고정자본의 집적에 의해 생산량을 늘리고 비용을 절약해서 이윤을 올리는 자본주의 본래의 생산양식을 탄생시켰다. 자본의 경쟁과 신용제도는 자본의 축적을 촉진하였다. 주식회사나 공동조합은 거대한 고정자본 투자를 가능케 하였다. 그리고 자본이 이윤을 낳고 이윤이 자본을 낳는 누적과정이 시작되었다. 1835년에 역직기(力織機)는 2000대였는데 1850년에는 1만 대가 되었다. 놀랄 만한 고정설비의 증대라고 할 수 있다.

산업혁명 초기에는 증기기관의 효율문제 때문에 가능한 한 공장을 집중시키고 거대화함으로써 이익을 올렸다. 그러나 동력이 전력으로 대체되어도 집적이 계속되었던 것에서 알 수 있듯이 당시의 공업은 규모의 이익을 추구하였으며 또한 이종 산업부문 간의 복합이익을 추구하였다. 이에 따라 대량의 원료, 연료, 물 등이 사용되었다. 한정된 공간에서 이러한 집중·집적이 일어나면 당연히 환경파괴나 공해가 예측된다. 산업혁명은 과학기술의 획기적인 발전의 시대였지만, 안전이나 건강을 위한 과학기술의 발전을 이루지 못했다. 자본주의는 산업혁명 이후 유기적 구성의 고도화, 즉 불변자본을 증대시켜 생산성과 이윤을 높이려 했지만, 그것이 이윤율을 저하시킨다. 그렇기 때문에 불변자본의 일부를 상대적으로 절약하려는 동기가 작용하지 않을 수 없다. 특히 그것은 생산량 증대와 직접관계가 없는 부문의 절약을 추진한다.

노동재해방지 등의 안전대책, 나아가 직접적으로 생산과 관계없는 공해방지 비용, 자연환경보전·거리경관 보전을 위한 설비나 비용은 생략되었다. 제 I 부에서 서술했듯이 마르크스가 『자본론』에서 노동재해와 관련해서 언급했던 불변자본 사용상의 절약 이론은 노동재해와 함께 공해나 환경파괴의 기초 이론으로 발전할 수 있다. 즉 자본주의의 공업화는 잉여가치의 법칙이 관철됨에 따라 공해방지나 환경보전비용을 뒤로 미뤘다고 할 수 있다. 여기에 부가하여 지금까지 고찰해본 대로 자본이 집적이익을 추구하여 집중·집적함으로써 '집적불이익'이 가중된다. '집적불이익'은 오염원이 자본의 입장에서뿐만 아니라 도시의 입장에서도 설명되어야 한다.[12]

♟ 도시화와 '집적불이익'

기계제대공장제도는 지금까지 언급한 대로 좁은 공간에 대규모의 고정자본을 집적시키는 제도이며, 동시에 그것을 조작하는 노동자를 동일공장 내에 밀집시키는 제도라고 할 수 있다. 자본가는 기계의 물리적 사회적 마모를 염려하여 가능한 한 빨리 그것을 상각하려고 한다. 산업혁명기는 발명과 개량의 시대이기 때문에 어제는 최신 기계였던 것이 오늘은 중고 기계가 되어 사용할 수 없는 상황이 계속 생긴다. 그러므로 인간의 건강이나 가정생활을 도외시한 야간노동 또는 24시간 무휴노동이 필요하게 되었다. 당시는 교통이 발달하지 못했기 때문에 노동자가 주야 교대로 근무하기 위해서는 주택을 공장 근처에 지어야 했다. 기숙사나 사택 등의 노동자의 집단적 주거양식이 확립되고 더구나 공장에 인접한 환경이 열악한 장소에 지어졌다. 공장은 농장과 달리 토지의 제약이 없어 어디에라도 진출할 수 있다. 엥겔스는 이러한 공장촌이 탄생하고 그것을 핵으로 해서 공장도시가 형성되었다고 한다. 맨체스터 시 등이 전형적일 것이다.

공업화는 폭풍우처럼 노동력 인구를 집중·집적시켰고 그것이 도시 인구를 증대시켰다. 이런 인구증대와 함께 기계의 복잡화, 분화 등의 생산의 분업화나 유통의 분업화는 사회적 분업을 발전시켰다. 상업, 금융, 교통, 서비스 등의 부문이 확대되었다. 이러한 결과 도시 인구가 급증하고 도시권이 확대되었다. 중세 이래 성벽으로 도시공간을 한정시켰던 관습은 근대에는 족쇄가 되어 성벽은 파괴되고, 도시의 영역은 농촌을 향해서 무한히 확대되어갔다. 이런 근대적 공업, 도시화와 함께 농촌의 독자성이 점차 사라지고 농촌은 도시화의 후보지로 변하였다. 또한 도시 자체도 상각자산처럼 되어 산업 또는 특정 공장의 성쇠와 더불어 발전과 쇠퇴를 거듭하는 역사를 걷게 되었다.

1750년 영국의 인구가 600만 명, 그중 도시 인구는 100만 명이었는데, 100년 뒤에는 인구가 1800만 명, 도시에는 그 절반인 900만 명이 살았다. 1801년 런던 인구가 112만 명, 맨체스터 9만 명, 글래스고 8만 명, 버밍엄 8만 명이었지만 반세기 뒤인 1851년에는 각각 269만 명, 36만 명, 23만 명, 38만 명으로 급팽창하였다.

바야흐로 사상 최초로 전 국토에 걸친 도시화가 시작되었지만, 도시의 환경은 사상 최악의 상황이 되었다. 노동자는 하루 12시간 노동 등의 가혹한 노동조건, 중세의 농노 이하의 주택조건에 부가하여 환경 악화에 의한 공중위생의 저하 등으로 건강장해나 정신적 퇴폐에 빠져 사망률이 상승하였다. 당시의 맨체스터나 리버풀의 노동자 평균수명은 20세 이하였다. 엥겔스는 이런 상황을 '사회적 상해·살인'이라고 규정하고 이 사회의 질서를 유지해야 할 부르주아지의 범죄라고 단정하였다.

♟ 자유주의와 공공적 개입의 실패

스미스(A. Smith)는 『국부론』에서 시장경제에 내재하는 '보이지 않는 손'

이 자율적인 조정 장치로서 작용하기 때문에 중상주의나 중농주의처럼 국가가 특정한 산업을 보호하는 정책을 배제하고, '자연적 자유의 제도'를 제창했다. 이런 견해는 뒤에 벤담주의(Benthamism)라는 공리주의로 계승되었다. 공리주의에 따른 중산계급, 즉 부르주아지는 1839년의 도시단체법에 의해서 도시의 권력을 장악하지만 도시계획 등의 도시정책은 실시하지 않았다. 유명한 일화로 당시의 대표적인 경영자 존 브라이트(J. Bright)는, 한편에서는 지주를 반대하여 보통선거제도를 주장하는 급진적 민주주의자이었지만 다른 한편에서는 공장법, 공중위생법, 알칼리공장법(대기오염방지법), 나아가 각종 면허제도 등의 국가간섭에 반대하였다. 자유주의자들은 다윈주의처럼 도시 간 경쟁에서 열악한 도시는 도태될 것이라고 믿었고, 또한 도시문제에 대해서도 과밀해져 지가가 상승하든가 도시의 환경이 나빠지면 자연적으로 기업이나 시민이 다른 도시로 유출되기 때문에 다시 지가는 내려가고 환경이 좋아진다고 생각했다.

그러나 이미 필자가 『현대 자본주의와 국가(現代資本主義と国家)』에서 밝혔듯이 ① 노동자의 빈곤문제, ② 도시문제, ③ 독점, ④ 환경문제는 자본주의의 경제법칙이 창출하는 기본적 모순이어서 이 사회의 경제제도 내부에서는 이것을 자동적으로 해결할 장치가 없다.[13)]

19세기 중엽이 되면 이러한 모순들이 상승작용을 하여 노동력의 고갈로 자본주의의 재생산과 유지에 장해가 발생하고, 또한 그것이 심각한 사회문제가 되어 정치적 긴장을 낳았다. 그래서 공공적 개입이 시작되었다. 이 공공적 개입은 자치단체 또는 협동조합 같은 자주적 공동체가 행하는 것이 아니라 국가가 전국 획일적으로 법률을 만들어 시행했던 것이 특징이다. 1855년에 「공해방지법」이 만들어졌다. 이 법률에서는 공해대책기관을 각지에 만들고 그 소유지에 위험물 내지 불결한 물건을 쌓아놓은 토지소유자 또는 임차인에게 그것을 제거하도록 명령하거나, 판매되고 있는 유해식품을 몰수하는 등의 권한을 부여했다. 그러나 행정적으로 여러 기관이 서로 뒤얽혀 있어서 효율이 올라가지 않았고, 또한 공해제거소송도 절차나 비용 면에서 어려움이 있어서 실효성이 떨어졌다. 1863년 주민운동과 재판투쟁의 성과 등으로 화학공장의 매연을 방지하는 알칼리 공장법이 성립했다. 이 밖에 1848년에 시작하여 1866년에 집대성된 「공중위생법」, 1851년의 「노동자간이숙박소법(Schaftesbury 법)」에서 시작하여 1890년의 「노동자주택법」에 이르는 주택관계법 등이 도시환경개선을 위해 제정되었다. 그러나 런던의 하수도 건설 등의 일부 조치를 제외하면 환경개선은 19세기 동안에는 순조롭게 진전되지 않았다.

특히 문제는 두 가지였다. 첫째는 도시화에 수반해서 필요가 급증했던 사회자본, 그중에서도 사회적 공동소비가 계획적으로 공급되지 않았던 것이다. 이것은 자본주의 축적의 법칙이 작동해서 민간자본이 우선해서 공공부문의 자본형성이 뒤로 밀리게 되고 또한 공공부문 중에서도 자본주의 축적과 직접 관련이 없는 공동주택, 상하수도, 공원 등의 시설의 건설이 지체되었기 때문이다.

또 하나는 공장 등의 기업의 입지가 우선하고, 도시계획이 없었던 점이다. 봉건시대까지는 지배자를 위한 거리 만들기라고는 해도 통일된 이념에 의해 도시가 계획되고 건설되었다. 유럽의 아름다운 거리는 그 산물이다. 그런데 근대의 산업도시에서는 공장, 상점 등의 사업소, 노동자동네(주택) 건설, 공원 건설, 상수 공급이나 쓰레기 수집이라는 상호 연관된 도시정책이 따로따로 수행되어 그 자체가 개별기업에 의해서 이윤추구를 위해 '계획'되고 공급되었기 때문에, 통일된 이념이 없는 도시, 공동사회가 아닌 지역이 탄생했다. 공리주의에 따르면 도시환경은 자연도태가 된다고 하지만, 일단 해안이나 호수를 매립해서 구릉부의 숲을 밀어버리고, 환경을 오염시키거나 하면 이미 복구는 불가능한 것이다.

이처럼 공공적 개입의 결함은 자유주의 경제에 기초한 공리주의 국가가 탄생했던 것이며 마르크스가 『자본론』에서 능숙하게 노동자신문을 인용했듯이 그것을 비판할 수 없었던 당시의 노동조합의 결함이기도 했다. 즉 산업자본주의하에서의 노동자는 직장 안에서의 노동조건 개선(임금 인상 등)에는 파업(strike)을 하지만, 직장 밖의 생활환경, 예를 들면 좋은 물의 요구나 공해방지문제에는 투쟁하지 않았다. 환경개선의 요구가 다뤄지게 된 것은 현대의 일이다.

3. 독점자본주의와 환경

♣ 독점체와 지주에 의한 환경의 점유

19세기 말부터 독점자본주의 단계가 시작되었다. 이 단계에서 환경에 대한 영향은 경제학적으로 보면 다음과 같다.

첫째, 독점이윤의 성립으로 산업자본주의하에서 이윤과 지대의 대항관계가 없어지고, 자본가와 기업이 지주가 되거나 지주와 동맹을 맺기 시작한다.[14] 완전경쟁하에서 지대는 자본가에게 이윤을 감소시키는 하나의 원인이다. 그래서 자본가는 19세기 중엽의 곡물법 문제처럼 어떻게 해서 지대를 인하할 것인가, 또한 보통선거 문제처럼 도시에서 자신의 활동을 유리하게 만들기 위해 지주의 정치적 세력을 어떻게 축소시킬 것인가에 부심했다. 지주반대를 위해서는 곡물법 반대나 선거법 개정 등에서 자본가가 노동자와 손을 잡거나, 토지국유화를 주장할 정도였다. 자유경쟁하에서 이윤은 결국 투자를 하지 않으면 안 되는데, 토지를 구입해 이윤을 유보해서는 패배해버리기 때문이었다. 그러나 독점이윤이 성립되면서 일정 기간 이윤을 유보하는 것이 가능해졌다. 더구나 생산력이 증대하고 시장이 좁아져서 자본이 만성적으로 과잉이 되자, 이 유보이윤을 토지소유나 토지 투기로 돌려 이윤을 늘리는 재무적 기법이 시작되었다. 이 결과 제조업을 포함하여 모든 법인이 지주화(地主化)하는 경향이 생겼다. 또한 자산으로서의 토지의 장부가격이 주가에 반영되고 우량한 토지소유는 주가를 인상시키기도 하면서 법인에 의한 넓은 토지소유가 진행되었고, 이것은 환경의 변화에 중대한 영향을 미치게 되었다. 거대기업이 토지를 중심으로 한 환경을 독점한다는 것은, 소지주가 소유하는 경우와 비교하여 토지이용을 계획화하기 쉬운 반면 잘못 이용하면 환경파괴나 공해의 규모가 평균 이상으로 커질 수 있게 된 것이다.

♟ 중화학공업과 대도시화

둘째, 독점자본주의 단계 산업구조의 특징인 중화학공업화가 환경에 중대한 영향을 미치게 되었다. 특히 철강업과 화학공업의 발전이 공해의 새로운 상황을 초래했다. 철강업의 경우 규모의 이익을 찾아서 대규모시설을 집중입지시키기 때문에 하나의 회사가 도시 전체를 오염시키는 심각한 상황이 나타났다. 피츠버그 시나 야하타(八幡) 시(현재 기타큐슈 시 야하타 구) 등은 그 전형이다. 또한 무기화학에서 유기화학으로 화학공업이 발전함에 따라 미량이라도 인간에게 유해한 물질이 생산되어 식품이나 약품에 사용되고, 또한 폐기된 물질이 자연계에 축적되며, 나아가 먹이사슬을 통해 동물에 농축되어 인간의 건강을 해치는 새로운 문제가 나타나게 되었다.

셋째, 대도시화에 따라 주택이 교외로 넓어지고 농촌부의 자연파괴가 진행되는 한편 도심은 사무실 공간과 슬럼으로 획일화되어 환경이 악화하는 현상이 생겼다. 대도시화는 금융자본이 탄생해서 전국에 입지하는 기업을 관리하는 중추기능이 팽창하고 그와 관련해서 도소매, 금융, 보험, 교통통신,

서비스 등의 산업이 대도시로 집중되었기 때문에 발생했던 것이다. 독점단계에서는 각국 모두 다수의 100만 도시가 생겼고, 이 때문에 대도시의 집적 불이익이라는 공해와 사회자본의 부족에서 오는 환경악화가 상시적인 것이 되었다.

♟ 도시개발과 부동산 자본의 성립

넷째, 이 단계에서 도시계획이나 재개발이 시작되는데, 그것은 어메니티 보다는 경제효율을 중시했기 때문에 환경개선은 국지적이었고 어메니티의 불평등을 발생시켰다. 도시 재개발에서는 도심의 슬럼을 철거하고 그 지역의 거리를 정비하며 상하수도, 공원, 가로수, 도시교통, 문화·예술시설 등을 설치했다. 도심의 사회적 환경은 개선되었다. 이 때문에 도심의 지대나 가치는 올라가고, 이 공간은 수익을 올리는 기업 사무실이나 고액소득자의 주택지역으로 되어 저소득자들은 다른 슬럼으로 밀려났다. 이처럼 도시계획이나 재개발사업이 새로운 치부의 원천이 되고 어메니티의 차별을 발생시키는 것은, 나폴레옹에게 위촉을 받아 수행했던 오스만의 유명한 파리 재개발 이래 오늘날 뉴욕 등 대도시의 젠트리피케이션15)에 이르기까지 도시개발의 기본적 특징이다.

다섯째, 이러한 네 가지 특징 위에서 환경의 소유와 관리 그 자체가 자본의 이윤추구 대상으로서 자립하고, 금융자본의 뒷받침을 받아서 부동산 자본이 출현했다는 점을 들 수 있다. 본래 도시개발사업은 사회자본의 정비와 관련되어 있기 때문에 저수익 부문이고 공공단체의 업무로 맡겨져 있었다. 그러나 이 단계의 첫 번째 특징인 독점이윤의 성립은 부동산의 소유와 투기를 가능하게 하고, 나아가 네 번째 특징인 공공단체의 도시계획이나 재개발사업은 이 부동산 자본의 활동 기반을 만들게 되었다. 그 결과 부동산 자본의 동향이 환경의 변화에 결정적인 영향을 미치게 되었다. 부동산 자본의 활동은 대도시의 재개발뿐만 아니라 이윽고 관광개발이라는 농촌부의 환경을 대상으로 한 사업까지 미치게 되었다.

제 5 장

현 대   자 본 주 의 와   환 경

1. 환경파괴형 정치경제구조
── 왜 현대는 환경의 위기를 초래하는가

현대는 1917년 러시아 혁명과 1929년 세계대공황을 출발점으로 하고 있다. 전자는 사회주의 체제, 후자는 국가가 개입한 복지국가를 창출하는 계기였지만 이 두 체제가 국제적으로 확립한 것은 제2차 세계대전 후의 일이다. 그리고 1970년에 소련 사회주의는 붕괴하고, 신자유주의의 조류가 세계를 뒤덮었다. 현대 세계는 지구의 위기라고 불릴 만큼 심각한 환경변화를 초래하고 있다. 왜일까?

♟ 전쟁에 의한 생태계와 거리경관의 파괴

이러한 환경의 변화의 제1요인은 군사활동, 특히 전쟁이다. 특히 자본주의의 위기의 산물이었던 제2차 세계대전은 유럽과 일본의 환경을 일변시켰다. 전쟁터로 변한 지역의 생태계는 파괴되고, 역사적인 도시의 거리경관은 소멸 또는 손상되었다. 제2차 세계대전 후의 부흥사업에서 유럽의 도시는 역사적인 거리의 복원이나 자연의 재생에 힘을 쏟았다. 그래도 역시 전쟁 재해에 의한 환경의 흔적은 완전히 복구되지 않거나 또한 복구할 수 없는 것이 남는다. 일본의 경우는 전후 부흥과 고도성장의 시대에 역사적 거리의 복원이나 자연의 재생이라는 과제를 정부나 기업은 전혀 의식하고 있지 않았다. 오히려 전후 도시는 전후 부흥을 추구하면서 획일적인 근대 고층건물 거리의 도입을 꾀하고, 지역의 문화와 관계없이 개성이 없는 도시 만들기를 했다. 또한 공원이나 가로수라는 인공적인 자연은 조성했지만, 한편에서는 바다·호수·늪은 매립하고 하천의 제방이나 하천바닥은 콘크리트로 쌓고, 산악이나 구릉의 삼림은 벌채하고 농지를 택지로 바꾸며, 국토 전체에 걸쳐서 자연을 파괴해왔다. 이를 위해 풍요한 숲과 넓은 바다로 구성되고 고대 이래 역사적 거리를 보유했던 일본의 아름다운 국토는 일변해버렸다.

제2차 세계대전 후에도 미·소 냉전체제하에서 한국 전쟁이나 베트남 전쟁이 발생했다. 중근동, 아프가니스탄이나 이라크에서는 전란이 아직 이어지고 있다. 제2차 세계대전 이후 핵병기나 화학 병기(고엽 작전에 사용된 다이옥신이나 독가스 등)는 히로시마(廣島), 나가사키(長崎) 두 시와 베트남·중근동에서 보듯이 집단학살(genocide: 비전투원을 포함해서 모두 죽임)을 할 뿐 아니라 도시나 자연도 모두 죽이는 효력을 갖고 있다. 그 피해는 방사능 오염이나 화학물질의 오염처럼 유전이 되며 장기간에 걸쳐 나타난다. 그런 의미에서는 현대의 지구 위기를 구하는 일은 군비를 축소하고 전쟁과 일체의 군사활동을 금지하는 것에서 시작한다고 할 수 있다. 군비 축소를 통해 남아도는 재원을 거리나 자연의 재생으로 돌리면 일거양득이다.

♟ 환경파괴형의 경제구조

환경파괴의 제2요인은 현대의 경제구조에 있다. 경제성장 경쟁이 제2차 세계대전 후에는 군비 확충 이상의 목표가 되었다. 이 과정에서 환경오염·파괴형의 경제구조가 성립했다고 할 수 있다. 이것은 체제 여하를 불문하고 발전도상국을 포함한 세계 속에 공통적으로 나타나는 것이지만, 특히 석유 위기 이전 현대 자본주의 국가의 경제구조에서 명확한 특징을 살펴볼 수 있다. 제I부에서 환경을 결정하는 중간 시스템으로서 상술했듯이 고도축적형의 자본형성이 추구되면서 안전에 대한 투자는 기피되고 자원낭비형·환경파괴형의 산업구조가 지배했다. 그리고 국토는 대도시화가 추진되면서 자동차사회로 변모했다. 미국형 대량소비 생활양식은 대량폐기를 일상화했다. 현대 사회에서 이러한 현상들이 증가했던 것이다. 제2차 세계대전 후의 자본주의 국가에서는 그러한 것들이 모두 나타나고, 또한 상승하고 결합함으로써 환경문제를 야기했다고 할 수 있다.

2. 환경파괴형의 정치활동

그런데 현대 자본주의는 환경문제를 야기하는 구조를 내포하고 있지만, 한편 이 체제는 산업자본주의 단계와 달리 시장기구가 아니라 국가의 경제적 역량이 대단히 크다. 정부·자치단체는 국민소득의 3분의 1에서 3분의 2 이상을 공공경비로 지출하고 있다. 또한 이러한 공공기관들은 토지와 자본을 소유하고 기업활동을 수행하고 있다. 현대 자본주의는 국가의 경제적 역량이라는 점에서 보면 사회주의 국가와 유사하다고 할 수도 있을 만큼 큰 힘을 갖고 있다. 만약 이 국가의 권한을 사용하면 경제구조를 제어해서 환경보전을 성공할 가능성이 있다. 그러나 현실에서는 환경문제의 제어에 성공하고 있다고 말할 수는 없고 스스로의 기업활동이나 공공사업 그 자체를 통해 환경을 파괴하고 있다. 이것은 '정부의 결함'이라고 해도 좋을 것이다. 그 이유는 다음과 같은 점에 있다.

♟ 경제성장 최우선의 공공적 개입

현대 자본주의의 정부는 일찍이 없었던 수준의 공공적 개입을 수행하고 있는데, 그것은 자본축적의 조성, 시장개척, 노동력 관리, 자원개발의 순서로 진행되고 있다. 공해방지나 환경보전은 사회문제가 생기고 공해반대 등의 주민의 여론과 운동이 강해져서 정치적인 불안이 일어날 때까지는 방치된다. 제Ⅲ부에서 서술하겠지만 산업혁명 이후 공해가 발생하고 환경의 악화는 분명해졌지만 환경정책을 위한 법체계나 담당부처의 설치는 1960년대 후반부터 1970년대에 걸쳐 실현되었고, 완전히 지체되었다고 할 수 있다. 또한 모처럼 만들어진 법체계도 자본주의 경제와의 타협의 산물이어서 불황이 오면 금방 규제가 완화되어버렸다.

1960년대의 영국처럼, 복지국가는 완전고용과 최저생활권보장을 목적으로 내걸고 있다. 이것은 사회주의 국가의 최소강령의 일부와 같은 것이지만 복지국가는 자본주의 경제를 토대로 하기 때문에 생산수단의 사유와 경쟁을 원리로 하지 않을 수 없다. 즉 이것은 영업권과 경제적 자유를 전제로 하기 때문에 생산과정이나 배분 원리에 손을 댈 수는 없고, 성장에 의한 파이의 증대를 통해 복지를 달성할 수밖에 없다. 앞서 언급했듯이 드라이젝(J. S. Dryzek)은 시장 원리는 성장을 필연화한다고 말했는데, 복지국가도 끊임없는 성장이 없으면 그 사회를 재생산할 수 없고 이 때문에 환경보전이 부차적으로 될 수밖에 없는 것이다.

더구나 일본처럼 경제성장을 국시로 하는 '기업국가'의 경우에는 정부가 기업의 성장을 조성하기 위해 앞서 언급했듯이 환경을 파괴하기 쉬운 경제구조를 더 촉진하는 공공적 개입이 이루어졌다. 이 때문에 공공정책 그 자체가 사기업과 마찬가지로 공해나 환경파괴를 야기하게 되었다. 예를 들면 공해재판이 되었던 오사카 공항, 나고야 신칸센, 국도 43호선처럼 법원이 정부 또는 공공사업체에 과실이 있고, 주민의 인권을 침해했다고 손해배상을 명령할 정도이다. 일본의 공공투자는 그 절대량과 국민총지출에서 차지하는 비중이 세계 제일이지만, 절반 이상을 교통통신시설의 투자로 돌리고, 주택과 생활환경에 대한 투자를 절약했다. 이것이 고도성장의 원인이 되고 중화학공업화, 대도시화, 자동차중심의 대량고속운송 체계와 대량소비 생활양식을 급격하게 진행시켰다. 그것은 간접적으로 공해를 일으키는 경제구조를 만들어냈다. 그뿐만 아니라 공공투자나 공공서비스 그 자체가 민간기업과 같은 원리로 효율을 중심으로 하고, 어떻게 해서 민간기업의 산업기반을 만들 것인가를 목적으로 삼아 환경보전을 뒤로 돌리고, 또한 주민참가에 의한 민주주의를 무시했다. 그 결과가 공공사업의 공해를 야기한 것이다.

제2차 세계대전 이전의 미국의 TVA(테네시 강 유역 개발공사)를 출발점으로 하여, 각국 정부는 산업이나 도시를 적정하게 배치하고 도시·농촌 문제를 해결하기 위해 지역개발을 수행하며 지역계획이나 국토계획을 세웠다. 국토계획이나 종합적인 지역개발은 무계획적인 민간기업의 입지와 비교하면 공해방지나 환경보전에 기여할 가능성을 갖고 있다. 그러나 현실에서는 지역개발은 기업의 입지조성에 치우치는 경향이 강하다. 예를 들면 일본에서는 2004년까지 다섯 차례에 이르는 전국종합개발계획을 세웠고, 각 도·도·부·현은 지역개발계획을 갖고 있다. 소득배증계획을 전후해서 책정된 거점개발 방식이나 그것을 기초로 한 제1차 전국종합개발계획은 대도시권에 임해 공업지대의 조성을 시행했다. 이것은 진출 기업에게 값싼 용지와 종합적으로 정비된 항만, 도로, 주택단지 등의 사회자본을 제공하여 집적이익을 극대화하게 해주었지만, 그 결과 대도시권과 세토우치(瀬戸内) 지역이 공해 지역으로 변하게 되었다. 욧카이치 공해사건에서 법원은 매연규제법을 지켰던 기업을 재판함으로써 규제기준을 느슨하게 규정한 국가의 법률을 비판하고, 나아가 이 사건이 국가나 자치단체의 지역개발의 실패에 의한 것임을 지적하여, 간접적이지만 정부를 엄중하게 재판하였다.[16] 이것은 전형적이지만 이후 일본열도개조론에 기초하여 거대개발을 제시했던 제2차 전국종합개발계획, 테크노폴리스 구상, 열도개조론의 현대판이 된 제4차 전국종합개발계획 등 일본의 국토계획은 결국 경제성장과 민간 활력 증진이 주목표였고, 공해방지나 환경보전은 뒷전으로 밀렸다. 이것은 일본뿐만 아니라, 그 역점에 차이는 있겠지만 각국의 국토계획에 공통된 것이 아닐까. 예를 들면 개발 목적의 종합성과 풀뿌리 민주주의의 전진을 당초의 목표로 했던 TVA는 70여 년이 지난 오늘날에는 그 목표대로 진행되었다고는 말할 수 없다. 개발된 에너지는 원자폭탄의 개발이나 군수산업에 이용되었고, 다목적 댐의 건설보다는 원자력발전의 기지 건설에 중점을 두는 성격으로 바뀌었다. TVA는 풀뿌리 민주주의보다는 풀뿌리 관료주의를 만들었다는 비판도 나오고 있다.

예전에 카프(K. W. Kapp)는 민주주의의 압력에 따른 공공사업의 증대라는 형태의 공공적 개입에 의해서 사적 기업의 사회적 비용을 극복할 수 있다고 제언했다. 초기의 카프는 사회주의 또는 경제계획의 진전이 공해를 방지할수 있다고 생각하고 있었다. 그는 교환교수로서 인도에 체류하던 중에 이 생각을 버리고, 후술하듯이 공기업이라도 경제효율이나 영리를 목적으로 하면 공해를 야기한다는 것을 밝혔다. 제2차 세계대전 후의 경험을 돌이켜보면 경제계획을 추진하여 공기업·공공사업을 경영하는 것은 사기업에 비해서 공해방지나 환경보전의 가능성을 갖고 있지만, 경제성장을 목적으로 해서 기업의 발전을 조성 또는 유도하려고 하면 스스로 공해의 발생원이 되어 환경을 파괴한다는 것을 보여주고 있다.

♟ 산·정·관 공동체의 결함

현대의 정부는 행정국가라고 불리듯이, 행정기관이 우위를 차지하고 정당 그 자체가 국민의 의사를 체현하는 입법부라기보다는 행정기관화해 있다. 행정국가는 중앙집권적인 거대한 관료제가 행정뿐만 아니라 정치를 지배하고 있다고 할 수 있다. 농림족, 건설족 등 '족의원(族議員)'[17]이라고 불리듯이 국회의원이 이익대표가 되어 각 부처와 결합하고, 행정부의 제안을 의회에서 심의하고 결정하는 것이 아니라 족의원, 특히 여당 내부의 정책심의를 위한 회합이 관료들과 정보를 교환하고 정책입안을 하는 사례가 많아지고 있다. 국가는 대중과세에 의한 재정으로 운영되고 의원은 대중의 지지가 없으면 당선되지 않는 보통선거로 선출되기 때문에 형식적으로는 대중의 지지에 의거하고 있다. 그러나 실제로는 지배정당은 대중정당이 아니라 그 경제적 기반을 재계 또는 개별기업의 헌금에 의존한다. 이에 입각하여 지배정당의 이데올로기는 자본주의 체제의 발전과 사유재산권 옹호에 있고, 재계의 지지를 얻는 정책을 입안하고 수행하고 있는 것이 현실이다. 일본처럼 제2차 세계대전 후 대부분의 집권 기간을 자민당이 독재하고 있는 경우에는 산·정·관(産政官) 공동체가 형성되어버린다. 사회주의 국가의 일당지배와 마찬가지의 관료주의 또는 경직주의의 결함이 나올 수밖에 없다. 자본주의 국가는 사회주의 국가에 비교하면 언론·출판의 자유가 있고, 매스미디어의 비판이 억제력이 되고 있다. 그러나 대형 신문이나 텔레비전은 광고에 의존하기 때문에 비판에 한계가 있다. 산·정·관 공동체의 결함은 자본주의의 아킬레스건이라고 해도 좋은 환경문제에서 뚜렷하게 나타나게 된다고 할 수 있다.

♟ 삼권분립의 형해화

삭스(J. L. Sax)는 공공신탁재산으로서 환경을 보전하는 마지막 힘을 사법에서 찾고 있다. 행정은 오염자와 결탁할 가능성을 갖고 있지만, 재판에서는 피해주민(또는 환경보호단체)과 오염자(기업) 또는 정부가 대등하며 서로 자유롭게 증거를 제출해서 주장할 수 있으며, 또한 전문가를 대리인 또는 증인으로서 지명할 수 있다. 공청회의 회수가 제한되고(일본에서는 통상 1회밖에 발언기회가 없다), 단지 행정의 참고사항에 그치는 것과 비교하면 재판은 입증기회가 많고, 최종적으로는 양자의 의견을 듣고 판정한다는 의미에서 공정하다. 행정학과 국제법의 전문가였던 볼프강 프리드먼(W. Friedman)도 삼권분립 중에서 사법이 독립되어 있는 것을 가장 중시하고 있다.[18]

산·정·관 공동체, 여기에 군부를 더해서 군·산·정·관 공동체라는 거대한 정부가 성립되면 사법의 견제기능이 가장 중요해진다. 그런데 현실에서는 사법은 행정에 종속되기 쉽다. 행정부가 법관을 지명하거나 사법부의 행정관이 법관의 판단을 구속하는 경우가 있다. 또한 사법이 지배정당의 의원을 고발하는 것은 극히 곤란하다. 1981년 일본의 오사카 공항 공해사건의 대법원 판결에서, 법관은 항공행정권의 재량에 참견할 수 없다 하여 야간비행의 중지명령의 판단을 회피했다. 즉 대법원의 다수의견은 삼권분립이라는 것은 견제와 균형이 아니라 사법이 행정의 독자성을 침해하지 않는 것이라고 보았다. 그런데 주민은 행정의 환경정책의 결함에 괴로움을 당해 사법에 마지막의 구제를 찾은 것이기 때문에 사법이 판단을 내리지 않으면 더는 구제할 기관이 없으며, 그다음은 폭력으로 저지하는 것 이외에는 방법이 없어져 버린다. 폭력을 사용하면 위법이 되어 피해자가 처벌을 받게 되는 것이다.[19] 사법이 행정에 굴복하면 주민은 절망적인 반란을 일으키든가 울며 겨자 먹기로 받아들이게 되어, 민주주의가 부정되어버린다.

사법이 독립되어 있다고 해도 그 본래의 기능에서 공해예방이나 환경보전을 수행하고 있는 것은 아니다. 그것은 어디까지나 행정이 갖는 기능이다. 사법은 주민이 제소했을 때 비로소 활동하는 것이어서 그 주된 기능은 피해가 발생한 뒤에 중지명령을 내리거나 배상을 판결함으로써 사건을 해결하는 것이다. 그런 의미에서 환경정책의 전진에 대해 사법의 독립과 공정한 재판은 필수적인 요건이지만 충분조건은 아니다.

3. 경제의 세계화와 환경

♟ 환경 개념의 확대

다국적 기업과 선진국 주도의 경제의 세계화와 그것에 관련된 발전도상국의 서구형 근대화는, 환경 개념의 확대와 환경에 대한 책임의 국제화를 초래했다. 제3장에서 서술했듯이 지금까지 환경은 인간을 주체로 한 생존·생활환경이었다. 그러나 현재의 생활환경은 다른 나라의 환경에 의해 지배된다. 중국 도시의 SOx 등 대기오염물질이나 사막 등 자연환경에 의해 한국이나 일본이 산성비나 황사의 피해를 받는다. 일본의 기업이 열대림을 벌채하면 숲에서 생활하는 사람들의 환경은 급변한다. 인도네시아의 농민이 소득을 늘리기 위해 삼림을 태운 결과 주변국들은 장기간에 걸쳐 대기오염에 휩쓸렸다. 이처럼 현재의 환경은 한 나라 안에서의 생활환경을 넘어 월경(越境) 환경으로서 정의해야 한다. 월경 환경은 광역의 대기, 삼림, 담수, 사막 등의 영역에 걸쳐 새로운 월경형 환경문제와 국제적 환경정책을 탄생시키고 있다.

생활환경에서는 문제로 삼지 않았지만 중대한 위기를 창출하는 환경변화가 지구환경의 변화이다. 생활환경에서는 무해했던 프레온 가스나 CO_2가 오존층을 파괴하여 온실효과 가스로서 기후구조를 크게 바꾸고, 그것이 장래 인간의 건강·생활에 중대한 영향을 미친다. 지금까지는 정책적 고려에 들어가지 않았던 지구환경이 큰 정치문제가 되었다. 지구환경으로서 중요한 것은 삼림과 해양이다. 세계의 삼림면적은 1990~1999년의 10년간에 일본 면적의 2.5배에 달하는 9400만 ha를 상실했다. 이것은 지구의 온난화, 사막화나 생물의 멸종으로 나타나고 있다.

지금까지의 생활환경에서는 고려하긴 했었지만 그만큼 중요시되지 않았던 다른 나라의 생태계의 보전이 지구환경으로서 중시하게 되었다. 이것은 다국적 기업이나 선진국의 관광이 귀중한 생태계를 상품화하기 위해 동식물을 남획하거나 절멸시키기 때문이다. UNEP의 보고에 따르면 동물 5400종, 식물 2600종이 멸종 위기에 직면해 있다. 이러한 사태로 인해 생물의 진화가 방해받으며, 생물의 다양한 유전자가 자원으로 이용할 수 없게 되고 있다.

지금까지는 인간을 주체로 해서 환경과학 등이 발전해왔지만, 생태계를 어디까지 어떻게 보전할 것인가라는 과제를 부여받고 있다. 미균(黴菌)·해충·해조(害鳥)·해수(害獸) 등의 단어로 상징되듯이 지금까지의 자연에 대한 평가는 인간 중심이고, 과학은 휴머니즘을 기본이념으로 해왔다. 그러나 다양한 생태계를 유지한다는 과제는 지금까지의 개발정책만이 아니라 환경정책에 큰 전환을 요구하고 있다.

♟ 자원에서 환경으로

제 I 부 서문에서 서술했듯이 1972년의 스톡홀름 회의는 '성장의 한계'를 인간에게 자각시키는 인류사의 전환의 시작이었다. 그러나 이것은 어디까지나 희소한 자원을 어떻게 보전할 것인가라는 것이었다. 유지 가능한 발전(Sustainable Development)이라는 이념도 실제 정책대상은 환경이라기보다는 자원이었다. 그러나 1992년의 리우 회의 이후 요구되고 있는 것은 자원을 넘어서 더 포괄적인 환경이다. 프레온 가스, 온실효과 가스의 규제나 생물다양성 보전은 자원의 보전을 넘어선 과제이다. 지금까지도 자연림, 경관이나 역사적 문화재 등의 어메니티 문제는, 관광자원으로서의 가치를 유지한다는 경제 목적이 있었을지도 모르지만 이러한 것들은 경제적으로 무가치 또는 부정적 가치라도 보전해야 되는 환경이었다. 이 제Ⅱ부의 첫머리에서는 환경과 자원을 구별해야 된다는 것을 서술했다. 많은 환경경제학은 환경과 자원을 동일시하고 있지만 그래서는 지구환경은 지켜지지 않는 것이다.

♟ 유지 가능성(Sustainability)과 책임

나아가 환경보전은 제Ⅴ부에서 서술하듯이 유지 가능한 사회(Sustainable Society)를 추구하는 것이라 한다면, 두 가지 새로운 과제가 나온다. 첫째는 현재의 자원과 환경을 훼손하지 않고 미래 세대에게 계승하는 것이다. 이를 위해서는 평화 유지와, 현재와 같은 대량생산·유통·소비·폐기의 경제체제의 개혁이 요구될 것이다. 둘째는 다른 나라, 특히 발전도상국을 포함한 인류의 기본적 인권(global minimum)을 유지하는 것이다. 여기에는 양호한 사회 환경의 보전이 필요하고, 기아나 전염병 등의 질병이라는 절대적 빈곤을 제거해야 한다. 이 경우 서구형의 근대화에 끌려가는 것이 아니라 그 민족 등의 다양한 문화(생활양식, 종교, 정치관습 등)를 지키는 조건하에서 생활을 개선해야 한다.

월경 환경과 지구환경이라는 환경 개념의 확대는 기업이나 개인의 책임을 확대시킨다. 지금까지와 같이 생활환경을 보전하면 된다는 것이 아니다. 다국적 기업의 경우에는 호스트국가의 법률을 지키고 있으면 된다는 것이 아니다. 지구환경의 보전을 생각한 대책이 필요한 것이다. 나아가 유지 가능한 사회를 추구하는 대책을 채택해야 한다.

과거 일본의 열대우림 벌채는 이러한 새로운 책임을 생각하게 하는 사례이다. 일본의 목재수입업자의 개발방법은 항만, 도로를 정비하고 개벌(皆伐)[20]을 하기 때문에 개발지역의 삼림을 고갈시켜왔다. 필리핀에서는 수출해야 할 삼림자원이 없어지고 태국에서는 국토를 뒤덮고 있던 삼림이 이제는 전체의 4분의 1로 줄어들어, 이에 따라 재해가 빈발하게 되었다. 이 때문에 1990년대 초엽에 일본의 삼림 벌채는 동(東)말레이시아의 보르네오 섬 사라와크 주에 집중되었다. 이곳의 면적은 1233만 ha로서 70%가 삼림이었지만 그중 상품성이 있는 수목은 약 10%이다. 이곳에서는 개벌형 개발로 인해 개발지점의 숲이 30%에서 60%가 파괴되었다.

이처럼 열대우림의 파괴는 자연재해나 지구환경의 악화를 초래하고 있다. 그뿐만이 아니다. 이 숲에 거주하고 그 생활을 숲에 의존하는 약 80만 명의 생활에 영향을 미쳤다. 약 300명의 페낭족의 반란은 그들의 절망을 표현하고 있다. 말레이시아 정부는 미국이나 캐나다의 인디언 정책과 마찬가지로 전기나 수도가 있는 거류지를 만들고 근대화를 위한 울타리를 쳤다. 그러나 숲에 공생하며 자유롭게 방랑생활을 하던 원주민들은 전통적인 일을 잃고, 사는 보람도 없어지고, 문화의 전통과 단절되었다.[21]

브라질의 삼림에 사는 사람들도 똑같은 것을 호소하고 있다. 그 후 벌채업자는 식림을 하는 등 환경재생의 노력을 하게 되었지만 원주민의 문화와 생활양식을 유지하는 정책은 취하지 않았다.

이렇게 지금의 경제의 세계화에 의한 개발은 자국의 환경은 물론이고 지구환경을 보전하는 장기적 대응을 하지 않는다. 더군다나 유지 가능한 사회를 만들기 위해서 원주민의 다양한 문화의 존중을 바탕으로 한 빈곤대책 등은 생각조차 않고 있다.

어찌되었든 다국적 기업에 의한 세계화는 국민국가의 한계를 여실히 드러내며, 종합적이고 엄격한 지구환경보전의 대책을 요구받고 있다.

◆ 주

1) 沼田眞, 『都市の生態学』, 岩波新書(東京: 岩波書店, 1987).

2) 宮本憲一, 『社会資本論』(東京: 有斐閣, 1967; 개정판 1976), 宮本憲一, 『都市経済論 —— 共同生活条件の政治経済学』(東京: 筑摩書房, 1980).

3) J. L. Sax, *Defending the Environment: A Strategy for Citizen Action*(New York: Knopf 1970), 山河洋一郎・高橋一修 訳, 『環境の保護』—— 市民のための法的戦略』 (東京: 岩波書店, 1974) pp. 193~194.

4) 같은 책(번역서), pp. 68~69.

5) 같은 책(번역서), pp. 185~186.

6) L. Mumford, *The City in History*(London: Secker & Warburg, 1961), 生田勉 訳, 『歴 史の都市・明日の都市』(東京: 新潮社, 1969).

7) M. Weber, *Wirtschaft und Gesellschaft: Grundriss der Verstehenden Soziologie* (Tuebingen, 1921), 世良晃志郎 訳, 『都市の類型学』(東京: 新潮社, 1964), 원서의 제9 장 제8절을 번역.

8) 都留重人, 『公害の政治経済学』(東京: 岩波書店, 1972), p. 49.

9) J. S. Dryzek, *Rational Ecology : Environment and Political Economy* (New York: Blackwell, 1987), pp. 72~73.

10) 재산권의 자립과 조세국가의 성립은 시민혁명에 의한 것이다. J. 로크의 사상처럼 시민혁명기에는 재산권의 확립이 기본적 인권의 확립이었다. 즉 왕이나 봉건영주의 지배하에 있던 재산권이 소생산자에게 인정된다는 것은 영업권이 자립하는 동시에 생존・생활권도 인정되는 것이기 때문이다. 따라서 그 권리를 보호해주는 대가로 국가에 조세를 납부하고, 동시에 정치에 참가함으로써 국가의 '공공성'(주권자의 자의로 움직이는 것이 아니라 공중의 기본적 인권을 지킨다는 의미)을 유지하려고 했던 것이다. 스미스가 '조세는 자유의 징표'라고 말한 것은 이러한 의미이다. 그러나 소생산자가 지배하는 경제가 자본축적과 함께 변화하여 자본가 나아가 그 결합체로서의 기업이 성립하면 재산권의 내부에서 통일되어 있던 영업권이 자립해서 비대화한다. 그것은 생존권을 벗어나 자기운동을 시작한다. 본문에서도 지적했듯이 생산수단을 가지지 않은 또는 그 행사(이용)에 관여할 수 없는 무일푼의 노동자는 생존・생활권이 없기 때문에 노동력이라는 상품을 팔지 않으면 언제든지 굶어 죽을 운명에 있다. 재산권이 기본적 인권과 동일시되는 시대는 끝난 것이다. 물론 현대에도 구중간층의 재산권은 생존이기도 하다. 영세한 농가의 농지는 생존을 위한 수단이다. 그러한 재산권이 국가나 기업의 '폭력'으로부터 환경을 지키기 위해 적극적인 역할을 해온 것은 공해의 역사에서 살펴볼 수 있다. 그러나 전체적으로 사유재산제, 특히 기업의 영업권이 절대적으로 우위를 차지하면 환경은 파괴되고 인권이 침해된다고 할 수 있다. 시민혁명기

의 재산권과 국가, 특히 그 경제적 기반인 조세의 관계에 대해서는 島恭彦, 『近世租稅思想史』(『島恭彦著作集』第1券, 『財政思想史』(東京: 有斐閣, 1982))를 참조.

11) 加藤邦興, 『化学の技術史』(東京: オーム社, 1980), pp. 11~15.

12) 이 절의 내용은 앞의 책 『都市経済論』 제2장에 자세히 언급되어 있다. 또한 이 책에서 사용한 개념 '집적이익', '집적불이익', '도시적 생활양식', '사회적 공동소비의 부족' 등에 대해서는 앞의 宮本憲一, 『都市経済論 —— 共同生活条件の政治経済学』 제1장을 참조하기 바란다.

13) 宮本憲一, 『現代資本主義と国家』(東京: 岩波書店, 1981), pp. 62~92.

14) 이것을 선구적으로 제시한 사람은 힐퍼딩일 것이다. R. Hilferding, *Das Finanzkapital: Eine Studie Über die Jungste Entwicklung des Kapitalismus*(Wien: Wiener Volks-buchhandlung Ignaz Brand, 1910), 23 Kap, 林要 訳, 『金融資本論』(東京: 国民文庫, 1955), 제23장 참조.

15) (옮긴이 주) 젠트리피케이션(gentrification)이란 도심(inner city) 문제를 안고 있는 도시 내의 피폐지역이 정보, 금융관계의 샐러리맨, 예술가 들이 유입되면서 중산층, 고소득층을 위한 지구로 서서히 변화해나가는 현상을 말한다. 산업구조 변화와 함께 부동산업, 금융업 등이 집적의 중심이 되고 그에 따라 소비형 문화, 오락 등을 향유하는 지역으로 변화한다. 제7장 참조.

16) 宮本憲一, 『地域開発はこれでよいか』(東京: 岩波書店, 1973).

17) (옮긴이 주) '족(族)의원'이란 처음에는 특정 분야에 전문적 능력을 갖추고 정책 결정에 영향력을 행사하던 의원을 가리켰는데, 자민당의 장기집권하에서 각종 정책과 법안의 사전 심의권을 갖고 각종 조사회, 특별부회 등에서 특정 이익단체와 결탁해 돈과 표를 대가로 그들의 이익에 봉사해온 주로 자민당 의원들을 가리키는 말이다. 특히 건설·농림·상공 분야의 족의원은 정관재 유착구조의 핵심고리이다. 한국의 국회의원 중에도 변호사 출신들은 법사위, 언론인출신은 문방위, 의사·약사 출신은 보건복지위, 사학재단 소유주들은 교육위, 건설업자는 건설위로 몰려들어 일부가 집단이익을 옹호하는 행태를 보이고 있어 이들도 일종의 '한국형 족의원'이라고 볼 수 있지 않을까?

18) 볼프강 프리드먼은 전 콜롬비아 대학 법학부 교수로서 국제법과 공기업론의 전문가이다. 통화주의자인 시카고 대학 밀턴 프리드먼(Miton Friedman)과는 반대로 현대의 혼합경제하에서 국가의 적극적 역할을 주장하였다. 영국 행정학의 권위자였던 롭슨 교수는 볼프강 프리드먼을 높이 평가하였다. 그는 안타깝게도 1972년 대학 구내에서 폭한에게 살해되었다. Cf. W. Friedman, *The State and the Rule of Law in a Mixed Economy*(London: Stevens, 1971), 寺戸恭平 訳, 『現代経済と国家の役割 —— 介入はどこまで許されるのか』(日経新書, 東京: 日本経済新聞社, 1977). 필자는 환경문제의 시각에서 이 이론을 자리매김했다. 宮本憲一, 『日本の環境政策』(東京: 大月書店, 1987)

제2장 참조.

19) 고치(高知) 펄프 레미콘 혼입사건은 그 전형적인 예일 것이다. 펄프공장이 시내의 호리카와(堀川) 강에 오수를 흘려보내 주변 주거지에 피해를 입혔을 뿐만 아니라 우라도(浦戸) 만까지 오염시켰다. 이에 반대하는 주민운동이 고치 현과 교섭을 거듭해서 대책을 취하겠다는 현의 약속을 받아냈지만, 결국은 아무런 대책도 취하지 않았다. 이 때문에 야마자키 요시쓰구(山崎圭次)와 사카모토 구로(坂本九郎)라는 두 명의 주민운동 대표자가 레미콘을 고치 펄프의 배수구에 흘려 조업을 중지시키는 실력행사를 하였다. 이 때문에 두 사람은 형사재판에서 유죄가 되어 벌금 5만 엔의 판결을 받았다. 그러나 이 행위는 '의사(義士)의 습격'에 비유되어, 판결에서도 실로 부득이한 행위였지만 민주주의 사회에서는 사법에 '중지'를 요구할 수도 있는데 그러한 합법수단을 택하지 않고 위법적인 실력행사를 했다고 하여 유죄가 된 것이다. 그러나 그 후 오사카 공항 공해사건의 판결을 보더라도 일본의 법원은 행정을 초월하여 '중지'를 쉽게 인정하지 않는다. 따라서 환경문제에서는 지금까지의 예에서는 주민은 법적인 보호를 받지 못하고 있다 할 수 있다. 「座談会 高知パルプ生コン投入事件判決をめぐって」,《公害研究》, 第6卷 第1号(1976年 7月) 및 宮本憲一, 「暗闇の'公共性'」,《法律時報》, 1982年 2月号 참조.

20) (옮긴이 주) 개벌(皆伐: clearcutting)은 한자용어로 숲을 깡그리 베어버리는 벌채방식을 말하며, 이는 열대우림 환경파괴의 원흉이다.

21) レオン・ユー・クウォン, 「東南アジアにおける日本の経済活動がもたらす環境への影響」, 宮本憲一 訳, 『アジアの環境問題と日本の責任』(京都: かもがわ出版, 1992).

제 III 부

환경문제의 정치경제학

제 6 장

환 경 문 제 의 영 역

1. 환경문제란 무엇인가

♟ 소재 면에서 본 환경문제의 정의

환경문제는 체제를 넘어선 인류사를 관통하는 사회문제이다. 환경문제는
자연, 인구(그 규모와 도시 등에 대한 지리적 배치), 생산력(특히 인간의 안전과 환
경보전기술의 수준과 그 체계)를 기저적 조건으로 한다. 예를 들어 산에 둘러싸
인 분지의 대도시에 공장이나 자동차 등을 집적시키면 심각한 대기오염이 발
생할 가능성이 있다. 그런데 이러한 대기오염이 현실화할지 어떨지, 또한 현
실화하더라도 그 발생원인, 구체적인 피해의 상황, 방지대책이 어떠한지는
정치경제제도에 의해 규정되고 있다.

환경문제를 소재적으로 검토하는 일은 자연·생태계에 대해서는 이학, 생
산과 환경보전의 기술에 대해서는 공학, 도시의 국토계획에 대해서는 도시
공학(토목·건축학 또는 미학), 환경오염에 의한 인간의 건강에 미치는 영향에
대해서는 의학 등의 여러 분야가 관계되어 있다. 이러한 분야들의 여러 연구

는 전문화하고 칸막이로 분할되어 있기 때문에 서로 정보를 교류하고 또는 종합화하기가 어렵다. 예를 들어 미나마타병은 인간에게 발생하기 전에 식물이나 동물(예를 들면 어패류, 그리고 그것을 먹은 새나 고양이)에게 영향이 발생했다. 만약 이런 생태(ecology) 변화에 관한 정보의 의미가 생물학자에 의해 충분히 해명되고, 그것이 그대로 인간에게 나타날 위험에 대해서 의학자에게 정보가 흘러 들어가면 미나마타병의 발생은 예방되거나 또는 피해를 최소화할 수 있지 않았을까 하고 말할 수 있다. 다른 공해문제에 대해서도 생태학과 의학의 협력이 있으면 공해대책은 획기적으로 진전되지 않을까 하는 말이다.

그러나 현실에서는 환경문제의 연구자는 그 영역의 넓이와 심각성에 비해서 대단히 작다. 일본의 경우 각 지역의 생태적 변화를 시계열적 정점에서 적확하게 조사하고 있는 예는 비와코(琵琶湖) 호 연구 등을 제외하면 대단히 적다. 더군다나 학제적인 연구는 지체되어 있고 그것을 위한 방법론도 확립되지 않았으며 경험도 적다. 따라서 미나마타병만이 아니라 공해문제에 대한 소재 면의 연구를 종합하는 것은 이제부터이다. 뒤에 언급하게 될 미나마타병이나 석면재해처럼 같은 의학 안에서조차 산업재해·직업병 연구에 관한 정보가 공해연구자에게 흘러가지 않는다.

이러한 소재 면의 연구의 교류나 종합화가 지체되고 있는 것은 학문 그 자체의 전문분화의 지나친 진행에 있지만 그 이상으로 정치경제의 문제이다. 공해연구, 특히 인체에 대한 영향 등의 공중위생의 피해에 대한 연구에는 오염의 공학적 제어의 연구 등에 비해서 기업도 국가도 연구비를 충분하게 배분하지 않고, 연구조직이 유지되기 어려운 것이다. 그것은 어찌되었든 간에 환경문제의 소재 면에서의 연구를 토대로 해서 정치경제체제의 연구는 시작되는 것이다.

그러면 우선 환경문제를 소재 면에서 정의해보자.

환경문제는 인간의 경제활동, 특히 기업 활동에 수반하여 직·간접으로 발생하는 환경오염, 또는 환경의 형상·질의 변화 등에 의한 사회적 손실이다. 그것은 인간의 건강피해나 생활환경침해 등의 공해를 포함하는 광의의 개념이다. 환경문제로서 정부나 학계가 대상으로 삼는 범위는 대단히 넓다.[1] 즉 환경문제는 대기오염, 수질오염과 같은 공해문제에서부터 원시림·야생생물의 사멸, 자연경관이나 역사적 거리 등의 역사적 축적물의 파괴를 포함하며, 나아가 생물다양성의 감소, CO_2나 프레온 가스의 증가에 따른 지구 온난화나 오존층 파괴 등 당장에는 사회적 손실로 되지 않지만 장래 인간생활에 중대한 장해를 초래하는 요인이 될 수 있는 환경의 변화를 포함한다.

그러므로 환경문제를 인간의 광의의 건강(공중위생)과 직접적으로 관계 있는 공해와 환경의 질 또는 어메니티(amenity)를 악화시키는 문제(어메니티 문제라고 부름)와 지구환경 문제로 구별할 수 있다. 이러한 손실들의 상황이나 원인에는 차이가 있지만 환경정책에서도 상이한 방법이나 수단을 채택하야 하며, 중요한 것은 이러한 것들이 연속되어 있다는 점일 것이다.

♣ 환경문제의 전체상 —— 공해에서 어메니티로

〈그림 III-1〉에 나오는 피해의 피라미드처럼 공해와 어메니티 문제는 대립하는 문제이거나 독립된 문제가 아니라 환경파괴로서 연속되어 있다. 어메니티 문제는 환경문제의 기저에 있고, 그러한 것들이 악화되면 결국에는 인간의 사망이나 건강장해를 일으키는 공해가 발생한다. 즉 어떤 지역에서 환경의 변화와 오염이 시작되면 전 지역의 주민에게 무언가의 영향이 나오는 것이어서 그 속에서 공해병 환자는 생물학적 약자이거나 독극물을 대량으로 섭취하는 조건에 놓여 있던 자이다. 그리고 사건이 발생한 경우 공해병 환자가 발견되어 대책이 취해지기 때문에 다른 주민은 질병을 모면했다고 할 수

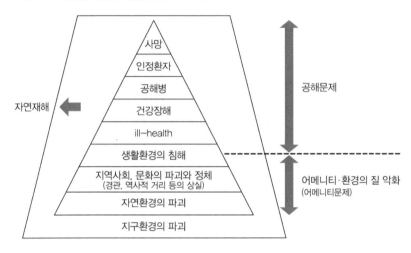

〈그림 III-1〉 환경문제의 전체상(피해의 피리미드)

사망
인정환자
공해병
건강장해
ill-health
생활환경의 침해
지역사회, 문화의 파괴와 정체 (경관, 역사적 거리 등의 상실)
자연환경의 파괴
지구환경의 파괴

자연재해

공해문제

어메니티·환경의 질 악화 (어메니티문제)

있다. 그런 의미에서는 오염지역의 주민은 모든 피해를 입고 공해병에 걸릴 위험성을 갖고 있지만 환자가 희생됨으로써 구제받았다고 할 수도 있다. 미나마타병을 예로 들어보자. 미나마타 시(水俣市)의 아름다운 자연이나 자원은 주식회사 칫소[2]에 의해 독점되어, 도시계획은 칫소를 중심으로 해서 만들어지고 시 재정은 칫소의 수익을 목적으로 한 항만사업이나 주택건설 등의 공공사업을 중심으로 경영되어왔다. 이 때문에 용수나 용지는 칫소가 점유한 몫의 나머지를 다른 기업이나 시민이 이용하는 생활을 해왔다. 시민의 해수욕장은 칫소에 의해 매립되었다. '기업 성시(企業城下町)'[3]로서 시민들의 정서는 인권이나 지방자치보다도 칫소에 대한 충성심을 더 중시하는 상황이었고, 시민의 생활향상은 기업의 발전에 달려 있다는 사상을 갖고 있었다. 이처럼 미나마타 시는 칫소의 지역독점에 의해서 어메니티를 상실한 지역이었기 때문에 유기수은의 장기대량유출이 묵인되고, 그 영향의 최종국면으로서 다수의 미나마타병 환자를 발생시켰던 것이다. 시민 중에는 제1차 미나마타병 재판의 원고에 대해서 칫소에게 부당한 배상을 요구하고 있다는 냉혹한 태도를 취하는 자가 있었다.[4] 그로 인해 환자는 더욱 더 고립되어 있었다고 할 수 있다. 그러나 당시 어패류를 섭취하던 미나마타 시민은 많든 적든 수은 중독에 걸려 있었기 때문에, 환자 덕택에 규제가 이루어지고 어패류 섭취가 줄어들었던 것이다. 미나마타병은 시라키 히로쓰구(白木博次)가 지적하듯이 인정기준처럼 환자의 말초신경 마비에 그치지 않고 장기나 혈관의 손상 등 전신증상으로 범위가 넓어졌으며, 가장 넓게 다루자면 건강문제만이 아니라 지역사회 전체의 파괴 문제로 파악해야 하는 것이다.[5]

만약 이러한 피해의 피라미드의 전체 모습과 그 연속성이 의학적으로 해명되고 또한 사회과학도 포함시켜 종합적으로 규명되어 있었다면 미나마타병 문제는 피해를 최소한으로 줄이고 조기에 해결할 수 있었을 것이며, 그 후의 발생은 예방할 수 있었을 것이다. 이는 캐나다 북서온타리오 주 인디언 거류지 두 곳의 미나마타병 문제를 연구했을 때 통감했다. 미나마타병이 발생한 캐나다 인디언 거류지의 하나인 그래시 내로(Grassy Narrow)에서는 먼저 댐이나 공장을 건설하기 위해 원주민 인디언을 이동시키자 수렵지를 잃어버린 인디언들의 오랜 풍속습관마저 파괴되어 거류지 내 주민의 연대가 사라진 지역이었다. 1960년대부터 1970년대에 걸쳐서 수은 중독이 시작되면서 어획이 금지되고 관광이 제한되었기 때문에 주민은 실업으로 절망하였고, 자살이나 알코올 중독이 증대하였다. 그래서 비교적 가벼운 수은 중독 증상을 미나마타병으로 인정하지 않고 알코올 중독으로 오인되게 함으로써 미나마타병을 정치적으로 은폐시키려 했던 것이다. 만약 일본에서 중증의 전형적인 미나마타병만이 아니라 수은 중독증의 전체 모습이 밝혀져 있었더라면 캐나다의 수은 중독 사건은 미연에 방지되거나 아주 가벼운 손해만으로 막을 수 있었을 것이다. 또한 퀘벡 주변의 수은 중독 사건의 은폐도 막았음에 틀림없다. 한편 대책 면에서는, 환자의 구제는 무엇보다 절망적인 상황에 놓여 있던 거류지의 고용이나 생활의 재건 등 피해의 피라미드 전체의 구제 차원에서 동시에 추구되고 있다. 미나마타 시나 인디언 거류지의 공해문제를 보면, 환자구제뿐 아니라 지역의 경제사회나 문화의 재생, 즉 어메니티의 복원과 환경재생이 없이는 최종적인 해결책은 없다는 것을 알 수 있다. 이처럼 환경문제에는 종합대책이 필요하다는 의미에서도 공해와 어메니티 문제는 연속되어 있다.

공해와 어메니티 문제를 분리함으로써 생기는 혼란의 예를 또 하나 들어보자. 중국의 칭다오(靑島) 시는 일곱 개의 해수욕장을 가지고 있으며, 독일 거류지 시대의 붉은 지붕의 거리경관을 살리고 그 후에도 건축물의 높이나 색을 규제한 아름다운 관광지이다. 동시에 이곳은 일본의 식민지 시대부터 발달한 섬유공업을 비롯한 공업의 도시이다. 이 도시의 남동부 해안에는 200m 높이의 거대한 발전소 굴뚝이 있었다. 이것은 아마도 그 자체로서는 환경보호법의 기준에 적정한 것이었을지 모르지만 관광지의 경관으로서는 정말로 부적합했다. 이것은 일본 각지의 발전소의 높은 굴뚝과 마찬가지로 공해대책만을 생각하고 주변의 자연이나 거리경관의 조화라는 어메니티는 전혀 고려하지 않았기 때문이다. 높은 굴뚝은 다음 장에서 서술하듯이 '전위효과'가 있어 공해대책으로서도 불충분하다. 이 점과 관련해서는 후술하는 핀란드의 석유 콤비나트가 굴뚝을 높게 만들어 오염물질을 확산시키는 환경대책에 의문을 갖고 소나무 숲의 높이에 맞추어 낮은 굴뚝을 세웠던 것이 인상적이었다. 이는 공장 책임자에게 물어본 바에 따르면 욧카이치(四日市) 공해에서 배운 것을 토대로 해서 굴뚝을 낮게 세운 것이며, 주변의 어메니티를 고려하면 올바른 대책이다.

공해와 어메니티 문제는 연속해서 파악하고 대책도 종합적으로 세워야 한다는 것은 자명할 것이다.

2. 중간 시스템에서 본 환경문제

♟ 시간과 계획 원리

　환경과 정치경제 체제란 변화의 시간이 다르다. 이 시간의 시점은 환경문제를 생각할 때 대단히 중요하다. 자연은 수천 년 또는 수만 년 단위로 천천히 변화한다. 인공적 공간인 도시의 거리경관은 전쟁재해를 입지 않으면 한 세기 또는 로마처럼 수천 년 이상도 존재한다. 그런데 이 역사적 축적물로서 환경이라는 그릇 안에서 운동하는 정치나 경제는 단기간에 변화한다. 기업의 결산은 분기(3개월)마다 이루어진다. 내구적인 수단인 기계나 장치는 10~20년 안에 상각되고 만다. 산업구조처럼 비교적 천천히 변화하는 것도 산업혁명 이후에는 반세기에 한 번은 극적인 변화를 하고 있다. 정권은 4~6년의 선거로 교체되고, 장기정권이라 해도 20년 미만이다.

　따라서 단기적인 경제·정치목적을 위해서 환경의 형상을 변화시킨 경우 그로 인해 재해가 발생하거나 또는 영구적으로 어메니티가 상실되는 결과를 초래하고 만다. 예를 들면 종합적이고 장기적인 목적에서 만들어졌던 다목적 댐이 전력사업 등의 특정한 경제목적을 위해 이용되고, 물 방출에 실패하여 댐 재해의 원인이 되었다. 자연 파괴로 물 부족과 장기 재해의 원인이 된 것이다. 해수욕장을 매립해서 만든 임해 콤비나트는 산업구조의 변화와 함께 유휴화되어 버렸지만 이미 그 지역을 본래의 아름다운 해안으로 복원하는 것은 어렵다. 최근 유럽에서는 역사적 거리의 보존이 진행되고 있다. 이것은 피렌체나 베네치아를 보면 알 수 있듯이 도시경관이 최고의 예술작품으로서 완성되어 있고, 가령 경제적으로는 사무실 기능을 갖는 인텔리젠트 빌딩이 필요하더라도 그 가치보다 환경을 파괴하는 손실이 절대적으로 크다는 것을 알았기 때문이다. 예를 들면 그 거리경관이 봉건제의 산물이었다고 해도 그것을 보전하는 것이 미래사회를 위한 '혁신'인 것이다. 그러나 이런 예는 세계적으로 보면 일부 지역의 일이며, 많은 나라에서는 임해 콤비나트나 인텔리젠트 빌딩의 입지라는 단기적인 경제목적을 위해 해안과 거리경관을 파괴하고 영구적으로 어메니티를 상실하는 행위가 계속되고 있다.

즉 변화의 기간이 긴 환경을 개조하기 위해서는 단기적인 이윤목적을 갖고 행동하는 사기업의 원리는 타당하지 않은 것이다. 환경보전에는 계획의 원리가 필요하다는 것이 이 시간의 차이에서 분명해진다. 소재 면에서 볼 때 가치가 큰 환경을 파괴하는 것이 사기업의 자유로운 공간이용이라는 체제의 논리라고 한다면 환경을 보전하는 것도 계획이라는 체제의 논리인 것이다.

시간의 개념은 피해에 대해서도 지적할 수 있다. 공해에는 욧카이치 시의 천식처럼 급성의 고농도 오염도 있지만 이것은 사고에 가까운 심각한 사건이며, 대부분의 공해는 미량의 오염물에 의한 장기간의 복합오염[6]이다. 특히 개별 발생원의 규제가 강해지면 이러한 상황이 많아질 것이다. 이 경우에는 암이나 내장의 장기질환 같은 증상이 늘어날 것이다. 석면에 의한 영향의 잠복기간처럼 원인물질을 섭취하면서 발병이 되기까지 10년에서 50년 정도 걸리거나, 다른 오염인자와의 상승작용이 원인이 되는 경우도 있다. 피해의 영향이 장기가 지속되는 것도 문제일 것이다. DDT는 10~20년, 방사능은 수세기, 수은이나 석면은 영구적으로 오염된다. 이런 경우, 예들 들어 미량의 오염물질을 배출하더라도 또는 과거로 원인이 소급되더라도 오염 원인 사기업의 책임은 피하기 어렵다. 이 경우 시장 원리에 따라 PPP(오염자 부담 원칙)로 과징금을 거두더라도 장기 미량 복합오염 피해인 경우 효과는 부족하다. 계획 원리를 가동시켜서 사전예방을 하는 국가의 책임이 어떻게든 요구되는 것이다. 이렇게 시간개념이 필요한 환경문제는 체제의 원리를 넣지 않을 수 없는 것으로서 시간개념은 소재와 체제를 연결하는 '중간 시스템'의 하나라고 할 수 있다.

♟ 경제구조와의 관련

'중간 시스템'으로서 경제구조의 성격은 환경문제의 원인이나 대책에 결정적인 의미를 갖고 있다. 그중에서도 산업구조와 지역구조는 환경문제를 규정한다. 인류의 역사는 대부분 농업을 중심으로 한 산업구조로 지탱되어왔다. 일본의 경우에도 1세기 전에는 약 4분의 3의 산업인구가 농업에 종사하고 있었다. 에도(江戶) 시대에는 성시(城市)가 형성되었고, 특히 에도는 100만 명이라는 세계 최대의 도시였기 때문에 여기에는 첨단적인 도시사회가 형성되어 환경문제가 발생하고 있었다고 한다. 그러나 공업화를 수반하지 않았기 때문에 국토 전체로는 농업사회였다.

농업사회는 일본 사회사의 대부분의 시대를 차지하고 있다. 즉 이 기간의 환경변화는 대단히 천천히 진행되는 것이었고 환경문제는 국지적으로밖에 발생하지 않았으며, 그것은 중대한 사회문제는 아니었다. 당시의 농업은 환경의 틀 안에 있는 산업으로서 공해를 발생시키지 않았다. 산업혁명으로 시작되는 공업화와 도시화가 환경문제의 폭발을 불렀다고 해도 좋다. 특히 공업화 중에서도 소재공급형 중화학공업의 발전과 도시화 중에서도 대도시권의 형성은 환경문제에 결정적인 영향을 미치고 있다. 이것은 체제를 넘어서 공통의 문제점이라고 할 수 있다. 중국 또는 신흥 아시아 공업국가들은 중화학공업화와 대도시화에 의해 꼭 고도성장기 일본과 같이 다양하고 심각한 환경문제에 직면하고 있다.

그러면 중화학공업화와 대도시화에 수반되는 환경문제가 체제를 넘어서 꼭 동일한 성격을 갖는가 하면 그렇지는 않다. 가장 큰 차이는 중화학공업의 입지, 도시계획, 인구이동, 자원이용 면이다. 자본주의 사회에서는 고도성장기의 일본을 전형으로 하듯이 사기업의 자유가 원칙이고, 국가는 사기업의 발전을 규제하기보다는 조성했다. 산업구조의 바람직한 방향은 각각의 업종의 이윤율의 경쟁 속에서 결정되는 것으로서 어메니티나 공해방지를 목적으로 해서 결정되는 것이 아니다. 도시화에 대해서도 마찬가지이다. 집적이익을 추구하여 기업이 대도시권으로 자유롭게 집중하면 인구도 자유롭게 집중을 계속한다. 산업구조의 변화를 촉진시킨 것은, 공해 반대 여론과 운동에 의해 환경정책이 전진을 시작하기도 했지만 그 이상으로 소재공급형 중화학공업의 과잉투자에 의한 생산과잉, 석유파동에 의한 원유가격의 상승과 기술혁신에 따른 경박단소(輕薄短小)라고 부르는 하이테크 산업과 정보산업의 발전에 따른 것이다. 다른 한편 대도시화의 억제는 혁신자치단체의 도시정책의 성과 때문이기도 하지만 지가상승 등 사업소 입지의 어려움에 따른 것이다. 현대 사회주의 국가는 후술하듯이 자본주의 국가와 유사하게 기업주의와 국가주의를 원리로 하기 때문에 종합적인 계획 원리가 충분히 작동하고 있지 않다.

일본을 비롯한 선진공업국은 저성장으로 향하고 있으며, 중화학공업화와 대도시화라는 환경문제에서 갈등의 시대가 끝나가고 있다. 그 결과 '중간 시스템'에서 보면 환경보전을 수행할 수 있는 경제구조로의 전환을 시작했다고 해도 좋다. 그런데 사기업의 논리가 관류하고 있기 때문에 환경문제는 발전도상국으로 수출되어 국제화하고, 다른 한편에서 국내에서도 리조트 기지 등에 의해 자연이 파괴되는 등 형태를 바꿔 나타나기 시작했다. 이것은 뒤에서 다루겠다. 어찌되었든 환경문제의 틀이라고 해야 할 경제구조는 상품이나 화폐와 마찬가지로 경제체제를 넘어선 광의의 경제학의 개념이고, 독자적인 발전의 논리를 갖고 있으며, 체제적인 규정을 받아 자본주의 사회에서는 그 영향이 극한으로까지 이르렀다고 하겠다.

그러면 다음에서는 환경문제를 공해와 어메니티로 나누어 그 정치경제학적 개념을 음미해보겠다.

제 7 장

공 해 문 제 와 자 본 주 의

1. 공해의 기본적 특징

환경문제의 성격은 공해에 가장 잘 표현되어 있다. 공해에는 다음과 같은
세 가지 특징이 있다.

♟ 생물학적 약자

첫째는 피해가 생물학적 약자에서 시작된다는 점이다. 앞서 언급한 미나
마타병처럼 공해의 전사(前史)는 오염에 약한 식물이나 동물의 손상이나 사
멸에서 시작된다. 그리고 인류의 경우 환경이 악화하면 저항력이 약한 환자,
고령자나 아이들이 우선 건강을 해친다. 「공해건강피해보상법」 인정 환자가
정점에 달했던 1987년 3월 말 현재 일본의 대기오염 인정 환자 9만 8694명의
연령별 구성을 보면, 14세 이하의 연소자가 33.9%, 60세 이상의 고령자가
28.5%로 합계 62.4%로 되어 있다. 이것은 미나마타병의 경우에도 마찬가지
라서 발병 시에는 연소자 —— 태아성(胎兒性) 미나마타병 환자 포함 —— 나 고령

자가 많았다. 이제는 고령자가 압도적 비중을 차지하고 있다. 이타이이타이병의 인정환자는 중년의 경산부(経産婦: 출산 경험이 있는 부인)의 발병이 중심이었지만 이것은 카드뮴에 의한 신부전이 임신이라는 생물학적 약자의 상황에 놓였을 때 발병의 원인을 찾았다고 할 수 있다.

병약자, 고령자와 연소자에게 피해가 집중되는 것은 생물로서의 성격에 따를 뿐 아니라 사회적 행동양식에도 원인이 있다. 이러한 사람들은 1일에 행동권이 주거를 중심으로 한 학교구처럼 좁은 사회에 한정되어 있다. 오염은 식물연쇄나 대기확산 등에 의해서 지리적으로 오염원과는 떨어진 장소에서 일어나는 경우도 있지만, 국소적인 경우가 많다. 이러한 생활행동들이 좁은 구역에 한정되어 있는 사람들은 24시간 오염된 공기를 마시고 오염된 물을 마시며 소음·진동에 노출되고, 피해가 심각해진다. 이 사람들과 마찬가지로 '전일제시민'이라고 부를 수 있는 전업주부나 자영업자의 경우도 국지오염의 피해를 입기 쉽다. 이것은 대기오염 인정자 중에서 20대부터 50대의 청장년층 부분에서 남성보다 여성에게 피해자가 많다는 것에서 드러난다. 예를 들면 자동차 대기오염의 피해는 전형적으로 전업주부에게서 나타난다.

피해자가 생물학적 약자나 전업주부를 주체로 한다는 것은 자본주의 사회에서 공해가 경제문제로 되기 어렵고 공해대책이 지체된 이유의 하나이다. 왜냐하면 병약자, 고령자, 연소자나 전업주부는 기업에 고용되어 있지 않기 때문에 그들의 피해는 기업에게는 아무런 손실(minus)이 되지 않는다. 개별 기업에게 손실로 나타나지 않을 뿐 아니라 단기적으로는 자본주의 경제 전체에 대해서도 손해가 되지 않는다. 오히려 공해환자의 발생에 의한 의료비 상승은 의약기업에게는 새로운 시장을 창출하고, GNP의 증가(plus)로 나타난다. 이 사회에서는 인간은 상품으로서 존재하지 않는 생물학적 약자는 시장가치가 없고, 그 건강문제가 경제 안에서는 버려진다. 즉 공해는 자본주의 기업 또는 국민경제의 손실로 되지 않고 그 점에서는 노동재해와는 다른 것으로서, 자동적으로 구제 또는 방지책이 취해지지 않는 것이다. 또한 이것은 노동조합이 기업 내 대책을 노사교섭에서 요구할 수 있는 문제도 아니다. 따라서 자본주의의 시장 원리의 외측에서 사회적 정의 또는 인권의 옹호라는 입장에서 공공적 개입을 하지 않으면 공해는 사회문제화하지 않고, 또한 공해 대책은 시작되지 않는 것이다.

♟ 사회적 약자

둘째는 피해가 사회적 약자에게 집중하는 것이다. 제 II 부에서 살펴보았듯이 현대 사회에서는 기업, 특히 대기업이 환경을 독점하는 경향이 있다. 양호한 환경을 갖는 주택지는 고가로 되고, 고액소득자가 거주하는 경향이 있다. 예를 들면 자료가 조금 오랜 것이지만 1991년 오사카 시내에 입지하는 일부 상장기업(대기업) 상근중역 2647명 중에서 환경이 열악한 오사카 시내에 거주하는 자는 197명(전체의 7.4%)에 지나지 않고, 고급주택지로서 유명한 니시노미야(西宮)·아시야(芦屋)·다카라즈카(宝塚)·고베(神戶) 등 효고(兵庫) 현에 889명(33.6%), 나머지는 오사카 부에서도 도요나카(豊中) 등 환경이 좋은 도시나 교토·나라의 두 시에 살고 있다. 대기업은 집적이익을 추구하여 오사카 시로 집중하여 면적당 제조업 출하액이 일본 제일이지만[1999년 도쿄 도(東京都) 23구 내의 1.6배, 전국 평균의 51배] 그곳에서 발생하는 집적불이익도 일본 제일로서, 숲이 적고 대기·수질오염도 심하기 때문에 중역들은 그들의 소득원인 오사카 시에서 도피해서 살고 있다. 오사카 시는 오사카 부의 33개 시 중에서 1인당 개인시민세가 19위(2005년도 9만 7086엔)로, 효고 현 아시야 시의 개인시민세인 28만 8115엔의 34%에 지나지 않는다. 즉 오사카 시는 일본 나아가 세계적으로 손꼽히는 상공업도시지만 저소득자의 도시인 것이다. 일본에서 인구당 공해병 인정환자가 가장 많은 오사카 시의 니시요도가와(西

淀川) 구, 다이쇼(大正) 구 등의 임해부(臨海部)는 저소득자층 인구가 특히 더 집적되어 있는 지역이다. 이것은 가와사키 시 남부, 아마가사키(尼崎) 시 남부, 나고야 시 남부 등 예전부터 있어온 임해 공업지대에도 공통적인 것이다. 더구나 이들 지역은 공장의 오염이 심했을 뿐 아니라 간선도로와 고속도로가 구역 내에 설치되어 자동차오염도 상승 작용하였다.

일반적으로 말해서 오염지역의 주택은 사업소에 인접해 있기 때문에 교통비가 필요 없고, 환경이 열악한 반면 지가나 임대료가 싸고, 또한 물가가 싸기 때문에 저소득자가 거주하는 지역이다. 저소득자의 주택의 질은 나쁘기 때문에 대기오염이나 소음·진동 등의 피해를 입기 쉽다. 저소득자는 영양조건도 나쁘고 질병에 걸리기 쉽다. 그들은 공해가 발생한 경우에 대항책으로서 스스로 이중창으로 개조하거나 공기정화기를 설치할 수도 없고, 또한 전문적인 좋은 의료를 받거나 변호사에 의뢰해서 법적 구제를 받는 것도 곤란하다. 일본의 경우는 의사, 변호사 또는 연구자가 자발적으로 집단이 되어 피해자 측에 서서 무료 또는 무료에 가까운 형태로 피해자의 구제 및 그것을 위한 조사연구를 하고 있지만, 미국의 알라모골드 수은 중독 사건과 농약 키폰 중독 사건이나 캐나다의 인디언 미나마타병 사건의 피해를 현지에서 조사한 경험에 따르면 저소득자의 피해자는 적정한 의료를 받지도 못하고, 또한 자금이 부족하기 때문에 재판조차 계속할 수 없는 상황이다. 미샨(E. J. Mishan)은 『경제성장의 대가(Growth: The Price We Pay)』에서 과거 10년간 영국의 고속도로 등의 도로건설을 예로 들어 도로 공해의 피해자는 결국 노동자계급 내지 하층 중산계급이라고 말하고 있으며, 유럽, 북미의 경우도 일본과 마찬가지로 오염의 영향을 받기 쉽고 또한 구제가 곤란한 것은 사회적 약자인 것이다.[7]

앞에서 오사카 시를 예로 들었는데 공해가 심각했던 가와사키 시 남부, 후지(富士) 시, 욧카이치 시, 아마가사키 시 남부 등의 공장도시에는 오염원의 사장·중역은 물론 공장의 관리자와 그 가족은 살고 있지 않다. 공장장은 대부분 단신으로 부임한다. 그 이유는 현지에는 좋은 학교나 병원도 없고 환경이 나쁘다는 것이다. 고액소득자는 거주의 선택이 자유롭고, 주거환경이 오염되었어도 주거는 튼튼해서 소음이나 진동에 노출되지 않으며, 공기정화기를 달고 오염되지 않은 식품을 선택할 수 있다. 가령 공해가 있어도 전문의나 변호사를 선택할 수 있는 것이다. 사회적 강자인 대기업의 경영자나 유력한 정치가만이 공해에 노출된다고 한다면 자주·자기 책임에 맡겨도 해결이 가능하다. 따라서 공해는 인도상의 문제이기는 해도 정치경제학이 다루어야 할 문제는 아닐 것이다.

정치경제학이 공해를 중시하는 것은, 피해가 사회적 약자에게 집중되어 있고 빈곤과 상승작용을 하여 생활 곤란을 초래하기 때문이다. 공해의 피해자는 빈곤한 농어민이나 노동자계급을 중심으로 한 하층시민이고, 유럽이나 북미에서는 특히 소수민족이다. 최근에는 다국적 기업의 진출에 의해 산업공해의 피해자는 점차 발전도상국의 사회적 약자가 되는 경향이 나오고 있다. 이러한 경제적 특징이 있기 때문에 여기에서는 프리드먼(Milton Friedman)이 말하는 '선택의 자유'는 없다. 자주·자책(自主·自責)이라는 자본주의의 원리에 맡긴다면 사회적 불평등이 생기고, 피해는 구제되지 않는다. 어떻게 해서든 공적 구제와 공적 대책(소득보장, 안전한 주거, 적정한 의료 등의 종합적인 대책)이 필요한 것이다. '로마 클럽'이 말하듯이 오염은 종국적으로는 지구인류 전체의 손해로 연결되어 가지만, 환경파괴에 의한 손실, 특히 건강피해 또는 사망에는 경제적 서열이 있다. 환경파괴가 시작되면 우선 빈곤자가 희생되는 것이다. 이 사회에서는 빈곤자의 피해는 방치되고, 그것이 부자 또는 사회적 지위가 높은 사람들에게도 공포를 가져다주었거나 대중언론의 손으로 사회문제화해서, 비로소 본격적인 대책이 시작되는 것이다.

♟ 절대적 불가역적 손실

셋째는 공해를 포함한 환경문제가 다른 경제적 손실과 달리 사후적으로 보상이 불가능한 절대적 불가역적 손실을 포함하고 있다는 점이다. 자본주의 경제에는 보상 원리가 있고, 어떤 경제행위에 의해서 이익을 얻는 것은 손실을 입은 것에 그 이익의 일부로 보상함으로써 사회적 공평을 달성하도록 되어 있다. 그런데 공해·환경파괴에는 이 보상 원리는 충분하게 작용하지 않는다. 예를 들면 임해 콤비나트 개발을 예로 들면 해안을 매립해서 콤비나트가 조성될 경우 보상 원리에 의해 콤비나트의 기업(매립으로 주체가 지불하는 경우에도 보상금은 지가를 포함해서 팔기 때문에 실질적으로는 기업)으로부터 어업권을 상실한 어업자에게는 어업보상금, 해안을 이용해온 해수욕장업자에게는 위로금이 지불된다. 그러나 이 콤비나트가 조업 후 공해를 배출한 경우에는 이 보상 원리는 자동적으로 작동하지 않는다. 여론이나 운동의 결과 공해의 사실과 가해의 책임이 인정된 경우에는 공공단체가 조례 또는 법률을 만들어 행정적으로 보상하든가, 재판이나 직접교섭으로 기업책임이 인정되어야 비로소 보상이 이루어진다.

자본주의 사회에서는 인간의 건강이나 생명의 가치는 가득능력(상품으로서의 노동력의 생산가치)를 기준으로 해서 화폐로 환산해서 평가한다. 피해자가 금전배상을 받는 것은 당연한 것이지만 문제는 이것에 의해서 피해자가 원상으로 회복되지 않는다는 점이다. 니가타(新潟) 미나마타병 환자의 사례를 들어보자. 이마이 가즈오(今井一雄)는 엘리트 농민이고, 여가시간에는 기타를 치는 성품이 맑은 청년이었다. 미나마타병으로 인해 그의 수족은 마비되었다. 이 청년이 재판에서 900만 엔의 배상금을 받았지만 그것으로 그의 건강은 회복되지 않았고, 그의 반짝이던 농민으로서의 인생은 본래대로 돌아오지 않았다.

이처럼 공해병은 치유할 수 없는 경우가 많다. 더군다나 사망해버리면 배상을 받더라도 생명은 되돌려지지 않는다.

이처럼 불가역적 손실은 자연이나 거리경관의 파괴에서도 발생한다. 하이테크기업 등에 의한 실리콘 밸리의 지하수 오염, 공장·가정배수에 의한 비와코(琵琶湖) 호나 미국의 오대호 등 폐쇄수면의 오염, 또는 개발에 의한 세토나이카이 해(瀨戶內海)의 매립이나 나라(奈良)의 역사적 경관 안에 있는 어떤 언덕의 택지개발 등은 돌이킬 수 없는 손실을 초래하고 있다. 이탈리아의 베네치아는 대안의 석유 콤비나트의 건설에 의해서 대기오염과 지반침하가 진행되고 있지만, 이 중세도시의 박물관이라고 해도 좋을 베네치아를 다시 한 번 재생하는 것은 곤란하며, 지금의 상황은 인류사의 유산을 잃어버리고 있다고 해도 과언이 아니다.

절대적 손실이란 ① 인간의 건강피해 및 사망, ② 인간사회에 필요한 자연의 재생조건의 복구 불가능한 파괴, ③ 복원 불가능한 문화재, 거리 및 경관의 손상 등이다. 이러한 손실은 사후적인 보상으로는 불충분하고, 손실을 발생시키는 행위를 정지시키든가 예방해야 한다. 가령 경제과정에서 절대적 손실이 발생한 경우에는 곧바로 그 생산, 교통을 일시정지하고, 위험상품의 거래나 소비를 금지하고, 대체수단을 찾아서 만약 대체수단이 없으면 그러한 생산, 유통, 소비는 완전히 정지시켜야 한다. 이처럼 공해·환경파괴는 배상만으로는 대책으로 충분하지 않고, 중지명령이 필요한 것은 절대적 불가역적 손실이 생기기 때문이다.[8]

절대적 손실이 발생한 이후 얼마만큼 화폐적 보상을 하더라도 사회적 손실은 회복되지 않는다고 하면 환경영향평가 등을 수행해서 절대적 손실이 발생하지 않도록 예방하는 것이 바람직하다. 개발행위에 있어서는 비용편익분석이 수행되는 경우가 있지만 그것만으로는 불충분하고 환경영향평가가 필요한 이유는 여기에 있다. 따라서 평가에 의해서 절대적 불가역적 손실이 예

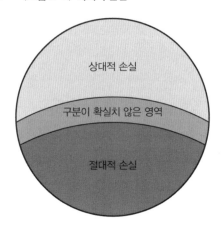

〈그림 III-2〉 사회적 손실

상대적 손실

구분이 확실치 않은 영역

절대적 손실

측될 경우에는 개발방법 등을 변경하든가 대책이 찾아질 때까지 연기하든가, 또는 중지해야 하는 것이다.

사전예방이나 중지명령이라는 대책은 다른 경제정책과 달리 기업이나 개인에 대해 대단히 엄격하고 부담을 무겁게 지울 가능성이 있다.[9] 여기에서 정부나 기업은 절대적 손실의 범위를 되도록 적게 하려고 생각한다. 과학의 미발달도 있어서 상대적 손실과 절대적 손실은 명확하게 구별할 수 없고, 〈그림 III-2〉처럼 그 중간에 '희미한' 부분이 있다. 예를 들면 오사카 공항이나 신칸센의 공해사건에서는 소음피해가 이 '희미한' 부분으로 되었다. 정부나 당시의 국철은 소음이나 진동은 미나마타병처럼 중증의 질병은 일으키지 않기 때문에 상대적 손실이라고 해서 행위금지를 인정하지 않고, 손해배상으로 마무리했다. 그러나 피해자는 소음이나 진동에 끊임없이 괴롭고, 움찔 움찔하거나 불면에 빠지고 분명히 건강하지 못한 증상이 나타나 절대적 손실이 생기고 있다고 했다. 더구나 오사카 공항 사건에서는 밤 9시 이후 이튿날 아침 7시까지 야간비행을 금지할 것과, 신칸센 사건에서는 110km로 감속하라는 행위금지를 요구했다. 재판소는 정부나 국철의 주장을 인정해서 행위금지 요구는 받아들이지 않았다. 소음이나 진동에 의한 건강피해가 계속되면 질병으로 진행할 가능성은 특히 생물학적 약자에게는 크다. 또한 가령 난청처럼 명확한 질병으로 규정되지 않더라도 정상적으로 건강한 생활을 누리지 못하거나 가정에서 조용하게 저녁의 단란한 생활을 누리지 못한다는 것은 절대적 손실로 생각해도 좋지 않을까. 어메니티의 요구가 절실해지면 절대적 손실의 범위가 커지게 될 것이다. 이 '희미한' 부분은 절대적 손실로 인정해서 대책(금지 또는 주거의 이전)이 수립되고, 만약 과학적인 안전이 보장된다면, 그 단계에서 상대적 손실로 해야 하는 것은 아닐까. 과학적으로 100% 증명되지 않았다고 해서 절대적 손실을 인정하지 않고 금지 조치를 연기해온 정책적 실패는 미나마타병이나 욧카이치 시의 천식 등 과거의 공해사건에서 이미 경험한 것이다.

2. 공해란 무엇인가

♟ 정의

쇼지 히카루(庄司光)와 필자는 『일본의 공해(日本の公害)』에서 현대의 공해문제를 정의했다.[10] 이를 조금 수정해서 다시 적어보겠다.

공해란 ① 도시화·공업화에 수반하여 대량의 오염물의 발생이나 집적의 불이익이 예상되는 단계에서 ② 생산관계에 의해 규정되어 기업이 이윤추구를 위해 환경보전이나 안전의 비용을 절약하고, 대량소비생활양식을 보급하며, ③ 국가(자치단체를 포함)가 공해방지정책을 수행하거나 환경보전지출을 충분히 수행하지 않은 결과로서 생기는데, ④ 자연 및 생활환경이 침해되면서 그것에 의해 인간의 건강장해 또는 생활 곤란이 생기는 사회적 재해이다.

따라서 공해는 자연재해와는 달라서 경제정책이나 경제제도의 개혁이나 변혁에 의해 제어 또는 방지할 수 있는 사회문제이다. 공해는 현대 사회에 공통적으로 발생하고 있지만, 국민경제의 성장률이 높고 기업경쟁이 심하며 산업구조가 오염형이고 대도시화가 급속하게 진행되어 대량소비생활양식이 보급되어 있는 나라에서 심각하게 나타나며, 또한 기본적 인권이 확립되지 않고 언론출판의 자유나 주민참가 등의 민주주의(특히 지방자치)가 발달하지 않았거나 또는 종합적 문화나 환경교육이 미숙한 나라일수록 심각한 양상을 보이고 있다. 피해자는 노동자계급, 농어민을 중심으로 빈곤계층이나 차별된 소수민족에게 집중해서 나타나기 때문에 다른 빈곤문제와 상승해서 사회문제화하는 것이다.

이 정의는 쓰루 시게토의 정의[11]를 비롯한 1970년대 초엽의 논자의 의견을 참고로 해서 일본의 실태를 바탕으로 만들어진 것이다. 제 I 부에서 서술했듯이 소재 문제에서 시작하여 체제 문제로 확장해가는 방법론을 쓴다는 규정에 추가해서 중간 시스템을 종합한 것이다. 기본적으로 수정할 필요는 없지만 그 후의 변화를 바탕으로 약간의 설명을 추가하고자 한다.

♟ 현대 사회주의와 공해

먼저 이 규정은 현대 자본주의의 공해에 대해서 서술했던 것인데, 사회주의의 공해를 어떻게 이해할 것인가 하는 것이다. 20년 전에는 사회주의의 공해를 둘러싼 논쟁이 중요했다. 당시 필자의 견해는 다음과 같다.

옛 동유럽이나 중국에서는 고도성장기의 일본과 유사한 모든 공해가 일어나고 있었다. 이 원인을 생각해보면 현대의 사회주의 국가를 자본주의를 뛰어넘은 미래의 사회형태로서 파악해도 좋은가라는 기본문제와 관련되어 있다. 예를 들면 중국이 대만과 비교해서 현저하게 생산력이 낮고, 가령 상품생산만으로 표시하면 1987년도에 대만은 1인당 국민소득이 5000달러였지만 중국은 300달러였는데, 다른 생활수준으로 비교하더라도 왜 두 나라의 격차가 큰 것인가는 의문인 것이다. 대만은 대학 진학률이 일본과 똑같고 세계에서도 최고의 교육수준을 보이고 있다. 대만에는 빈부의 격차가 크고, 사회보장이 충분하지 않으며 공해문제가 심각해지고 있다. 또한 국민당 독재정치를 벗어난 이후 민주주의의 역사가 짧고 국제적으로는 고립되어 있으며 미국과의 관계 등 많은 문제가 있다. 그러나 중국과 대만 사이에 현저하게 생산력이나 교육문화 수준의 격차가 있는 것은 무엇 때문인가라는 점은 충분하게 검토해야 할 과제라고 생각한다.

향후 연구의 발전을 보아야 하겠지만, 필자는 현대 사회주의 국가에 대해서 다음과 같이 생각한다고 적었다. 현대의 사회주의 국가의 대부분의 나라는 자본주의가 충분한 성숙한 뒤에 탄생한 것이 아니라 이른바 봉건제 말기거나 자본주의가 미성숙한 시기에 시민혁명을 거치지 않고 또는 불완전한 혁명인 채로 탄생했다는 특수한 성격을 갖고 있다. 이 때문에 기술수준 등의 생산력이 낮고, 생산관계를 미성숙한 것으로 만들었으며, 기본적 인권, 민주주의가 확립되지 않아 문화수준이나 자치능력이 낮은 수준에 놓여 있는 것은 의심의 여지도 없다. 즉 현대 사회주의 국가는 현대 자본주의 국가와 비교해서 인류사의 선진이 아니다. 오히려 근대, 특히 자유경쟁 과정이 미성숙했기 때문에 경제 면에서는 합리적인 전문의 경영기술이나 관리능력을 갖는 경영자층이 생기지 않고, 다른 한편에서는 노자분쟁 속에서 근대적 노동조건을 확립하는 대신에 상품생산자로서 사회적 책임을 갖는 노동자가 탄생하는 생산시스템이 확립되지 않은 채로 사회주의 국가가 된 것이다. 또한 정치적으로는 시민사회의 개인의 자아 확립, 언론·사상의 자유, 기본적 인권과 민주주의의 형성을 위한 투쟁이 충분히 진행되지 않았다. 따라서 정치와 독립적인 자유로운 언론과 사상의 표현을 갖는 저널리즘, 대학·아카데미가 육성되지 않았다. 삼권분립이 실질적으로는 성립되어 있지 않고, 관리능력을 가진 경영자나 관료가 적기 때문에 전시형 또는 혁명 중 같은 일당독재가 아니면 질서가 유지될 수 없다.

즉 현대 사회주의 국가는 표면상은 어찌되었든 실질적으로는 자본주의 국가에 비해서 인류 역사상의 완전한 선진국(사회)로 부를 수 없다. 오히려 근대화의 과정으로서는 후진적이어서 상당히 오랜 기간 근대화를 추가 체험할 수밖에 없는 상황이다. 물론 사회주의적 계획경제를 택하고 있는 이점은 우주·군사기술과 같은 특정한 부문이 발달하고 있고, 낮은 생산력 아래에서도 생활의 안정이 보장되어 있는 것이다. 그러나 전체적으로 평가하면 앞서 언급했듯이 근대화의 과정을 추격하고 있다고 해도 좋지 않을까.

과거에 폴란드가 배출한 위대한 경제학자 랑게(O. Lange)는 사회주의 경제에서는 사회적 비용을 내부화할 수 있기 때문에 공해는 발생하지 않는다고 생각하고 있었다. 그러나 폴란드나 중국에 초대되어 필자가 조사한 바로는 현재의 사회주의 국가에서 공해방지의 기술개발은 일본보다 뒤떨어져 있고, 환경영향평가의 실시나 공해방지비용을 사전비용에 산입하는 것 등은 이루어지고 있지 않다.[12] 중국의 경우도 이러한 것을 제도화하려고 시도하고 있는데, 이 점에서는 공해대책을 취하고 있는 대만과 비교해서 결코 선진적이지 않다. 더욱 곤란한 것은 시초 축적이 불충분하기 때문에 만성적으로 자본과 유능한 노동력의 부족을 초래하고, 거기에 더하여 군사비가 크고 그 조건 하에서 자본주의를 추격해서 초월하려는 급격한 성장정책을 택하고 있기 때문에 기업의 환경보전지출이나 공원·하수도 등 사회적 공동소비수단에 대한 정부의 투자가 뒤로 미루어지는 경향이 많다. 즉 국민경제 전체가 생산력을 향상시키기 위해 국가주의적인 경쟁을 추진하고 생산을 극대화하는 것을 목적으로 한 기업주의 원리로 움직이고 있기 때문에, 생산과 인간환경의 균형을 취한 계획을 추진한다는 원리가 충분히 작동하지 않는 것이다.

이러한 국가주의와 기업주의의 조건에서 게다가 일당독재하에서 특정한 교의가 모든 생활을 지도하는 사회에서 생산수단이 국유화되어 있으면 공해문제는 발생하기 쉽고, 또한 방지가 어렵다. 공해를 고발하는 여론이나 운동이 일어나지만 국유기업이기 때문에 민사적인 재판이 정치적으로 되는 경우가 있다. 또한 국유기업의 과실을 지적하고 기본적 인권을 추구하는 운동이 반정부운동처럼 여겨져 발전하지 못한다고 한다. 신문도 대부분 국유화되어 정부와 일체화되어 있기 때문에 주민운동에 대한 보도를 충분히 하지 않는다고 한다. 이러한 현상들은 비민주주의적인 일부 자본주의 국가와 똑같다. 일본에서는 대기업과 정부가 밀착하고 삼권분립의 민주주의가 약하며, 항상 영업권·재산권이 다른 기본적 인권보다 우위를 차지한다. 그리고 쇼와(昭和) 천황이 위중했을 때 자숙하는 것에서 볼 수 있듯이, 실질적으로 언론에 편향이 보이기 때문에 현대 사회주의 국가의 실정은 놀라운 것이 아닐지도 모른다. 그러나 인류의 미래를 연다고 자찬해온 사회주의 국가가 일본과 유사한 현상을 야기하고 있고, 시민사회로서 보면 일본보다 뒤떨어져 있다는 것은 그 체제에 기본적인 결함이 내재하고 있다고 해도 좋지 않은가.

사회주의의 공해에 대해서 지금까지 생산력 미숙, 중앙집권적 관료주의, 일당독재에서 보이는 민주주의의 미발달, 인권과 문화의 미성숙 등에서 원인을 찾았지만, 아마도 그 원인은 생산관계에서 찾아야 되는 것이 아닐까.[13] 생산력 수준이 장기간 낮은 상태에 머물러 있는 것이나, 상부구조가 비근대적인 것은 현대 자본주의와 유사한 부분이 많은 생산관계에서 찾을 수 있지 않을까. 어찌되었든 공해문제나 환경정책에서 보는 한 현대 사회주의는 마르크스가 생각한 '자유의 왕국'이라는 미래사회로 향하는 선진적인 생산관계를 갖고 있는 것이라고 할 수는 없고, 또한 현대 자본주의 국가와 기본적으로 다른 미래의 단계에 있다고는 말할 수 없다. 오히려 '근대화'의 과정에 있는 '발전도상형 사회주의'라고 해도 좋지 않을까. 그런데 이렇게 현대 사회주의를 살펴본다면 이러한 국가들에서 공해가 발생한다고 해서 공해의 본질은 도시화·공업화에 필연적으로 수반하는 것으로서, 체제적 원인 또는 생산관계에서 유래하는 것을 부정하고, 정치경제학적 고찰을 피하는 것은 옳지 않을 것이다. 과거의 소련·동구국가들이나 중국의 공해는 현대 사회주의의 생산관계에 의해서이고, 그 위에서 중간 시스템에 원인을 찾아야 될 것이다. 그런 의미에서는 정치경제학의 대상으로 될 수 있다. 소련·동구의 사회주의 체제가 붕괴한 지금에도 이 견해는 바뀌지 않는다.

또한 현대 일본의 공해는 바로 현대 자본주의의 생산관계, 중간 시스템으로 설명할 수 있고, 그것과 함께 일본의 역사적 특수성에 의해 밝혀지는 것이다. 공해는 체제개념이 아니라 기능개념이라는 신고전파의 견해는 일본의 현실을 보면 틀리다는 것은 이미 분명해졌을 것이다. 일본의 공해문제, 나아가 환경문제는 미나마타병, 자동차의 배기가스 규제 문제 또는 오사카 공항 공해사건의 어느 것을 보더라도 기업의 이윤 원리와 그것을 지키는 기업국가와 같은 정부의 정책 때문에 발생하는 것이고, 세토나이카이 해의 매립이나 도쿄 만의 개조와 같은 환경문제는 한 기업의 실패가 아니라 바로 자본주의의 체제적인 실패인 것이다. 소비자의 책임처럼 보이는 자동차 공해, 도시 재개발이나 리조트 개발에 의한 자연파괴도 자동차 자본, 부동산 자본이나 관광 자본과 그 의사에 따르는 정부의 행동을 규제하지 않고서는 기본적 대책은 취해지지 않는 것이다. 공해를 체제 개념으로 보지 않고 기능 개념으로 하는 주장은 그 주관적 기도에 관계없이 공해의 원인을 설명할 수 없고, 가해자인 기업·정부·자치단체를 옹호하고, 유효한 환경정책을 제시할 수 없는 것으로 되어버린다. 주민의 여론과 운동을 배경으로 해서 자본주의적 기업 활동에 공공적인 개입이 없으면 공해는 없어지지 않는다. 공해대책에 대해서 시장 원리 또는 기업 간 경쟁이 유효하게 작동해서 오염물의 감축이 진전되는 경우가 있지만, 그것은 이미 공해방지 정책이나 제도가 가능해지고 나아가 그것이 엄격하게 작동하고 있는 경우이다.

♟ 공해와 기타 재해와의 관계 ── 재해론의 전체상

공해는 환경오염·파괴에 수반하여 생기는 사회적 재해이지만 현대에는 유사한 피해가 증가하고 있다. 산업공해의 경우 노동재해·직업병과의 연속성이 대단히 중요하다. 왜냐하면 노동자는 노동과정에서 고농도의 유해물질에 노출되고, 이른바 공해의 실험동물이나 마찬가지의 존재가 되는 것이다. 이 유해물질이 굴뚝이나 배수구를 통해서 환경을 오염시키면 공해가 된다. 그러므로 노동재해나 직업병의 경험이 공해병의 해명에 기여하고, 또한 노동재해와 직업병의 방지가 공해방지의 실마리가 될 수 있다. 그러나 현실에서는 앞서 언급했듯이 마르크스가 『자본론』에서 불변자본 사용상의 절약의 일례로서 노동재해·직업병의 방지비용을 기업이 절약한다고 지적했던 것들이 지금도 그대로 계속되고 있고, 이에 관한 연구나 대책이 지체되고 있기 때문에 공해의 참고가 되지 못하고 있다. 가령 심각한 노동재해·직업병이 발생했어도 그것이 기업 밖의 공해대책에 바로 기여하는 것이 아니다. 오히려 노동재해의 사실이 무시되고 있는 것이 현실이다.

예를 들면 아세트알데히드의 제조공정이 유기수은을 사용하게 된 것은 1910년대이고, 1937년에는 그 노동재해를 보고한 연구논문이 독일에서 발표되었다. 또한 제2차 세계대전 후 미나마타병 공식발표 직후에 조사한 미국의 공중위생관이 이것에 대하여 언급하고 있다. 그럼에도, 제IV부에서 언급하겠지만 미나마타병의 원인해명에는 기업과 정부의 방해도 있어서, 구마모토 대학 연구반은 6년 이상이나 피를 토하는 심정으로 여기에 대처해야 했다. 앞에서 기술했지만 석면의 피해도 대단히 일찍 알려졌지만 발병까지 10~50년이라는 긴 잠복기간이 원인이 된 것도 있어 완전한 검증에는 오랜 세월이

<그림 III-3> 재해와 공해(재해의 전체상)

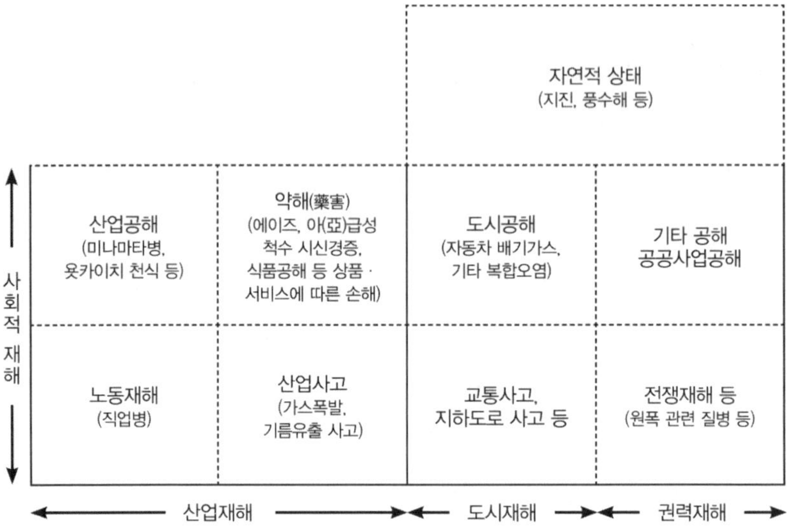

걸렸다. 뉴욕 시립대학 의학부 환경연구소의 셀리코프 소장을 위시한 그룹이 석면을 취급한 노동자들의 건강을 전수 조사하는 놀라운 성과를 통해서 결국 석면이 폐암과 중피종의 원인이 된다는 것을 확실히 알아내고, 1970년대 후반부터 다수의 재판이 이루어지고 있다. 그러나 일본에서는 2008년에 겨우 전면금지가 되지만 1980년대에는 연간 약 30만 톤의 석면이 사용되고 있었다. 석면의 노재에 대한 해명은 지체되고 있고, 그 환경오염의 영향평가는 시작되었을 뿐이며, 겨우 학교 등의 공공시설의 일부의 보수가 이루어졌다. 앞서 언급한 미국의 버지니아 주 호프웰 시에서 발생한 농약 키폰 사건처럼 화학물질에 의한 산재와 공해의 관련 같은 사건은 이후 큰 문제로 될 것이다. 그렇지만 산재는 자본주의기업에 직접 피해를 발생시키지만 산업공해는 앞서 언급했듯이 기업 밖의 주민의 피해이고 기업의 생산과정의 손실로는 되지 않는다. 그런 의미에서는 둘은 다르다.

또한 〈그림 III-3〉처럼 근래 상품의 소비나 폐기에 수반되는 공해가 많아지고 있다. 약해(藥害)·식품공해 등은 '공해'라는 단어를 사용하고 있지만 환경오염이 아니라 상품유통이라는 자본주의의 영업 그 자체가 야기하는 재해이다. 본래 상품이란 사회적 유용성을 갖는 것으로서 그것이 반대로 해악을 미친다는 의미에서는 약해나 식품공해는 상품유통의 기본적인 성격을 침해하는 것이기 때문에 명확한 범죄일 것이다.

약해·식품공해는 사기업의 이윤추구에 의한 안전의 경시와 그것을 인정한 정부의 규제의 결함에 의해서 일어난다는 점에서는 공해와 공통점이 있다. 그러나 공해는 정상적인 상품생산·유통·소비의 과정에서 일어나는 것으로서 약해·식품공해처럼 상품 그것이 유해한 것은 아니다. 또한 미나마타병 등은 식품을 통한 중독이지만 환경오염을 매개로 하고 있다는 점에서 모리나가의 비소 분유 사건과는 다르다. 식품공해나 약해는 그런 의미에서는 환경문제라고 할 수는 없다. 석면 재해는 생산과정에서의 노동재해, 노동자 가족이나 주변 주민의 공해, 상품공해(3000종이 넘는 상품의 소비에 수반하는 피해, 특히 해체 시의 공해), 그리고 폐기물공해라는 경제의 전 과정에 걸친 복합형 축적성 재해이다.

사토 다케오(佐藤武夫) 등이 밝힌 것처럼 재해에는 근본원인과 확대원인이 있다.[14] 자연재해에는 근본원인은 자연적 에너지이지만 확대원인은 도시의 안전을 무시하는 구조나 방재대책의 결함 등 사회적인 것이다. 또한 그 사회적 제 결과를 보면 경제적 약자로서의 노동자계급 등 도시 하층민이나 농어민을 주된 피해자로 한다. 일본에서는 이런 의미에서 자연재해는 인재라고 불리는 것처럼 사회적 재해라고 부를 수 있을지도 모르겠다. 넓은 의미에서는 공해는 재해 속에 포섭될 수 있다. 또한 환경문제에는 공업용수·가스의 과도한 추출에 의한 지반 침하 지역이 풍수해를 입는 것처럼 공해와 자연재해가 복합하는 것이 있다. 아마도 자연파괴나 지구규모의 환경오염의 귀결은 자연재해일 것이다. 그런 의미에서는 환경문제는 자연재해를 그 사회적 결과로서 포함하고 있지만, 근본원인은 반드시 지진이나 태풍처럼 자연현상 그 자체는 아니다. 인간의 활동, 특히 기업활동이 근본원인이다. 오히려 확대원인이 자연의 영향이라고 할 수 있는 경우가 많다. 또한 공해나 어메니티의 상실은 자연재해와는 다른 독자적인 사회문제이다. 그 대책이나 사회운동의 바람직한 방향도 독자성을 갖고 있다. 그런 의미에서는 공해의 자연재해와의 공통성과 동시에 독자성을 밝힐 필요가 있을 것이다.

제 8 장

어 메 니 티 의   정 치 경 제 학

1. 어메니티란 무엇인가

영국의 경제학자 미샨(E. J. Mishan)은 『경제성장의 대가』에서 재산권과 나란히 어메니티권[15]의 확립이 필요하다고 주장하고 있다. 1970년대에 들어와 일본에서도 공해대책이 일정정도 전진하게 되면서 어메니티를 추구하는 주민의 여론과 운동이 커졌다. 그러나 제2차 세계대전 후 일본에서는 어메니티에 적합한 일본어가 없을 정도로 자연이나 거리경관 등의 환경이 파괴되어버렸다. 그만큼 지금 다시 어메니티의 재인식과 확립이 요구되는 것이다.

♟ 정의

어메니티란 시장가격으로는 평가할 수 없는 것을 포함하는 생활환경이며, 자연, 역사적 문화재, 거리경관, 풍경, 지역문화, 공동체의 연대, 인정, 지역적 공공서비스(교육, 의료, 복지, 범죄방지 등), 교통의 편리성 등을 내용으로 한다. 그 구체적 내용은 나라나 시대에 따라서 다르지만, '살기 편안함' 또는 '쾌적한 주거환경'을 구성하는 복합적인 요인을 총칭한다고 할 수 있다. 영국의 「Civil Amenities Act」에서는 어메니티를 "the right thing in the right place"라고 정의한다. 이 '당연히 있어야 될 것(예를 들면 주거, 따뜻함, 빛, 깨끗한 공기, 집 안의 서비스 등)이 당연히 있어야 될 장소에 있는 것'이라는 정의는 영국 사람들에게는 알기 쉽다. 그러나 제2차 세계대전 후 일본의 대도시 주민은 당연히 있어야 되는 주거, 생활환경과 공동체를 가져본 적이 없는 사람이 많기 때문에 이것은 알기 어려운 정의로 되어버린다. 그러므로 조금 번거롭지만 전술한 대로 구체적 내용을 열거해서 정의를 한 것이다.

자연이나 역사적 문화재는 어메니티에서는 가장 중요한 요건이지만 유명한 새나 진귀한 나무 또는 오랜 문화재를 감상하고 보호하는 것 자체가 어메니티를 유지하는 것은 아니다. 슬럼 안에 고분이 남아 있어도 슬럼에 어메니티가 있다고는 할 수 없다. 어디까지나 인간의 주거환경과 관련해서 자연이나 역사적 문화재가 보존되어 있는 경우에 어메니티가 있는 것이다. 마찬가지로 도시에 훌륭한 음악가 같은 예술가가 거주하고 있는 것이 어메니티가 아니라 시민이 일상적으로 쉽게 그 음악 등의 예술을 누릴 수 있는 것이 어메니티인 것이다. 기즈가와 게이(木津川計)의 분류에 따르면 고도의 예술가의 '일류문화(一輪文化)'16)가 개화하는 기반으로서 그것을 감상할 수 있는 다수의 대중의 '풀뿌리 문화'가 있고, 두 요소가 결합되어 있는 도시가 어메니티를 갖고 있다고 할 수 있는 것이다.17) 그런 의미에서는 어메니티는 추상적인 자연이나 문화의 개념이 아니라 생활 개념 또는 지역 개념이라고 할 수 있다. 세키 하지메(關一)가 말하는 '살기 편한 도시'가 일본에서 어메니티를 최초로 제창한 도시정책이다.

♟ 어메니티의 경제학적 특징

다이아몬드(D.B. Diamond)와 톨리(G.S. Tolley)는 어메니티를 지역고유재(location specific goods)라고 말했는데,[18] 이것이 경제학적으로 본 첫 번째 특징이다. 즉 그 지역에 살거나 그곳으로 나가지 않는 한 어메니티는 향유할 수 없다. 지역에 고착되어 있기 때문에 다른 재화처럼 상품으로서 매매하는 것이 곤란한 것이다. 그러므로 어메니티는 지역적 불균등이 있다고 할 수 있다.

어메니티는 기하라 게이키치(木原啓吉)가 강조하듯이 역사적 축적물을 포함하고 있다.[19] 예를 들면 교토의 시라카와(白川) 밸리의 거리경관은 하루 아침에 만들 수 있는 것이 아니다. 따라서 수요가 증가했다고 해서 다른 상품처럼 공급할 수 없는 것을 포함하고 있다. 어메니티를 창출하는 환경은 도서관, 학교 같은 사회자본을 포함하기 때문에 생산물(flow)로서 단기적으로 공급되고 또는 재생산될 수 있는 것도 있다. 그러나 보존의 대상이 되는 좋은 건물이나 공원은 역사 속에서 만들어진 인공적인 장식물 또는 자연(그것은 바르샤바의 올드 타운이나 히로시마의 원폭 유적처럼 인공의 흔적인 경우도 있다)이다. 이러한 것들은 오랜 역사 속에서 인간의 활동으로 생긴 애착과 연결되어 있다.

역사적 축적물 중에는 일단 파괴 또는 상실되면 복원할 수 없는 것이 있다. 예를 들면 기수호(汽水湖)인 가스미가우라(霞ヶ浦) 호나 신지코(穴道湖) 호의 바다로 연결되는 통로를 막아서 담수화한 경우 호수의 생태계가 변해 명물인 어패류는 채취할 수 없게 되고 녹조가 발생하여 경관은 완전히 변해버린다. 또는 고속도로가 도쿄의 니혼바시(日本橋)나 오사카의 스이쇼바시(水晶橋) 위를 가로질러 건설되면 이 도시를 대표하는 아름다운 풍경은 두 번 다시 재생되지 않는다. 그런 의미에서는 앞의 공해 개념에서 다룬 것과 마찬가지로 어메니티의 상실은 불가역적이고 절대적인 손실을 초래하는 경우가 있고, 이것이 어메니티에 대한 욕구를 강하게 하며 주민운동이 일어나는 이유이기도 하다.

어메니티는 본래는 비배제성과 집단소비성을 갖는 공공재이다. 말을 바꾸면 비분할성이나 비독점성을 갖는 것이라고 할 수도 있다. 예를 들면 바다 호수나 하천과 그 연안의 풍경은 누구나 향수할 수 있고, 또한 쉽게 입장해서 즐길 수 있는 공간이다. 물 접근권 또는 해변출입권의 주장은 공공수면 이용에 관한 어메니티의 요구라고 할 수 있다.

그런데 토지의 사유화와 그 토지를 대규모 자본이 자유롭게 독점적으로 이용하는 영업권이 인정되는 사회에서는 어메니티를 상품으로서의 가치를 갖는 것으로 바꿔 토지나 공간의 교환가치를 높이는 경향이 있다. 또한 어메니티가 있는 환경을 기업이나 개인이 소유 또는 이용 독점하는 경향이 있다. 예를 들면 하와이의 와이키키 해변의 많은 부분은 호텔이 점유하고 있으며, 투숙객이 우선적으로 이용하고 있다. 비와코 호 주변에 고층 호텔이 건설되어 투숙객은 비와코 호 팔경을 만끽할 수 있지만 이 호텔 때문에 지역의 일반 주민은 역사적인 풍경을 잃어버렸다고 할 수 있다. 교토나 나라에서 건조물 고도제한을 해제하면 이러한 문제를 발생시킨다고 할 수 있다.

즉 이 사회에서는 어메니티의 향유에 사회적 불평등이 발생하는 것이다. 어메니티의 공평성을 꾀하기 위해서는 시장 원리를 규제하는 공공적 개입이 어떻게든 필요한 것이다.

2. 어메니티의 산업화와 환경 · 공해문제

♟ 어메니티와 기업

제2차 세계대전 후의 경제발전, 특히 공업화·도시화의 과정에서 어메니티가 상실되었다. 게다가 전쟁 피해를 복구한 도시 또는 새로 생긴 뉴타운은 기능적이지만 아름다움이나 친근함이 없는 주택·공공시설·사무실이나 공간을 만들었다. 이 때문에 사람들은 오래된 도시나 오래된 건조물을 동경하게 되었다. 대도시의 도넛화 현상의 진행과 함께 도심은 영업공간으로 되고, 사람들이 교외로 이탈한 결과 상점가가 없어지고 환경은 악화되며 주택은 노후화하고, 범죄가 다발하는 등 도심(inner city) 문제가 생겼다. 다른 한편 교외지구의 주민은 도심으로 통근하는 교통이 불편하고 도심에 집적한 예술이나 문화를 즐기는 것이 곤란해지고, '분산의 불이익'을 입게 되었다. 그리하여 대도시권 전체로 보면 기업의 집적이익은 극대화되었지만 어메니티가 결여된 공간이 되었다. 이 종합적인 결과로서 1970년대에 들어오면 선진공업국의 시민은 어메니티를 추구하게 되었다. 기업도 이 욕구에 따르지 않을 수 없게 되고, 자치단체도 어메니티를 중시한 도시정책을 취하지 않을 수 없게 되었다. 기업이나 개인이 구입하는 건물이나 토지는 어메니티가 많은 장소를 선택하는 경향이 생겼다. 지금까지 개발규제가 가해지고 풍치지구(風致地區, Scenic Area)나 문교지구(文敎地區)[20]였던 어메니티가 많은 지역은 지가가 상승하기 시작했다.

한편 1970년대 후반에는 산업구조의 변화와 함께 제조업 등의 과잉자본이 부동산, 관광, 레저, 문화, 예능, 교육 등의 어메니티 관련 분야에 진출하게 되었다. 어메니티는 상품화하고 새로운 투자대상으로 되었다. 우선 대도시권에서는 도심이 재개발되고, 호화로운 고층 콘도미니엄(분양아파트, 일본에서는 맨션이라고 한다)의 건설이나 예술·예능 등의 문화사업의 공연을 하게 되었다. 보스턴, 뉴욕, 베네치아, 피렌체, 볼로냐, 교토(京都), 나라(奈良), 가나자와(金沢) 등의 역사적 축적이 많은 길거리나 건물의 가치가 다시 인정받고, 이러한 도시들에 자본이 투입되었다.

아름다운 자연을 갖는 농산어촌은 관광·레저 자본의 새로운 개발 대상이 되고, 산에서는 별장지, 골프장이나 스키장 등의 건설이 추진되고, 바다에서는 해수욕장, 낚시장, 요트 항구 등의 시설과 호텔을 갖는 종합적인 수변공간 개발이 추진되는 등 리조트 기지 건설이 전국적으로 추진되었다. 그리하여 제2차 세계대전 후 고도성장기의 중화학공업화를 대신해서 1970년대 후반 이후 도심 재개발과 리조트 지역 개발이 국내외에서 추진되고, 이러한 것들은 다국적 기업의 손으로 그리고 금융자본이나 국가의 조성을 통해서 이루어지는 대규모 개발로 되었다. 또한 단지 영업공간을 만드는 것이 아니라 직장[職]·주거[住]·유흥[遊] 공간이 종합된 도시를 만드는 지역개발이라는 경향이 생겼다. 이른바 어메니티가 상품화하고 그것을 파는 물건을 만드는 어메니티 산업이라고도 불러야 할 분야가 성장해온 것이다. 국립공원 등의 규제의 엄격했던 지역의 개발도 인정받게 되었다.

본래 앞서 언급했듯이 토지의 사유성 때문에 어메니티가 기업이나 개인의 손에 독점적으로 소유 또는 이용됨으로써 사회적 불공평이 생기는 경향이 있지만, 산업구조의 변화와 신자유주의에 의해 대기업이 어메니티의 산업화를 전면적으로 추진해가면서 사회적 불공평이 더욱 심해졌다. 이것을 두 가지 지역에서 살펴보자.

♟ 대도시의 젠트리피케이션과 그 모순

첫째는 어메니티가 있는 지역의 지가상승과 젠트리피케이션(gentrification,

중산계급화)이다. 본래 오랜 대도시의 도심은 거리가 복잡하고 아름답고 오랜 건물이 많으며 예술·문화·학술 조직이나 시설도 집적해 있고 교통도 아주 편하고, 사회자본이나 공공서비스도 양과 질에서 모두 신흥도시와는 비교할 수도 없이 잘 정비되어 공급되고 있다. 과거에 심각했던 공해나 범죄의 방지가 잘되기 시작하고 이탈리아의 볼로냐 방식처럼 오래된 거리를 보전하면서 현대적 생활을 영위할 수 있는 도시정책이 실행되면, 도심은 최고의 어메니티가 있는 장소로 바뀌어간다.

1980년대 이후 오래된 도시의 도심 재개발이 진행되어 고층화된 오피스 빌딩이나 고가의 콘도미니엄이 건설되고, 인구가 다시 유입되었다. 도쿄는 이상하리만치 높게 상승했지만, 그 정도는 아니더라도 각국의 대도시의 지가나 임대료는 상승했다. 그 결과 도심은 중산계급 이상의 계층의 거주공간 또는 세컨드 하우스의 소재지가 되었다. 젠트리피케이션이 진행되고 도심의 어메니티가 향상되는 것처럼 보였다. 마찬가지로 기업이나 중산계급 이상의 계층이 별장지나 리조트 기지를 매점하고 여가를 즐기는 생활방식이 생겼다.

이 점에서는 1980년대에 신자유주의와 국제화의 첨단을 달린 뉴욕 시의 젠트리피케이션이 전형적이다. 1980년대에 들어와 뉴욕 시가 국제금융·관광·레저 도시로 재생되고 치안이 회복하는 동시에 맨해튼의 어메니티를 추구하고 내외의 기업이나 화이트칼라가 사무실과 주택을 구하여 집중했지만, 다른 한편에서 지가나 임대료가 상승하면서 소수민족이나 블루칼라는 다운타운을 떠나지 않을 수 없게 되었다. 뉴욕 시는 한쪽은 어메니티가 있는 부자들의 거리, 또 다른 쪽은 가난뱅이들의 슬럼이라는 이야기가 다른 두 도시를 구성하게 되었다고 말한다. 뉴욕 시 시민단체의 연구소 기관지는 다음과 같이 적고 있다.[21]

뉴욕 시장은 뉴욕 시에서 사업을 하는 것이 채산이 맞게 되었다고 말하지만 작은 상점이나 제조업자는 2~3배로 뛴 임대료를 지불할 수 없다. 젠트리피케이션이라고 하지만 그것이 만들어낸 향상이나 개선은 누구를 위한 것인가. 뉴욕의 공동체(community)에 뿌리를 둔 부모들이 운영하던 상점은 분산되지 않을 수 없게 되었다. 뉴욕의 상점가다운 좋은 점들은 사라져가고 있다. 맨해튼의 동쪽 상점가였던 저가의 레스토랑은 임대료가 5배나 뛰어 추방되고, 그 대신에 기업의 뒷받침을 받는 패스트푸드 레스토랑과 고가의 요리점이 들어오고 있다. 부동산 자본가가 면세 혜택을 받으며 보호되는 한편에서 임대료가 낮은 주택은 부족하고 4만 명의 집 없는 시민이 복지호텔로 몰려들고 있다. 학교도 두 개 집단으로 나뉘어, 예산이 삭감되어 질이 나빠진 공립학교에 자녀를 입학시키는 것을 부모들은 주저하고 있다. 시장 스스로도 인정하듯이 고교생 45%가 낙제를 한다. 다른 조사에 따르면 히스패닉계의 80%, 흑인의 72% 학생이 졸업을 못하고 낙제한다고 한다.

이처럼 근래의 도심 재개발에 의한 어메니티의 회복은 방치해두면 사회적 불평등을 초래한다. 이를 시정하기 위해서는 어떻게 해서라도 공공개입이 필요하게 되어 있다.

르코르뷔지에(Le Corbusier)는 도시계획에는 살기 좋은 것이 있어야 한다고 하고, 계획의 5요소 중 하나로 '풍경의 단위'를 말한다.[22] 그러나 이 '풍경의 단위'라는 어메니티가 일부 특권계급의 것이 아니라 모든 시민이 향수할 수 있을 때에야 비로소 도시계획은 목적을 달성한다고 할 수 있을 것이다. 젠트리피케이션은 도시계획에서 보면 역류현상이다.

♣ 관광·리조트 산업의 환경문제

둘째는 농산어촌에서의 어메니티를 구하는 관광·레저 산업의 개발에 수반하는 공해·환경문제이다. 이 점에서는 일본의 개발이 전형적인 문제를 발생시키고 있다. 대도시권의 어메니티의 상실에 수반하여 1960년대 후반부터 별장의 개발이 진전되고 특히 제2차 전국종합개발계획(1969년)과 함께 도쿄권에 가까운 기타칸토(北關東), 야마나시(山梨) 현이나 나가노(長野) 현에서 별장 개발이 진행되었다. 이어서 1970년대에 들어오면 여가의 증대와 산업구조의 변화에 수반하여 산촌에서는 골프장이나 스키장의 개발이 진행되었다. 1980년대에는 소재공급형 산업의 쇠퇴에 수반하는 임해부 개발의 정체, 유럽, 북미에서 수변공간 재개발의 성공, 그리고 시민의 물 접근권을 요구하는 운동이 어우러져 수변공간의 개발이 계획되었다. 지바(千葉)의 임해 콤비나트 예정지가 디즈니랜드로 바뀐 것이 그 상징적인 사례일 것이다. 이 흐름을 타고 항만관리의 운수성(運輸省)만이 아니라 통산성(通産省), 건설성, 농수성(農水省)에 이르기까지 수변공간 개발계획을 가졌다. 제4차 전국종합개발계획에서는 리조트 기지 구상을 지방 개발의 기둥으로 삼았다. 이 때문에 공장유치 가능성이 없는 과소지에서는 대규모 개발을 바라는 각 현, 각 시(市)·정(町)·촌(村)의 리조트 기지 유치경쟁을 낳았다.

이러한 개발은 중화학공업의 개발과 달리 아름다운 환경을 매물로 할 뿐 공해를 배출하지 않는 것처럼 보이고, 기업이익보다도 여가의 유효한 이용이라는 점에서 어메니티를 촉진하는 것처럼 보이지만, 실은 서비스 관련 대기업의 손에 맡겨져 대규모 자연파괴를 초래하고 있다.

골프장을 예로 들어보면, 이미 오사카 부에서는 공원 면적보다도 골프장이 커졌기 때문에 규제를 시작하고 있지만 대도시권처럼 규제가 가해지지 않는 지역은 개발이 한창이다. 즉 골프장이 나가노 현의 미나미사쿠 군(南佐久郡)에서만 12곳, 현 전체로 50곳(사과 과수원 면적의 80%)이나 있다. 군마(群馬) 현 전체로는 42곳이 이미 건설되었고 그 이외에 24개소가 계획되어 있다. 이것은 도쿄에 가깝기 때문에 생기는 난개발이다. 전국에 골프장은 약 1600

개소에 달한다. 1988년 6월 22일 자 《아사히신문(朝日新聞)》 석간에 따르면, '그린산업'이라고 불리는 골프장은 광대한 삼림을 파괴할 뿐 아니라 잔디를 유지하기 위해 대량의 농약과 비료를 사용한다. 시가(滋賀) 현에 있는 골프장은 18홀에 100ha이지만 1ha당 연간 살균제 37kg, 제초제 15kg, 살충제 16kg, 비료 110kg, 인 150kg을 사용한다. 이것은 이 촌의 농협이 취급하는 전량보다도 많다고 한다. 게다가 이러한 골프장은 현이나 시·정·촌의 사업으로 건설되는 곳도 많다. 이는 캐디나 골퍼에게 '노동재해'나 '레저 재해'를 발생시키고 수원지를 오염시키며 삼림의 상실 때문에 물 부족이나 논의 용수 부족을 가져오는 한편, 비가 오면 홍수가 나는 원인이 되고 있다고 한다.

도야마(富山) 현의 다테야마(立山)나 기후 현의 노리쿠라다케(乘鞍岳) 관광에서 나타나듯이, 정상 가까이까지 자동차도로를 개발하기 때문에 너도밤나무를 비롯한 원생림이 파괴되고 나아가 야생동물도 사멸해가고 있다. 스키장도 과도하게 개발되어 최근에는 고산지대까지 개발이 진행되는 경향이 있다.

리조트 기지 구상을 보면 아름다운 자연을 그대로 살려 관광지를 만들기보다는 대규모 리조트 맨션이나 요트 항 등의 대도시형 관광시설을 만들고, 하와이나 니스의 해안과 같은 것을 계획하고 있다. 이를 위해서 자연공원법의 규제를 완화했기 때문에 삼림의 벌채, 해안의 매립이나 경관 파괴가 진행되고, 자동차의 대량진입이나 인구의 집중에 의해 공해문제가 생길 가능성이 강해지고 있다.

과소 지역에서의 고용, 특히 젊은 층의 고용은 필요하다. 그러나 현재의 별장지나 레저 기지의 개발은 진출하는 대기업의 이익을 창출하는 반면 그 지역에 미치는 사회적 손실이 크다. 자연이나 수자원 등의 파괴가 생기고 관광철이 지나면 남겨진 쓰레기 더미의 처리에 쫓기거나 버려진 개가 들개로 변하여 피해를 가져오는 등 이러한 것들의 뒤처리 비용이 그 지역 시·정·촌의 부담으로 된다. 거품 붕괴로 인해 리조트 산업은 위기에 빠지고 정부의 공공사업도 억제되어 농·산촌의 리조트 개발로 인한 환경파괴는 수그러들게 되었다. 그러나 경제자유화에 의한 농업의 쇠퇴와 과소화는 산골 마을을 황폐화하고 농지의 방치 등 심각한 농·산촌 환경의 위기를 초래하고 있다. 레저 개발은 국내에 그치지 않고 괌, 하와이, 발리 섬, 호주의 퀸스아일랜드 등으로 국제화하고 있지만, 현재와 같은 상태로는 자연파괴를 수반하고 사회적 손실을 국제적으로 확산시키게 된다.

♟ 어메니티권의 불평등

앞에서 서술했지만 어메니티의 산업화는 어메니티권의 불평등을 더욱 가속시킨다. 예를 들면 가루이자와(軽井沢)처럼 좋은 환경을 누리려고 생각하면 별장을 사거나 레저 단지의 호텔에 숙박해야 한다. 세토나이카이 해(海)나 쇼난(湘南)의 수변공간에서 물과 가까이하려 하면 요트를 갖거나 어선을 빌려야 한다. 보통의 월급쟁이는 유럽에서처럼 바캉스를 즐기는 것이 어렵다.

이제 기업이 어메니티를 산업화하려고 하는 길과 모든 사람들이 쉽게 어메니티를 향수하고 싶다는 요구가 충돌하고 있다고 할 수 있다. 오늘날 일본의 정부와 자치단체는 산업정책으로서 기업을 조성하고 있을 뿐 주민의 어메니티권을 보장하려는 움직임은 없다.

사 회 적 손 실 과 사 회 적 비 용

1. 카프의 사회적 비용론

♟ 사적 기업의 사회적 비용

환경파괴를 경제학의 이론 속에 최초로 전면적으로 편입시켰던 카프 (K. W. Kapp)는 이것을 사회적 비용이라고 부른다. 선구적 명저인 『사적 기업의 사회적 비용(The Social Costs of Private Enterprise)』에서 그는 다음과 같이 적고 있다.

사회적 비용이라는 말은 대단히 많은 종류의 비용요소에 대해서 사용된다. 사실 우리의 연구목적을 위해서는 이 말은 제3자 또는 일반대중이 사적 경제활동의 결과로 입는 모든 직·간접적 손실을 포함하는 것이라고 할 수 있다. 이러한 사회적 손실 속에는 인간의 건강 손상이라는 형태로 나타나는 것이 있다. 또한 그 안에는 재산가치의 파괴 또는 저하 및 자연의 부의 조기고갈로서 나타나는 것이 있고, 그만큼 유형적이 아닌 가치의 손상으로서 나타나는 것도 있다. …

요컨대 사회적 비용이라는 말은 생산과정의 결과 제3자 또는 사회가 받지만 그 것에 대해서 사적 기업가에게 책임을 지우는 것이 어려운 모든 유해한 결과나 손실을 가리키는 말이다.[23]

사회적 비용이라는 개념은 피구(A. C. Pigou) 이래 후생경제학에서 사용되던 것이지만, 카프는 마르크스의 사회적 손실과 동의어로 사용하고 있다. 그리고 피구 등의 후생경제학자가 사회적 비용을 시장경제의 예외적 현상 또는 일시적 마찰 현상으로 발생하는 것이라고 보는 것과 달리, 카프는 사회적 비용은 양적으로 볼 때 국민경제의 중대한 물적·인적 손실로서 자본주의 발전에 수반하여 누적적·순환적으로 손실이 증가하고 개별기업의 영업에 손실이 생길 뿐 아니라 장래에는 경제의 재생산을 불가능하게 만드는 것이라고 보았다. 또한 사회적 비용은 질적으로 보면 다양하고 광범위하게 미치는 것이라고 한다. 이 책에서 카프가 열거한 실제 사례는 노동재해, 직업병, 대기·수질오염 등의 공해, 동물·에너지·토지 등의 자원고갈, 기술적 변화에 수반하는 물적·인적 피해, 실업이나 자원의 유휴, 독점·배급이나 수송에 의한 사회적 손실, 과학의 실패, 과밀현상 등 넓은 영역에 미치고 있다.

카프에 따르면 그 원인은 개별 기업마다 확인해야 하는데, 경쟁을 통한 사기업의 영리추구에 의한 것만이 아니라 정부도 포함된 현 시장경제제도의 결함이라고 지적한다. 마셜(A. Marshall)은 공해와 같은 현상을 '외부불경제'라고 부르고, 사회자본이나 교육처럼 사회적 편익이 있는 것을 '외부경제'라고 부른다. 이에 대해 카프는 '외부성'이라는 것은 개별 기업의 입장에 선 개념으로서 국민경제 전체에서 보면 피해는 누군가가 부담하고 있는 것이라면서, 가령 공업폐수 등의 수질정화를 위해 하수도사업 등이 공공 사업·서비스로 수행되면 결국은 자치단체가 행정주체로서 처리하는 것이고, 그 비용은 국민이 부담하는 것이라고 주장한다.

따라서 지금까지의 경제학이 안이하게 공해 등을 예외시해서 오염자에게 부담금을 징수하는 한편 사회적 편익이 있는 사학교육 등에 보조금을 주면 해결되는 것으로 이론을 구성했던 것에 대하여 카프는 통렬하게 비판했다. 또한 그는 공해 등을 고전파 경제학 이래 외부성으로서 이론의 밖에 방치했던 것을 경제학의 파산이라고 생각했던 것이다. 카프의 저작은 1950년대의 미국자본주의를 주된 예증으로 하여, 공해와 같은 사회적 손실이 분명하게 사기업의 생산활동의 결과이고 자본주의 체제의 모순의 필연적인 표현이라는 점을 밝히고 있다. 또한 고전파 이래의 경제학이 사회적 비용이나 사회적 편익의 존재에 부분적으로 관심을 가지면서도 시장 원리의 해명에 치우쳐 체제적 모순에 눈을 감았던 것을 백일하에 드러내고 새로운 정치경제학의 길을 열었다는 점에서는, 20세기 경제학에서는 고전이라고 해도 좋을 것이다.

　그러나 이러한 획기적인 일은 독창적일 뿐으로, 개념의 불명확성이 따라다닌다. 특히 구체적인 실 사례를 넓히면 추상도가 높은 이론과 괴리되는 것을 피할 수 없다. 또한 그의 방법론이 제도학파를 기저로 하면서도 정책론에서는 마르크스주의 경제학에 가까운 제언을 하는 것처럼 보이는 모호한 요소가 있었기 때문에 그 후 여러 학파의 비판을 받았고, 또한 그 자신도 수정하는 부분이 있었다.

　필자는 이미 『사회자본론』에서 카프의 이론을 상세하게 소개하고, 적극적인 사기업 제도 비판이라는 점을 받아들였으나, 가치론 특히 잉여가치론 또는 국가론에서 본 그의 이론의 한계를 지적하고, 비판했다.[24] 비판의 일부는 카프 교수도 받아들이고 있다. 우선 사회적 비용과 화폐적으로 측량할 수 없는 것을 포함하는 사회적 손실을 구별해야 한다는 것은 1975년 일본학술회의 주최 국제회의의 사전 심포지엄 석상에서 동의를 받았다. 또한 후술하듯이 국가는 사기업의 사회적 비용을 방지한다는 중립적 입장에 서는 것이 아니라 오염자를 옹호하고 또한 공공사업 자체가 사회적 비용을 창출한다는 지적에 대해서도 그 후 동의를 받았다. 여기에서는 세부에 걸친 점은 피하고 기본적인 문제점만을 지적해두고자 한다.

♟ 사회적 비용의 두 가지 다른 정의

첫째로, 카프는 사회적 손실과 사회적 비용을 동의어로 쓰고 있다. 이것은 다른 경제학자도 같다. 필자는 국제적으로 논의를 진행하는 데에서는 사회적 비용이라는 일반적으로 통용되고 있는 개념을 사용하지만, 이것은 사회적 손실로 보는 쪽이 좋으며 가치론에서 보면 문제가 있다는 점을 서술해왔다. 데라니시 슌이치(寺西俊一), 요시다 후미카즈(吉田文和) 등은 필자의 시도에서 한 걸음 더 나아가 사회적 손실을 사용가치 개념으로 보고 사회적 비용과 별개로 규정했다. 게다가 데라니시 슌이치는 카프의 적극적인 방지비용과 보상비용을 기업에게 부담시키기 위한 개념을 제창하고 있다.[25] 이 책에서는 이러한 의견들을 받아들이고 싶다. 사회적 손실은 자본주의 경제활동에 의해 발생하는 사회적 피해를 가리키는 것으로서, 이미 서술했듯이 절대적 손실을 포함하는 것이다. 기업은 이 사회적 손실에 대해서 금전적인 배상을 할 의무는 있어도 이것을 모두 보상할 수는 없고, 따라서 사회적 손실 모두를 사전 또는 사후에 내부화할 수는 없다.

그런데 필자가 『사회자본론』에서 지적했듯이 카프는 사회적 비용이라는 말을 사회적 손실을 가리키는 제1정의와 사회적 손실의 방지비용을 가리키는 제2정의라는 두 가지 방법으로 설명하고 있다. 즉 『사적 기업의 사회적 비용』에서 수질오염에 대해 기술한 곳에서는 사회적 비용은 물 오염에 따른 피해액이라는 사회적 손실 개념이 아니라 하수도 건설 등 수질오염의 감소비용 개념으로 기술하고 있다. 카프는 이 책의 개정판 『영리기업의 사회적 비용(The Social Costs of Business Enterprise)』의 서문에서는 사회적 비용이란 안전하고 건강한 사회적 복지수준(social minima)으로 현실수준을 개선하는 비용 또는 인상하는 비용이라고 정의하였다.[26] 즉 제2정의를 명확화하고 있는 것이다. 그러나 이 개정판의 구체적 내용에서는 제2정의에 대해 다루는 부분은 적고 제1판과 같이 제1정의의 사회적 손실을 예증하는 것에 많은 부분을 할애하고 있다. 그 후 카프의 두 저작에서도 사회적 비용 개념은 두 가지로 사용되고 있다. 카프는 필자와 같이 사회적 손실의 보상이나 공해방지비용 등 모든 환경파괴 관련 비용을 원인제공자에게, 특히 사회에서는 사기업에게 원칙적으로 부담시켜야 한다고 생각했고, 나아가 사회적 비용에는 화폐적으로 표시할 수 없는 것도 있기 때문에 내부화는 불가능하다고 보았다. 그점에서는 명쾌하지만, 구체적인 환경정책을 논할 때는 도대체 어떤 정의를 갖고 사회적 비용을 인정할 것인가에 대해서는 명확하게 설명하지 않고 있다.

우자와 히로후미(宇澤弘文)는 『자동차의 사회적 비용(自動車の社会的費用)』에서 도쿄 도를 예로 들어 자동차가 사고나 공해 등의 '사회적 손실'을 발생시키지 못하도록 현재상태의 도로를 개조한다고 가정해서, 그 비용을 도민 소유의 자동차 대수로 나누면 한 대당 1200만 엔에 달한다고 하여 여론에 충격을 주었다. 이 경우 우자와의 이론은 제2정의일 것이다.[27]

제1정의의 사회적 손실은 절대적 손실을 포함하기 때문에 화폐적으로 계량할 수 있는 손실만을 표시하면, 아무리 해도 현실 피해의 크기보다도 작아지게 된다. 예를 들면 일본의 사카이(堺)·센보쿠(泉北) 콤비나트의 사회적 비용은 〈표 III-1〉처럼 1974년 수준으로 연 313억 엔으로 추정되었다. 같은 해 사카이·센보쿠 입지기업 전체의 부가가치액 2970억 엔의 약 11%, 총이윤 2450억 엔의 약 13%에 달한다. 1973~1974년도 입지기업에서 걷은 부세 수입이 41억 엔, 사카이·다카이시(高石) 두 시의 세수입이 75억 엔이었고, 이것과 비교해보면 이 사회적 손실액이 매우 크기 때문에, 콤비나트를 통한 개발이 경제적으로 보면 큰 실패였다는 것이 증명되었다. 그러나 이 추정치

〈표 III-1〉 사카이·센보쿠 콤비나트의 사회적 비용

(단위: 억 엔/년)

항목		금액
1. 생활기반 파괴·생활비 상승에 따른 직접손실	① 대기오염에 따른 건강 피해 　　7700명(피해자 추계)×50만 엔	38.5
	② 대기오염에 따른 가계부문의 피해 　　전체 세대 수 22만 9000세대×2만 2300엔	51.1
	③ 해수욕장 상실에 따른 부담 　　사카이·다카이시 시 인구 수 79만 4000명×2만 엔	158.8
2. 기존 산업의 기반 파괴에 따른 직접손실	어업 피해	8.2
3. 공해대책비(간접손실)의 증대	① 오사카 부(府)　　1973~1974년 평균 대책비	43.1
	② 사카이 시　　1972~1974년 평균 대책비	12.7
	③ 다카이시 시　　1972~1974년 평균 대책비	0.4
합계		312.8

자료) 遠藤宏一, 『地域開發の財政学』(東京 : 大月書店, 1985), p.78.

에는 개발에 의한 해수욕장의 매립 등 자연파괴, 인간의 사망·건강파괴, 고 문화재의 손실 등 절대적 손실의 평가를 화폐적으로 표현할 수 없는 것으로 규정하기 때문에, 사용가치 면에서 실물로 표시하면 사회적 손실은 훨씬 더 커진다.

　다음으로 제2정의에 대해서 사회적 손실이 발생하지 않도록 콤비나트를 개조하는 비용을 고려하면, 이것은 생각하기 어려운 수치가 된다. 가령 최저 한의 공해방지를 위해 사카이·센보쿠 임해 공업지구를 따라 폭 2km의 완충 지대를 조성한다고 하면 2500~3000ha의 지역에 사는 주민 9만 세대 35만 명 의 집단이전이 필요하게 된다. 이 경비는 1977년 당시의 지가로 약 10조 엔 이상 들어간다. 진출기업의 투하자본은 1970년 건설종료 시에 약 6000억 엔, 연간생산액 1조 엔에 지나지 않는다. 제2정의에 의한 시산(試算)이 얼마나 거 액인지 알 수 있을 것이다. 이 밖에도 기업이 환경기준을 만족시키기 위해서 한 공해방지투자 등도 사회적 비용에 포함될 것이다. 즉 주민의 안전을 고려

해서 사회적 비용을 추계하면 이처럼 대도시권 인구밀집지역에 콤비나트를 건설하는 것은 경제적으로도 큰 손실이며, 사실상 불가능했을 것이라는 점이 분명해진다.[28]

사회적 손실은 말할 필요도 없이 GNP의 손실로 산입되지 않는다. 오히려 〈표 III-1〉에서 7700명의 대기오염환자가 건강을 해쳐 치료를 받고 약을 먹으면 의료산업에 득이 된다. 사람들이 멀리 바닷가로 해수욕을 가면 철도나 호텔 등 교통업과 서비스업의 수입이 된다. 부(府)와 시의 공해대책비 때문에 공해방지산업의 생산이 증가하고, 공해대책 공무원의 인건비가 증가하면 GNP는 증가하는 것이다. 이 경우 「공해건강피해보상법」에 의해 7700명 중 약 3000명에 대해서 당시 17억 엔의 보상급여가 이루어졌고, 또한 어업인에게는 어업보상이 이루어졌다. 이것은 기업의 비용이 되었지만, 앞서 언급한 절대적 손실은 전혀 평가되지 않은 것이다.

제2정의의 사회적 비용에 대해서 콤비나트의 기업들은 애초부터 전혀 고려하지 않았다. 연이은 콤비나트의 사고 때문에 사카이 시는 먼저 500m의 완충지대를 만들기로 하고 기업과 교섭을 시작했다. 그러나 불행인지 다행인지 산업구조의 전환이 일어나 콤비나트의 조업은 저하되고 불황산업으로 변해 위험도가 줄어들었기 때문에 이 교섭은 중지되었다. 오히려 그 이후는 귀중한 임해부의 토지가 유휴지가 되었기 때문에 발생하는 사회적 손실 쪽이 커졌다고 할 수 있다.

♣ 정부사업의 사회적 손실 —— '기업의 결함'

카프는 『사적 기업의 사회적 비용』에서 선진 자본주의 국가의 사적기업제도의 기본적 결함을 비판하는 것을 중심에 두고 있었기 때문에 계획경제제도에서의 국유기업의 사회적 비용, 또는 두 체제에 공통된 국가의 공공활동에 수반하는 사회적 손실에 대해서는 지적하고 있지 않다. 오히려 사회적 손실에 반역하는 인민대중의 운동의 압력 등 민주주의의 전진에 의해 국가가 공공사업을 수행하게 되면 사적기업의 사회적 손실을 제거할 수 있다고 했다.

그러나 카프가 인도의 현실을 본 후, 개정판인 『영리기업의 사회적 비용』에서는 그 제명의 변경에서 나타나듯이 공공부문의 경우에도 사적 자극, 예를 들면 보너스 제도를 경제발전의 동기로 한 경우나 계획자의 착오로 사회적 비용을 내부화할 수 없는 경우에는 사회적 손실이 발생한다고 썼다. 특히 발전도상국의 경우에는 사적 부문과 공적 부문이 결합해서 만들었던 발전계획이 불완전한 결과 사회적 손실을 발생시키기 때문에, 다음과 같이 원 개념을 수정하고 있다.

> 이러한 '혼합체제(system mix)'의 경우, 즉 이러한 사적 부문과 공공부문이 공존하고 시장과 공적규제가 조합되어 있는 경우에는 더 일반적인 의미에서의 사회적 비용이란 단지 기업가의 행동만으로 생기는 결과가 아니라 오히려 (사적 및 공적인) 경제적 의사결정에서 생기는 손해나 유해한 여러 영향이라고 정의해야 할 것이다.[29]

또한 정부의 지역개발이 공해를 야기한다는 것을 입증해주는 일본의 욧카이치 시 콤비나트의 경험을 보고 공공기관의 사회적 비용에 대해서 다음과 같이 적고 있다.

> 만약 시 당국이나 공적 기관 내지 계획기관이 예컨대 발생할 수 있는 손실의 영향을 무시하고 과세수입을 증가시키기 위해서 산업을 유치하고 환경파괴를 야기한다고 하면, 이러한 여러 기관들은 수입을 얻기 위해서 스스로 좋아서 환경의 질을 희생시키는 것이다. 즉 이러한 기관들의 행동은 영리주의 원리에

'강제'되어 움직이는 사적 기업의 행동과 똑같다. 양자 모두 개발에 의한 사회적 비용을 무시함으로써 작위적으로 순형식적·단기적인 금전적 해결을 계속하려는 시도인 것이다.[30]

이것은 일본처럼 고도성장정책을 택한 공공기관의 사회적 책임을 추급한 통렬한 비판이다. 카프는 또한 현대의 신조류인 신자유주의를 의식하고 있는 듯이, 공공부문이 민간부문과 마찬가지로 효율 원리로 행동하는 것에 대한 위험을 다음과 같이 지적했다.

현재 시장의 비용과 수익에 의해 공공의 의사결정을 더 '합리적'인 것으로 하려는 의사결정의 부정적 영향이 다소라도 또는 완전히 무시되고, 그러한 경향이 더욱 일반적이고 전형적으로 될 위험이 있을 것이다. 이러한 시도는 환경파괴와 연계된 사회적 비용의 발생을 감소시키지 않고 오히려 증대시킬 것이다.[31]

그런데 이렇게 보면, 카프는 사기업의 이윤 원리가 공공부문에서도 관철됨으로써 공공부문이 사회적 비용을 발생시킨다고 생각했던 것이다. 이것은 오늘날 자본주의 국가들의 국·공영 사업이나 공공사업이 오염원으로 되고 있는 현상의 의미를 밝혀준다.

사회주의 국가의 경우는 기업이 국유화되어 있지만 공해방지비용을 비용에 산입하지 않기 때문에 공해를 발생시키고 있다. 공해를 발생시키는 이유는 앞서 언급했듯이 사회주의 계획경제의 결함이지만, 동시에 자본주의 기업과 마찬가지로 기업이라는 독립조직에 고유한 결함이 있다고 할 수 있다. 자본주의 국가에서는 기업 성시(企業城下町)라는 말이 있듯이 기업이 지역의 자원이나 환경을 독점하고 자치단체의 공공투자나 공공서비스의 수익을 독점하는 경향이 있고, 이러한 도시에서는 공해가 발생하고 나아가 그에 대한 공해를 반대하는 시민운동이 일어나기 어렵다. 사회주의 국가의 경우에는 예컨대 중국의 국영기업처럼 학교나 주택 등 '공공적 서비스'까지 각 기업 또는 대학과 같은 단위가 독립적으로 공급하는 형태를 취하고 있다. 이 경우에는 종업원에 대한 사회서비스의 비용까지 내부화되어야 하는 것도 있어서 그 이상으로 공해방지투자를 비용화할 동기는 법적인 강제를 받지 않는 한 작동하지 않는다.

J. K. 갤브레이스가 지적하듯이 자본주의의 대기업의 경우에는 수요에 의한 시장 원리로 가격을 결정하는 것이 아니라 계획 원리에 의한 장기 비용계산으로 가격을 결정하고 있다. 이 경우에는 대기업은 법적 근거가 없으면 공해방지비용을 비용계산 속에 생략하거나 적게 산정한다. 사회주의적 대기업의 경우 계획 원리는 개별기업만이 아니라 국민경제적으로 작동하는 것이며, 최근에는 생산력의 양적·질적 상승을 촉진하기 위해 경쟁을 장려하고, 독립채산제가 강화되면 자본주의기업과 마찬가지로 이윤 원리와 비슷한 이익의 추구를 전제로 해서 개별기업의 비용에 따라 결정하는 경향이 나오고 있다. 이 때문에 비용을 인하하려고 해서 기업과는 직접 관계가 없는 사회적 손실에 대한 대책비나 공해의 예방비 등을 삭감하는 것이다. 대기업은 사회 내 조직임에도 사회를 규율하려고 한다. 각각의 기업은 비용계산을 해서 합리적인 계획을 하지만, 서로 경쟁하기 때문에 사회 전체로서는 대단히 무계획하고 비합리적이다.

이처럼 자본주의 국가와 사회주의 국가를 불문하고 '기업의 결함'이라는 문제가 공통적으로 발생하고 있다고 할 수 있다. 일본에서는 기업의 행동에 절대적인 신뢰가 있고, 최근에는 모든 활동의 원리(예를 들면 교육이나 문화 등의 정신의 분야에서도)에 기업의 논리를 철저하게 적용하려는 '기업사회'가 이상으로 추구되고 있는데, 이것이 '기업의 결함'으로서의 공해나 어메니티 문제를 더 심각하게 만드는 것은 아닐까.

2. 현대적 빈곤으로서 사회적 손실

♟ 사회적 비용과 사회적 손실의 관계 ── 안전의 경제학

미하일스키(K. Michalski)가 지적하듯이 경제학에서는 사회적 비용이 다의적으로 사용되고, 나라나 사람에 따라서 그 정의나 응용 범위도 달라지고 있다.[32] 가령 공해 또는 환경파괴에 한정해서도 카프처럼 두 가지 의미에서 이를 사용하고 있다. 따라서 이 개념을 사용할 때에는 그 의미를 한정하지 않으면 혼란을 초래할지도 모른다. 필자는 앞서 언급했듯이 사회적 손실과 사전방지비용을 나누고 싶다고 생각한다. 통상 사회적 비용으로서 논의되고 있는 것은 경제활동의 결과로서의 사회적 손실에 대한 것이다. 이것은 절대적 손실을 포함하기 때문에 사회적 비용이라고 부르지 않고 사회적 손실로 해두고 싶다. 그리고 이러한 사회적 손실이 발생하는 원인은 공해방지비용을 사기업 또는 국가(자치단체를 포함) 각각이 또는 쌍방이 부담하지 않기 때문이다. 이 경우의 공해방지비용은 사기업의 미시적 개별비용만이 아니라 카프나 우자와가 말하는 체제 전체의 사회적 복지·안전수준달성비용까지 확대할 필요가 있을 것이다. 이 안전을 목적으로 하고 이른바 환경권의 확립을 의미하도록 공해방지비용은 앞의 사회적 손실과는 구별해야 한다.

다음으로 사회적 손실의 보상비용이나 피해 이전으로 원상회복하기 위한 비용이 문제가 된다. 앞서 언급했듯이 절대적 손실은 보상금으로 회복할 수 없지만, 인적 손실의 경우에는 본인의 생활비·의료비나 유족의 생활비는 금전으로 배상되어야 한다. 또한 손해 중에서 재산권이나 인격권의 침해처럼 금전배상의 대상이 될 수 있는 것도 있다. 제IV부에서 서술하듯이 이 비용에 대해서도 시장가격기구 속에서 자동적으로 보상되는 것이 아니라 행정이나 사법의 공공적 개입이 이루어져야 비로소 원인자가 지불하는 것이다. 즉 배

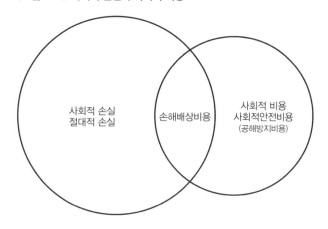

〈그림 Ⅲ-4〉 사회적 손실과 사회적 비용

사회적 손실
절대적 손실

손해배상비용

사회적 비용
사회적안전비용
(공해방지비용)

상금도 현재의 제도하에서는 원인자가 부담하고 있지 않다. 이것도 통상은 사회적 비용이라고 부르고 있다. 그렇지만 이 경우에는 사회적 손실과 사회적 비용은 같지 않고 화폐적으로 배상되는 범위의 것만이 사회적 비용으로 되어 있는 것이다. 그러므로 이러한 두 가지 개념의 관계를 그러한 것들이 발생하는 시간적 관계를 무시하고 병렬적으로 명확하게 하면 〈그림 Ⅲ-4〉처럼 될 것이다.

♟ 사회적 손실과 현대적 빈곤

사회적 손실은 사용가치 개념이지만 자본주의 체제하에서는 체제적 규정을 받는다. 지금까지 서술했던 것처럼 환경문제는 넓게 모든 인민에게 영향을 미치지만, 그 피해는 우선 노동자계급이나 농어민 등 사회적 약자에게 집중된다. 자본주의 사회에서는 사회적 손실에는 분명히 계급성이 있다. 또한 현대 사회주의에서는 많은 나라가 국가자본주의라고 불리는 상황하에 있어서 계층적인 경제적 불평등이 있고, 또한 정당이나 행정기구 등에 특권계급이 존재하기 때문에 환경문제의 영향은 자본주의의 계급대립과는 다르지만 피해는 사회적 약자에게 집중되고 있다.

소득이나 재산(소유권이 있는 것만이 아니라 이용권이 있는 것을 포함해서)의 불평등에 의한 빈곤문제는 환경문제에서 생기는 생활 곤란이나 생활의 질 악화에 의해 상승 작용한다. 따라서 환경문제는 현대적 빈곤이라고 부른다. 사회적 손실이라는 말은 환경파괴가 자원의 고갈 등 사회 일반의 재생산을 저해하는 손실을 포함하지만, 동시에 그것은 인적 손실을 포함하고, 그것은 사회의 불평등을 반영하는 것이다.

지금까지 서술했듯이 현대 자본주의의 환경문제는 자본주의 축적의 법칙에 의해 규정되고 있다. 따라서 이것을 빈곤문제의 한 형태로서 현대적 빈곤이라고 불러두고 싶다. 환경문제와 마찬가지로 사회문제는 도시문제일 것이다. 이것을 현대적 빈곤으로서 고전적 빈곤과 구별한 이유는 다음과 같은 점에 있다.

첫째는 소득수준이나 고용과 일의적으로 관계가 없기 때문이다. 소득수준이 상승하면 고전적 빈곤은 해결되지만, 오늘날처럼 도시화와 대량소비생활 양식이 계속되는 한 현대적 빈곤은 심각해진다. 예컨대 소득수준이 상승해도 사람들이 자동차를 사면 공해는 사라지지 않는다. 내구소비재나 플라스틱 제품 등의 대량소비에 의해 폐기물 처리는 파국적으로 변해가는 것이다.

둘째는 현대적 빈곤은 복지국가나 현대 사회주의 국가의 정책에서는 해결이 되지 않고 신자유주의 국가에서는 오히려 점점 심각해질 것이기 때문이다. 그런 의미에서는 환경문제나 도시문제의 해결이 바로 미래의 체제를 결정한다고 볼 수 있다.

셋째는 현대적 빈곤은 종래와 같이 직장 내의 노동운동으로는 해결되지 않고, 생활의 장에서의 주민운동 또는 자치단체운동으로 해결해야 하기 때문이다. 그런 의미에서는 새로운 사회운동이 요구되고 있다.

경 제 의   세 계 화 와   환 경 문 제

1. 국제적 환경문제의 두 유형

　1980년대 다국적 기업에 의한 경제의 세계화(globalization)와 함께 지구환경 문제가 구체적인 정책과제로 되었다. 초기에는 지구환경 문제는 영향이 한 나라를 넘어서고 있는 환경문제를 총칭하고 있었다. 예를 들면 일찍 문제를 제기했던 데라니시 슌이치는 『지구환경 문제의 정치경제학(地球環境問題の政治経済学)』에서 지구환경 문제를 다음과 같이 정리하고 있다.

　① 월경형(越境型)의 광역 환경오염 …… 산성비나 국제하천의 수질오염

　② 공해 수출에 의한 환경파괴 …… 민간기업의 해외진출에 의한 공해나 ODA (공적개발원조)에 의한 개발에 따른 환경파괴

　③ 국제분업을 통한 자원과 환경의 수탈 …… 열대우림 벌채 등

　④ 빈곤과 환경파괴의 악순환적 진행 …… 사막화 등

　⑤ 지구 공유자산의 오염과 파괴 …… 오존층 파괴와 지구 온난화 문제 등[33]

이 정리는 현상(現象) 형태를 잘 정리하고 있지만, ③과 ④는 항목을 통합하여 남북문제로서의 자원약탈과 환경파괴라고 써도 좋을 것이다. 또한 요네모토 쇼헤이(米本昌平)는 『지구환경 문제란 무엇인가(地球環境とは何か)』에서 세 가지 그룹으로 문제를 분류하고 있다.

제1그룹은 지구규모의 영향을 미치지만 대책은 현지정부가 명확하게 대응책을 취할 수 있는 환경문제 …… 사막화와 삼림의 감소.

제2그룹은 피해의 사실과 오염원은 명확하고 기술적인 대책이 가능함에도 양자가 국경을 걸치고 있어 국익의 벽에 의해서 대책이 곤란한 문제 …… 산성비와 국제하천·항만의 오염, 여기에는 지역성이 있다.

제3그룹은 피해가 전 지구로 미치는 것으로 그 영향의 시기, 정도에 대해서는 아직 명확하지 않지만 방치하면 중대한 영향이 있는 문제 …… 지구 온난화, 프레온 가스 문제.[34]

이것은 정책주체에서 본 분류이다. 이런 두 가지 분류를 참고로 해서 지금까지의 국내환경 문제와 구별할 수 있는 국제환경 문제를 크게 세 가지로 나눌 수 있다.

ⓐ 월경형 환경문제 A …… 다국적 기업·선진국정부의 활동에 의한 '공해 수출'·환경파괴

ⓑ 월경형 환경문제 B …… 특정국가의 경제·정치행위에 의한 국제적인 피해·산성비, 삼림화재 등에 의한 오염

ⓒ 지구환경 문제 …… 지구 온난화 문제, 프레온 가스에 의한 오존층 파괴, 생물다양성의 파괴 등

이러한 국제환경 문제는 국내환경 문제와 다르며, 독자적인 분석과 대책을 필요로 한다. 특히 시장 원리에 의한 투자와 무역의 자유화가 WTO나 세계은행 등에 의해 추진되고 있지만, 이를 규제하는 국제협력기관이 없기 때문에 제Ⅰ부에서 소개했던 서머스의 주장이 그대로 통하게 되어 있다. 그러므로 다국적 기업의 비용최소·이윤최대 등의 시장 원리가 관철되고, 시장의 결함으로서의 공해·환경파괴가 정면으로 발생한다. 그것에 더하여 발전도상국·지역에서는 개발독재 또는 성장 우선의 정부가 지배하고 시민의 기본적 인권과 민주주의가 보장되지 않으며 공해에 대한 억제력이 작동하지 않기 때문에 '정부의 결함'이 환경문제를 창출하고 있다. 아마노 아키히로(天野明弘)가 지적하듯이[35] 이러한 신고전파 경제학의 논리가 초래하는 지구환경 문제를 억제할 논리적 판단이 요구된다. 궁극적으로는 선진공업국을 포함한 사회경제체제의 혁신이 요구되고 있다. 그 점에서는 국내의 공해·환경문제의 시스템적 해결과 연속되어 있다고 할 수 있다. 왜냐하면 국제환경 문제는 독자적인 심각한 사회문제를 포함하고 있고, 정책상으로도 독자적인 곤란을 안고 있기 때문이다.

여기에서 분류한 월경형 환경문제 B의 책임은 발생원의 기업·개인과 국가에 있다. 따라서 그것은 국내환경 문제의 책임과 마찬가지라고 할 수 있다. 간접적으로는 데라니시 슌이치의 지적처럼 남북문제에서 나오는 빈곤의 극복을 위한 남획이라는 요인이 있을 수 있다. 1997~1998년에 일어난 인도네시아의 삼림화재는 근린국가를 장기간에 걸쳐 오염시키고, 건강피해와 나아가 항공기사고까지 야기하는 대사건으로 되었다. 이러한 삼림화재에 대해서는 "화재의 원인은 빈곤한 화전농민"이라고 정부당국이 당초 설명했지만, 이노우에 마코토(井上真)에 의하면 그것은 문제의 바꿔치기로서 "칼리만탄(Kalimantan)이나 수마트라에서 기름야자 농원이나 펄프용 조림지를 조성하기 위해 수목이 벌채되고 태워졌던 것이 화재의 최대원인"이라고 말한다. 즉

'개발에 의한 환경파괴'이다. 이노우에가 정식화한 '개발 → 환경파괴 → 빈곤화'가 바로 지금의 남아시아의 현실[36]이라고 한다면 다국적 기업이 추진하는 개발 → 환경파괴가 국제환경 문제의 중심이라고 해도 좋다. 그러므로 다음에는 월경형 환경문제 A의 '공해 수출'에 대해서 내가 현지 조사했던 세 가지 전형적인 사례를 열거하고자 한다.

2. 월경형 환경문제 ── 공해 수출

♟ 보팔의 재해

20세기 최대의 화학산업 재해는 인도의 보팔(Bhopal: 인구70만 명)에서 일어난 다국적 기업 유니온 카바이드의 사고이다. 1984년 12월 2일 농약제 제조공장(1969년 설립)의 메틸 이소시아네이트(Methyl Isocyanate)의 저장탱크에 물이 혼입되어 온도가 급상승하면서 수 시간에 걸쳐 유독가스가 누출되고, 40km²의 인구밀집지대에 연기로 확산되었다. 공식 사망자 수는 최초 1주일간에 2500명(유니온 카바이드는 1408명으로 발표), 가스에 노출된 사람이 약 50만 명, 중증환자 4000명으로 나타났고, 약 8만 명의 주민은 특히 폐 등에 심각한 영향을 받았다. 생존자의 2분의 1에서 3분의 1이 간(肝)에 고통을 받고 있다. 공장은 생산공정의 내용이나 유해물에 대해서 적절한 정보를 흘리지 않았기 때문에 독성 메커니즘의 해명에 시간이 걸렸다.

인도 정부는 뉴욕 남구의 연방법원에 30억 달러의 보상요구를 했지만 인도의 법정으로 되돌려 보내졌고, 1989년의 화해로 약 4억 7000만 달러의 지불이 결정되었다. 이 금액이 적었기 때문에 피해자가 제소를 했고, 최고재판소에서 85억 루피가 다시 32만 명에게 지불되었다. 또한 160만 달러가 의료비로 지불되기도 했다. 이 배상에 대해서는 불명확한 바가 있지만 1인당 사망자 9만 루피(당시 환율로 약 30만 엔), 생존자 2만 5000루피(약 8만 엔)이었다. 만약 미국에서 똑같은 사고가 발생했다면 100억 달러 이상의 배상이 필요했을 것이다. 국내적으로도 인도의 철도사고의 보상에 비해서 낮은 금액이라고 이야기되고 있다.

직·간접으로 일자리를 잃어버린 60만 명의 피해자들에게 일할 기회를 제공하기 위해서 당초 50개소의 시설이 만들어졌지만, 겨우 월 6루피밖에 지불하지 않았다. 당시 정규고용 노동자의 급여는 월 3000루피였기 때문에 피해자 특히 여자노동자는 이러한 문제를 개선하기 위해 보팔에서 델리까지 700km를 걸어가서 정부에 진정을 했다. 2001년 8월에 필자가 방문했을 때 아직 구체적인 대책은 마련되지 않았고 인쇄포장공장만이 남아, 86명의 피해여성이 월 1931루피(다른 공장의 정규직원이라면 5000루피)로 일하고 있었다. 국내외 민간기부에 의해 1995년에 삼바브나 트러스트(Sambhavna Trust)가 설립되어 1996년 9월부터 활동하고 있다. 여기서는 17명의 직원들이 생존자의 무료치료, 건강검진 조사연구를 진행하고 있다.

공장 안에는 아직 4000톤의 화학물질이 방치되어 있고, 토양과 지하수는 오염되어 있어, 이것의 처리가 요구되고 있다. 1999년 11월 유니온 카바이드사의 책임을 추궁하는 소송이 진행되었지만, 2000년 8월 소송자들은 문전박대를 당했다. 이처럼 아직 이 피해는 그 전모가 불명확하고, 기업도 책임을 짊어지지 않고 있다. 피해자와 지원여성들은 매주 토요일에 수백 명이 모여서 항의집회를 계속하고 있다.[37]

♟ 캐나다 원주민의 수은 중독 사건

다국적 기업의 공해사건은 선진국 내부에서도 일어나고 있다. 1970년대에 캐나다의 온타리오 주 북서쪽의 원주민 거류지에서 수은 중독 사고가 발생했다. 발생원은 영국계 다국적 기업 '리드 인터내셔널(Reed International)'이 소유하고 있는 드라이덴(Dryden) 시의 펄프공장이었다. 펄프공장이 가성소다를 만들어 1962년부터 1969년까지 3만 톤의 수은을 흘려보냈고, 그것이 잉글리시 강(English River)과 와비군 강(Wabigoon River)의 수계(水系), 강과 호수가 뒤섞여 있는 지역에서 어패류를 오염시켰다. 캐나다 정부는 주민의 직접적인 어획을 금지했다. 이 때문에 물고기를 주된 식재료로 삼던 원주민은 허드슨베이 사(Hudson's Bay Company)가 설치한 가게에서 식재료를 사야만 했다. 주 정부는 관광을 위한 스포츠 낚시는 금지하지 않았지만, 양심적인 관광업자 바니가 관광시설을 폐쇄했기 때문에 안내원을 주된 직업으로 했던 원주민은 일자리를 잃었다. 오염이 심각했던 그래시 내로스(Grassy Narrows, 등록인구 1214명)와 화이트 독(White Dog, 등록인구 1649명)의 원주민은 과거에 댐을 만들기 위해서 수렵이나 야생벼를 채취하며 생활하던 지역에서 쫓겨나 거류지로 이주당했다. 그런데 수은오염사건으로 인해 원주민이 일자리를 잃고 자급자족적인 생활양식에도 변화가 생겨, 생활의 희망을 잃고 생활보호자나 알콜중독자로 전락하는 경우가 늘어나게 된 것이다.

1975년 필자를 단장으로 하는 일본의 조사단은 두 차례에 걸쳐 조사를 실시했다. 현지에서 89명을 대상으로 사지 통증 사례 40건, 저린 증상 28건, 종아리 경련 16건을 진단했다. 이 결과 우리는 경증 미나마타병이 발생하고 있다는 것을 국제회의 등에서 발표했다. 그러나 캐나다 정부는 수은오염은 인정하면서도 미나마타병이라고는 인정하지 않고 구제하지 않았다. 1977년 피해자들은 일본의 교훈에서 배워 소송을 제기했다. 재판은 이후 약 10년 가까이 계속되었지만 원주민에게는 증거를 입증해줄 캐나다의 연구자가 모이지 않았고, 백인 변호사들은 순차적으로 중도 포기하면서 성과를 얻지 못한 채 끝나버렸다.

이 재판 과정에서 리드사는 펄프공장을 캐나다의 퍼시픽오션 철도계의 그레이트레이크 제지(Great Lakes Paper)에 매각하고 철수했다. 원인자가 소멸한 것이다. 1985년 정부는 두 곳의 거류지에 대해서 재판을 걸지 않은 것을 조건으로 그레이트레이크 사와 공동으로 지역부흥안을 제시하고, 이듬해 1986년에 두 거류지는 여기에 동의했다. 이때 머큐리 장애기금(Mercury Disability Fund)이 만들어졌다. 기금 총액은 1667만 달러로서, 그레이트레이크 사가 600만 달러, 리드 사가 575만 달러를 갹출하고 나머지 약 500만 달러는 캐나다 정부와 온타리오 주가 부담했다.

이 기금을 운용하는 머큐리 장애위원회(Mercury Disability Board)는 임상검사항목으로서 사지 말초 우위의 감각장애, 시야협착, 운동실조, 언어장애, 청력장애, 진전(振顫),38) 조건반사 상실을 검사하고, 그것을 증상에 따라 4단계로 구분하고, 0점에서 8점까지 점수로 환산해 6점 이상이면 장애를 인정하여 월 250달러, 최고 800달러를 한도로 구제금을 지불하고 있다. 이것은 사실상 미나마타병을 인정한 보상금이라고 할 수 있지만, 여전히 정부도 위원회도 미나마타병이라고 인정하고 있지 않다.

2002년과 2004년 두 차례에 걸쳐 1975년에 조사했던 하라다 마사즈미(原田正純)를 단장으로 해서 후지노 다다시(藤野糺) 등 의사를 추가한 구마모토 가쿠엔 대학(熊本学園大学)의 그룹은 두 거류지 187명의 검진을 실시하고, '미나마타병' 60명, '미나마타병＋합병증(당뇨병 등)' 54명, '미나마타병 의심' 25명, 합계 139명을 진단했다. 이것을 위원회의 구제조치와 비교하면, '미나마타병' 60명 중 인정 21명, '미나마타병＋합병증' 54명 중 27명, '미나마타병 의심' 25명 중 5명이었다. 또한 1975년에 조사했던 화이트 독 주민은 절반 가까이 사망했지만 27명을 재검사했다. 그 결과 '미나마타병' 13명, '미나마타병＋합병증' 11명으로 합계 24명(88.8%)에 달했다. 위원회의 인정은 21명으로 구제금을 지불하고 있다.

"그 결과 이상하리만큼 높은 비율로 사지감각장애나 실조(失調), 시야협착 등 미나마타병으로 보이는 증상이 확인되었다. 수은오염의 존재를 배경으로 고찰한다면 이런 증상은 미나마타병으로 진단할 수밖에 없다. 27년 전에 경증으로 진단에 확신을 갖지 못했던 것이 이번에 거의 전형적인 미나마타병의 증상을 보이고 있었다. 따라서 1975년 시점에서 저자들이 지적하였던 것처럼 경증이지만 미나마타병이 이미 발병했던 것이 된다"고 하라다 마사즈미는 결론짓고 있다.

약 30년의 세월을 지나 지극히 불편한 지역의 재조사가 실행된 것은 '기적'에 가깝지만, 미나마타병에 대한 잘못된 정치적 판단이 국제적으로 수은 중독 대책을 그르치고 있는 상황을 바꾸고 싶다는 하라다와 후지노 두 의사의 집념과 양심이 이룩해낸 훌륭한 업적이다. 그러나 아마도 정부 그리고 위원회는 미나마타병이라고 인정하지 않을 것이다. 구제제도가 있다고 해도 미인정 환자는 다수 있다. 이것은 하라다에 따르면 일본에서 미나마타병을 판단하는 행정기준의 복사판이라고 여겨지며, 일본의 인정기준의 결함이 국제적으로 확대된 전형적 사례라 할 수 있다고 말한다. 현지 실정을 알고 있는 필자는 구제제도가 설령 개혁되어 호수가 정화되었다고 해도 이 지역의 환경문제는 끝나지 않는다고 생각한다. 인디언의 전통적인 생활양식이나 문화를 어떻게 부흥시키고, 안정된 일자리나 교육을 재생시켜갈 것인지 과제는 많다.[39]

♣ 오키나와 미군기지의 환경문제

쓰루 시게토는 일본의 미군기지를 미국 정부에 의한 '공해 수출'이라고 규정하고 있다.[40] 특히 오키나와(沖繩)의 미군기지는 전형적인 '공해 수출'이라고 할 수 있다. 오키나와 현의 미군기지는 37개 시설 2만 3681ha(현 전체 면적의 10.4%, 본 섬 면적의 18.8%를 차지한다)에 일본의 미군전용시설의 75%가 여기에 집중되어 있다. 국제정치학자 존슨(C. Johnson)은 『역류: 아메리카 제국의 비용과 그 결과(Blowback: The Costs and Consequences of American Empire)』에서 일본은 미 제국의 위성국으로 오키나와는 본질적으로 펜타곤의 군사적 식민지로 되어 있다고 언급했다. 미군이 오키나와에 이제껏 주둔하고 있는 것은 오키나와 기지가 미국의 힘을 아시아 전체에 침투시키고, 미국의 패권을 유지·강화하는 장대한 전략을 위한 것이지만, 동시에 이 군사식민지가 모국에서도 전혀 바랄 수 없는 멋진 생활을 제공하고 있기 때문이라고 적고 있다.[41] 오키나와 기지 안에는 쾌적한 주택, 학교, 의료시설, 골프장, 오락시설 등이 완비되어 있다. 주일미군 경비의 70%, 주일미군 1인당 약 1500만 엔, 총액 약 6500억 엔(국유지 지대 상당액을 포함)의 '상대국 배려 예산'[42]을 일본이 지출하고 있다. 여기에다 기지에 대한 현 주민의 반대를 무마하려는 듯이 기지 관련 교부금·보조금을 기지가 소재해 있는 자치단체에게 지출하고 있다. 1972년 복귀와 함께 오키나와개발진흥계획이 시작되고, 주로 도로 등의 공공사업에 대해서 약 8조 엔의 예산이 사용되었다. 당초 목적에서는 전쟁과 미군점령으로 받은 손해를 보상하고 경제를 부흥·자립시키기 위한 계획이었지만 이 계획은 실로 30년 이상이나 계속되고 있다. 그것은 오키나와의 경제자립이 곤란하다는 의미인데, 이제는 명백하게 군사기지를 존속시키기 위한 보조정책으로 되어 있다. 기지 존속을 위해 보조율 100% (제4차라고 말할 수 있는 새로운 진흥계획 이후는 90%, 오키나와 이외의 본토에서는 평균 50%)의 보조금을 지급하여 오랜 세월 동안 공공사업을 계속했기 때문에 오키나와의 산업구조는 건설업을 중심으로 한 공공토목사업 의존경제가 되었고, 현재의 경제구조를 개혁할 수 없게 되어 있다. 자립성이 결여된 정치·경제계는 기지의 존속을 인정하지 않을 수 없는 상황이 되어 있다.[43]

오키나와의 미군기지는 환경파괴의 주요한 원인이 되고 있다. 일상적으로 발생하고 있는 것은 환경기준치를 훨씬 초과하는 심각한 소음이다. 특히 가데나(嘉手納) 공군기지와 후텐마(普天間) 공군기지의 소음의 피해인구는 오키나와 현의 조사로는 11곳의 기초지자체 약 52만 명(현 전체 인구의 39%)에 달한다. 현은 1995년부터 1998년까지 4년 사업으로 '항공기 소음에 의한 건강영향조사'를 실시했으며, 그 조사에 따르면 가데나 비행장 주변 지역에서는 장기간 항공기 소음에 노출되어 청력손실, 저체중 신생아 출생률의 상승, 유아의 신체적·정신적 요관찰 행동이 많은 등 주민건강에 대한 악영향은 분명하다고 한다. 인내의 한계에 도달한 주민은 1982년에 국가를 상대로 하여 제1차 가데나 기지 소음소송을 제기했다. 그 요구내용은 ① 오후 7시부터 오전 7시까지 사이의 야간비행 엔진작동을 금지할 것, ② 오전 7시부터 오후 7시까지 사이의 낮 시간의 폭음을 65데시벨 이하로 낮출 것, ③ 현재 과거에 걸친 손해배상으로서 1인당 115만 엔을 지불할 것 및 ①과 ②의 기준달성까지 장래의 손해배상을 지불할 것, ④ 주민거주지역 상공에서의 발착이나 연습을 포함한 비행을 금지할 것 등이다.

이것에 대해서 나하(那覇) 지방법원은 국가에게 미군기의 비행금지 청구는 불가능하며, 장래 청구는 부적당한 것이라고 판결하고 80웨클[44] 이상의 지역에 대해서만 수인한도를 넘어서고 있다고 보고 손해배상 약 8억 엔만을 인정했다. 원고는 불복해서 상소했지만, 상고심에서도 손해배상은 인정되었으나 금지나 장래청구는 인정받지 못했다. 이러한 주민의 공해반대에 의해서 1996년 3월에는 미일합동위원회에서 '가데나 비행장 및 후텐마 비행장에서의 합동위원회 합의'가 이루어져, 주일미군의 임무에 지장을 가져오지 않는 범위에서 항공기 소음에 의한 바람직하지 않은 영향을 최소한으로 하는 규제조치가 결정되었다. 그러나 비행금지시간은 오후 10시부터 오전 6시까지로 제한하는 데 그치고, 이것도 지켜지지 않고 있다. 현이 설치한 두 비행장 주변 측정국의 소음영향도는 여전히 70이상 80에 가까운 값이 계속되고 있다. 이 합의에 따른 규제조치에서는 진입 및 출발경로를 포함한 비행장의 주위경로는 가능한 한 학교, 병원을 포함한 인구조밀지역 상공을 피하도록 설치하기로 했다. 그러나 2004년 8월 13일 후텐마 기지의 헬리콥터가 오키나와 국제대학에 추락한 사건에서 밝혀지듯이 규제조치가 엄격하게 지켜지고 있다고는 할 수 없다.

미군기지의 환경문제는 이 밖에도 PCB등 유해폐기물에 의한 오염, 기지 건설이나 연습 등에 의한 온나(恩納) 촌이나 나고(名護) 시에서의 적토유출 등의 자연파괴, 원자력잠수함의 기항이나 열화우라늄탄의 도리시마(鳥島) 사격장 사용에 따른 오염, 구시가와 시(具志川市) 캠프 코트니의 납 오염 등의 사건이 일어났다. 이러한 공해와 연습사고 그리고 병사에 의한 사건은 기지 주변지역의 안전을 위협하고 있다.[45] 그뿐만 아니라 현재의 기지는 점령 중에 미군의 군사적 목적에서 만들어져 오키나와의 경제나 사회의 발전을 위한 토지이용계획과는 무관하게 본도 남부의 가장 인구조밀하고 경제적 기능이 집중되어 있는 지역에 만들어져 있다. 이것이 제2차 세계대전 후 오키나와의 경제자립을 저해하는 원인이고, 동시에 또한 어메니티가 있는 지역을 만들지 못하는 원인이기도 하다.

미군의 환경문제는 기업 등의 경제활동에 수반하는 환경문제와는 다르다. 이 문제는 미일안보조약에 근거한 미일동맹과 이른바 군사전략에 수반하는 문제이다. 그러므로 미군은 배타적인 특권을 갖고 있다. 점령하에서는 미군 사령관은 민정부장관으로서 재판권을 갖고 있어 오키나와의 제왕이라고 불리고 있었다. 복귀 후에는 미군의 행동은 행정협정에 의해 제약받고 있다. 그러나 독일이나 이탈리아 등 유럽의 행정협정과 비교해 미군의 권한이 크다. 예를 들면 미군기지에 대해서는 일본 환경관리기준이 1995년에야 비로소 설정되고, 그 후에도 개정되어 배출가스, 폐수, 유해물질, 유해폐기물, 자연자원과 멸종위기 생물종, 사적·문화적 유산 등에 대해 국내법과 같은 환경기준이 만들어져 있다. 그러나 실제로는 일본 정부가 감사하거나 들어가서 조사할 수는 없고, 위반한 경우에 규제하거나 처벌하는 권한도 없다. 미군의 자주적인 수호의무에 맡기고 있는 것이다. 미군이 오키나와 현에 항상 정보를 공개해야 할 의무는 없다. 또한 향후의 미군 재편에 따라 토양오염 등 폐기물의 처리가 큰 문제가 된다. 그러나 미국 본토의 「슈퍼펀드법」46)이 여기에 적용되고 있지 않다. 이 점에서는 분명히 이중 잣대(double standard)를 적용하는 것이다.

존슨에 따르면 미 제국의 지역지배전략은 구(舊)제국주의 국가처럼 점령지역에 영토를 요구하지 않는다. 그 대신에 반드시 거대한 기지를 존속시켜 그것을 통해 사실상 그 나라·지역을 식민지 또는 위성국으로 삼고 있다고 한다. 여기서는 오키나와 기지를 문제로 삼았지만 현재의 미군 재편은 '본토의 오키나와화'라고 일컬어지듯이 일본 전체가 존슨이 지적하는 미국의 세계전략에 편제될 위험이 있다. 이런 위험을 피하는 길은 미일안보체제47)의 폐기 또는 근본적 수정과 새로운 아시아의 안전보장체제의 확립 이외에는 없다. 이 기본적인 개혁을 위해서는 적어도 미일행정협정을 독일처럼 개정하는 것부터 시작해야 한다. 환경문제에서 일본인은 피해자이지만 일본의 미군기지에서는 베트남 전쟁이나 이라크 전쟁 등에 군대가 파견되었다. 국제적으로는 가해자에 가담하고 있는 것이다. 전쟁은 최대의 환경파괴이고 일본인은 그 가해자에 가담하고 있다는 것을 자각해야 한다.

♟ 사회경제적 특징

'공해 수출'이라는 말로 상징되듯이 월경형 환경문제에는 피해와 가해에 독자적인 특징이 있다.

피해의 특징은 국내의 공해와 마찬가지로 생물학적 약자와 사회적 약자를 중심으로 해서 절대적 손실이 생기는 것은 같지만 인종적·민족적 차별이 있는 것이다. 보팔의 피해자는 공장에 인접한 원주민 '슬럼'에 살고 있던 사람이 중심이다. 캐나다의 두 거류지의 주민은 캐나다 인디언이라고 부르던 원주민이다. 캐나다의 진정한 토지소유자는 수렵민족이었던 원주민이다. 이지역을 침략했던 영국과 프랑스 사람들이 총과 알코올을 들여와 원주민의 자립성을 상실시키고 토지를 빼앗았던 것이다. 미국처럼 인디언을 무력으로 굴복시켰던 것은 아니지만 똑같이 원주민을 거류지에 가두었고 동화정책을 썼던 것이다. 사건이 발생해도 원주민이 자력으로 피해를 호소하는 것은 곤란했다. 앞에서 들었던 두 거류지는 다행히도 외부의 미일과학자의 원조로 사건이 밝혀졌지만 퀘벡 주의 수은 중독 사건은 시라키 히로쓰구(白木博次)에 따르면 정부의 손으로 은폐되고, 거류지 그 자체를 없애 버렸다고 한다. 오키나와의 경우는 군사적 압제가 계속되고, 복귀 후에는 일본헌법 체제 안으로 들어왔지만 미일안보조약이 일본의 국법보다도 우선되어 피해가 계속되고 있다. 여기에서도 민족적 차별 또는 전전부터 계속된 오키나와 차별이 있다고 할 수 있다.

이런 국제적 환경문제의 피해는 전통적인 생활관습·문화나 공동체를 붕괴시킨다. 제I부에서 서술했던 것처럼 삼림 벌채로 인해 숲에 살던 주민의 공동체가 붕괴된 것은 전형적 사례이며, 캐나다 원주민의 피해도 미나마타병의 발생으로 인해 눈앞에서 공짜로 채취하여 매일 먹던 물고기를 먹을 수 없게 되었고, 가게에서 식료품을 사야 하는 시장의 그물망에 말려 들어가 버렸다. 그리하여 전통적인 생계활동이나 생활관습이 유지될 수 없게 되었다. 젊은이는 전통적인 노래나 춤보다도 록 음악을 좋아하고, 학교교육을 받은 뒤에 거류지를 나와 일찌감치 도시로 나가기를 원하고 있다. 거류지의 붕괴는 공해에 의해 촉진되고 있다. 오키나와에는 군용지 지대(地代)가 1972년의 126억 엔에서 현재는 822억 엔으로 높아졌다. 그러면 기지를 반환받아도 본래의 농업으로 복귀할 경제적 이유가 없어지게 되어, 기지반환은 바람직하지 않게 된다. 그뿐인가. 군용지 소유가 유리한 투자처가 되고, 부동산투기의 대상이 되었다. 이처럼 월경형 환경문제는 경제적 손실만으로는 측정할 수 없는 사회의 붕괴를 초래하는 것이 특징이다.

가해자인 다국적 기업이나 외국군대는 정주성이 없고 유동적이기 때문에 책임의 도피나 확산이 일어난다. 보팔도, 캐나다의 드라이덴의 기업도 모두 사건이 재판에 회부되는 사태가 생기면 본국으로 돌아가 버렸다. 말레이시아의 이포(Ipoh) 시에 있는 ARE의 방사성폐기물 사건에서도 재판이 시작되면서 회사는 철수·해산해버렸다.[48] 국내의 경우에도 쇼와덴코(昭和電工)의 가노세(鹿瀬) 공장은 미나마타병을 발생시켜 재판에 들어가자 철수하였고, 가노세덴코(鹿瀬電工)로 옷을 갈아입어 증거인멸이 문제가 된 바 있다. 다국적 기업의 경우에는 책임 도피가 더 잘 일어나고 있다고 할 수 있다. 또한 군사동맹에 의한 외국 군기지의 경우 직접 교섭상대가 자국의 정부로 되어 진정한 책임이 은폐되어버린다.

환경정책 면에서 무엇보다도 문제가 되는 것은 환경기준이 본국보다도 완화되는 이중 잣대(double standard)라는 것이다. 그리고 사건이 발생하고 책임을 밝혀내서 보상을 시키는 경우에도 본국에 비하면 훨씬 보상금이 적다. 경제의 세계화는 남북문제라는 빈부의 격차를 진전시키며, 환경문제는 그것을 촉진시키고 있다. 공해의 낙원(pollution heaven)이 생겨나고 있다고 할 수 있다.

이후 지구환경의 보전을 추구하는 발전도상국의 여론이나 운동이 커지고 그 나라의 정부의 환경정책이 강력하게 실행되지 않는 한 투자와 무역의 자유화를 추진하는 세계화와 미국의 패권을 추구하는 군사행동에 의해서 월경형 환경문제는 확산되어갈 것이다.

3. 지구환경 문제

♣ 지구 온난화 문제의 '정당성' 논쟁

지구환경 문제에는 오존층 문제 등이 포함되지만 여기에서는 국제정치 과제로서 가장 중시되는 온난화 문제를 다루고자 한다. 제 I 부에서 언급한 대로 지구 온난화 문제에 대해서 장대한 실험을 시도하고 있는 IPCC의 제4차 평가보고서가 발표되어, 온난화의 원인이 인간 활동으로 인한 것일 가능성이 제3차 평가보고서의 66%에서 90%로 되었다. 그리고 여섯 가지의 미래 시나리오 중 자원절약으로 환경을 배려한 순환형 사회를 실현하면 21세기에 평균기온이 1980~1999년에 비해 1.8°C(시나리오에 따르면 1.1~2.9°C) 상승, 화석연료에 의존해서 높은 경제성장을 실현하면 약 4°C(동 2.4~6.4°C) 상승한다고 예측하고, 역시 해수면 상승에 대해서는 18~59cm 상승한다고 예측했다. 제3차 평가보고서와 비교하면 수치가 약간 달라졌지만, 위험의 예측과 시나리오는 동일하다. 그러므로 여기에서는 이미 논쟁이 이루어지고 있는 제3차 평가보고서를 바탕으로 그 정당성을 검토해보겠다.

IPCC 보고서의 중심은 기상학 등 자연과학의 영역에 속해 있고 필자의 판단을 넘어서기 때문에 이하에서는 문제의 전문가로 제3차 평가보고서를 알기 쉽게 소개하고 평가하고 있는 마쓰오카 유즈루(松岡讓)·모리타 쓰네유키(森田恒幸)의 「지구 온난화 문제의 구조와 평가(地球溫暖化問題の構造と評価)」의 골자를 간단히 소개한다.[49)]

제3차 평가보고서에서는 1750~2000년에 온실효과 가스 증가에 따라 발생하는 복사강제력(Radiative Forcing, 기후변동의 원인력의 크기를 나타내는 척도. 양수(+)의 복사강제력은 지표기온을 상승시키고 음수(-)의 복사강제력은 냉각시킨다)은 2.43Wm⁻²(1m²당 와트수)로서 CO_2 60%, 메탄 20%, 할로카본

(halocarbon) 14%, 아산화질소 6%의 비율로 영향을 미쳤다고 한다. 1910~
1945년 및 1976년 이후에 나타나는 기온상승을 모두 재현할 수 있는 것은 인
위적 기원(起源)과 자연적 기원의 복사강제력을 둘 다 고려한 경우에만 가능
하며, 1976년 이후의 급격한 기온상승은 인위적 기원의 강제력이 주요인일
것이라고 한다. 제3차 평가보고서에서는 21세기 말 기온상승을 1.4~5.8°C라
고 예측하고 있고, 이 변동폭은 너무 커서, 1.4°C와 5.8°C에 미치는 영향의 내
용이나 지역은 크게 다르며 확률부여를 하는 것은 어렵다고 한다.
　예측되는 온난화의 영향은 다음과 같다.

① 기후변화의 영향을 계속 받고 있는 약한 생물종과 지역에 대한 영향 ……
　　반건조지역(아프리카 서클)에 대한 영향, 연안, 습지대의 열악화나 산호의
　　백화(白化)
② 극단적인 기상의 빈도와 강도의 변화 …… 홍수, 태풍, 열파 등의 증가에 의
　　한 생명·재산의 손괴, 이상기후에 약한 지역의 피해의 증대
③ 영향의 불균등 …… 발전도상국 또는 선진국에서 선택적으로 발생하지만
　　온도상승일수록 발전도상국에 심각한 피해
④ 온난화에 의한 세계 전체의 총영향치 …… 산업에 대한 피해 등 시장가치로
　　측정되는 것은 일부이고 그 이외에 많은 피해가 예측됨
⑤ 해수의 심층순환 정지, 서남극 빙하 붕괴, 삼림의 대대적 고사 등 불가역적
　　현상 발생

　이 중에서 이상기후에 대한 연구에 힘이 집중되고 있으며, 현재에는 정성
적(定性的) 분석에 그치고 있다. 이상의 영향의 경제적 손실은 발전도상국에
서 GDP의 2~9%, 선진국에서 1~2%가 되지만, 수십 년 뒤에는 발전도상국
의 상황은 크게 달라진다고 예측되기 때문에 적당한 수치는 열거할 수 없다.

제3차 평가보고서는 향후 100년의 세계상을 가치관과 세계협조의 관점에 근거하여 그려본 네 가지 줄거리에서 여섯 가지 시나리오를 보여주었다.

가치관에 변화 없이 고도성장, 3% 성장이 100년간 계속되고, 2050년 1인당 소득 세계평균 2만 달러 이상, 기술혁신은 크게 진전된다는 줄거리에서는 다음과 같은 다섯 개의 시나리오가 있다.

① A1F ······ 석탄의 그린이용이나 석유나 천연가스 관련 기술혁신을 수반하는 화석연료 의존형 고성장 시나리오

② A1T ······ 원자력을 포함한 신에너지개발을 고려한 고도기술지향형 고성장 사회 시나리오

③ A1B ······ 이러한 기술혁신들이 균형을 이룬 고성장시나리오

④ A2 ······ 다원화 사회 시나리오

⑤ B1 ······ 순환형 사회 시나리오

지구규모의 문제에 대한 관심이나 국제적 문제의 해결이라는 방향을 지향하지 않고 지역의 문제와 형평성을 중시하는 줄거리에서는 이런 시나리오가 있다.

⑥ B2 ······ 지역공존형 사회 시나리오

마쓰오카·모리타는 B1·B2를 선택하면 온난화대책을 세우기 쉽다고 말하고 있다(〈그림 III-5〉). 온난화완화의 구체적 내용은 온실효과 가스의 배출을 소멸시키고, 온실효과가사의 대기 중 농도를 기후 시스템에 대한 인위적 간섭이 되지 않을 정도로 안정화시키는 것이다. 여섯 가지 시나리오에서 필요로 하는 감축량은 〈표 III-2〉와 같다. 2100년 기온상승을 최대 3°C로 하기

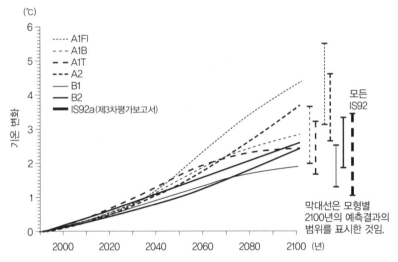

〈그림 III-5〉 2100년까지의 기온변화의 추계

주) 'IS92'는 IPCC가 1992년에 작성한 배출 시나리오이다.
자료) 松岡讓·森田恒幸, 『地球温暖化問題 の 構造 と 評価』, p.44 그림 재구성.

〈표 III-2〉 완화시나리오에서 필요한 감축량

시나리오	배출량(SRES)	삭감량			
		450ppm	550ppm	650ppm	750ppm
A1FI	2105	1470(70)	1135(54)	975(46)	869(41)
A1B	1415	820(58)	499(35)	298(21)	
A1T	985	419(43)	68(7)		
A2	1780	1175(66)	856(48)	738(41)	334(19)
B1	900	352(39)	99(11)		
B2	1080	418(39)	273(25)		

주) 2001~2100년의 누적량, 단위는 10억 탄소톤. 2150년을 목표도달 해로 함.
    ( )는 기준선에서 감축 %. 'SRES'란 여섯 가지 시나리오의 총칭.
자료) 松岡讓·森田恒幸, 「地球温暖化問題 の 構造 と 評価」, p.55(표 제목 수정).

위해서는 CO_2 농도 550ppm을 안정화목표로 하면 A2FI에서 54%나 감축해야 한다. 더구나 감축시기가 지체되면 될수록 감축량은 증가하는 것으로 예측된다. 이것을 보면 모형에 따라서 감축량이 크게 다르며, 달성수단(원료전환이나 기술개발)도 크게 달라진다. 450ppm을 목표로 하는 완화시나리오는 저자에 의하면 기술적으로 충분히 가능하다고 한다. 그러나 지금까지의 목표 550ppm에서 450ppm으로 감축하기로 하면 사회경제체제의 변혁이 필요하다고 말한다. 온난화 완화에 의한 경제적 영향은 B2 시나리오에서 목표치를 550ppm으로 했을 경우 최대로 GDP의 변화는 1.4~1.8%, 2100년에 1% 정도의 손실이 있을 것이라고 한다.

일본의 경우 국내대책만으로 교토 의정서의 감축목표를 달성할 때 GDP의 손실은 0.19~1.20%로 평균치로 0.64%라고 한다. 그것은 2010년에 약 2조 5000억 엔(1990년 가격)이 되고, 이것은 환경산업의 발전으로 1조 엔, 환경보전기술의 효율화로 5000억 엔, 환경에 좋은 상품의 구입에 의해서 3500억 엔, 전체로 75%의 회복이 가능하다고 적고 있다.

일본의 환경경제학의 연구자, 정부관계자나 대중언론매체는 이 IPCC의 보고에 대해서 대체로는 긍정하며, 이것을 전제로 정책을 논의하고 있다. 그러나 일부에서는 강한 반대론도 있다. 일부 사회과학자들이 반대론의 근거로 드는 것은 덴마크의 통계학자 롬보르그(B. Lomborg)의 『회의적 환경주의자(The Skeptical Environmentalist)』일 것이다. 이하에 간단하게 취지를 소개한다.

롬보르그는 "일반적으로 이산화탄소의 기후에 대한 영향은 결코 무시할 수 있는 것은 아니지만 생각하는 것보다는 작다는 것을 보여주고 있다"[50]고 하며, IPCC와 그것을 근거로 하는 정책에 반대하고 있다. 우선 그는 예측에 대해서 다음과 같이 의문을 제기했다. "1세기나 미래의 예측을 한다는데, 과거의 예측을 보면 알 수 있지만 지뢰투성이의 일이다."[51] 제3차 평가보고서가 21세기 말의 온도상승을 1.5~4.5°C로 폭을 잡은 것은 모형이 부적절하고 감도가 크게 떨어지며 에어로졸, 수증기의 피드백, 구름의 표현에 대해서 문제가 남아 있기 때문이라고 하며, 지구 온난화에 대해서 기상재해를 곧바로 초래하는 것은 아니라고 한다.

롬보르그는 지금의 세계의 사회경제체제는 지구환경론자가 서술하듯이 위기에 빠져 있는 것이 아니며, 오히려 빈곤을 해소하고 풍요한 사회를 만들고 있다고 말한다. 따라서 앞의 여섯 가지 시나리오 중에서는 현상유지로 화석연료를 사용하는 고도성장의 A1 시리즈의 시나리오가 좋다고 한다. 이 시나리오라면 B보다도 소득이 50% 증대하고, 발전도상국의 소득은 75% 증대하며, 온난화 비용 5조 달러의 20배 이상의 총추가편익 106조 달러를 얻을 수 있다. 온난화는 2~2.5℃ 정도로, 이 정도라면 선진국에는 영향이 없거나 오히려 좋은 영향을 미친다. 세계가 풍요해지면 자위수단도 증가하고, 피해가 나오는 발전도상국의 구제도 꾀할 수 있다고 적고 있다. 그는 교토 의정서에 대해서도 부정적이어서 현재 상태의 CO_2 배출량 5% 감축으로는 기후에 미치는 영향은 거의 없고, 2100년의 온실가스 값을 6년 늦추는 데 지나지 않는다고 본다. 이를 위해서 1500억 달러를 사용할 정도라면 UNICEF는 연 700~800억 달러만 있으면 제3세계의 전체 주민에게 건강, 교육, 상하수도를 공급할 수 있다고 이야기하고 있으니 그쪽에 사용하는 것이 좋다고 주장한다.

롬보르그는 IPCC는 정치프로그램에 편향되어 있다고 결론짓고 있다. IPCC의 시나리오 중 가장 추천받고 있는 B1은 "자원에 그다지 의존하지 않고, 공업화하고 있지 않고, 상업화하고 있지 않고, 생산지향조차도 없는 분산형 사회를 가리키고 있다"[52]고 주장한다. 이것이라면 풍요의 저하는 107조 달러로 기후변화의 5조 달러의 20배 손실이며, 발전도상국이 소득의 75%를 상실하게 된다. "그래도 좋은가"라고 그는 묻는다. 더구나 그는 이 두꺼운 저서의 끝에 "나로서는 어찌해도 아무 상관없는 이런 보험에 2~4%나 보험료를 지불하는 것은 의미가 없다고 생각한다"[53]고 결론짓고 있다.

롬보르그가 지적하듯이 어떻게 모형을 세밀하게 만들고 대형 컴퓨터를 사용해서 계산을 했다고 해도 100년 앞의 일을 정확하게 예측하는 것은 불가능하다. 기후변동의 자연적 원인에 대한 불명확한 문제가 존재하며, 사회적 원인으로 가면 더욱 복잡한 예측이 생겨난다. 기술의 발전, 사회경제체제의 방향, 전쟁 등의 국제분쟁, 국내정치의 방향 등 20세기를 회고해보더라도, 아니 최근 20년만으로도 놀라운 변화가 일어나고 있다. 그런 의미에서는 지구 온난화의 예측만으로는 미래의 선택이 불가능하다는 것이 분명하다.

그러나 지구 온난화 문제의 중요성은 매일 인류의 생산·생활이 지구의 위기를 자동적으로 진전시키고 있다는 것이다. IPCC의 성과는 온난화의 원인으로서 이러한 인간의 경제활동을 부정할 수 없다는 것을 밝혔다는 점이다. 특히 최근의 지구의 온도상승은 분명히 인위적인 원인이고, 그 영향은 방치할 수 없는 상황을 낳고 있다는 점이다. 그러나 가령 2℃가 상승하더라도 롬보르그처럼 방치할 수 있는 문제는 아니다. 특히 도서지역을 비롯해 남반구의 발전도상국에게는 불가역적인 지리적 영향을 가져온다. 도시화한 사회에서는 하루 한 시간이라도 물자와 사람의 흐름이 정체되면 절대적인 손실이 발생한다. 선진국의 경우에는 조그만 자연의 변화도 큰 영향을 가져온다는 것은 지금까지의 사고, 공해나 자연재해 사례로 볼 때 분명하다. 복잡하고 정밀한 상호의존적이며 글로벌한 네트워크가 형성되어 그것이 해마다 정밀해져 가는 사회에서는 미소한 기후변동 등의 자연변화와 그에 따르는 사회변화는 100년 전과는 다른 중대한 영향을 미친다는 것을 생각해야 할 것이다.

이러한 롬보르그 비판의 결함은 오늘날의 시장제도를 바탕으로 해서 IPCC가 예측한 5조 달러 또는 GDP의 2~4%의 손실을 전제로 삼아 비용편익 분석을 하고 있다는 점이다. 발전도상국의 경제성장은 중국·인도의 상황을 보더라도 놀라울 정도로 빠르며 그만큼 환경부하는 상상을 초월한다. 더욱이 지구 온난화는 불가역적 절대적 손실을 초래한다. 이 때문에 사전예방을 서두르는 것이다. 또한 롬보르그는 오늘날의 시장제도에 의한 고도성장 속에서 경제가 자동적으로 빈곤문제나 환경문제를 해결한다고 생각하고 있지만, 그것은 현실에 반한다. 어떤 식이든 공공적 개입이 없으면 이러한 문제들은 해결되지 않는다. 기술의 발전도 문제가 생기면 자동적으로 진행되는 것이 아니다. 재생에너지를 비롯해 환경 관련기술은 시민의 여론에 의해 환경정책이 추진되어서 비로소 시장화된 것이다.

스티글리츠(J. E. Stiglitz)가 지적하듯이 경제의 세계화는 격차(빈부의 격차, 지역격차 등 사회적 불평등) 문제와 지구환경 문제를 일으키고 있다.[54] 지구환경대책에는 대국 주도의 내셔널리즘이 아닌 국제적 연대에 의한, 국제적 정치를 만들어내야, 그 장대한 실험이 지구 온난화 대책이라고 할 수 있다. 물론 효율적인 대책을 강구해야 한다. 그러나 이것은 시장가격으로 형량할 수 있는 것이 아닐 것이다.

롬보르그의 비판에서 정당한 것은 오늘의 사회의 미래를 지구환경의 위기만으로 판단하는 것은 편협하다는 점일 것이다. 전쟁, 핵 문제, 발전도상국의 빈곤 등 미래를 향한 과제는 많고, 정책의 선택을 일원화해서는 안 될 것이다. 어떻게 해서 유지 가능한 발전 그리고 유지 가능한 사회를 만들 것인가. 온난화 문제는 그 실마리이지 전부는 아니다.

♟ 지구환경 문제의 정치경제학

지구환경 문제는 국내환경 문제의 정치경제학에 추가하는 새로운 이론을 요구하고 있다.

우선 지구환경 문제는 지구규모의 영향을 미치는 축적성(stock) 공해(넓게는 재해)다. 그것은 인간활동에 의한 유해물질이나 유해행위가 장기간 역사 속에서 축적된 후에 발생하고, 그 영향은 전 세계에 미치며, 미래세대까지 장기간에 걸쳐 계속된다. 그것은 배상이나 복원이 불가능한 불가역적 손실을 발생시킨다. 이 때문에 사전예방이 최우선의 정책목표가 된다.

이러한 사회적 성격이 있기 때문에 다음과 같은 원리가 필요하다.

첫째는 국제성이다. 국가주의로는 문제가 해결되지 않는다. 미국의 네오콘 정권처럼 국제적인 관심이 없고 한 나라의 이해를 우선하면 지구환경 문제는 해결되지 않는다. 스티글리츠의 지적처럼 미국은 사익과 사견을 추구하는 행동에 몰두해서 세계의 민주주의의 토대에 금이 가게 만들었다. 경제의 세계화를 제어하는 세계적인 정치기관은 없다. WTO는 선진국 내의 특권을 위해 작동되고 있다. 어떻게 해서 환경정책의 국제성을 확립할 것인가가 문제이다. 이것은 제IV부 이하의 과제이다.

둘째는 남북문제의 공평성이다. 지구환경 문제는 온실효과 가스에서 전형적으로 나타나듯이 산업혁명 이래 선진공업국의 경제활동에 의한 것이다. 따라서 정책에 수반하는 비용에 대해서 선진국과 발전도상국이 동일한 부담을 하는 것은 불공평하다. 중국은 이미 미국에 이은 세계 2위의 CO_2 배출국이지만 지금까지의 축적에 대한 기여도는 보잘 것 없다. 현황으로 판단하는 경우에도 에너지나 원재료의 절약기술의 차이가 문제가 된다. CO_2의 경우는 에너지에 포함되는 탄소량을 기준으로 하면 비교적 공평을 기할 수 있지만 그래도 문제는 남는다.

셋째는 세대 간의 부담의 공평이다. 현세대의 부담이 가벼우면 피해는 장래세대에 무거워진다. IPCC의 제언에 따르면 대책을 지체하면 지체할수록 단위당 CO_2의 감축비용이 커진다. 그러나 현세대에게는 직접적으로 피해가 없을 때에 부담을 지게 하는 논리를 만들어야 한다.

이처럼 사전예방원칙을 구체화하려면 새로운 원칙이 필요하다.

지구환경 문제는 국내환경 문제 이상으로 시장 원리로 해결하는 데에는 한계가 있다. 이것은 앞서 언급한 서머즈의 이론의 결함에서 지적했다. 스티글리츠는 공유지의 비극론에서 국내의 환경문제의 해결에 공유지(넓게는

commons)의 사유화를 주장하는 자도 있지만, 이것은 소득분배의 불공평을 초래한다. 그래도 국내문제라면 일정한 해결을 강구할 수 있을지도 모르지만 국제 어업이나 지구 온난화에 사유화론은 적용되지 않는다. 세계규모의 천연자원에 대해서 실행 가능한 유일한 방책은 정부 스스로가 세계규모에서 공유자원을 공적 관리하는 것이라고 말하고 있다.[55]

지구환경 문제는 국내환경 문제 이상으로 사회경제체제의 혁신을 요구하고 있다. 그 경우 롬보르그의 비판처럼 환경문제의 해결은 일원화할 것이 아니라 평화, 빈곤, 건강, 교육(지식) 등을 포함해서 대책을 강구할 수 있는 시스템을 구축해야 할 것이다. 이것을 필자는 '유지 가능한 사회'로서 제V부에서 총괄하고자 한다. 이러한 체제는 혁명에 의해서 성립할 수 있는 것은 아니다. 그러면 어떠한 수단을 택하면 좋은가. 제IV부에서는 그 정책수단으로서 쓰루 시게토가 지적하는 플로의 사회화에 의한 개혁, 그리고 스티글리츠나 아마노 아키히로가 말하는 환경민주주의에 의한 혁신 등을 검토해야 할 것이다.[56]

◆ 주

1) 미국의 『연차환경백서(Environmental Quality)』는 대기오염, 수질오염, 유해물질 오염, 에너지, 자연자원, 주거환경, 토지이용, 그리고 지구규모의 환경 등을 대상으로 삼는다. 구소련에서 영어판으로 발행했던 「환경관리 초록(Environment Management Abstracts)」는 대기오염, 수질오염, 토양오염, 폐기물, 소음 · 진동, 방사능, 광물자원, 야생생물, 자연재해, 경관 등을 대상으로 삼는다. 또한 이탈리아의 DOCTER (Istituto di Studi e Documentazione per il Territorio, 영문명 International Institute for Environmental Studies)는 유럽 전체를 대상으로 영어, 이탈리아어의 2개 언어로 EC의 원조를 받아 격년으로 연차보고서를 제출하는데, 그 대상영역은 다음과 같다.
농업과 농촌 토지(Agricultural and Rural Land), 지도 제작(Cartography), 해안 (Coasts), 문화유산(Cultural Heritage), 환경정책(Environmental Polices), 에너지 (Energy), 환경교육(Environmental Education), 환경영향평가(Environmental Impact Assessment), 환경 정보(Environmental Information), 동식물(Fauna and Flora), 토양 매립(Land Reclamation), 레저 계획 및 레크리에이션(Leisure Planning and Recreation), 광산 및 채석장(Mines and Quarries), 조직 구조(Organizational Structure), 공원과 자연보호 구역(Parks and Nature Reserves), 대기오염(Air Pollution), 수질 오염(Water Pollution), 소음(Noise), 폐기물(Waste), 해양 보호(Sea Protection), 도시 및 국가 계획 수립(Town and Country Planning), 독성 및 유해 물질(Toxic and Hazardous Substances), 도시재생(Urban Renewal), 물 공급 및 강 관리(Water Supply and River Management), DOCTER, 유럽 환경연감(European Environmental Yearbook)(London: DOCTER International U. K., 1987).

2) (옮긴이 주) 칫소는 제2차 세계대전 후 일본의 고도 경제성장기에 미나마타병을 일으킨 것으로 유명한 일본의 화학공업회사이다. 현재 일본의 아사히카세이(旭化成), 세키스이카가쿠(積水化学), 세키스이 하우스 등 일본 유수의 다국적 화학공업회사의 모체 회사이기도 하다. 1906년에 설립하여 1908년에 일본질소비료주식회사로 개칭, 이후 신흥재벌로 성장하여 1927년에는 흥남비료로 통칭되는 동양 제일의 조선질소비료주식회사를 흥남에 설립하였다. 그 외에도 식민지 조선에 세운 조선전업주식회사, 조선압록강수력전기주식회사, 조선석유공업, 일질고무공업 등은 모두 자회사로 설립된 것으로, 일제 강점기인 1930년대 조선의 식민지공업화의 중추적인 역할을 수행하였다. 그러나 패전 후 재벌해체 과정에서 일본질소 재벌 역시 해체되어, 공습을 당하지 않아 파괴되지 않은 채로 남아 있던 미나마타 공장을 제외한 국내외의 모든 공장, 기업을 상실한다. 1965년에 회사명을 칫소로 개칭하여 오늘에 이르고 있다.

3) '기업 성시(企業城下町)'는 1963년에 야하타(八幡) 시 —— 현재의 기타큐슈(北九州) 시 야하타 구 —— 를 조사할 때 고안한 개념이다. 庄司光 · 宮本憲一, 『恐るべき公害』(岩

波新書, 東京: 岩波書店, 1964) 참조, 통산성도 석유파동 후의 불황구제 법률을 '기업성시(城市) 구제법' 등으로 속칭하고 있었다.

(옮긴이 주) 일본에서 무가 시대(武家時代)에 다이묘(大名)의 거성(居城)을 중심으로 발달한 도시를 성하정(城下町, jōka machi)이라 하는데, 성곽을 중심으로 무사, 상인, 장인 들이 각각 거주지를 형성하여 근세 이후까지 도시를 발전시켜나갔다. 성곽 안에 도시를 형성하는 성시(城市)와는 달리 성곽 밖에도 규모가 크고 거리경관이 뛰어난 거주지와 상업지를 형성하였다. 그러나 기능상으로는 성시로 보아도 무방하며 이 책에서는 일괄적으로 성시로 번역하였다. 현대에 와서, 어떤 지역에 특정 기업을 중심으로 하여 주변에 도시가 형성되고 상하 종속적 사회관계와 같은 지역사회가 형성되는데 이런 도시를 과거 성시의 형성을 본떠 기업 성시(企業城下町)라 부른다. 주로 양조, 섬유 등의 전통산업을 중심으로 형성된 경우가 많았으나 제2차 세계대전 후에는 중화학공업단지나 대기업의 거대 지방공장의 유치에 따라 도시 전체가 특정 기업이나 산업에 편중되는 경우가 대부분이 되어, 그로 인해 각종 도시 문제를 초래하는 경우가 많았다.

4) 1973년 제1차 미나마타병 소송판결 직전에 실시한 NHK의 여론조사는 이것을 분명하게 보여준다. 宮本憲一 訳,『公害都市の再生・水俣』(講座『地域開發と自治體』第2卷) (東京: 筑摩書房, 1977), pp. 272~273.

5) 白木博次,「みなまたの醫学的檢討 —— 全身病,とくに全身の血管損傷と關聯して」,《公害研究》第13卷 第1号(1983年 7月).

6) 작가인 아리요시 사치코(有吉佐和子)는 뛰어난 감각으로 공해문제를 다루었다. 아리요시의『複合汚染』(東京: 新潮社, 1975)은 여론에 중대한 충격을 주었는데, 복합오염은 더욱더 강해질 것이다.

7) "과거 약 10년간의 경험에서 일반화할 수 있는 것인데, 고속도로 건설이나 도로확장 계획이 증가하여 결국은 교통을 혼잡을 초래하고 대기오염을 악화시키는 경향에 의해 가장 피해를 입는 사람들은 노동자계급 내지 하층 중산계급의 사람들이라는 것이 틀림없다". E. J. Mishan, *Growth: The Price We Pay* (London: Staples Press, 1969), 都留重人 監訳,『經濟成長の代價』(東京: 岩波書店, 1971), p. 71.

8) 중지명령의 법학적 고찰에 대해서는 澤井裕,『公害差止の法理』(東京: 日本評論社, 1976) 참조.

9) 중지명령에 대해서는 제13장에서 서술하겠는데, 중지에도 여러 가지가 있어서 배상금이 거액이 되면 중지 쪽이 가해자에게 부담이 가벼워지는 경우가 있다.

10) 庄司光・宮本憲一,『日本の公害』(岩波新書, 東京: 岩波書店, 1975).

11) 쓰루 시게토(都留重人)가 정의한 공해 개념은 다음과 같다『公害の政治經濟学』(東京: 岩波書店, 1972), pp. 29~30].

① 기술진보가 점점 생산의 사회적 성격을 강화시켜가는 단계에서, 따라서 하나의 경

제주체가 외부로부터 받는 영향이 크고 그것이 외부에 미치는 영향도 큰 단계에서,

② 경제 주체의 사기업적인 자주·자기 책임의 원칙이 관철되는 한,

③ 집적하기 좋은 기회, 즉 외부경제를 이용하려는 적극적 동기도 가세하여 집적 경향
은 저절로 강화되며,

④ 외부에 미치는 악영향은 최소한의 방제가 이루어질 뿐이며 주변지역에 집적해서
양의 질적 전화를 낳지만,

⑤ 그 결과에 대해서는 개별 경제주체와의 인과관계의 증명이 어려운 경우가 많아서
개별 경제주체는 책임을 벗어나며,

⑥ '외부', 즉 보통은 불특정 다수의 기업 내지 개인, 예외적으로 특정한 기업 내지 개
인에게 실제 피해를 주는 사태.

12) 이 책 구판이 간행된 1989년, 폴란드는 군부지배 아래에 있었다. 그 자체가 사회주의
체제로서 이상한 상태지만, 그 때문에 이 시점에서 환경정책을 평가하는 것은 적절하
지 않을지도 모른다. 그러므로 1979년 폴란드 과학아카데미 '인간과 환경' 위원회 등
의 초청으로 조사한 결과가 독자들에게 참고가 될 것이다. 塚谷恒雄·宮本憲一,『公害
──その防止と環境を守るために』(深谷: 東研出版, 1982), pp. 125~132.

오염 상황은 대기와 물에 관해서는 일본에 비해 훨씬 심각하다. SO2의 환경기준을 넘
는 공업도시의 지점이 56곳 있었고, 그곳에 인구의 21%가 살고 있다. 폴란드의 교토
라고 불리는 크라코프(Krakow) 시는 인근에 세계 최고의 대기오염을 보이는 실레지
아(Silesia)지방의 공업도시 카토비체(Katowice) 시가 위치해 있기 때문에 SO2가
1975년의 연간 12만 5000톤에서 1979년에는 83만 톤에 달했다. 수질오염에서는 수질
오탁도를 표시하기 위해서 4단계로 구분하고 있는데 우량 1단계가 1967년 31.6%이었
던 것이 1979년에는 10.1%, 기준 이하인 4단계가 1967년의 40.8%에서 1977년에는
57.3%로 되었다. 크라코프 시에서는 수질의 수은오염도 보고되었는데, 1979년에 도
시 공동우물의 41%, 농촌 공동우물의 52%가 실격이었다. 그단스크(Gdansk) 시가 면
해 있는 발트 해는 이 도시에 하수도의 처리장이 없는 사정도 있어서, 장어가 수십만
톤이나 죽는 사건이 일어났다. 폐기물에서는 37가지 물질이 대상으로 되어 있는데 환
경오염기업 중에서 25%밖에 처리하지 않고, 현재 8억 톤 이상의 폐기물이 산적되어
있다. 대기·수질 오염에 따른 동식물과 인간의 건강피해에 대해서는 그 후 조사가 진
행되었는데, 사망률 상승과 건강장해가 보인다고 한다. 폴란드는 1976년에 헌법을 개
정하여 '환경권'을 제정했지만 환경오염은 심각했다.

예를 들면 803개 도시 가운데 350개 도시만 폐수처리시설을 갖추고 있다. 수도 바르
샤바조차 처리시설이 충분하지 않다. 랑게의 언급과는 반대로 폴란드의 기업경영자
는 대부분 사회적 비용을 내부화하기 위해 공해방지투자를 하기보다는 그 자금을 생
산력향상을 위한 설비투자나 종업원의 보너스로 돌리기 일쑤였다. 기본적인 대책으
로 오염이 심한 낡은 공장을 철거하고 최신 공해방지시설을 갖춘 공장을 건설한다는

계획을 갖고 있지만 새로운 생산방법을 인정하지 않는 노동조합의 반대로 추진되지 못했다.

이러한 상황이 벌어지자 아카데미의 경제학자들은 집권적 관료제의 폐해를 지적하였다. 또 사회학자는 국유기업이기 때문에 주민운동이 곤란한 점, 국유기업의 공해에 대해서는 대중매체가 충분한 보도를 하지 않는 점, 재판도 충분하게 기능하지 못하고 있는 점 등을 들었다. 또 당시의 '인간과 환경' 위원회 미하일로프 위원장의 말로는 크라코프 시에서 "맑은 공기가 좋은가, 자동차를 증산하는 쪽이 좋은가"라는 설문조사를 한 결과 공기가 더러워져도 자동차가 좋다는 의견이 많았다고 한다. 미하일로프 위원장은 폴라드인의 문화수준이 올라가지 않는 한 환경정책은 어렵다고 하였다.

2006년 필자는 오랜만에 폴란드를 방문했다. EU가맹으로 EU의 규제를 받아 크라코프 시의 대기오염은 크게 개선이 이루어졌고 거리도 아름답게 변해 있었다. 그러나 아직 석탄과 철강 공업지역의 공해는 남아 있다.

13) 1973년 이미 나가스나 미노루(長砂實)는 필자가 당시 사회주의의 공해를 주로 낮은 생산력과 관료제, 비민주주의적인 정치와 문화에서 찾는 것에 반대하여, 그 원인을 '생산관계'에서 찾아야 한다는 주목할 만한 이론을 주장하였다. 長砂實, 「社会主義ソ蓮の'公害'問題」, 《公害研究》第2卷 第4号(1973年 4月). 그 후 실태조사를 거쳐서 필자도 이 책에 쓴 대로 생산관계에서 찾아야겠다고 생각했다. 다만 나가스나 미노루는 현대 사회주의의 생산관계가 자본주의의 모반(母斑)을 갖고 있는 것에서 공해의 원인을 찾는다. 필자는 그와 동시에 뒤에 언급하겠지만 '정부의 실패'라고 불리는 '관료제'를 생산관계로서 파악할 수 있지 않겠는가라는 가설을 갖고 있다. 물론 이 책 전체에서 전개하고 있듯이 공해·환경 문제는 단순히 생산관계라는 기저로 환원해서 보는 것에는 반대한다. 소재에서 들어가 정치경제구조라는 중간 시스템 전체의 성격을 검토해야 된다는 것은 되풀이할 필요도 없다. 그러나 이 점도 사실은 생산관계와 밀접한 관련을 가지는 것이다. 어쨌거나 현대 사회주의, 또는 고도의 사회주의(공산주의) 생산관계란 무엇인가에 대해서 추상적인 정치주의가 아니라 현실에 의한 경제학으로서 해명할 것을 요청하고 있는 것이 아닐까.

14) 佐藤武夫·奧田穰·高橋裕, 『災害論』(東京: 勁草書房, 1964), 佐藤武夫, 「災害の科学」, 庄司光 訳, 『公害と災害』(講座 『現代日本の都市問題』 5)(東京: 汐文社, 1971). 다만 사토 다케오(佐藤武夫)는 공해를 재해와 마찬가지로 산업재해 속에 포함시켜 독자 개념으로 삼고 있지 않다. 이 점에서 필자와 다르다.

15) 주 7)의 번역서에서는 'amenity right'를 '편익권'이라고 번역하고 있다. 현재 상황에서는 이 번역어는 이해를 그르치므로 그대로 어메니티권이라고 하겠다.

16) 옮긴이 주 사회학자이자 문화비평가인 기즈가와 게이(木津川計)는 도시문화의 융성에 대해 일류문화와 풀뿌리 문화라는 자신만의 독특한 분류를 제시한다. 그는 도시문화의 융성은 전문예술가가 창조하는 수준 높은 '일류문화'와 아마추어 시민이 삶의 만

족이자 일상생활의 즐거움으로 삼는 '풀뿌리 문화'가 공존할 수 있는가에 달려 있다고 주장한다. 일류문화는 풀뿌리 문화가 저변에 있기 때문에 경제적으로 기반을 삼을 수 있으며, 매우 열정적이고 친밀한 감상자를 확보할 수 있다. 풀뿌리 문화는 수준이 높은 일류문화를 올려다보고 본보기로 삼으면서 자신의 수준을 향상시켜나간다.

17) 木津川計, 『文化の街へ ── 大阪・二つのアプローチ』(東京: 大月書店, 1981).

18) D. B. Diamond, Jr. and G. S. Tolley, *The Economics of Urban Amenities* (New York: Academic Press, 1982), pp. 3.

19) 木原啓吉, 『歴史的環境 ── 保存と再生』(東京: 岩波書店, 1982); 宮本憲一, 「環境の思想・アメニティの政治経済学」[宮本憲一, 『都市をどう生きるか ── アメニティへの招待』(東京: 小学館, 1984)]가 이 무렵의 원형이니 참조할 것.

20) (옮긴이 주) 문교지구(文敎地区)란 대학 등 학교가 몰려 있어 청소년 보호를 위해 유흥시설의 진입이 제한되어 있는 지역을 말한다.

21) D. D. Dikins, "New York Today: Two Unequal Cities", Citizens Budget Commission, *Quarterly*, Vol. 4, No. 1. 또한 뉴욕 시의 전체상을 파악하려면 W. K. Tabb, *The Long Default: New York City and the Urban Fiscal Crisis*(New York: Monthly Review Press, 1982); 宮本憲一・横山茂・佐佐木雅幸 監訳, 『ニューヨーク市の危機と變貌 ── その政治経済学的考察』(京都: 法律文化社, 1985) 참조.

22) Le Corbusier, *Maniére de Penser l'Urbanisme*(Paris: Editions de l'Architecture d'aujourd'hui, 1947), 板倉準三 訳, 『輝く都市』(東京: 鹿島出版会, 1968). 단 이 책은 르코르뷔지에의 유명한 고전 『輝く都市』를 번역한 것이 아니라 그의 사고방식을 저술한 것을 같은 제목으로 출판한 것이다.

23) K. W. Kapp, *The Social Costs of Private Enterprise*, Cambridge(Mass.: Harvard Univ. Press, 1950), p. 13, 篠原泰三 訳, 『私的企業と社会的費用 ── 現代資本主義における公害の問題』(東京: 岩波書店, 1959), pp. 15~16.

24) 宮本憲一, 『社会資本論』(東京: 有斐閣, 1967, 개정판 1976).

25) 吉田文和, 『環境と技術の経済学 ── 人間と自然の物質代謝の理論』(東京: 青木書店, 1980).

26) K. W. Kapp, *Social Costs of Business Enterprise*(Bombay: Asia Publishing House, 1963), pp. ix. 카프의 사회적 비용론 재평가가 2002년 11월에 '사회과학의 휴머니즘화와 에콜로지화'라는 주제로 이탈리아 토리노에서 개최되었다. 최근 그 기록이 출판되었다. W. Elsner, P. Frigato and P. Ramazzotti eds., *Social Costs of Public Action in Modern Capitalism: Essays Inspired by Karl William Kapp's Theory of Social Costs*(London; New York: Routledge, 2006).

27) 宇澤弘文, 『自動車の社会的費用』(岩波新書, 東京: 岩波書店, 1974).

28) 이 시산(試算)은 宮本憲一 訳, 『大都市とコンビナ ── ト・大阪』(講座 『地域開發と自治體』 第1卷)(東京: 筑摩書房, 1977)에 발표된 것인데, 뒤에 遠藤宏一, 『地域開發の財

政学』(東京: 大月書店, 1985)에 수록되었다. 또한 이 시기에 동일한 피해평가시산이 발표되었다. OECD, *Environmental Damage Costs: Record of a Seminar Held at the OECD*, 1974, K. G. Maler and R. E. Wyzga, *Economic Measurement of Environmental Damage: A Technical Handbook*(Paris: OECD, 1976). 또 법적인 손해산정으로는 鈴木潔他 訳, 『公害による損害の算定』(名古屋: 新日本法規出版, 1977)가 있다. 도대체 사회적 손실을 어느 범위까지 잡아야 할 것인가는 어려운 문제이다. 예를 들면 누마다 마코토(沼田眞)는 다음의 그림과 같이 인과관계를 도식으로 나타냈다. 이러한 생태의 변화의 어디까지를 원인자가 책임을 지고, 나아가 보상을 부담해야 할 것인가, 흥미 있는 인과관계도이다.

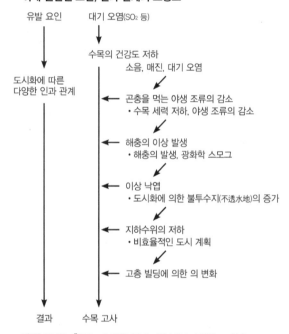

**자연 교육원의 수목 고사의 진행과
이에 연관된 요인, 인과 관계의 모형도**

유발 요인 · 대기 오염(SO₂ 등)

수목의 건강도 저하

소음, 매진, 대기 오염

← 곤충을 먹는 야생 조류의 감소
　•수목 세력 저하, 야생 조류의 감소

도시화에 따른
다양한 인과 관계

← 해충의 이상 발생
　•해충의 발생, 광화학 스모그

← 이상 낙엽
　•도시화에 의한 불투수지(不透水地)의 증가

← 지하수위의 저하
　•비효율적인 도시 계획

← 고층 빌딩에 의한 의 변화

결과 · 수목 고사

자료) 沼田眞, 『都市の生態学』(東京: 岩波書店, 1987), p.213.

29) K. W. Kapp, 『環境破壊と社会的費用(Environmental Disruption and Social Costs)』, 柴田德衛・鈴木正俊 訳(東京: 岩波書店, 1975), p.248.
30) 같은 책, p.296.
31) 같은 책.
32) 미하일스키는 사회적 비용은 다음의 네 가지 뜻으로 사용되고 있다고 한다. ① 생산의

국민경제적 비용, ② 사회경제적 최적이 실현되지 않을 때에 발생하는 국민경제적 손실, ③ 제3자의 비시장적인 부담(경제주체는 이 제3자를 고려하지 않는다), ④ 경제정책적 각종 조치의 실시 비용. 미하일스키 자신은 사회적 비용을 다음과 같이 정의하고 있다. "기업에 의해서 야기되고, 제3자로서의 가계, 기업 또는 사회 전체에 의해서 비용 또는 지출이 증대되는 형태로 또는 실물적인 손해 또는 피해의 형태로 부담되는 본래적 기술적 조건에 의해 만들어진 모든 외부부담이다", W. Michalsky, *Grundlegung eines Operationalen Konzepts der: "Social Costs"*(Tubingen: J. C. B. Mohr, 1965), 尾上久雄・飯尾要 訳, 『社會的費用論』(東京: 日本評論社, 1969), p. 96. 이것은 카프를 의식한 비판이다. 이에 대해서 카프는 미하일스키의 정의는 기술에 기초한 '외부성'만으로 한정하는 것으로 지나치게 좁다고 다시 비판하고 있다. K. W. Kapp, 『環境破壊と社会的費用』 pp. 139~149.

33) 寺西俊一, 『地球環境問題の政治経済学』(東京: 東洋経済新報社, 1992) 참조.

34) 米本昌平, 『地球環境問題とは何か』(岩波新書, 東京: 岩波書店, 1994) 참조.

35) 天野明弘, 「地球環境問題の社会経済的側面」, 森田恒幸・天野明弘 訳, 『地球環境問題とグローバル・エコノミ』(岩波講座 『環境経済・政策学』 第6巻 (東京: 岩波書店, 2002)).

36) 井上眞, 「環境保全を前提とした地域発展を求めて」, 寺西俊一・大島堅一・井上眞 訳, 『地球環境保全への道 —— アジアからのメッセージ』(東京: 有斐閣, 2006) pp. 8~9.

37) Sambhavna Trust, *The Bhopal Gas Tragedy,* Bhopal People's Health and Documentation Clinic, 1998; M. P. ドウイヴェデイ, 「ボパール農薬工場のガス漏洩事件」, 《環境と公害》 第30巻 第1号(2000年 7月), 기타 현지에서 행한 취재에 의한다.

38) (옮긴이 주) 진전(振顫)은 머리・몸체・팔다리를 흔들며 떠는 것을 주요임상증상으로 하는 병증이다. 가벼운 경우 머리가 흔들리고 손발이 약간 떨려 일상생활은 가능하나, 심한 경우에는 머리를 아주 심하게 흔들고 심지어는 경련, 뉴전(扭顫)하는 양상의 동작을 보이며, 양손에서 팔다리까지가 진동하는 것에 그치지 않고 혹은 항강(項强)・사지구급(四肢拘急)을 겸하기도 한다.

39) 1975년의 조사보고는 都留重人 訳, 『世界の公害地図』(岩波新書, 東京: 岩波書店, 1977)의 하라다 마사즈미와 필자의 공저 논문 참조. 또한 하라다 마사즈미(原田正純)・나카니시 준코(中西準子)・이지마 노부코(飯島伸子)가 다음 보고서에 논문을 게재하였다. HESC, *Science for Better Environment: Proceedings of the International Congress on the Human Environmet* (Tokyo: Asahi Evening News, 1977). 또한 1977년 필자가 조사했던 보고는 다음과 같다. K. Miyamoto, "The Case of Methyl Mercury Poisoning among Indians in Northwestern Ontario, Canada", *Hannan Ronsyu*, Vol. 15, No. 23.

40) S. Tsuru, *The Political Economy of the Environment : The Case of Japan* (London: Athlone Press), 1999, pp. 216~219.

41) C. Johnson, *Blowback : The Costs and Consequences of American Empire* (New York: Metropolitan Books), 2000, 鈴木主税 訳, 『アメリカ帝国への報復』(東京: 集英社, 2000).

42) (옮긴이 주) 상대국 배려 예산이란 일본 방위성 예산에 계상되어 있는 주일미군 주둔경비 부담을 통칭하는 말로 쓰인다. 정확히는 주일미군의 주둔경비 중에서 일본 측이 부담해야 하는 금액이 있는데, 그중에서 미일주둔군지위협정(SOFA)과 주일미군 주둔경비특별협정에 근거하여 지출되는 부분을 말한다. 이 말은 1978년 6월, 당시의 방위청 장관이었던 가네마루 신(金丸信) 전 수상이 주일미군기지에서 일하는 일본인 종업원 급료 중 일부를 일본이 부담하기로 결정한 것에서 나왔다. SOFA의 범위를 뛰어넘는 법적 근거가 없는 부담이었기 때문에, 당시 가네마루 장관은 엔화 상승에 따른 미국의 부담 증가분을 고려한 것이며 "상대국을 배려해주는 입장에서 대처해야 된다" 라고 국회에서 답변한 것에서 유래하였다. 공식적인 영문표기로는 'Host Nation Support(HNS)'라고 사용하는데 미국정부의 고위 관료들은 '배려'를 받고 있다는 명칭을 사용하지 않고, 일본의 전략적 '공헌'이라는 측면을 강조하고 있다.

43) 宮本憲一・佐佐木雅幸 訳, 『沖繩21世紀への挑戦』(東京: 岩波書店, 2000), pp. 4~18.

44) (옮긴이 주) 소음영향도를 말하는 웨클(WECPNL)은 국제민간항공기구(ICAO)가 권장하는 공항 주변 항공기 소음의 단위로서 가중 등가 평균소음 수준(Weighted Equivalent Continuous Perceived Noise Level)을 말한다. 24시간 등가소음도를 산출하여 일반적인 소음 단위로 쓰이는 dB(데시벨)과는 달리 항공기의 통과횟수, 통과시간대, 소음의 최대치 등을 감안한 단위가 된다. 산출방법은 항공기 통과 시 최고 소음도의 데시벨 평균치에 항공기가 통과한 시간대별 가중치를 더한다. 즉 저녁시간(오후 7~10시)은 3배, 심야(오후 10시~익일 오전 7시)는 10배의 가중치를 부여한다. 대한민국에서는 항공법 시행규칙에서 80~90웨클은 '소음피해 예상지역(1종, 2종)', 90웨클 이상은 '소음 피해지역(3종)'으로 구분하고 종별로 시설물의 설치제한, 용도제한에 대한 규정을 두고 있다.
제4회 일본환경회의에서는 다음과 같은 보고가 있었다. ラファエル・フォビスター, ジョン・オルンス, 「カナダインディアン居留地の水銀汚染問題」(日本環境会議 訳, 『水俣——現状と展望, 第4回日本環境会議報告週集』(東京: 東研出版, 1984). 2002년과 2004년의 조사는 原田正純ほか, 「長期経過後のカナダ先住民における水銀汚染の影響調査(1975~2004)」, 《環境と公害》 第34卷 第4号(2005年 4月). 2006년 9월 구마모토(熊本) 시에서 열린 「환경피해에 관한 국제포럼: 미나마타병 50년의 교훈은 살아 있는가」에서 두 명의 캐나다 원주민 미나마타병 피해자인 앤소니 헨리와 가브리엘 포비스타가 참가하여 현재 상황을 보고하였다. 시라키 히로쓰구(白木博次)에 따르면 퀘벡 주에서도 원주민의 거류지에서 미나마타병이 발생했지만, 거류지 그 자체가 철거되고, 사건은 유야무야 되었다고 한다. 온타리오 주의 경우에는 오랫동안 일본의 연구자

들이 조사와 현지교류를 해왔기 때문에, 사건을 표면화시켜 대책을 취했을 것이다. 그런 의미에서 일본의 교훈을 세계에서 살리는 사례로 소개했다.

45) 오키나와 공해문제의 공식문서로서, 沖繩基地對策室, 「沖繩の米軍基地」(2003)에서 인용.

46) (옮긴이 주) 「슈퍼펀드법」에 대해서는 제12장에 자세하게 다루므로 참조할 것.

47) (옮긴이 주) 일본은 헌법 제9조의 규정에 따라 자위를 위한 최소한의 방위력만을 보유할 수 있으면, 상대국의 무력공격을 받지 않는 한 방위력을 행사할 수 없는 것으로 되어 있다. 이것이 일본의 평화헌법의 취지지만, 안보를 위협하는 사태가 발생할 경우 자체 방위력만으로는 충분히 대응할 수 없다 하여 미국과 안보협력 조약을 체결하고 이를 통해 억지력을 행사하는 체제를 구축하고 있는데, 이를 미일안보체제라 한다. 미일안보체제를 통해 일본은 미국의 군사적 보호 아래에서 억지력을 유지하고, 경제대국으로 발전하는 길을 선택하였다.

미일안보조약은 1951년 샌프란시스코 평화조약과 동시에 체결된 구 안보조약이 시작인데, 이것은 한국전쟁의 계속을 위해 미군이 일본에 계속해서 주둔하는 것을 보장하는 것이 주축이었다. 이를 개정한 신(新)안보조약이 1960년 워싱턴에서 체결되었고 이후 미군이 일본에 반항구적으로 주둔할 수 있는 길을 열었다. 신안보조약은 집단적 자위권이라는 사고방식을 전제로 하여 미국과 일본의 상호 의무를 도입하였으며, 미일 양국이 일본과 극동의 평화와 안정에 협력하는 것을 규정하고 있다. 신안보조약은 10년간의 기한을 정한 조약이었으나, 1970년의 1차 개정 이후에도 파기되지 않고 현재에도 효력을 유지하고 있다. 신안보조약과 동시에 미 주둔군에 관한 지위협정(SOFA)이 체결되어 주일미군에 대한 시설과 편의제공, 세금면제, 재판권 등의 특권을 정해놓고 있다.

48) 日本辯護士聯合会 公害對策・環境保全委員会 訳, 『日本の公害輸出と環境破壊 ── 東南アジアにおける企業進出とODA』(東京: 日本評論社, 1991), 「イポー州, マラヤ高等裁判所判決」・「ARE事件最高裁判所判決」, 野村好弘・作本直行 訳, 『発展途上国の環境法 東南・南アジア』〈開発と環境シリーズ6〉(千葉: アジア経済研究所, 1994)를 참조. 또 일본의 공해 수출을 포함해서 다음 저서도 참조. 宮本憲一, 『環境政策の国際化』(東京: 実教出版, 1995), 第3章.

49) 松江讓・森田恒幸, 「地球温暖化問題の構造と評価」, 森田恒幸・天野明弘 訳, 『地球環境問題とグローバル・エコノミ』(岩波講座 『環境経済・政策学』 第6巻)(東京: 岩波書店, 2002).

50) B. Lomborg, *The Skeptical Environmentalist: Measuring the Real State of the World* (New York: Cambridge Univ. Press, 2001), 山形浩生 訳, 『環境危機をあおってはいけない ── 地球環境のホントの實態』(東京: 文芸春秋, 2003), p.445.

51) 같은 번역서, p.454.

52) 같은 번역서, p.524.

53) 같은 번역서, p.534.

54) J. E. Stiglitz, *Making Golbalization Work*(New York: WW Norton & Company, 2006), 楡井浩一 訳, 『世界に格差をバラ撒いたグローバリズムを正す』(東京: 徳間書店, 2006).

55) 같은 번역서, p.253.

56) 주 35)의 天野明弘, 「地球環境問題の社会経済的側面」 참조.

제 IV 부

환경정책과 국가

제 11 장

환 경 정 책 의 원 리 와 현 실

1. 환경정책이란 무엇인가

♟ 정의와 그 영역

　환경정책은 공해를 방지하고 환경을 재생, 보전하여 인간의 생명과 건강을 지키고, 어메니티를 확보하며 각 나라와 협조하여 국제적인 환경보전을 추진하고 나아가 지구환경보전에 이바지하는 종합적인 공공정책이다. 그것은 도시계획이나 국토계획 나아가 지구 전체 발전계획의 틀이며 또한 최우선시 해야 할 정책이다. 〈그림 III-1〉에서 보았듯이 환경문제는 공해문제로부터 어메니티 문제, 나아가서는 지구환경 문제까지 폭넓은 영역에 걸쳐 있다. 공해 자체도 대기오염, 물 오염 등 많은 종류가 있고, 또한 지역과 나라에 따라서 그 양태가 다르므로, 환경정책은 일원적으로 논할 것이 아니라 각각의 전문 영역에 따른 개별 정책이 필요하다. 그러나 동시에 전문화된 개별적인 환경정책은 항상 종합적인 환경계획 속에 자리 잡아야 한다. 또한 지금 당장 공해를 방지할 수 있는 정책이라 하더라도 어메니티를 확보하기 위한 도시계획, 국토계획, 국제정책, 나아가 지구정책이라는 목표를 내다보는 것이 좋다. 예를 들어 대기오염방지를 위한 굴뚝 높이기 대책이 국제적으로 산성비를 초래하는 전위효과(displacement effect)를 낳고 또한 높은 굴뚝 자체가 지역 경관을 해치고 있는 것은 개별 발생원에 대한 공해대책이 종합적으로 계획되지 못한 전형적인 사례다.

환경정책의 주체는 현대에서는 법제상 국민국가가 중심이 되어 있으나, 정책결정은 민주주의에 근거해야 한다. 이를 위해서는 이론적으로나 경제적으로 볼 때도 주민의 여론과 운동을 배경으로 한 자치단체의 정책이 토대가 되며, 행정을 견제할 수 있는 사법과 언론의 힘이 중요하다. 제Ⅴ부에서 설명하겠지만, 유지 가능한 사회를 지향해나가기 위해서는 유엔 같은 국제조직을 확립해야 할 필요가 있다. 그러나 지구환경 문제라 해도 자신의 주변부터 정책을 만들어내야 한다. 환경정책은 환경보전법과 행정·사법제도와 그것을 집행하는 행정·재정을 중심으로 하고 있다. 그런데 실제 환경보전법과 제도가 형성되기까지의 정책결정과정 그리고 행정·재정을 둘러싼 모든 계급과 계층, 특히 가해자와 피해자의 대립과 결정 과정이 중요하며, 그것이 표면적인 법이나 제도보다도 오히려 현실 환경정책의 성격을 결정한다고 해도 지나친 말이 아니다. 따라서 이 장에서는 법·제도와 행정·재정뿐만 아니라 정책결정과 정책을 둘러싼 제반 계급의 대립을 시야에 넣어 논하고자 한다.

최근에는 지구환경보전을 위한 국제적인 기준의 결정이 국내의 환경정책에 영향을 준다. 나아가 국제화의 효과로서 적극적인 환경정책을 취한 나라의 제도가 무역과 해외투자를 통해 일본에도 강한 영향을 주게 된다. 또한 일본의 환경정책의 경험이 특히나 아시아에 영향을 주고 있다. 특히 새로운 공공정책인 환경정책에서는 경제적 상호의존뿐만 아니라, 정책형성의 국제적 상호의존이 중요하다. 정보의 대량유통이 확대되었지만 공해·환경파괴·환경재생에 관한 정보가 중요해지면 중요해질수록 여전히 현장으로 발걸음을 옮겨야 한다. 그런 의미에서 환경정책의 형성에는 현장에서 활동하는 NGO의 정보가 중요하다.

♟ 환경정책의 공준(公準)

환경기준 등의 정책 목표는 현행의 기술수준이나 경제제도의 제약을 벗어나 생명·건강의 안전, 생태적인 조화, 역사적·문화적인 가치 등 기본적 인권의 확립을 토대로 한 기준에 의해 설정되어야 한다. 신고전파 경제학과 같이 현행 기술을 전제로 환경기준을 최적오염점으로 정하면 피해는 없어지지 않는다. 느슨한 기준을 법제화하면 기업이 그 기준에서 전국을 오염시키는 것이 합법화되고 만다. 일본은 1960년대의 「매연규제법」과 1967년의 「공해대책 기본법」이 기업에 타협적인 환경기준을 설정했기 때문에 그것이 면죄부가 되어 전국적으로 오염이 확산되었던 고통스러운 경험을 가지고 있다. 환경정책을 결정할 때 비용·편익분석을 주체로 하는 공공경제학의 수단은 '불가역적 절대적 손실'이 발생하지 않는 것을 전제로 부차적인 정책선택수단으로서 사용해야 한다. 인간의 건강과 안전, 환경 그 자체의 보전을 목적으로 정책결정이 이루어져야 한다. 그다음에 경제효율에 따른 수단의 선택을 생각해야 하는 것이다.

생명·건강의 안전과 어메니티의 입장에서 환경정책을 정하면 현행 기술로는 어렵거나, 경제적으로 불가능하기 때문에 실현될 수 없다는 비판이 있다. 일찍이 미나마타병의 원인을 칫소의 폐수가 아니라고 했던 기요우라 라이사쿠(淸浦雷作)는 그 후에 경제 현실에 입각하여 실행 가능한 정책의 검토가 필요하다며 엄격한 환경기준의 설정 등에 반대하였다.[1] 그러나 공해대책의 역사를 뒤돌아보면, 공해를 없애는 것을 목적으로 엄격한 환경정책을 요구했을 때, 공해방지기술이 획기적인 발전을 이루었다. 1920~1930년대의 스미토모금속(住友金屬)의 광산인 시사카지마 섬(四阪島)의 매연사건 —— 에히메 현(愛媛県) —— 이나 1970년대의 자동차 배기가스 규제처럼, 애초에 기업이 기술적으로 불가능하다고 한다거나 비용편익분석에서 실행이 불가능하다고 했던 것을, 피해자나 주민이 타협하지 않고 엄격한 조건으로 개선을 요구했기 때문에 단기간에 세계최고의 공해방지기술 개발에 성공했다. 그리고 스미토모의 경우 폐기물을 자원으로 하는 새로운 화학산업을 탄생시켰다. 또 자동차 산업의 경우에는 연비 개선을 비롯해서 획기적인 생산기술 상승으로 일본의 산업을 세계 최고수준으로 끌어올렸다. 환경정책은 미래의 공준 같은 목표를 설정하고, 그 실현에 노력하는 것이 기술도 개발되고 산업이 발전한다.

달리 표현하면 기술이나 경제는 생명·건강이나 어메니티와 달리 변수라서 절대적 한계가 없다. 또한 단기간에 환경정책이 실현되지 않는다면 그 기업의 활동을 제한하거나 대체 생산방법을 고려하고 그래도 잘 안 되면 조업을 중단시키면 된다. 이 의미에서 보면 환경정책은 발생원을 규제할 수 있으므로 자연재해대책과 비교해서 월등하게 정책 선택의 탄력성이 있다고 할 수 있다. 이 문제를 둘러싸고 최근에도 중요한 경험을 했다. 하나는 석면 문제이다. 석면은 경제적으로 지극히 유효하며 대체기술이나 제품이 어렵다고 하여 위험하다는 것을 알면서도 수십 년 이상 계속 사용하는 바람에, 지금 수습할 수 없을 정도의 피해가 발생되고 있다. 1970년대에 석면 사용을 전면 금지하고 대체방법을 찾아야 했다. 지금 전면금지를 하고 있는 국가들이 늘어나고 있지만 경제가 붕괴되는 일은 없다는 것이 증명되었다. 또 하나는 CO_2 감축대책이다. 온난화는 '불가역적 절대적 손실'을 낳을 가능성이 있으며, 이 때문에 IPCC와 학자들은 현행 기술수준이나 경제효과와 타협하지 않고, 현재의 지구환경을 지키기 위해 21세기 말의 대기 중 CO_2 농도의 환경기준을 500ppm, 가능하면 450ppm 이하를 목표로 정했다. 이것을 달성하려면 기술적 개발로는 거의 실현되지 못하며, 사회·경제 시스템을 바꾸는 거대한 노력을 요구할지도 모른다. 그러나 환경정책의 공준은 과학의 예측이 정당하다면 안이한 타협점은 없다는 것을 보여주고 있다. 여기에 여타의 공공정책과는 다른 환경정책의 특징이 있다.

♟ 환경정책과 과학기술 —— 일본의 경험

환경에 영향을 주는 구체적인 수단은 환경의 과학기술인데, 그 발전과 그것이 정책으로서 구체화되는가는 정치·경제·사회에 규정되는 환경정책 또는 그 기저에 있는 기업 활동을 비롯한 인간 활동에 달려 있다. 필자는 환경과학, 특히 환경제어기술에 대해서는 평가할 능력이 없다. 다만 환경정책을 추진하는 가운데 결합되는 기술의 양태, 그 배경에 있는 과학의 사상에 대해 일본의 경험에서 생겨난 문제점을 열거하고자 한다.

(1) 에너지 정책

공해대책에서 지구환경에 이르기까지 중심적인 과제 중 하나는 에너지 정책이다. 1970년대의 공해에 대한 여론과 운동의 압력, 그곳에서 탄생한 SO_x와 NO_2 등 대기오염물질에 대한 정부의 규제강화는 원재료의 효율, 특히 에너지 효율을 고양시켰다. 여기에 부가하여 1973년의 석유위기를 계기로 일어난 1차 생산품의 가격폭등이 자원절약을 위한 기술개발과 경영에 박차를 가했다. 그 효과는 〈표 I -3〉(103쪽)에서 볼 수 있듯이 1985년의 정부예측을 크게 뒤집었다. 석유 수입은 실로 40%나 줄었고, 용수 수요도 계획량의 30%였다. 그리고 철강, 정유, 석유화학 같은 소재공급형 중화학공업 중심의 산업구조는 자동차, 전자기기 산업 등의 하이테크 산업과 정보·서비스 산업으로 전환되었다. 이것은 환경정책과 함께 환경개선 기술의 성과라고 할 수 있다.

지금 지구환경 문제에서 CO_2 감축이라는 환경정책이 에너지 정책에 큰 영향을 주려고 한다. 여기서도 에너지 절약과 효율(예를 들어 열병합 발전)을 위한 기술개발이 발전할 것이 기대되지만, 동시에 두 가지 대립된 정책선택이 주장되고 있다. 하나는 화석연료처럼 CO_2를 배출하지 않는 원자력 발전을 강화하는 것으로, 각국 특히 일본과 아시아가 이를 선택하고 있다. 다른 하나는 자연 에너지의 추진이다. 원자력이 당장의 온실효과 가스 감축에는 확실히 효과가 있을지 모르지만 운전 중 사고발생을 피하기 어렵고 또 장기적으로는 폐기물 처리라는 큰 짐을 남기게 된다. 방사능 폐기물의 안전에 대해서는 아직 해결하지 못한 문제가 많아서, 2007년 고치 현(高知県)의 분쟁을 보듯이 폐기장 설치에 대한 주민의 동의를 얻을 수 없다. 자연 재생에너지의 공급이 불안정한 문제나 고비용 문제는 해결되어야 하지만, 장기적으로 볼 때 방사능 폐기물의 축적성(stock) 공해를 일으키는 선택을 해서는 안 된다고 생각한다.

(2) 자동차 교통 문제

지금 공해문제의 초점은 자동차 공해와 폐기물 공해·석면 공해 등의 축적성 공해이다. 자동차 공해대책은 인간의 건강에 영향을 미치는 NO_2나 SPM의 제거에 다시 CO_2 감축이 부가되었다. 지금의 기술대책은 디젤 엔진의 개량, 하이브리드 자동차 보급, 바이오연료를 사용하는 자동차, 나아가 수소가스·엔진 자동차의 실용화를 향해 움직이고 있다. 그러나 이런 대책으로는 자동차 사용의 증가 문제나 대도시의 교통문제(공해, 교통사고, 교통정체), 나아가 연간 500만 대의 대량 자동차 폐기물 처리 같은 '자동차의 사회적 비용'이 줄기는커녕 늘어날 가능성이 있다. 여기에 환경정책에서 차지하는 기술의 한계가 분명해진다. 대량 공공교통 운송기관을 어떻게 보급할 것인가, 교통 그 자체를 절약하는 도시계획 또는 국토형성을 어떻게 이룩할 것인가라는 종합적 환경계획이 필요하다. 그러나 시장 원리가 우선하는 경제 시스템에서는 자동차 산업의 '지속적 발전'을 위한 기술개발이 우선시되고 있다.

(3) 폐기물 처리

폐기물 처리는 포장재 등의 제품의 절약, 재활용(recycle)으로 인해 상당한 개선이 진행되었다. 그러나 이 문제의 공해방지기술에는 많은 문제점이 있다. 먼저 일본의 폐기물 처리의 특징인 소각 방식을 살펴보자. 국토가 좁은 일본에서는 대륙 국가들처럼 매립을 중심으로 처리하는 것은 어렵다. 소각 방식의 폐기물 처리기술에서는 일본이 세계 최고일 것이다. 전 세계 청소공장의 약 70%가 일본에 있으며, 폐기물 수송의 안전을 포함한 소각까지의 공해방지, 공장의 에너지 재이용, 특히 소각에 따른 대기오염이나 잔재의 처리가 문제이다. 다이옥신 문제 처리를 위해, 하루에 100톤 이상을 소각하는 대규모 청소시설을 건설해서 해결하려는 현행 기술은 비판받아 마땅할 것이다. 이것으로 안전은 확보되었는지 모르나, 대규모 공장의 신설, 대량의 쓰레기를 항상적으로 수집해서 투입하는 체제가 필요하게 되었다. 이것은 쓰레기가 배출되는 지역에서 자가 처리한다는 청소자치주의의 원칙을 깨뜨렸다. 이것은 소각에 따른 비용을 줄였을지는 모르나 재자원화로 쓰레기 감량을 추진하는 주민참가의 환경정책의 원칙을 파기했고, 대량소비·대량폐기라는 시스템을 진척시키게 되었다.

폐수처리에서는 이전부터 광역하수도 보급이 문제가 되었다. 광역하수도는 건설에 시간과 비용이 많이 들고, 하수를 한 곳에 모아서 방류하기 때문에 중간지역에서 물 부족의 원인이 되며, 또한 많은 종류의 대량 오염물을 처리하기 때문에 고비용 발생 등의 문제가 있다. 이와 병행하여 농촌 하수도 시설이 증가했다. 그러나 하수도는 본래 주거와 사무실·사업장이 집적되어 있는 도시의 산물이며, 농촌의 경우는 광역으로 주거와 사무실·사업장이 분산되어 있기 때문에 보급에는 단위당 비용이 상승한다. 그래서 농가는 시설 때문에 무거운 부담을 지고 있다. 농촌의 자치단체로서는 하수도 건설이 거액의 보조금이 딸린 공공사업으로 고용도 늘기 때문에 국가의 정책에 따라 도입을 추진했다. 그러나 현재 농촌의 재정적자는 이 공공 하수도 건설비와 관리비가 그 원인의 큰 부분을 차지한다.

1985년 9월의 멕시코 대지진 직후, 멕시코의 철학자 일리치(Ivan Illich)가 필자도 위원으로 있는 공해연구위원회와 회견을 요청해 왔다. 일리치는 지진으로 하수도가 파괴되고 전염병이 만연한 것을 예로 들어, 안전을 생각한다면, 또 분뇨를 비료로 만드는 자원 완전 순환 정책을 생각하면, 하수도보다 자연처리방식이 유익하다고 주장했다. 그리고 에도 시대부터 일본이 도시의 변소 분뇨를 농촌의 비료로 만들어 완전 순환방식을 택한 것은 위대한 발명인데 왜 이런 방식을 버렸느냐는 질문을 해서, 필자를 비롯한 공해연구위원회 연구자들의 말문을 막아버렸다.

재래식 화장실을 위생적으로 개량하여 존속시키고 분뇨를 비료로 만들며 바이오매스 연료화하는 것은 다시 검토해도 좋을 것이다. 또 그렇게까지 하지 않더라도 합병 정화조 보급 등 가정의 분뇨·폐수 처리는 대규모 개발을 위한 기술과는 다른 기술을 적용할 수 있었을 것이다.

환경 사업(business)이 환경정책의 미래의 청사진으로서 각광받고 있다. 환경정책을 위한 직접규제나 환경세 등의 부담으로 산업의 시장이나 고용이 감소한 부분을 환경 사업으로 메울 수 있는 것은 확실하다. 그러나 환경정책의 사업화로는 결코 '유지 가능한 사회'를 만들 수 없다. 기타큐슈 시(北九州市)가 과거의 중화학공업지대를 재자원화를 중심으로 한 환경도시로 개조하고 있다. 이것은 새로운 환경시대의 지역개발인 것은 확실하다. 그러나 에코타운을 유지하기 위해서는 대량 생산·소비로 대량의 폐기물이 국제적 국내적으로 배출되고 이것을 대량유통 시스템으로 수집할 수 있다는 것이 전제에

있다. 필자는 이미 저서 『가공할 공해(恐るべき公害)』에서, 공해대책의 기업화에 따라 공해는 없어지지 않으며 질을 바꾸어서 계속 확대재생산된다는 비판을 했다.[2] 이것은 지금도 중요한 문제점이다.

(4) 사후처리(end of pipe) 기술

요시다 후미카즈는 지금까지의 환경정책이 구조적 전환을 수반하기보다는 기술적 선택지를 추구하였고 또 환경기술 공급자는 정책의 지원을 요구해왔다고 비판했다. 그리고 M. 예니케의 '생태적 근대화' 이론을 토대로 생태적 구조개혁을 추진할 기술혁신을 주장한다.[3] 지금까지 일본의 공해방지기술의 개발은 일정한 성공을 거두었다. 특히 에너지나 물을 절약하는 기술은 산업구조 개혁과 도시의 물 부족 해결 등에 공헌했다. 그것은 중간 시스템의 개혁과 연동되었을 때 큰 성과를 낳는다고 할 수 있다.

그러나 지금까지 기술의 성과는 한 마디로 말하면 '사후처리(end of pipe)' 기술이며, 시스템을 바꾸는 것이 아니라 시스템을 그대로 두고 생산과 유통과정의 최종 단계에서 오염물을 제거하였다. 예를 들면 탈황장치는 90% 이상 탈황을 하여 SO_x 감소에 공헌하였다. 일본의 경우, 공해반대 여론이 강할 때는 각 공장은 공해방지관리자를 배치하여 최종단계에 갈 때까지 공정의 각 단계에서 오염물을 줄이는 노력을 했기 때문에 다른 나라보다는 '사후처리'를 포함하여 구조적인 혁신을 추진할 기술의 진보가 요구된다.

과학·기술은 공공재이며 고도의 공공성을 갖고 있다. 과학·기술은 특정한 권력, 기업·연구기관이나 개인이 독점할 수 없으며 경쟁 과정에서 발전한다. 그 성과는 만인이 자유롭게 이용할 수 있어야 한다. 그러나 동시에 과학·기술의 성과를 독점함으로써 기업이나 개인이 이익을 증대할 수 있다. 또는 어떤 국가가 군사기술을 독점함으로써 군사력을 키울 수 있다. 또 대규모 투자나 인원을 필요로 하는 큰 기술은 작은 집단이나 개인으로는 개발되지 않는다. 그래서 기술자와 그 집단은 산학관 협력 또는 산학군 협력으로 개발을 추진하게 된다. 다시 말하면 공공성의 상실이 일어날 가능성이 있다.[4] 환경사업이 새로운 사업으로서 발전되길 바라지만, 동시에 그것이 환경이라는 공공재를 보전하는 것이 아니라 이윤의 확대로만 나가면 환경기술의 전진이 공해방지나 '유지 가능한 사회'를 만들지 못한다. 최근 일본의 대학교에서 행해지는 산·관·학 협동에는 그러한 우려가 보인다.

♟ 환경정책의 변용과 선택

이미 언급한 대로 1970년대 말부터 시작된 복지국가를 비판하는 신자유주의 조류는 환경정책에도 큰 영향을 미쳤다. 민영화와 규제완화 경향이 나타났으며 환경정책의 주체를 정부에서 민간으로 바꾸려는 경향이 나타났다. 환경개선을 민간 기업의 자주성에 맡기고 대책의 기준을 민간 기업이 선택하도록 하며, 대책의 평가를 정부가 아닌 민간의 제3자에게 맡기려는 것이었다. ISO 14000 시리즈나 환경회계, 환경보고서의 공표 등이 진척되는 것이 그러한 움직임이라 할 수 있다. 이 기업의 사회적 책임은 정부의 강제가 아니라 자주관리이다. 같은 경향이 중앙정부에서 지방자치단체로 정책주체를 위임하고, 지방자치단체는 NGO의 참가를 요구하며 행정의 일부를 위임한다. NGO에는 경제단체가 포함되어 있다. '환경 거버넌스'는 그 현상을 정의한 것이다.

이런 환경정책은 정의와 공평보다도 효율을 중시한다. 뒤에 서술하겠지만 정책수단은 행정·사법에 의한 직접규제보다는 경제적 수단을 중시한다. 경제적 수단에서는 과징금보다 환경세를, 환경세보다 배출권거래를 중시한다. 최근의 프리먼(J. Freeman)과 콜스타드(C. D. Kolstad)가 편집한 『환경규제의 시장화(Moving to Markets in Environmental Regulation)』 등에는 경제적 수단

을 우선한다는 것을 명확히 언급하고 있다.[5]

현대의 경제 시스템에서 보면 이런 시장 원리를 기초로 한 환경정책의 변화는 당연하다고 할 수 있다. 하지만 일찍이 베르브루겐(H. Verbruggen)이 개탄했던 환경정책의 위기가 시장 원리에 의거한 효율 중시의 환경정책으로 해결될 수 있다고는 생각되지 않는다.[6] 바로 앞에서 언급한 환경정책이 시장 원리로 이행하게 되는 것을 강조한 프리먼 등의 업적에서도, 경제수단만으로는 환경문제를 해결할 수 없으며 직접규제와 경제수단이 통합되어 대상에 따라 역점을 바꾸는 하이브리드형 환경정책이 시행되고 있다고 언급한다. 즉 최근 20년간 대기오염에서는 경제수단의 성과를 볼 수 있지만, 습지 복원 같은 자연복원정책에서는 효과를 보지 못했던 것이다.

다국적 기업이 지배하고 시장 원리에 의한 투자와 소비의 자유화가 진행되는 세계화에서 탄생한 가장 큰 사회문제는 환경문제와 남북문제로 불리는 경제격차(빈곤문제)이다.[7] 지구환경정책과 국제적 사회정책은 이 신자유주의적인 흐름에 영향을 받는 동시에 이 흐름을 막아내는 힘이기도 했다.

이 지구환경정책을 둘러싸고 명확하게 구별되는 두 가지 조류가 있다. 하나는 미국·호주형 신자유주의＝신보수주의로 국제협력보다 자국의 사회경제 시스템을 우선하는 것이다. 환경정책이나 사회정책은 가능한 한 기업의 자유에 맡기는 방향이다. 이에 반해 EU와 북유럽은 신자유주의의 흐름에 있으면서도 환경정책에 대해서는 적극적으로 공적 책임을 완수하고 있다. 이 차이는 국민총지출에서 공사 부문의 분담을 보면 명백하다. 즉 미국은 GDP에서 차지하는 공공부문의 비율이 30%대인데, 독일과 프랑스는 40~50%, 북유럽 국가들은 60~70%대이다. 이것은 환경과 복지에 대해 유럽 각국이 '복지국가'의 전통을 계승하고 시장의 결함을 억제하며 공사혼합경제의 균형을 유지하고 있는 것을 나타낸다.

이와 반대로 일본은 GDP에서 차지하는 공공부문의 비율이 미국과 나란히

30%대 전반으로 가장 '작은 정부'다. 정부의 결함, 특히 관료주의를 시정하는 것은 필요하나 환경행정이나 사회서비스를 삭감하여 시장 원리에 맡기는 것은 심각한 사회문제를 발생시킨다. 일본은 리우 회의 뒤에 「환경 기본법」을 비롯해서 많은 환경법제를 만들었다. 1997년에는 COP3 주최국의 역할도 했다. 그러나 그 이후의 시장 원리에 기초한 '구조개혁'은 미국식 길을 걷고 있다. 지구환경 문제와 국제적 빈곤문제의 해결이라는 21세기 인류 최대의 사회정책에서 미국형을 선택할 것인가, EU형을 선택할 것인가가 지금 각국에 던져진 과제인 것이다.

♟ 환경정책의 기본적 내용

환경정책은 다음 다섯 가지 내용을 종합한 것이다.

① 피해 실태의 파악과 원인 규명, 책임의 명확화
② 피해구제, 경제적 보상, 건강·생활의 복원
③ 공해방제를 위한 규제, 사회자본이나 토지이용계획에 의한 환경보전
④ 지역(환경)재생
⑤ 예방(환경영향평가, 비용편익분석, 지역·국토계획, 국제협정 등)

이 환경정책의 다섯 가지 측면은 통합된 것이어야 한다. 이것은 상호 연관적이며 중첩되어 순차적으로 진행되기보다는 나선형으로 진행된다. 정책의 차례나 중점은 문제에 따라 다르다. 지금부터 경제개발을 시작하는 경우나 장래에 위험이 예측되는 경우는 사전예방부터 시작하지만, 그 경우에는 과거의 환경정책, 특히 ①~③까지의 경험이 중요하다. 피해가 발생하고 있는 경우에는 ①~⑤의 순서로 진행해가야 한다. 여기서는 먼저 세계의 환경문제

에 중대한 영향을 끼친 일본의 경험을 기초로 하여 공해대책의 원리를 밝히고자 한다. 다음에 구체적인 사례를 들어 어메니티 대책을 다룬다. 그리고 오늘날 중요한 관심을 불러모으고 있는 사전예방과 지역(환경)재생에 대해 설명하겠다.

2. 공해대책 — 일본의 경험

제 I 부에서 언급한 대로 공해는 끝나지 않았다. 또 중국을 비롯하여 발전도상국에서는 일본의 공해문제와 똑같은 현상이 발생하고 있다. 이 의미에서 볼 때 다시 일본의 공해대책의 교훈을 살려내지 않으면 안 된다.

바이트너는 일본과 독일의 환경정책을 비교하여, 일본은 아래로부터 주민 여론과 운동으로 법제와 행정을 만들었다고 주장한다.[8] 이것은 적확한 지적으로 환경영향평가, 환경규제제도, 환경기준, 총량규제, 피해구제, 역학 등의 주요한 공해대책, 나아가 경관보전, 자연보호에 대한 것은 주민의 여론과 운동의 성과라고 할 수 있다. 어떻게 해서 환경정책을 창조하고 진전시켰는가 하면, 주민들이 다수파를 차지하는 곳은 지방자치단체를 개혁하여 국가보다 엄격한 조례를 만들어 규제를 가했다. 1969년의 도쿄 도(都) 공해방지조례가 그 전형적인 사례로, 정부는 이것을 옛 「공해대책 기본법」에 위반된다고 했으나 여론의 지지로 도쿄 도는 이 조례를 개정하지 않았다. 1970년, 국가는 「공해대책 기본법」을 전면 개정했다. 한편 주민, 특히 피해자가 고립되어 공해 반대 여론이 소수인 지역에서는 공해재판을 제기했다. 특히 1960년대 후반에 시작된 4대 공해재판은 모두 피해자가 완전 승소했다. 이로 인해 정부는 환경기준을 개정하고 「공해건강피해보상법」을 제정할 수밖에 없었다.

이 두 가지 방법은 헌법에 보장된 민주주의의 권리가 충분히 발휘된 것이다. 여기서는 이러한 일본의 교훈의 구체적인 사례를 보여주면서, 공해대책의 원리에 대해서 서술하고자 한다.

1) 피해 실태의 파악, 원인 규명과 책임의 명확화

• 피해에서 시작해서 피해로 끝난다

일본의 공해재판에서 공해문제는 피해에서 시작해서 피해로 끝난다고 한다. 공해재판뿐만 아니라 환경정책은 바로 피해의 실태와 해명 또는 예측과 그 원인을 얼마나 정확하게 파악하고 공개하여 그 교훈을 살리느냐에 달려 있다고 해도 좋다. 지금처럼 환경문제가 국제화·다양화되고 수만 가지의 원인물질이 나타나며 육체뿐만 아니라 정신에도 영향을 주는 경제행위가 펼쳐지고 있는 때에 과거 또는 진행 중인 환경문제가 모두 해명될 수는 없다. 그러나 미나마타병 등의 공해의 원점 속에 공해문제의 본질과 대책의 열쇠가 들어 있다.[9]

공해대책은 피해의 실태를 아는 것에서 시작되지만, 이것이 용이한 일은 아니다. 미나마타병은 오늘까지도 환자 수조차 파악하지 못하고 있으며, 언제 시작되었고 언제 끝날지도 알지 못한다. 이런 환경정책의 ABC조차 해명하지 못하고 있는 것은, 직접적으로 병상(病像)을 확정할 수 없는 의학계에도 문제가 있다. 2004년 10월의 최고재판소 판결로, 미나마타병은 유기수은 중독이며 오염된 생선을 일정량 섭취한 역학적 조건을 가진 주민으로 사지 말초의 감각장애 등 미나마타병의 판정조건의 하나가 확정되면 인정하도록 바뀌었다. 이 사법판단은 하라다 마사즈미를 비롯해서 미나마타병 환자를 진찰해온 의사들이 일찍부터 확정해놓은 것이었다. 그러나 1977년 정부의 미나마타병 진사회(診査会)는 판단조건으로서 사지 말초의 감각장애 이외에 시야협착 등 복수 조건이 필요했다. 이 행정적 판단 때문에 많은 미나마타병 환자가 인정을 받지 못했으며, 이것이 오늘날까지 미나마타병을 해결하지 못하고 있는 원인이 되었다. 다시 말하면 행정 인정의 방법이 의학의 판단을 뒤엎은 것이다.

미나마타병의 피해가 밝혀지지 않는 것은 그 때문만은 아니다. 반세기에 이르는 역사를 뒤돌아보면, 공해가 밝혀지는 것은 의학의 문제가 아니라 정치적·경제적 문제로, 여기에 환경경제학의 기본문제 중의 하나가 있다는 것을 알 수 있다. 간략하게 피해 해명의 역사를 살펴보자.

미나마타병이 공식 발견된 것은 1956년 5월 1일이다. 그런데 유기수은 중독증으로 알려진 것은 1959년이며, 학계에서 그 원인이 아세트알데히드 제조 공정에서 발생하는 폐수에 있다는 것을 확정한 것이 1963년이었다. 그러나 칫소도 정부도 이것을 인정하지 않았고, 미나마타병이 칫소가 일으킨 공해라고 정부가 발표한 것이 1968년이다. 즉 미나마타병이 학계에서 인정되기까지 7년이 걸린 것이다. 이처럼 오래된 연구가 인정을 받는 데 오랜 기간이 걸린 것은 칫소가 자진해서 생산 공정의 연구 성과를 공표하지 않았고, 구마모토 대학 연구반의 현장조사를 허가하지 않았던 것에 하나의 원인이 있다. 또한 당시 도쿄 공업대학 교수인 기요우라 라이사쿠가 아민설을 내놓았는데,[10] 칫소나 통산성이 이 설을 채용하여 학계를 양분하려고 한 것도 사회적 인정이 늦어지게 된 원인이었다. 하지만 그것뿐만이 아니다. 공식 인정을 받아도 환자는 은폐되고 잠재해 있었다. 1960년대 헤본샤(平凡社)의 『국민백과사전』에 '미나마타병'이라는 항목이 처음으로 등장했다. 그 사전에는 미나마타병은 1953년경 발생한 이래 1957년에 대량의 환자가 발생했으며, 1960년에 끝났고, 환자 수는 220명이라고 적혀 있다. 그러나 구마모토 대학 의학부의 「10년 후의 미나마타병」이라는 연구 발표로 잠재 환자가 352명이 있다는 것을 알게 되었다. 이보다 앞서 현지 의사단 등의 환자발굴운동이 시작되자 시라누이 해(不知火海) 연안의 넓은 지역에서 미나마타병 환자가 발견되었다. 잠재 환자가 대량으로 드러난 것은 1973년의 제1차 미나마타병 재판 판결로 원고가 완전 승소하여, 처음으로 칫소의 범죄적 행위가 규탄받고 그 책임으로 정당한 배상금을 지불하게 된 이후이다. 판결 후 칫소와 교섭에 의해 보상협정이 맺어지고 나아가 이것이 공해건강피해보상제도에 편입되어 행정 인정을 받을 수 있게 되자 환자가 드러나게 되었다. 1995년의 정치적 타결로 미나마타병이라고 인정되지는 않지만 종합대책의료사업의 대상자로 약 1만 1000명의 환자가 구제를 받았다. 그러나 이것으로 끝나지 않았다. 앞에서 언급한 최고재판소의 판결로 국가의 책임이 명확해지자, 약 3700명의 주민이 미나마타병 인정 신청을 했으며 그중 약 1000명이 국가의 책임을 묻는 재판을 개시했다.

즉, 이것은 공해의 전체상은 피해의 원인이 밝혀지고 배상이 결정되며 칫소와 국가, 현(縣)의 법적 책임이 확정되지 않으면 드러나지 않는다는 것을 보여주고 있다. 이것은 당연한 사실이다. 피해구제제도가 확립되지 않으면 미나마타병이라고 진단을 받아도 정당한 배상과 의료비 등의 구제는 받을 수 없다. 오히려 피해자 당사자의 실업 같은 사회적 차별이 발생할 뿐만 아니라 형제 등 가족도 미나마타병의 의심을 받아 결혼이나 취직에 지장을 초래한다. '숨은 미나마타병'이라고 지적된 환자들이 재판 후에 정당한 구제를 받을 수 있도록 확정되어 비로소 그 모습을 드러내는 것은 일본 사회의 현재 상황에서 볼 때 당연한 사실이다. 또 국가의 책임이 밝혀지게 되자 마지막 구제를 요구하며 더욱 많은 환자들이 나타나게 되었다.

피해자가 자신의 피해를 자유롭게 발표하고 구제를 요구할 수 있는 것은 기본적 인권이 보장되고 민주주의가 확립된 지역사회에서 가능한 일이다. 칫소의 '기업 성시(企業城下町)'였던 미나마타 시에서는 피해자가 고립되어 있었다. 제III부에서 언급한 대로, 1973년 판결 직후에 NHK가 실시한 의식조사를 보더라도 시민들은 미나마타병에 무관심하거나, 칫소의 입장에 동정을

표하거나, 칫소를 지지하는 사람들조차 있는 상황이었다. 미나마타 시민들은 미나마타병 환자가 발생할 때까지는 오염된 생선을 먹고 있었기 때문에, 초기 환자들의 희생으로 어획 규제가 이루어진 결과 많은 시민들이 죽음을 면하였고 또는 중증으로 악화되지 않았던 것이다. 그런 의미에서는 환자와 시민은 같은 편이며, 초기 희생자들을 동정해야 하는 것이 당연했다. 그러나 1990년대에 들어서 미나마타 시와 구마모토 현이 미나마타병 환자의 보호, '모야이(もやい)'라고 하는 사람과 사람의 내면적 관계를 통한 공동행동으로 환자와 시민이 연대하기 시작하고, 미나마타 시를 환경도시로 재생하는 운동을 시작할 때까지는 환자들은 계속해서 차별을 당하고 있었다. 이런 상황에서는 초기에 환자가 칫소를 상대로 재판을 시작하기는 어려웠으며 재판 후에도 반세기 동안 구제를 요구하며 운동을 해나가야 했다.[11]

이러한 일은 대기오염 환자를 비롯하여 공해문제에 공통된 사항이다. 1974년 11월 도쿄가 대기오염지역으로 지정받기까지는 공식적으로 도쿄에는 공해환자가 없었다. 가와사키 시 의사회의 조사에 따르면 공해병 인정환자는 실제 피해자의 10분의 1에 지나지 않았다. 2005년 6월, 기계 회사인 구보타의 옛 아마가사키 공장 주변에 거주하는 중피종 환자 3명이 지원단체와 함께 구보타 본사를 석면 공해로 고발함으로써 처음으로 구보타뿐만 아니라 전국의 석면 피해가 밝혀지게 되었고, 다음 해에야 비로소 정부는 구제를 위한 법률을 만들었다. 피해가 밝혀져야 비로소 공해(넓게는 사회적 재해)대책이 진행되고, 공해대책이 진행되면서 피해의 실태도 더욱 밝혀진다는 것을 지금까지의 역사가 보여주고 있다.

공해는 의학이 진단을 확립하면 모든 것이 밝혀지고 환자가 구제되는 것이 아니다. 피해자가 주체적으로 공해를 고발하지 않으면 사회문제화되지 않는다. 그리고 첫째로 피해구제제도가 확립되고 가해자의 법적 책임이 인정되는 것, 둘째로 환자의 인권과 민주주의가 보장되는 시민사회일 것이라는 조건이 없으면 공해의 전체상이 밝혀지지 않는다.

• 역학이 공해대책의 출발점

피해 실태가 밝혀지지 않는 것은 객관적으로는 정부가 역학조사를 소홀히 하고 있기 때문이다. 전 공중위생원장인 소다 다케무네(曾田長宗)에 의하면 "역학이란 집단현상으로서 상병(傷病)의 발생, 분포, 소멸 및 이에 미치는 자연적 사회적인 여러 요인의 영향 또는 반대로 질병의 만연이 사회에 미치는 영향을 연구하여, 이 지식을 토대로 질병의 확산을 방지·억제하고, 사회생활에 끼치는 위협을 제거하고자 하는 학문"이다.[12] 미나마타병의 경우, 만약 정부가 사건 직후 아니면 빠른 시기에 시라누이 해 지역 30만 명 전원의 건강조사를 실시했다면 피해 실태가 밝혀졌을 뿐만 아니라 대량 발생은 막았을 것이다. 그리고 전국에 산재해 있던 동일 사업의 영업을 정지시키고 주변 지역의 역학조사를 실시했다면 제2의 미나마타병은 막을 수 있었을 것이다.[13] 정부는 아직까지도 시라누이 해 전역이나 아가노가와(阿賀野川) 강 유역 전원의 건강조사를 실시하지 않고 있다. 이런 역학조사는 축적성 공해에서도 필요한 것이다. 석면 공해를 밝히기 위해서는 석면을 사용했던 시기에 공장 주변에 살았던 주민의 역학조사가 필요하다. 이미 구보타 공장 주변의 역학조사로 150명 이상의 중피종 환자가 발견되었다. 석면 공해는 발병하기까지 10~50년이 걸리기 때문에 그동안에 석면에 노출된 주민의 조사가 필요하다. 구보타 옛 아마가사키 공장 주변에서 청석면이 사용된 시기에 살았던 시민은 10만 명 이상이라고 한다. 이 사람들의 역학조사가 필요하다. 일본의 역학조사는 대기오염대책에서는 효과를 발휘했다. 욧카이치 공해재판은 역학으로 피해를 확정했다. 오사카의 사카이·센보쿠 콤비나트의 경우도 당국은 "공해는 없다"고 했으나, 1969년에 대학교의 연구자 유지들이 신니혼세테쓰(新日本製鐵) 주변 주민의 역학조사를 실시하여 높은 확률로 대기오염 환자를 발견하게 됨으로써 공해의 발생을 인정하고 대책을 강구하도록 만들었다.

바이트너가 지적했듯이 일본 환경정책의 특징은 역학조사를 주축으로 하여 건강피해대책을 펴나간 데에 있다. 서독에서는 1962년에 루르 지방에서 대기오염에 대한 역학조사를 실시하여 과잉사망 156명이라는 보고가 있었으나, 그 이후에는 진전이 없었다.[14] 미국의 경우에도 로스앤젤레스의 스모그는 유명한데, 이 지역조차 역학조사에 의한 건강대책이 이루어지고 있다고 말할 수 없다. 중국의 공해대책이 뒤떨어져 있는 것은 앞에서 언급한 대로 역학이나 피해조사가 불충분하고 또 공표되지 않기 때문이다. 농작물의 피해 등에는 대처하지만 건강피해 대책은 뒤떨어져 있다. 역학의 후진성(그것도 탁상의 통계조사가 아니라 실태조사에 의한)이 중국을 비롯한 아시아의 대기오염대책을 정체시키고 있는 주요한 원인이라고 할 수 있다.

어메니티에 대해서도 자연이나 문화재 피해에 대한 조사가 대책을 만드는 계기가 되는데, 북미나 유럽과 비교하면 일본은 뒤떨어져 있다. 이것은 다음 항에서 논술하겠다.

• 책임의 명확화

피해 실태파악은 피해의 원인규명과 동전의 양면과 같은 관계이다. 피해 구제에는 구제 주체의 책임을 확정해야 한다. 책임은 말할 것도 없이 법적 책임인데, 법적 책임을 물을 수 없다손 치더라도 사회적 책임은 물을 수 있다. 법적 책임은 피해의 인과관계를 명확히 하여 그 원인의 중단 또는 객관적 배상의 의무를 진다. 사회적 책임은 주체적 행위로 공해대책을 취하거나, 배상이 아니라 위로금 또는 구제금을 지불하게 된다. 이 경우 가해자의 지불능력이 문제가 된다. 미나마타병의 경우, 칫소는 파산하지 않고 공적인 구제 조치를 취했다. 국가와 광역자치단체인 구마모토 현에는 2004년까지 법적 책임을 묻지 않았으나 사회적 책임은 명확했으며 처음에는 지방채인 현채(縣債:

현이 발행한 공채)로, 나중에는 재정 투자·융자로 칫소의 배상금을 원조했다. 이런 비상조치도 있으나 법적 책임은 지불능력과는 관계없이 결정되어야 한다.

책임을 명확히 하여 구제 등의 대책을 만들게 하는 것이 공해대책에서는 특히 중요하다. 책임을 지게 하려면 원인이 규명되어야 하는데 이것은 지금의 사회·경제 시스템에서는 용이한 일이 아니다. 그것은 한 마디로 말하면 미나마타병으로 상징되는 것처럼, 산학관 복합체(유착)가 기존의 이익을 위해 진실 해명을 방해하기 때문이다.

미나마타병은 최고재판소 판결로 법적 책임이 확정되었다. 그러나 사회적 책임을 생각하면 아직 끝났다고 할 수 없다. 여기에는 원인규명의 어려움이 있다고 해도 좋다. 독일에서는 1930년대에 아세트알데히드의 제조공정에서 유기수은 중독에 의한 산재가 발생한다는 것이 밝혀져 있었다. 1959년 구마모토 대학 연구반이 유기수은 중독설을 발표했을 때 칫소는 부속 병원장 호소카와 하지메(細川一)가 고양이 실험으로 미나마타병이 아세트알데히드의 폐액에 의한 것임을 확인했음에도 이것을 비밀에 부쳤다. 칫소의 내부 자료에 따르면 이미 1947년에 현장 기술자가 아세트알데히드 제조공정에서 유기수은이 배출된다는 것을 논문으로 발표했다. 이런 사실들이 있었음에도, 칫소는 1959년 단계에서 유기수은설을 인정하지 않고 반대로 피해자의 운동을 무너뜨리기 위해 위로금 계약(사망자 1인당 30만 엔)을 환자와 맺어 사건을 종결시키려고 했다. 1959년 후생성 식품위생과가 유기수은설을 최종보고서로 올렸음에도, 통산성은 앞서 말한 기요우라(淸浦)설을 지지하여 정부 부서 내에서 의견이 대립하였고, 그 결과 연구를 계속하는 것으로 하여 사실상 논쟁을 중지하면서 원인불명으로 처리했다. 1958년에 이미 수질 2법이 제정되어 있었으나 앞서 설명한 것처럼 1968년까지 적용되지 않았다.

1964년 제2 미나마타병이 발생했다. 이것은 명백하게 정부의 실패였다.

학계에서는 미나마타병의 원인이 아세트알데히드의 제조공정에서 배출되는 유기수은이라는 것이 확정되어 있었다. 통산성도 아세트알데히드의 제조공정에 의문을 품고 같은 공정을 가진 공장을 조사할 것을 명령했으나 구체적인 대책은 취하지 않았다. 쇼와덴코는 칫소와 마찬가지로 전기화학에서 석유화학으로 급히 이행하려고 풀가동했기 때문에 오염물을 대량으로 배출했다. 여기서는 니가타 대학(新潟大学) 의학부에 의해 미나마타병이라는 것이 밝혀졌는데 원인설이 두 가지로 갈라졌다. 하나는 쇼와덴코 가노세 공장의 폐수설이다. 다른 하나는 쇼와덴코가 지지했던 농약설이다. 원인 공장이 아가노가와 강 하구에서 상류 60km에 있었는데, 처음에는 하구의 어민에게 환자가 다수 발생했기 때문에 인과관계를 둘러싸고 두 가지 설로 나누어진 것이다. 전자는 공장폐수에 의한 유기수은 중독이 '강 이끼 – 플랑크톤 – 작은 물고기 – 큰 물고기 – 인간'의 먹이 사슬과 생물농축을 통해 발생한다고 했다. 후자는 니가타 지진 때에 시나노가와 강(信濃川) 연안에 있었던 창고가 무너져 거기에서 농약이 유출되어 동해로 흘러 나갔는데 염수쐐기15)에 의해 아가노가와 강 하구로 유입되었고, 그것이 물고기를 오염시켜 섭취한 어민에게 이 병이 발생했다는 것이다. 이것은 요코하마(横浜) 국립대학의 안전공학 교수인 기타가와 데쓰조(北川徹三)가 주장하였다. 이 사건에서 정부 조사단은 공장 폐액설을 채택했으나 통산성의 압력으로 공장 폐액을 원인으로 하지 않고 '기반'이라는 애매모호한 표현으로 변경시켰다. 쇼와덴코는 정부 조사단의 보고서에도 동의하지 않았기 때문에 절망한 피해자들이 제2차 세계대전 이후 최초의 공해재판을 제기했다. 니가타 현은 농약 유출을 부정했지만 두 가지 학설이 재판에서 대립했고, 재판은 장기화되었다.

다행히 판결은 문전입증설(門前立證説)16)을 제시하여 이미 파괴되어 있던 가노세 공장 내부의 제조공정은 건드리지 않고, 유기수은의 배출 사실이 있으면 먹이 사슬·생물농축설로 설명이 된다고 하였다. 재판 후에 상류 지역에서도 환자가 발견되었기 때문에 하구의 피해를 설명한 농약설은 완전히 탁상공론이었다는 것이 증명되었으나, 당시에는 이것을 반증하기 위해 많은 시간을 할애했다.[17]

이 두 공해사건에서 분명하게 알 수 있지만 책임을 지게 하는 것은 그렇게 쉬운 일이 아니다. 여기에는 기업의 비밀주의가 있고, 기업을 옹호하는 정부의 실패가 있으며, 과학자의 책임이 있다. 사실 기업은 미나마타병의 원인에 관한 공장 내부의 자료공개, 기술상 문제 등을 아직까지 공표하지 않고 있다. 과학적 책임을 다하지 않고 있는 것이다. 그리고 학계에서도 아직 학자의 책임을 지게 하지 않았다.[18]

하이테크나 원자력에 수반되는 공공재해의 원인 규명은 기업의 비밀주의라는 두꺼운 벽에 부딪친다. 또 공공사업에는 공무원의 비밀유지 의무가 있으며 군사기지의 공공재해에 대해서는 군사기밀이 국가의 최고 기밀로 되어 있기 때문에, 원인 규명과 책임 추궁이 어려워진다.

어쨌든 환경은 공공재이며 인명과 건강은 최고의 인권이다. 정보공개가 없으면 공공정책은 진전하지 않는다. 군사상·산업상·행정상의 비밀은 환경보전, 특히 인간의 생명, 건강 보호를 위해서는 공개되어야 환경정책이 발전할 수 있다.

2) 피해구제와 복원

• 사법적 구제와 행정적 구제

환경의 복원은 주로 행정 분야에 속하지만 개인의 생명·건강 또는 재산상의 피해에 대한 보상이나 복원은 민사소송재판에 의해 처리되어왔다. 요시무라 료이치(吉村良一)는 『공해 환경사법의 전개와 오늘날의 과제(公害·環境私法の展開と今日的課題)』에서 일본과 독일의 사법의 역할의 차이를 지적하였

다. 즉, "일본에서는 환경문제가 건강피해를 중심으로 하는 시민의 이익에 대한 침해(공해문제)로 나타났고 그 결과 대책도 그러한 피해의 구제와 방지에 역점을 둔 데 반해, 독일에서는 오히려 대기와 물, 자연환경 그 자체의 보호가 환경문제에서 주요한 부분을 차지했다". 이런 차이도 있어 일본에서는 사법(私法)상의 손해배상청구권을 문제로 삼아 공해재판이 전개되었고 그것이 환경법의 형성 ── 환경정책에 큰 영향을 주었다. 이에 반해 독일에서는 사법의 대상이 되기 힘든 대기·물·자연환경 따위의 공법적 성질을 지닌 환경재의 보전이 중심적 과제였고 사법의 역할은 한정적이었다고 한다. 이 차이는 제2차 세계대전 후의 서독과 일본의 경제성장 차이에 따른 환경문제의 심각성 정도 때문이지만, 그것보다는 더욱 일본의 피해자들과 그들을 지원한 변호단, 학자들의 운동의 차이에 있을 것이다. 바이트너가 지적한 대로 독일은 정부와 의회가 위에서 환경 법제를 만들어냈지만, 일본은 피해자를 중심으로 하는 시민운동과 지방자치단체가 아래로부터 환경 법제를 만들었다. 독일의 경우, 앞에서 서술한 대로 역학조사처럼 공해에 의한 건강피해 조사가 거의 이루어지지 않았고, 이것이 일본과 비교해서 공해에 대한 시민의 관심이 낮은 이유일 것이다. 요시무라 료이치에 따르면 이런 독일의 상황은 새로운 「환경책임법」(1990)에 의해 환경오염의 민사책임을 지우게 되고, 광범위하게 비과실 책임을 인정하여 지금까지의 사법적 구제에서는 불가능했던 생태계 파괴의 손해배상도 지울 수 있게 되었다고 한다.[19]

　미국은 자유주의 원리에 따라 기업, 개인 모두 자신들의 활동은 자주적이고 자기 책임하에 행하는 것을 원칙으로 한다. 따라서 구제는 재판으로 이루어진다. 원고에게 입증 책임이 있으며 이 때문에 재판에는 오랜 세월이 걸린다. 석면 재판을 예로 들어보면, 재판이 처음 제기되어 20년 가까이 지난 1983년 3월 현재 1만 4000건의 소송 신청이 있었으며 원고는 2만 명 이상, 이 가운데 해결된 것은 3800건에 지나지 않고, 평균적으로 2~3년이 걸린다. 이 무렵부터 석면 재판은 사업이 되어 2006년 현재 소송이 약 6만 건, 피고 기업이 8400개, 원고가 60만 명, 지금까지 지불된 배상액이 650억 달러인데, 피해자 원고에게 전해진 것은 총배상액의 40% 정도이다. 즉 슘페터(J. A. Schumpeter)가 말한 '소득개입'이 일어나고 있는 것이다. 소송비용이 비싸고 변호사와 보험회사에게는 큰 사업이지만, 이 정도로 많은 기업이 관계되고 피해자가 많은 경우에 과연 재판에 의한 사법적(司法的) 구제가 합리적이고 피해자에게 바람직한 방법인가는 의문이 남는다.

일본의 공해재판이 큰 역할을 한 것은, 미국과 달리 초기의 공해재판에서는 변호사들이 무보수로 또는 거의 무료에 가까운 비용으로 소송에 참가하며, 또 증인으로 나서는 학자도 무상 봉사 아니면 그에 가까운 헌신적인 봉사를 했기 때문에 미국과 같은 '소득개입'이 적었던 것에 있다. 그래도 오랜 시간이 걸리는 재판 지원 운동의 비용은 노동조합 등 민주단체의 지원이 없으면 좀처럼 진전되지 않는다. 또 일본에서는 제2차 세계대전 전의 재판은 권력적이고 관료적인 것으로 서민들에게는 포도청 같은 대상이었다. 미나마타병이나 욧카이치 천식 사건에서도 서민들은 재판을 신용하지 못해, 좀처럼 피해자가 원고가 되려고 하지 않았다. 4대 공해재판이 승소하고 나서야 공해재판도 겨우 시민사회의 정당한 권리 옹호수단이라고 인정을 받았다.

제2차 세계대전 후 초기의 사법적 구제가 역할을 완수하자, 이번에는 행정적 구제가 요망되었다.[20] 「공해건강피해보상법」은 타협의 산물이다. 즉 오염기업으로서는 재판에서 혹독하게 규탄당하고 그것이 보도되어 기업 이미지를 심하게 떨어뜨리는 것을 회피하려는 요구가 있었고, 다른 한편 피해자로서는 오랜 세월 동안 소송을 유지하기 위한 에너지와 자금이 큰 부담이 되는 쌍방의 이유가 있어서 성립된 것이다. 행정적 구제는 절차가 간단하고 변호사 비용이 필요 없는 만큼 지불효율이 높고 정부는 기업처럼 도산에 따른 지불불능이 될 염려가 없다. 그러나 행정적 구제로는 민사적인 책임은 불명확해지며 인과관계를 명확히 하여 부담을 결정하지 못하고, 가해자는 법인세 또는 보험료를 지불하는 태도로 보상비를 부담한다. 이 때문에 재판처럼 판결로 과실이 명확해지고 보도를 통해 드러나는 사회적 처벌을 받으며 공해대책을 서둘러야 하는 자극은 상대적으로 작아진다.

행정적 구제의 판단주체는 행정인정기관에 있다. 이 기관에 전문가는 있을 수 있으나, 미나마타병 심사회처럼 전문가라고 하면서 미나마타병 환자의 진료와는 관계없는 사람들이 중심이 되면 의학적 판단보다 행정적 판단에 빠지게 된다. 본래「공해건강피해보상법」은 사법적 구제를 대행하는 것이기 때문에 의학전문가만으로 구성되어서는 정당한 법적 판단을 할 수 없다. 이 때문에 심사회의 판단이 행정의 의향에 좌우되고 제3자 기관으로서 역할을 다하지 못했다. 재판관은 미나마타병에 관해서는 아마추어일지 모르나 원고와 피고가 제출한 증언과 참고자료를 심사하고 공공의 장소에서 끝까지 논의를 하기 때문에 합리적 판단을 한다. 앞서 언급했듯이 공해는 의학만의 문제가 아니라 정치·경제·사회의 문제이다. 진단을 할 때는 피해자의 상황을 종합적으로 관찰할 수 있는 능력이 필요한 것이다.

일본의 경우는 미나마타병을 비롯한 공해와 어세스먼트 재해에서는 정부와 지방자치단체의 책임이 무겁다. 이런 책임은 기업과 마찬가지로 민사소송을 통해 판단을 받아왔다. 미나마타병처럼 행정의 부작위에 의한 과실이 심판을 받는 것인데 문제는 그에 따른 손해배상의 자금이 국민의 세금에서 지불된다는 것이다. 과실을 범하지 않도록 정치가와 행정관을 선택한 것은 국민이라는 이론이다. 그러나 과실을 범한 정부나 행정관청의 책임이 애매모호한 채로 국민의 책임이 되어 세금이 지출되어도 된다고는 생각할 수 없다. 여기에 기업과 정부·지방자치단체의 배상 방식의 차이가 있다. 먼저 정부와 지방자치단체가 과실을 인정하고 책임자를 처벌하는 것이 필요하다.

• 피해구제의 원칙

공해, 나아가 환경파괴의 피해를 구제하기 위한 첫 번째 원칙은 원상회복이다. 피해구제는 금전배상에 그치지 않고 피해를 받은 사람의 건강을 회복시키며, 파괴된 자연·거리·경관을 복원하여 피해 이전의 상태로 되돌리는 것이다. 시장경제제도 아래에서는 손해는 교환가치로 환산한 —— 사망의 경우 평생임금을 기초로 산정한다 —— 금전 배상이 통례이다. 금전 배상을 넘어 원상회복을 해야 하는 것은 사용가치적인 관점이 들어가 있다. 인간의 건강 장애의 구제에는 노동력 가치의 손실보상만이 아니라 건강 회복, 생명 유지를 생각해야 한다. 토양오염이나 오니(汚泥: sludge)에 의한 항만오염 등의 구제는 농어민이나 주민에 대한 경제적 보상뿐 아니라 토양 복원에 의한 농업의 회복이나 안전한 주택환경 조성, 오니(汚泥)의 완전 제거에 의한 항만 운항, 어업, 레저의 회복까지 생각해야 한다. 또한 원상회복은 피해발생 이전으로 되돌리는 것이 아니라 두 번 다시 손해가 일어나지 않는 안전한 상태로 되돌리는 것을 의미한다.

둘째, 구제는 평생구제이며 '영구 구제'가 되어야 한다. 인체에 영향을 준 경우에는 피해자가 생존하는 한 가해자의 책임은 존속한다. 또한 태아성 마나마타병과 같이 피해자 본인은 건강하더라도 아이에게 영향이 있는 경우, 또는 베트남의 고엽작전으로 인한 다이옥신 피해나 원자력 발전의 방사능 피해와 같이 유전적인 영향이 몇 세대나 계속되는 경우, 가해자의 사회적 책임은 건강에 대한 영향이 없어질 때까지 면제되지 않는다.

셋째, 환경문제는 공해에서 어메니티의 손실까지 연속되어 있기 때문에 구제는 종합적이어야 한다. 원상회복의 과제는 공해의 정점에 있는 환자에 대해 위자료와 생활비를 배상하는 것에서 출발하여 의료나 복지 등의 사회서비스를 행하며, 피해자가 건강을 회복한 경우에는, 일반 시민으로서 고용되어 안심하고 지역사회 안에서 생활할 수 있는 안전한 주택과 생활환경을 배려해야 한다. 오사카 시 니시요도가와(西淀川) 공해재판의 피해자 원고들이 재판에 사실상 승소하여 배상금의 일부를 기부하여 환경재생을 제언하였는데, 이것은 구제사업의 새로운 국면을 보여주는 것이다.

넷째, 피해구제의 내용과 방법은 피해자의 의사를 존중하여 결정해야 한다. 구제방법으로 재판을 택할 것인지, 행정심의회를 택할 것인지에 대한 결정권은 피해자에게 있다. 원상회복의 내용도 피해자의 의사를 존중해야 한다. 예를 들어 이타이이타이병이 발생한 도야마 현의 토양오염 지역의 복구는 당초 1500ha를 예정하고 있었다. 이 중에 공장·주택으로 전용될 예정지 575ha는 제외되었고, 남은 농업용지를 정화했다. 이것은 경비 절약을 위해 이렇게 한 것인데 여기에 주민이 동의했는가가 문제다.

다섯째, 피해구제는 항상 공해방제나 사전예방과 함께 이루어져야 한다. 공해가 반복해서 발생하는 상황에서는 고액의 보상이 이루어지더라도 진정한 구제가 되지 못한다. 구제의 부담에 대해서는 제12장의 일본형 PPP에서 검토하기로 한다.

3) 공해방제 · 환경보전을 위한 규제

• 규제 방법

공해를 방제하고 환경을 보전하기 위한 규제에는 방법은 크게 나누면 다음과 같은 방법이 있다.

① 발생원 대책

ⓐ 오염물의 전부 또는 일부분을 환경으로 발산시키지 않도록 제거 또는 회수하거나 원료·연료로 전환하는 방법. 소음·진동의 경우에는 그것을 제거 또는 경감하는 방법.

ⓑ 자연의 힘을 빌려서 처리하는 확산 또는 희석이라는 방법

ⓒ 긴급 대책으로서 생산이나 교통을 일시적으로 정지 또는 축소시키거나 원료·연료를 바꿔 오염물을 줄이는 일시적 방법

② 공장입지 규제와 사회자본 조성과 같은 지역적 계획

이와 같은 규제 원리는 일본의 경우, 메이지(明治) 이후 심각한 공해 때문에 다이쇼(大正) 말기 ── 20세기 초반 ── 에 거의 확립되었으며 스미토모금속 광산의 시사카지마 섬 제련소·히타치(日立) 광산의 매연대책이나 오사카시의 공해대책으로서 행해지고 있었다. 그 결과 우선 ①의 ⓐ를 가급적 추진하고 ②가 계획적으로 이루어지면 효과가 있다는 것이 시사카지마 섬의 경험에서 밝혀졌다. 그러나 제2차 세계대전을 거치면서 그 교훈은 잊혀졌다. 제2차 세계대전 후 1950년대에 도쿄, 오사카, 후쿠오카(福岡)의 각 광역자치단체는 공해방지조례를 제정하여 규제를 시작하고, 정부도 1958년「수질 2법」, 1962년「매연규제법」을 만들었다. 그런데 실제로 공해대책이 시작된 것은 후생성 공해과가 발족된 1964년 이후였다. 초기의 대책은 주로 ①의 ⓑ와 ⓒ였다. 기업은 대기오염 대책으로 주로 높은 굴뚝을 이용한 확산 방식을 선택하였고, 물 오염 대책으로는 바닷물이나 담수를 대량 사용하여 희석하는 방식을 선택하였다. 높은 굴뚝은 제2차 세계대전 이전의 히타치 광산처럼 주변에 도시가 없고 오염원이 적은 경우에는 효과가 있었다. 그러나 콤비나트처럼 오염원이 집중되어 1만 개를 넘을 정도로 많은 굴뚝이 있는 한신(大阪 - 神戸)이나 게이힌요(東京 - 横浜 - 千葉) 지역에서는 오히려 피해가 광역적으로 넓어졌다. 또한 유기수은이나 PCB와 같은 유해물질은 희석하더라도 생물농축을 일으키기 때문에 방제책이 되지 못한다. 오히려 희석했기 때문에 하수도에 의한 오염물 제거가 곤란해지는 결과를 초래하였다. 규제가 ②의 전체 계획 속에서 ①의 ⓐ를 중심으로 추진될 수 있게 된 것은 1971년에 공해방지

계획이 욧카이치와 미즈시마(水島)에 적용된 이후의 일이다.

일본의 환경보전은 1967년 옛「공해대책 기본법」이후 환경기준을 설정하고 그 달성을 목표로 추진되고 있다. 나라마다 모두 환경기준을 정해두고 있지만 그 정책의 의미는 일본과 다르다. 일본의 경우 환경기준은 곧바로 지키지 않으면 안 되는 표준이 아니라 목표다. 이 목표치는 다른 나라에 비해 엄한 편이어서 그것을 일정 기간에 달성하는 것이 환경정책의 지상 명제가 되고 주민운동 등의 요구가 된다. OECD의『일본의 환경정책(Environmental Policies in Japan)』에는 "일본에서는 환경기준이 매우 중요한 것으로 취급되고 있다. …… 일반적으로 중요한 점은 정책수단이 환경기준을 달성하기 위해 이용되고 있는 것이다"[21]라고 서술하고 있다. 영국에서는 반드시 환경기준이 중시되는 것은 아니며, 각각의 지역 특성에 맞추어 유효한 규제방법이 검사관에게 맡겨져 있다. 이 전국획일화는 일본의 특징이다.

• 발생원 대책

일본의 제도에서는 발생원 규제의 내용과 수단은 국가의 법률, 자치단체 조례, 자치단체·주민과 기업 사이에 맺어진 공해방지협정에 의해 정해진다. 일반적으로는 환경기준이 정해지고 그것을 달성하기 위해 개개 발생원의 농도 또는 오염량의 배출(폐수)기준이 정해진다. 대기오염의 경우 오염지구에서는 배출구별 농도 또는 오염량을 공장과 자치단체 사이에 협정으로 정하고 있다. 그리고 1973년의 오사카 빅 플랜(환경관리계획) 이후 총량규제가 이루어지게 되었다. 이것은 종래와 같은 농도규제가 아니라 각 공장별로 오염물의 양을 할당하는 것으로, 대도시권에서는 유효한 방법이다. 현재 대기오염에서는 대도시(도쿄 23구 등)의 SO_x와 NO_x, 물 오염에서는 폐쇄수역의 COD, 질소, 그리고 인에 대한 총량규제가 실시되고 있다.

일본의 환경기준을 발생원 규제의 기준으로 삼을 경우 첫째 문제점은, 이

것이 본래 사회적 타협의 산물이지 환경보전을 위한 계획의 산물이 아니었다는 점에 있다. 즉 당초의 옛 「공해대책 기본법」은 산업발전을 저해하지 않는다는 방침이었기 때문에 오염물질을 한정한 지극히 느슨한 기준이었다. 예를 들어 대기오염의 경우 1969년 종합지표로서 SOx만을 기준으로 정해 24시간 평균, 1년 평균치 0.05ppm이었다. 이 최초의 환경기준을 결정할 때 전문가 의견은 1일 평균치 0.05ppm이었지만 어느 사이엔가 1년 평균치로 슬그머니 바꿔놓았다. 이는 역학적으로 검증된 것이 아니라 0.05ppm이라는 수치만이 그럴듯하게 남은 것에 지나지 않으며, 전문가 의견보다 세 배 이상이나 오염을 허용한 것이다. 이 환경기준에 맞는 곳은 당시 도쿄 도 신주쿠 구(新宿區) 신오쿠보(新大久保), 기타큐슈 시 도바타 구(戶畑區)였으며 인구의 5%가 만성 기관지염을 일으킬 가능성을 지니고 있었다. 당시의 대기업은 이 환경기준을 달성하기 위하여 유황성분이 적은 연료로 바꾸고 높은 굴뚝 방식을 취했다. 이 느슨한 기준은 욧카이치 공해재판의 엄중한 판결에 의해 1973년에 가서야 지금의 1일 평균치 0.04ppm 이하로 변경되었다. 그러나 이 사이에 많은 대기오염 환자가 발생하게 되었다.

앞서 말했듯이 1970년대 환경정책의 도달점으로서 환경기준은 경제학의 최적오염점으로 정하는 것이 아니라, 정상적인 인간의 건강에 장해가 없는 환경으로서 역치(閾値)로 정해야 한다는 사상이 확립되었다. 그러나 현실에서는 역치를 결정하면 기업으로서는 달성이 곤란해지게 되고, 엄격한 환경기준을 정하면 그 달성이 무기한 연장된다. 그리고 기업은 계속해서 엄격한 환경기준 그 자체를 완화시키려고 한다. NO2의 환경기준이 그 좋은 사례이다. 일본은 세계에서 가장 엄격한 환경기준(1일 평균치 0.02ppm)를 설정했지만 자동차 사회가 되어버렸기 때문에 대부분의 지역에서 달성하지 못했다. 1978년에 정책상의 강한 요구에 의해, 0.04~0.06ppm으로 완화되었다. 이에 따라 도쿄·오사카·나고야 세 지구의 일부를 제외하고, 대부분의 지역은 기준을 달성할 수 있게 되었다. 그런데도 자동차 교통을 지금과 같은 상태로 방치한다면 3대 도시권의 오염지구에서 이 기준을 달성하는 것은 지극히 어렵다.

이처럼 환경기준은 현실 타협적 성격을 가지고 있기 때문에 사건을 일으킨 물질, 그리고 기업이 비교적 대책을 세우기 쉬운 것들 가운데에서 선택된다. 현재 대기오염에서는 SO_2, CO, SPM, NO_2, 광화학 옥시던트, 벤젠, 트리클로로에틸렌, 테트라클로로에틸렌, 디클로로메탄이 규제 대상이 되어 있다. 납, 탄화수소, 불소, 석면, 다이옥신, 기타 화학물질·중금속 등의 특정 유해물질에 대해서는 일부분이 감시되고 있을 뿐 규제 대상이 아니다. 물 오염에서는 카드뮴, 시안, 납, 헥사크롬, 비소, 총수은, 알킬수은, PCB가 대상이 되어 있다.

소음·진동 등은 명백하게 현실 타협적이어서 신칸센, 도로, 공항 등은 별도의 기준을 정했다. 이것은 기준치와 관계없다. 더욱이 이들 기준은 모두 재판을 통해 국가나 국철(현재의 JR)이 피고가 되어 여론의 규탄을 받은 이후에 비로소 설정된 것이다.

두 번째 문제점은, 경제학에서 말하는 집적불이익에 대한 관념이 없이 현실에서는 복합오염이 되어 있는 것을 개별적으로 규제하고 있다는 점이다. 현대의 도시오염은 무수하다고 해도 좋을 정도로 많은 발생원에서 배출되는 오염물의 복합오염이다. 인간이 특정 오염물질을 선택하여 호흡하거나 먹는 것이 아니라 공기, 음료수와 식품을 총체적으로 섭취한다. 예를 들어 SO_x와 NO_x가 개별적으로 피해를 주는 것보다 두 가지가 시너지 효과를 일으킨 오염이 훨씬 크다. 앞으로는 단독적으로는 미량이지만 유해물질이 복합되고 동시에 오랜 기간에 걸쳐 오염된 경우에 발생하는 암과 같은 질환이 문제가 될 것이다. 석면 재해처럼 이런 경우의 규제와 공해 인정 방법은 확립되어 있지 않다고 할 수 있다.

세 번째로, 어메니티를 고려한 경우에 현행 규제에는 많은 결함이 있다. 앞에서도 말했듯이 공해방제는 역치의 달성을 목표로 하고 있지만 역치가 달성되었더라도 어메니티는 충족되지 않는다. 예를 들어 나고야 신칸센의 공해문제는 시속 110km로 감속하면 어느 정도 해결된다. 그러나 애초에 신칸센이 나고야 시를 둘로 가르면서 달리는 구조에 문제가 있는 것이다. 제14장에서 언급하겠지만 유럽의 대도시에는 역이 터미널로 되어 있어 역사적 지구를 가로지르는 노선은 없다. 그것은 경관보전을 생각하면 당연한 것이다. 그런 의미에서 신칸센 공해는 경관보전이라는 도시계획이 빠진 노선을 설정한 것에서 발단했다고 할 수 있다. 만약 지금처럼 신칸센이 나고야 시의 중앙부를 관통하는 노선을 개설하려면 지하에 역을 만들어야 했다. 아니면 신오사카역처럼 시가지에서 떨어진 교외에 만드는 편이 바람직했을 것이다. 그런 의미에서 공해는 어메니티 결여의 연장선상에서 일어났다고 할 수 있다. 이런 의미에서 보면 앞으로 공해방지를 위한 규제는 종합적인 경관형성과 연관되어야 할 것이다.

• 사회자본과 토지이용계획

일본의 사회자본 충실정책은 고도성장을 목적으로 도로, 항만, 공항, 철도, 통신, 댐, 매립·간척 등 사회적 일반적 생산수단을 우선시하여, 환경보전은 커녕 그 자체가 환경파괴의 원인이 되었다. 그러나 공해나 사고가 없는 거리, 가로수 등의 완충 녹지, 공원, 하수도, 인공 소호(沼湖) 등 사회적 공동소비수단을 계획적으로 만들게 되면 공해가 방제될 뿐만 아니라 어메니티가 있는 경관형성이 가능하다.

욧카이치 공해재판 판결에서는 '입지의 과실'이 엄중하게 지적되었다. 욧카이치 콤비나트는 공장과 인접하여 학교와 주택이 있었고 또 해수욕장이 있었던 해안은 대부분이 매립되어 공장용지가 되었다. 대기오염·물 오염·소음·악취 같은 모든 공해가 인접 지역에 집적한 주민의 생활환경을 오염시켰다. 이런 경험을 했음에도 그 뒤의 게이요(京葉), 나고야 남부, 사카이·센보쿠의 지역개발, 그리고 제1차 전국종합개발은 욧카이치형 거점개발 방식을 추진했기 때문에 전국에, 특히 3대 도시권과 세토우치(瀬戸内) 지역에 심각한 공해를 초래했다.[22]

본래 산업혁명 이후 기업의 입지는 자유였으나, 공장은 도시의 중심부에 입지하여 공해 등 도시문제를 발생시켰다. 영국에서는 1830년대부터 공해대책법과 공중위생법에 의한 규제가 시작되었지만, 충분한 성과를 올리지 못했다. 그래서 20세기에 들어서는 복지국가가 도시·농촌계획을 만들고 노동자를 위한 저가 공영주택을 대량으로 건설하였으며 동시에 대도시의 분산과 불황지역의 재생을 위한 신도시 건설을 추진하였다. 이 복지국가의 국토계획은 1970년대 말에 등장한 영국의 대처 정권이 복지국가를 붕괴시킬 때까지 계속되었다고 할 수 있다. 유럽에서도 영국과 마찬가지로 국토계획이 복지국가의 사회정책의 일환이었다고 할 수 있다.

이에 반해 일본, 한국, 대만의 국토계획은 경제성장을 목적으로 한 지역개발이며 기업국가적 무역산업정책이다. 이것은 중화학공업 이후에는 하이테크 산업, 이어서 관광산업 등의 공장, 영업시설 입지기반정비와 교통·통신 네트워크 형성을 통한 국토의 효율적 이용이라는 지역개발 방식이 주류였다. 이 때문에 환경보전과 주민복지향상은 부차적인 것이 되거나, 개발의 희생이 되는 경향이었다. 1980년대 후반부터 시작된 중국, 인도, 태국, 인도네시아 등지의 아시아 국가들의 국토계획은, 이 일본, 한국, 대만의 고도성장형 거점개발 방식을 그대로 모방하였다. 특히 다국적 기업의 입지가 기동력이 되었다는 것이 특징이다. 일본과 비교해서 개발지역의 면적이 광대하기 때문에 도시문제가 확산되었고, 각지에 심각한 공해가 일어나고 있다.

일본의 실패, 특히 욧카이치의 공장입지의 실패를 교훈으로 삼은 것은 핀란드의 국영 석유화학공업단지인 네스테 오일(Neste Oil)일 것이다. 필자는 1970년대에 시작된 이 공업단지 건설을 조사했다. 네스테는 욧카이치 콤비나트가 기존 시가지와 인접해 있고, 특히 한 번에 단기간에 각종 화학시설을 결합시켜 공해를 심각하게 만든 것을 보고, 완전히 그와 반대되는 입지를 하였다. 즉 인구 40만 명인 수도 헬싱키에서 45km 떨어진 소나무 숲으로 된 625ha의 토지를 15년간 주변 생태계를 조사하면서, 먼저 석유정제공장을 지었다. 욧카이치 콤비나트는 단기간에 집적이익을 올리기 위해 급속하게 많은 공장을 지었고, 그 때문에 복잡한 대기오염물질의 대량복합오염이라는 집적불이익을 산출했다. 이 교훈을 토대로, 새로운 기술은 안전성을 확인할 수 없는 경우가 많기 때문에 천천히 만들면서 경험적으로 안전성을 확보하려고 하였다. 석유정제공장의 안전성이 확보된 뒤에 발전소, 그리고 다음에 석유화학공장을 지었다. 욧카이치의 공장이 높은 굴뚝으로 오염을 확산시킨 실패를 거울삼아, 소나무 숲에 숨을 수 있도록 낮은 굴뚝 방식을 취했다. 석유 탱크는 재해에 대비해서 바위를 굴착하여 그 안에 넣었으며, 배수처리를 한 뒤에는 물고기를 넣은 연못을 통해 핀란드 만으로 흘려보내는 방식을 취했다. 이런 대책은 발트 해 연안이 국제적으로 엄격한 환경정책을 취하고 있는 상황과 맞물려, 욧카이치의 입지의 실패를 훌륭하게 극복하였다.[23)

이것은 전형적인 사례지만, 공해방지 나아가 환경보전이 공해·환경정책만이 아니라 지역개발·국토계획의 양태에 따라 결정된다는 것을 보여주고 있다. 그러나 그것은 정부 전체의 국토정책에서 가장 우선하는 것이 아니며, 어디까지나 국토정책의 일환일 따름이다. 또 일본의 토지이용계획은 도시계획을 보아도 알 수 있는 것처럼, 지주와 부동산 자본의 권리를 우선하기 때문에 공해방지나 환경보전 같은 시장 원리를 초월한 대책을 실현하기는 어렵다. 주민참가를 전제로 하여 도시계획 또는 광역계획을 어떻게 사권(私權)보다 우선하도록 만드는가가 환경정책의 과제이다.

3. 어메니티 정책

♟ 환경보전·창조와 사유권·영업권

어메니티를 위한 환경 보전·창조는 숲, 호수 등의 자연과 경관·문화재 등 환경 전체를 그대로 남겨두거나 새로 만드는 정책이다. 즉 공공재로서 환경 전체를 다루는 것이기 때문에, 공공기관의 책임이 크다. 그러나 현실의 시민 사회에서는 토지, 삼림, 광물자원, 수변환경, 건물, 사회자본, 예술작품, 예술 조직 등이 사유재산화되고, 대부분이 기업의 이윤과 지대(임차료)를 목적으로 한 영업행위를 위한 자산이 되었다. 그리고 그 영업행위는 법적으로 보호를 받는다. 따라서 어메니티의 보호 유지 또는 창조를 위한 공공정책은 이 사유권과 영업권을 어떻게 규제할 것인가, 공공목적과 사적이익을 어떻게 조정할 것인가 또는 권리를 매입하여 국·공유화할 것인가의 복잡한 과제에 직면한다. 이것은 공해대책이기도 하나, 어메니티 정책은 국토와 도시의 장기적인 골격을 만드는 것인 만큼 더욱 어려운 문제가 있다.

국토 또는 도시는 공공 공간이므로 지주와 자본가는 국민의 합의를 얻은 국토이용계획, 도시계획에 당연히 복종해야 한다. 이 시민사회의 논리는 모든 나라에서 반드시 동일하지는 않다. 토지의 절대적 소유권이라는 측면에서는 독일과 일본은 동일하지만, 독일의 경우에는 도시계획에 따라 지가를 규제할 수 있을 정도로 도시계획 당국의 권한이 크다. 반면에 일본의 지가는 시장의 자유에 맡겨져 있다. 그러므로 주택지역으로 지정된 지역에서도 평균적인 시민이 구입할 수 없을 정도로 지가가 상승한다. 또 계획에 주민이 참가하는 측면에서도 나라별로 차이가 난다. 어메니티 정책에는 사상적으로는 계획과 자유의 충돌과 조정, 정책적으로는 공공정책과 시장경제의 질서를 어떻게 만들어낼 것인가 하는 경제학의 기본문제가 담겨져 있다. 여기서는 일본의 사례뿐만 아니라, 어메니티 정책이 가장 진전된 유럽의 사례와 비교하여 원리를 모색하고자 한다.

♟ 경관보전

경관은 독일어의 란트샤프트(Landscaft)를 식물학자인 시바타 마나부(柴田學)가 번역한 말이라 한다. 이 역사적 풍토에 근거한 경관이라는 개념과 똑같은 사상이 일본에서도 '풍경'이라는 말로 일상적으로 사용되어왔다. 니시무라 유키오(西村幸夫)의 대작인『도시보전계획(都市保全計劃)』에 있는 대로, 제2차 세계대전 전의 일본에는 「고사사보존법(古社寺保存法)」과 지구제(地區制)에 의한 보전이 있었으며, 「국보보존법」, 「사적명승기념물보존법」, 풍치·미관지구의 설정이 시행되고 있었다.[24] 도시계획에서도 오사카 시의 미도스지(御堂筋)처럼, 넓은 5차선 도로의 은행나무 가로수와 조화될 수 있도록 100척(33m)으로 건물 높이를 제한한 2km에 이르는 아름다운 거리경관을 조성하였다.

그러나 전화(戰禍)로 인해 많은 도시의 자연과 역사적 경관이 파괴되었다. 제2차 세계대전 후의 진흥은 자동차 도로, 고층 빌딩에 의한 획일적인 거리경관을 만들어냈다. 도시는 풍경과 미관을 생각하지 않고, 자유공지(自由空地), 높이와 색채 등을 소유자가 자유롭게 선택하는 건설이 진행되었다. 제2차 세계대전 후의 도시계획법은 겨우 1968년에 와서 제정되었는데, 효율적인 영업공간과 사회자본을 만드는 것을 목적으로 삼아, 어메니티를 무시하였으며 경관은 부차적이라고 생각했다. 이 때문에 미의식이 높은 일본인이 어째서 이렇게 난잡하고 더러운 도시를 만들었냐는 서양인들의 비판을 받았다. 지금 도시의 이름을 듣고 독자적인 경관을 떠올릴 수 있는 곳은 교토, 가나자와, 나라(奈良), 마쓰에(松江) 등 전화를 입지 않은 도시들이다.

제 I 부에서 언급한 대로, 이탈리아 공화국 헌법 제9조에는 경관보전 규정이 있음에도 제2차 세계대전 후의 경제성장 과정에서 공업개발과 관광개발로 많은 경관이 상실되었다. 그러나 1980년대에 들어서면서 이탈리아인의 생활 감각에 변화가 일어났다. 예를 들어 여가, 관광의 모습이 단체의 단기여행에서 개인이나 가족의 장기여행으로 바뀌었으며, 그 때문에 관광 자본이 개발해놓은 지역이 아니라, 일상적으로 자연과 접하는 종합적인 환경을 찾았다.

1985년, 상원의원이자 문화재 및 환경성의 정무차관이고, 나폴리 대학교 역사학 교수인 갈라소(Giuseppe Galasso)가 기초한 「환경보전법」(일명 「갈라소법」)이 제정되었다. 이 법률은 관광개발 등으로 손실된 자연경관을 회복하기 위해 앞에서 언급했던 헌법 제9조의 취지에 따라 제정된 것이다. 이 법률은 각 주가 경관에 대한 세부계획을 수립할 때까지는 다음 지역에 대한 개발을 일체 금지하는 등의 엄격한 규제를 하고 있다.

① 국토의 모든 해안선, 해변에서 거리 300m 이내에 있는 지구 및 해안선에서 해상으로 돌출한 또는 해상에 있는 지구

② 모든 호수와 늪의 경계선에서 거리 300m 이내에 있는 지구 및 호수나 늪 위에 있는 지구

③ 하천, 수류(水流), 소수(疎水)와 발전시설 등 모든 수류에서, 그 양쪽 가장자리, 경계선에서 또 제방이 설치되어 있는 경우는 그 육지 측량선에서 각각 거리 150m 이내에 있는 지구

④ 알프스 산맥 계통의 해발 1600m 이내의 지구 및 아페닌 산맥 계통, 도서(島嶼) 산악지역의 해발 1200m 이상의 지구

⑤ 빙하와 카르(Kar; 圈谷)

⑥ 국립공원, 주립공원 및 자연보호 특정지역으로 지정된 지구, 국립공원, 주립공원에 외접하는 환경보호지정 지구에 포함되는 지구

⑦ 삼림으로 덮인 지구, 삼림재해를 당한 지구, 벌채, 식목이 이루어진 지구를 포함

⑧ 농업대학교의 실습지 및 공공단체가 소유하는 농지

⑨ 공화국 대통령령으로 지정된 습지지구(조류, 어류의 보호서식지)

⑩ 화산

⑪ 고고학 지구

이탈리아에서는 경관의 미를 보전 대상으로 삼는 사고방식이 환경 보호정책의 기본이었다. 무네타 요시후미(宗田好史)에 따르면, 「갈라소법」의 의의는 자연과 문화, 역사와 같은 것을 경관이라는 이름으로 보전하는 것이나 국립공원·박물관, 관광지와 같은 한정된 장소에만 국한시켜 보전하는 것이 아니라, 일상생활의 환경으로서 확보하는 것에 의의가 있다고 한다. 또한 이것은 "적정한 계획이념에 의해 토지이용을 규제하고 아름다운 상태를 후손에게 전해주는 것이 국가의 문화행정이고 국민문화의 육성이라는 이념이다. 그것은 말할 것도 없이 공공의 이익이 될 수 있고, 이것이 개인의 재산권을 제한하는 근거이다"[25]라고 무네타는 말한다. 1990년에 조사를 한 곳에는 각주와 시가 경관계획을 만들었는데, 그것은 이 법을 따랐으며, 그중에는 이 법보다 넓은 범위에서 자연과 문화재를 보전하고 있는 볼로냐 시와 주변지구의 사례도 있다.

유럽에서는 역사적인 거리를 보전하는 계획이 진전되어 있다. 폴란드의 바르샤바 시처럼 나치가 철저하게 파괴한 옛 도심을 완전히 본래 그대로, 더러워져 있던 곳은 더러워진 것처럼 복원한 유명한 경관재생의 사례가 있다. 제Ⅴ부에서 소개하겠지만 역사적 지구를 현대생활과 공존할 수 있도록 재생시킨 이탈리아의 볼로냐 시가 유명하다. 이 볼로냐 방식이 유럽의 역사적 지구보전의 교과서가 되어 있다.

도시의 경관보전뿐만이 아니다. 독일에서는 '아름다운 촌락 만들기' 정책

이 추진되었다. 이것은 일본의 '계단식 논' 보존처럼 점(点)의 경관보전은 아니다. 거리 전체를 역사적인 농촌의 건축이나 거리로 재생하는 것이다. 필자는 1984년, 델팅겐 마을을 방문, 견학하였는데, 이곳은 농촌에서는 보기 드문 토지이용계획을 갖추고 있었고, 주 정부는 생산보조금이 아니라 건물과 거리경관 보전에 보조금을 지급하고 있었다. 도로는 도시처럼 자동차의 편의를 생각한 직선도로가 아니라 사람들이 걸으며 즐길 수 있도록 구불구불한 길로 재생하였다. 유럽의 농촌 경관이 아름답고, 농가도 매력적이며 에코투어리즘(Ecotourism)으로 도시의 주민이 농촌의 일을 도우면서 장기간 체류하는 어메니티가 있다. 반면에 일본의 농촌 풍경은 도시화 되고, 농가도 전통과는 무관한 난잡한 가옥으로 바뀌었으며 에코투어리즘을 추진시킬 매력을 잃어가고 있다.

일본에서 경관보전을 제기한 것은 시민이었다. 그 좋은 사례가 오사카를 대표하는 경관인 나카노시마(中之島) 지구이다. 여기서는 다이쇼 시대[26] 초기의 유명한 건축물인 일본은행 지점, 시청, 오사카 부립(府立) 도서관, 공회당이 있으며, 수변환경이 풍요로운 공원이었다. 그런데 1960년대에 이 네 건물을 해체하고 고층건축물을 세우는 계획이 추진되었다. 일본건축학회는 반대하였고, 재계에서는 당시의 산토리 사장이던 사지 게조(佐治敬三) 씨, 학계에서는 필자가 대표하여 반대단체를 만들었다. 그러나 전혀 시민의 지지를 얻지 못했다. 역사적 문화재 보전의 의의를 알지 못했던 측면도 있었으나, 오사카에서 일하는 대부분의 시민이 위성도시에 살며 도심의 사무실에 통근하기 때문에 나카노시마의 경관을 즐길 기회를 놓치고 있기 때문이다. 그래서 유지들은 인건비만 3억 엔이 드는 '나카노시마 축제'를 열기 위해 자원봉사 활동을 시작했다. 이 축제는 골든 위크 기간[27]에 개최되면서 30년 이상이나 계속되고 있다. 해마다 30만 명 이상의 시민이 참가하면서 참가자들은 서서히 나카노시마의 경관을 보전할 필요성을 자각하게 되었다. 그 결과 여론이 개발에서 보전으로 바뀌기 시작하여, 일본은행의 옛 건물은 박물관으로 만들어 보전하고 오사카 부립 도서관은 중요문화재로 지정하여 보전한다는 것이 결정되었다. 시청은 도쿄 도청 같은 초고층 빌딩으로 개축하는 계획을 수정하여 중층의 빌딩으로 개축했다. 최고의 공방전을 벌였던 나카노시마 공회당은 애초에 극장으로 개축할 계획이었으나 시민들의 여론에 힘입어 현재와 같이 내부를 개수하여 공회당이라는 역사적 건축물로서 보전되었다.[28]

이렇게 경관보전에 성공한 사례도 있으나 대부분은 실패하였다. 경관보전 재판의 대표적 사례였던 1989년 12월의 와카노우라(和歌浦) 경관보전 소송에서는 소설가 쓰모토 요(津本陽), 역사학자 우에키 고지로(植木孝次郎), 이누가이 다카시(犬養孝) 같은 『만요슈(萬葉集)』[29]를 연구하는 학자들이, 와카야마현(和歌山県)의 '신후로교(新不老橋)' 건설 사업이 역사적 경관을 파괴한다면서 건설 반대 측 증인으로 출두하는 등, 시민운동이 고양되었다. 1994년 11월 판결에서는 "문화적 역사적 환경의 보호는 행정의 하나의 목표"라고 인정하면서도 "정책판단 여부는 행정의 재량에 맡긴다"고 하였다.[30]

2001년 3월에는 구니타치 시(国立市)의 주민들이 고도 20m의 벚나무와 은행나무 가로수가 아름다운 다이가쿠도리(大学通) 거리에 메와지쇼(明和地所)가 세운 고층 아파트가 경관을 파괴한다고 소송을 제기했다. 2002년 12월, 도쿄 지방재판소는 '경관이익'을 전폭적으로 인정하여 이미 건설된 고층 아파트의 고도 20m를 초과하는 부분(7층 이상)의 철거를 명령하는 획기적인 판결을 내렸다. 이 판결은 "경관이익을 법적으로 보호할 가치가 있으며, 이를 침해하는 행위는 일정한 경우에는 불법행위에 해당한다"고 판시하였다. 그러나 항소로 계속된 도쿄 고등재판소는 2004년 10월, "경관권·이익은 국민의 사법상 개별 구체적인 권리·이익으로서 양호한 경관을 향수할 지위를 갖는 것이 아니며, 개인의 인격적 이익이라고는 할 수 없다"면서 청구를 기각, 즉 주민 측이 거꾸로 패소하는 판결을 내렸다. 이것은 환경권을 여전히 인정받지 못하는 일본의 상황을 표현하고 있다.

같은 시기에 시가 현 도요사토 정(豊郷町)에서 건축가인 보리스(William Merrell Vories)가 건설한 도요사토 소학교를 철거하고 신축한다는 계획이 발표되어 주민의 반대가 일어났다. 전국의 많은 경관보전운동가들은 옛 소학교의 유지를 주장했다. 그러나 단체장 선거에서는 건설파인 전 정장(町長)이 재선되어 소학교가 신축되었다. 반대운동의 힘도 컸기 때문에 보리스의 건축물은 아직 남아 있지만, 교정의 경관은 새 건물로 완전히 바뀌었다. 보리스의 교육이념으로 만들어진 학교의 경관은 잃어버렸다.

이렇게 경관보전은 행정·사법상 반드시 정착된 이념은 아니다. 그러나 지금까지 일본의 행정이 시행한 종합개발과 도시정책은 산업우선이고 중화학공업단지, 하이테크 산업, 리조트 산업의 유치정책이었기 때문에 경관, 녹지 등의 심각한 자연파괴에서 전환해야 한다는 여론이 높아지고 있다. 지방자치단체는 광역에서는 27곳의 도·도·부·현이, 기초에서는 450곳의 시·정·촌이 경관보전조례를 제정했다 그러나 마나즈루 정(真鶴町) 같은 일부 사례를 제외하고는 충분히 효과가 발휘되고 있지는 않다. 2004년 6월, 「도시녹지법」과 「야외광고법」의 일부 개정과 함께 「경관법」이 제정되고 시행되었다. 이것은 이탈리아의 「갈라소법」보다 20년 뒤늦은 것으로, 소 잃고 외양간 고치는 격이다. 그러나 새로운 가능성도 있다.

「경관법」은 구체적인 시책을 지방자치단체에 맡기고 있다.[31] 주목할 만한 것은 역사적 도시다. 교토 시는 2007년 3월, 경관조례를 제정했다. 이것은 획기적인 내용의 조례로, 지구에 따라 경관을 지정하여 공장·사업장 등을 제외한 종래의 31m의 고도제한을 20m로 낮추며 디자인을 검토하여 옥외광고의 규제를 엄격하게 하는 것이다. 특히 전통가옥의 일종인 마치야(町屋)가 집중된 중심부의 '격자형 지구'는 직주근접지구(職住近接地區)로 정비하도록 하였다. 이에 따라 지금까지 경관보전을 요구하며 고층 빌딩 건설에 반대해온 주민의 요구가 실현되었다고 해도 좋다. '전자 지구'에는 이미 '아네코지(姉小路) 일대를 생각하는 모임'이 경관보전을 틀 안에서 지역사회의 재생을 생각하여 '아네코지(姉小路) 일대의 내규'를 만들어 여기에 찬성하는 주민들이 마을 만들기를 추진해나가고 있다. 솔직히 말하면 이미 교토는 많은 부분 미관을 잃어버렸기 때문에, 이 조례는 '소 잃고 외양간 고치는' 감이 있다. 필시 고층 건축물을 계획하고 있는 업자나 고층 아파트에 사는 주민의 반대가 일어날 것이다. 앞으로 교토 시가 더는 파괴를 허용하지 않고 '전자 지구'뿐만 아니라 전 지역을 이탈리아의 피렌체처럼 역사적 파르코로 정하여 보전할 수 있는가 없는가는 시민의 문화와 경관보전의 힘에 달려 있다.

「갈라소법」이 제정된 시기에 일본에서는 「리조트법」이 제정되어 관광개발을 위해 국립공원의 일부 등의 환경보전지역이 해제되고, 경관지역이 개발대상이 되었다. 이렇게 경관정책이 유럽과 비교해서 현저하게 뒤처진 것은 도시계획과 농촌계획이라는 지역정책의 결함 때문이다. 경관조례와 「경관법」이 제정되었지만 그것은 여전히 경관이라는 공공재의 가치를 보전하거나 또는 가치를 제고하여 주민의 어메니티를 풍요롭게 하기보다는, 관광자원으로서 관광객을 불러들이고, 관광산업 등의 경제적 이익이나 공공단체의 재정적 이익을 올리는 것이 주목적이 아니었을까 하고 여겨진다.

♟ 녹지보전

지구환경보전을 위해 녹지보전은 중요한 과제인데, 여기서는 어메니티 정책으로서 검토하고자 한다. '녹지'라고 한마디로 말하지만, 여기에는 농지와 삼림을 포함한다. 또 그것도 지역적으로 그 형태와 정책이 다르다.

일본의 농업용지(농지와 목초지)는 급속하게 감소하고 특히 휴경지가 많아졌다. 농업용지는 1975년에 576만 ha(전국토의 15.3%)였으나, 2003년에는

482만 ha(전 국토의 12.8%)로 94만 ha가 감소했다. 이것은 도시화에 따라 주택(주택지, 상공업용지)으로 바뀌거나 또는 도로 등의 공공용지로 되었기 때문이다. 공업화 등의 산업구조 변화로 농가 호수는 고도 성장기부터 계속 감소하여 1990년에 383만 호에서 2005년에는 281만 호로 감소하였다. GNP에서 농업총생산이 차지하는 비율은 1970년의 4%에서 2003년에는 1%로 감소했다. 시장가치의 상실 때문에 청년노동자들이 농업을 떠나 농업경영자의 평균연령이 62세가 되었고 39세 이하의 농업경영자는 1.8%가 되었다. 후계자가 없는 농가는 절반에 이른다. 이런 사정과 맞물려 경작포기면적은 1995년 16만 ha에서 2005년 22만 ha로 계속해서 급증하고 있다. 정부는 2006년에 농업농촌정책을 산업정책으로 전환하여 그때까지 일반적으로 시행했던 가격보조정책을 폐기하고 대규모 경영농가나 취락농가에 한정하여 보조금을 지출한다고 하였다. 선진국 중에서는 일본의 농업·농촌이 비정상적인 상황이다. 식량자급률(칼로리 기준)은 1970년 60%에서 2004년 40%로 격감하였다. 유럽의 선진국의 영국 74%, 독일 91%, 프랑스 130%, 이탈리아 71%와 비교해보면 과연 일본이 자립한 선진국이라 할 수 있는가라는 의문이 들 것이다. 향후 개발도상국의 급격한 공업화·도시화와 지구 온난화로 식량수급이 큰 사회문제가 될 것이다. 이 식량문제에 대한 일본의 위기는 경제정책으로서 중대한 문제이며 동시에 이와 같은 농업의 상대적 쇠퇴와 농촌의 과소화 —— 취락(聚落)의 해체 —— 는 환경정책의 위기이기도 하다.

농지가 가지는 어메니티 문제를 유럽에서는 도시농업정책으로서 중시하고 있다. 가장 유명한 것은 독일의 시민농장이다. 독일은 전란의 경험으로부터 도시는 농작물을 자급해야 한다는 생각을 갖고 있어 1919년에 「클라인 가르텐법」을 만들었다. 현재는 자급정책이 아니지만 시민의 어메니티를 위하여 도시는 아름다운 시민농장으로 둘러싸여 있다. 독일은 지역의 3분의 1이 녹지인데 시민농장이 50만 구획이나 된다. 신도시를 계획할 때도 반드시 시민농장을 설치한다. 시민은 법에 기초하여 주거지에서 10km 이내의 장소에 240m² 내외의 농지를 빌린다. 야채, 과수, 화훼의 세 종류를 재배하는 것이 의무화되어 있지만 고소득자는 화훼, 저소득자는 야채가 많다. 독일 사람들은 장미를 좋아하기 때문에 도시가 장미로 뒤덮인 것 것처럼 보인다.

독일뿐이 아니다. 유럽과 북미에서는 시민농장이 유행하고 있다. 이탈리아의 도시에서는 시민이 구매하는 야채의 4분의 1이 시민농장에서 공급된다고 한다. 미국에서도 농지가 주택으로 바뀌고 있지만, 시애틀 시와 뉴욕 시 근교에서는 농민이 농지를 택지로 분양하지 못하도록 자치단체가 개발권을 일괄적으로 사들였다. 즉 사업장·주거 등의 용지로 매매하는 가격(D)과 농지가격(A)의 차액(D-A=G)을 개발권 가격으로 하여 자치단체가 사들이고, 이 차액(G)을 농민에게 농업보조금으로 지불한다. 그 결과 지정된 토지는 농지로 남게 된다. 시애틀 시 근교에서는 농장을 가진 주택가격이 상대적으로 높다.

이렇게 시민이 농지를 추구한다는 것은, 로봇과 컴퓨터 등이 주역이 되어 인간이 상품 생산을 하지 않게 된 직장에 있으면 인간의 본성인 무엇인가를 만들려는 자연적 욕구가 솟아 나와, 그것이 시민농장이라는 여가생활의 장에서 보상을 받고 있다고 할 수 있다. 일본과 달리 유럽에서는 노동시간을 지키기 때문에 아이들과 함께 농업을 하면서 여가를 보내는 것이 가능하며, 이를 통해 환경교육도 할 수 있다. 이 시민농장 때문에 도시는 실로 매력적인 녹지지역을 갖게 된다.

일본에서는 일반적이지는 않지만 시민농장에 대한 수요는 증가하고 있다. 그러나 대부분의 시민농장은 한 평 농장이라 좁고 부대시설도 빈약하며, 농민이 도시에서 농사일을 지도하는 교육을 하는 곳이 적다. 독일의 시민농장처럼 넓고 취사장, 샤워장 등의 부대시설이 있는 가옥이 있으며 농협이 지도도 하는 제도와 비교하면 볼품이 없다. 1980년대는 도시농업을 둘러싸고 마지막 공방전이 일어난 시대였다. 정부는 도시농업을 인정하지 않고 시가화 구역 내의 농지를 택지로 만들기 위해 택지수준의 과세를 부과했다. 그러나 일본에서 농지는 농업목적뿐만 아니라, 도시 내의 유일한 개방공간(open space)으로서 재해 시의 중요한 피난처, 화재피난처가 된다. 1988년 전국농협조합중앙회는 도시농업을 보전하기 위해 연구회를 조직했다. 이 연구회는 농업전문가만이 아니라 도시정책 전문가들을 모았다. 여기서는 택지수준의 과세를 해제하고 적극적으로 도시농업을 유지하며 그것을 독일의 시민농장처럼 도시의 아름다운 녹지로 유지하는 방침을 제안했다. 안타깝게도 거품경제로 지가가 상승했기 때문에 당초에 이 안을 지지했던 도시의 농협들 중에서 도시농업을 유지하기보다 택지로 매매하려는 요구를 가진 조합원과 간부가 증가하여 결국 제안은 결실을 맺지 못했다. 1985년, 전국의 시가화 구역 내 농지는 19만 ha로 전 면적의 약 14%를 차지했다. 지금은 그 면적이 3분의 1까지 감소해버렸다. 도시의 녹지보전 정책의 실패이다.[32]

일본은 아시아 각국과 동일하게 유럽과 북미에서 배운 법률을 만들어서 발전한 것처럼 보인다. 「도시녹지보전법」은 1973년에 제정되었다. 그러나 1970~1980년대에 삼림이 파괴되었을 때 이 법률은 한정적으로만 적용되었다. 당시는 1ha 이상의 대규모 녹지여야 되고 역사적·문화적 의의도 있어야 보전대상이 되었다. 오사카 부에서는 다섯 건만 지정을 받을 수 있었다. 사카이 시(堺市)에서는 얼마 남지 않는 녹지를 보전하려고 하여 시민들이 '커뮤니티 그린 조례' 제정 청구를 하였으나 좌절되었다. 당시 사카이 시는 공원을 만드는 건설 사업은 하지만 현존하는 녹지를 보전하는 사업부서는 없었다. 도시권에서는 녹지기금을 조성하여 삼림을 매입해야 하는데 지바 시(千葉市)의 '녹지와 수변기금'이나 '센다이 시(仙台市) 녹지보전기금'이 1985년 당시에는 전국 최고로 각각 50억 엔 정도였다. 녹지보전은 마쓰도 시(松戸市)처럼 지주가 자주적으로 보전조직을 만들지 않는 한 어려운 상황이었다. 2006년의 「도시녹지보전법」의 개정으로 지방자치단체가 계획을 만들 수 있게 되었으나, 실제로는 시가화 구역 내에 남은 것은 신사나 사원 경내의 숲과 옛 주택의 방풍림, 방설림 등으로 녹화를 하지 않으면 녹지는 유지·보전할 수 없을 것이다.

조경학자인 다카하시 리키오(高橋理喜男)에 따르면 수십 ha 이상의 대규모 자연을 갖는 파크(park)와 시설을 중심으로 한 소규모 가든(garden)은 구별되어야 한다고 한다. 유럽에서는 확실히 이 둘을 구별한다. 빈의 숲이나 베를린 중심부의 테겔(Tegel)은 파크일 것이다. 일본의 공원은 대부분 가든이지 파크가 아니다. 이탈리아의 파르코에는 자연과 시민생활이 공존할 수 있도록 하는 새로운 사상이 있다. 밀라노 대도시권에 펼쳐진 북파르코(Parco Nord Milano) 조성과 남파르코(Parco Agricolo Sud Milano) 계획은 도시 속에 공원을 조성하는 것이 아니다. 도시 전체를 공원화하는 계획이다. 파르코에는 군사기지, 주택, 공장 등 사업장, 광대한 논 등의 농지, 폐기물 처리장이 현존하고 있는데, 전체적으로 이 도시 지역을 아름다운 경관의 공원으로 바꾸려는 것이다. 시는 북파르코 600ha 가운데 250ha는 농지로 보존하고, 280ha는 공원화할 계획이며, 120ha는 시유지로 하였다. 파르코의 경관에 어울리도록 도시시설을 개조하여 역사적인 산책로 등을 만들었다. 농지는 원칙적으로 이 파르코 안에서 주민들이 출입할 수 있는 녹지 환경으로 보존되어 있다. 도시 전체를 파르코로 만드는 것은 꿈과 같은 환경정책이다. 일본에도 나라 현(奈良県) 전체를 파르코로 만들어 수많은 훌륭한 문화유산, 온화한 자연과 거주환경을 공존케 하는 환경정책을 만들 수 있지 않을까.

도시 속에 자연을 재생하는 사업은 앞으로의 과제다. 이탈리아 최대의 환경단체인 이탈리아 노스트라(Italia Nostra: 우리의 이탈리아)는 로마 교외의 아피아 가도(Via Appia)변에 실로 2000ha나 되는 토지를 고대의 풍경을 보존하기 위해 정부에게 지정을 하게 만들어 일체의 개발을 금지시킨 것으로 유명하다. 제V부에서 언급하겠지만, 이 노스트라의 밀라노 지부는 황폐한 농지 36ha를 빌려 그것을 환경교육의 장으로 삼았다. 이곳에는 시민들이 주말에 숲과 인공호수 시민농장을 만드는 자발적인 작업을 하고 있다. 지금은 500 ha로 확대되었다. 이렇게 자연을 재생시키는 창조적인 작업이 환경정책의 거버넌스이다. 일본에서는 동네 산의 회복이 각지에서 일어나고 있는데 시민들이 자발적으로 서비스를 하는 사업으로서, 미래의 환경정책의 하나의 양태를 보여주는 것으로 주목을 받고 있다.

♟ 수변환경의 유지와 재생

도시(넓게 말하면 인간의 집락)는 하천, 호소(湖沼), 해안 등의 수변환경에 있다. 자연의 수변환경이 없는 도시에는 운하·용수로나 호수·연못 등의 인공적인 수변환경을 만들었다. 물 환경정책에는 '치수', '이수(利水: 생산·생활·에너지 용수로서 이용)', '보수(保水 : 수량·수질·저질(底質)의 유지·보전)' ── '친수(親水: 수변환경을 일상생활의 산책·레크리에이션으로 친숙하게 만드는 것)'라는 네 가지 내용이 있다. 이것을 종합하여 수변환경을 유지·재생·창조하기 위해 인류는 집락 형성 이래 거대한 자본과 노동을 투여해왔다. 물 환경정책은 사회자본론 등의 재정학·공공경제학의 중심과제이며 자원경제학이나 환경경제학의 중요과제이다. 여기서는 환경정책의 현대적 과제를 구체적 사례를 통해 언급하겠다.

(1) 하천 환경

교토 시를 흐르는 가모가와(鴨川) 강과 가쓰라가와(桂川) 강, 가나자와 시의 사이가와(犀川) 강, 아사노가와(浅野川) 강은 예로부터 문학의 무대이기도 한 역사적 도시경관이다. 반면 나고야 시는 일본에서 근대적 도시계획을 대표하는 도시인데, 앞의 두 도시와 비교하면 무미건조한 도시라는 인상을 받는 것은 그 때문이다. 나고야를 중심으로 에도 시대에 성시(城下町)를 만든 것은 당시 축성의 천재로 불리던 가토 기요마사(加藤淸正) 등이었는데, 그들은 이 결점을 메우기 위해 나고야 성에서 이세(伊勢)만을 연결하는 수로를 만들었다. 에도 시대의 풍속화를 보면 수로의 제방에는 벚꽃나무가 줄지어 있고, 시민들은 배를 띄워 꽃놀이에 흥겨워하고 있었다. 성시는 이렇게 하천이 없으면 운하나 수로를 만들어 수변환경을 생활과 밀착시키고 있었다.

고도경제성장기에는 이 수로가 시궁창 하천이 되어 꽃놀이의 전통 등은 소멸되어버렸다. 나고야 시만이 아니다. 동양의 베네치아라고 선교사들에게 명성이 높았던 수변도시 오사카의 하천도 같은 상황이었다. 고도성장기의 도지마가와 강(堂島川)의 교바시(京橋) 부근에는 BOD가 50ppm(생활환경으로서는 5ppm 이하)을 넘어 시궁창이 되어 있었다. 이렇게 제2차 세계대전 후의 도시들이 수변환경의 가치를 상실한 가운데 그것을 선명하게 재생한 것이 후쿠오카 현의 야나가와 시(柳川市)다.

야나가와 시는 문학가인 기타하라 하쿠슈(北原白秋)의 고향으로 수향(水鄕)으로 유명한 만큼, 시 전체로 470km이고, 사방 2km의 중심시가지 안에만 60km에 이르는 수로를 가진 수변도시다. 이 수로가 제2차 세계대전 후의 고도성장으로 사업장과 가정의 폐수가 방류되어 시궁창 하천이 되어버렸다. 악취와 모기 등 위생적으로 불결했기 때문에 이 수로를 콘크리트로 매립하고 그 대신 하수도를 건설하는 계획이 작성되었다. 하수도 계획은 환경행정의 중심으로서 거액의 보조금이 지급되는 토목공사이기 때문에 시는 여기에 달려들었다. 만약 이것이 실행된다면 물의 고장 야나가와는 수변도시였던 도쿄와 오사카가 본래의 풍경을 상실해버린 것처럼 역사 속으로 사라질 참이었다. 다행히도 여기에 당시 이 계획의 담당과장이었던 히로마쓰 쓰타에(広松伝) 씨가 이 계획에 의문을 갖고 조사연구를 한 결과, 지반침하가 일어나기 쉬운 지질을 가진 야나가와 시가 수로를 상실하면 큰 재해를 초래할 가능성이 있다는 것을 알게 되었다. 그는 주민의 동의를 얻을 수 있다면 하수도 건설을 중지해도 좋다는 시장의 지지를 얻어 100회 이상이나 집회를 열어 수로 재생을 호소했다. 다행히 옛날의 아름다운 수로를 기억하고 있던 노인들이 찬성하고 이윽고 주민들의 동의를 얻어냈다. 그러나 중심부만으로도 60km나 되는 수로를 재생하는 것은 쉬운 일이 아니다. 해마다 한 번은 수문을 닫고, 시민들이 진흙투성이가 된 채 철야로 작업을 해서 오니를 긁어내야 한다. 수로 주변 청소, 쓰레기 줍기, 수초 베기 등 시민들의 일상적인 무상봉사가 요구되었다. 참으로 귀찮은 일이다. 그러나 시민들이 이 물 환경과 '귀찮은 친화'를 시작했을 때, 수로뿐만 아니라 야나가와 시가 소생되었다. 지금은 수향(水鄕)은 시민의 생활기반일뿐만 아니라, 관광자원이다. 이 공동 정화작업을 통해 시민의 연대도 탄생하고 수로를 이용한 축제나 결혼식 등의 이벤트도 부활했다. 수변환경의 재생이 시민의 자치를 낳고 도시를 소생시킨 것이다. 이와 같은 수변도시 재생은 오타루(小樽) 운하의 보존 등의 사례가 있다. 외국에서 유명한 것은 플로리다 주의 에버글레이즈(Everglades)다. 이 강은 지역계획에 따라 직선형 하천으로 개조되었으나, 수변환경의 자연적인 아름다움을 상실했을 뿐 아니라 수해가 빈번하게 일어나게 되었다. 그래서 학자들의 조사와 주민의 동의를 얻어 과거의 물길대로 뱀처럼 구불구불 흐르는 자연의 흐름으로 되돌렸다.

　제2차 세계대전 후의 일본의 하천행정은 치수와 이수를 중심으로 하여 상류의 댐과 콘크리트 호안(護岸)으로 자연의 모습을 잃게 했다. 이것은 토사의 유출을 막고 해안의 침식을 초래하였고, 그래서 다시 해일 방지 댐을 건설해야 했기 때문에 해안의 풍경도 잃어버렸다. 국내외의 수변환경 유지와 재생의 성공이 국제적인 힘을 얻자, 정부도 겨우 1997년 3월 「하천법」을 개정하여 환경보전을 관리목적에 삽입하고 지역주민의 의견을 청취하기로 하였다.

하천에 콘크리트 벽을 만드는 것이 아니라, 가능한 한 자연으로 되돌리고 또는 의사 자연을 만들게 되었다. 도시의 하천도 시민들의 친수공간이 될 수 있도록 하천변에 산책로 등이 만들어져 있지만 아직은 생태계나 경관의 유지라기보다는 새로운 토목공사의 대상에 머무르고 있다.

(2) 호소 환경

호소(湖沼) 같은 폐쇄수역은 오염물이 축적되기 때문에 주변지역의 공업화·도시화가 진행되면 급속하게 오염되어 복원이 불가능해지거나 극히 곤란해진다. 호소의 청정도나 생태계는 개발이 환경을 보전하면서 행해졌는가를 알 수 있는 척도가 된다. 호소는 수자원이며 풍부한 생태계를 가진 레크리에이션의 장이다. 그러나 그렇기 때문에 주변개발이 더욱 진행되었다. 호소의 환경정책은 제2차 세계대전 후의 고도경제성장기에는 전 세계적으로도 뒤쳐져 있었다. 미국의 오대호와 러시아의 바이칼 호의 오염은 유명하다. 이런 가운데 일본의 비와코(琵琶湖) 호의 환경정책은 국제호소정책의 선두를 달렸다고 할 수 있다.[33]

제2차 세계대전 후의 시가 현은 오사카권의 공해와 도시문제의 해결을 위해 공장과 인구가 급속하게 분산하게 되는 영향을 받아 공업생산액과 인국의 증가율이 전국 1위였다. 자동차사회가 이루어지면서 메이신(名神) 자동차도·호쿠리쿠(北陸) 자동차도 등의 고속도로가 건설되고 오사카권에서 분산되는 현상은 더욱 가속화되었다. 제2차 세계대전 후의 개발은 임해형 콤비나트와 기계공업 클러스터와 같이 집적을 촉진시켰고 인구도 또한 대도시권으로 집중·집적하였는데, 시가 현의 발전은 집중·집적이 아니라 분산이었다. 시가 현에는 일본의 대표적인 기업의 공장들이 진출해 있는데 콤비나트나 클러스터는 거의 없다. 대공장이 전 지역 특히 동부의 도로변에 분산되어 있다. 또 대도시권이 없다. 현청소재지인 오쓰 시(大津市)가 30만 명으로 교토 시 오쓰구라고 비판받는 것처럼 도시적 기능의 집적이 적다. 즉 지방공장 기지와 베드타운으로 성장했다. 그래서 국지적 공해 특히 대기오염이 적었다. 그러나 현 전체로 분산된 공장과 주택에서 배출하는 오염물은 100개를 넘는 하천을 통해 비와코 호로 집적했다. 1977년에 적조가 발생했다. 다른 지역의 공해대책이 이미 진척되었던 때에 뒤늦게 시작된 전형적인 축적성 공해였다. 비와코 호는 간사이(関西)의 1200만 명의 음료수원이다. 비와코 호의 오염은 간사이 전역의 시민들에게 충격을 주었다.

1972년, 한신(阪神) 지역의 도시용수 수요증대에 대처하여 비와코 호 개발이 시작되었는데, 이것은 수위를 조절하여 매초 40m³의 물을 확보하는 수자원개발이었다. 또한 지역의 대책은 홍수방지라는 치수가 중심이었다. 여기서 처음으로 수질보전이라는 환경정책이 부가되었다. 이 사업은 1조 4593억 엔의 약 30%를 하수도 건설에 투입했다. 적조의 발생은 비와코 호를 지키려는 주변 주민의 운동에 불을 붙였다. 오염의 주원인이 되는 질소와 인을 제어하기 위해 합성세제의 사용을 금지하는 시민운동이 전개되었다. 대체세제를 만들기 위해 여성단체는 폐식용유를 회수하는 비누운동을 시작했다. 이 환경보전운동을 배경으로 다케무라 마사요시(武村正義) 지사가 혁신 통합후보로 당선되었다. 지사는 부영양화 방지조례를 제정하고 합성세제 회수를 추진했다. 그리고 1984년, 주민운동단체를 포함한 세계호소회의를 열었고 이것을 국제적으로 발전시켜 폐쇄수역 환경보전에 대한 국제협력의 길을 열었다. 또 국내에서는 오사카 도시환경회의의 제안으로 1985년 수향수도회의(水郷水都会議)가 탄생했다.

주민운동이 지원했던 시가 현의 환경정책은 중요한 성과를 낳았다. 1985년 정부가 겨우 「호소법」을 제정했다. 현은 독자적으로 비와코연구소를 만들어 생태학자인 기라 다쓰오(吉良竜夫)를 소장으로 삼고 과학적 연구조사를 기반으로 하여 환경정책을 추진하는 체제를 만들었다. 나아가 1996년 비와코 박물관을 만들어 가와나베 히로야(川那部浩哉)를 관장으로 삼아 담수지역의 생태계 연구와 환경교육의 거점을 만들었다. 이 시설은 뒤에 UNEP의 연구소를 유치하여 함께 제휴하여 독특한 연구를 진행하고 있다. 앞에서 설명한 대로 비와코 종합개발은 간사이 지역의 수자원개발이기 때문에 하류의 자치단체가 사업비를 부담하게 했다. 이것은 당시로서는 이례적인 일로, 환경행정 같은 광역행정에서 재정부담의 본원적인 모습을 보여주었다. 그러나 종합개발이 끝난 현재에는 하류지역 자치단체의 부담금은 없어졌다.[34] 이렇게 비와코 호의 환경정책은 과학연구와 환경교육을 토대로 주민의 자발적인 재자원화 사업을 포함한 공해방지운동을 배경으로 하여 광역자치단체의 재정협력을 요구하며 독자적인 전진을 했다는 점에서는 제2차 세계대전 후의 일본의 환경정책의 하나의 도달점이라고 할 수 있다.

하지만 이 정책으로 비와코 호의 보전에 성공했는가라는 점에서는 문제가 있다. 앞서 언급한 대로 광역 하수도사업으로 배수처리시설은 전국 수준이 되어 인과 COD 유입이 감소해야 했으나, 여전히 호수 내의 COD 농도는 증가 경향을 보이고 있으며 질소는 겨우 증가가 멈춘 정도로 명확한 수질개선은 상당히 멀었다고 평가된다. 호안(湖岸) 둑 등의 개발로 인공화가 생태계의 기능을 저하시켰다. 비와코 호의 수질을 이 이상으로 개선하기 위해서는 주변 개발의 억제와 함께 자연의 재생이 요구된다. 그것은 호안의 식생을 복원하고 갈대밭 지대를 보전하며 나아가 다음 항에서 서술할 내호(內湖)[35]를 재생하는 것이다.

비와코 호의 다음 세대의 환경정책은 과거의 간척지를 내호로 복원하는 것인데, 아직도 전국적으로는 간척이 계속되고 있다. 제2차 세계대전부터 대전 후의 기간 동안 식량증산을 위한 대규모 간척사업이 진행되었다. 비와코 호의 내호 면적은 1940년에 29km²였으나 지금은 7분의 1인 4km²까지 간척되었다.

제2차 세계대전 후 하치로가타(八郞潟) 호의 간척에 이어 가호쿠가타 호(河北潟) 간척사업이 시행되었다. 이시카와 현(石川県) 가호쿠가타 호는 호안(湖岸)이 27km, 면적 2248ha, 우치나다 사구(內灘砂丘)를 거쳐 동해로 이어진다. 재첩, 빙어 등 십 수종의 어패류가 서식하며 가나자와의 경관을 만드는 아름다운 기수호(汽水湖)였다. 1952년 간척계획이 세워지고 1963년 착수, 1356ha를 간척하고 1079ha의 농지를 조성했다. 당초 계획은 간척지를 미작지대로 만들어 주변농가에게 배분할 예정이었다. 그런데 간척이 끝난 1970년에 쌀 과잉상태가 되어 미작계획은 중지되고, 전작 그리고 낙농사업으로 목적을 바꾸었다. 이 때문에 미작을 위한 관개시설을 완전히 바꾸어 배수시설로 변경했다. 이 때문에 당초 사업비 51억 엔이 완성 시인 1985년에는 283억 엔(이자를 포함하면 335억 엔)까지 부풀어 올랐다.

당초 간척에 기대를 걸고 있었던 미작농가는 전작으로 전환되면서 의욕을 상실하고 농지구입을 포기하는 곳이 속출했다. 현(県)은 전국에 농사희망자를 모집했으나, 4분의 1이 분양되지 못해 재정부담이 증가하게 되었다. 새로 들어온 전작농가는 습지기 때문에 생산성이 낮고 1가구 평균생산액이 400만 엔(소득은 50%)이라 자립경영이라고 말하기 어렵다. 낙농업 농가도 초기투자에 약 1억 엔이 들었기 때문에, 매년 약 1000만 엔의 상환에 고투하고 있다.[36]

간척계획이 시작되었을 무렵, 필자는 가나자와 대학교의 교원으로 이 아름다운 수변환경을 간척하는 것에 반대하였으나, 당시에는 현민의 찬성을 얻지 못했다. 지금에 와서야 이 간척계획은 실패였고 가호쿠가타 호를 남겨두었으면 가나자와 시의 경관 또는 레크리에이션의 장으로서 가치가 컸을 것이라고 말하지만, 이미 사후약방문일 뿐이다.

환경정책의 역사에서 중요한 것은 이 가호쿠가타 호의 실패의 교훈에서 배우지 않고 신지코(宍道湖) 호·나카우미(中海) 호의 간척이 진행된 것이다. 여기에는 다음 절에서 언급할 사전예방정책에 대한 중요한 시사점이 있다.

다행히 신지코 호·나카우미 호의 간척은 재첩 등 호수의 칠보(七寶)를 지키려는 어민들의 운동과 수변도시의 경관을 보전하려는 관광업자들의 반대, 호보 다케히코(保母武彦) 등의 학자들이 간척에 따른 환경문제에 대해 과학적 연구 성과를 이룬 것 등도, 뒷받침이 되어 670억 엔을 투입했음에도 중지결정을 이끌어냈다. 이것은 공공사업의 환경파괴를 막고 이후의 공공정책에 중대한 영향을 미친 최초의 성과이다.[37] 그러나 그 후에도 이사하야 시(諫早市)의 간척 문제 등이 발생하였다.

(3) 바다·해안의 환경

일본은 국토가 3만 3889km라는 긴 해안선으로 둘러싸인 해양국가이다. 이 해안은 일본인에게는 가장 풍요로운 수변환경이다. 그러나 이 풍요로운 해안이 제2차 세계대전 후 고도성장기에 공장용지와 도시용지가 되어 매립되었다. 1950년부터 2004년까지 매립한 면적은 1085km²에 이른다. 현재 가장 매립이 심했던 도쿄 만(灣)의 자연해안은 10%, 현존하는 갯벌은 16.40km²이고, 오사카 만은 에도 시대 이후 130km²가 매립되어 자연해안은 4%, 갯벌은 0.15km²밖에 남지 않았다. 오사카 만과 이어져 있는 세토우치, 또 이세 만(伊勢灣)의 상황도 마찬가지이다. 제2차 세계대전 후의 토목기술의 발달로 게이요 지역처럼 지금까지 모래톱이었던 지역이 굴입식 항만의 조성이 가능해져, 그 토사를 성토재로 해서 매립이 진행되었다. 양호한 항만을 갖고 있던 고베 시의 경우에는 롯코잔(六甲山) 산줄기를 깎아 내서 주택단지를 조성하고 그 토사를 파이프로 운송하여 매립지를 만들었다.

이 대규모 매립을 통한 임해 콤비나트와 주택단지 조성은 일본의 지역정책의 특징이다. 그것은 지가가 비싸 토지소유가 세분화되고 권리관계가 복잡한 도심부의 개발은 자금과 시간이 걸리는 데 반해, 해면 매립은 어업권 보상만 하면 값싸게 조성할 수 있기 때문이다. 카프(K. W. Kapp)가 일본경제의 특징으로 지적한 대로, 원료·에너지 수입이 많은 수출진흥형 중화학공업에게는 대도시의 임해부에 입지할 수 있다는 것이 큰 장점이다. 즉 지역독점이윤을 얻을 수 있다고 할 수 있다. 1980년대 이후의 산업구조 전환 때문에 중화학공업의 입지는 멈추고 대신에 임해부는 호텔 등 서비스업, 의료산업이나 패션산업이 입지하는 다목적 산업업무지역과 주거지역이 혼재하는 신도시로 바뀌기 시작했다. 마쿠하리 메세(幕張 Messe), 도쿄 부도심, 오사카 남항(南港), 고베 포토피아(portopia), 롯코(六甲) 아일랜드 등이 전형적인 예다. 또한 간사이 공항, 주부(中部) 공항, 고베 공항 등의 공항이 소음대책 때문에 근해의 바다를 매립하여 건설되었다. 공업용지에서 다목적 도시용지로 바뀌고 있는 것은 공해문제라는 관점에서는 개선이지만, 이러한 변화가 어메니티를 향상시킬 수 있을지에 대해서는 의문이다. 최근의 조성은 피닉스 계획[38] 이후 폐기물을 매립하고 있으며 연안의 90% 이상이 수직형 호안(護岸)으로 만들어져서, 시민들이 바다와 친해질 해변이 없다.

임해부의 매립은 고베 주식회사로 불렸던 고베 시가 도시경영의 특가품으로 삼았던 것으로 유명하다. 고베 시는 이 임해부 개발사업으로 얻은 수익으로 복지를 증진시킨다는 계획이었다. 〈표 IV-1〉에서 보는 것처럼 초기에는 오사카 부와 비교해서 매립지를 시가에 맞추어 비싸게 팔았기 때문에 단위면적당 수익은 오사카 부의 5.5배나 되었다. 이익을 올린 것은 확실히 알 수 있지만 1990년대 이후는 토지의 매각이 정체되었다.[39] 고베 공항도 경영이 어려워졌다. 오사카 난코 개발에서도 같은 식으로 판매는 부진하다.

현재 임해부는 유휴지가 늘어나고 있다. 오사카 만을 포함한 히가시 세토우치 지역에서는 공지가 1210ha, 미이용지·저이용지의 총량이 3120ha이다. 아마가사키 시의 임해부 공지에 마쓰시타(松下) 전기의 공장이 진출하는 등 재정위기의 시기이기 때문에 미이용지·저이용지에 공장을 유치하는 경향이 커지고 있다. 정부도 「오사카 만 임해지역 개발정비법」을 제정하였다.

〈표 IV-1〉 고베 시와 오사카 부 매립사업의 재정비교

	매립 면적 (ha)	전체 사업비 (억 엔)	매각 수입 (억 엔)	매각 평균단가 (엔/3.3m²)	사업 수익 (억 엔)	단위면적당 수익 (엔/3.3m²)
고베	543	311	389	23,641	78	4,739
오사카	1,704	1,004.1	1,048.7	20,309	44.6	864

주) 고베 시는 제1기 사업결산, 오사카 부는 1975년도 기업국 결산.
자료) 佐野雄一郎, 「公共デベロッパー論」, 神戸都市問題研究所 訳, 『都市経営の理論と実践』(東京: 勁草
書房, 1977), p.146. 宮本憲一 訳, 『大都市コンビナート・大阪』(東京: 勁草書房, 1977), pp.128~
130에서 작성.

그러나 이것은 과거의 임해부 개발과 마찬가지로 환경문제에 대한 배려가 결
여되어 있고 보조금 정책의 규모와 비교해서 고용효과가 상승하지 않는다.
제2차 세계대전 후 지역개발의 실패의 교훈을 재검토해주기를 바란다.

해역 보전에서는 세토우치의 환경정책이 중요하다. 세토나이카이 해(海)
는 세계적으로 보기 드문 아름다운 경관을 갖고 있는데 제2차 세계대전 후의
중화학공업화와 도시화를 추진하는 거점개발의 중심지역이 되었다. 세토우
치 지역에는 예부터 일본 제일의 공업집적을 이루었던 한신 공업지대가 있었
는데 제2차 세계대전 후에는 그와 인접한 사카이・센보쿠 지역, 그리고 하리
마(播磨), 미즈시마, 슈난(周南), 니하마(新居浜) 등의 공장지역이 조성되었다.
이에 동반하여 해역은 산업운하처럼 되어 거대한 유조선 등이 이 해역을 항
행했다. 이 해역은 물의 순환이 100년에 한 번밖에 없는 폐쇄수역이다. 이 때
문에 급격하게 오염이 진행되어 거의 매년 적조가 발생했다. 1974년 미즈시
마의 미쓰비시(三菱) 석유가 폭발사고를 일으켜 최초의 대규모 기름유출사고
를 만들었고 많은 손해를 입혔다. 이 때문에 세토나이카이 해를 지키는 시민
운동이 활발해졌다. 1965년 이데미쓰코산(出光興産)의 석유정제공장 건설반
대를 시작으로 1971년에 하리마나다(播磨灘: 세토나이카이 동부해역)를 지키는
모임이 결성되어 운동이 확대되었다. 1973년 일본 최초로 광역적인 환경보
전을 목표로 하는 「세토나이카이 환경보전 임시조치법」이 제정되었다. 이것

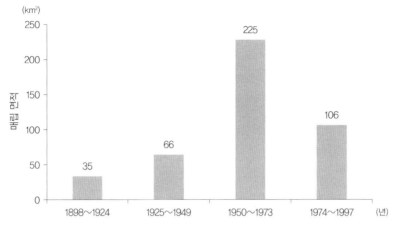

〈그림 IV-1〉 세토나이카이 해의 매립면적 추이

자료) 국토교통성과 환경성 자료에서 작성.

은 일본의 환경정책이 주민의 요구에 따라 만들어졌다는 점에서는 획기적인 법률이었다. 그러나 개발지향형 정부의 법률이었기 때문에 기본적인 결함이 있었다. 그것은 오염물질의 총량규제가 없는 점, 유조선 등의 대형선박의 항행규제가 없는 점, 매립금지가 없는 점 등이다. 그 후에 1978년 「세토나이카이 환경보전 특별조치법」(이하 「세토우치 보전법」)으로 개정되어 COD, 질소, 인에 대해서는 총량규제가 시행되었다. 그러나 대형 유조선의 항행 규제나 매립에 대한 규제는 충분하지 못했다. 매립은 공공적인 목적이 있는 것에 대해서는 인정하고 있다. 〈그림 IV-1〉에서 보듯이 매립사업은 고도성장기인 1950~1973년도와 비교하면 세토우치 보전법 제정 이후에는 감소하고 있지만, 그 이후에도 106km²나 매립하였다. 1993년 하리마나다를 지키는 모임은 매립을 금지하는 동시에 미이용지의 해변 복원을 제창했다. 이것은 1975년의 '해변출입권(入浜権) 선언'[40]처럼 시민들이 자유롭게 해변에 접근하고 이용할 수 있도록 공장전용지역에 대한 접근권을 얻어 콘크리트 호안(護岸)을 철거하고 자연의 바닷가 모습을 만들려는 것이다. 아직 실현되지는 않았으나 환경재생의 하나로서 검토해야 되지 않을까.

　「세토우치 보전법」에는 이러한 과제가 남아 있기는 하지만, 도쿄 만이나 이세 만 등 다른 곳에는 이런 보전법조차 없다. 이 때문에 대도시권 어메니티의 중요한 환경인 해안의 파괴를 막을 규제법이 없다.

4. 예방과 환경재생

　여기서는 향후 환경정책에서 가장 중요한 예방과 환경재생의 두 과제를 다루겠다.

♟ 사전방지와 사전예방원칙

　먼저 사전예방의 원리부터 들어가도록 하자. 미나마타병의 역사를 뒤돌아보면 사전예방이 얼마나 중요한지는 분명하다. 아세트알데히드의 제조공정에서 유기수은에 의한 피해가 발생한다는 것은 앞서 서술한 대로 1930년에 독일에서 발견되었으며, 제2차 세계대전 후 칫소 내부의 기술자들의 연구에서도 유기수은의 배출이 보고되어 있었다. 1956년의 미나마타병 공식발표 이전인 1949년경 생태계에 이상이 있고 그 상황에서 인간에 대한 피해가 예견되어 가동이 중지되었다면 공해는 방지되었다. 그러나 사전예방은 전혀 시행되지 않았고 1968년까지 유기수은의 방류는 계속되었다.

　미나마타병과 욧카이치 천식 같은 회복이 곤란한 건강장해와 매립에 따른 불가역적 자연파괴가 예측되는 경우에는 무엇보다 사전예방이 환경정책의 중심이 되어야 한다는 것은 많은 실패를 경험한 공해사의 최대 교훈이다. 1991년 환경성은 〈표 IV-2〉처럼 공해의 손해를 예로 들어 오염방지비용과

<표 IV-2> 오염방지비용과 손해비용의 경제평가에 의한 비교

공해 손해 사례	연평균 환산 오염방지비용	연평균 환산 손해비용	주
욧카이치 시 공해	9,347	1,322 (49,648)	방지대책이 비교적 일찍 실행되었음. (환자 1,231명)
미나마타병 (구마모토)	94	1,196	인정환자 2,248명 신청자 약 2,000명 1991년 3월 말 준공사업
이타이이타이병	54	251	인정환자 129명 토양오염회복사업대상으로 지정된 농지 1,500ha

주) ( )는 만약 현행 초기대책이 없을 때의 수치임.
자료) 橋本道夫, 환경정책(기요세이, 1999) p.87.

손해비용을 평가하였다. 이 시산(試算)에서는 방지대책이 비교적 빨리 실행된 욧카이치 공해를 제외하고 다른 구마모토 미나마타병이나 이타이이타이병에서는 오염방지를 하는 것이 피해에 따른 손해비용보다 훨씬 적다는 것을 발표하였다. 이것은 경제적으로도 향후의 유해물질의 예방을 우선해야 한다는 것을 가르쳐 주는 통계자료이다. 그러나 인간의 건강장해나 사망은 화폐로 환산할 수 없는 불가역적 절대적 손실이다. 또 욧카이치 공해의 경우처럼 콤비나트의 공장용지를 위해 매립되어 소실된 백사청송의 해안은 두 번 다시 복원되지 않는다. 즉, 이 통계자료에는 사회적 손실이 계상되어 있지 않다. 이런 의미에서 화폐로 환산되지 않는 불가역적 손해를 만들어내는 개발은 사전에 예방되어야 한다. 이런 경우에 경제적인 득실을 계산하는 것은 잘못일 것이다.

이렇게 일본의 공해의 혹독한 경험은 그 후에 화학물질의 위해성 평가나 지구 온난화 대책의 사전예방원칙, 또는 그보다 느슨한 대책이기는 하나 사전예방적 접근법에서 살아 숨 쉬고 있다. 사전예방원칙과 사전예방적 접근법이 국제적으로 널리 도입된 것은 리우 선언의 원칙 15에서였다. "환경을 보호하기 위하여 각 국가의 능력에 따라 사전예방적 접근법이 널리 적용되어야 한다. 심각한 또는 회복 불가능한 피해가 우려될 경우, 과학적 확실성이 충분치 않다는 것이 환경악화를 방지하기 위한 비용 대비 효과가 큰 조치를 연기하는 구실로 사용되어서는 안 된다"는 것이 그 내용이다.[41] 이것은 지구온난화 대책처럼 과학적이고 불확실성이 남는 문제에도 심각한 피해가 예측되는 경우에는 국제적인 사전예방을 실시해야 한다는 것을 보여준 것으로, 이후의 국제적인 사전예방원칙의 원리가 되었다.

다카무라 유카리(高村ゆかり)는 국제법상 사전예방원칙이 어떻게 다루어졌는가를 적확하게 정리하여 다음과 같이 서술하였다. "사전예방원칙은 한편에선 과학기술이 발전하고 다른 한편에선 그 결과를 예측할 수 있는 과학의 능력이 따라올 수 없게 되었다는 과학의 두 국면 사이의 긴장이 강화되는 가운데, 잠재적인 위험에 사전예방적으로 대응할 수 있어야 한다는 사회적 요청으로 등장했다. 동시에 잠재적 위험으로부터 사람의 건강과 환경을 보호하고 사람의 건강과 환경에 지금까지보다 중요성을 더욱 강화하는 법적인 틀을 요구하는 사회적 요청이 배경이 되었다."[42] 지구환경 문제는 현재 세대의 인간에게는 공해와 같은 명확한 피해를 일으키지 않고 있는 것이 확실하며, 또한 이상기후로 인한 태풍 피해 등도 온난화 때문이라고는 명확하게 증명되어 있지 않다. 그러나 온실효과 가스 때문에 기후 변화가 일어나고 있는 것은 분명하며, 그것이 다음 세대에 중대한 피해를 초래하고 불가역적 절대적 손실이 될 우려가 예측되고 있다. 이런 경우에 사전에 예방할 의무가 국제적 국내적으로 생겨나는 것이 지당한 사실이다.

다카무라 유카리에 따르면 "현 시점에서는 예방원칙의 관습법성이나 입증책임을 전환하는 일반적 효과를 원칙이 수반하는 것에 대해 국제사회의 합의는 존재하지 않는다. 그러나 다양한 정식에 공통되는 예방원칙의 핵심 이념은 국제사회의 행동규범으로 침투되어 있다"[43]고 한다.

이렇게 사전예방원칙은 환경정책의 규범이 되었다. 무라야마 다케히코(村

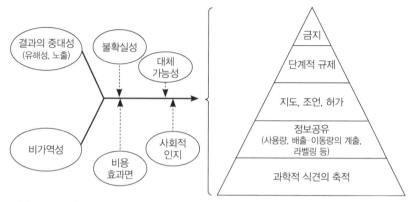

〈그림 Ⅳ-2〉 사전예방원칙의 기본틀

(그림 내 텍스트)
결과의 중대성 (유해성, 노출)
불확실성
대체 가능성
비가역성
비용 효과면
사회적 인지

금지
단계적 규제
지도, 조언, 허가
정보공유 (사용량, 배출·이동량의 계출, 라벨링 등)
과학적 식견의 축적

자료) 村山武彦, 「環境政策における予防原則適用のための枠組みに関する一考察」, 《環境と公害》, 第34卷 第2号(2004).

山武彦)는 사전예방원칙을 적용하는 기본 틀을 〈그림 Ⅳ-2〉와 같이 이해하기 쉽게 설명한다. 위해성 평가의 진행에 따라 대책을 강화해가는 5단계의 원리를 제시한 것이다. 그리고 유용한 물질이라면 피해의 원인이 규정되는 정도에 따라 상실되는 이익이 커진다고 한다.[44] 즉 피해의 인과관계가 아직 충분히 밝혀지지 않은 경우에 금지 또는 강한 규제를 하면, 그 물질이 만들게 될 편익이 작아진다. 그리고 평가의 진행에 따라 대책을 바꿔가는 것이다. 이것은 상식적으로는 이해가 되지만 석면대책의 실패에서 볼 수 있는 것처럼 불가역적인 피해가 예측되는 경우는 비용효과(편익)분석을 해서는 안 된다는 것이 분명하다. 미량의 복합오염의 경우 도대체 어느 정도 평가가 가능한가, 또 개체의 차이, 연령의 차이 등 인간의 개체에 차이가 있는 경우에 확률적 판단이 올바른 것인가는 의문이다. 인플루엔자에 유효한 타미플루가 사망사고를 일으킨 사건 등은 위해성 평가의 한계를 알려주는 것이 아니겠는가. 위해성 평가는 필요하지만 그것을 대책에 응용하는 경우에는 비용편익분석에 집착하지 말고 신중해야 할 것이다.

사전예방원칙을 기저에 깔고 있는 것으로서 환경정책에서 가장 중요한 것은 환경 사전영향평가이다.

♟ 환경 사전영향평가 제도(assessment)

환경문제는 불가역적 손실을 동반하므로 사전 조사로 그러한 손해를 미연에 방지할 필요가 있다. 상대적 손실에 대해서도 가장 영향이 적은 사업을 선택하고 나아가 지역사회나 경관 등에 적합하게 개발할 필요가 있다. 이와 같이 예방을 목적으로 중시되는 환경정책이 환경 사전영향평가 제도(assessment)이다. 이 제도는 1969년 미국의 「국가환경정책법(NEPA)」에 의해 채용되었고, 유럽과 아시아 여러 나라에서도 제정되었다. 일본의 경우 최초의 환경영향평가는 1964년의 미시마(三島)·누마즈(沼津)의 콤비나트 유치 문제로 통산성의 의뢰에 따라 구로가와(黑川) 조사단이 실시하였다. 실은 이것은 주민들이 개발의 부당성을 따지기 위해 자주적으로 실시한 마쓰무라(松村) 조사단의 환경영향평가에 대항하는 것이다. 즉 일본의 환경영향평가는 법률과 조례가 없던 시대에 주민들이 독창적으로 실행했던 환경영향조사에서 시작된 것이다. 이 두 가지의 환경영향평가는 결론이 대립되었다. 구로가와 조사단은 "공해의 우려가 없다"고 하였으며, 마쓰무라 조사단은 "공해의 우려가 있다"고 결론지었다. 둘은 통산성에서 과학논쟁을 진행했다. 그 경과를 보고 주민들은 마쓰무라 조사단의 결론이 옳다고 판단하여 석유 콤비나트의 유치에 반대하였다. 이런 주민의 판단이 옳았다는 것은 일본에서도 손꼽히는 산자수명한 히가시스루가 만(東駿河湾) 지역의 경관을 콤비나트 건설로 완전히 바꿔놓지 못했다는 한 가지 사실만으로도 분명하다.

1972년 욧카이치 공해재판에서는 '입지의 과실'이 문제되어 환경영향평가를 실시하지 않고 지역개발을 추진하여 공해를 발생시킨 기업과 정부의 책임이 지적되었다. 미시마·누마즈 시민운동의 승리 이후 각지에서 지역개발에 반대하는 시민운동은 자신들이 환경영향평가를 실행하여 계획의 미비를 지적한다든가, 또는 환경영향평가를 시행하지 않는 개발계획에 반대하게 되었다. 욧카이치 공해재판 판결 뒤 곧 내각회의는 대규모 공공사업에 관해 환경영향평가를 실시할 것을 결정하였다. 환경청은 1976년 이후 여섯 번에 걸쳐 환경영향평가법안의 제출을 계획하였으나 업계와 업계의 공작에 따른 통산성, 건설성, 국토청 등의 반대에 부딪쳐 실패로 끝났다. 그러는 동안 지방자치단체는 독자적으로 조례를 만들었고, 정부도 내각회의의 결정으로 환경영향평가를 시행하였으나 개발에 면죄부를 주기 위한 절차에 지나지 않는다는 비판이 거셌다. 미국의 NEPA보다 실로 30년이나 뒤늦게, 1997년 6월 「환경영향평가법」이 제정되고 1999년부터 시행되었다. 그러나 여전히 일본의 환경영향평가에 대한 비판은 거세다. 환경보전에 성공하는 것은 신지코 호·나카우미 호 간척, 가와베가와(川邊川) 강 댐, 요시노가와(吉野川) 강 하구언에서 보듯이 환경영향평가가 아니라 주민들의 개발반대운동 등 정치적 결정에 의해 좌우된다. 이것은 주요 공업국에서도 마찬가지이다.

선진국 미국의 경우는 연간 2000건 이상의 환경영향평가가 실시되고 있지만 행정단계에서 수정 또는 연기되는 경우는 있어도 중지되는 사례는 거의 없다. 오히려 사법단계에서 환경영향평가를 생략하는 등 절차상 하자가 있을 경우에 사업을 중단시키는 사례가 있다. 레이건 정부 이후 공공정책의 계획은 환경영향평가와 병행해서 비용편익분석을 실시하는 것이 의무화되었다. 1989년 연방환경보호청은 석면의 전면금지를 요구하는 법안을 제출하였으나, 법원은 대체수단 등 비용편익분석에 결함이 있다고 하여 기각했다. 이 때문에 미국 정부는 아직까지 석면사용을 전면 금지하지 않고 있으며, 한편으로 피해자구제법 또한 없다. 최근에는 몬태나 주 리비(Libby)에서 석면 재해가 발생하였다. 위해성 평가의 선진국이면서 사전예방이 잘되어 있지 않은 사례일 것이다.

일본의 「환경영향평가법」은 모든 사업을 대상으로 하는 것이 아니라 공공
성이 있는 사회자본과 토지조성 관련의 다음 13가지 사업을 대상으로 한다.

도로, 하천공사, 철도, 비행장, 발전소, 폐기물처분장, 매립·간척, 토지구
획정리사업, 신주택지시가지개발사업, 공업단지조성사업, 신도시기반정비
사업, 유통업무단지조성사업 및 택지조성사업과, 또한 특례로서 중요 항만
과 관련된 항만계획이 그것이다.

민간의 공장·사업장은 발전소를 제외하고는 포함되어 있지 않다. 환경영
향평가를 반드시 시행해야 하는 것은 일정 규모 이상의 사업이며, 그 이하의
사업은 개별적으로 인정된다. 이 법률의 최대 문제점은 이것이 사업계획 결
정 후에 시행하는 사업영향평가라는 것이며, 실체법이 아닌 절차법이라는
것이다. 환경영향평가의 시행주체는 사업주이다. 이 법의 장점은 시민은 누
구라도 조사항목의 선정과 준비서 단계에서 의견을 개진할 수 있다는 것이며
참가의 기회가 과거보다 많아졌다는 점이다.

2007년 3월에 환경성의 연구회가 열려, 일부 사업에 대해서 사업결정 이
전에 환경영향평가를 하는 '전략적 환경영향평가'를 도입하기로 하였다. 그
러나 발전소는 그 대상에서 제외되었다. 이로써 일본의 환경영향평가가 제
도적으로 NEPA와 같은 내용이 되었으나, 발전소가 제외되는 문제를 남겼다.
그러나 과연 사전예방원칙이 실현될 수 있을지는 아직 미지수이다. 다음에
서는 환경영향평가가 왜 사업영향평가가 되었는지, 지금까지의 문제점을 명
확하게 지적하고자 한다.

♣ 환경 사전영향평가의 문제점

환경영향평가가 성공하지 못하는 것은 사업자의 이익이 우선되고 기본적

인권이나 환경의 평가가 낮은 결과이기도 하지만, 환경영향평가 그 자체에도 문제가 있기 때문이다.

첫 번째 문제는 환경영향평가 철학의 빈곤이다. 선진공업국은 겨우 300년도 채 안 되는 사이에, 인류사의 대부분을 점하였던 농업사회에서 공업사회로 이행하였다. 게다가 최근 10여 년 동안에 공업사회에서도 이탈하기 시작하여, 정보나 서비스 산업을 중심으로 한 탈공업화 사회로 이행하고 있다. 즉 물건을 만들어 매매하는 것에서 이탈된 사회가 만들어지고 있다. 게다가 이러한 선진국의 경험은 시장경제의 세계화와 함께 발전도상국에도 전파되고 있다. 인류가 경험한 적이 없는 이런 세계로 급격하게 진행하고 있기 때문에 환경 철학이 생겨나지 못하는 것이다. 봉건시대의 인간관계는 영주에 대한 농노의 예속이라는 비인간적 관계를 갖고 있었으나, 주된 산업이 농업이어서 인간은 자연을 비롯한 환경을 생산의 내적 조건이라고 생각할 수밖에 없어 환경과 공존하였다. 또한 시간의 변화가 아주 느리게 진행되었다. 이 시대에 만들어진 산림, 정원, 교회, 학교 등의 공공건축물과 거리는 봉건영주나 상인 귀족 등 지배자의 뜻에 의한 것이기는 하지만, 멈포드(Lewis Mumford)가 중세도시를 높게 평가한 것처럼, 조화를 이룬 것이었다. 그러나 산업혁명 이후의 도시, 특히 공업도시에서는 본래 인간에게는 내적 조건인 환경을 과학기술을 이용하면 무한히 개조할 수 있는 외적 조건이라고 생각하게 되었다. 이 때문에 제II부에서 언급한 대로, 근대의 공업도시는 완전히 무계획적으로 만들어져 미적 경관을 잃었다. 오늘날 유럽이나 아시아의 아름다운 거리경관은 대부분 봉건적 유산을 성공적으로 계승한 지역이다. 봉건적 유산으로서 거리경관과 공원을 계승하는 것은 봉건제를 옹호하는 것이 아니며 또는 근대 사회의 인간 해방을 부정하는 것이 아니다. 근대 이후의 도시거리가 난잡한 것은 인류사 속에서 생겨난 산업구조와 환경의 관계변화와 무계획적인 자본주의 경제활동의 결합이 낳은 결과인 것이다. 산업혁명 이후, 특히 20

세기에 들어온 이후의 경제성장은 자연이나 역사적 거리경관을 평가하는 철학을 상실했다고 해도 과언이 아니다. 환경 철학을 어떻게 만들어낼 것인가. 환경영향평가는 그것을 묻고 있으며 평가의 성공 여부는 여기에 달려 있다.

두 번째는 환경영향평가의 과학이나 기술이 낙후되어 있는 점이다. 새로운 생산방법의 안전성이나 인체와 자연에 대한 유해물질의 영향 등이 충분히 해명되어 있지 않다. 가령 하나하나의 생산 공정이나 개별 유해물질의 안전대책이 밝혀져 있어도 대규모 개발처럼 이 위험들이 상승작용을 할 경우에는 예측이 불가능하다. 기술은 그 자체의 생산성 향상과 군사력 증대를 목적으로 개발을 진행하지만 그것이 어떻게 인체와 환경에 영향을 미칠 것인지를 결정하는 안전의 과학을 항상 동반하지는 않는다. 예를 들어 나노 테크놀로지는 과학과 기술의 훌륭한 성과지만 그것이 인간의 건강과 환경에 악영향을 초래할 가능성에 대해서는 충분한 연구가 이루어져 있지 않으며, 최근에는 그 영향이 문제시되고 있다.[45]

자연의 변화에 대한 예측은 일기예보나 지진예측을 보더라도 알 수 있듯이 충분히 해명되었다고 말할 수 없다. 환경문제가 국지적 현상에서 국경을 넘어서는 현상으로 나아가 지구 전체로 확대됨에 따라 경제활동이나 군사 활동 등의 인위적 활동이 자연에 주는 영향은 시뮬레이션을 하더라도 정확한 예측이 어렵다. 특히 사회적 변화는 주가 예측을 생각할 수도 없는 것과 마찬가지로 과학적 예측을 하는 것은 곤란하다. 그래서 결국은 단기예측이 될 수밖에 없다. 이런 과제가 있기는 해도, 환경영향평가의 위해성 예측의 절대기준은 제Ⅲ부에서 언급한 인간의 건강장해·사망, 복원불능의 자연파괴, 중요한 문화재나 경관의 손상 같은 불가역적 절대적 손실이 생기지 않을 정도로 예측이 이루어져야 한다는 것이다. 그것을 위해서는 지금까지의 개발과 환경영향평가의 관계를 되돌아보고 제도와 행정의 결함을 밝혀서 그것을 개혁해야 한다.

제도와 행정개혁의 첫째는, 하라시나 유키히코(原科幸彦)가 지적한 대로 사업영향평가가 아니라 전략적 환경영향평가를 도입하는 것이다. 지금까지의 환경영향평가는 사업결정을 한 이후의 환경영향평가였기 때문에 환경에 대한 영향이 상당히 심각하다는 것을 알게 되더라도 사업을 변경하거나 중지할 수 없었다. 그 실례는 오사카 공항, 나가라가와 강(長良川) 하구언 등 열거하려면 수없이 많다. 성공한 예는 나고야의 후지마에(藤前) 갯벌의 보전 등일 것이다. 그래서 정책단계나 계획단계 등의 의사결정단계에서 시행하는 환경영향평가가 필요해진다.[46] 앞서 언급한 대로 2007년 3월, 환경성은 전략적 환경영향평가의 도입을 결정하였으나 전력업계의 강력한 반대로 발전소는 제외되었다. 지금의 환경영향평가는 원칙적으로 공공성이 있는 사업에 한정하고 있는데, 환경에 영향을 미치는 것은 민간 기업의 사업이나 아파트 등의 건축물이다. 유일하게 그 대상이 되어 있었던 발전소에서 실시하지 못하게 된 것을 보더라도, 환경영향평가가 유효한 힘을 발휘하는 것은 민간 기업에 대한 정부의 규제력에 달려 있다는 것이 명백하다. 물론 전략적 환경영향평가가 만능은 아니다. 법제정 전이지만 간사이 신공항의 경우에는 사전에 세 가지 안——아카시(明石) 앞바다, 아와지시마(淡路島) 섬, 센난(泉南) 앞바다——을 제안했고 가장 손실이 적은 센난 앞바다가 선택되었다. 이것은 당시 오사카 공항 공해재판이 있었고 오사카 공항 존속에 대해 주민뿐만 아니라 주변 자치단체가 모두 반대하는 긴장된 정세 속에서, 신공항 건설을 추진하는 데에는 전략적 환경영향평가의 문을 열지 않을 수 없었던 것이다. 그러나 그것으로 사전예방에 성공했는가 하면, 그 후 간사이 공항은 지반 침하가 심각하고 또한 공영이 아닌 민간주식회사 경영이기 때문에 문제가 발생하고 있다.

둘째는, 과학적 예측을 보강하는 것은 경험이다. 일본의 지역개발을 비롯한 정책의 실패는 모니터링을 하지 않는 데 있다. 대규모 계획을 예로 들어보자. 만약 제1차 전국종합개발계획의 거점개발 방식이 목적대로 지역의 재정·

경제를 풍요롭게 만들고 환경을 보전하며 주민복지를 향상시키고 지역 간 격차를 시정하는 데 성공했는지를 모니터링했다면, 앞서 언급한 대로 목적과 다른 사회적 손실이 크다는 것이 명백해져, 이후에 전국종합개발계획은 만들 수 없었을 것이다. 개별 프로젝트에 대해서도 과거의 동일하거나 또는 유사한 사례를 모니터링한 결과는 환경영향평가의 중요한 자료가 된다. 예를 들어 오랜 세월에 걸쳐 건설이 진행되지 않고 있는 오키나와 현 이시가키(石垣) 신공항의 산호초 문제는 이미 똑같은 조건에서 산호초를 매립한 가고시마 현(鹿児島県) 신아마미(新奄美) 공항의 상황을 모니터링하면 결론이 나와 있다고 할 수 있다. 여기서는 산호초가 모두 괴멸해버렸다.

셋째는 주민참가다. 환경영향평가의 과학은 낙후되어 있기 때문에 정확한 판정을 할 수 있을 정도의 자료가 갖추어지지 않는 경우가 있다. 그 경우에는 복수의 계획과 사업을 제안하여 마지막 결정은 주민의 판단에 맡겨야 할 것이다. 「환경영향평가법」에서는 주민에 대한 정보공개 등 주민참가의 길이 열려 있다. 그래서 환경영향평가는 주민의 이해와 판단이 가능한 것이어야 한다. 공항 등의 환경영향평가의 보고서는 너무 방대하여 단시간에 주민들이 읽고 이해하여 판단할 수 없는 것이 제출된다. 주민의 판단이 필요한 부분에 대해서는 영향이 불분명한 부분은 정직하게 그것이 불분명하다고 적고, 충분히 시간을 들여 그에 대한 설명을 하며 주민들과 토론을 해야 한다. 일본의 공청회는 미국 등과 달라서 '듣고 마는 모임'으로 의견을 개진하는 주민의 숫자와 시간이 제한되어 있다. 그리고 그곳에서 반대 의견이 나오더라도 그것을 받아들일 노력을 하지 않는다. 이러면 시민참가라 해도 형식적이고 주민의 동의를 얻는 형식에 지나지 않는다.

환경영향평가는 현장주의여야 한다. 컴퓨터에 시뮬레이션 모델을 작성하고 기존 데이터를 집어넣은 뒤 간단한 현지시찰로 결론을 내는 것이 아니라, 장기간에 걸쳐 현지조사를 해야 한다. 특히 지역주민은 현지 상황을 아는 전문가들이다. 예를 들어 바다의 기상조건, 해류, 생태계 등은 어민들이 가장 잘 알고 있다. 지역주민을 환경영향평가에 참가시킨 미시마·누마즈의 역사를 다시 한 번 참고해야 한다.

환경영향평가는 사업자가 실시하지만 제3자의 평가가 필요하다. 나가노현 아치촌(阿智村)의 폐기물 처리장에 대한 사회영향평가는 전문가가 실행한 것이며 향후의 사회영향평가의 원형을 보여주는 재료일 것이다.

♟ 비용편익분석

미국에서는 공공정책을 결정할 때 비용편익분석을 채용한다. 일본에서는 환경영향평가처럼 의무는 아니지만 세토 대교(瀬戸大橋) 같은 대규모 프로젝트에서는 참고자료로서 제출된다. 비용편익분석(Cost-Benefit Analysis: CBA) 또는 비용효과분석(Cost-Effectiveness Analysis)은 아래 식으로 표현되는 순편익의 크기에 따라 프로젝트를 진행할 수 있는 조건을 결정한다.

$$순편익 = \sum_{t=0}^{t=T} (Bt - Ct - Et)(1+r)^{-t} > 0$$

Bt: 시간 t에서의 편익

Ct: 시간 t에서의 비환경적 비용

Et: 시간 t에서의 환경피해

(환경개선이라면 $-E$는 $+E$가 된다)

r: 할인율

$(Bt - Ct)(1+r)^{-t} = Pt < 0$의 경우에는 나카우미 호 간척이나 도쿄만 횡단도로와 같이 비용이 너무 커서 환경영향평가를 할 것도 없다는 결론이 나온다. 즉 필요하지 않은 것이다. CBA는 당연히 프로젝트의 계획을 책정할

때 실행해야 하는 것이지만, 가격으로 표현될 수 없는 것이 들어가 있다. 특히 환경영향평가를 해서 B에 대한 절대적이고 불가역적인 손실이 발생할 가능성이 있으면 분석할 것도 없이 프로젝트의 변경 또는 중지를 결정한다. 또한 일정한 자금을 다른 행정목적에 사용할 경우에 선택을 하기 위해 이 분석을 채용하는 경우가 있다. 그러나 그것은 신중해야 한다. 예를 들어 댐을 만드는 것과 노인 돌봄을 하는 것의 효과를 비교하기 위해 순편익으로 우선순위를 결정할 수는 없다. 댐과 도로처럼 동일한 공공사업의 우선순위에 대해서는 조건부(주민의 의향조사 등)로 사용하는 경우도 있을 수 있다.

또한 장래의 세대를 생각하면 할인율은 당연히 낮게 잡아야 한다. 장래의 세대에게는 투표권이 없기 때문에 할인율은 자의적으로 결정된다. 할인율은 정치적 선택의 문제이다.[47] 이렇게 시장제도에 편승하지 않는 사항이 많기 때문에 CBA는 결함이 있으며, 편익과 비용(손실)의 구체적인 사례를 나열하여 판단의 자료로 하면 된다는 의견도 있다. 그러나 일본처럼 객관적인 데이터나 과거의 사례평가 등의 자료가 공개되지 않는 상황에서는 계산의 조건을 명시하고 행정의 판단자료로 하여 제출하는 것은 시행되어도 좋다.

나가라가와 강 하구언 문제는 CBA를 생각하는 좋은 사례이다. 나가라가와 강 하구언은 1960년에 공업용수 수요, 나중에는 도시용수 수요를 부가하여 이수(利水) 목적으로 계획되었다. 오일쇼크 이후 물 수요가 대폭 줄어들면서 1961년 이후 부차적 목적이었던 치수가 목적의 중심으로 바뀌었다. 당국은 나가라가와 강의 치수를 위해서는 대량 준설이 필요하지만 준설을 위해 강바닥의 돌기를 없애버리면 염수의 역류가 확대되어 염해가 발생할 가능성이 커지기 때문에 그것을 방지하기 위해 방조제가 필요하다는 이유로 하구언을 만들었다. 즉 나가라가와 강 하구언에는 홍수방지의 목적은 없다. 거꾸로 보(洑)로 유수를 막으면 홍수의 가능성이 커진다. 이 보는 어디까지나 염해방지가 목적이다. 단순하게 생각하더라도 저 장대한 보가 이수의 필요가 없다

고 하면 염해방지 때문에 필요가 있는지는 의문이 든다. 다른 방법을 생각할 수 있을 것이다. 지역의 반대는 컸는데 특히 일본에서 물 환경이 좋기로 손꼽히는 나가라가와 강이 하구언으로 오염되는 것을 염려하는 목소리가 전국의 환경학자들과 NGO에서 들끓었다. 그러나 1988년 수자원공단은 실질 최종 사업비 1833억 엔으로 건설을 강행했다. 일본자연보호협회는 하구언 시험담수에서 5년간의 조사결과를, 나가라가와 강 하구언사업 모니터링 조사그룹의 보고서인 「나가라가와 강 하구언이 자연환경에 미치는 영향(長良川河口堰が自然環境に与えた影響)」으로 정리하여 발표하였다.[48] 이 보고서에 따르면 봇둑의 상류부분에 오니가 퇴적되고 메탄가스가 발생하며 재첩이 전멸하고 천연 은어가 줄어들며 천연기념물인 숭어의 소상(遡上)이 대폭 지연되는가 하면 갈대밭이 소실되거나 조류(藻類)가 번식하고, 물새가 줄어드는 등 물 환경의 악화와 생태계의 변화가 보인다. 당국의 환경 사전영향평가에 명백한 실패가 있었던 것이다.

미야노 유이치(宮野雄一)는 당국의 자료를 기초로 하여 CBA가 얼마나 착오의 산물인가를 보이고, 이 계획이 정확한 분석을 하면 편익 B보다 비용 C가 훨씬 커진다고 하였다. 즉 염해방지라는 나가라가와 강 하구언의 단독 목적으로는 다음과 같이 치수·이수 모두 채용불가가 된다.

염해방지목적 B = 1~76억 엔 < C = 1,371.2억 엔

이수 B = 115.9~223.9억 엔 < C = 1,833.2억 엔

이 보가 치수·이수의 다목적 보라고 가정하고 비용편익분석을 해도 다음과 같이 손실이 많아 건설은 불가능하다.

전체의 B = 116.9~299.9억 엔 < C = 1,833.2억 엔

미야노 유이치는 방대한 분석의 결과로서 이것이 제도적·이론적으로 충실한 방법의 결과라고 말한다. 이와 같은 결과가 나오는 것은 본래의 계획이 이수에서 출발하였으나 물 수요가 크게 변화하여 편익이 상실되었고, 한편 건설비용이 크게 증가하여 환경비용이나 보상·수자원대책비가 필요해졌음에도 불구하고 그것이 CBA에 반영되지 않았기 때문이라고 말한다. 이 때문에 이 사업비의 최종부담자인 아이치 현(愛知県), 미에 현(三重県), 기후 현에서는 수도요금으로 건설비를 충당하지 못해, 어쩔 수 없이 일반회계에서 지출을 할 수밖에 없는 지경이다.

미야노 유이치는 이 CBA의 실패에 대해서 다음과 같이 결론짓고 있다. 첫째는 공공사업복합체의 이해를 우선하기 때문에 "비용편익분석의 왜곡·공동화와 불공평한 비용할당을 초래했다". 둘째로 "$B < C$로 환경파괴형인데도 중지명령이 불가능하게 되었다". 그리고 이 경험에서 CBA에 대해 다음과 같은 과제를 제시한다. "첫째, 평가대상을 환경피해 등의 사회적 비용을 포함하여 확대하고 피해가 심각한 경우는 사업을 중지한다. 이를 위해서는 환경권의 확립이 필요하다. 둘째, 비용편익분석 원칙을 철저히 적용하여, 운용 중인 것도 포함한 주요사업을 재점검하며 편익·비용(사회적 비용도 포함함)의 계층적·지역별 귀착의 분석도 새롭게 도입하는 것이다. 셋째, 평가주체와 평가절차의 민주화이다."[49]

CBA는 공공부문의 사업결정평가를 위해 발전시켜야 나가야 하지만 현재는 정부의 자의성이 크다. 미야노 유이치의 이 논문은 그 개혁을 위한 중요한 과제를 제시했다고 할 수 있다.

♣ 사회적 종합(사전)평가제도

공공정책의 작성과정은 〈그림 IV-3〉과 같다. 문제를 설정한 후 현장조사

〈그림 Ⅳ-3〉 공공정책 작성과정

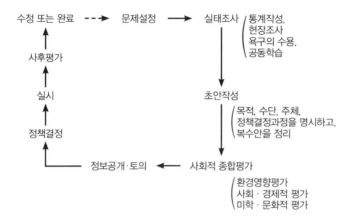

자료) 村山武彦,「環境政策における予防原則適用のための枠組みに関する一考察」,《環境と公害》, 第34卷 第2号(2004).

를 중심으로 주민을 넣은 실태조사를 하여 초안을 작성한다. 그다음에 사회적 종합평가를 한다. 이것은 ① 환경영향사전평가제도, ② 사회적·경제적 평가제도, ③ 미학적·문화적 평가제도의 세 가지 구성요소로 이루어진다.

이 평가를 할 때는 ①이 가장 중요하고 최우선이다. 그것은 이미 설명한 대로 환경파괴에는 불가역적 절대적 손실이 포함되어 있기 때문이다. ②의 중심은 CBA이다. 이것은 이미 설명한 대로 일본에서는 경제적 편익과 효과가 적은데도 정치적으로 결정되는 경우가 많기 때문에 계산의 조건을 명시하여 행정의 자료로 해야 되는 것이다.

미학적·문화적 평가는 앞으로 지극히 중요해진다. 어메니티 대책에서 설명한 대로 지금까지 일본의 도시·농촌계획과 지역·국토계획에서는 이 평가가 너무 심각하게 결여되어 있었다. 이 평가는 전문가의 조사와 평가를 공개한 뒤에 주민의 의향조사 또는 투표로 가치를 결정하는 것이 좋을 것이다. 또 일본에서는 주민투표를 할 것까지도 없이 중지를 판단할 수 있는 경우에도 공사가 강행되는 경우가 많다. 예를 들어 교토에서 논쟁이 되어 공사가 보류된 퐁 데 자르(Pont des Arts) 계획은 가모가와 강에 센 강과 같은 모양의 다리를 건설한다는 계획이었다. 그러나 만약 파리의 센 강에 산조대교(三条大橋)와 같은 모양의 다리를 놓는다면 파리 시민들이 그것을 허용할까? 일본에서는 이런 계획을 고집하는 당국자가 있기 때문에 문화의 ABC부터 학습할 필요가 있는 것이다.

♣ 환경재생

(1) 광산지역의 재생

환경정책은 환경보전을 목적으로 하는데, 이미 공해로 파괴된 환경을 수복·복원·재생하는 것은 마지막 과제이다. 20세기에 들어서 선진 공업국에서는 광산지역이나 공업지역 등에서 환경재생사업이 시작되었다.[50] 일본에서 공해지역의 복구가 전국적 과제로서 정책화된 것은 석탄광업의 후쿠오카현이다. 1951년 10월의 현지조사에서는 석탄업에 의한 농지 함몰 등의 피해가 1만 정보(약 1만 ha)에 이르며 기타 주택, 가옥, 묘지, 도로, 철도, 교량, 수도, 학교 등의 함몰에 따른 이용불능의 피해까지 합하면 복구예상액은 234억엔이나 되었다.[51] 이 광해(鑛害)에 의한 지반침하의 복구는 1926년 이전에는 미쓰이(三井) 광업이 경작지정리조합의 17정보의 후쿠오카 현 요시호 군(喜穗郡) 이즈카 정(飯塚町) 나마즈다(鯰田) 함락경지 복구사업에 1만 5000엔을 기부한 것이 발단이다. 1926년 9월에 내각총리대신과 관계대신 앞으로 보낸 「석탄광업에 의한 황폐지 복구에 관한 진술서(石炭鉱業に依る荒廃地復旧に関する陳述書)」에서, 광업피해지 특히 농경지의 피해가 심각하므로 황폐지 복구를 보조한 사례를 따라 사업비의 6분의 5의 보조금을 지급해주기 바란다고 요청했다. 그 이유는 민법으로 진행하는 재판에서는 탄광업자는 강하고

거대한 반면에 원고인 농민은 빈약해서 대항할 수 없고 재판 결과를 울며 겨자 먹기 식으로 수용하게 되기 때문에, 공적복구비의 보조가 필요하다는 것이었다. 그 뒤 한때 소액의 보조금이 인정되었으나 1934년에 중단되었다.

1939년 3월, 「광업법」이 개정되었다. 이 법률에서는 광업의 배상은 금전배상을 원칙으로 하고 정해진 범위 안에서 원상회복을 인정하는 것이었다. 이 원상회복을 포함한 지역재생비용은 PPP(오염자 부담 원칙)에 근거한 사업자 부담이었다. 모든 사업이 아니라 일정한 조건을 붙인 것은, 석탄업으로서는 복구비용을 모두 부담하는 것이 과중하다는 비판 때문이었다. 이 때문에 지역의 복구가 후순위로 밀려났다.[52]

제2차 세계대전 중에 석탄수요가 급증하면서 광해방지규제를 어기고 난굴(亂掘)이 계속되어, 지반침하 등의 황폐지가 넓어졌다. 제2차 세계대전 후에 1950년부터 1958년까지 「특별광해복구 임시특별조치법」에 따라 '특별광해지'가 복구되었다. 공사비 105억 엔 중에서 법에 따라 사업자납부금은 36억 엔에 그치고, 나머지는 국고보조금(전체의 52%)과 지방자치단체의 부담(7%)이었다.

1952년 8월 임시석탄광해복구법이 제정되었다. 이것은 전쟁 중에 행해진 난굴에 따른 특별광해의 대책이 아니라 일반광해지를 복구하는 것으로, 10년간의 한시적 입법이었다. 대책지역은 6076정보, 건물 227만 평이고 복구예산은 234억 엔이었다. 이 법률에서는 PPP는 「광업법」에 따른 배상의무자에게 부분적으로 적용되었다. 사업복구의 주역으로 광해복구사업단이 설립되어 공공사업으로 시행되었다. 사업자 부담은 대상사업에 따라 달랐는데, 농지·농업용 시설에 대해서는 사업비의 35%, 지반 등 복구비는 50%였다.[53]

제2차 세계대전 후의 오염지역 복원을 위해서는, 이타이이타이병 문제로 드러난 중금속 토양오염을 제거하기 위해 1970년의 공해 국회에서 「농지용 토양오염방지 등에 관한 법률」이 제정되었다. 이것은 제12장 축적성 공해에서 설명한다.

제2차 세계대전 전부터 계속되어온 이와 같은 환경재생은 원인자가 분명하고 오염지역이 한정되어 있었지만, 1970년대 이후의 환경재생은 원인자가 특정 기업이 아니고 그 범위도 넓으며 지역 전체의 재생을 목적으로 하였다.

(2) 공해지역의 재생

1995년 니시요도가와 공해재판이 화해로 종결되고, 원고들은 피해자 구제뿐만 아니라 일본에서 가장 심한 대기오염의 공해지역을 안전하고 건전한 사회로 재생하는 사업을 오염기업 10개 회사에 요구하여 배상금 중에서 지역재생사업에 15억 엔을 지출케 했다. 그리고 공해지역재생센터(아오조라 재단)라는 환경재생을 목적으로 한 NGO를 설립하였다. 배상금을 개인에게 배분하지 않고 환경재생이라는 공공목적에 지출하는 숭고한 행위는 사회에 큰 영향을 주었다. 또 이것은 이론적으로도 제III부의 피해의 피라미드에서 언급한 대로 환경정책의 공통된 기반을 이루는 것이다. 이후 공해재판에서 승소한 가와사키, 미즈시마, 아마가사키, 나고야 남부 등의 공해환자단체가 같은 식으로 배상금을 출연하여 환경재생사업에 힘쓰고 있다.

1972년의 욧카이치 공해재판 판결에서는 콤비나트의 입지의 과실이 지적되었다. 그러나 그 뒤 자치단체와 기업은 대기오염대책을 추진하였으나 판결에서 지적된 지역개발의 실패를 바로잡는 도시재생은 추진하지 않았다. 대기오염대책에서 공장에 인접한 주택의 이전과 서부 구릉의 뉴 타운 개발이라는 교외개발은 했지만 임해부를 시민에서 개방하여 도심을 해안과 연계하여 재개발하는 사업에는 전혀 손을 대지 않았다. 이런 사정도 있어 도심부의 인구는 4만 명에서 2만 명으로 감소하고 역 앞에 있던 대형마트인 자스코(JUSCO) 제1호점도 폐점했으며 일등지가 완전히 공터가 되었다. 자스코가 자신의 발상지인 역사적 기념비를 버릴 수밖에 없을 정도로 도심부가 쇠퇴한 것이다. 또 임해부는 미에(三重) 화력발전소가 폐업하였고 미쓰비시 계열의 3개 회사도 통합되어 미이용지가 확대되었다.

일본의 대표적인 임해 공업지대는 공통적으로 어메니티가 있는 수변도시라고는 할 수 없다. 욧카이치는 바다가 있고 산이 있고 온천지도 있으며 반코야키(萬古燒) 도자기[54]나 방적업 등의 향토산업도 있어 일본의 전형적인 도시형성을 보여주는 오랜 시가지의 역사를 가진 도시이다. 그럼에도 제2차 세계대전 후의 개발은 공업도시가 아니라 공장지역을 만들어 시민의 인권과 어메니티를 침해하는 '기업도시'가 되어버렸다. 이 콤비나트의 도시를 어메니티가 있는 수변도시로 재생할 때 욧카이치 공해문제가 최종적으로 해결되었다고 할 수 있다. 미에 현은 임해부의 산업구조가 바뀌고 있기 때문에 소재공급형 중화학공업에서 고부가가치형 산업으로 바꾸려고 생각하고 있다. 그래서 국가가 장려하고 있는 '특구'로 신청을 하여 2003년에 임해부가 제1호로 '기술집적 활용형 산업재생특구'로 지정되었다. 지금 보조정책으로 욧카이치 시가 석유 콤비나트 시설의 설계, 배치의 규제완화를 추진하고 있다. 그러나 이 임해부 재편계획은 시민의 물 접근권을 고려하지 않는다. 욧카이치 시민에게 임해부의 미이용지 상황이나 향후의 이용계획에 대한 정보조차 제시하지 않고 있다. 도시계획에 대한 주민참가라 하면서 임해부는 '치외법권'이다.

환경행정에 대해서 선구적인 업적을 평가받고 있는 가와사키 시의 경우도 마찬가지 문제가 있다. 1990년대 이후 임해부의 소재공업 재편·합병이 가속화되고 가와사키 시도 그것을 적극적으로 지지하는 정책을 취했다. 1997년 가와사키 구(區) 산업도로 이남의 임해지대가 에코 타운 지역으로 지정되어, NKK[옛 니혼도칸(日本鋼管)] 공장부지 8.4ha에 제로 에미션 공업단지를 조성하는 계획이 수립되었다. 그러나 사무타 히카루(佐無田光)에 따르면 "사업선정단계에 가면 산업행위의 제로 에미션화라는 이념보다 수익성 있는 재자원화 사업이 중시된다"고 한다. 즉 소재형 중화학공업 콤비나트를 환경보전형·

수요관리형·지역자원순환형으로 전환시키는 것이 아니다. 수도권에서 발생하는 방대한 쓰레기를 자원으로 바꾸어 원자재의 안정적 확보와 비용절감을 위해 과거의 소재공업의 설비를 활용한 재자원화 산업기지로 바꾸는 것이다. 이것은 재자원화 설비를 도심에서는 만들 수 없는 이유도 있기 때문에 임해부를 재이용하는 것이다.[55)]

이 경향은 기타큐슈 시의 에코타운도 마찬가지이다. 재자원화 산업은 환경산업으로서 향후의 발전이 기대되는 것은 확실하다. 그러나 재자원화가 사업으로서 이익을 내기 위해서는 언제나 대규모 자원폐기물이 집적될 필요가 있다. 즉 대량 생산·폐기의 시스템을 유지하지 않으면 에코타운은 유지되지 않는다. 재자원화가 중요시되고 세상의 평가를 받으면 제 I 부에서 언급한 이시하라 산업처럼 유해폐기물을 재자원화 제품으로 속이는 사업도 생겨나는 것이다.

(3) 수변도시재생

가와사키 시의 경우에는 시민들이 시의 목표로서 건강을 첫째로 삼고 임해부에 '공원' 설치를 요구했다. 그러나 임해부의 공업용지는 전용하기가 좀처럼 쉽지 않다. 공업용지로서 보조금사업으로 조성된 토지를 다른 목적으로 변경하는 것에는 장애가 있다. 욧카이치 시의 경우에는 이미 오랫동안 시민들이 바다와 접촉한 적이 없으며 수변도시로서 재생을 꿈꿀 수도 없게 되어버렸다.

1991년 베니스에서 국제수변도시센터(International Centre Cities on Water)와 이탈리아 정부의 공동주최로 '워터프런트: 새로운 세계의 프론티어'라는 회의가 개최되었다. 이 회의에서는 수변개발을 오늘날 도시정책의 중심과제로 삼아, 전 세계 18개국에서 53개의 주제발표를 했다. 일본의 도쿄, 오사카, 고베의 대규모 개발은 에너지와 물 등의 자원낭비형 개발로서, 수변풍경과 조화를 이룬 경관의 관점이 결여되어 있으며 지구환경파괴를 범하기도 한다고 비판받았다. 이 회의의 기조 강연은 캘리포니아 대학교의 도시계획학 교수인 벤더(R. Bender)의 '도시는 어느 곳에서 해안과 만나는가'였다. 벤더 교수는 대규모 개발로 건설되는 것은 초고층 호텔과 아파트, 거대 회의장, 그에 필요한 사회자본, 원거리 파이프 운송을 통한 상수도, 거대한 유역하수도, 매머드 청소공장, 대규모 방조제이며, 어느 것이나 자연을 활용하는 시설을 만드는 것과 아름다운 수변풍경을 유지하는 것은 부차적인 것이 되어 있다고 했다. 수변공간은 공공을 위해 개방되지 않고 특정 고소득 계층이나 대기업에 독점되어 있다고 비판했다. 그리고 벤더 교수는, 19세기에 뉴욕의 센트럴 파크를 설계한 옴스테드(F. L. Olmsted)가 보스턴의 수변공간 개발에서 자연을 보전하고 시민 누구나 찬성하는 아름다운 지역을 만든 방법을 배워야 한다고 했다. 벤더 교수가 참가한 샌프란시스코의 미션 베이(Mission Bay)의 재개발계획은 정말로 매력적이다. 산업과 유통업의 변화 때문에 황폐해진 미션 베이의 재개발계획은 당초 뉴욕의 배터리 파크처럼 고층화된 금융가와 고급 아파트 밀집지로 만들 계획이었다. 이런 계획을 주민이 참가하여 변경시켜 저층·중층의 사무실, 주택가로 만들고, 누구나 해안에 접근할 수 있도록 자동차 교통을 제한하며, 문화적인 거리조성을 추진하는 것이었다. 맨해튼화를 거부하고 샌프란시스코의 독자적인 거리를 만든다는 이념을 시민들이 만들어낸 것이다. 지금 모든 것이 이 계획대로 실현되었다고는 할 수 없지만 여기서 진행된 문화적인 친수도시를 만드는 목표는 향후의 공해지역재생에 큰 시사점을 전해준다.56)

니시요도가와의 아오조라 재단은 설립된 지 10년이 넘었으며 환경교육, 에코 드라이브(자전거 통근), 복지사업 등에서 성과를 올리고 있는데, 임해부를 포함하여 '마을 만들기'라는 관점에서는 큰 성과를 내고 있지는 못하다. 그 이유는 오사카 시가 이 사업에 적극적이지 않으면서 지역 주민들이 내발적 수변도시 재생으로 움직여주기를 바라고 있는 점을 들 수 있다. 앞서 설명한 수변환경에서도 언급하였는데 해양국가인 일본은 임해도시를 재생할 때, 당연히 공해지역부터 출발해야 되는 것이다.

(4) 자연재생

1980년에 들어서 유럽과 북미에서는 대규모 자연재생사업을 시작하였다. 여기서는 일본에 큰 영향을 준 포 델타·파르코를 소개한다. 이것은 포 강 유역의 간척지 6만 ha의 일부를 습지로 되돌려 지역재생을 하는 계획이다. 이 파르크(공원)는 에밀리아로마냐 주(Regione Emilia-Romagna)의 페라라 현(Provincia Di Ferrara)과 라베나 현(Provincia Di Ravenna)에 속하는 지역으로 기초 자치단체인 9개의 코무네(comune)로 이루어져 있으며, 주가 1년에 3억 리라, 현과 코무네가 3억 리라를 출연하고 기타 환경기금을 포함하여 운영하고 있다.[57]

후자(라베나 현)는 아드리아 해 최대의 석유 콤비나트를 가진 라베나 시의 임해부와 간척농지의 환경수복을 수행하고 있다. 라베나 시는 1960년대에, 석유 콤비나트의 심각한 공해와 인구증가에 따른 무계획적인 주택건설, 고속도로 등의 사회자본 건설로 역사적 거리가 파괴되는 등의 환경문제가 발생했다. 시민들은 '생활의 질'을 향상시키기 위해 공해반대운동을 일으키고 혁신 지자체를 탄생시켰다. 이 지자체는 대규모 중화학공업화와 도시의 거대화를 제한하고 장인기업과 관광업을 중심으로 하여 문화와 예술의 도시로 재생하는 계획을 세웠다. 시는 과거에 비잔틴 제국의 수도로 유럽 최고의 모자이크가 있는 성당과 단테의 묘 같은 역사적 문화재가 있으며, 직물업 같은 장인기업의 전통도 있었다. 이런 1982년의 도시계획에 따른 전환과 맞물려 농협이 협력하기로 했다. 간척지를 바다로 되돌려 양식업과 카누 등의 관광지를 만들고 배후의 농지도 녹색관광과 수렵지역으로 만들기로 했다. 이 계획은 현재 성공하고 있다고 할 수 있다.

아름다운 습지와 삼림이 조성되고 야생 생물도 되돌아왔다. 라베나 시의 파르코는 여섯 개 부서에서 관리한다. 라베나 시의 인구는 약 14만 명인데 이 파르코에는 세 곳의 거주지역이 있어 여기에 약 1만 명이 살고 있다. 주민들은 농민과 사냥꾼으로, 처음에는 파르코를 만드는 데 반대하였으나 지금은 그들도 협력하고 있다. 파르코는 환경학습의 장이 되었고 또 에코투어리즘의 거점이 되었다. 석유 콤비나트는 확장이 중지되었다. 또 폐기물 처리장에 대해서는 1997년에 새로운 공해방지협정이 체결되어 규제를 받고 있으며, 볼로냐 대학교와 공동으로 위해성 관리를 받고 있다. 1987년에 조사를 했을 때는 역사적 거리는 한산하였고 명물인 모자이크를 보러 오는 관광객도 거의 없었지만, 1988년의 조사에서는 거리경관이 정비되었고 모자이크의 성당과 단테의 묘는 관광객으로 넘쳐났다. 도시의 재생이 성공적이라고 할 수 있다.

이 라베나 시보다 북쪽에 있는 페라라 지역에서는 120억 리라를 투자한 델타 주립공원이 조성되어 있다. 이 지역의 농지는 화학비료와 농약을 대량으로 투입하여 토양오염뿐만 아니라 하천과 바다의 오염이 심각했었다. 이 때문에 농업의 생산력이 떨어지고 어업에도 피해가 발생하여 지역 전체가 쇠퇴하였으며 간척사업이 실패했다는 것이 분명해졌다. 그래서 자연복원을 해서 에코투어리즘을 도입한 파르코로 만드는 계획을 세웠다. 법 제정이 늦었기 때문에 사업이 반드시 성공하지는 못했고, 당초의 기대에 미치지 못한다는 이유로 반대하는 농민들이 생겨났다. 이런 이유로 파르코로 된 것은 2만 ha 이고 나머지는 프레파르코(preparco)[58]로 하여, EU의 5b(Objective 5b)에 따른 조건불리지역 원조자금을 받아 유기농업을 진행하기 위하여 농협의 협력을 얻으려 하였다. 현지조사를 해보니 에코투어리즘을 위한 거점을 조성하여 현지에서 생산한 농산물을 사용하는 레스토랑, 숙박시설, 스포츠 시설이 있으며, 또 농업체험을 위한 민박시설이 정비되어 있었다. 전체적으로 아직 진행 중이어서 농민과 잘 공존할 수 있는가 없는가는 향후의 사업성과에 따라서 정해질 것으로 보인다.

이 정도의 장대한 환경재생 계획은 아니지만, 일본에서도 환경정책의 선진지역인 시가 현에서 내호(內湖: 습지) 재생이 진행되고 있다. 비와코 호 주변의 습지는 메이지 시대와 다이쇼 시대(1864년에서 1924년까지)에는 2,110.6km²이었으나 현재는 821km²까지 감소되었다. 비와코 호에는 1급 하천이 120개, 준용하천이 14개, 총 134개의 하천이 유입된다. 공업화·도시화와 함께 오염물이 유입되는데 그것이 일단 내호에 축적되어 갈대군락 등에서 정화작용을 거쳐 본호(本湖)로 들어간다. 이 때문에 오염물의 자연정화가 이루어지고 있었다. 내호는 변화를 계속하고 있는데, 애초에는 40여 곳이 존재하였고 1920년에는 32.4km²였다. 제2차 세계대전 중 특히 대전 후의 쌀 증산을 위해 대규모 간척이 진행되어 1951년까지 1062ha, 1971년에 미작 과잉으로 중지될 때까지 1459ha가 간척되었다. 또 종합개발을 위해 호안(湖岸) 둑이 건설되었다. 지금은 내호 면적이 4.25km²로 격감했다.

비와코 종합개발은 앞에서 언급한 대로 하수도 정비 등 환경정비는 했지만 수질정화는 한계에 다다랐으며, 비와코 호의 생물다양성은 위기적 상황이라고 평가된다. 그래서 내호의 복원·수복은 그 위기적 상황이 개선으로 연결될 것으로 기대된다. 시가 현은 1992년 일본에서 처음으로 생태계 보전을 목적으로 한 '시가 현 비와코의 갈대군락의 보전에 관한 조례'를 만들었다. 그리고 수질보전 이외에 수원함양, 자연적 환경과 경관보전의 세 가지 핵심목표를 내걸고 '비와코 보전정비계획'(Mother Lake 21 계획)을 책정하였다. 이것은 과거의 비와코 종합개발계획을 계승하는 것이지만 내용은 개발에서 환경으로, 그것도 호수를 포함한 유역 전체의 자연재생이라는 새로운 목표를 내걸고 있다. 그중에서도 중심이 되는 것이 습지 즉 내호의 재생이다. 이미 현은 17ha의 논을 빌려서 담수한 뒤 89.1ha의 하야자키(早崎) 간척지 비오토프(Biotope: 인공적으로 만들어진 동식물의 공동 생활환경지역) 네트워크를 실험적으로 경영하면서 내호 재생의 수법을 검토하고 있다.

풍요로운 생물다양성을 지닌 내호 재생에는 아직 많은 기술적 과제가 있다. 간척지는 농약과 비료로 오염되어 있다. 이것을 어떻게 정화할 것인가라는 문제와 경제적인 과제가 있다. 간척지는 농가소유이므로 이를 내호로 복원했을 경우 보상은 어떻게 할 것인가, 농업을 중단해도 관광으로 수입을 올릴 수 있는가 하는 경제진흥책에 대해서도 과제가 남아 있다. 내호 재생 연구자 니시노 마치코(西野麻知子)는 국가가 2003년에 시행한 「자연재생추진법」에 대해 다음과 같이 평가하였다. "'자연재생기본방침'에도 자연재생사업을 추진하는 이론적·방법론적 지침이 충분히 제시되어 있지 않아서, '자연재생'이라는 미명하에 새로운 자연파괴가 진행되지 않을까라는 우려도 크다." 실제로 일본의 「환경법」은 대부분 주체와 재정에 대해 전혀 고려하지 않고 있기 때문에, 과연 이 법률이 내호 재생에 얼마나 도움이 될지는 의문이다. 오히려 시가 현이 지금까지 실행해온 것이 전국의 재생문제의 방향을 정해준다.[59]

환경사회학자인 사노 시즈요(佐野静代)는, 내호는 동네 산과 마찬가지로 2차적 자연이고 주민의 생활, 생산과 일체화되어 있어 '동네 늪'이라 해도 좋으며 그러므로 그 재생을 위해서는 일상적인 주민의 유지 관리가 없으면 안 된다고 주장한다.[60] 간척지를 습지 즉 내호로 되돌리는 것에 대해서는, 농민의 동의를 얻고 갈대군락을 조성하며 생물다양성을 유지하고 수질정화를 하는 등 이후의 유지관리를 자발적으로 해나가는 노력이 필요하다. 농민들로부터 이 힘을 끌어내기 위해서는 EU의 환경보전형 농업정책 특히 보조금사업과 똑같은 제도가 필요하다. 앞서 언급한 포 강 간척지를 파르코로 만드는 사업에서 배울 필요가 있는 것이다.

P P P 와 축 적 성 (s t o c k) 공 해

1. 정책수단의 선택

환경정책은 크게 나누어 네 가지가 있다.

① 국·공유화
② 경제적 수단의 도입
③ 공공기관에 의한 직접규제와 유도
④ 환경정보공개와 환경교육을 통한 자발적 환경보전활동

이런 환경정책의 역사를 뒤돌아보면, 일본의 환경정책의 원동력은 ④의
주민의 여론과 운동이다. 공공기관이 환경정책을 시행하는 경우도 주민의
참가 없이는 진전되지 않는다. 그런 의미에서는 환경정책의 공개와 주민의
자발적 운동이 환경정책의 근간이라고 할 수 있다. 이 ④의 문제는 제Ⅴ부의
마지막에 다루며, 여기서는 그 이외의 정책에 대해 언급한다.

♟ 국·공유화

　국·공유화는 희소자원 이용, 자연독점의 대상이 되는 사업, 또는 효율보다 복지, 안전과 환경보전 등의 공공성이 우선되어야 하는 경우에 행해진다. 안전한 물을 위한 공공수도와 자동차 공해 제거를 위한 공공교통의 확충 등이 전형적이 예이다. 발전도상국의 경우에는 에너지, 통신, 교통 등의 사회자본 분야가 국·공유화되어 있는데, 이것은 환경정책뿐만 아니라 경제성장정책의 목적이기도 하다.

　또한 국립공원, 국유림 또는 도시공원처럼 환경보전을 최우선시해야 하는 지역에서는 국·공유화가 필요하다. 일반적으로 자본주의 사회에서 국·공유화는 매우 예외적으로만 추진된다. 축적자산(stock)의 사회화보다 다음에 언급할 경제적 수단과 같은 유량변수(flow)의 사회화로 동일한 효과를 추구하는 방법이 주가 된다. 그러나 환경위기가 심각해진 경우에는 민주적인 소유권 관리가 요구될지도 모른다. 그러면 국유 또는 사유라는 현행의 소유형태가 아니라 일본의 입회권(入会權)[61] 같은 사회적 소유도 시행될지 모른다.

♟ 경제적 수단

　경제적 수단은 다음 절에서 상세하게 논하겠지만, 보조정책(보조금, 재정투자·융자, 특별감세, 공공사업서비스)과 과징금·조세제도, 그리고 배출권거래제도 등이 있다. 공공기관이 직접 시행하는 앞의 두 제도와 재정적 개입과 공공기관의 규제하에 민간 기업이 행하는 배출권거래 등이 포함된다. 어느 것이나 시장 메커니즘을 이용하는 것이기는 하나, 경제주체가 자동적으로 도입할 수 있는 것은 아니다. 공공기관이 직접 개입하는 경제수단인 보조정책과 과징금·조세제도는 국가·지방의 예산제도이며 의회가 보조대상, 보조율 또는 과세대상과 과세표준을 정치적으로 결정한다. 배출권거래는 오염물(bads)을 상품화하는 것이다. 그것은 국내외의 조약과 법률에 의해 배출권을 권리로서 할당해준 것이므로 정치적 상품이다. 배출권거래시장이 확립되면 주식처럼 매매된다고는 하나, 민간의 상품과는 달리 국제기관과 정부의 규제를 피할 수 없다. 경제적 수단으로서는 개별 민간 기업에게는 과징금·조세보다 보조정책, 특히 보조금이 바람직하나, 환경정책으로서는 보조금보다 재정 투자·융자가, 재정 투자·융자보다 감세(조세보조금), 나아가 과징금·환경세가 효과적이다.

♟ 직접규제

직접규제는 의회에서 법과 조례를 정하고 그것에 근거하여 행정과 사법의 손으로 시행하는 것이 원칙인데, 환경문제는 새로운 사건이 많기 때문에 법이나 조례에 근거하지 않는 행정지도나 법원의 새로운 해석에 의한 판례가 큰 힘을 갖는다. 이미 말했듯이 일본에서는 환경행정의 제일선에 있는 자치단체의 창조적인 행정과 하급 법원의 판결이 중앙정부의 행정을 개혁했다고 할 수 있다. 이런 경험에서 볼 때, 삼권분립이 명확하고 사법이 행정의 잘못을 시정할 수 있을 때나 주민의 자치능력이 있을 때 또는 지방자치단체가 창조적인 환경행정을 펼칠 때 직접규제는 유효하다고 할 수 있다. 일본의 공해대책의 성공은 강한 직접규제 아래 기업에 대한 재정 투자·융자나 공해건강피해보상제도에 따른 과징금 등의 경제적 수단이 유효하게 작용했다고 할 수 있다.

미나마타병 같은 긴급한 대책을 필요로 하는 공해는 경제적 수단으로는 시기를 맞출 수 없고 직접규제가 효과적이다. 최근에는 환경정책으로 공해대책비와 환경보전관계 비용이 기업의 회계, 개인의 가계와 국가·자치단체의 예산 속으로 내부화되면, 직접규제보다 경제적 수단이 선택된다. 또 경제적 수단이 비용효과를 판정하기 쉽기 때문에 효과적이라고 한다. 그러나 환경문제는 다양화되고 새로운 현상이 계속해서 발생하기 때문에 경제적 수단으로는 제도의 확립에 시간이 걸리며, 사후대책이 될 가능성도 있다. 경험적으로는 영업권보다 인권을 우선하는 공정한 직접규제 아래에서 경제적 수단을 사용하는 정책조합(Policy Mix)이 바람직하다고 할 수 있다.

2. PPP의 이론과 현실

♟ OECD의 지도원리

환경정책, 특히 경제적 수단의 원리는 오염자부담원칙(Polluter Pays Principle: 이하 PPP로 약칭)이다. PPP가 국제적인 지도원리가 된 것은 OECD의 두 가지 권고에 의해서이다. 「환경정책의 국제경제 면에 관한 지도원리」(1972년 5월 26일, 이하 「지도원리」), 「오염자 부담 원칙 실시에 관한 이사회 권고」(1974년 11월 14일, 이하 「이사회 권고」)가 그것이다.

OECD의 「지도원리」는 다음과 같이 서술하고 있다.

> 희소한 환경 자원의 합리적 이용을 촉진하고, 국제무역 및 투자의 왜곡을 회피하기 위한 오염방지·제어장치에 따른 비용을 배분하기 위해 채용되어야 할 원칙이 이른바 PPP이다.[62]

요컨대 OECD의 PPP는 자원배분의 적정화라는 환경정책과 동시에 각국 간 부담의 균등(Equal Fitting)을 요구하는 무역정책이었다고 할 수 있다. 이 두 가지 권고, 그와 관련된 연구 등을 모은 『오염자 부담 원칙(The Polluter Pays Principle)』의 서문은 다음과 같은 기본적인 사고방식을 설명하고 있다.

PPP를 인정한 경우, 오염자가 그 비용의 전부를 부담할지 또는 일부를 부담할지는 그다지 문제가 아니다. 공해방지비용이 가격으로 소비자에게 전가되더라도 PPP가 파기되었다고 할 수 없다. PPP란 오염자가 제1차 부담자면 된다. 그리고 그것을 어떻게 처리하느냐의 의사 결정은 오염자에게 맡겨져 있다.

그러면 오염자는 어떠한 공해대책 비용을 지불해야 하는가. PPP는 피해에 대한 보상원칙이 아니다. 공해방지비용을 그냥 지불만 하면 되는 것도 아니다. PPP란 정부 당국(자치단체 당국도 포함한다 —— 인용자 주)이 필요하다고 판단한 공해방지와 제어장치에 대한 비용 부담을 의미한다. 그것이 방지장치든 복원장치든 두 가지의 조합이든 그것은 따지지 않는다. 만약 어떤 국가가 자기 나라에서는 공해규제에 추가하여 오염자가 남아 있는 피해를 보상해야 한다고 정할 경우, 이것이 PPP에 위배되지는 않지만 PPP는 이 추가된 조항을 의무화하지 않는다. 즉 PPP는 공해비용을 전부 내부화하는 원칙이 아니다.[63]

그러면 PPP는 과연 어떤 효과를 갖는가.

♟ 베커먼의 경제적 수단의 원리

이러한 OECD의 「지도원리」를 보강한 것이 베커먼(W. Beckerman)의 「오염자 부담 원칙(The Polluter Pays Principle)」이라는 논문이다. 베커먼은 PPP는 오염방지비용이 그 제1단계에서 기업이 부담한다는 것을 말할 뿐이고, 누가 최종적으로 비용을 부담하느냐와는 관계없다. 그리고 이 원칙은 오염자가 비용의 일부 또는 전부를 가격 인상으로 전가시키는지 그렇지 않은지 여부와도 관계없다고 한다. 그러면 제1차적으로 오염자가 부담하면 어떻게 자원의 효과적 배분이 이루어지는 것일까. 당시 OECD에 파견되어 나가 있었던 가토 사부로(加藤三郎)는 다음과 같이 설명하고 있다.

그것은 오염방지비용이 오염자가 만들어내는 (또는 이용하는) 제품이나 서비스의 가격에 오염방지비용이 반영됨으로써 시장 메커니즘에 의한 '보이지 않는 손'이 작동을 시작하여, 오염방지비용이 더 비싸게 책정되는 것은 장기적으로는 국내 또는 국제 시장에서 점차 도태될 것이고, 그리하여 유한하고 희소한 자원을 가장 유효하게 사용할 수 있는 것만이 살아남게 된다.

가토 사부로는 기업이 오염방지비용을 상품 가격에 전가해서 이용자나 소비자가 최종적인 부담을 지게 된다는 의미에서 PPP를 '소비자 부담 원칙(Consumer Pays Principle)'이라고 말하고 있다.[64]

베커먼은 PPP를 정책수단으로 선택하는 이유를 다음과 같이 서술하고 있다.

가장 중요한 정책상의 실제적 논지 가운데 하나는 어떤 형태의 가격 메커니즘을 이용한 정책수단인가, 직접규제인가, 어느 것을 선택하느냐의 문제일 것이다. 가격 메커니즘 방식은 간편하지만 최적의 과징금을 정확하게 아는 것이 불가능하다는 점, 오염을 정확히 감시할 수 없다는 점 등의 장애가 지적된다. 이런 문제는 직접규제에도 똑같이 적용된다. 게다가 과징금 방식은 직접규제보다 더욱 체계적이고 규제적인 오염관리로 인도해줄 것이다. 직접규제는 종종 실제상에서 법률상의 지연이나 불확정성 때문에 나중에 징수되며, 보통 과도한 오염에 비해 매우 적은 세금을 내는 것 이외의 아무것도 아니다. 오염과징금이 공해의 면죄부가 된다는 논의에는 본질적인 것이 아무것도 없다.[65]

베커먼은 가격 메커니즘을 이용하여 최적오염량(방지비용을 더 늘려도 그 삭감효과가 사회가 누리는 편익을 상회하지 않는 수준)을 이끌어내기 위해서는 다음 세 가지의 정책수단이 있다고 한다.

① 오염에 대한 과징금(환경세)
② 오염 제거량에 따른 생산자에 대한 지불(뇌물)
③ 일정량을 오염시킬 권리를 매매하는 것

베커먼은 단기적으로 보면 세 가지 정책수단은 어떤 것을 택하더라도 자원배분에 대한 영향은 완전히 똑같지만, 공평이라는 견지에서 보면 ②의 뇌물이라는 수단은 바람직하지 않다고 말한다.

오염방지에서는 공동오염방지를 취하는 경우가 있다. 상수도, 하수도, 폐기물 처리시설에 의해 대책이 취해진 경우에 누가 부담하느냐 하는 것이다. 이 경우에는 공동이용시설에서 지불하는 가격과 배출되는 잔류 오염량의 과징금이 같은 액수여야 한다. 물론 이 공동이용시설의 작업 가운데 공공적인 것이 있으면 과징금의 대상이 되지 않는다. 이와 같이 공동이용시설의 과징금이 정당하게 운용되면, 사기업은 스스로 방제시설을 만들어 운용할지 아니면 공동이용시설을 이용한 요금을 지불할지 적절한 선택을 한다.

베커먼은 정책수단으로서는 직접규제보다 가격 메커니즘의 이용, 가격 메커니즘의 이용 중에서는 과징금(환경세 —— 인용자 삽입, 이하 동일)에 우선순위를 두고 검토하고 있다. 이 과징금(환경세)을 이용하는 경우의 문제점을 다음과 같이 지적한다.

가격 메커니즘의 작용으로 최적오염 상태에 도달하더라도 오염에 의한 피해가 발생하는 경우가 있다. 이 경우에는 공평의 견지에서 볼 때 과징금(환경세) 수입을 피해자 보상에 이용하는 것도 있을 수 있다. 과징금(환경세)을 채택하면 소득분배나 고용문제에 영향을 주는 경우가 있다.

그래서 베커먼은 세 가지 대응책을 생각한다. 첫 번째는 공해방지시설의 도입에 보조금을 제공하여 개선을 추진하는 것이다. 두 번째는 관세경감과 같은 형태로 경과조치를 취하는 것이다. 세 번째는 고용이나 기타 영역에 미치는 영향을 완화하기 위해 예를 들어 대체산업의 도입 등 지역개발 정책을 취하는 것이다. 이 중에서 시장 메커니즘을 교란시키지 않는다는 점에서는 세 번째의 추가적 정책이 바람직하다. 이렇게 과징금(환경세)과 같은 공해방지 대책이 미시적으로 보면 경제에 영향을 주기는 하지만, 거시적으로 보면 공해대책에 의한 오염 감소와 생산 감소, 고용 감소가 직접 대응하는 것은 아니다. 공해대책이 전진되면 더 많은 자원이 오염과의 싸움에 충당되어 지금까지 최종 생산물에 투입되었던 자원이 감소하고, 생산이나 고용 형태의 변화가 생길 뿐이라고 말한다.

베커먼의 이 이론은 신고전파의 환경정책의 원리의 핵심을 훌륭하게 정리하였다. 그 뒤의 환경세 이론, 환경세 도입으로 생기는 경제적 영향에 대해서도 거의 모든 것을 말하고 있다. 그 이후 재자원화 산업 등의 환경산업이 발전했기 때문에 과징금(환경세)의 도입이 더 쉬워졌다고는 할 수 있다.

3. 일본의 독자적 PPP론

♣ 환경정책과 PPP

일본은 메이지 이후 많은 공해를 경험하면서 독자적인 공해대책을 만들어냈다. 그것은 제11장에서 서술한 대로 피해구제에서 환경복원에 이르기까지 넓은 범위에서 오염자가 책임을 지고 그 비용을 부담하게 했던 것이다. 제2차 세계대전 후 미나마타병, 이타이이타이병 그리고 욧카이치 천식에서는 재판으로 오염자의 책임을 명확히 하여 그 피해구제비용을 부담시켰다. 이 역사적 경험 때문에 일본은 OECD의 PPP를 받아들였지만 그 내용은 상당히 이질적인 것이었다. 지금까지 살펴본 대로 OECD의 PPP는 자원배분의 합리성과 국제무역상의 왜곡을 시정하는 것을 목적으로 한 것으로 그 중심은 비용편익분석에 따른 '최적오염 수준'까지 필요한 공해방제비를 과징금으로 징수하는 것이다. 피해의 보상비는 예외적으로 보상하는 것이며, 더군다나 환경복원까지 고려하고 있지는 않았다. 요컨대 OECD의 PPP는 시장 메커니즘을 이용하는 정책에 한정된 경제이론으로 정의의 이론이나 윤리적 비판은 제외되어 있다. 그러나 일본은 공해에 의한 건강피해나 사망 같은 불가역적 절대적 손실에 직면하였고, 게다가 가해책임을 애매모호하게 처리해서 같은 종류의 사건이 반복해서 일어난 경험 때문에 PPP는 가해자책임을 추궁하고, 그 책임이 배상만이 아니라 전 환경대책의 영역까지 확대되는 이념이었다. 그래서 OECD는 1977년에 일본의 환경정책을 재검토하였을 때, 일본의 공해대책은 반기업적 태도에 서 있고 PPP는 경제적 목적보다는 "오염자가 유죄이고 따라서 처벌받아야 한다는 의미밖에 지니지 못한다. 요컨대 이 원칙은 '오염자처벌원칙(Punish Polluter Principle)'으로 이해되고 있다"[66]고 비아냥거렸다. OECD에서는 피해구제=배상에 대해서는 민사적 책임의 문제지, 경제와는 관계없는 것이라고 하여 PPP에서 제외하거나 파생적인 것으로 취급해왔던 것이다. 그러나 제 I 부에서 언급한 대로 일본뿐만 아니라 다른 나라에서도 환경문제의 책임을 명확히 하고 그 부담을 지게 하지 않으면 환경정책은 진전되지 않으며 완성되지 않는다. OECD는 일본의 PPP를 빈정거렸지만 이것이 유효했다는 것을 인정하지 않을 수 없어서, 공해건강피해보상제도는 "OECD에 의해 정의된 오염자 부담 원칙을 뛰어넘는 것이지만 그것을 위배하는 것은 아니다"라고 서술한다.

♟ 쓰루 시게토의 PPP론

쓰루 시게토(都留重人)는 「PPP의 목적과 문제점(PPPのねらいと問題点)」에서 공해 관련 비용을 네 가지로 분류했다.

① 방제비용
② 피해구제비용
③ 축적성 공해 제거비용
④ 감시측정·기술개발·공해행정 등의 간접비용

쓰루 시게토는 OECD의 PPP는 이 가운데서 ①에만 관련되는 것으로 한정성이 강하다고 비판하고 있다. 베커먼은 반드시 한정적이지는 않다고 하지만, OECD가 지금까지 ①에 한정해온 것은 틀림없다. 또 카프(K. W. Kapp)는 ①과 ②는 인정하지만 ③에는 PPP를 적용할 수 없다고 생각하고 있었다. 이렇게 한정해도 괜찮은지는 PPP의 의도가 어디에 있는가에 따라 결정될 것이다. 쓰루 시게토는 PPP의 의도에 대해 다음과 같이 정리하고 있다.

① 공해를 배출하는 경제활동은 희소재인 환경을 사용하는 것을 의미하므로 그만큼 (가격이) 비싸게 책정된다는 것을 겉으로 드러내서, 그러한 경제활동의 제품에 대한 소비억제효과를 가져오는 것.
② 공해를 배출해서 고액의 피해구제비용을 부담할 수밖에 없게 되는 것보다 방제에 돈을 쓰도록 기업을 유도하는 효과를 갖는 것.

③ 각 공해 기업의 개별적 책임을 분명히 하는 효과를 갖는 것.[67]

필자는 쓰루의 이론과 마찬가지로 PPP는 공해 관련 비용 네 가지 측면 모두에 대해 오염자의 책임을 명확히 하고, 그 책임 범위에서 비용을 부담해야 한다고 생각한다. 이 경우 비용의 범위는 이미 서술한 정책의 범위라고 해도 좋다. 손해배상은 원형복구를 목적으로 하여 가능한 한 원형에 접근해야 한다. 공해방지와 억제의 분야에서는 일본의 환경기준은 지금까지는 최적오염 수준이 아니라 건강유지의 관점에서 결정되었기 때문에 OECD의 PPP와는 다르다. OECD의 PPP는 현행의 생산과정과 산업구조를 전제로 정태적으로 생각하여 과징금을 징수하고 있지만, 일본의 경우에는 어디까지나 인권의 입장에서 무거운 부담을 지우고 그 중압 때문에 기술이 개발되며 산업·지역 구조가 바뀌는 동태적인 사고방식이다. 또 축적성 공해의 제거—— 환경복원·방지 등의 비용에 대해서도 원인자 또는 개발예정자의 부담원칙이 명확해야 한다.

4. 일본형 PPP의 제도화와 평가

♟ 일본 정부의 PPP

중앙공해대책심의회 비용부담부회(費用負擔部会)는 「공해에 관한 비용부담의 향후의 양태에 대하여(公害に関する費用負担の今後のあり方について)」라는 보고서에서, 앞서 언급한 PPP를 넓은 범위에서 적용한다는 사고방식을 받아들였다. 이것이 『환경백서(環境白書)』(1975년판)에 게재되어 있다. 여기서는 "건강 및 생활환경을 저해하는 물질을 발생시킨 자가 그 결과에 대해 당

연히 책임을 져야 한다는 사회적 윤리적 통념"이라고 말한다. '부담해야 할 비용의 범위'에 대해서도 다음과 같이 언급하고 있다.

일본에서는 환경복원비용이나 피해자구제비용에 대해서도 오염자 부담이라는 사고방식을 채택하고 있다. 이것은 일본의 심각한 공해문제의 경험과 반성에 기초한 것이다. 앞으로도 오염자가 부담해야 할 비용의 범위는 오염방제비용으로 한정하지 말고 넓게 이해해야 한다. 수은·PCB에 의한 오염 등 축적 (stock)성으로서 문제가 되는 오염도 근원을 따지면 유동적(flow) 오염의 집적과 다름없다. 오염을 발생시키는 자는 지금 현재 오염 방제에 최선을 다해야 함은 물론 과거의 오염발생에 관여했을 때에도 원칙적으로 그 책임을 면할 수 없다. 이런 축적성 오염을 방제하기 위한 환경복원비용도 기본적으로는 오염자가 부담할 필요가 있다. 또한 마찬가지로 피해구제비용에 대해서도 기본적으로 오염자가 부담해야 한다.[68]

여기에서는 OECD의 견해가 아니라 일본의 경험에 근거하여 앞의 쓰루 시게토나 필자의 견해 같이 넓은 범위에서의 비용부담을 요구하고 있다. 특히 유럽, 북미에서 부정되었던 축적성 오염 방제비용을 PPP 안에 넣은 것은 획기적이다. 이것은 얼마 안 가 미국에서 일어난 러브 운하 사건 이후에 만들어진 「슈퍼펀드법」에 채용되어 그 정당성이 증명되었다. 이에 대해서는 다음 항에서 다루고자 한다.

또한 '오염자의 범위'에 대해서 중앙공해방지심의회의 보고서는 간접 오염자까지 폭넓게 취하여 생각해야 한다는 엄격한 판단을 다음과 같이 제시하고 있다.

비용을 부담해야 할 오염자로서 먼저 오염물질을 제1차적으로 배출하고 있는 직접적 오염자 —— 생산 활동의 경우에는 생산자, 수송 활동의 경우에는 수송자 등이 될 것이다 —— 를 들 수 있다. 피해구제비용에 대하여 직접적 오염자의 범위를 판단할 때, 피해 원인이 된 오염자를 명확히 특정할 수 없는 경우에는 인과관계 등에 대해서 제도적인 판단을 도입하여 오염 원인자의 범위를 확정할 필요가 생긴다. 또 이 경우에는 이런 판단을 하는 것에 대한 사회적 합의를 미리 충분히 얻을 필요가 있다.

또한 직접적 오염자 외에 오염물질의 발생과 관련된 재화와 서비스를 제공 또는 소비하여 간접적으로 오염의 발생에 관여하고 있는 이른바 간접 오염자에게 그 비용을 부담시키는 것도 가능하다.

환경보전에 관련된 비용은 다른 일반적인 재화와 서비스 비용과 마찬가지로 생산·유통·소비를 통한 경제의 연쇄과정에서 각 경제 주체로 파급되어가는 것이므로, 이러한 경제의 연쇄에 착안하여 환경보전과 관련된 비용을 부담해야 할 자를 폭넓게 파악하는 것도 인정되는 바이다. 즉 오염의 형태에 따라 국민적 합의 아래 어떤 단계에서 누가 부담하는 것이 환경개선에 가장 효과적인가의 관점에 서서 비용을 부담해야 할 자를 판단할 필요가 있다.[69]

이것은 OECD보다 훨씬 현실의 오염을 주시한 훌륭한 제안이다. 즉 부가가치세처럼 경제과정의 각 단계에서 '부가오염세'를 부과하는 것, 또 자동차 공해에 대해서 자동차 산업 등의 간접적인 기여도도 인정하려는 것이다. 오염자와 경제적 타협이 아니라 피해를 제거한다는 인권의 입장에 서서 그에 걸맞은 경제제도를 요구하는 목적이 일관되어 있다. 주민의 여론과 운동을 배경으로 환경정책이 전진하였던 시대의 획기적인 제언이다. 이 제언을 한 것은 1976년 3월의 일인데, 그 이전에도 이러한 취지에서 일본 정부도 환경정책을 추진하여 「공해건강피해보상법」이나 「공해방지사업비 사업자부담법」 등 세계적으로 선구적인 제도를 수립하였던 것이다. 이 제언은 PPP로써 그런 제도들을 이론적으로 정당화한 것이다.

이렇게 일본형 PPP는 OECD와 비교하면 이질적인 것인데, 특히 두 가지 점에서 특징이 있다. 첫째는 PPP 중에서도 피해자의 구제비용을 가장 중시하고 있다는 점이다. 둘째는 축적성 공해에 대해서도 최초의 오염물 투기자에게 피해구제비용과 유해물을 제거하여 청정한 환경으로 복원하는 비용을 부담시키는 원칙을 주장하고 있는 점이다.

♟ 공해건강피해보상제도 ── 일본의 경험

일본은 피해구제와 복원에 관한 두 가지의 선구적인 제도를 가지고 있다. 하나는 「공해건강피해보상법」이고 다른 하나는 「공해방지사업비 사업자부담법」이다. 먼저 공해건강피해보상제도의 성격에 대해 간단히 짚고 넘어가겠다.

행정적 구제 제도는 욧카이치에서 시작되었다. 1965년 욧카이치 의사회의 제안에 따라, 공해병 환자에 대한 시의 독자적인 의료비보조제도가 발족되었다. 이것을 기초로 1969년 12월 정부는 「공해와 관련된 건강피해의 구제에 관한 특별조치법」을 시행하였다. 이것은 공해인정환자의 의료비 중 자기부담분을 보상하는 것으로 그 비용의 반을 기업의 부담으로 한 것이었다.

그 후 피해자 조직은 의료비뿐 아니라 생활보장을 요구하여 운동을 전개, 1972년의 욧카이치 공해 판결은 복수 기업에 의한 대기오염 피해의 공동불법행위를 인정하는 결정적인 내용이었기 때문에 구제제도가 일거에 진전되었다. 1973년 이후 아마가사키 시, 가와사키 시, 오사카 시에서 생활보장과 복지사업을 포함하는 자치단체의 독자적인 구제제도가 탄생했다. 또한 피해자 조직과의 자주교섭으로 시달렸던 욧카이치 시의 피고 기업들은 자치단체의 권고에 따라 공해대책협력재단을 만들어 판결의 80% 보상을 목표로 주요

기업에게 기금을 출연하게 하여 생활연금과 의료비 지급을 시작하였다.

욧카이치 공해판결로 인해 일본 대기오염 지역의 모든 기업이 공동불법행위자로서 제소될 가능성이 생겼다. 재판이 거듭될수록 기업책임이 더욱 엄격해지기 때문에 재계는 더 이상 기업 이미지를 악화시키지 않기 위해 공해재판을 막을 방법이 없는지를 생각하기에 이르렀다. 한편 피해자 측도 앞의 자치단체 조례책정에서 볼 수 있듯이 재판처럼 시간과 비용이 들지 않고 간편하게 인정되는 전국적인 행정구제제도를 원했다. 이렇게 하여 양쪽의 이해가 타협하여 1973년 「공해건강피해보상법」이 성립되어 1974년 9월부터 실시되었다.

이 「보상법」은 대상지역, 질병, 거주조건을 한정한 구제제도이다. 제1종이 대기오염에 의한 비특이성 질환, 제2종은 특이성 질환으로 미나마타병, 이타이이타이병, 만성비소중독을 대상으로 한다. 구제 내용은 의료비, 생활보상급여를 포함한 보상관계와 공해보건복지사업으로 이루어져 있다. 보상비는 손실된 이익과 위자료를 합친 성격으로 하며, 기준의 특징은 평균임금과 사회보장제도의 중간이다. 장해보상비는 전체 노동자를 남녀별·연령별 12단계로 나누어 최고액(특급 또는 1급)은 평균 임금의 80%, 2급은 40%, 3급은 24%, 급 외는 장해보상비 없이 의료비만 지급하도록 되어 있다. 이 밖의 보상관계비는 의료비와 그 관계비, 유족 보상비(평균임금의 70%), 아동보상수당, 요양수당과 장례비다.

이 제도에서 가장 중요한 것은 말할 것도 없이 제1종 지역의 보상제도이다. 1988년 2월 말경 이 지역지정이 종료되었는데 최종 단계에서의 이 제도의 개요는 〈그림 IV-4〉와 같다. 질병의 내역을 보면 기관지 천식이 가장 많은 78%, 만성 기관지염 17%, 폐기종 3%, 천식성 기관지염 2%이다. 지역적으로 도쿄 도의 23개 구지역이 3만 9909명, 오사카 시 1만 9064명, 나고야 시 5285명 등 3대 도시권에 93.7%의 인정환자가 거주하고 있다. 연령별로는 제

〈그림 IV-4〉 공해건강피해보상제도의 얼개(1988년 2월까지)

제1종 지역(호흡기질환)의 개요

> 인정받은 환자 10만 3296명
> (1988년 2월 말)
>
> ① 지정지역(41지역)
> • 현저한 대기오염
> • 질병의 다발
>
> ② 거주(통근)기간
>
> ③ 지정질병
> 만성 기관지염
> 기관지 천식
> 천식성 기관지염
> 폐기종

보상제도의 얼개

(제도 발족) 1974년 9월

(제도의 취지) 본래 당사자 간 민사상 해결이 꾀해 져야 하는 공해건강피해에 대해서 본 제도에 의해 신속·공정한 구제 를 수행하려는 것이고, 그 비용은 오염의 원인자가 부담한다.

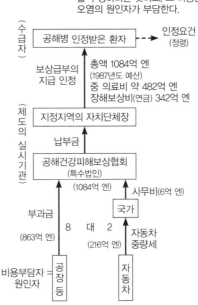

부과금을 지불하고 있는 사업소

(1986년도)

(단위 100만 엔)

	사업소 수	부과 금액
지정지역	1,650	25,720
기타 지역	6,750	50,423
계	8,400	76,143

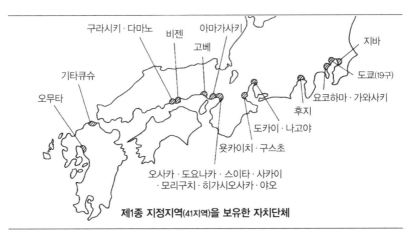

제1종 지정지역(41지역)을 보유한 자치단체

<표 IV-3〉 오염부과량 과징금 업종별 징수건수(상단)와 징수금액(하단)

(단위:100만 엔)

	1976	1977	1978	1979	1980	1981	1982	1983	1984	1985	1986
전기	112	120	116	118	119	123	124	124	127	125	125
	8,187	12,597	12,206	15,854	17,129	15,516	17,651	20,979	23,118	23,310	22,782
철강	468	480	486	482	474	468	460	437	421	398	387
	7,864	9,498	8,028	8,216	8,616	8,761	9,440	10,922	10,935	11,547	12,353
화학	772	773	790	787	785	779	774	768	758	734	736
	5,318	7,493	6,286	7,352	7,940	7,483	7,949	9,485	10,272	10,330	10,791
기타	6,512	6,622	6,762	6,842	6,967	7,063	7,177	7,316	7,303	7,104	7,143
	9,676	14,805	14,067	17,900	19,833	19,047	19,769	11,670	25,785	26,616	30,217
합계	7,864	7,995	8,154	8,229	8,345	8,433	8,535	8,645	8,609	8,361	8,391
	31,045	44,393	40,587	49,322	53,518	50,807	54,809	65,419	70,110	71,803	76,143

자료) 환경청 조사(1986년 6월 30일 현재).

Ⅲ부에서 제시한 대로 연소자와 고령자에 집중해 있다. 장해등급별로 보면 1987년 3월 말 현재, 특급과 1급이 0.7%, 2급 11.8%, 3급 52.8%, 기타 34. 7%로 구성되어 있다. 해를 거듭할수록 중증인 특급과 1급이 줄고(1976년에는 4.6%였다) 급 외인 기타가 늘어나고 있다(같은 해 20.7%).

1987년도의 보상비 지급은 1033억 엔, 공해보건복지사업비가 3억 엔으로 합계 1036억 엔이다. 이 가운데 오염부하량 부과금이 864억 엔이다(〈그림 IV -4〉는 당초 예산액이므로 이 실적과 맞지 않는다). 기업부담과 국고부담의 비율은 8:2이다. 이것을 업종별로 징수금액의 추이를 보면 〈표 IV-3〉처럼 전기를 선두로 철강, 화학의 이른바 오염 삼두마차가 1976년도 69%, 1986년도에 60%를 납부하고 있다. 또한 이것을 규모별 부과금 신고현황으로 보면 1억 엔 이상의 고액납부 기업이 〈표 IV-4〉에서 보는 것처럼 전체의 63.5%를 차지한다.

이 제도의 기업부담은 피해구제의 측면에서 보면 다음과 같은 문제가 있다.

첫째, 개별 업종의 부과금이 공표되지 않고, 일종의 공해세였기 때문에 오염원의 책임이 불분명했다. 이것은 기업이 재판에 의한 민사적인 책임을 모

<표 IV-4> 오염부하량 부과금 신고액 계층별 내역

단위	건수	(%)	금액 (100만 엔)	(%)
5억 엔~	24	0.3	20,610	27.0
1~5억 엔	131	1.5	27,820	36.5
5,000만~1억 엔	126	1.4	8,944	11.7
1,000만~5,000만 엔	491	5.6	10,790	14.1
500만~1,000만 엔	399	4.6	2,847	3.7
100만~500만 엔	1,664	19.1	3,884	5.1
10만~100만 엔	3,657	40.9	1,393	1.8
~10만 엔	2,326	26.6	61	0.1
합계	8,728	100.0	76,349	100.0

자료) 환경청 조사(1986년).

<표 IV-5> 장애보상 표준 월급여액

(단위:1,000엔)

연령단계 (세)	1988년		2006년	
	남	여	남	여
15~17	89.8	83.2	121.9	111.2
18~19	118.6	99.5	154.0	133.7
20~24	144.2	116.6	184.7	160.8
25~29	177.6	134.1	223.0	185.2
30~34	216.1	139.9	263.6	202.3
35~39	248.2	139.9	309.2	213.8
40~44	274.4	137.6	335.4	213.6
45~49	284.9	136.4	352.8	209.5
50~54	276.7	137.3	353.1	204.2
55~59	240.3	143.9	338.8	199.9
60~64	193.8	135.2	252.3	172.0
65~	169.8	128.9	231.1	175.7

자료) 환경청 조사.

면하려고 했기 때문인데, 이 때문에 피해자가 사회보장적 성격으로서 이해해버리는 효과를 낳았다. 이것은 지정구역 외의 기업부담이 큰 것과 관련된 문제점이다.

둘째, 평균임금의 80%를 최고액(특급 및 1급)으로 하였기 때문에 같은 장해를 가진 남녀 사이에 큰 격차가 생긴 점이다. <표 IV-5>처럼 장애보상 표준 월급여액은 45~49세의 남자가 28만 엔이 조금 넘는 데 비해 여자는 14만에 미치지 못해 그 절반에 지나지 않는다. 앞에서 말한 것처럼 이 최고액을 받을 수 있는 사람은 전체의 0.7%인 약 700명뿐이며, 35%의 사람은 의료비만 받고 이 급여는 받지 못한다. 많은 문제를 내포하고 있지만 이 제도가 생긴 이후 가해자를 상대로 한 피해자의 격렬한 추궁운동은 수그러들었다. 하지만 그 후 정부의 공해대책의 후퇴를 계기로 가와사키, 나고야 남부, 니시요도가와, 아마가사키, 미즈시마, 도쿄에서 자동차 오염문제를 집어넣어 공해재판이 계속되었으며 모두 원고 승소 또는 화해를 이끌어냈다.

♟ 일본형 PPP의 평가

그런데 1988년도부터 이 제도는 전면 개정되어 대기오염은 끝났다고 하여 구역지정을 종료했다. 그러나 과거에 인정한 환자에 대한 지불은 계속하기로 하고, 부과금 징수방법을 변경했다. 즉 과거분에 의한 부담을 인정하고, 그 부담을 20%(이후 매년 10%씩 늘려 1992년도 이래 60%)로 한 것이다. 또한 건강피해 예방사업의 출연금이 생겼다. 이 제도는 공해의 행정적 구제 제도로서는 세계 최초의 제도며 획기적인 것이기는 하나, 대기오염피해보상 제도로서 보면 다음과 같은 문제점이 있었다.

(1) 대기오염의 PPP

이 과징금의 가장 큰 문제점은 욧카이치 공해재판의 영향을 받아 SO_x의 배출량을 부과요율의 기준으로 한 것이다. 그래서 SO_x가 감소하는데도 NO_x의 영향으로 인정환자가 늘어나는 모순이 나타나, 〈표 IV-3〉처럼 매년 부과금이 늘어나게 되었다. 이 때문에 재계는 공해방지 노력이 부과금 감소에 반영되지 않기 때문에 PPP에 위배된다고 하였다. 이것은 NO_x를 부과기준에 넣지 않았기 때문이다.

두 번째는 이것과 연관된 것인데 각 지역의 인정환자에 대한 보상금과 오염자의 부과금 사이에 현저한 불균형이 생긴 것이다. 〈그림 IV-4〉처럼 부과금은 지정 지역 이외가 전체의 3분의 2를 부담하고 있다. 또 부과요율은 〈표 IV-6〉처럼 4~5그룹으로 나누어 오염이 심한 대도시일수록 높아진다. 1987년의 A와 D의 격차는 2.5배이다. 이것은 오염원의 집적불이익을 인정하여 단위오염량당 부담을 무겁게 한 것이다. 이런 대도시의 오염원일수록 부담을 크게 하는 경향은 해마다 커지고 있다. 즉 표에는 없지만 1977년도에는 A와 D의 격차는 1.75배였다. 이런 방법을 취했는데도 자동차 공해의 증대를

표 IV-6 오염부하량 부과금의 부과요율 및 요율격차의 변화

지역		1987년 구분 격차	1987년 부과요율	1987년 증가율	1988년 과거분 부과요율	1988년 현재분 구분 격차	1988년 현재분 부과요율	2005년 과거분 부과요율	2005년 현재분 구분 격차	2005년 현재분 부과요율	2006년 과거분 부과요율	2006년 현재분 구분 격차	2006년 현재분 부과요율
구(旧)지정지역	오사카	A 1.90	5,362엔 90센	29.5		A 1.85	4,573엔 53센		A 1.70	1,921엔 68센		A 1.70	1,895엔 21센
	도쿄	B 1.15	3,245엔 97센			B 1.15	2,843엔 04센		B 1.15	1,299엔 96센		B 1.15	1,282엔 05센
	지 바	C 1.05	2,963엔 71센	36.0		C 1.05	2,595엔 82센		C 1.05	1,186엔 92센		C 1.05	1,170엔 57센
	나고야				45엔 76센			80엔 14센	D 1.00	1,130엔 40센	77엔 14센	D 1.00	1,114엔 83센
지역	후쿠이치	D 0.75	2,116엔 94센	29.5		D 0.75	1,854엔 16센		E 0.75	847엔 80센		E 0.75	836엔 12센
	후쿠오카												
	오카야마			38.7									
기타지역			313엔 62센	29.5			274엔 69센			125엔 60센			123엔 87센

주) SOx 1m³당 부과료.

비롯한 NO2의 영향이 커졌다. 예를 들면 1986년도에 오사카 시의 오염자 부과금 신고액은 약 14억 엔이었지만 보상급여비와 공해보건복지사업비의 납부액은 255억 엔이 되었다. 이에 비해 기타큐슈 시는 신고액이 29억 엔이고 납부액은 20억 엔이 되었다. 앞에서 말했듯이 전체 부담에서 보면 지정지역 이외의 지역에서 신고액이 크기 때문에 이 비교가 문제가 있다고 하더라도, 지방의 오염자 입장에서 보면 대도시의 오염자를 원조하고 있다는 불만이 당연히 나오게 될 수밖에 없다. 이러면 이 부과방법으로는 PPP가 아니라 SOx를 배출하는 모든 공장을 똑같은 범인으로 만들게 된다.

공해건강피해보상제도는 NOx나 매진과 같은 다른 대기오염물질을 지표에 포함시켜 부과방법을 바꾸고, 이에 따라 자동차 공해의 PPP를 명확히 할 필요가 있었던 것이 분명하다. 그러나 이 제도의 성립 때부터 자동차 회사의 부담에 대해서는 업계의 강한 저항이 있었고 또 다른 업계의 경우도 NOx를 기준에 넣는 데 대해서는 반대가 강해 개혁이 어려웠다. 개혁은커녕 제도 그 자체의 폐지를 향해 움직였다고 볼 수 있다. 1988년의 개정에 의한 유일한 변화는 신규환자인정의 종료에 따른 대체방법으로서, 채용된 건강피해 예방사업(500억 엔의 기금을 7~8년 동안 출연)에 대해 자동차 회사의 출연금이 정해진 것이다. 이것은 전체의 10%로 금액이 매우 적지만 제조업자의 법적 책임론이나 PPP에 의한 부담에 대해서는 오랜 숙원의 길이 열렸다고 할 수 있다. 2006년에는 오염부하량 부과금이 480억 엔으로 감소했기 때문에 부과요율도 대폭 줄어들었다.

(2) 축적성(stock) 오염의 PPP

이타이이타이병의 교훈에서 탄생한 「농용지의 토양오염방지 등에 관한 법률」(1970년)과 그 사고방식을 널리 공해지역의 환경정화까지 확장하여 1975년 12월에 성립된 「공해방지사업비 사업자부담법」은 축적성 공해 제거에 대한 PPP를 제도화한 것으로는 세계 최초일 것이다. 이 법률은 국가 또는 지방자치단체가 실시하는 하천이나 항만 등 공공수역의 오니 준설사업, 농지의 객토사업 등 공해방지사업에 대해 오염 원인자인 사업자에게 그 원인이 된다고 인정되는 정도에 따라 그 비용의 전부 또는 일부를 부담시키는 제도이다. 이에 따라 수은, PCB 등의 유해물질이 축적되어 생기는 오염을 제거하고 환경을 복원하는 것, 그 비용은 원인자가 원인에 따라 지불한다는 PPP가 제도화되었다. 이 제도에는 완충 녹지대 조성 등이 포함되어 있지만, 축적성 오염의 제거가 이 제도의 중심이다. 이 제도는 PPP의 새로운 분야를 개척했다고 평가할 수 있다. 그렇지만 법률로 규제된 유해물질이 주된 대상이기 때문에 한정적이라는 점, 산업에 대한 피해제거를 중심으로 하고 있어 주민의 생활환경보전이나 복원이라는 과제가 충분히 제시되어 있지 않은 점, 산업폐기물에 의한 공해를 제거하는 것임에도 기업부담률이 적고 특히 환경정책의 후퇴기에는 PPP가 관철되지 않는다는 점 등의 결함을 가지고 있다.

예를 들면 재판으로까지 갔던 다고노우라(田子浦) 오니 처리사업 등이 전형적인 사례이다. 오니 처리는 공해제거의 목적을 내걸고 있으나 직접적인 이유는 오니의 퇴적으로 선박의 항해에 장해가 생기기 때문이었다. 이 오니는 분명히 펄프공장의 폐액에 의한 것이었지만 사업자의 부담은 82%였다. 그 이유는 오니의 일부가 후지 산 줄기의 토사붕괴에 의한 것이고, 항만기능의 회복은 공공성이 있기 때문에 18%는 공공부담으로 해도 좋다는 것이었다. 도쿠야마 만(德山灣)이나 미나마타 만의 수은 오니 처리사업은 수은이 확산된다는 안전성의 측면에서는 문제점이 있으나, 오염물을 묻는 동시에 이 사업에 의해 매립지가 조성되고 공업·항만시설 용지가 조성되었다. 오염기업에게는 일거양득이 된 것이다. 따라서 100%를 부담해도 된다고 생각되던 오염자 부담은 65%가 되었다.

사업 상황은 〈표 IV-7〉과 같다. 사업자의 부담은 47%이고, 이 부담률은

<표 IV-7> 「공해방지사업비 사업자부담법」의 적용상황(1999년 3월 말 현재)

(단위: 100만 엔)

업종별	건수	공해방지사업비	사업자부담액	부담비율(%)
준 설 사 업	32	81,729	59,862	69.6
객 토 사 업	40	84,664	37,674	44.5
완 충 녹 지 대	31	119,740	40,153	33.5
특정공공하수	2	5,012	2,172	43.3
합 계	105	291,145	139,861	47.0

자료) 환경청 기획조정과 자료.

해마다 감소하고 있다. 중금속의 축적이 명확한 경우의 준설은 미나마타 만을 제외하고 오염자의 부담이 70%였다. 그러나 객토사업은 45% 이하이며 특히 최근 카드뮴의 객토사업에 대한 옛 미쓰이 금속(三井金属) 가미오카(神岡) 광산의 부담 비율은 30%에 그치고 있다. 이것은 자연계의 카드뮴 존재를 인정했기 때문인데, 자연적인 퇴적에 산업폐기물의 유출이 추가되어서 이타이이타이병이 발생한 것이므로 이 배분방법은 PPP에 위배된다고 할 수 있다.

이 밖에도 이 법률에 근거하지는 않지만 각 지방에서 축적성 공해의 처리에 대해 PPP를 적용하고 있다. 도쿄 도 하치오지 시(八王子市) '오키 전기(沖電気)'의 지하수오염, 시가 현 구사쓰 시(草津市) '다카사고(高砂) 제작소'의 지하수오염, 요코하마 시 '호도가야(保土谷) 화학' 공장 터의 수은오염 등이다. 특히 중요한 것은 도쿄 도의 니폰(日本) 화학공업의 육가 크롬 슬래그에 의한 토양오염 대책일 것이다.

도쿄 도의 '육가 크롬에 의한 토양대책전문위원회'의 보고서에 따르면 1977년 8월 현재 오염지역이 172곳, 약 33만 2100m²로 추정하고 있다. 이 중에서 주택부지는 54군데이고, 건수로는 전체의 31%이지만 면적으로는 약 2만 3660m²로 7%, 가장 큰 곳은 운동장과 기타 잡종지이다. 소유별로 보면 민유지가 113곳, 16만 6480m²로 약 절반이고, 이어서 도유지(都有地)가 29

곳, 15만 3860m²이다. 크롬 슬래그 처분량은 오래전 시절은 불명확하고 1965년 이후 1973년에 생산이 정지될 때까지는 약 32만 7500톤이 처분된 것으로 추정된다. 이 가운데 육지 매립량이 약 25만 7370톤으로 추측된다. 이 지역의 공해는 현재화되지 않아 의학적으로 단정할 수 있는 영향이 나타나 있지 않지만 과거의 직업병 경험에 비추어 볼 때 건강장해의 출현을 부정할 수 없고, 현재의 비특이적 증상을 보이는 주민을 주목하여 앞으로 발암에 대한 계속적 관찰이 필요하다고 결론을 내리고 있다.

이 환경오염방지를 위해 전문위원회가 내놓은 대책은 네 가지이다.

① 광재(슬래그)를 포함한 오염토양을 완전히 폐쇄한다. 광재를 포함한 오염토양을 제거하고, 반출할 수 있는 것은 반출하여 특정 장소에 밀봉한다.

② 기술적 대책을 실시한 후 토지를 이용할 경우에 지하수 이용은 금지한다.

③ 장기적인 대기, 물, 토양, 식물 등에 대한 크롬 오염의 모니터링.

④ 주민의 계획적 건강관리에 의한 건강피해의 조기발견과 예방.

이런 조치는 직후에 발생한 뉴욕 주의 러브 운하 사건의 실패에서 보면 완벽하다고 할 수 있을 정도의 대책이었다. 일본의 환경정책이 혁신 자치단체의 손으로 세계 최고의 수준에 도달했다는 것을 보여주는 전형적인 사례이다. 게다가 도쿄 도는 PPP에 따라 니폰 화학공업을 재판과 직접교섭으로 제소하였다. 그리고 결국 이 사회적 비용 가운데 ①의 비용 전액을 니폰 화학공업에게 지불하게 하였다.[70]

♟ 일본형 PPP 제도의 결함

이와 같이 OECD의 원칙에서 보면 일탈했을지는 모르지만, 일본형 PPP는 공해방지에 효과적인 역할을 하였다. 그러나 전체적으로 보면 이것으로 기업이 사회적 손실을 보상하고 사회적 비용을 부담했다고는 할 수 없다. 욧카이치 공해재판 판결에서는 원고 및 변호사나 지지자들의 고투 끝에 1973년 가장 어려웠던 공동불법행위가 인정되어, 피고 6개사는 8명의 원고에게 9619만 엔의 배상금을 지불하였다. 다른 한편 같은 년도 콤비나트 3개사의 공해방지에 따른 고정자산세의 면세액은 9709만 엔에 달했다.[71] 아무리 PPP로 가해자의 책임을 따져도 다른 한편에서 이런 과도한 보호가 시행되는 한 PPP는 공해방지의 경제적 자극이 될 수 없는 것이다. PPP가 가장 주목받던 시기(1976년)에 행정제도로서 PPP에 의한 기업부담과 기업의 공해대책에 대한 보조금을 비교한 것이 〈표 IV-8〉이다.

확실히 일본은 법원이나 자치단체의 노력으로 PPP를 모든 국면에서 발전시켜, 다른 나라보다 오염자에게 경제적 부담을 훨씬 엄중하게 지웠다. 그러나 동시에 일본은 '기업국가'로 정부가 오염기업을 원조하여 기업경영의 안전과 성장을 꾀하고 있었다는 것이 이로써 명백해진 것이다. 1980년대에 들어서도 일본 환경정책의 기업 보호적 성격은 변하지 않았고, 법제도는 정비되었지만 본질은 바뀌지 않았다.

〈표 IV-8〉 기업 보호적 환경정책(1976년)

(단위: 억 엔)

PPP에 의한 기업부담		보조정책	
보상법에 의한 오염부하량 부과금	356	공해 관련 감세	619
공해방지사업기업부담	483	① 국세	370
		② 지방세	249
		공해방지사업공비부담	438
		특별융자에 의한 보조	343
합계	839		1,400

주 1) 공해방지비에 대한 정부의 특별융자에 의한 보조액 산정방법은 OECD의 계산방법을 따랐다.
주 2) 공해방지사업비는 1977년 12월 말 현재의 실적이므로 총액으로 되어 있다.

♣ 기업입지·지역개발 조성의 'PPP'

　오염자의 공해대책을 촉진하기 위한 PPP가 일본적 기업국가 안에서 오염자의 입지를 촉진하기 위한 역할로 변신한 사례를 다음에 살펴보겠다. 공해반대운동을 저지하기 위해 「공해건강피해보상법」과 수레의 두 바퀴처럼 만들어진 것이 「전원삼법(電源三法)」이다. 그것이 지금 발전도상국, 특히 아시아의 신흥공업국에서 도입되어 있다.

　1973년 12월 다나카 가쿠에이(田中角榮) 내각은 「전원삼법」을 제안하였고, 법은 국회를 통과하여 다음 해 1974년 10월부터 시행되었다. 다나카 가쿠에이는 이전에 자동차 관련세를 재원으로 삼아 도로건설을 촉진하기 위해 「도로법」을 만들었는데, 같은 발상으로 주민의 반대로 교착상태에 빠져 있던 발전소 입지를, 일종의 전력세를 촉진제로 사용함으로써 추진하려 했다. 게다가 공해 반대를 이용하여 PPP에 의해 오염 원인인 전력회사로부터 징수한 전원개발촉진세를 오염의 우려가 있는 발전소 주변의 자치단체에 산포한다는 것이다. 이 전원입지촉진대책 교부금은, 일부는 환경보전이나 재해대책으로 사용하지만, 대부분 주변 자치단체의 도로와 같은 공공사업의 보조금으로 돌리는 것이다. 동시에 9개 전력회사의 합의로 거의 같은 액수의 협력금이 주변 주민의 정내회(町內会) 같은 지역조직에 살포되었는데, 교부금이라는 공적인 치장을 하고 있어도 명백히 베커먼의 PPP론에 있는 '뇌물'의 일종으로 주민의 반대여론이나 운동을 억제하는 '매수자금' 또는 '위자료'였던 것은 틀림없다. 게다가 PPP라고 하지만 전력회사는 전력요금에 이 세금을 포함시켜 징수하고 있으므로 실질적으로는 소비자가 부담한다. 전력회사는 지역 독점이므로 PPP로 A사의 전력요금이 비싸져도 소비자는 다른 공해를 배출하지 않는 에너지 공급회사 B를 선택할 수 없다. 그러므로 PPP에 의한 오염억제효과는 전력소비의 절약 이외에는 없다는 의미에서는 누워서 침뱉기 같은 것이다.

「전원삼법」이 소비자부담의 PPP에 의해 발전소 입지를 촉진해야 하는 이유에 대해, 자원에너지청의 「전원삼법 개요」에는 다음과 같이 말하고 있다.

전원 입지난의 두 가지 큰 요인 가운데 첫 번째인 전원 입지에 따른 환경보전 문제 및 원자력 발전소에 대한 안전문제에 대해서는 「공해대책 기본법」을 비롯한 공해방지 관련법의 정비, 「원자로 등 규제법」 및 「전기사업법」에 의한 엄격한 지도·감독으로 해결을 도모할 수 있다고 기대되지만, 두 번째인 발전소의 입지가 다른 산업과 비교해 고용효과 등이 작아 지역진흥에 대한 기여도가 낮은 점, 또한 그곳에서 생긴 전력이 대부분 원거리의 대도시나 공업지대에서 소비되어버리고 현지에는 아무런 이득도 없다는 점에 대한 주민의 불만에 대책다운 대책이 취해지지 않았다. 따라서 이 법안은 전원 입지난의 요인 가운데 두 번째 요인에 대한 대책을 강구하는 것을 목적으로 하였다.

정말로 명쾌하게 그 목적이 '매수'라는 것이 기록되어 있다. 다만 전원 입지난의 첫 번째 이유가 종전의 안전대책으로 주민을 충분히 납득시키지 못했고, 또 국내외에서 원자력 발전소 사고가 발생했기 때문이므로 이 법률에 의해 징수된 자금은 원전의 안전대책에 중점 배분되고 있다. 또한 전원 입지 촉진 공로자(현지 자치단체의 단체장 등)에 대한 표창도 실시되고 있다. 본래 이런 비용은 전력회사나 핵연료 사이클 관계사의 경비로 충당해야 할 것이다.

「전원삼법」의 취지는 앞의 인용에서 명백해졌듯이, 전원개발이 고용 및 기타 지역개발 효과가 희박한 반면에 공해나 재해의 불안이 있기 때문에 그 대가로서 교부금제도를 만든 것이다. 그 재원은 9개의 전력회사 및 오키나와 전력 등의 일반 전기사업자로부터 판매전기 1000kwh당 445엔의 비율로 징수하는 전원개발촉진세이다. 이 비율이 급격히 늘고 있기 때문에 시민의 부

담은 연간 1015엔으로 되었다. 『시민 에너지 백서 1984(市民のエネルギー白書 1984)』에서는 계획에 비해 실적이 떨어지고 있을 때 세율을 올리는 것은 잘못이라고 말한다.[72] 이 전원개발촉진세는 주로 공업집적도가 낮은 지정지역의 발전소설치 자치단체 및 인접 자치단체의 공공시설비로 배분되고 있다. 이 법률이 시행된 뒤 약 30년간(2003년 3월 말 현재까지)의 교부 상황을 보면 〈표 IV-9〉처럼 사업비는 8627억 엔, 실적은 6756억 엔에 이르고 있다. 그 내역을 보면 교육문화시설 1593억 엔(23.6%), 도로에 1363억 엔(20.2%), 스포츠 또는 레크리에이션에 관한 시설 845억 엔(12.5%), 산업진흥 1015억 엔(15.0%)이다. 이것은 예산서 상으로는 보조금사업이다. 각 자치단체가 이미 계획하고 있던 공공사업이 이 교부금에 의해 촉진되는 것과 이에 의해 새롭게 계획되는 것이 있다. 지역별로는 원전이 집중되어 있는 후쿠시마 현(福島縣)이나 후쿠이 현(福井縣)에 많이 배분되고 있다. 미교부 지역은 도쿄, 가나가와(神奈川), 사이타마(埼玉), 미에, 가가와의 5개 광역 자치단체이다.

이 개발촉진제도는 초기에는 주민의 반대여론이나 운동을 완화하는 데 성공하여 발전소 설치가 진척되었다. 그러나 최근에는 이 교부금제도의 효과에 의문이 제기되고 있다. 그것은 이 제도 도입 이전에 유치한 발전소의 지역개발의 결산서에서 이미 밝혀졌지만, 교부금제도의 실적으로 의문이 증폭되었다고 할 수 있다. 이 교부금제도의 문제점은 일시적으로 교부 자치단체의 재정규모를 증대시키기 때문에 불요불급한 또는 필요 이상의 시설을 만들어 재정규모를 확대시켜버리는 점일 것이다. 예컨대 예산 처리를 위해 농촌 지역에 도시공원을 만든 사례가 있는데, 각 지구에 똑같은 집회시설을 만든 곳도 있다. 다음 연도에 그 시설유지관리비(예를 들어 인건비나 광열비)를 부담할 수 없기 때문에, 최근에는 새로운 세금으로서 발전세(안) 등 경상적 재원의 요구가 나오고 있을 정도이다. 발전소 설치 자치단체의 경우 교부금이나 협력금 이외에 발전소의 고정자산세 수입이 크다. 그러나 고정자산세 중에

〈표 IV-9〉 전원개발정비계획 승인상황(시설별)

시설구분	건수	사업비	교부실적	
			금액	구성비
도로	2,981	157,624	136,300	20.2
항만	21	1,240	736	0.1
어항(漁港)	60	3,552	2,688	0.4
도시공원	57	8,449	6,512	1.0
수도	319	44,298	35,458	5.2
통신시설	150	25,167	18,166	2.7
스포츠/레저 시설	683	110,296	84,535	12.5
환경위생시설	588	59,846	43,277	6.4
교육문화시설	1,536	209,934	159,302	23.6
의료시설	167	44,549	29,396	4.4
사회복지시설	303	47,271	37,044	5.5
소방에 관한 시설	366	12,762	10,170	1.5
국토보전시설	126	10,704	9,650	1.4
도로교통안전에 관한 시설	65	1,136	876	0.1
열공급시설	0	0	0	0.0
산업진흥 관련 시설	1,320	125,879	101,518	15.0
농림수산업 관련 시설	1,020	70,172	57,296	8.5
관광업 관련 시설	225	42,003	33,955	5.0
상공업, 기타 산업 관련 시설	75	13,704	10,267	1.5
	8,742	862,706	675,629	

주 1) 2003년 3월 31일(제59회)까지 동의된 정비계획(변경승인을 받은 경우는 변경 후의 계획)의 누계.
주 2) 사업비와 교부실적의 단위는 100만 엔. 단위 미만은 사사오입했기 때문에 시설구분별 합계치와 일치하지 않는 것도 있다.
주 3) 교부실적의 합계에는 미계획분(시설구분에 속하지 않는다)를 포함한다.

서 상각자산세는 해마다 줄어든다. 이런 점 때문에 발전소가 소재하는 자치단체의 재원은 대략 10년마다 세입이 최저로 되어 재정위기에 빠지는 경향이 있다.

발전소에서 얻는 수입을 이용해 지역개발을 추진하여 성공한 사례는 적다. 인생과 마찬가지로 일확천금 같은 우연적인 수입에 의존하는 성향이 생긴 자치단체는 착실하게 지역산업을 발전시키는 창의성을 잃어버린다. 따라서 10년마다 재정위기가 발생하면 근본적인 행정재정개혁이나 '내발적 발전'을 추진하는 것이 아니라, 또다시 새로운 발전소나 에너지 저장기지의 유치, 공공시설 등 국가적 프로젝트의 도입을 추구하는 것이다.

1978년도부터 시작된 '석유저장시설 입지대책 등 교부금'도 완전히 같은 목적이며 그 사회적 결과도 유사하다. 후쿠오카 현 시라시마(白島)의 석유저장기지 상황처럼, 처음에 환경영향평가가 엉성했기 때문에 방파제가 파괴되어 거액의 국비를 바다에 쏟아버린 일도 발생했다. 또 최근의 핵연료폐기물 처리공장에 관한 교부금도 마찬가지로 '위자료'를 통해 과소지역으로 입지를 추진하는 것이다.

에너지를 소비하는 대도시 시민들이 지역개발의 혜택을 받지 못하고, 공해나 재해를 두려워하는 지방의 주민들을 위해 개발비용의 자금을 부담한다는 제도는 사회적 공평을 달성한 것처럼 보인다. 그러나 이 생각에는 과소화를 낳은 것과 똑같은 지역적 차별, 또는 농어업에 대한 멸시가 근저에 흐르고 있다. 정말 안전하다면 도쿄의 신주쿠(新宿)나 오사카의 나카노시마(中之島)에 원전기지를 만드는 것이 어떠냐는 비판이 나오는 것은 이 차별을 꿰뚫어 본 것이다. 또한 내발적 발전을 추진하고 있는 지역은 교부금 같은 '뇌물'을 받기보다 착실하게 땀을 흘리며 개발하는 길을 선택했다. 전원교부금 제도는 교착상태에 빠진 입지를 추진하기 위한 명안처럼 보인다. 그러나 돈다발로 지역사회를 찬성과 반대로 나누어 심각한 대립을 불러일으키는 것이 현실일 것이다. 앞으로는 주민이 연대하여 자신들의 향토를 자발적으로 개발하는 정도(正道)가 나와야 할 것이다.

5. 축적성 공해

 일본은 아시오(足尾) 구리중독 사건 이후 산업폐기물 공해로 심각한 피해를 발생시켰고, 제2차 세계대전 후에도 이타이이타이병에 의한 토양오염으로 건강피해가 발생했기 때문에, 앞에서 서술한 대로 이런 축적성 공해에도 PPP를 적용하고 있다. 이에 반해 유럽과 북미에서는 축적성 공해의 책임은 토지소유자 또는 오염된 토지를 개발·관리하고 있는 업자에게 있다고 생각했다. 필자가 국제회의에서 도쿄 도의 육가 크롬 사건에서 폐기물 투기자인 니폰 화학공업의 책임에 대해 언급했을 때, 카프 교수는 축적성 오염에 대해서는 오염된 토지를 소유하고 있는 자에게 유해물제거를 포함하여 피해구제의 책임이 있지 않느냐고 반론했다. 일반적으로 당시 일본의 축적성 공해의 PPP에 대해서는 이의가 많았다.

♟「슈퍼펀드법」

 1977~1978년의 미국 뉴욕 주 러브 운하 사건은 유럽과 북미의 상식을 뒤엎었다. 이 운하는 수력발전소와 화학공장 등의 교통로로서 개발된 것이었는데, 고압송전을 할 수 있는 기술개발이 이루어지면서 발전소와 수요자가 근접해 있을 필요가 없어져 방치된 채로 있었던 것이다. 1942~1945년 동안 화학회사인 후커 화학(Hooker Chemical Company)이 여기에 2만 1000톤의 유해폐기물을 매립했다. 이것을 복토하여 개발을 진행하자 200가구 이상의 주민과 학교에 피해가 발생했다. 대책이 늦어지는 것에 분노한 주민들이 한 때 환경보호청의 직원을 감금하여 주 방위군이 출동하는 대사건으로 발전했다. 1978년, 카터 대통령은 국가긴급사태법을 발령하였고 1980년에 「종합적 환경대책, 보상 및 책임에 관한 법률(CERCLA: Comprehensive Environmental

<표 IV-10> 슈퍼펀드의 재원구성

	금액(100만 달러)	구성비(%)
석유세	2,800	25.4
화학제품과 수입화학부품세	1,327	12.1
법인환경소득세	3,121	28.4
원인자에 대한 과징금	901	8.2
벌금	11	0.1
투자의 이자	1,003	9.1
신탁기금 수입 계	9,163	83.2
일반세입	1,845	16.8

주) 법인환경소득세는 화학, 석유, 석탄, 전기, 기기, 자동차, 인쇄 등의 제조업에서 23%, 전력, 가스,
에너지, 교통에서 15%, 보험, 은행, 증권, 경비보호 등의 금융서비스에서 28%를 징수하고 있다.
자료) Congressional Research Service, "Superfund: Overview and Selected Issues", March 15,
2006.

Response, Compensation and Liability Act of 1980)」을 제정했다. 이 법률을 실행하기 위해 유해물질대책 신탁기금(Superfund)을 만들었기 때문에 이후 통상적으로 「슈퍼펀드법」이라고 불린다. 이 기금은 <표 IV-10>처럼 석유세, 화학제품세, 법인환경소득세 등으로 기금의 83%를 조달하고 나머지 17%를 일반 세입으로 조달한다. 환경보호청은 전국을 조사하여 4만 6000곳의 후보지를 선정, 국가적 우선지역 명부를 1547곳으로 좁혔으며, 그중 309곳을 정화했다. 앞에서 언급한 러브 운하 지역도 이 펀드로 900가족을 영구 이전시켰으며, 2004년 9월 30일에 수복을 끝내고 이 명부에서 삭제한 후 그 지역에 새로운 주택이 건설되었다. 이 법으로 9·11 테러로 파괴된 세계무역센터와 펜타곤, 그리고 스페이스 셔틀의 사고지역, 카트리나 등 태풍피해의 정화작업, 석면 관련으로는 맨빌(Manville) 공장이나 몬태나 주의 리비(Libby) 등 오염지역의 제거와 수복, 대체 상수도 공급 등도 시행하고 있다. 이 법은 군사시설이나 해외시설에 대해서도 제거 수복을 실시하고 있다.

환경보호청은 오염지역의 오염책임자가 관련되어 있는 경우에는 자주적

으로 정화할 것을 권고하고 재판으로 책임을 지게 하든지 사용중지를 실시한다. 책임기업과 개인이 제거할 수 없으면 환경보호청이 정화한다. 최근에 생긴 큰 문제는 부시 정부가 2003년 예산위탁사항에서 슈퍼펀드세의 갱신을 인정하지 않았고, 이것이 2007년도 예산까지 계속되고 있다는 점이다. 그리하여 펀드는 2004년도 이후 적자이다. 최근의 사례에서는 연간 사업비가 17~18억 달러가 필요하나 13억 달러밖에 적용되지 않았다.[73]

부시 정부의 환경정책 후퇴로 슈퍼펀드 사업이 어떻게 될지는 예측을 불허한다. 그러나 이 슈퍼펀드는 전 세계에 큰 영향을 주었다. 즉 첫째로 축적성 공해에 대해 PPP가 원칙이 된다는 것을 밝혔다. 일본의 학자들이 오랜 세월 주장해온 것이 인정된 것이다. 둘째는 축적성 오염의 성격으로서, 원인자가 불명확한 경우가 많고 그래서 공공사업이 될 수밖에 없는데, 기금을 만들어 향후의 오염에 관련될 기업도 넣어서 환경세를 징수한 것이다. 셋째는 사건이 일어난 지역뿐만 아니라 사전예방을 위해 전 국토를 대상으로 하여 평가를 실시하고 우선순위를 정하여 진행한 것이다. 넷째는 군사시설과 해외시설도 대상에 포함한 것이다. 다섯째는 유해물질의 제거뿐만 아니라 해당 지역의 수복을 시행하는 것이다. 사업비를 보면 유해물질제거비의 두 배의 수복비가 든다.[74]

이 「슈퍼펀드법」의 영향을 받아 유럽에서도 독일과 네덜란드에서 토양법이 만들어지고 그 법에서도 PPP가 원칙으로 채용되었다.

♟ 토양오염대책법의 문제점

2002년 5월, 「슈퍼펀드법」보다 22년 뒤늦게 일본에서도 가까스로 「토양오염대책법」이 제정되었다. 「농업용지 토양오염방지법」은 이미 있었지만, 각지에서 농업용지 이외의 토양이나 지하수오염이 사회문제가 되어 있었으며, 도쿄 도와 가나가와 현을 비롯하여 광역자치단체 수준에서는 대책이 추진되었다. 이론적으로는 축적성 공해의 PPP를 제창하여 일부를 제도로 만들었던 일본으로서는 때늦은 것이었다고 할 수 있다. 그것은 미국의「슈퍼펀드법」으로 많은 재판이 시행되고, 그 경험에서 일본에서도 기업의 정화 부담이 커질 것을 우려하며, 또한 토지소유자의 자산가치가 하락한다는 등의 비판이 있었기 때문이다.

이 법은 다른 나라의 토지오염방지를 위한 법률과 비교해서 극단적으로 결함이 많다. 첫째는 대상지역이 좁다. 이 법 제3조에는 "사용이 폐지된 특정유해물질의 제조, 사용 또는 처리를 하는 수질오탁방지법의 특정시설과 관련되는 공장·사업장의 부지였던 토지"로 되어 있다. 농업용지에 대해서는 토양오염방지와 관련된 법률이 있기 때문에 제외한 것으로 보이지만, 시가지 특히 폐지된 공장용지로 한정한 것은 미봉책에 지나지 않는다. 산업폐기물처리장 설치를 반대하여 중상을 입은 기후 현 미타케 정(御嵩町)의 단체장 폭력사건[75]에서 볼 수 있듯이 농업용지 이외의 전국 산림, 임야 등에 폐기물처리장이 있고, 이것이 폐기물처리 관계법령으로는 대응할 수 없는 문제를 야기하는 현황을 감안하면, 전국을 대상으로 삼았어야 했다. 대상물질을 중금속과 휘발성 유기화합물의 특정유기물질로 한정하지 말고 유류, 초산성 질소 등의 생활환경물질도 대상으로 하고 또 상수도의 수원 이외의 지하수오염으로 인한 토양오염도 대상으로 삼았어야 했다.

둘째는, 다른 나라의 법률은 사전예방원칙에 입각하여 사전방지를 위해 전국 조사를 시행한바 「슈퍼펀드법」에서는 전국 4만 6000건의 사례를 대상으로 삼아 그 가운데 국가적 우선순위 1547건을 선정하여 대책을 진행하고 있다. 일본지질학회에서는 일본에도 약 3만 건의 오염지역이 있으며 긴급조사와 정화를 시행해야 하는 지역이 있다고 주장한다. 이 법률의 명칭이 '대책법'으로 되어 있고 '방지법'으로 되지 않은 것은 이런 사전방지의 목적이 없기 때문일 것이다.

셋째는 토지오염조사와 오염제거조치의 책임을 토지소유자가 지도록 하고 있는데, PPP에 근거하여 원칙은 오염 원인자가 되어야 한다. 물론 이런 축적성 공해에서는 원인자가 불명확한 경우나 지불능력을 상실한 자도 있다. 그러므로 「슈퍼펀드법」 같은 기금제도가 필요한데 이럴 때도 석유, 화학기업 등의 유해물질을 배출하는 기업 또는 그것을 자금적으로 지원하는 금융기관 등이 출연해야 한다. 이 법에 따라 국가와 기업이 기금에 출연한 금액은 연간 10억 엔에 지나지 않는다. 전국조사 등의 사전방지조치에 태만했기 때문에 상황을 경시하고 있고, 국가로서 안전대책의 태세가 빈약하다는 것을 드러낸다.

넷째는 광역 자치단체의 단체장에게 조사대상·구역지정과 오염제거조치의 명령권을 부여하는 것은 올바르나 주민의 발의권 등의 참가를 인정해야 한다는 점이다. 「슈퍼펀드법」에서는 원칙으로서 주민참가를 주체로 한다.[76]

최근에 오사카의 미쓰비시 매터리얼(Mitsubishi Materials Corp)의 공장부지 오염이나 도쿄의 쓰키지시장(築地市場)의 오염 등, 큰 사건이 발생하였다. 『환경백서(環境白書)』(2006년판)에는 동법 제3조에 따라 유해물질사용 특정시설의 사용금지를 명한 건수가 2134건이고 그중 379건만이 조사를 받았으며, 특정구역은 104건, 그리고 인체 건강에 피해가 생길 우려가 있다고 하여(동법 제4조) 광역단체장이 조사명령을 발령한 것이 4건, 지정구역이 2건이라고 밝히고 있다. 이 법은 조속히 개정되어야 할 것이다.

♟ 복합형 축적성 재해 —— 석면 재해대책의 검토

제I부에 서술한 대로 석면 재해는 전 세계적 규모로 시작되었으며 사상 최대의 산업재해가 될 가능성이 있다.

석면 재해의 특징은 첫 번째, 복합형 사회적 재해이다. 다시 말해서 노동재해(직업병), 대기오염공해, 상품소비(주택·사무실의 사용, 자동차·선박·철도 등의 교통기관 이용, 기타 석면을 사용한 상품의 이용)에 따른 공해, 그리고 폐기물공해가 복합된 것이다. 지금까지의 공해도 산재와 공해가 복합된 것이기 때문에 공해로만 파악해서는 안 된다. 그러나 석면 재해는 지금까지도 없었던 문제이다. 그것은 3000종류에 이르는 상품에 사용되었으며 그것도 일상적으로 주민들이 거주하고 노동하는 공간에 존재한다. 하지만 위험한 건물을 해체하면 그 분진이 해체에 관여하는 노동자뿐만 아니라 거주자에게도 영향을 준다. 지금까지 일어났던 모리나가(森永)의 비소 분유 사건,[77] 의약품 피해나 자동차 결함의 재해 등과 똑같은 상품공해이다. 나아가 석면은 초고열 융해를 하지 않는 한 무력화할 수 없으나 이 처리가 가능한 시설이 전국에 여섯 군데밖에 없어 완전처리는 어렵다. 대부분 혼합 매립하거나 날려버리게 된다. 폐기물공해로서 주변에 피해를 줄 가능성도 갖고 있다.

석면 재해는 이렇게 생산, 유통, 소비, 폐기의 경제의 전 과정에서 건강피해를 일으킬 가능성이 있는 복합형 재해이다. 그러므로 각각의 단계에서 건강재해의 인과관계와 그에 근거한 책임추궁이 일어날 것이다. 게다가 향후 적어도 반세기에 걸쳐 피해가 발생하고, 상품수출에 따라서 해외로부터 책임추궁도 나오게 될 것이다. 미국의 경우 신법으로 구제기금을 설립할 경우에는 상원 안에서는 1100억 달러로는 부족하고 1400억 달러 이상이라고 한다. 즉 과거의 공해와 비교가 안 되는 규모의 재해와 보상이 필요해진다. 이것이 복합형 재해의 특징이라고 할 수 있다. 그러므로 이 경우에는 산재와 공해의 책임은 발생원자로서 생산자, 기업에게 있지만 상품공해에 대해서는 확대생산자책임론을 원칙으로 하면서 상황에 따라 판단하게 될 것이다. 건물을 해체하는 경우 석면을 함유하는 건자재 등의 상품이 사용된 것이 명확한 경우에는, 생산자가 회수 또는 제거하는 비용을 부담하는 것을 생각할 수 있는데, 대다수의 경우 과거의 건자재에 대해서는 생산자를 확정하기가 어렵다. 대부분이 해체업자의 해체비용 증가로 이어지고 그것이 건물소유자의 부담이 될 가능성이 있다. 또 소규모 주택을 해체하는 경우에는 규제가 어렵고 피해를 완전히 막을 수 없을 것이다.

두 번째 특징은 축적성 공해라는 것이다. 지금까지 대기오염 공해처럼 비교적 짧은 노출기간으로 발생하는 것을 유동적(flow) 공해라고 부른다면 석면 재해는 축적성 공해이다. 석면 재해는 노출된 뒤 발병할 때까지 실로 10~50년에 달하는 기간이 걸린다. 게다가 생산, 사용을 완전히 금지하더라도 석면의 축적이 있는 한 피해가 발생할 가능성이 있다. 이렇게 과거에 인체, 상품, 환경에 축적된 유해물질이 장기간 후에 피해를 낳는 현상을 축적성 공해라고 명명해두자. 이 축적성 공해는 석면 재해 이외에도 폐기물 공해, 넓게는 지구규모의 환경파괴를 초래하는 온실효과 가스와 프레온 가스 같은 역사적인 축적성 오염이 있고 앞으로도 증폭될 공해이다.

이미 언급한 대로 석면 공해에도 PPP를 적용해야 한다. 앞서 서술했듯이 구보타는 주변 주민의 공해에 대해 인과관계가 불명확하기 때문에 배상이 아니라 구제금으로 하여 산재 수준의 보상을 했다. 그러나 중피종은 석면 이외의 원인을 생각할 수 없다. 나라 현립의과대학(奈良県立医科大学)의 구루마타니 노리오(車谷典男) 교수 등의 역학조사(101명의 중피종 환자·유족을 대상으로 함)에서는 구보타의 아마가사키 공장 주변주민의 중피종 발생률이 공장에 가까울수록 비정상적으로 높아진다. 즉 SMR(표준화 사망비)에서 500m 이내의 남성이 9.8, 여성이 18.1, 1km 이내에서는 남성이 5.3, 여성이 12.1이 된다.[78] 구보타는 과거의 노동과정, 주변 환경상황이나 백석면·청석면의 연도별 사용상황에 대해 상세한 데이터를 공표하지 않지만 구보타에 의한 공해라는 것은 분명하다. 구보타는 법적 책임을 인정하고 배상을 하지 않으면 설령 산재 수준의 금액을 구제금으로 지불하더라도 문제를 해결했다고 할 수

<표 IV-11> 석면건강피해구제법에 근거한 인정상황(2007년 2월 말 현재)

| | 요양자 | | | | 시행 전 사망자 유족 | | | |
	중피종	폐암	기타	계	중피종	폐암	기타	계
접수	1,088	488	77	1,653	1,765	348	24	2,137
인정	539	155	-	694	1,474	30	-	1,504
불인정	61	53	51	165	9	22	2	33
취하[1]	104	55	16	175	114	52	0	166
판정유보[2]	145	97	-	242	0	46	-	46
판정중[3]	78	31	-	109	0	64	-	64
계	927	391	67	1,385	1,597	214	2	1,813

주 1) 주요한 원인은 산재보험 등 지급, 의학적 자료는 정리되지 않았다.
주 2) 의학적 판정에서 추가 자료가 필요하다고 한 것.
주 3) 의학사항에 관련된 판정신청을 하여 판정 중인 것.

없다.

앞에서 언급한 대로 정부는 조속히 석면신법을 제출하여 사회분쟁을 조기에 벗어나는 데는 성공했지만 이것으로 책임을 회피했다. 신법은 「공해건강피해보상법」처럼 민사적 배상을 대신하는 것이 아니라 어디까지나 구제금이다. 이 점에서는 미나마타병의 행정적 구제와 똑같다. 지금까지의 경과로 볼 때 정부의 실패는 명확하며 다시 정부의 법적 책임을 따져야 한다. 앞서 서술한 대로 신법에서는 구제의 대상이 한정되고 구제금액도 산재와 비교하면 극히 소액이다. 신법의 시행상황을 보면 <표 IV-11>처럼 사망통계와 비교하여 신청자가 적고 또 접수 건수와 비교하여 인정 건수도 적다. 신청이 적은 것은 신법의 선전이 잘 알려지지 않았기 때문일 것이다. 이바라키 현(茨城県)처럼 적극적으로 환자를 찾아내지 않는 한 피해의 실태는 드러나지 않는다. 또 인정 건수가 적은 이유는 석면 재해에 관한 의학이 뒤처져 있기도 해서 인정이 곤란하기 때문이다. 이미 오사카 센난지구(泉南地区)에서는 석면폐 환자들이 소송을 제기했다. 석면폐는 공해로 인정되어 있지 않으나 향후의 재판에서

구제가 문제로 될 것이다.

신법에 따른 구제기금은 2007년부터 2010년에 걸쳐 90.5억 엔이 필요하다고 예상되며 사무비 중에서 국가의 부담분이 7.5억 엔, 지방자치단체의 부담분이 9.2억 엔이고 사업주의 부담이 73.8억 엔이다. 이 사업주 부담은 특별사업주 부담과 일반사업주 부담으로 나뉜다. 특별사업주는 석면사용량 1만 톤 이상, 소재지의 중피종 사망자 수가 전국평균 이상, 석면업무로 인한 폐암·산재인정 건수가 10건 이상이라는 조건에 따라 4개 회사를 선정하여 3억 3800만 엔을 부과하고 나머지 약 70억 엔을 산재보험적용 사업장의 사업주와 선박소유자에게 징수하는 것으로 했다. 이 금액은 전체로서는 소액이며 또 그 징수방법은 반드시 PPP에 근거하고 있지는 않다. 「공해건강피해보상법」은 일반 징수에 대해서도 SO_x 배출자로 하였고, 국가의 부담은 자동차중량세로 조달한다. 이 신법에서는 석면이 산업 전체에 이익을 주었다고 하여 오염기여도를 따지지 않고 전 산업에서 징수한다. 또 국가와 지방의 출연금도 특정재원이 아니라 일반재원에서 징수하고 있다. 「공해건강피해보상법」과 비교해서 PPP라는 원칙에서 보면 책임추궁이 약하다고 할 수 있다.

향후 신법 개정과 함께 가장 중요한 것은 역학조사이다. 석면의 산재인정이 사망통계와 비교해서 너무 적기 때문에 관련 사업장의 종업원과 사업주의 건강조사가 요구된다. 또 구보타 주변 등, 석면 관련 공장 주변의 주민에 대한 역학조사를 시행해야 한다. 국가와 지방자치단체는 재정위기 때문에 공해 관련 예산과 인원이 부족하고, 또 주민표가 전산화됨에 따라 자료작성이 곤란하다는 등 역학조사는 어렵다고 표명하고 있다. 그러나 문제가 표면화되고 주민이 관심을 갖고 있는 지금이 아니면 역학조사의 기회는 적다고 할 수 있다. 향후 10만 명 이상의 중피종 사망자가 생길 것으로 추정되고 있으므로, 사전방지를 위해 어떻게 해서든 역학조사를 시행해야 할 것이다.

♟ 사회적 재해론 ── 복합형 축적성 재해의 교훈

석면은 중국과 인도 등 공업화 도시화가 급속히 진행되고 있는 국가에서 대량으로 사용하고 있다. 이 나라들은 대체용품이 비싸기 때문에 전면금지는 시행하지 않을 방침이며 다수의 피해발생이 예측된다. 이미 금지를 시행한 한국에서는 절정기에 연간 10만 톤의 석면을 사용하였고 지하철역에서는 아직도 뿜칠(spray coat) 석면이 남아 있는 상황으로 환경부가 지금 대책을 검토하고 있다. 유럽의 경우는 EU는 전면금지를 정했으나, 대책이 충분하다고는 할 수 없다. 프랑스에서는 옛 식민국가에 석면광산을 갖고 있었기 때문에 대책이 늦었다. 2005년에 구제법을 제정하였고, 정부는 지금까지의 부작위를 인정하고 일본의 신법보다 구제자금이 큰 기금을 만들었다. 이에 반해 미국은 신자유주의의 자주·자기 책임의 원칙에 근거하여 구제는 재판에 의존하고 있다. 그러나 재판으로는 변호사 비용 등이 커서 승소를 해도 원고가 손에 넣는 배상금은 40%밖에 되지 않는다. 재판은 장시간이 소요되어 어떤 형태의 공적구제제도가 필요하다. 2006년 의회에서 구제법이 부결되었는데 피해자 단체도 절차가 번잡한 것과 금액이 적다는 이유로 반대하고 있다.

축적성 공해는 원인자를 특정할 수 없고 유동적(flow) 공해처럼 곧바로 PPP가 적용되지는 않는다. 그래서 아무리 해도 사전방지가 늦어지고 구제자금도 기금제도가 된다. 지금까지 본 것처럼 「슈퍼펀드법」이 사전방지에서도 기금제도에서도 사전예방원칙을 가장 충실히 지키고 PPP에 가까운 방법을 취하고 있다고 할 수 있다.

일본에서 석면 재해의 대책이 늦어진 원인 중 하나는 정부의 부처 이기주의에 있다. 산업재해는 후생노동성, 공해는 환경성, 상품공해는 경제산업성, 건축재해는 국토교통성으로 나뉘어 석면의 위험에 대한 정보가 공유되지 못하고 제각각 대책을 취하고 있다. 석면 신법에 대해서도 환경성이 중심이 되었다고는 하지만 종합적 책임체제가 충분하다고는 할 수 없고 각 부처가 분담하고 있다고 할 수 있다. 이것은 학계도 마찬가지로, 석면 재해는 산업재해라 하여 환경부문 학자가 관심을 갖는 경우가 적었다. 그것은 공통적인 시스템의 결함으로서 발생한다. 이 의미에서 보면 석면 재해는 현상을 나누어서 다루지 말고 사회적 재해론으로써 종합할 필요가 있다는 것을 가르쳐주고 있다.79)

경 제 적 수 단

이 장에서는 주된 경제적 수단과 그 문제점에 대해서 언급한다.

1. 보조정책

1920년대 이후 나라마다 사기업·개인에 대한 보조정책이 늘고 있다. 환경정책의 경우도 기업이나 개인이 자발적으로 대처하지 않기 때문에 경제적 자극책으로서 제2차 세계대전 후 상당히 빠른 시기부터 보조정책을 취했다. 보조정책을 취할 수 있는 근거는 대상이 되는 오염자로서 사기업·개인의 사회적 손실이 크고, 그 대책을 추진함으로써 사회적 편익이 크다는 점, 또는 중소기업처럼 공해대책을 실행하기에는 경영적으로 곤란하지만 공해대책은 긴급히 취해야 한다는 점 등을 들 수 있다. 동시에 보조정책은 정치적 행위이기도 하기 때문에 집권당과 정부가 정치적 효과가 큰 그룹에 대해 선택적으로 실시하고 있다. 기업 측에서 보면 보조금은 증여이며 추가 이윤과 같은 것이다. 환경정책을 목적으로 한다고 하더라도 보조금 지급은 모든 업종에 일률적이지 않고 오염 업종일수록 많이 지급하므로, 수출 진흥정책 등과 같이 다른 특정 업종에 대한 산업보호정책과 유사한 효과가 있다고 할 수 있다.

OECD가 시행한 최초의 국가비교에서는 1975년에 주요 국가의 민간공해방지투자에서 차지하는 보조금 상당액(재정 투자·융자나 감세도 포함)이 일본이 2.6%로 네덜란드의 1.1% 다음으로 적고 미국 4.5%, 서독 9.1%, 스웨덴 5.3%와 비교해서 매우 적다. OECD는 다음과 같이 평가하고 있다. "공해방지투자비용은 공해방제비용의 극히 일부일 뿐이고, 공해방제비용은 생산비용의 일부에 지나지 않는다. 보조제도가 생산비에 주는 영향은 적다. 즉 일본에서 공해방제비용은 대체로 오염자 부담의 원칙에 준거하여 부담된다고 결론을 내려도 지장이 없을 것이다. 보조제도는 유효한 자극제가 되지만, 무역의 큰 왜곡을 초래하고 있지 않다"[80]

OECD의 추산 내용은 불명확하여 본문에서 보는 한 지방세의 감세분이 빠져 있다. 공해방지투자와는 관계없으나 오니 제거 등 공해방지사업의 공공부담이나 공해건강피해보상제도의 공공부담이라는 큰 금액이 빠져 있는 것으로 생각된다. 일본의 공해방지투자는 1975년에 비정상적으로 커지고 이후 격감하여 1977년 이후 1980년대에는 최고 전성기 때의 3분의 1에서 절반으로 줄었다. 그동안 당연히 공해대책의 재정 투자·융자나 감세도 감소했는데, 그래도 공적보조책의 감소는 민간설비투자 정도는 아니다. 따라서 일본의 2.6%라는 추정은 1975년이라는 예년과 다른 시대의 산물로 너무 과소하며, 미국이나 스웨덴 수준의 보조라고 생각해도 좋다고 본다.

보조정책은 다음과 같이 크게 세 가지로 나뉜다.

1) 보조금

환경정책을 시행하는 기업·개인에 대해 그 비용의 전부 또는 일부를 재정

지출로 보조하는 방법이다. 공해방지기술의 개발 또는 공해방지투자 등의 공해대책비를 지출할 경우 현물(토지 포함) 또는 보조금으로 원조한다. 1966 년부터 대형공업 기술개발제도로서 배연탈황(flue-gas desulfurization, 排煙脫黃)·전기자동차 등의 연구비를 보조하는 것으로 시작하여, 1970년대에는 중요기술 연구개발비 보조금제도, 기술개선 보조금제도로서 공해방지기술 연구개발경비의 일부를 보조했다. 이런 보조제도는 정리되었고, 최근에는 지구 온난화 대책, 에너지 절약, 신에너지, 토양오염대책기금, 석면구제기금 등에 대한 보조금이 지출되고 있다. 2007년도 예산에서 금액이 큰 것은 에너지 사용 합리화사업자 지원 사업 298억 엔, 태양광·풍력·바이오 등 신에너지 사업자 지원 대책사업 329억 엔, 에너지 효율과 보존기술개발 프로그램 530 억 엔, 신에너지 기술개발 프로그램 542억 엔 등이 있다. 기타 보조금은 다양화되어 있다. 소비자보다 기업을 위한 것이 많고, 공모제로 되어 있다. 비용 효과를 중시한다고 하지만 너무 세분화되어 번잡하며, 전례에 근거하여 추가 수정하는 증분주의(Incrementalism)[81]를 벗어나지 못하고 있다. 최근에는 역사적 거리경관 보전이나 삼림정비 등 어메니티 대책에 보조가 실시되고 있다. NGO에 위임하는 환경보전사업에 대한 보조금이 증가하고 있다. 국가재정 위기에 따라 보조금 삭감이 진행되고 있는데, 이 대체재원으로서 교부금으로 전환되기도 한다. 2005년 폐기물 처리장의 보조금 정리와 병행하여 순환형 사회형성 추진 교부금이 만들어졌다. 이것은 보조금보다 사용 목적이 자유로우며 또 기술발전에 기여한다고 하지만, 효과는 미지수이다.

2) 재정 투자 · 융자(장기 저리의 국가자금 대부)

일본에서는 방대한 우편저금과 사회보장기금을 주된 재원으로 하여, 1990 년대까지는 재정 투자·융자 계획이 제2예산이라 불릴 정도로 거의 일반회계의 절반에 달하는 규모의 활동을 했다. 1970년대 이후 사회서비스 부문의 사업은 일반회계에서 재정계획으로 이전되었다. 특히 민간은행이 공해대책에 대해 적극적인 투자를 하지 않는 시기에는 재정 투자·융자가 중요한 의미를 가졌다. 즉 1987년도 예산에서는 일반회계 및 특별회계의 공해대책예산이 9783억 엔인데, 재정 투·융자 대상기관의 공해대책사업비는 1조 4582억 엔이었다. 고이즈미(小泉) 내각의 구조개혁으로 재정 투자·융자기관이 정리되고 우편사업이 민영화되어, 향후에는 그 역할이 크게 바뀌겠지만 현재는 다음과 같은 기관이 재정융자를 하고 있다. 소규모기업 설비자금제도에 의한 공해방지시설에 대한 융자, 중소기업금융공고 및 오키나와진흥개발금융공고에 의한 산업공해 방지시설에 대한 융자, 중소기업기반정비기구에 의한 공해공장 단지 등에 대한 건설양도사업, 일본정책투자은행에 의한 교토 의정서 달성계획 촉진사업과 공해방지시설에 대한 융자, 농림어업금융공고에 의한 가축 배설물 처리시설 등에 필요한 융자, 석유 천연가스·금속광물자원기구에 의한 광해방지사업 등에 대한 융자이다.

또 지방자치단체도 독자적인 융자제도를 갖고 있다. 기업의 공해방지투자가 1970~1995년에 걸쳐 약 10조 7298억 엔이었음에 반해, 재정 투자·융자계획에서 실행한 융자는 약 4조 5960억 엔이었다. 시중금리보다 1~2% 저리였기 때문에 직접보조로 환산하면 460~920억 엔 정도가 된다. 같은 시기 25년간의 공해 관련 법인세의 감세가 약 6000~7000억 엔이라고 생각되기 때문에 금액으로는 작지만, 인센티브로서 재정 투자·융자가 공해방지투자의 보조정책으로서 수행한 역할은 크다. 구조개혁으로 재정 투자·융자에서 나오는 조성금이 감소되었기 때문에 민간 금융기관이 중소기업의 환경보전투자나 NGO의 환경단체에 대한 저리 융자를 하게 되었다. 또 지방은행 등이 녹색 융자로서 실시하고 있기도 하다. 호황기가 되어 일반투자 수요가 커진 경우에 환경보전융자 특히 NGO에 대한 융자가 계속될지는 불분명하지만, 미국의 커뮤니티 개발에 대한 융자 같은 제도가 만들어져도 좋을 것이다.

3) 감세제도

최근의 미국 재정은 조세정책으로 공공정책을 추진하는 사례가 많다. 예를 들어 과거 공공사업 또는 보조금으로 지출했던 저소득층용 주택사업을 중단하고 개발업자가 저소득자용 주택을 일부 병설하여 아파트를 건설할 때 감세조치를 취한다. 뉴욕 시의 거대 부동산업자인 트럼프(Trump)가 웨스트사이드에 건설한 고급 아파트는 일부분 저소득층용 주택을 병설함으로써 경관 침해로 건설을 반대했던 커뮤니티 보드를 설득했을 뿐만 아니라 거액의 감세도 받았다.

일본에서는 공해방지용 시설의 특별상각제도, 고정자산세의 과세표준 특례 등이 수십 년간 계속되고 있다. 예를 들어 욧카이치 공해재판 시의 조사에서는 피고 3개 회사 —— 쇼와 석유(昭和石油), 주부 전력(中部電力), 이시하라 산업(石原産業). 나머지 3개 회사는 정보를 제공하지 않았다 —— 의 1972년도 공해방지관계비의 감세액이 16억 7619만 엔이었던 데 반해, 재판에 따른 피해자에 대한 보상금은 9600억 엔, 그 후의 공해인정환자에 대한 보상금은 5억 6900만 엔이었다. 즉 12년의 고투 끝에 얻은 보상금보다도 피고 3개 회사의 1년치 감세액이 10억 엔 이상이나 많았던 것이다. 이는 감세조치가 얼마나 기업에게 유리했던가를 보여주고 있다.

현재는 자동차의 저공해화, 저연비화에 대해 일정한 배출가스 성능을 가진 저연비 자동차와 관련된 자동차취득세의 과세표준 특례, 디젤 자동차와 관련된 자동차취득세의 면세, 오프로드 자동차의 고정자산세 감세조치를 취하고 있다. 또 에너지 수요개혁추진 투자촉진세제 및 재자원화를 위한 재상품화설비 등의 특별 상각제도가 있으며, 이런 제도들이 새롭게 조치가 필요

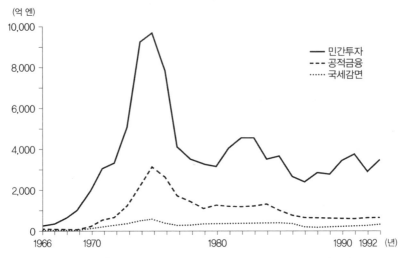

〈그림 IV-5〉 공해방지투자와 금융 · 조세특별조치의 추이

(억 엔)

1966   1970   1980   1990 1992 (년)

— 민간투자
---- 공적금융
...... 국세감면

자료) 李秀撤 · 植田和弘,「環境補助金と技術」,《日本機械学 会誌》, 第100卷 第947号(1997).

한 바이오매스 활용이나 석면처리 등에 적용되고 있다. 그 외에도 토양오염
대책이나 자연보호에 대한 감세를 시행하고 있다.

향후의 보조정책은 미국처럼 보조금에서 조세특별조치로 전환하는 경향
이 추진될 것으로 보인다. 그것은 투자유인이 될 수 있을지는 모르지만 조세
체계를 복잡하게 만들고 조세정보를 불투명하게 하여 부담의 불공평을 낳을
것이다.

이수철은 일본과 한국의 환경보조금제도를 면밀하게 분석하여 환경보조
금이 가지는 적극적 측면을 평가하였다. 이수철에 따르면 〈그림 IV-5〉처럼
민간 기업의 공해방지투자에서 차지하는 공적 융자가 1970년대에는 40~50
%에 달했고, 조세우대조치로는 6~10%의 법인세를 감세했다고 한다. 재정
투자 · 융자와 감세가 고도성장기에 기업의 공해방지투자에 대한 인센티브가
된 것은 분명하다. 이수철이 지적한 대로 아시아의 국가들이 초기의 공해대
책을 추진하는 데는 보조정책이 유효할 것이다.[82] 이수철의 업적은 높게 평

가하고 싶지만 기업의 공해대책은 보조정책이 있었기 때문에 진전된 것이 아니다. 기업의 공해대책은 지금까지 서술한 대로 시민들의 격렬한 공해반대 여론과 운동을 배경으로 한 혁신 자치단체의 대책과 공해재판의 성과로서 전진한 것이다. 직접규제와 환경법·조례 그리고 공해방지협정과 종합하여 기업의 공해방지투자와 기술개발이 시작된 것이다. 보조정책은 장기간 계속되면 기술개발의 동기를 상실하기 때문에 시한부로 해야 한다. 이수철은 보조정책을 모두 보조금이라고 하였지만 사실은 구별되어야 한다. 보조정책의 각종 제도는 시장경제제도 아래에서는 서열이 있다. 즉 보조금보다는 재정 투자·융자, 그리고 감세(조세정책)가 바람직하다고 할 수 있다. 또 아시아 각국이 정책금융을 실행하기 위해서는 일본의 우편저금제도 같은 독자적인 지방저금 네트워크에 의한 공적저축제도의 자금이 확보되지 않으면 불가능하다.

2. 과징금과 환경세 관련

♟ 경제적 수단도입의 제안

1991년 1월, OECD 환경위원회 장관회의는 경제적 수단을 효율적이고 넓은 범위에서 채용할 것을 결정했다. 이 결정에서는 앞에서 소개한 PPP에 근거한 과징금에 부가하여 환경세와 거래 가능한 배출권 등 넓은 범위의 경제적 수단을 포함하여 도입을 장려했다. 특히 지구 온난화 대책으로 시작된 환경세 도입이 그 중심이 되었다. 그 후 OECD는 1993년, 2001년, 2006년 반복해서 환경 관련 세제의 도입을 추천하고 그것을 위한 문제점 해결 방안을 제안하고 있다.[83]

OECD의 경제적 수단 도입의 이유는 다음 네 가지이다.

① 오염원으로서 기업 등의 정보가 정부 측에 부족하기 때문에, 직접규제는 환경규제 등의 경제적 수단보다 정보수집 비용이 비싸고 효율이 좋지 않다.

② 직접규제를 위해 정부가 기업과 교섭하고 또 기업정보를 입수하려고 하여, 정부와 기업이 유착할 가능성이 있으며 관료의 개입에는 한계가 있다.

③ 기업의 한계오염 측정량에 차이가 나기 때문에 환경세제 등의 경제적 수단이 직접규제와 비교하여 오염량 삭감의 인센티브가 크다. 특히 환경세·과징금과 배출권거래제도는 기술개발의 자극이 크다.

④ 환경세·과징금은 직접규제와 달리 '이중 배당'으로서 정부에 수입을 가져온다.

이 네 가지 중에서 ④는 확실히 타당하나 다른 세 가지에 대해서는 문제가 남는다. ①에 대해서 말하면 직접규제뿐만 아니라 경제적 수단의 경우도 환경기준이나 CO_2 감축량 등을 결정하고 그것을 기반으로 하여 개별 발생원의 기여도를 결정해야 한다. 따라서 기업이 제3자에 의한 환경감사 제도를 채용하고 환경에 관한 정보를 공개하며 모니터링을 하고 허위보고를 한 경우의 벌칙이 없으면 환경세·과징금이나 배출권거래는 유효하게 작동하지 않는다. 즉 환경문제에 대해서는 기업비밀을 원칙적으로 허용하지 않는 사회적 합의와 법적 규제력이 없으면 어떤 수단도 유효하지 않다.

②에 대해서 말하자면, 미나마타병 대책이 늦어진 것이나 자동차 공해대책이 진전되지 않는 것에서 볼 수 있는 것처럼 행정과 사법의 중립성 또는 공공성이 없는 한 직접규제는 한계가 있는 것이 확실하다. 그러나 경제적 수단에 대해서도 같은 말을 할 수 있어서 아직까지 일본에서 환경세나 배출권거래제도를 도입할 수 없는 것은 산업계의 반대 때문이다. 또 「공해건강피해보상법」이 있으면서도 제1종(대기오염)의 신규 인정이 종료되고 또 석면 공해에는 적용되지 않는 것은 재계의 의향 때문이다. 요컨대 경제적 수단이라 해도 시장경제제도 그 자체가 아니기 때문에 재계가 자동적으로 도입하는 것이

아니며 정치행정의 산물인 것이다. 그러므로 공공정책에 대해 시민참가와 감시 장치가 없고 정경관(政経官) 유착체제가 있는 한 경제적 수단의 채용도 없고, 채용하더라도 직접규제보다 유효하게 작용한다는 보장이 없다.

③에 대해서도 직접규제의 기준 여하에 따라 인센티브가 결정된다. 온실 효과 가스 감축에도 정부의 감축목표나 방법이 느슨하면 기술개발은 진전되지 않는다. 1970년대에 공해방지기술의 개발이나 에너지·1차 자원 절약이 진척된 것은, 자원가격 상승도 있지만 여론을 배경으로 한 강한 직접규제가 있었기 때문이다.

이렇게 생각하면 ①에서 ③까지는 경제적 수단의 경우도 똑같은 문제가 있다고 할 수 있다. 기업 측에서 보면 보조정책이 작동하는 경우에는 직접규제를 바라나, 그것이 없으면 조건부지만 경제적 수단이 직접규제와 비교하여 비교적 받아들이기 쉬울 것이다.

♟ 환경세

환경세와 배출권거래제도의 이론적 계보에 대해서는 모로토미 도오루(諸富徹)의 『환경세의 이론과 실제(環境税の理論と実際)』에 명쾌하게 서술되어 있다. 환경세의 이론에는 시장의 결함에서 생기는 외부불경제를 조세라는 공공적 개입수단을 사용하여 내부화하려는 후생경제학 – 복지국가론으로 이어지는 사상이 있다. 이에 반해 배출권거래 이론에서는 환경이라는 공유자원에 소유권을 부과하여 환경을 오염시키는 배출량을 재산으로 만들고 그 거래를 통해 배출량 감축을 달성하는 것으로 정부의 개입을 가능한 한 배제하려는 신자유주의 사상이 깔려 있다.[84] 이런 차이가 있지만, 두 사상 모두 환경정책을 정부에서 시장에 맡기면 효율적이고 비용을 최소화할 수 있다는 신고전파 경제학의 사상에 입각해 있다. 그러나 이미 오염량이 큰 기업일수록

과점이 진행되어 현실에서는 완전한 자유경쟁이 없어져 버린 사회에서 경제적 수단이 직접규제보다 유효할지는 의문이다. 제14장에서 논하겠지만 '정부의 결함'이 있기 때문에 직접규제에만 의존할 수는 없다. 직접규제를 민주화하고 경제적 수단이나 자주적 규제를 활용하는 정책조합(Policy Mix)이 현실적일 것이다. OECD가 지금까지 행한 권고에서도 경제적 수단만을 주장하는 것이 아니며, 정책조합이 현실적이라고 말하고 있다.

OECD의 『환경세의 정치경제학(The Political Economy of Environmentally Related Taxes)』에 따르면 각국은 375가지의 환경 관련세와 250가지의 수수료 및 부과금을 부과하고 있다. 환경 관련세 중에서도 가장 많은 것은 에너지 제품(150가지 세금), 자동차(125가지 세금), 폐기물 관련(50가지 세금)이다. 평균적으로 얻을 수 있는 수입은 GDP의 2~2.5%, 세수에서 차지하는 비율은 6~7%, 1인당 평균 500달러, 북유럽과 네덜란드는 1000달러를 초과한다. 이 세수의 90%는 자동차 연료세와 차량세이다. 일본의 환경 관련세는 GDP의 1.8%로 미국, 캐나다와 함께 대표적인 하위 국가이다.[85]

과징금은 일반적인 조세와 달리 PPP에 의해 부과된다. 지금까지의 경험으로는 배출부과금은 배출원이 명확한 수질보전에서 유효하며, 유럽에서는 오래전부터 많이 채용되고 있다. 제품과징금은 자동차 연료나 폐기물에 대해서 유효하다. PPP에 의한 과징금은 피해와 가해의 인과관계가 명확하며 오염자를 특정할 수 있고, 비교적 소수인 경우 또는 정부가 제공하는 서비스와 비례해서 정부에 대한 강제적 지불이 되는 경우에 유효하다. 1988년까지 일본의 「공해건강피해보상법」의 과징금이 그 좋은 예이다. 하지만 불특정 다수의 오염원이 있고 인과관계가 명확하지 않은 경우에는 좀처럼 적용하기 어렵다. 특히나 국제적인 문제이고 발생원을 특정할 수 없는 경우, 또 피해가 현실적이지 않은 경우에는 과징금을 징수하기 어렵다. 이 때문에 좀 더 간접적인 환경세를 도입한다.

OECD는 환경 관련세를 다음과 같이 정의한다. "특정한 환경에 관련된 과세대상에 과세되는 정부에 대한 강제적 일방적 지불······ 과세대상에는 에너지 제품, 자동차, 폐기물, 측정된 또는 추산된 배출량, 천연자원 등이 포함된다. 조세는 정부가 납세자에게 제공하는 편익이 통상 그들이 지불하는 것에 비례하지 않는다는 의미에서 일방적이다."

이 정의에 근거하여, 환경 관련세가 다수 존재하지만 자동차 관련 세금은 도로재원으로 사용되기 때문에 환경세라고는 할 수 없다. 그래서 지구 온난화 방지 목적에 한정해서 석탄·석유 등의 화석연료의 탄소분에 따라 과세하는 일반연료세를 '환경세'라고 부르고 있다(이하 이렇게 한정하는 부분은 따옴표를 넣어 표기한다). 현재 전 세계에서 9개 국가(핀란드, 노르웨이, 스웨덴, 덴마크, 네덜란드, 영국, 독일, 프랑스, 이탈리아)가 1990년대에 '환경세'를 도입했다.[86]

'환경세'는 간접세의 일종이며 가격 상승을 통해 에너지 억제를 유도하는 것으로 전가(轉嫁)가 가능하다. 환경세의 첫 번째 문제점은 국제적으로 일률적으로 부과하지 않으면 부과하지 않는 국가와 비교해서 부과하는 국가가 무역상 마이너스가 된다. 또 에너지 다소비형 산업은 국제경쟁력이 떨어진다. 앞서 언급한 OECD의 권고에서도 철강생산량이 9% 줄어들게 된다고 한다. 국제적으로는 CO_2를 배출하는 모든 국가가 도입하는 것이 바람직하나 이 경우에는 선진공업국과 발전도상국 사이에 차별을 둘 필요가 있을 것이다. 또는 선진공업국의 환경세수를 발전도상국의 온난화 방지대책으로 돌리는 제도가 필요하다.

'환경세'의 도입에 따른 국내의 영향에 대해 두 가지 문제가 있다. 그 하나는 도입에 따라 기업 활동이 억제되고 소득과 고용이 감소할 가능성이 있다는 점이다. 이에 대해서는 '환경세'의 수입을 환경산업에 대한 조성금으로 돌리는 것도 생각할 수 있다. 또 다른 한 가지는 '환경세'는 역진적 효과가 있어 저소득층 가계에 영향이 크다는 점이다. 이 불공평을 시정하기 위해서는 소비세의 감세, 소득세·주민세의 감세, 또는 사회복지를 충실화하는 것이 필요할 것이다. 일본의 경우, 「환경 기본법」이나 환경 기본계획에서는 환경세(특히 탄소세)의 도입이 계획되어 있다. 2005년 10월의 '환경세(탄소세) 안'에 따르면 세율은 탄소 1톤 당 2400엔, 세수액은 3700억 엔이고 이에 따른 탄소 감축량이 4300만 톤(1990년 기준으로 3.5%), 경제에 주는 영향은 GDP의 연율 0.01% 감소를 예상하고 있다. 환경세는 목적세가 아니라 일반재원이라고 하지만 세수의 일부는 삼림정비·보전, 온난화대책의 감세재원으로 활용하고, 일부는 지방자치단체의 온난화대책에 양도될 예정이라고 한다. 업계에 대해서는 대량 배출사업자가 감축 노력을 한 경우에는 50% 경감(에너지 다소비 산업은 60%), 철강생산용의 석탄·코크스 등은 면세, 등유는 50% 경감 등의 조치를 취한다고 한다. 이런 제안에도 불구하고 아직까지 주로 에너지 업계의 강한 반대 때문에 탄소세는 채용되지 않고 있다.

다른 국가의 '환경세'의 경험에서 보면 이 안처럼 에너지 다소비형 산업에 대한 감세 면세조치가 있는 경우에 효율적인 감축과 기술개발이 가능할지는 의문이다. 그러나 지구 온난화 문제에 대해 완전히 구체적 조치가 실행되지 않고 있는 상황에서 '환경세'의 도입은 서둘러야 한다.

환경 관련세는 탄소세와 에너지세를 국세로 하고 그 일부를 지방에 배분한다. 그와 동시에 삼림세, 수원보전세나 산업폐기물세, 관광 관련세 같은 지역의 독자적인 환경 관련세 또는 과징금이 설정되어 있다. 일본에서는 분권이 진행됨과 동시에 이런 지방환경세의 도입이 진행되고 있다. 그 대부분은 법정 외 목적세이며 용도도 특정 환경보전에 사용된다. 대도시권은 수원을 지방권에 의존하며 폐기물도 지방권에서 처리하고 있다. 그러므로 지방환경세는 대도시권의 기업과 시민의 부담이 되는 과세표준이 되어야 한다.[87]

3. 배출권거래제도

♟ 배출권거래의 이론

배출권거래제도는 공공악(public bads)을 상품화하여 그것을 시장에서 매매하여 감축하는 제도이다. 최초로 이것을 제도화한 것은 미국으로 1990년의 「대기정화법」에서 산성비 제어를 위해 SO_x의 배출허용량을 발전소에 부과하고 배출량 매매를 진행시켰다. 그 뒤 교토 의정서에서는 배출권거래가 국제적으로 제도화되었다. 그때까지 CO_2는 SO_x 등과는 달리 인간의 건강에 직접 해를 끼치지 않으며 경제활동과 무관한 것이었다. 교환가치도, 사용가치도 0이었다. 그런데 지구 온난화 문제와 함께 지구환경을 파괴하는 부(負)의 가치를 가지게 되면서 그것을 제어하기 위한 기술개발과 경제활동이 필요해졌다. CO_2 등의 온실효과 가스를 제거하기 위해 기업·정부·가계에게는 새로운 비용이 들게 되었다. 폐기물(bads) 중에서는 재자원화로 자원(goods)이 되는 경우도 있지만, CO_2는 bads인 채로 축적되며 goods로 되지는 않는다. bads인 채로 있지만 국제적인 규제 때문에 기업의 비용 삭감을 위한 의사 goods로 삼지 않을 수 없게 되었다. CO_2는 경제활동에 따른 에너지 소비에서 반드시 발생한다. 일상적으로 발생하며 경제성장을 하면 배출량은 반드시 증가한다. 온난화방지를 위해서는 GDP 1%의 비용이 필요하다고 하며 이를 태만히 하면 GDP의 20%를 상실, 나아가서는 생물종의 멸종 등 절대적 손실이 발생한다. 그래서 그 비용을 낮추기 위해 이 bads에 소유권을 부여하여 의사(擬似) goods로서 매매할 수 있도록 하였다. 이 새로운 상품이 교환가치를 갖고 거래되려면 교토 의정서처럼 협정에 의한 강제가 필요하다. 그리고 그에 기반 하여 국내의 법제화, 배출권 확정, 배출권시장의 창설, 배출허용량(cap)을 할당해서 가격을 시장의 거래에 맡기고, 정보공개와 환경학습으로 또 주민의 여론과 운동, 나아가서는 대중매체를 통해 사회적으로 기업에게 배출량을 감축시키는 압력이 필요하다.

오쓰카 다다시(大塚直)는 '미국법의 이산화황 배출권거래 프로그램'에서 다음과 같이 문제점을 지적하고 있다.[88]

① 허용배출총량을 어떻게 할당할 것인가에 대한 결정이 곤란하다.
② 정말로 감축이 실현되고 있는지를 기계적으로 모니터링하는 것이 어렵고 '배출권'의 산정배분이 곤란해지며 거래비용이 늘어나서 배출권거래 자체가 감소한다.
③ 시장이 정상적으로 기능하지 않는 경우가 있다. 기존 시설이 배출량을 감축시키지 못하고 또 팔기 시작한 크레딧을 매점하여 다른 시설의 신규참가를 방해하고 자유경쟁을 위배하는 행위가 일어난다.
④ 배출권을 새로 할당하지 않으면 기존의 기득권 보호가 된다.
⑤ 이 제도는 과징금보다도 주민의 수용이 적다.

후지이 요시히로(藤井良広)는 배출권거래가 새로운 금융시장을 만든다고 말한다.

선진국 A의 (가) 기업의 탄소환산 100만 톤의 삭감비용 Dp

선진국 B의 (나) 기업의 배출권(양) 100만 톤의 가치 Db

$Db > Dp$의 경우에 거래가 성립한다고 한다. 이 경우에 금융기관이 들어와 매매를 중개한다. (나) 기업이 배출권을 금융기관에 위탁하고 금융기관은 배출권거래소의 가격을 보고 적당한 가격으로 배출권을 (가)에게 매매한다. 배출권은 국가가 승인하지만 그 이전에 신용평가회사가 신용등급을 매겨 거래를 시작하는 사례도 나오고 있다. 특히 CDM으로 선진국이 발전도상국의 배출권을 사기 위한 등급수요가 많아지고 있다.[89]

세계은행, 국제배출권거래협회의 조사에서는 2005년의 배출권거래 총액이 약 110억 달러(약 1조 3000억 엔)이다. 그중 74%에 해당하는 82억 달러는 EU-ETS(EU 배출권거래시장)에서 거래되고, CDM이 26억 달러(24%), 나머지는 미국의 시카고 기후거래소와 공동이행이 차지한다. 2006년에는 거래액이 2005년의 2.5배, 280억 달러(약 3조 3000억 엔)가 된다고 예측되었다.

♟ EU-ETS를 둘러싸고

배출권거래의 대부분을 차지하는 EU-ETS는 2005~2007년을 시험기간으로 하며 대상 시설수가 약 1만 2000(에너지생산, 철생산, 요업제품생산, 종이·펄프생산을 행하는 시설)이고, CO_2의 배출량을 대상으로 한다. 이는 온실효과 가스의 약 40%이다. 제2기는 2008~2012년으로 화학, 알루미늄, 폐기물 소각, CO_2 이외의 여섯 가지 가스도 포함된다. 각국은 EU가 승인한 국가별 배출배분계획에 근거하여 대상 시설에 배출허용량을 설정하고, 각 시설은 매년 배출량과 같은 양의 배출허용량을 자국 정부에 제출해야 한다. 감축 목표를 준수하지 못한 경우 시험시간에는 1톤 당 40유로, 2008년 이후는 100유로의 벌금을 지불해야 된다.

제1기에는 대상 부문의 예상 배출량에서 책정되는 감축량이 적었기 때문에 배출권거래 가격은 2006년 4월 말까지는 1톤 당 30유로에 근접하였으나, 2005년도의 배출실적이 공표된 이후에는 10유로, 2007년 2월 28일 현재 1유로가 되었다. 오카 도시히로(岡敏弘)는 『환경경제학(環境経済学)』에서, 배출권거래에 의한 총량규제는 에너지 이용효율을 높이는 효과는 있지만 어느 정도 개선될지는 불확실하며 이 개선은 기술변화에 의한 것이지 배출권거래로 일어나는 필연성은 없다고 한다. 오카 도시히로는 EU-ETS의 제1기의 상황을 더욱 구체적으로 예리하게 비판하고 있다.[90] 즉 배출권거래는 최종 소비용으로 배출량 목표를 달성하는 수단으로 평가되었으나, EU의 제1기는 그렇지 못했다. 그 이유는 제1기는 초기배분을 과잉 배분하였고, 거기다 이 배출권은 안정된 것이 아니라 활동량을 줄여서 감축하는 경우의 한계비용이 균등화될 때까지 기술적 노력을 했을 때에 배출량 감축비용이 최소화되는 것인데, 가소성(可塑性)이 있는 배출권으로는 활동량을 조정해도 제도상의 감축으로 이어지지 않는다. 따라서 배출자의 활동조정을 통한 감축노력의 한계비용과 기술개발에 의한 감축노력의 한계비용이 일치하는 것은 바랄 수 없다. 그래서 오카 도시히로는 다음과 같이 결론을 짓는다. 실적의 변화에 맞추어 반복해서 새롭게 배분을 해나가는 것이 불가결한 배출권제도는 거래 자체는 그렇게 중요하지 않기 때문에 '배출권거래제도'가 아니라 '배출권할당제도'이다. 그리고 환경세가 에너지 다소비형 산업을 우대하여 효율성을 뭉개버린 것처럼 이것도 효율성을 뭉개버릴 것이라고 말한다.

정부에 공공성이 없고 산업이 과점화되어 자유시장이 없는 상황에서는 이론대로 배출권제도가 직접규제보다 효율이 좋고 기술개발이 진척된다는 보장이 없다는 것을 EU-ETS 제1기가 보여주고 있다. 일본의 경우에는 향후 배출권거래제도를 도입하기를 원하지만 환경세 도입이 에너지 업계의 반대로 저지되고 있는 상황에서 과연 이런 문제점을 극복할 수 있을까.[91] 필자는 배출권거래는 환경정책의 수단으로서 일시적이고 보완적인 제도에 그친다고 생각하고 있다.

4. 생태적 재정개혁

환경정책은 국가의 정책이며 그 물질적 기반은 재정이다. 그러므로 환경정책을 추진하려면 재정개혁이 필요하다. 그럼에도 이를 위한 이론적 기여는 적다. 하지만 중요한 지적부터 들어가 보자.

바이츠제커는 『지구환경정책(Erdpotik: Ökologische Realpolitik an der Schwelle zum Jahrhundert der Umwelt)』에서, 20세기의 '경제의 세기'에서 21세기의 '환경의 세기'로 이행하기 위해서는 새로운 사회경제 시스템이 필요한데 그것을 위해서는 반세기 정도의 시간이 필요하다고 주장한다. 그래서 그때까지 지구환경보전을 위해 시장경제를 이용하는 방법으로서, 과거처럼 비용을 계산하는 것이 아니라 자원(특히 에너지) 비용으로 가격을 결정하고 경영판단을 할 수 있는 제도를 도입할 필요가 있다고 말한다.

바이츠제커는 에너지 관계세뿐만 아니라 다음과 같이 넓은 범위의 과세대상에 환경세제를 도입할 것을 제안하고 있다.[92]

- 탄소함유에 토대를 둔 화석연료에 대하여 이산화탄소 배출량.
- 원자력 에너지는 안전기준에 따라서 구분하여 과세.
- 대규모 수력발전.
- 물 —— 최소한 소비량을 넘는 부분.
- 상업적 비료(농장에서 질소비료의 재자원화를 장려하기 위해).
- 건설 목적의 토지이용.
- 무해한 것을 포함하는 금속과 원료(재자원화와 기타 방법에 따른 폐기물 감축의 인센티브를 산출하기 위해).
- 염소와 기타 할로겐 원소.
- 유해화합물.
- 용제 —— 단 재이용과 회수한 경우는 면세.

바이츠제커에 따르면, 환경정책상 보조금과 면세조치를 철폐하고 에너지 가격을 매년 달러의 실질가격으로 5%씩 증가하도록 환경세를 부과하면 14

년에 2배, 42년에 8배가 되어 40년 후에는 자동차 연료로서 휘발유는 한 방울도 사용하지 않게 될 것이라고 한다. 이렇게 기술하면 필시 기업이 우려할 것 같지만, 에너지 가격을 연간 5% 올리는 것은 최종소비자 가격을 5% 올리는 것이 아니다. 산업계의 에너지 비용은 전체 비용의 4%에 지나지 않기 때문에 그 5%를 인상하는 것은 0.2%를 인상하는 것일 뿐이다. 이 환경세 재원을 사용하여 고용을 늘리는 것도 가능하다. 바이츠제커는 환경세를 도입할 때는 세제의 중립성을 추진하기 위해서 부가가치세를 감세해야 한다고 주장한다.

재정학은 조세원칙을 갖고 있다. 애덤 스미스나 와그너의 원칙이 유명한데 필자는 현대에는 바이츠제커의 제안을 더 포괄적 목적으로 정리하여 다음의 4원칙을 제창하고자 한다. 그것은 ① 부담의 공평, ② 공개와 참가, ③ 효율, ④ 환경부하의 감소이다.

신자유주의에 근거한 세계화는 국제적 국내적으로 빈부 격차, 지역 격차를 초래했다. 인류의 예지였던 종합누진소득세제를 중단하고 소비세를 중심으로 한 균일세로 개혁하여 국제경쟁을 위해 법인과세의 감세, 면세라는 조세정책을 추진하고 있다. 이것은 부담의 불공평을 진행시키고 소득 재배분을 불가능하게 하며 극단적인 빈부의 대립을 불러오고 공공부문의 축소에 따른 복지·교육·환경정책을 저해하게 된다. 이러한 최근의 조세개혁을 고쳐서 종합누진과세제를 부활시킴과 동시에 생태적 재정개혁을 추진해야 한다. 일본의 경우 환경세, 에너지세를 비롯해서 1차 상품(희소 자원)에 대한 과세를 도입함과 동시에 환경보전형 과세표준과 세율개혁이 필요하다.

환경부하의 감소라는 제4원칙에 의한 개혁을 구체화하기 위해서는 제 I 부에서 언급한 중간 시스템이 그 척도가 될 것이다. 지금까지 행해온 기업과세는 투자촉진, 수출 진흥 등의 자본축적 추진·대량생산형 자본형성과 산업보호가 목적이었지만, 그것은 환경보전형 자본형성, 환경부하를 감소시키는 산업구조 전환을 촉진하는 조세정책으로 바꾸는 것이다. 도쿄 일극집중(一極集中)을 촉진하는 법인관계세(특히 지방세인 법인사업세와 법인주민세)를 지방개발을 추진하는 조세 체계로 바꾼다. 자동차 관계세를 도로특정재원에서 일반재원으로 개혁한다. 목적세로서 남긴다면 공해대책(피해자구제, 완충녹지대 조성)이나 공공교통정비로 돌린다. 자동차 연료세의 개혁 특히 경유과세를 강화한다. 소비과세는 과거의 물품세처럼 자동차 등의 내구소비재를 중과세하고 생활필수품을 면제하는 차별과세를 도입한다. 폐기물과세를 지방세로서 도입한다. 이런 것은 일례로서 중간 시스템을 표준으로 세제개혁을 생각할 수 있을 것이다.

세입 개혁과 함께 세출 개혁을 추진해야 한다. 제V부에서 서술할 유지 가능한 사회를 향한 구조개혁이 필요하다. 그것은 평화, 환경보전, 복지와 교육의 충실을 위한 재정개혁인데, 이 경우 환경보전의 재정정책은 환경보전형 중간 시스템을 만드는 것이다. 지금 일본의 재정은 재무행정의 실패도 겹쳐 미증유의 위기에 놓여 있다. 재정재건은 쉬운 일이 아니다. 정부는 '작은 정부'를 내걸고 공공부문의 축소를 추진하고 있다. 그러나 고령화·저출산화가 진행되고 복지, 의료와 교육의 충실을 바랄 때에 이 이상 공공부문을 축소하는 것은 기본적 인권을 위협하는 것이 된다. 재정개혁은 불가피하다. 그러나 '작은 정부'만이 아니라, 어떻게 해서든 분권형 복지·환경 사회를 필히 건설할 필요가 있다.

제 **14** 장

' 정 부 의 결 함 '과 공 공 성

환경문제는 '시장의 결함' 또는 민간 기업의 실패와 결함으로 발생하는 것
이지만 동시에 정부의 실패와 결함으로도 발생한다. '정부의 실패'란 미나마
타병처럼 법제가 있으면서 그것을 적용하지 않은 사례 등을 말하며, '정부의
결함'이란 석면 재해처럼 산업의 이익을 우선하여 예방과 법제를 게을리 한
사례를 말한다. 그러나 양자를 엄밀히 구별하는 것은 그렇게 큰 의미가 있는
것이 아니므로 여기서는 양자를 종합하여 '정부의 결함'이라고 한다. 정부가
환경문제의 원인이 되는 경우, 공기업이나 공공사업의 공해는 민간 기업의
공해와 마찬가지로 사업주체의 결함이다. 그런데 공해·환경정책이 지체되
거나 실패한 경우는 공공재의 신탁을 받은 정부로서 시행해야 하는 규제 또
는 사전예방의 결함인 것이다. 하지만 두 경우 모두 정부의 존재 의의인 '공
공성' 때문에 그 책임을 따지는 것이라고 할 수 있다. 그래서 여기서는 먼저
경제학(넓게는 사회과학)이 규정하는 '정부의 결함'론을 검토하고, 그다음에
제2차 세계대전 후의 역사에 나타난 일본 정부의 결함의 성격을 분석하고자
한다. 그리고 정부의 정책기준이 되어야 하는 공공성에 대해 구체적인 예를
들어 설명을 하겠다.

1. '정부의 결함'과 경제학

♟ '정부의 실패'론

드라이젝(J. S. Dryzek)은, 시장제도에서는 공유재(commons)를 지킬 수 없기 때문에 공공적 개입이 이루어지지만 그것이 잘 되지는 않는다고 지적한다. 그 이유로는 ① 환경정책을 추진하는 인재가 부족한 점, ② 인재가 있어도 시장의 압력이나 제약이 강하기 때문에 정책이 추진되지 못한다는 점, 예를 들어 환경보전을 하게 되면 민간 투자가 줄고 실업자가 늘어난다며 반대하는 경우(제II부에서 소개한 대로 드라이젝은 시장제도 아래서는 소득 불평등이 전제가 되기 때문에 정부는 성장정책을 취하여 경제의 파이를 크게 할 수밖에 없다고 말한다), ③ '민주적인 정부'라면 다음 선거가 두려워 반성장정책을 취할 수 없는 점, ④ 대기업일수록 정부를 쥐고 있고, 파워 엘리트가 형성되어 있어 규제를 배제할 수 있다는 점을 들 수 있다.

이렇게 보면, 민간 기업 규제만으로는 환경보전이 어려우므로 공기업 도입을 생각할 수 있다. 그러나 현대 자본주의 아래에서 공기업은 사기업과 다를 바 없고, 환경보전에 대한 의식도 낮아 비효율적이고 개선이 되지 않는다. 가령 지금 소비자주권을 대신해 계획자주권으로 바꾸면 전시체제일 때에는 좋을지 모르지만 평상시에는 경제운영이 어렵다.[93]

1970년대에 들어와 '시장의 실패'론을 대신해 '정부의 실패'론이 성행하게 되었다. 그 대표가 통화주의자와 공공선택이론일 것이다. 이 이론들은 케인스주의에 의한 공공적 개입(복지국가)을 비판하고, 그것을 대신하는 '작은 정부'를 주장하고 있다. 통화주의의 경우에는 프리드먼(M. Friedman)이 주장하는 것처럼, 복지국가의 정책은 빈곤을 해소하지 못하고 중산계급만 보호하고 있으며 관료주의 때문에 경제효율이 나빠지고 스태그플레이션의 원인이 된다고 한다. 그래서 프리드먼은 모든 복지정책을 중단하고, 부(負)의 소득세만으로 부담을 한정하여 모든 정부사업을 민영화해야 한다고 주장한다.

프리드먼은 환경을 보전하고 부당한 오염을 회피하기 위해 정부는 중요한 역할을 한다는 점을 인정한다. 그러나 '시장의 실패'를 시정하려고 정부가 시행하는 시도는 종종 단순히 '시장의 실패'를 '정부의 실패'로 치환하는 것이 될 뿐이라고 한다. 그 원인은 환경문제로 인해 누가 얼마나 손실을 입고 누가 얼마나 이익을 보았는가를, 시장의 참가자보다 정부가 더 잘 알고 있다고 할 수 없기 때문이라는 것이다. 프리드먼은 오염을 0으로 하는 것은 큰 피해를 만들기 때문에 진정한 문제는 '오염의 배제'가 아니라 오염을 '타당한 양'만큼 산출할 수 있는 계약을 하는 것이라고 말한다. 최종적으로는 소비자가 오염에 대한 수요를 만들어내고 있으며, 기업은 단순한 중개자이기 때문에 만약 오염을 줄이려고 한다면 그에 합당한 비용을 소비자가 부담해야 한다고 한다. 그러나 직접규제에 의한 환경정책은 마치 범죄에 대한 징벌 문제인 것처럼 선인가 악인가의 문제가 되어 환경정책의 비용과 이익을 비교하는 것을 배제해버린다고 한다. 그래서 그는 직접규제를 중단하고 과징금을 부과하여 시장에 규율을 도입하는 것이 좋다며, 다음과 같이 말하고 있다.[94]

오염배출 과징금에 의한 방법과 단속 규제에 의한 방법의 차이는 오염배출 과징금에 의한 방법이 더 적은 비용으로 더 유효하게 오염을 제어할 수 있고, 오염을 발생시키지 않는 사람들의 활동에 대해서도 더 적은 부담밖에 주지 않는다는 점이다.

♟ 공공선택론

공공선택론에서는 현실 정부가 비효율적인 경제행동을 선택하는 것을 '정부의 실패'라고 말한다. '정부의 실패'가 발생하는 이유로서는 압력단체의 존재, 지대추구행위(rent-seeking), 관료기구의 비효율 등을 들고 있다. 압력단체가 자신들의 특수이익을 요구하며 정치에 압력을 가하기 때문에 사회 전체로서 비효율이 된다는 것에 대해서는 설명이 필요 없지만, 환경단체나 민간기업을 똑같이 압력단체로 정하고 있다.

지대추구행위란 개인이나 단체가 정치에 의해 이익을 추구하는 행위를 가리킨다. 민주주의 정치제도 아래에서는 각 개인이 개인효용 극대화 주의로 치달리기 때문에 정치가도 민중도 조세부담이 없는 재정지출을 바란다. 예를 들어 환경세나 과징금보다는 보조금이나 규제를 선택한다. 이 때문에 재정이 팽창하고 민간의 재원과 인원이 삭감되어 완전고용을 실현하지 못하고 스태그플레이션의 원인이 된다고 한다. 한편 이것은 관료기구의 확대를 초래하여 정부의 규제력을 강화하고 자유를 속박한다고 한다.

관료주의의 비효율이란 관료가 조직을 만들면 예산과 인원을 확대하는 것으로 업적을 판단하기 때문에 사업의 효율이라는 동기가 작용하지 않는 것을 말하고 있다.

신자유주의의 환경정책은 이런 이론에 근거하여 규제보다는 경제적 수단을 찾고, 비용편익분석에 근거하여 효율에 의한 정책선택을 추구한다. 이 이론은 개인과 법인을 모두 똑같은 원자로 파악하고 있다. 신자유주의 경제학은 소비자주권론에 서 있고, 재정학은 납세자주권론에 서 있다. 그러므로 '시장의 실패'는 소비자가 환경보전보다 경제성장을 바랐기 때문에 일어나는 '소비자의 실패'이며, '정부의 실패'는 환경정책보다도 산업의 발전을 우선하는 정부를 선택한 '납세자=국민의 실패'가 된다. 추상적으로 말한다면 궁극적으로는 소비자와 납세자에게 책임이 있다고 할 수 있을지 모르지만, 구체적인 공해·환경문제에는 분명히 원인자가 있으며 이런 이론을 발전시키면 책임을 애매모호하게 하고 공해대책이나 환경정책이 진전되지 않는다. 민주주의 국가에서는 법제상으로는 개인의 권리가 인정되고 시장에서는 소비자의 자유가 인정되어 있다. 하지만 현실에서는 경제를 지배하는 것은 거대 기업을 정점으로 하는 산업이며, 정치를 지배하는 것은 지배정당과 고위관료인 테크노크라트이다. 개개의 소비자와 납세자에게 선택의 자유가 있는 것이 아니다. 사회구성체는 국가와 개인의 이원 구조가 아니라 그 사이에 가족, 사회집단(기업에서 경영자와 노동자, 또는 계급구조), 지역집단(커뮤니티)이 있어서 모두 개인으로 환원할 수 없다. 신고전파의 이론은 비현실적이라고 해도 좋다.

♟ 제도학파의 비판

『근대주식회사와 사유재산(The Modern Corporation and Private Property)』에서 소유와 경영의 분리를 밝힌 미국 제도학파의 벌리(A. A. Berle)는 이미 1963년에 프리드먼의 시장만능주의를 비판했다. 벌리는 『아메리카 경제공화국(The American Economic Republic)』에서 소련형 사회주의는 정치와 경제가 주체가 같고 유착되어 있기 때문에 국유화체제를 감시하는 민주주의와 개인의 자유가 없다고 비판했다. 그리고 동시에 프리드먼과 같은 신자유주의를 비판한다. 프리드먼은 자유로운 민주주의 국가는 통제되지 않는 경제기구의 산물이라고 생각하고 정치적 자유는 경제적 자유시장의 산물이라고 생각하였으나, 벌리에 따르면 이것은 이론의 전도이다.

대부분의 경제학자는 자유 시장을 마치 그것이 정상이고 필연적이며 자유로운 현상인 것처럼 생각하고 또 서술하고 있다. 실제로는 자유 시장은 인위적이고 미묘하며 불안정하다. 자유 시장은 용의주도하고 계속적인 국가개입에 의해 비로소 유지되고 있는 것이다. 미 경제공화국에서 자유 시장은 국가가 유지하고 있는 수단 내지 기구며 국가이익이 명하는 대로 이용되고 포기되는 수단이다. 만약 국가에 의한 보호가 없으면 많은 이론가가 생각하고 있는 자유 시장은 몇 년 안에 소멸되어버린다.[95]

갤브레이스(J. K. Galbraith)는 『신산업국가(The New Industrial State)』에서, 현대 사회를 거대 기업과 거대 노동조합이 팽팽하게 겨루고 있는 사회로 묘사하였다. 그리고 군수산업, 우주개발과 원자력 분야에서는 공적 조직과 사적 조직의 경계선이 불분명해지고 기업은 '반국유화' 같은 상태로 되었다고 지적한다. 갈브레이드는 농업과 중소기업은 시장 원리로 움직이지만 거대 기업은 스스로 비용계산을 해서 가격을 결정하기 때문에 '계획경제'의 원리로 움직인다고 말한다. 그리고 국가도 '반계획경제'의 국가처럼 되었다고 말한다. 갈브레이드는 다원주의 국가론과 달리 거대 기업의 정치력을 중시한다. 거대 기업의 대항세력인 거대 노동조합이 급속하게 정치력을 상실해버리고, 거대 기업과 거대 국가가 미국의 현대 사회의 지배력이 되었으며 이 둘의 결합과 이반이 문제가 되어 있다.[96]

이런 제도학파의 국가론이 신고전파의 이론보다 현실적이다.

♟ '국가의 실패'

독일의 환경학자인 예니케(M. Jänicke)는 『'국가의 실패'(Staatsversagen: Die Ohnmacht der Politik in der Industriegesellschaft)』에서 독자적인 입장에서 현대국가의 결함을 지적하였다. 예니케는 국가의 실패를 다음 세 가지로 설명한다.

첫 번째로 정치적 국가의 실패는, 사회적 요구에 합치한 공공재를 사전예방 단계에서 공급·투입하지 못하고 사전 개입을 할 수 없는 것에 있다. 따라서 산업 시스템의 외부효과(공해, 지역격차, 산업격차)의 처리비용이 커지는 현상을 초래한다. 이것을 예니케는 '폐기물 처리'라고 부르며, 국가가 이 기능을 확대하면 할수록 산업성장이 촉진되지만 그것은 사회의 손실이 된다.

두 번째로 경제적 국가의 실패는, 공공재의 가격이 너무 비싸게 되어버린 비경제성에 있다. 이것은 공공선택론이 지적하는 정부의 실패와 같다.

세 번째로 기능적 국가의 실패는, 생산물의 유용성이 그다지 크지 않은 것을 공급해버리는 것으로 국가 활동의 유용성이 문제가 된다고 한다. 이것은 독일의 전력·교통정책이나 일본의 공공사업에서 볼 수 있는 것처럼 쓸데없는 댐이나 도로가 만들어지는 예이다.

이 중에서 예니케가 강조하는 것은 현대의 대량생산 산업 시스템을 개혁하지 않고, 거기에서 발생하는 사회적 손실을 제거하기 위해 국가가 공공서비스를 제공하는 것이나 사전 개입을 하지 않고 사후처리를 위해 대량의 낭비적인 공공자금을 지출하는 국가의 실패이다. 이것은 20세기 초에 독일의 골드샤이트(R. Goldscheid) 등이 주장한 재정사회학과 같은 주장이라고 할 수 있다. 근본적 원인에 메스를 가하지 않으면 대중요법으로 끝나기 때문에 쓸데없이 경비를 부풀리고 관료기구를 비대하게 만든다.

예니케의 이론이 신고전파와 다른 것은, 국가의 실패를 정부 그 자체의 실패로 보지 않고 "산업주의의 구조적 위기에서 유래한 규제수요의 증대와 산업주의가 만들어낸 통제능력의 저하 사이의 모순"으로서 산업에서 그 근본적 원인을 찾는 것이다. 즉 산업의 초거대권력을 국가관료제의 초거대권력으로 통제하는 것은 그 나물에 그 밥과 같은 것으로 불가능하기 때문에 국가의 실패가 있는 것이다. 그러므로 필요한 것은 산업권력의 해체라고 말한다. 예니케는 미래에는 사회적 기술적 혁신이 이루어져야 하는데, 그러기 위해서는 분권화, 참가, 생태적 근대화 등이 필요하다고 주장한다.[97]

♟ 사회주의의 '정부의 결함'

사회주의의 공해 문제는 '정부의 결함'의 전형이라고 할 수 있는데, 그것은 체제의 문제가 아니라 환경정책의 이념에 문제가 있다. 지글러(C. E. Ziegler) 의 『소련의 환경정책(Environmental Policy in the USSR)』에서 보면, 소련 정부나 이론가들 대부분은 마르크스주의에 따라, 자본주의에서 사회주의로 체제가 바뀌면 자동적으로 인간에 의한 인간의 착취와 인간에 의한 자연의 착취가 없어지기 때문에 자본주의와 같은 환경문제는 일어나지 않는다고 믿고 있었다고 한다. 또한 여기에 덧붙여 소련의 국토는 광대하기 때문에 오염물의 양이 많아도 —— 1970년대에는 SOx 배출량이 거의 미국과 같았다 —— 공해가 되지 않는다고 믿고 있었다고 한다. 국토 면적당 오염량이 공해의 설명이 될 수 없다는 것은 명백하다. 넓은 국토에 대한 신앙적인 믿음은 잘못된 것으로, 지글러에 따르면 소련은 이용가능 면적이 좁고 기후, 수계나 지질 등 자연적 조건에서 말하면 대기·물·토양오염이 일어나기 쉬운 조건에 있다. 사실 바이칼 호 오염을 비롯해서 큰 사건들이 줄지어 발생했다. 그러나 소련의 정책은 기본적으로는 북미, 유럽 국가들의 생산력을 따라잡기 위한 공업화 노선이며, 그래서 환경정책을 위한 경비는 성장을 저해하는 것으로 부차적으로 생각할 수밖에 없었다. 그뿐만 아니라 생태계를 무시하고, 스탈린 시대부터 유명한 대규모 자연개조정책을 추진해왔다. 이 대형 프로젝트들은 당과 엘리트들의 권위를 높이는 데는 효과가 있었으나 중대한 환경파괴이기도 했다. 지글러에 따르면 오늘날까지 소련 지도자들의 감각은 자원고갈이나 환경파괴 등을 믿지 않고 있으며, 마치 서부를 향해 개척을 계속했던 19세기의 미국인과 같다고 말한다.[98]

물론 지금까지도 환경문제 전문가들이나 자연이 파괴된 지역의 주민들 중에는 정부의 성장정책에 따른 외부비용의 누증을 깨달은 사람도 있었다. 정부는 인민의 참가를 강조하고 있지만 적어도 환경보전 분야에서는 참가를 제한하였고 특히 정책제언을 할 수 있는 자리가 주어지지 않았다. 환경법은 생산인가 환경인가라는 분쟁해결의 수단이 아니라 성장정책을 추진하기 위한 수단이 되어 있었다. 또 환경문제에 대해 잘못된 정보가 나돌고, 유력한 기업과 관료의 결합에서 기인하는 폐해나 방위산업의 생산에 의한 공해를 견제할 수 있는 것이 아니었다.[99]

지글러는 소련을 일종의 조합주의(corporatism) 국가로 보고, 국가기업과 정부관료의 결합체가 환경보전보다 성장을 선택하는 기본적 기제라고 말한다. 이런 일종의 이익동공체가 환경보전으로 정책전환을 꾀하는 것을 저지하고 있다는 것이다. 소련에는 주민이 참가해서 다원적으로 토론하고 그것이 정책형성으로 이어지는 관습이 없고, 당이 최종적으로 정책이나 정보를 결정하고 그것을 주민이 따르는 구조로 되어 있다.

소련의 환경정책에 대한 지글러의 소개와 비판은, 필자가 1970년대 이후 조사해온 폴란드의 환경정책의 결함과 같은 지적이다. 소련과 동구의 사회주의 체제는 붕괴하였지만 중국, 베트남, 쿠바, 그리고 최근 대두하고 있는 중남미의 '사회주의'의 환경정책은 '정부의 결함'을 시정할 수 있을까. 기본적인 종합조사를 하지 않았기 때문에 결론지을 수는 없으나, 중국의 현 상황에서 보는 한 '정부의 결함'은 시정할 수 있다고 말할 수 없다. 더구나 급격한 경제의 세계화와 시장경제화로 '시장의 결함'이 자본주의 국가 이상으로 출현하고 있는 것으로 보인다.

중국은 소련과 달리 경제의 세계화에 대응하고 있기 때문에, 선진 자본주의 국가가 채용하고 있는 환경정책을 정비하려고 한다. 같은 발전도상국 중에서는 예컨대 인도 등과 비교해보면, 중국의 환경규제 정비가 진전되어 있으며 공해를 포함한 환경정보의 공개도 시행하고 있다. PPP를 채용하고, 사전예방원칙을 검토·채용하였으며, GDP 1%를 넘는 환경대책비도 지출하고 있다. 그럼에도 중국의 많은 하천오염, 대도시·공업도시의 대기오염 등의 공해는 일본의 1950년대부터 1960년대의 고도성장기와 똑같은 심각한 양상으로 나타나고 있다.

지금까지 거듭해서 언급한 대로, 자본주의의 환경정책은 자본주의 원리를 초월한 주민의 여론과 운동에 의해 형성되고 진전되었다. 현대 사회주의제도도 자동적으로 환경문제를 방지하는 구조는 없다. 그것은 시장 원리에만 의존하는 것은 아니지만 경제성장을 최우선하는 기업주의가 깔려 있고, 그것이 정치와 결부되어 있다. 따라서 이러한 구조의 외부에서 공공적 개입을 하지 않으면 환경문제는 해결되지 않는다. 이 경우에는 주민의 여론과 운동이 필요하다. 그것은 공해와 자연파괴를 고발하기 위해 필요할 뿐만 아니라, 환경정책을 포함하여 그 지역에 어울리는 경제·사회의 발전을 계획하고, 실제로 자연을 지키고 피해를 구제하는 경우에 필요한 것이다.

중국은 공해·환경파괴를 야기하는 '중간 시스템'을 취하고 있다. 공해방지기술과 환경법제를 선진국에서 도입하더라도 지금의 '중간 시스템'을 개혁하고 주민의 인권과 민주주의를 지키는 공공정책과 삼권분립, 지방자치의 확립을 진전시키지 않는 한 공해·환경문제는 없어지지 않을 것이다. 유럽, 북미, 일본의 근대화와 다른 길을 걸어갈 수 있을 것인가는 아직 답이 나와 있지 않다.

2. 일본의 환경정책과 '정부의 결함'

♟ 환경법제의 새로운 전개

일본의 환경행정은 1970년대 이후 기구가 정비되고 인원과 예산이 대폭 증가했다. 리우 회의 이후의 국제정세의 영향도 있어서 환경 관계법은 헤아릴 수 없을 정도로 제정되었다. 그중에서도 중요한 법률과 그 문제점은 다음과 같다.

「환경 기본법」(1993년)은 환경의 혜택을 향유 계승하고, 환경에 대한 부하가 적은 지속적 발전이 가능한 사회를 구축하며, 국제협력을 통한 지구환경 보전을 적극 추진한다는 세 가지 기본이념을 내걸고 있다. 이 법률에서는 리우 회의의 교훈에서 민간단체의 활동을 촉진하기 위해 정보를 제공하고, 기타 필요한 조치를 강구한다고 규정하고 있다. 이것은 큰 진보이기는 하지만, 실제로는 이 법의 제정과정이 사실상 비공개였으며 시민단체의 의견을 수렴했다고 볼 수 없다. 「환경 기본법」은 환경정책의 헌법이라고 할 수 있는 것으로 환경단체가 오랜 세월 요구해온 환경권을 규정해야 했다. 환경권을 명시할 수 없으면 환경단체의 행정 부작위 추궁권을 인정해야 했다. 그러나 법은 제3조에서 "환경의 혜택을 향유 계승"한다는 문학적 표현의 조항을 만들어, 건전하고 풍요로운 환경을 현재와 미래 세대의 인간들이 향유할 수 있도록 유지해야 한다고 선언하는 데 그치고 있다. 제4조에서 지속 가능한 발전의 이념을 말하고 있지만 문장이 난삽하여, 경제발전이 없으면 지속 가능한 사회를 달성할 수 없고 과학기술의 발전이 없으면 환경보전을 할 수 없다는 식으로도 해석되어 지속 가능한 발전이 지상명제라는 리우 회의의 정신이 애매모호해졌다.

환경 기본계획은 기본법의 시책을 추진하기 위해 법 제정 다음 해에 책정되었다. 여기서 처음으로 국민의견 수렴방식(Public Comment)을 채용하여 9개 광역지역에서 156명의 의견, 우편 등으로 보내온 610명의 의견 등 총 3336건의 의견이 정리되어 발표되었다. 그러나 최종안에서는 이런 의견들이 거의 채용되지 않았고, 요구를 받아 실현했을 터인 수량적 목표는 지금까지 각 부처가 정한 목표를 제시하는 데 그치고 있다. 환경기본계획은 장기적 목표로서 순환, 공생, 참가, 국제적 협력이라는 네 가지 키워드와 다섯 가지 시책을 표방한다. 관청문서에 공통적인 것인데 주어가 없고 누가 어떻게 모니터링을 해서 사후 수정을 하는지, 혹시나 시책이 실패한 경우 누가 책임을 지는지를 알 수 없는 문장이 되어 있다. '계획'이라기보다 '희망'을 열거했다고 하는 것이 낫다. 환경기본계획은 순환형 사회를 실현해야 하는데 여기에는 강력한 규제와 경제적 수단이 필요하다. 그것을 위해서는 환경기본계획은 모든 행정계획의 틀 또는 최상위 계획이어야 한다. 그러나 환경성은 힘도 없고 작은 부처이며, 이 계획은 행정계획의 일부에 지나지 않는다. 자연과 인간의 공생이라는 원칙에서 국토를 네 공간으로 나누어 계획한다. 공생의 원칙에서는 원시림처럼 엄격하게 보전해야 할 공간, 생태계와 경관의 희소성의 관점에서 적정하게 보전해야 할 공간으로 나누었다. 구체적으로 구별하기에는 그 기준이 애매모호하며, 여기에서도 국토형성 관청과의 관계정립이 문제이다. 무엇보다 농산어촌의 보전을 위한 인재가 과소(過疎)해진 것이 문제인데, 한편으로 정부는 기초자치단체의 합병을 강행하고 농업경영의 대규모화를 도모하며 농촌의 과소화를 진행시키고 있기 때문에, 이 계획은 공상으로 보인다. 주민 참가는 말할 것도 없이 환경정책의 원칙인데, 이 계획에서는 요시노가와 강 하구언 등에서 결정적 역할을 한 '주민투표'와 같은 구체적 참가제도가 제시되어 있지 않다. 시민이 주권자로서 환경이라는 공공재를 지키지 않는 정부를 소송할 권리를 명시하는 것이 아니라, 분리수거에 참가할 책무를 기술하고 있다. 이것은 앞에서 언급한 대로 환경문제의 원인을 중간 시스템처럼 사회·경제 시스템에 그 첫 번째 책임을 기업＝생산자에게서 찾는 것이 아니라, 원인은 생활양식에 그 책임은 소비자＝주민에게서 찾는 것이다.

사전예방원칙을 확립하기 위한 사업영향평가와 위해성 평가에 대해서는 법제와 문제점을 이미 앞 절에서 서술했기 때문에 생략한다.

「순환형 사회형성 추진 기본법」(2000년)은 제2조에서 '순환형 사회'를 다음과 같이 규정하고 있다. 제품의 폐기물화를 억제, 순환자원이 된 경우에 적정한 순환적 이용의 촉진, 순환 이용이 불가능한 자원의 적정한 처분, 천연자원의 소비억제와 환경에 대한 부하를 가능한 한 저감시키는 사회이다. 이 법률에 근거하여 「자원유효이용촉진법」이 제정되고 또 용기 포장, 가전제품, 자동차 등의 재자원화법이 성립되었다. 또한 과거의 「폐기물 처리법」도 개정되었다. 이런 법률이 연이어서 만들어진 배경에는 세토우치의 데시마(豊島) 섬에서 일어난 불법투기가 있다.

그 결과, 산업폐기물 처리량은 1985년 산업폐기물의 4톤에서 변하지 않으나 재자원화 비율은 1990년의 38%에서 2003년에 49%가 되었고, 최종 처리량은 9000만 톤에서 3000만 톤으로 3분의 1로 줄었다. 이렇게 유효이용은 진척되었지만 불법투기나 처리장 부족은 해소되지 않았다. 재자원화는 원재료 가격이 급등하고 또 폐기물의 구입비보다 재자원화 처리비가 싸지지 않으면 진척되지 않는다. 최근에는 연간 폐자동차 500만 대, 그중에서 100만 대가 수출되고 있다. 이것은 바젤 조약 위반은 아니지만 최종처분 책임이 아시아 국가들에게 이전되는 경우가 많아지고 있다. 본래 완전 순환사회 형성은 유지 가능한 사회를 만드는 것의 일환이며, 어떠한 사회 경제 시스템을 만드는가 하는 문제였다. 그러나 일본에서는 폐기물 재자원화가 되었고 또 각 산업의 재자원화로 왜소화되어버렸다.

1990년대 이후 일일이 소개할 수 없을 정도로 많은 법제가 탄생했다. 이것을 운용하는 행정직원도 전문화되어 있다. 특히 자연보호 관계에서는 우수한 전문가가 생태계의 유지에 전력을 다하고 있다. 그런데 1960년대와 비교할 수 없을 정도로 조직, 인원, 예산이 충실해졌음에도 아직껏 공해문제가 끝나지 않았고 어메니티의 충실은 보이지 않으며 지구환경 문제가 심각해지는 것은 왜인가. 이는 일본에서 '정부의 결함'이 여전히 해소되지 않았기 때문이다.

♟ 일본적 '정부의 결함'

일본의 환경정책의 문제점은, 첫째로 민간 기업 추수주의(追隨主義)라는 것이다. 1967년의 「공해대책 기본법」의 목적은 "생활환경의 보전과 산업발전의 조화"라는 조화론이었다. 이 조화론은 산업의 이윤을 보장하는 범위 내에서 환경보전을 실행하는 것이 된다. 경제학으로 말하면 현행 기술을 전제로 한 최적오염점으로 환경기준을 정하는 것이 되어, 기업이 채용 가능한 현실타협적인 환경기준을 정하기 때문에 피해발생을 막을 수가 없다. 1970년에 「공해대책 기본법」이 전면 개정되어 조화론의 조항은 사라지고, 공해대책은 생활환경 보전이라는 단일한 목적을 수행하게 되었고 환경기준도 개정되었다. 또한 공해에서는 무과실 배상책임도 인정되었다. 그러나 현실에서 기업의 압력이 강해서 1978년에는 NO_2의 기준이 개정되었고, 1988년에는 「공해건강피해보상법」의 대기오염지역이 해제되었다. 이는 환경행정이라기보다 산재까지 포함한 안전대책인데, 석면규제가 늦어진 것은 명백하게 행정의 민간 기업 추수주의를 드러낸 것이다. 2007년에 겨우 전략적 환경영향평가가 도입되었으나 그때 전력업계의 요망으로 발전소는 제외되었다. 이것은 위원회의 결정에 위반하고 유야무야로 결정된 것인데, 기업의 횡포에 행정이 굴복한 것이라고 해도 좋다.

사법의 장에서 환경권이 인정되지 않고 여전히 수인한도론(受忍限度論)이 지배하고 있는 것도 같은 이념이다. 사법(특히 행정)의 장에서는 소유권을 전제로 사회적 유용성 —— 공공성으로 되는 경우도 있다 —— 이 있는 사업의 공해에 대해서는 피해자가 소유권을 침해당하든지 중대한 건강장해를 초래하지 않는 한 피해를 참고 견뎌야 한다는 '수인한도론'을 밑바탕에 깔고 있다. 이 경우의 사회적 유용성이란 경제효과이며, 시장가격으로 표시될 수 있는 사회적 편익이지 모든 주민에게 평등한 기회를 준다는 사회적 공평이 아니다. 더구나 기본적 인권을 인정하는 정의의 이념에 근거하지 않는다. 그 때문에 피해자인 사회적 약자는 기업이나 국가의 행위를 수인(受忍)할 수밖에 없다. 일본의 경우 신사나 사원경내의 숲을 제외하고는 한데 모인 녹지가 없고, 난잡한 고층 빌딩과 고속도로로 경관을 파괴한 것은 이 이론을 따르기 때문이다. 원인자가 사법상의 책임을 지키지 않고 소유권 침해와 피해자의 중대한 질병 같은 민사상 과실을 침해하지 않는 한, 생활환경의 피해 정도로는 무과실 배상책임이나 중지명령은 내리지 않는다는 사고방식이다. 공공사업 재판에서 인격권이 인정되고 배상책임이 이루어지고 있으나, 여전히 중지명령을 얻어내기가 어려운 것은 공공성에 문제가 있기 때문이다. 이에 대해서는 다음 항에서 다룬다.

두 번째 문제는, 사전예방을 원칙으로 하지 않고 대증요법주의를 취한다는 것이다. 4대 공해재판으로 가해책임이 확정되지 않았다면 환경정책은 전진하지 못했다. 도로, 공항, 신칸센 등의 소음기준은 재판이 행해질 때까지는 설정되지 않았다. 「환경영향평가법」이 미국의 NEPA보다 30년 늦어진 것에서 볼 수 있듯이 일본의 환경정책은 사전예방원칙의 채용이 뒤떨어져 있다. 이와 마찬가지로 「경관법」이 이탈리아의 「갈라소법」보다 20년 늦어지고, 석면 금지가 북유럽에 비해 10여 년 뒤늦게 이루어진 것 등 많은 실패를 지적할 수 있다.

사전예방이 아니라 대증요법으로 처리한다면, 그 사이에 많은 공해와 환경파괴가 일어나고 돌이킬 수 없는 절대적 손실이 일어난다. 교토의 중심부는 겨우 「경관법」에 입각하여 시의 조례로 고도제한규제가 시작되었으나 이미 손쓰기에는 늦어버린 지구가 많다. 석면으로 인한 많은 희생자들은 지금까지 구제되지 못했고, 앞으로 구제된다고 하더라도 건강과 생명은 원래대로 되돌아가지 않는다. 대중요법은 재정적으로도 낭비가 많아 결국은 국민 경제적 손실이 된다. 고도성장 시대의 대부분의 대형 프로젝트는 돌이킬 수 없는 공해를 야기하였고, 그 대중요법 때문에 거대한 비용을 들였다. 예를 들어 오사카 공항은 주변정비기구를 설립하여 공항 주변의 주민 이전, 주거·공공시설 등의 방음공사를 하였고 나아가 주민들에게 배상금도 지불하였으나 이런 공해대책비는 당초의 오사카 공항 건설비의 10배 이상이나 들었다. 신지코 호·나카우미 호의 간척은 공사비가 낭비되었을 뿐만 아니라 사후대책에 경비가 들 것이다. 필시 이사하야 간척사업이나 댐, 신산업도시 이후의 5차에 걸친 국토개발사업으로 초기목적이 달성된 프로젝트에 대해서는 환경파괴와 함께 사후대책에 큰 사회적 손실이 발생했다.

그리고 셋째는 관료주의(부처 이기주의와 중앙집권주의)에 있다. 1960년대의 공해행정은 정부의 각 부처에 나누어져 있어 부처 이기주의가 강했다. 초기의 공해행정을 스스로 경험했고 일본의 공해·환경행정의 리더였던 하시모토 미치오(橋本道夫)는『내가 본 환경행정(私史環境行政)』에서, 공해가 여러 행정을 망라하는 분야라는 것을 핑계로 삼아 방치되어온 것을 1964년 공해과장 취임 당시를 회고하며 다음과 같이 말하고 있다.

말하자면 공해는 다루기에 매우 성가신 것으로, 가급적 관여하고 싶지 않은 것이 본심이었지만 각 부처 사이에 대화를 하게 되면 적극적·소극적 권한주장을 교묘하게 나누어서 사용하기 때문에 결과적으로는 공해대책을 저해하는 양상을 보였다.100)

부처 이기주의는 그 자체가 관료주의(전문적인 권한·재정의 집중)의 소산일 뿐만 아니라 그 배후에 산업계의 의도가 작용하고 있기 때문에 생겨난다. 하시모토 미치오는 초기의 공해행정, 예를 들면 미나마타병 문제에서는 일본화학공업회의 오시마(大島) 이사에게 '빨갱이'라고 매도당했으며, 다른 건에서는 철강연맹으로부터 큰소리로 질타를 당했다고 한다. 환경영향사전평가제도가 여섯 번이나 무산된 것은, 환경성(청)과 사업자 사이의 의견정리가 되지 않았다는 것이 표면적 이유였으나, 실제는 그 배후에 각종 산업계의 반대압력이 있었다. 석면대책이 늦어지고 또 구제법이 제정되어도 종합적으로 구제가 진행되지 않는 것은 부처 이기주의 때문이다. 이미 제III부에서 언급한 대로 유해한 물질은 공해뿐만 아니라 산재·상품공해 등 사회적 재해 전체 또는 안전대책으로서 전 부처가 관계하여 대처해야 하는 현상이다. 관료주의가 그것을 저해한다든가 그것이 앞에서 말한 민간 기업 추수주의와 일체화되어 대책을 더디게 만들고 또는 실패하도록 만든다.

관료주의는 동시에 비밀주의이다. 산업계도 영업상 비밀로서 정보공개를 저해하는 경우가 있는데, 이것은 행정상 비밀유지 의무로서 공개하지 않는다. 「환경 기본법」을 따른다면 환경문제에 관한 정보는 원칙적으로 공개해야 한다.

♟ 환경정책의 변용 ── 기업주의로

신자유주의에 의한 세계화는 환경정책을 바꾸고 있다. 그것은 크게 나누어 두 방향으로 나타난다. 하나는 공해·환경보전의 주체를 공공기관에서 민간 기업으로 이전하는 경향이다. 또 하나는 정책수단을 직접규제에서 경제적 수단, 특히 배출권거래 같은 오염물 가격을 설정하여 매매하는 시장주의를 중심으로 하는 것이다.

세계화의 진행과 함께 글로벌 스탠더드가 세계기업을 규제하기 시작했다. 대표적인 예가 국제회계기준위원회(IASB)가 만든 기준이 전 세계 금융기관 등의 규제기준이 되어 있는 것이다. 대표적인 두 곳의 민간기관, 무디스 인베

스터스 서비스(Moody's Investors Service)와 스탠더드 앤드 푸어스(Standard & Poor's)의 신용등급이 각국의 투자자를 지배하고 국가를 초월하여 사실상 기업 활동의 '공적규제'가 되었다. 환경정책에서는 ISO(국제표준화기구) 14000 시리즈가 환경성을 대신하여 환경정책의 인증을 추진하고 있다. 일본에서는 ISO 14000 시리즈의 등록을 했는지 아닌지가 환경정책을 추진하는 사업체인가를 판정하는 기준처럼 되어 있다. 2005년 9월 말까지 등록조직 건수가 2만 438건에 도달하여 세계 제일의 등록 건수를 기록했다. 참고로 이것은 세계 ISO 14001 등록 건수의 18.8%며, 2위는 중국으로 12.2%, 3위는 스페인으로 7.6%, 4위는 이탈리아 6.8%이며, 영국이 6.0%이고, 독일 4.9%이다. 중국과 스페인이 ISO 14001 등록 건수가 많다고 해서 EU보다 환경정책이 진보한 국가라고는 말할 수 없을 것이다. EU 국가들은 공공정책을 주체로 하고 있기 때문이지만 일본에서는 이것이 환경정책의 판단기준이 되어 있다.

또 환경경영에 열중하며, 환경보고서 작성이나 환경회계를 도입하여 환경정책을 추진하는 것이 기업의 사회적 책임을 수행하는 수단이 되어 기업의 좋은 이미지를 강화시키고 있다. 환경성이 상장기업에 대해 조사한 결과에 따르면, 2004년에 환경에 관한 경영방침을 책정한 기업이 85%, 환경보고서를 작성·발표한 기업이 58%, 환경회계를 도입한 기업이 30%로 되어 있다. 이 내용이 합리적인가에 대해서는 검토가 필요하지만, 과거에는 공해·환경 문제의 정보가 비밀로 되어 있었던 것에서 보면 대단한 변화다. 어째서 이런 변화가 일어난 것일까.

말할 필요도 없이 고도성장기의 심각한 공해의 결과 그리고 최근의 지구 환경 문제에 따른 주민의 공해반대·환경보전의 여론 및 운동의 압력과 그곳에서 태어난 많은 환경법제가 기업의 전략에 영향을 미쳤을 것이다. 환경정책이 시민권을 얻었다는 조건 아래, 앞에서 언급한 대로 신자유주의의 조류 속에서 공적규제보다 기업의 자주·자기책임이라는 시장 원리가 관철된 것

<표 IV-12> 환경 사업의 시장·고용규모

	시장규모(억 엔)		고용규모(명)	
	현상	2010년	현상	2010년
환경분석장치	300	400	1,290	1,080
공해방지장치	11,690	15,760	18,610	19,370
폐기물 처리·재활용 장치	4,870	7,120	7,740	8,940
시설건설(매립처분공장)	1,660	340	1,490	310
환경복원·환경창조	17,350	54,850	62,020	192,840
환경 관련 서비스	2,230	7,360	9,880	28,610
하수·분뇨처리	920	12,120	12,420	42,500
폐기물 처리·재활용	407,220	513,750	1,183,310	1,332,290
환경조화형 제품	34,970	43,760	62,620	77,760
합계	481,210	673,460	1,359,380	1,703,700

자료) 산업구조심의회 환경부회 산업과 환경소위원회, 『環境立国宣言 —— 環境と両立した企業経営と環境ビジネスのあり方』(2003), p.10.

이다. 마치 그것을 추진할 것처럼 환경대책이 사업이 되었다. 산업구조심의회 환경부회의 산업과 환경소위원회에 따르면 <표 IV-12>처럼 환경 사업의 시장규모는 48조 엔, 고용규모는 136만 명에 이른다. 이 통계는 환경 분석·공해방지장치 같은 하드웨어 부문에서 서비스 부문에 이르기까지 망라하고 있는 것이며 산업별 분류의 전 부문에서 추출해낸 것이라서, 환경산업이라는 독립된 산업의 생산액은 아니다. 그러나 자동차 산업의 출하액 47조 엔에 필적하는 거대한 규모이다. 여기의 최대 분야인 폐기물 처리·재자원화 부문은 재자원화 관련법에 의해 향후 점점 늘어날 것이 예측되기 때문에 2010년에 67조 엔이라는 금액도 터무니없는 수치는 아니다. 이런 부문의 네트워크를 구성한 환경산업 클러스터(콤비나트라고 해도 좋다)가 만들어지고 기타큐슈처럼 지역개발로서 에코타운이 계획되고 있다. 또 이 이외에도 에코생산품이라고 해서 '친환경 상품'이라고 명명된 상품과 서비스를 판매하는 부문이 나왔다. 참으로 '환경 사업 시대'다.

　일본은 기업사회이기 때문에 환경정책의 진전은 이러한 기업대책의 진전이 필요할 것이다. 그러나 시민들로서는 많은 공해와 환경문제를 소멸시키는 것이 목표이다. 그것이 사업(busisness)이 되면 끊임없이 재생산되어야 한다. 재활용(recycle) 산업이 대규모화 되어 채산성을 얻기 위해서는 폐기물이 항상 대량으로 공급되어야 한다. 그것은 대량생산·대량소비를 전제로 하며 부족하면 수입하게 된다. 여기에 환경 사업이라는 bads를 goods로 만드는 산업의 한계가 있는 것이다.

　환경정책의 기업화와 함께 정책수단의 변용이 진행되고 있다. 이것은 이미 앞 절에서 설명했는데 기업에게는 용인될 수 있는 경제수단이 바람직한 것이 된다. PPP처럼 책임을 분명히 하는 방법보다도 환경세처럼 직접책임을 따지지 않는 조세가 바람직하다. 일본에서는 업계의 반대로 이것도 채용되지 않기 때문에 배출권거래로 나가는 경향이 있다. 그것도 정부가 총량규제를 하는 것이 아니라 업계의 자주적 거래에 맡기는 경향이 있다. 특히 아시아, 그중에서도 중국과 관계해서 배출권거래가 진척될 것이라고 생각된다. 일본은 에너지 절약기술이 발전되어 있고 GDP의 성장률과 비교해서 에너지 소비의 증가율이 작기 때문에 이 이상 에너지 절약 기술을 개발하는 것은 다른 나라들보다 어렵다고 말한다. 이 때문에 에너지 효율이 나쁜 발전도상국과 배출권거래를 하는 것으로 치달리기 쉽다고 평가되고 있다. 그러나 이 경향이 안이하게 진행되면 공해방지·환경보전의 기술개발이나 정책의 전개가 늦어지게 될 염려가 있다.

3. 공기업·공공사업의 '공공성'과 환경문제

♟ '공공성'이란 이름하의 인권침해
── 세계 최고의 공공투자국 일본의 경험

영국의 행정학자 롭슨(W. A. Robson)이 '천재'라고 격찬한 미국의 전 컬럼비아 대학교 법학부 교수 프리드먼(W. Friedman)은 『현대경제와 국가의 역할(The State and the Role of Law in a Mixed Economy)』에서 다음과 같이 말하고 있다.[101]

> 오늘날 정부기업만이 도로의 혼잡, 공기나 물의 오염, 공공 수송의 쇠퇴에 맞설 수 있지 않을까. 그런 까닭에 현대 사회에서 사용하지 않게 된 오래된 경제철학 용어('싸게 먹히는 정부'론 등 ── 인용자 주)를 사용하여 공기업에 반대하는 것, 또는 그렇기는커녕, 경제용어만을 사용하여 공기업에 대해 이러쿵저러쿵 논의하는 것은 ── 결코 이상하다고는 말할 수 없다 해도 ── 불합리하다.

실로 이러한 지적은 올바른 것이지만, 현실의 공유기업 또는 공공사업은 사회주의와 자본주의의 양쪽 여러 나라에서 사기업과 마찬가지로 공해와 환경파괴를 진행하고 있다. 왜일까. 어떻게 하면 정부기업이나 공공사업이 사기업과는 달리 공해방지나 환경보전을 실시하는, 프리드먼이 말하는 본래의 정의와 공정의 임무를 수행할 수 있을까.

공유기업과 공공사업·서비스가 만들어내는 공해나 어메니티 문제야말로 '정부의 실패'이다. 그리고 이것이야말로 현대 자본주의 국가의 모순, 나아가서는 현대 사회주의 국가의 모순을 상징적으로 나타내 주는 것이라고 할 수 있다. 틀림없이 이 문제를 생각하기에 가장 적합한 것이 일본의 경험일

〈표 IV-13〉 각국의 공적지출이 GDP에서 차지하는 비율의 추이

	1970년			1980년			1985년			1990년			1994년		
	정부 고정 자본	군사 비	사회 보장 이전	정부 고정 자본	군사 비	사회 보장 이전	정부 고정 자본	군사 비	사회 보장 이전	정부 고정 자본	군사 비	사회 보장 이전	정부 고정 자본	군사 비	사회 보장 이전
일본	4.6	0.8	4.7	6.3	0.9	10.4	5.9	1.1	13.7	6.3	1.1	13.7	8.2	1.1	16.3
미국	2.6	7.6	7.9	1.6	5.1	10.5	1.9	7.4	12.8	1.9	6.6	13.2	2.0	4.7	15.3
영국	4.8	4.7	8.6	2.7	4.6	11.6	2.2	5.7	17.1	2.6	4.6	14.8	2.1	3.9	18.1
독일	4.3	2.9	12.2	3.5	2.8	15.3	2.6	3.1	21.4	2.5	2.5	22.0	2.3	-	26.4
프랑스	3.8	3.2	17.0	2.9	3.4	22.4	3.5	3.7	27.9	3.9	3.4	26.9	3.9	3.4	30.1
스웨덴							3.7	3.2	23.3	3.6	3.1	25.4	4.0	3.3	32.7

자료) 대장성(大藏省) 자료.

것이다.

일본은 1990년대 초반까지 기업의 고도성장이 세계 제일이었고, 영업잉여(광의의 이윤의 개념)가 양·질 모든 면에서 세계 제일이었다는 점으로 볼 때, 민간 자본의 경제력이 강한 나라이다. 그러나 동시에 국가가 이 민간 자본의 급속한 축적을 조성하기 위해 대규모 공공투자를 시행하고 있다는 점에서도 세계에서 손꼽히는 국가이다. 필자는 그런 의미에서 일본을 '기업국가'라고 명명했다. 즉 일본의 재정은 〈표 IV-13〉와 같이 정부의 고정자본형성이 두드러지게 크고 사회보장과 같은 이전적 지출이 적은 것에 특징이 있다. 1965년의 불황 이후 일본의 공공사업은 일부 재원을 공채로 조달하면서 늘려왔다. 특히 1970년대와 1990년대에는 그것이 일본 경제의 주역이 되고 내수확대의 견인력이 되어, 그 결과 오늘날의 공채 누적=재정위기가 생겨났다. OECD의 1977년도 통계를 보면 공공투자가 GNP에서 차지하는 비율이 9.3%로 미국의 2.6%에 비해 압도적으로 높고, 당시 국영기업이 많았던 영국의 6.8%도 앞질렀다. 양적인 면에서도 1974년도에 외환시세로 환산하여 미국과 같은 액수가 되었고, 그 후 추월하였다. 이 때문에 일본은 미국과 비교

해서 면적당 10배 이상의 공공투자가 이루어져 세계 제일의 밀도를 가진 교통 통신망이 국토를 뒤덮고 있다. 1980년대 이전의 영국은 국공유기업이 많았지만, 일본은 그 정도는 아니므로 공공투자가 많다는 것은 공공사업이 많다는 특징이 된다. 여기에 의존하여 건설업이 급성장하여, 1970년대에는 소득은 물론이고 고용 면에서도 농업을 앞질러 세계에서도 손꼽히는 토건국가가 되었다. 비교하기는 어렵겠지만, 일본의 사회자본 건설액은 사회주의 국가를 포함해도 세계 제일로 유사 이래의 일이다. 물론 지가도 세계 제일이기 때문에, 실질적인 건설량은 금액만큼 되지 않는다 해도, 경제학상 주목할 만한 문제이다. 그런 만큼 이 공공사업의 공해문제는 세계적인 사건이라 할 수 있다. 거품이 붕괴된 후 경기대책을 위해 지방재정으로 중점을 옮기면서 공공투자는 계속되었다. 고이즈미(小泉) 내각의 구조개혁 이후, 공공사업은 삭감되었고 공공투자가 GDP에서 차지하는 비율은 반으로 줄었지만 여전히 세계 최고의 투자를 하고 있다.

공유기업이나 공공사업이 일으키는 환경문제에는 두 가지가 있다. 하나는 직접적인 것으로 해안 매립이나 구릉지 개발에 의한 자연파괴, 철도·도로·공항 등의 공해이다. 또 하나는 간접적인 것으로 공공사업을 중심으로 한 지역개발과 같은 경제계획에 의해 유치된 기업이 공해를 일으키는 문제이다. 1972년 욧카이치 공해소송 판결에서는 이 사건에 대해 다음과 같이 국가나 자치단체의 간접적 책임을 추궁했다.

> 피고 콤비나트 공장군이 욧카이치에 진출하는 것에 대해 당시 국가와 지방자치단체가 경제우선의 사고방식에서 공장에 의한 공해문제의 야기 등에 대해 사전에 신중한 검토를 거치지 않은 채 구(舊)해군 연료창을 대여하고, 조례로 유치를 장려하는 등의 과실이 있었던 것을 엿볼 수 있는……

이미 언급한 대로, 국토계획을 환경보전의 최종 해답이라고 하면 공공사업을 유치의 수단으로 삼는 지역개발이 공해를 일으킨 경우, 국가·자치단체의 책임을 물어야 할 것이다.

그러면 다음에 본 주제인 직접적 책임으로 들어가자. 공유기업이나 공공사업의 공해사건은 제2차 세계대전 이전에도 국철의 신겐코 하타가케마쓰(信玄公旗掛松) 사건[102] 등이 있었고, 제2차 세계대전 후에도 도쿄의 지하철 공사에 따른 소음 사건, 히로시마 현(広島県) 요시다 정(吉田町) 등의 분뇨처리·청소공장건설 사건 등을 경험하였으나, 1960년대 후반 이후의 공공사업 공해사건은 그 이전과 질이 다르다고 할 수 있다. 즉 이 시기의 공해문제는 환경에 미치는 영향이 크고, 인적 피해가 일상적 계속성을 지녀 심각했으며, 또한 특정 지역뿐 아니라 전국적 공통성을 가지고 있다는 점에서 특이한 사태였다. 이 때문에 오사카 공항(1969년 기소), 도카이도 신칸센(1974년 기소), 국도 43호선, 후쿠오카 공항, 요코타(横田) 기지, 아쓰기(厚木) 기지 등을 비롯하여 전국적으로 공공사업을 둘러싼 공해재판이나 분쟁이 발생하였다.

공공사업이 공해를 야기하는 것은 민간사업의 경우와 마찬가지로 사전에 환경영향평가를 실시하지 않고 —— 실시하더라도 불완전한 예측으로 —— 주변 주민의 기본적 인권을 고려하지 않은 채, 공해대책을 생략하거나 또는 불충분한 채로 건설하여 운영했기 때문이다. 그런 의미에서는 사기업의 공해와 마찬가지로 민사적인 사건이다. 여기에서 다음의 두 가지 문제가 생긴다. 하나는 사기업의 이윤채산원리 또는 시장 원리로부터 상대적 또는 절대적으로 독립되어 있는, 바꿔 말해서 '공공성'을 가지고 있는 공유기업, 특히 공공사업·서비스가 왜 민간사업과 마찬가지로 효율을 생각하여 공해대책 경비를 생략하는가 하는 점이다. 공공성이란 기본적 인권을 확립하고 옹호하는 것이며, 공공사업은 사회적 효율뿐 아니라 정의와 공평을 목적으로 하고 있다.

이 공공사업이 공해를 일으킨다는 것은 공공성에 위배되는 것이 아닌가 라는 점이다. 실제로 이 문제는 부메랑 효과가 있다. 공공사업·서비스의 재원은 조세 —— 공채도 미리 징수한 조세로 볼 수 있다 —— 인데, 만약 공해를 일으켜 배상금을 지불하면 그것도 조세에서 지불된다. 공공사업이나 서비스가 공해 방지를 위해 중지당하면 피해를 입는 것도 납세자이다. 즉 공공사업·서비스의 공해문제는 부메랑 같이, 피해를 일으키면 그것이 다시 건설자인 국민에게 되돌아오는 성격이 있는데, 왜 처음부터 충분한 대책비를 편성하지 않는가 하는 점이다.

다른 하나인 공공사업·서비스 공해의 고유문제는 발생원인자가 권력을 가진 국가여서 공해가 일어나도 권력으로 피해자를 탄압하거나, 또는 참게 만든다는 점이다. 공공사업의 공해문제에는 공공성인가 환경권(인격권)인가 하는 캐치프레이즈가 붙는다. 이 경우 환경권(인격권)에 대립하는 공공성이라는 것은 권력성 또는 인권을 초월하는 행정권의 우월성이다. 민간사업의 공해와는 이점이 다른 것이라서, 인민의 수인한도가 무한으로까지 확대될 가능성을 가지고 있다.

바로 공공사업의 공공성을 둘러싼 이 두 가지 문제는 현대 자본주의 국가뿐 아니라 사회주의 국가 공해문제의 기본에도 관계되는 것이다.

♟ 공공성을 둘러싼 두 가지 길: 권력적 공공성에서 시민적 공공성으로

공공사업의 공공성은 공해재판에서 가장 적나라하게 논쟁되었다고 해도 좋다. 정부를 옹호하는 논리로서 공공성은 첫째로 사법이 침범할 수 없는 행정권의 우위성이고 권력성이었다. 오사카 공항 사건의 최고재판소 판결에서 소수 의견을 제출한 나카무라 지로(中村治郎) 재판관은 전통적 공공성을 다음과 같이 언급하였다.

공권력 행사에 해당되는 행위란 일반적으로 평등한 권리주체 사이의 수평적 관계와 구별되는 권력 − 복종의 수직적 관계에서, 권력행사의 권능을 갖는 자가 우월적인 의사의 주체로서 상대방의 의사가 어떠하든지 관계없이 일방적으로 의사를 결정하고, 그 결과에 대해 상대방에게 억지로 참도록 강제할 수 있는 효과를 갖는 행위를 뜻한다.

나카무라 지로 재판관은 이 규정에서 보아 오사카 공항의 공공성은 적다고 했다. 아쓰기 기지 재판에서 요코하마 고등재판소의 판결에서는 미일 안보조약에 입각한 군사행위는 최고도의 공공성을 가지며, 주변 주민은 연습에 따른 소음 등을 수인해야 한다고 하였다. 미국 정부가 일본계 미국인의 억류기간에 대한 배상을 인정했듯이, 전쟁과 같은 비상사태 아래서도 정부가 기본적 인권을 침해하면 수인은 허용되지 않는다. 더군다나 평상시 연습이 매일 심야까지 행해져 주변 주민의 생활을 침해하는 일이 허용되어서는 안 되는 것이다. 즉 공권력 행사라 하더라도 기본적 인권의 침해는 허용될 수 없으며 자연히 한도가 있어야 한다고 말할 수 있다.

군사 활동이나 소방 활동과 달리 공항, 철도나 도로 등에 의한 교통은 공항과 항공회사, 도로와 운송회사와 같이 민간의 기업 활동과 관계되며, 또는 옛 국철이라 하더라도 민간 철도회사와 같은 행위를 하고 있다. 따라서 나카무라 지로 재판관이 말한 공권력 행사라고 딱 잘라 말할 수는 없다. 따라서 보통 공공사업에서는 사회적 유용성 또는 극한적인 비대체성을 이용해서 공공성을 논하고 있다. 그러나 공유기업이나 공공사업의 사회적 유용성이라는 것은 민간사업의 경우와 다르지 않다. 예를 들어 오사카 공항과 도요타를 비교하여, 이 둘의 생산이나 서비스의 사회적 유용성을 양적으로 비교한다고 하면, 항공에 비해 자동차의 수요가 많고 일반적이라는 이유로 도요타의 손을 들어주는 사람이 많을지도 모른다.

하마다 고이치(浜田宏一)는 '공항소송과 공공성의 개념'에서 "오사카 공항소송의 쟁점이 되어 있는 것은, 기본적으로는 이용자의 사적 이익과 공항 주변 주민의 사적 피해의 관계이다"라고 언급했다. 운수성(運輸省)이나 국철이 주장하는 공공성이란 사적 이익의 총체에 지나지 않으며, 인격권 침해라는 사적 이해에 대해 교통행정의 공공적 이익이라는 이질적인 것이 대립하고 있는 것이 아니라는 말이다. 이것은 공공성의 신화라고 할까, 마법을 해명하는 데는 참으로 명쾌하다. 나아가 하마다 고이치는 만약 공공성이라고 말한다면 사회적 이익에서 사회적 손실을 뺀 것 —— 하마다는 이것을 공공성의 '순개념'이라고 한다 —— 이라고 말하고 있다.103)

이렇게 공기업이나 공공사업의 공해문제를 판결하는 데에서, 한편에 사권(私權)을, 다른 한편에 공권(公權, 또는 공공성)을 두고 국가의 사업을 모두 국민과 주민의 권리를 초월하는 '불가침'의 행위로 삼아서 공권력의 과실을 인정하거나 또는 면죄를 시도하는 것은 공해문제를 과학의 영역에서 추방하는 것이다. 비교할 수 있는 것은 동질적인 것이어야 하는데 재판에서 쟁점이 되는 것은 하마다 고이치가 말했듯이 공공사업에 의한 수익자의 사권과 피해자의 사권이며, 동시에 이것은 하마다 고이치가 간과하고 있는 것인데, 행정행위의 공공성과 환경의 공공성인 것이다.

지금까지의 공해재판에서는 공공성이라는 이름으로 인권침해를 받아들일 것을 요구하고, 특히 중지명령을 인정하지 않는 근거가 되었는데, 그 핵심인 공공성의 내용은 앞서 말한 대로 권력성을 제외하면 반드시 명료하지는 않다. 지금까지 경제학에서는 공공재의 성격으로서 비배제성과 집합성을 들었다. 이것은 공사 두 부문의 구별지표로서는 이해하기 쉽다. 그러나 이것은 왜 공공재가 비배제성을 갖는가는 본질론적인 설명은 되지 못한다. 공공성을 논하는 이상 시장 원리나 이윤 원리를 초월해야 하며, 또 주권자로서 국민 참가를 명시해야 한다. 필자는 오사카 공항재판과 관련하여 정부가 말하는 권력성이 아니라 주민이 주장하는 공동성으로서의 '공공성'의 개념을 정리하여 법원에 제출하였다. 이것은 그 후 약간의 수정을 거쳐 이미 몇 권의 저작에서 발표했는데, 여기에서 다시 한 번 항목별로 정리해보겠다. 필자는 공공시설이나 공공서비스의 공공성 척도를 다음 네 가지로 정리하였다.

① 공공사업·서비스는 생산이나 생활의 일반적 조건 또는 공동사회적 조건일 것.
② 공공사업·서비스는 특정 개인이나 사기업에 점유되거나, 직접·간접적인 이윤을 목적으로 운영되지 않고, 모든 국민이 평등하고 손쉽게 이용하거나 사회적 공평을 위해 행해질 것.
③ 공공사업의 건설·개조·관리·운영에서는 주변 주민의 기본적 인권을 침해하지 않고, 설령 필수불가결한 시설이라 하더라도 가능한 한 주변 주민의 복지를 증진시킬 것.
④ 사업의 설치·개선에 대해서는 주민의 동의를 얻는 민주적 절차를 필요로 할 것. 이 민주적 절차에는 사업내용이 주민의 지역적인 생활과 관계되는 경우, 단순한 동의뿐만 아니라 주민의 참가 또는 자주적인 관리 등을 촉구하는 것을 포함한다.

이것은 시민적 공공성으로서 이 척도로 재면 오사카 공항도 신칸센도 충분한 공공성을 가지고 있다고 할 수 없다. 오사카 공항은 환경침해를 하고 있는 결함 공항이며 공공성을 주장할 수는 없는 것이다. 이 점은 최고재판소도 인정하여 손해배상을 명하였다. 또한 ④에 대해서도 환경영향평가는 불완전하고 동의절차도 없었기 때문에 공공성의 요건이 결여되어 있다고 할 수 있다. 즉 국영공항 또는 국영기업이니까 무조건 공공성이 있다는 지금까지의 단정에 문제가 있으며 바로 그 사업내용이 문제시되는 것이다.
최근의 신자유주의 아래에서 지금까지 공유기업이나 공공사업이었던 것이 민영화되면 점점 더 공공성의 기준, 다시 말하면 무엇이 공유화되어야 하는가, 무엇이 공공부문인가의 기준이 요구된다. 그러나 구체적이 되면 극히 소수의 권력 활동을 제외하면 순수한 공공성을 갖는 것, 바꿔 말해서 순공공재는 한정되어 있다. 오늘날 공유기업·공공사업이나 사회서비스라고 일컬어지는 것은 대학교나 보육소를 보아도 알 수 있듯이, 공사가 혼재되어 경영하고 있는 준공공재라고 하는 것이 좋다. 그러나 준공공재라고 해도 순수 민간재는 아니다. 준공공재는 순수 민간재와 달리 공공성을 가지고 있다. 이 준공공재(여기에 가까운 것이 전력·철도·가스 등의 준민간재) 영역은 현대 사회에서 극히 넓고 다면적으로 되어가고 있다. 식량 등도 에너지와 마찬가지로 준민간재가 되어가고 있다. 이 준공공재와 준민간재를 혼합재라 불러도 좋은데, 이 영역의 공해나 환경파괴를 어떻게 생각할 것인가가 향후 환경정책의 중심과제가 될 것이다.[104]

♟ 준공공재의 부분 중지명령:
탁상공론인 관념론으로서의 '중지명령'론의 재검토

일본의 공해재판을 보면, 주민은 준공공재(넓게는 혼합재)의 공해문제에 관하여 지극히 상식적으로 납득이 가는 해결방법을 보여준다. 공해사건의 해결은 재판에서 주로 손해배상과 중지명령이라는 두 가지 방법을 취하고 있다. 공해방지 또는 나아가 환경보전이라는 점에서 중지명령이 바람직하다는 점은 말할 나위도 없다. 과거의 4대 공해재판의 해결은 모두 손해배상이었다. 욧카이치 공해재판에서 고심 끝에 원고가 승소한 뒤, 시민들 중에서 "그래도 연기는 나오고 있다"고 말하는 것을 들었을 때의 충격을 잊을 수 없다. 그런 의미에서 오사카 공항 공해재판 이래 환경재판이 중지명령을 요구했던 것은 환경정책의 전개 과정에서 볼 때 필연적이었다. 그러나 일본의 사법에서는 영미와 달리 중지명령을 얻어내는 것은 지극히 어렵다. 4대 공해재판의 결과, 피해가 증명되면 손해배상은 인정받게 되었다. 그러나 사업 중지가 문제시되면 피해가 발생해도 그 손실과 사업 중지에 의해 상실되는 사회적 이익을 비교 형량하게 된다. 특히 발생원이 공기업·공공사업인 경우에는 앞에서 말한 '공공성'이 고압적인 자세로 표방되고 피해자는 수인한도 내라고 규정된다. 특히 공항이나 신칸센의 소음·진동 등은 건강피해까지는 이르지 않는다고 하여 중지명령은 채택되기 어렵다. 도대체 어떤 피해가 있어야만 중지명령이 가능한 것인가. 일본의 환경정책으로서는 이 중지명령의 벽을 어떻게 돌파할 것인가가 중대한 과제라고 해도 좋다.

중지명령을 공해문제에서 말하면 발생원 대책이다. 발생원 대책은 여러 가지가 있기 때문에 '중지명령'이라고 해도 사업장 또는 공공시설의 조업을 정지하는 것만은 아니다. 제11장에서 서술했듯이 여러 가지 방법으로 환경기준을 달성시키는 것도 중지명령이다. 가령 발생원의 전면 조업정지 또는 시설의 철거를 전면 중지명령이라고 부르고 그 이외의 발생원 대책을 '부분 중지명령'이라고 부르면, 과거의 공기업·공공사업의 공해사건에서 피해자가 요구하고 있는 것은 '부분 중지명령'이다. 예를 들어 나고야 신칸센 공해의 경우는 다음과 같은 발생원 대책이 검토되었다.[105]

① 나고야 역 주변을 도호쿠(東北)·조에쓰(上越) 신칸센의 우에노 역(上野駅) 수준으로 지하화하는 방법(노선을 변경하여 교외로 역을 이전하는 방법도 이것과 같을 것이다)

② 신칸센에 덮개를 해서 (터널 모양으로) 노선을 도시적 구조물로 바꾸는 방법 (현재의 신칸센은 도시를 양분시켜 경관을 파괴하고 있기 때문에 시내의 신칸센 위아래에 건물을 세워서 개조하고, 소음대책과 함께 도시의 일체성을 회복한다)

③ 소음·진동 등을 환경기준까지 경감할 수 있는 차량 등의 기술적 개량

④ 피해구역에서는 감속한다(나고야 신칸센 소송에서는 시속 110km까지 감속을 요구)

⑤ 운행 횟수를 줄인다. 특히 새벽, 야간에 편수를 줄인다.

뒤에서 언급하겠지만 ①이 최선이나 긴급대책으로서는 불가능하다. ②에 대해서는 도카이도 신칸센의 고가 구조물이 다른 신칸센에 비해 싸게 만들어져 극히 취약하며, 상부구조물을 만들기는커녕 덮개를 덮는 것도 불가능하므로 어렵다. ③은 앞으로 가능성은 있으나 지금 당장은 어렵다. ⑤는 당분간 곤란하고 오히려 거꾸로 새벽·심야운행에 대한 요구가 강하다. 이러한 상황에서 '중지명령'으로서 나고야 신칸센 소송의 원고는 가장 현실적인 ④를 선택했고, 미래에는 ③을 기대하며 항구대책으로서는 ①을 주장한 것이다. 감속에 관해서는 당시의 동노(動勞) —— 국철동력차노동조합 —— 가 실험을 해서 소음을 줄이는 것을 증명하고, 또 몇 분밖에 지연되지 않는다는 것도 알게 되었다.

오사카 공항 공해재판의 경우도 원고의 주관적 요망은 '전면 중지명령'이었지만 대체 공항의 건설까지는 무리라고 생각되어 장래로 미루고, 재판에서는 종전의 오후 10시 이후부터 다음 날 오전 7시까지의 야간비행 정지시간을 한 시간 늘려 오후 9시 이후부터 다음 날 아침 7시까지 항행을 정지할 것을 요구하였다. 즉 이는 '부분 중지명령'이며, 재판에서 '생명의 한 시간'이라고 주장한 것처럼 현장공해의 심각성을 고려하고, 건강장해만이 아니라 가정의 단란과 수면, 기타 일상생활의 보전을 생각한다면, 이것은 최소한의 요구였다고 할 수 있다.

결국 오사카 공항·신칸센 등의 공기업·공공사업의 소송에서는 주민들은 상식적으로 시설의 공공성을 인정하고, 전면 사업 중지가 아니라 가장 발생

원의 비용이 적고 간편하며 또 사회적인 손실이 적은 발생원 대책을 요구한 것이다. 이것은 '공존'의 논리이다. 저널리즘이 이들 사건에 거창하게 공공성인가 환경권인가라는 이율배반적인 캐치프레이즈를 붙였지만, 이는 사실 '공존의 논리'이며, 정확하게 말하면 공공성의 틀 안에 환경권 또는 인격권에 대한 최소한의 수준을 자리매김한 것에 지나지 않는다.

이러한 실태를 보면 일본 법조계 안에서 손해배상보다 중지명령을 고차원적인 것으로 취급하는 사고방식에 의문을 갖게 된다. 중지명령에도 여러 가지가 있어 '부분 중지명령'이라면 지극히 간편하고 유효한 방법인 것이다. 제1차 미나마타병 재판을 사례로 들어보면 명확한 것처럼, 손해배상은 이미 1500억 엔을 넘었고 앞으로 어느 정도의 금액이 될지 알 수 없다. 그러나 초기에 사업을 중단시키고 방제설비를 했다면 수백만 엔으로 끝났을 것이라고 한다. 나고야 신칸센의 경우도 7km 구간의 감속에 의한 국철의 손해와 사회적 손해는 거의 없는 데 비해 주변정비 사업비나 손해배상은 엄청나게 커진 것이다.

이미 앞의 〈그림 III-2〉(194쪽)의 사회적 손실의 구분에서 본 대로 절대적 손실이 발생한 경우는 손해배상을 한 뒤에 대체 방법이 발견될 때까지 일시적으로, 대체방법이 발견되지 않는 경우는 당연히 영구적으로 전면 사업 중지를 해야 한다. 상대적 손실에 대해서는 손해배상을 한 뒤에 피해상황에 따라 향후에 그와 같은 피해가 일어나지 않도록 '부분 중지명령'을 생각해야 할 것이다. 그리고 구분이 불명확한 분야에 대해서는 손해배상을 한 뒤에 무조건적인 '부분 사업 중지'를 인정해야 할 것이다. 구제방법은 원칙적으로 손해 정도에 따라 선택해야 한다. 만약 구제방법의 선택에 공공성을 도입한다고 하면, 그것은 끝까지 구체적으로 논의되어야 한다. 예를 들어 오사카 공항 사건에서는 '한 시간'에 대한 공공성, 나고야 신칸센에서는 7km 구간의 감속에 대한 공공성이 쟁점이었다. 오사카 공항의 전면조업이나 모든 항공행정 또는 도카이도 신칸센의 전면운행, 나아가 모든 '국철'망의 운행의 공공성이 쟁점이었던 것이 아니다. 또 이 경우는 공공재 그 자체가 아니라 준공공재의 공공성이 쟁점이었던 것이다. 필자는 군사·경찰·소방과 같은 공권력 행사에 대해서도 무조건적으로 공공성을 인정하지 않는다. 미국의 경제학자 헤이브먼(R. H. Haveman)도 베트남전쟁의 폭격행위에 국방이라는 공공성은 조금도 인정되지 않는다고 말했다. 더군다나 준공공재에 관해서라면 구체적으로 필자가 앞에서 제시한 기준 같은 것으로 공공성을 음미해야 할 것이다.

♟ 사회자본과 어메니티

오사카 공항 공해재판 이후의 재판은 공해의 해결을 요구한 것뿐만 아니라 어메니티를 요구한 것인데, 현실에서 사법부의 판단은 어메니티에 대해 완전히 몰이해하고 있음을 보여주었다. 공항이나 신칸센과 같은 사회자본은 글자 그대로 백년지대계이다. 일단 건설하면 100년은 말할 것도 없고 수세기 이상의 수명을 가질지도 모른다. 그런 의미에서 단기적 경제효과를 생각할 것이 아니라 장기적인 시각, 예컨대 국토계획과 도시계획 안에서의 위치와 그 구축물의 경관 등을 생각해야 한다.

이 점에서 일본의 사회자본은 종합적 시각, 특히 어메니티의 시각이 없다. 나고야 신칸센 공해사건 등은 전쟁 중의 탄환열차 노선을 그대로 답습해서 그 이후의 나고야 시의 발전을 고려하지 않고 시내를 횡단하여 고가 구축물을 건설했기 때문에 그 밑에 주거시설이 들어서면서 지역사회가 분단되어버렸다. 공해가 일어나는 것은 당연하다. 원래대로라면 시내에서 신칸센을 지하로 넣든지 신오사카 역처럼 강 건너편의 교외에 만들었어야 했다. 그러나 일본의 철도는 도쿄 역으로 상징되는 것처럼 도시계획의 관점이 없다. 전국 교통 네트워크의 효율만이 우선된다. 도쿄 역 기능의 일부를 지하로 넣은 것은 최근의 일이다.

유럽이나 북미의 대도시 또는 중도시에도 역사가 있는 거리는 도쿄 역이나 나고야 역 같은 방식으로 철도를 깔지 않는다. 파리, 런던, 모스크바 등의 도심에는 교외에서 들어오는 철도역이 없다. 이탈리아는 철저한 터미널 방식이어서 역사적 거리지구 밖에서 철도를 멈추게 한다. 로마 시의 터미널 역은 고대 성벽 밖에 있다. 피렌체 시 등은 더욱 철저해서, 열차는 간선에서 일단 지선으로 들어와 역사적 거리지구의 바깥에 있는 터미널에 멈춘다. 밀라노와 베네치아도 완전히 똑같아서 열차는 항상 들어온 방향과 반대로 나가기 때문에 시가지를 횡단하여 달리는 난폭한 짓은 하지 않는다. 시가지를 횡단하는 것처럼 보이는 볼로냐 시의 경우는 역사적인 거리지구의 외곽을 달리게 하고 있다. 이러한 것은 많건 적건 유럽의 전통 있는 도시에서는 공통된 것이다. 만약 도심에 도입한다고 하면, 바르샤바 시와 뉴욕 시와 같이 지하에 중앙역을 설치한다.

이것은 교통망이 도시의 틀을 따르는 방식으로 도시의 자치·자립이라는 것이 시설이라는 하드웨어 면에서도 경관이라는 소프트웨어 면에서도 확립되어 있음을 보여준다. 그런데 일본에서는 국토를 효율적으로 일체화한다는 교통의 '공공성'이 도시라는 자립된 공간의 공공성보다 우선되고 있는 것이다. 이렇게 되면 교통이 시민의 건강과 어메니티를 상실시키고, 도시를 일체성을 가지는 자치단체가 아니라 국토의 한 분업공간 또는 국가의 파견기관으로 바꾸어버리는 결과를 초래한다.

이와 같은 것은 많은 발전도상국의 교통시설, 나아가서는 사회자본의 존재방식에서도 공통되어 있다. 공공기업·공공사업이 공해를 일으키지 않는 것이 당연한 것이 되고, 나아가 어메니티와 도시의 자치를 확립하는 수단이 되어야 할 것이다.

조금 더 넓은 시각에서 정리한다면 정부의 사업이 어떠한 제도와 방법으로 공해를 극복하고, 나아가 어메니티와 자치를 확립할 것인가, 이 과제에 미래 사회의 운명이 달려 있다.

◆ 주

1) 清浦雷作, 『公害の経済衝撃』(東京: 講談社, 1971). 이후 공학자의 논문에는 같은 식의 주장이 지금도 역시 계속되고 있다.

2) "공해확대의 물결을 타고 공해대책도 장사가 된다. 이러면 공해는 한동안 없어지지 않을 것이다. 공해방지설비의 생산을 기업화하여 돈을 벌기 위해서는 적당한 공해가 재생산될 필요가 있기 때문이다. 공해방지 기업은 가능한 한 빨리 새로운 설비로 갱신시키려고 계속해서 새로운 제품을 만들 것이다. 그리고 방지설비를 세분화하여 수요를 크게 하려고 노력할 것이다." 庄司光・宮本憲一, 『恐るべき公害』(東京: 岩波書店, 1964), p. 183.

3) 吉田文和, 「環境と科学・技術」, 寺西俊一・細田衛士 訳, 『環境保全への政策統合』(岩波講座, 『環境経済・政策学』, 第5巻)(東京: 岩波書店, 2003).

4) 이 문제를 적확하게 지적한 것이 L. Mumford/生田勉・木原武一 訳, 『權力のペンタゴン』(東京: 河出書房新社, 1973)이다.

5) 이 저자는 시장접근법이 법적 규제와 비교해서 효율 좋게 기술혁신에 기여했다는 것을 20년의 정책경험에서 서술하고 있다. 그러나 시장접근법의 전면 긍정은 아니다. 효율을 알 수 있어도 효과나 공평의 판정은 되어 있지 않다. EU의 경험처럼 시장 메커니즘과 규제의 레짐・정치문화가 통합되어 효과를 올린다는 것을 지적한다. 경제수단에 대해서는 배출거래권이 대기오염방지에 특히 유효했으나 다른 분야에서는 수단의 선택이 유효하다고 한다. J. Freeman and D. C. Kolstad, *Moving to Markets in Environmental Regulation : Lessons from Twenty Years of Experiences*(New York: Oxford U. P., 2007).

6) H. Verbruggen, "Environmental Policy Failures and Envionment Policy Levels" in J. B. Opschoor and R. H. Turner eds, *Economic Incentives and Environmental Policies: Principles and Practice*(Dordrecht; Boston: Kluwer Academic Publishers, 1994).

7) J. E. Stiglitz, *Making Globalization Work*(New York: WW Norton & Company, 2006). 楡井浩一 訳, 『世界に格差をバラ撒いたグローバリズムを正す』(東京: 德間書店, 2006).

8) H. Weidner, "Die Erfolge der Japanishen Umweltpolitik", in S. Tsuru and W. Weidner, *Ein Modell fûruns: Die Erfolge der Japanishen Umweltpolitik*(Köln: Verlag Kipenheuer & Witsch, 1985); K. Miyamoto, "Comparative Analysis of Environmental Policy between Germany and Japan", in H. Weidner(ed.), *Overview and Expert Commentaries from 14 Countries*(Berlin: Wissenschaftzentrum Berlin für Sozialforschung, 1997).

9) 하시모토 미치오(橋本道夫)는 경제학자가 손해란 무엇인가를 모른 채 논리를 형성하는 것에 충격을 받고 비판을 하였다. 橋本道夫, 『環境政策』(東京: ぎょうせい, 1999), p. 86.

10) (옮긴이 주) 아민(Amine)은 탄소 화합물에 −NH2가 결합한 물질의 총칭이다. 단백질이 부패하여 만들어지는 경우 유해물질이 된다. 기요우라 라이사쿠는 이 아민이 원인이라는 것으로 결론적으로 미나마타병은 부패한 어패류를 섭취한 어민에게 그 원인이 있다는 주장을 내놓았다.

11) 미나마타병에 관해서는 어마어마한 양의 문헌이 있다. 그중에서 原田正純, 『水俣病』, 岩波新書(東京: 岩波書店, 1972); 같은 저자, 『水俣病は終っていない』(東京: 岩波書店, 1985)를 비롯하여 일련의 미나마타학을 제창하기에 이른 업적들을 참조해주기 바란다. 미나마타병과 지역사회에 대한 사회과학의 종합적인 조사연구서는 宮本憲一 訳, 『公害都市の再生·水俣』(講座 『地域開発と自治体』 第2巻)(東京: 筑摩書房, 1977)가 있다. 미나마타병에 관해서는 水俣病被害者·辯護團全国連絡会議 訳, 『水俣病裁判全史』 全5巻(東京: 日本評論社, 1998-2001)을 참조하라.

12) 曾田長宗, 「公害と疫学」, 成能通孝 訳, 『公害法の研究』(東京: 日本評論社, 1969).

13) (옮긴이 주) 1965년에 똑같은 유기수은 중독에 의한 '제2의 미나마타병'이 일본 니가타현(新潟県) 아가노가와 강(阿賀野川) 유역에서 발생하였다. 제2의 미나마타병은 쇼와 덴코(昭和電工) 가노세(鹿瀬) 공장의 폐수가 원인으로 669명이 중독되어, 그중 55명이 사망하였다.

14) 바이트너에 따르면 서독에서는 겨울에 대기오염이 심할 때는 노인 사망률이 15% 상승한다는 기록도 있으며, 특히 1983년경부터 유아 사망률 상승과 어린이 건강장해에 대해 대중의 관심이 깊어지고 있지만 역학조사는 충분히 이루어지지 않고 있다고 한다. 대기오염 공해연구비로 1976~1980년 사이에 8억 마르크가 지출되었는데, 인간의 건강에 관련해서는 800만 마르크밖에 지출되지 않았다. H. Weidner, *Air Pollution Control Strategies and Police in the F. R. Germany : Laws, Regulations, Implementation and Principal Shortcomings* (Berlin: Edition Sigma, 1986), pp. 37~38.

15) (옮긴이 주) 염수쐐기란 바다로 유입하는 하천의 하구에서 담수와 염수의 비중 차이로 인해 상대적으로 무거운 해수가 하천 바닥을 타고 상류 방향으로 쐐기 모양으로 침입하는 현상을 말한다.

16) (옮긴이 주) 문전입증설(門前立證説)은 니가타 미나마타병 재판 판결에서 재판부가 제시한 법리로서, '① 피해 질환의 특성과 그 원인물질, ② 원인물질이 피해자에게 도달하는 경로, ③ 가해자 기업에서 원인물질 배출'이라는 세 가지 입증점이 있을 때, ①과 ②가 입증되면 가해자 기업이 자신이 원인물질을 배출하지 않았다는 것을 입증하지 않는 한 인과관계가 '사실상 추인(推認)'된다고 하였다.

17) 니가타 미나마타병에 대해서는 飯島伸子·船橋晴俊 訳, 『新潟水俣病問題 —— 加害と

被害の社会学』(東京: 東信堂, 1999)가 사회학적으로 뛰어난 분석을 하고 있다.

18) 기업 내 기술자의 책임에 대해서는 飯島孝,『技術の黙示録』(東京: 技術と人間社, 1996) 참조.

19) 吉村良一,『公害・環境私法の展開と今日的課題』(京都: 法律文化社, 2002) 참조.

20) 미국의 시장주의적 해결에 대해서는, 밀스(E. S. Mills)는 공해문제 특히 대기오염문제는 사법이 적당하지 않다고 하였다. 그 이유로는 제 I 부에서 쓴 바와 같이 오염원이 복수일 경우가 많다는 것과 함께, 사업 중지를 요구해서 성공적으로 공해방지가 시행되면 그것이 비배제성을 지니며, 원고가 얼마만큼 공헌했는가와 관계없이 모든 주민에게 이익을 가져다준다는 점을 들 수 있다. 원고에 참가하지 않은 주민은 교섭을 위해 노력하지 않았고 재판 비용도 부담하지 않았음에도 이익을 얻는다. 따라서 이러한 비배제성을 가지는 것은 정부 활동에 맡기는 것이 좋고, 또 정부 활동이 사법보다 값싸게 처리할 수 있다고 언급하고 있다. E. S. Mills, *The Economics of Environmental Quality*(New York: Norton, 1978), p. 83.

21) OECD, *Environmental Policies in Japan*(Paris: OECD, 1977), p. 26; 国際環境問題研究会 訳,『日本の経験 —— 環境政策は成功したか』(東京: 日本環境協会, 1978), p. 29.

22) (옮긴이 주) 세토우치(瀨戶内)란 세토나이카이 해(瀨戶内海)와 그 연안지역을 포함한 영역을 말한다. 세토나이카이 해는 혼슈(本州) 섬의 야마구치 현(山口県), 히로시마 현(広島県), 오카야마 현(岡山県), 효고 현(兵庫県), 오사카 부, 와카야마 현(和歌山県), 시코쿠(四国) 섬의 가가와 현(香川県), 에히메 현(愛媛県), 도쿠시마 현(徳島県), 규슈(九州) 섬의 후쿠오카 현(福岡県), 오이타 현(大分県)과 경계하며 이 지역으로 둘러싸인 듯이 구성되어 있는 바다이다. 어원은 '세토(瀨戶)'의 '내해(内海)'에서 나왔다고 한다.

23) 都留重人 訳,『世界の公害地圖(下)』(東京: 岩波書店, 1977), pp. 183~186.

24) 西村幸夫,『都市保全計画 —— 歴史・文化・自然をいかしたまちづくり』(東京: 東京大学出版会, 2004). 도시보전의 역사에 대해서는 이 저작에서 많은 도움을 얻었다.

25) 宗田好史,「イタリアガ・ラッソ法と景観計劃」,《公害研究》, 第18巻 第1号, 1989年 1月.

26) (옮긴이 주) 다이쇼 시대란 다이쇼(大正) 천황이 즉위해 있던 1912~1925년의 시기를 말한다.

27) (옮긴이 주) 골든 위크는 일본의 황금연휴 기간이다. 4월 29일, 5월 2일, 5월 3일, 5월 5일이 국경일로 되어 있고 또 많은 회사들이 5월 1일의 노동절을 휴일로 지정해놓았기 때문에 연속된 휴일기간이 발생하는데, 4월 말에서 5월 초에 걸쳐 짧게는 4일에서 길게는 10일 이상 휴일이 계속된다. 5월 2~5일이 중심 연휴기간이 된다.

28) 大阪都市環境会議 訳,『大阪の原風景 —— 水都再生へのパースペクティブ』(大阪: 関西市民書房, 1980).

29) (옮긴이 주) 『만요슈(萬葉集)』는 현존하는 일본의 가장 오래된 가집(歌集)이다. 8세기

경에 성립되었다고 추측되며, 각종 신분과 내용의 시가가 4000수 이상 실려 있다.

30) 和歌の浦景観保全訴訟の裁判記録を刊行する会 訳,『よみがえれ和歌の浦 ── 浦景観保全訴訟水全記録』(大阪: 東方出版, 1996).

31) 坂和章平,『Q&A わかりやすい景観法解説』(東京: 新日本法規出版, 2004). 木村萬平,『京都破壊に抗して──市民運動20年の軌跡』(京都: かもがわ出版, 2007) 참조.

32) 실현되지 못한 환상의 제안이 되어버렸지만 지금도 큰 의미를 갖고 있는 이 제안은 1989년 11월에 발표한 都市農業・農協振興方策研究会,「うるおいのある都市づくりのために──市街化区域内農地のあり方についての提言」이다. 이것은 필자가 대표를 맡고, 이시다 요리후사(石田頼房), 신지 이소야(進士五十八), 도시타니 노부요시(利谷信義)가 멤버로 구성된 연구회였다. 이론적 문제는 石田頼房,『都市農業と土地利用計画』(東京: 日本経済評論社, 1990) 참조.

33) 若山茂樹,『世界の湖沼保全 ── 琵琶湖からの旅』(東京: 実教出版, 1995); 滋賀県琵琶湖研究所 訳,『世界の湖』(増補改訂版)(京都: 人文書院, 2001).

34) 滋賀大学教育学部付属環境教育湖沼実習センター 訳,『びわ湖から学ぶ ── 人々のくらしと環境』(岡山: 大学教育出版, 1999); 琵琶湖百科訳集委員会 訳,『知ってますかこの湖を ── 琵琶湖を語る50章』(彦根: サンライズ出版, 2001).

35) (옮긴이 주) 본래 비와코 호의 일부였는데 풍파의 작용, 또는 호수로 유입되는 하천이 운반하는 토사가 퇴적되어 따로 생긴 석호를 내호(內湖)라 한다. 1930년대까지는 비와코 호 주변에 40곳의 내호가 있었으나, 이후 홍수방지, 쌀 증산을 위한 농지확보 등을 이유로 매립이 광범위하게 진행되어 현재는 23곳밖에 남아 있지 않다.

36) 宮本憲一,「汽水湖干拓・淡水化問題の経済的分析──河北潟干拓問題を事例として」,《汽水湖研究》, 創刊号, 1991年 1月.

37) 保母武彦,『よみがえれ湖── 宍道湖・中海淡水化凍結──そしてこれから』(東京: 同時代社, 1989).

38) (옮긴이 주) 피닉스 계획은 임해부에 발달한 대도시와 그 배후지를 포함한 광역권을 대상으로 복수의 자치단체가 경계를 초월하여 공동으로 이용할 수 있는 광역 쓰레기 처분장을 해면에다 정비하여 폐기물 수집, 처리, 처분을 광역적으로 수행하고, 동시에 사용한 뒤 매립하여 대규모 인공섬을 조성하는 계획이다. 폐기물 매립장이 불사조와 인연이 깊은 땅으로 되살아나라는 바람을 담아 피닉스 계획이라 명명했다. 정식으로는 1981년에 제정 시행된 「광역임해환경정비센터법」에 근거하여 실시되는 센터의 사업을 가리킨다.

39) 宮本憲一,『都市政策の思想と現実』(東京: 有斐閣, 1999), pp. 292~316.

40) (옮긴이 주) 고도경제성장으로 자연의 해안가 매립되어 공장용지로 바뀌고 자연이 심각하게 파괴됨과 동시 매립지의 수변까지 기업이 점유하여 공해를 발생시켰다. 이런 현상이 심각했던 효고 현 다카사고 시(高砂市)의 주민들이 해안에 대한 접근권 보장

을 내걸고 해변출입권 운동을 전개하여 전국적으로 파급되었다. 주민들은 1975년 2월 21일, '바다를 살리고 콤비나트를 거부하는 도쿄 집회'에서 해변출입권 선언을 발표하여 전국적으로 큰 반향을 얻었고, 입빈권추진전국연락회의를 결성하여 운동을 확대해 나갔다. 입빈권 선언에는 "고대로부터 바다는 만민의 것이며 해변에 나와 산책하고, 경관을 즐기며, 물고기를 잡고, 헤엄치고 또는 바닷물을 긷고, 유목을 모으며, 조개를 캐고, 김을 따는 등 생활의 양식을 얻는 것은 지역주민이 보유하는 법 이전의 권리였다. 또 해안의 방풍림에는 입회권(入会權)이 존재했다고 생각된다. 우리는 이것을 모두 포함하여 '해변출입권(入濱權)'이라고 이름 붙이자. 오늘날에도 헌법이 보장하는 좋은 환경에서 생활할 수 있는 국민의 권리의 중요한 부분으로서 주민의 '해변출입권'은 침해되어서는 안 되는 것이라고 생각한다"라고 권리를 규정하고 있다. 이 해변출입권이 발단이 되어 현재의 물 접근권으로 발전하였으며, 공유재(commons)로도 정착되어 있다.

41) (옮긴이 주) In order to protect the environment, the precautionary approach shall be widely applied by States according to their capabilities. Where there are threats of serious or irreversible damage, lack of full scientific certainty shall not be used as a reason for postponing cost-effective measures to prevent environmental degradation.

42) 高村ゆかり, 「国際環境法における予防原則の胴体と機能」, 《国際法外交雑誌》, 第104巻 第3号, 2005年.

43) 같은 글.

44) 村山武彦, 「環境政策における予防原則のための枠組みに関する一考察」, 《環境と公害》, 第34巻 第2号, 2004年 10月.

45) Christopher Flavin 訳/エコフォーラム21世紀(日本語版訳集監修)/日本環境財団・環境文化創造研究所(日本語版訳集協力), 『ワールドウォッチ研究所 地球白書 2006-07』(東京: ワールドウォッチジャパン, 2006), 第5章을 참조.

46) 전략적 환경영향평가의 의의와 주민의 사회적 합의형성에 대해서, 原科幸彦 訳, 『環境計画・政策研究の展開──持続可能な社会づくりへの合意形成』(東京: 岩波書店, 2007).

47) N. Hanley and C. L. Spash, *Cost-Benefit Analysis and the Environment* (Cheltemhan: Edward Elger Publishing, 1993), pp. 144~145.

48) 長良川河口堰事業モニタリング調査グループ・長良川研究フォーラム・日本自然保護協会 訳, 『長良川河口堰が自然環境に与えた影響』(東京: 日本自然保護協会, 1999).

49) 伊藤達也・在間正史・富堅幸一・宮野雄一, 『水資源政策の失敗── 長良川河口堰』(東京: 成文堂, 2003), pp. 191~201.

50) 환경재생이 환경정책에서 갖는 의의와 주요한 과제에 대한 종합적 연구는 다음 저서를 참조. 淡路剛久 監修, 寺西俊一・西村幸夫 訳, 『地域再生の環境学』(東京: 東京大学

出版会, 2006).

51) 福岡県鉱害対策連絡協議会 訳, 『石炭と鉱害 —— 福岡県を中心として』(福岡: 福岡県
　　鉱害対策連絡協議会, 1959).

52) 「광업법」은 공해문제에 관해 무과실 배상책임을 규정한 점에서는 획기적인 법률이
　　다. 이타이이타이병 재판은 이 「광업법」의 무과실 배상책임을 적용하여 원고가 승소
　　했다. 여기서 서술한 내용은 선구적 업적인 石村善助, 『鉱工業の研究』(東京: 勁草書
　　房, 1960)에 따랐다.

53) 福岡県鉱害対策連絡協議会 訳, 『石炭と鉱害 —— 福岡県を中心として』, p. 321, 372.

54) 옮긴이 주 반코야키(萬古焼) 도자기는 미에 현 욧카이치를 중심으로 하여 전통산업
　　으로 발전한 도자기로서 내열성이 뛰어나다. 도기와 자기의 중간 성질을 가진 반자기
　　로 분류한다. 뛰어난 내열성 때문에 질냄비가 전국적으로 유명하며, 일본 전국 질냄비
　　생산량의 70~80%를 차지한다. 18세기에 이 지역의 유명한 거상이었던 누나미 로잔
　　(沼波弄山)이 만들기 시작한 것이 시초로 되어 있으며, 그의 작품에 언제나 '萬古'라는
　　낙관을 찍은 것이 이름의 유래가 되었다고 한다.

55) 佐無田光, 「川崎から環境再生を考える」, 永井進・寺西俊一・除本理史 訳, 『環境再生
　　——川崎から鉱害地域の再生を考える』(東京: 有斐閣, 2002), pp. 187~197.

56) 宮本憲一, 『都市はどう生きるか——アメニティへの招待』(東京: 小学館, 1984), (小学
　　館ライブラリー版, 1995).

57) 井上典子, 「イタリア, ポー・デルタ地域における環境再生型地域計画」, 《環境と公害》,
　　第28巻 第3号, 1999年 1月.

58) 옮긴이 주 프레파르코(preparco)란 파르코를 둘러싸고 있는 지역으로, 자연공원 수
　　준에는 이르지 못하지만 야생생물, 화초, 동물군의 보호에 큰 역할을 하는 일종의 완
　　충지대와 같은 지역으로 생각할 수 있다.

59) 西野麻知子・浜端悦治 訳, 『内湖からのメッセージ——琵琶湖周辺の湿地再生と生物多
　　様性保全』(彦根: サンライズ出版, 2005).

60) 佐野静代, 「内湖をめぐる歴史的利用形態と民族文化 —— その今日的意義」, 《琵琶湖研
　　究所所報》, 第21号, 2004年 3月.

61) 옮긴이 주 입회권(入会権)은 촌락공동체에서 주로 촌락 전체가 토지를 공동 소유하
　　거나 공동 이용하여 목재, 버섯 및 기타 생산물을 관리하던 관습적이고 전통적인 물권
　　이다. 입회단체라고 불리는 입회권을 가지는 촌락공동체가 그 입회지를 관리한다. 회
　　원의 입회 및 탈퇴 등의 자격은 기본적으로 전원의 합의로 이루어진다. 이는 민법상의
　　물권으로서 인정되나, 국유지를 이용한 입회권 등도 존재하므로 근대적인 물권과는
　　구별된다.

62) OECD, *Polluter Pays Principle* (Paris: 1977), pp. 12~13.

63) 같은 책, pp. 6~7.

64) 加藤三郎,「OECD ガイディングプリンシピル」,《環境研究》, 第210号, 1978年.

65) W. Beckerman, The Polluter Pays Principle: Interpretation and Principle of Appication, in OECD, *Polluter Pays Principle*, p. 38.

66) OECD, *Environmental Policies in Japan*, p. 20, 国際環境問題研究会 訳,『日本の経験 ── 環境政策は成功したか』, p. 19.

67) 都留重人,「PPPのねらいと問題点」,《公害研究》, 第3巻 第1号, 1973年 7月.

68) 中央公害對策審議会費用負擔部会答申,「公害に關する費用負擔の今後のあり方について」, 1976年 3月 10日.

69) 같은 글.

70) 러브 운하 사건에 앞서 발생했던 이 육가 크롬 사건의 해결은 정말 훌륭했다. 이 제일 선에서 고투했던 기록이 田尻宗昭,『公害摘發最前線』, 岩波新書(東京: 岩波書店, 1980)이다. 또 직업병과 공해의 관계를 밝힌 문헌으로는 다음이 참고가 된다. 川名英 之,『ドキュメント・クロム公害事件』(東京: 緑風出版, 1983).

71) 宮本憲一,『日本の環境問題』(東京: 有斐閣, 1975; 増補版, 1981), p. 資料 1~7.

72) エネルギー問題市民会議 訳,『市民のエネルギー白書 1984』(東京: 日本評論社, 1984), p. 169.

73) 슈퍼펀드에 대한 소개는 다음 문헌을 이용했다. EPA, "FY 2004 Super Fund: Annual Report"; EPA, "Super Fund's 25th Anniversary: Capturing the Past, Charting the Future"; CRS Report for Congress, "Super Fund: Overview and Selected Issues" (May, 2006); Ditto, "Super Fund Taxes or General Revenues: Future Funding Issues for the Super Fund Program"(March, 2006).

74)「슈퍼펀드법」제정 이후 25년이 지나, 이 사업을 총점검하는 작업이 진행 중이다. 그 중 하나가 다음의 문헌이다. G. P. Marcey and J. Z. Cannon(ed.), *Reclaiming the Land: Rethinking Superfund Institutions, Methods and Practices*(New York: Springer-Verlag, 2007).

75) (옮긴이 주) 1996년 10월 30일, 기후 현 미타케 정(御嵩町)의 단체장인 야나가와 요시 로(柳川喜郎)가 자택 아파트의 엘리베이터 근처에서 2인조의 습격을 받아 두개골 함 몰 등의 중상을 입었다. 당시 미타케 정에서는 산업폐기물 처리장 건설을 둘러싼 갈등 이 계속되고 있었는데, 야나가와 씨는 1년 반 전에 폐기물 처리장 건설 반대를 모토로 내걸고 단체장 후보로 출마하여, 건설추진파였던 이전 단체장을 꺾고 당선되었다. 산 업폐기물 처리장의 이권과 관련된 조직의 소행으로 짐작되었으나 범인은 아직 체포되 지 않았다.

76) 일본의 토양오염대책의 실태와 법제에 대한 비판은 畑明郎,『土壌・地下水汚染──広 がる重金属汚染』(東京: 有斐閣, 2001); 畑明郎,『拡大する土壌・地下水汚染──土壌汚 染対策法と汚染の現実』(東京: 世界思想社, 2004)를 참조.

77) (옮긴이 주) 모리나가(森永) 비소 분유 사건은 1955년 6월경부터 서일본을 중심으로 하여 모리나가유업(森永乳業)의 분유를 마신 유아들이 다수 사망하는 등 비소중독이 발생한 일을 말한다. 분유의 제조과정에 사용되는 소다에 비소가 불순물로 혼합되어 있었던 것이 원인으로, 이 분유를 마신 유아 중 1만 3000여 명이 비소에 중독되어 130명 이상이 사망했다. 원인자책임을 놓고 오랫동안 재판이 계속되었으나 최종적으로는 피해자와 후생성, 모리나가유업이 합의하여 1972년 재단법인을 설립하였고, 재단이 중심이 되어 피해자에 대한 항구적 구제를 계속하고 있다.

78) 車谷典男·熊谷信二, 「クボタ旧石綿管製造工場周辺に発生した近隣ばく露による中皮腫——その被害の広がりと課題」, 《環境と公害》, 第36卷 第1号, 2006年 7月.

79) 시민들을 위해 학제적으로 석면문제를 해명한 문헌으로는 다음 저서가 있다. 森永謙二 訳, 『アスベスト汚染と健康被害』(東京: 日本評論社, 2005). 또한 축적성 피해로서 석면 재해에 대해 처음으로 이론적 문제제기를 한 것은 宮本憲一, 『維持可能な社会に向かって —— 公害は終わっていない』(東京: 岩波書店, 2006)이다.

80) OECD, *Environmental Policies in Japan*, p. 76; 国際環境問題研究会 訳, 『日本の経験 —— 環境政策は成功したか』, p. 97.

81) (옮긴이 주) 승인된 세출항목에 관해, '전년도 대비 ○○% 증가 범위'라는 방식으로 예산을 편성하는 것.

82) 李秀澈, 『環境補助金の理論と実際——日韓の制度分析を中心に』(名古屋: 名古屋大学出版会, 2004).

83) OECD, *Environmental Policy and Economic Instrument*(Paris: OECD, 1992).

84) 환경세에 대해서는 위에서 언급한 OECD의 제창 이후 많은 출판물이 나와 있는데, 모로토미 도오루(諸富徹)의 다음 저서가 가장 종합적이고 창의적이다. 단, 그 속에서 환경세를 환경정책의 목적세로 한정하지 않고 우자와 히로후미(宇澤弘文)의 사회적 공통자본의 창설·보전의 목적세로 삼은 것은 대상을 너무 확대하여 오해를 불러일으킬 수 있다. 諸富徹, 『環境税の理論と実際』(東京: 有斐閣, 2000).

85) OECD, *The Political Economy of Environmentally Related Taxes*(Paris: OECD, 2006), 環境省環境関連税制研究会 訳, 『環境税の政治経済学』(東京: 中央法規出版, 2006).

86) 과징금을 비롯하여 경제적 수단을 종합적으로 소개한 것으로서 다음 문헌이 있다. 川勝健志, 「環境政策の経済的手段」, 松井三郎 訳, 『地球環境保全の法としくみ』(東京: コロナ社, 2004).

87) 지방세나 하류분담금 등도 대상으로 삼은 연구서로서 藤田香, 『環境税制改革の研究 —環境政策における費用負担』(京都: ミネルヴァ書房, 2001)가 있다.

88) 大塚直, 「アメリカ法における二酸化硫黄排出取引プログラム—1990年代大気清浄法と施行規制」, 国際比較環境法センター 訳, 『世界の環境法』(東京: 国際比較環境法セ

ンター, 1996).

89) 藤井良広, 『金融で解く地球環境』(東京: 岩波書店, 2005).

90) 岡敏弘, 『環境経済学』(東京: 岩波書店, 2006), p. 276. 오카 도시히로(岡敏弘)와 야마구치 미쓰쓰네(山口光恒)는 인터넷에 「EU-ETS(欧州排出量取引制度) 第1期割当期間に見られる諸問題について」(2007年 4月)를 발표하였는데, 오카 도시히로는 같은 취지를 다음 논문으로도 발표하였다. 岡敏弘, 「排出権取引の幻想」, 《世界》, 2007年 11月号.

91) 일본의 배출권거래제도에 대해서는 WWF Japan, 「脱炭素社会に向けた国内排出取引制度提案」, 2007年 3月을 참조.

92) E. U. von Weizsäcker, *Erdpolitik : Ökologische Realpolitik an der Schwelle zum Jahrhundert der Umwelt*(Darmstadt: Wissenschaftliche Buchesellschaft, 1990), 宮本憲一・楠田貢典・佐々木建 監訳, 『地球環境政策―地球サミットから環境の21世紀へ』(東京: 有斐閣, 1994), p. 225.

93) J. S. Dryzek, *Rational Ecology : Environment and Political Economy*(New York: Blackwell, 1987), p. 87.

94) M. Friedman and R. Friedman, *Free to choose: A Personal Statement*(New York: Harcourt Brace Jovanovich, 1980), 西山千明 訳, 『選択の自由 ―― 自立社会への挑戦』(東京: 日本経済新聞社, 1980).

95) A. A. Berle, *The American Economic Republic*(New York: Harcourt Brace Jovanovich, 1963), 晴山英夫 訳, 『財産と権力 ―― アメリカ経済共和国』(高崎: 文真堂, 1980), pp. 167~169.

96) J. K. Galbraith, *The New Industrial State*(Boston: Houghton MIfflin, 1967), 都留重人 監訳, 鈴木哲太郎 訳, 『新しい産業国家』, 〈ガルブレイス著作集 3〉(東京: TBSブリタニカ, 1980).

97) M. Jänicke, Staatsversagen: *Die Ohnmacht der Politik in der Industriegesellschaft*(München: Piper, 1986), 丸山正次 訳, 『国家の失敗産業社会における政治の無能性』(東京: 三嶺書房, 1992).

98) C. E. Ziegler, *Environmental Policy in the USSR*(Amherst: University of Messachusetts Press, 1987), p. 25.

99) 같은 책, p. 158.

100) 橋本道夫, 『私史環境行政』(大阪: 朝日新聞社, 1988), pp. 97~98.

101) W. Friedman, *The State and the Role of Law in a Mixed Economy*(London: Stevens, 1971), 寺田恭平 訳, 『現代経済と国家の役割 ―― 介入はどこまで許されるか』(東京: 日経新書, 1977), pp. 150~151.

102) (옮긴이 주) 현재의 JR의 전신인 국철 중앙선의 히노하루(日野春) 역 가까운 곳에 16세

기 일본 전국시대의 명장수였던 다케다 신겐(武田信玄)이 깃발을 걸고 휴식을 취했다는 전승이 내려오는 '신겐코 하타가게마쓰(信玄公旗掛松)'라는 유명한 소나무가 있었다. 이는 신겐공이 깃발을 걸었던 소나무라는 뜻이다. 그런데 당시의 국철이 이 소나무에서 약 1.8m도 안 되는 곳에 지선을 끌어와 기차의 교대작업을 하기로 결정하고 철도를 부설했다. 이후 기차의 매연과 진동으로 소나무가 말라죽고 말았다. 당시 이 일대의 지주이자 소나무의 소유자였던 시미즈 도모시게(清水倫茂)는 철도부설 시 소나무를 피해가도록 진정도 하였고, 소나무가 죽은 뒤 배상도 요구하였으나, 모두 차례대로 거부당하자 1917년 민사소송을 제기하여 승소하였다. 대법원인 당시의 대심원(大審院)은 권리남용의 법리를 적용하여 철도사업이라는 공공성이 큰 업무행위라 해도 이것은 불법행위에 해당한다고 하였다. 국가의 힘이 강력했던 당시로서는 획기적인 판결이었고, 이는 이후 공공권력이 사권을 침해한 판례에서 자주 언급되는 역사적인 사건이 되었다.

103) 浜田宏一, 「空港訴訟と公共性の概念」, 『ジュリスト』, 1982年 3月 5日号. 한편 이 획기적인 재판에 대해서는 다음 문헌이 있다. 沢井裕 編著, 『大阪空港裁判の展開』, ミネルヴァ書房, 1974年; 大阪空港公害訴訟弁護団, 『大阪空港公害裁判記録』, 全6卷, 第一法規出版, 1986年.

104) 최근 공공성을 다루는 연구가 다각적으로 발전하고 있다. 다음 저서가 참고가 된다. 山口定・佐藤春吉・中島茂樹・小関素明 編, 『新しい公共性──そのフロンティア』(東京: 有斐閣, 2003). 공공성과 혼합재의 이론에 대해서는 宮本憲一, 『公共政策のすすめ──現代的公共性とは何か』(東京: 有斐閣, 1998).

105) 신칸센 공해에 대해서는 다음 문헌을 참조. 船橋春俊・長谷川公一・畠中宗一・藤田春美, 『新幹線公害──高速文明の社会問題』(東京: 有斐閣, 1985); 名古屋新幹線公害訴訟弁護団, 『静かさを返せ!──物語・名古屋新幹線公害訴訟』(名古屋: 風媒社, 1996).

제 V 부

유지 가능한 사회와 주민자치

제 15 장

경 제 의   질 과   내 발 적   발 전

1. 미래사회의 경제에 무엇을 추구해야 하는가?

♟ 경제성장과 '생활의 질'

볼딩(K. E. Boulding)은 「지식 경제와 경제학에 대한 지식(The Economics of Knowledge and the Knowledge of Economics)」에서 "제한 없는 성장을 믿는 것은 미친 사람이거나 경제학자이다"라고 적었다.[1] 분명히 경제성장이 무한히 계속된다는 것은 미친 사람의 환상이고, 모든 경제학자가 믿고 있는 것은 아니다. 밀(J. S. Mill)처럼 '정상(定常) 상태(stationary state)'를 제창한 경제학자도 있다. 그러나 볼딩의 비아냥이 성립하는 것처럼 스미스(A. Smith) 이래로 경제학자에게는 성장에 대한 멈출 수 없는 바람이 있다. 영국이나 미국처럼 생산력의 발전이 정체되어 있는 나라에서는 성장률 회복에 정부가 명운을 걸고 있다. 전후 거품붕괴 후의 불황을 경험한 일본이나 한국 등의 중진국에서 성장률이 음(−)으로 되는 것은 경제질서의 파괴를 초래한다는 착각을 갖고 있다. 사회주의 국가는 선진자본주의 국가에 비해 생산력이 낮은 수준에 있고,

생활수준의 향상(그것도 미국적 생활양식)에 대한 요구가 강하기 때문에 미국이나 일본을 따라잡고 추월하자는 성장지상주의가 있다. 발전도상국의 경우 과거의 제국주의적 지배를 대신해서 개발체계 속에서의 다국적 기업에 의한 새로운 경제지배와 종속관계가 생겨나고, 이 관계로부터 이탈하기 위해서는 경제성장에 의한 자립 이외에는 없다고 한다. 이렇게 보면 지금 지구의 환경 보전을 위해서 경제성장을 중지시키거나 또는 경제성장률을 대폭 삭감시키라거나 나아가 대량생산의 기술혁신을 제어하는 국제협정을 맺어야 한다고 주장해도, 각국 정부나 지배계급은 이를 제안하는 쪽을 미친 사람의 환상으로 간주해버릴 것이다. 각국 정부는 그 속마음에서는 경제성장을 국시로 하고, 드라이젝(J. S. Dryzek)이 말하듯이 그것이 달성되고 있는 사이에는 정권도 태평하다. 이처럼 국가주의적인 성장 경쟁은 기업(국영이든 민영이든)과 국가의 유착을 깊게 만들고 지구 전체로서의 환경정책을 지체시킬 뿐 아니라 민주주의나 기본적 인권에 큰 영향을 미치고 있다. 과연 우리에게 경제성장이란 지상명제일 수 있는가?

건강하고 문화적인 최저생활수준을 유지하기 위해서 일정한 소득수준이 필요한 것은 전후 경험에서도 입증된다. 다만 지금 우리가 환율시장에서 측정된 1인당 국민소득이 서구수준으로 실현된 단계에서 스스로의 생활을 돌이켜보면, 주택이나 생활환경이 가난하고 한편에서 자연이나 아름다운 거리를 잃어버리고 있고, 가정의 단란함이나 문화를 누리는 시간(여가)이 없음에 절망하지 않을 수 없다. 환율시장이 실체가 없는 것이기 때문에 구매력평가로 바꿔 측정하면 일본의 생활수준은 더 낮아진다. 그러나 이렇게 수정했다고 하더라도 소득수준 또는 GDP 총량이 국민생활의 만족도를 나타내주지 않는다는 것은 분명하다. 세계 경제사에서 이례적으로 (공전의) 급속한 경제성장을 이룩한 일본의 경험이야말로 경제성장이 갖는 복잡한 의미를 고찰하는 절호의 실험장은 아닐까?

경제성장의 목표는 소득수준의 향상에 있을 뿐 아니라 더 종합적인 지표로 구성되는 '생활의 질'에 있다.

♟ '생활의 질'의 기준

우선 첫째로 소득의 배분이다. 일본의 경우 다른 나라와 비교하면 영업잉여가 크고, 또한 별개의 시각에서 보면 법인소득의 구성이 크다. 따라서 성장의 과실이 반드시 국민에게 귀속되지 않고 있다. 이 분배문제는 다국적 기업단계에서는 더 복잡해질 것이다. 그러므로 실질적으로 국민에게 귀속할 수 있는 소득이 산정되지 않으면 안 된다. 그 위에서 '사회적 잉여'가 어떻게 배분되고 있는가, 국민총지출의 구성이 문제로 될 것이다. 나아가 개인소득의 배분에서는 빈부의 격차가 중요하다. 최저생활수준을 유지할 수 있는 소득이 보증되고 있느냐가 특히 문제로 될 것이다.

둘째는 공사 양 부문의 관계이다. 생활의 안전이나 쾌적성(Amenity)은 공공투자에 의존하는 정도가 크다. 그러므로 공공적 지출에서는 군사비 등의 권력적 지출이 크고 방재, 주택이나 생활환경에 대한 투자, 교육, 복지나 의료 등의 사회서비스 지출이 지체되면 생활의 안전이나 쾌적성은 감퇴한다. '생활의 질'을 유지하기 위해서 공공부문의 양과 질이 충족될 필요가 있다. 그리고 이러한 공공부분을 조달하기 위한 조세부담의 공평이 이루어져야 한다.

셋째는 환경의 질이다. 인간의 건강, 자연(숲이나 수면), 경관이나 역사적 거리 등이 유지되고 있느냐, 또는 지역계획 속에서 우선적으로 정비되고 있느냐 아니냐이다.

넷째는 노동시간, 다른 시각에서는 여가이다. 일본의 노동시간은 대단히 길다. 노동일로 환산하면 서독에 비해 2개월 이상이나 일하고 있다고 한다. 게다가 대도시에서는 서구에 예가 없을 만큼 통근시간이 길고, 게다가 만원

천자에서 보듯이 그 시간에 지출하는 에너지는 막대하다. 오늘날 일본의 노동자의 가정의 붕괴, 건강파괴, 자살의 유행, 문화수준의 낮음, 노동운동을 포함한 사회활동에의 참가의 저조, 넓게 말하면 어메니티 상실 등의 한 요인은 노동시간과 통근시간(넓게는 교통시간)의 길이가 큰 요인이다.

다섯째는 교육이나 문화에 대한 지출이다. 일본은 교육에 대한 공적 지출에서는 OECD국가들 중에서도 최저수준이다. 서구의 고등교육에 대한 공적 지출은 GDP에 대한 비중이 1% 전후인 데 반해서 일본은 0.5%이다. 다목적 문화관이나 예술작품 전시관의 설치 수에서는 세계적으로 유수하지만 악단이나 극단 등 예술·예능집단을 유지하는 지출, 특히 공적 지출은 부족하다.

난처하게도 GDP만으로 측정하면 자연이나 거리 등의 어메니티 축적량(stock)의 상실 또는 인간의 건강장해와 같은 사회적 손실은 음(−)으로 산정되지 않는다. 반대로 공해병은 의료산업의 소득의 증대로 되고, 사람들이 일상생활에서 상실한 어메니티를 바탕으로 외국이나 지방으로의 관광여행에 나서면 관광·여가(leisure) 산업이나 교통업의 소득의 증대로 되는 것처럼 어메니티의 상실(−)은 GDP의 증가를 촉진하는 것이다.

♟ 참된 진보지표(Genuine Progress Indicator: GPI)의 시산(試算)

이처럼 GDP 신앙의 오류는 1960년대부터 반복해서 논의되고, 그 대신에 '생활의 질'을 나타내는 복지지표의 시안도 제시되어왔다. 그러나 이러한 것들이 채용되어 정책기준으로 되고 있지 않다. 여기에서는 시가(滋賀) 대학의 나카노 게이(中野桂) 등의 모임이 시산한 GPI를 소개하고자 한다.[2] GPI를 도출하는 개략적인 절차는 〈그림 V-1〉에서 보듯이 개인소비를 기준으로 소득분배의 불평등도에 따른 보정을 한다. 다음으로 GDP의 회계에서 누락되어 있는 가사·육아·자원봉사 등 시장을 경유하지 않는 활동의 가치나 사회자

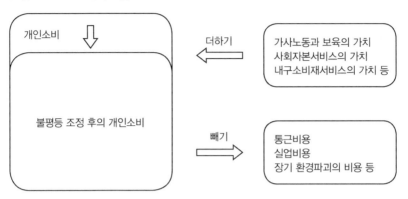

개인소비

불평등 조정 후의 개인소비

더하기

가사노동과 보육의 가치
사회자본서비스의 가치
내구소비재서비스의 가치 등

빼기

통근비용
실업비용
장기 환경파괴의 비용 등

자료) 中野桂·吉川英治,「Genuine Progress Indicator とその可能性」,《彦根論叢》第357号, 2007年 1月.

본서비스의 가치 등을 가산한다. 한편 범죄·교통사고·가정붕괴·실업·과잉노동·비재생자원의 소모분 등의 비용을 공제해서 구한다.

이 시산에 기초해서 일본의 1인당 GDP와 GPI의 1955년부터 2000년까지의 변화를 본 것이 〈그림 V-2〉이다. GDP는 성정하고 있지만 GPI의 성장은 완만하다. 게다가 최근에는 감소경향에 있다. 경제는 성장했지만 생활은 그다지 좋아지고 있지 않다. 오히려 살기 어렵다는 생활실감은 이 그림에 잘 나타나 있다.

시가 현이 이 지표를 사용해서 전국 도·도·부·현의 GPI와 현 내(県内) 총생산의 비교를 실시한바, 도쿄 도는 상대적으로 GPI 쪽이 현 내 총생산보다도 낮아지는 경향이 있다. 그럼에도 도쿄 일극집중(一極集中)이 진전되는 것은 도쿄권의 법인소득을 중심으로 한 소득이 크고, 고용이나 취업의 기회가 있기 때문일 것이다. 또한 정부나 기업이 '생활의 질'을 중시하지 않고, 경제성장을 위한 경쟁원리를 구사하기 때문이지만, 일본인이 순종해서 이 정책에 따르고, 스스로의 '생활의 질'을 향상시키려는 인권의식이나 문화능력이 결여된 것도 원인일 것이다.

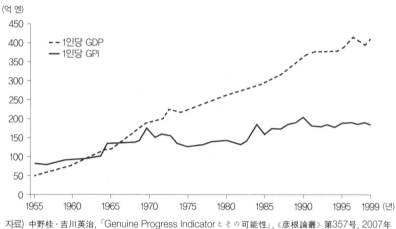

<그림 V-2> 일본의 1인당 GDP와 GPI

(억 엔)

- - - 1인당 GDP
— 1인당 GPI

자료) 中野桂·吉川英治, 「Genuine Progress Indicator とその可能性」, 《彦根論叢》 第357号, 2007年 1月.

구미(歐美)를 뒤쫓아 뛰어넘어서 오늘의 경제대국에 도달했던 일본의 모순된 현실이야말로 '생활의 질' 그리고 '성장의 질'을 되묻는 절호의 대상은 아닐까. 이제까지는 환경보전의 시각에서 경제성장 지상주의를 비판하고 이 때문에 '빈곤'의 탈각을 갈망하는 사람들의 동의를 얻지 못했다. 그러나 경제성장의 시각에서 그 성장의 모순을 되물을 필요가 있을 것이다. 일본은 지금이야말로 '생활의 질'을 위해 경제구조 전체의 개혁이라는 장기목표를 세워야 하는 시점에 와 있는 것은 아닐까. 또한 각국 특히 사회주의 국가나 발전도상국가는 경제성장정책을 추진해가는 데 일본의 경험, 특히 오늘날의 일본경제의 모순을 충분하게 검토해야 하는 것은 아닐까. 그것을 위해서도 일본의 경제학자는 일본의 전후경제사, 경제의 현상과 개혁의 방향성에 대해서 정확한 정보를 만들어야 할 시점에 와 있다. 이제 환경정책은 이런 일본경제의 개혁과 관련시켜 그것을 진전시키도록 계획되지 않으면 안 된다.

그런데 환경보전이라는 틀 속에서 '생활의 질'을 향상사키고 유지 가능한 발전을 하기 위해서는 새로운 정치경제제도가 만들어지지 않으면 안 될 것이다. 그것을 위해서는 인류에게는 또 한 번 프랑스혁명이나 러시아혁명과는 다른 '혁명' 또는 '개혁'이 필요하게 될지도 모른다. 또한 국민경제·국민국가라는 틀을 넘어선 국제적인 체제를 만들게 된다면 수세기를 필요로 할지도 모른다. 그때까지 핵전쟁을 방지할 수 있느냐, 지구가 황폐화하지 않고 계속될 수 있느냐는 이후의 군축과 함께 경제개발의 방향에 달려 있다. 그런데 '유지 가능한 발전'이라는 새로운 목표는 새로운 정치경제체제를 수립해서 어느 날 갑자기 실현 가능한 것은 아니다. 현실경제의 동태 속에서 그 싹이 자라나는 것이다. 특히 도시나 농촌을 종합적·계획적으로 발전시켜 주민복지를 향상시키려고 하는 지역개발은 새로운 체제를 추구하는 실험을 수행하고 있다고 할 수 있다. 그것은 지역의 경험이지만, 한 나라의 경제에 대해서도 실험적인 의미를 갖고 있다. 그러므로 여기에서는 전후 일본의 지역개발의 역사적 교훈을 소개하고, 나아가 환경보전을 틀로 한 경제발전을 모색하고 있는 경험을 소개하고 싶다.

2. 내발적 발전과 경제민주주의

♟ 외래형 개발의 결산서

이제까지의 세계의 근대화는 영국을 중심으로 한 서구 및 미국의 선진공업국을 모델로 한 공업화·도시화였다. 각 나라의 토착문화에 뿌리내린 기술이나 산업구조 등의 경제구조를 무시하고 선진공업국의 최신의 기술을 도입하고, 그 경제구조를 따라잡아 뛰어넘는 것이었다. 이러한 외래의 기술이나 경제조직을 도입한다는 개발사상은 한 나라 안에서의 지역개발의 경우에도 똑같았다. 후진 지역에 거대한 자본이나 국가의 공공사업을 유치하고, 그것에 지역의 운명을 맡기려는 것이다. 이러한 외래의 자본(국가의 보조금을 포함한다), 기술이나 이론에 의존해서 개발하는 방법을 '외래형 개발(exogenous development)'이라고 불러두자. 이것은 서구모형으로 근대화한 일본을 전형으로 하지만, 오늘날 발전도상국의 대부분도 이 방식을 택하고 있다.

일본의 외래형 개발은 메이지(明治)시대의 식산흥업에서 시작하지만, 특히 지역개발로서 보면 국영 야하타(八幡) 제철소 유치에 의한 기타큐슈 공업지대의 형성이 그 시작이라고 할 수 있다. 다이쇼(大正)기 중화학공업의 시대에 들어가면 3대 도시권의 임해 공업지대 형성과 함께 지방의 공장 유치가 진행되었다. 당시는 전기로에 의한 제철이나 전기화학을 중심으로 하고 있었기 때문에 수력발전과 관련해서 도우호쿠(東北), 호쿠리쿠(北陸)나 규슈(九州)에서 외래형 개발이 진행되었다. 사카타(酒田), 니가타(新潟), 도야마(富山) -다카오카(高岡), 노베오카(延岡), 미나마타(水俣) 등이 대표적일 것이다.

그렇지만 제2차 세계대전 전의 경우는 개별기업의 자유로운 입지였지만 대전 후는 국가나 자치단체의 지역개발정책에 의해서 중화학공업화가 진행되었다는 점이 큰 특징이다. 즉 1950년대에는 다목적 댐, 고도성장기에는 철강, 석유, 석유화학 등의 소재공급형 산업에 콤비나트 유치가 중심이었지만, 석유위기 이후 1970년대는 이것이 하이테크사업으로 바뀌고, 1980년대에는 서비스산업, 특히 관광(레저, 스포츠 등의 리조트)산업의 유치로 바뀌고 있다. 최근 지역개발은 공업화로부터 서비스화로 바뀌고, 그와 함께 단순한 공업지대건설 또는 상업이나 리조트 지역의 조성이 아니라 주거나 공공공간을 포함한 도시 만들기로 변하고 있다. 내용은 바뀌었지만 국가나 자치단체가 기본계획(master plan)을 만들어 지역을 지정하고, 기업이 필요로 하는 도로나 항만 등의 사회자본을 계획적으로 공급하며, 감세나 보조금 등의 경제적 원조를 주는 방식은 동일하다. 또는 고속철도, 고속도로, 공항, 원자력발전소나 국립대학·연구소 등의 국가의 대규모 공공사업·서비스 또는 군사기지에 의존해서 지역개발을 구상하는 것이다.

　이러한 외래형 개발은 진출기업의 경제력과 그 파급효과에 의한 관련 산업의 성장에 의해서 소득이나 고용을 늘리고, 세수를 올림으로써 지역의 주민복지를 향상시킨다는 방식이었다. 그러나 현실에서는 주민복지의 향상은 개발의 결과로 예상되는 데 지나지 않고, 개발의 방아쇠인 기업을 유치하는 것에 당사자의 전력을 쏟았다. 이를 위해 기업이 필요로 하는 산업기반이나 종업원주택 등의 선행투자가 이루어지고, 감세를 하고 보조금을 지급한다. 또한 유치된 기업은 자연환경이나 사회자본을 독점 또는 점유했다. 다른 한편에서는 외래형 개발의 열쇠를 쥐고 있는 기업의 공해나 환경보전을 위한 규제는 느슨해지지 않을 수 없었다.

　고도성장기의 콤비나트 유치는 거점개발 방식이라고도 불리지만 이것은 일본만이 아니라 현대세계에서의 외래형 개발의 전형일 것이다. 일본에서는 이 거점개발은 우선 재정력이 있는 3대 도시권에서 진행되고, 곧이어 제1차 전국종합개발계획에 의해서 거점개발을 수행하는 지역을 신산업도시 또는 공업특별지역이라고 부르고, 21개의 지역이 지정되었다. 그러나 현실에서 콤비나트가 건설된 것은 가고시마, 하리마, 미즈시마, 오이타(大分), 도요(東予) 등의 대도시권과 세토우치 등의 5개 선진지역으로, 과소화에 시달리며 개발에 기대를 걸었던 16개 지역은 콤비나트 유치에는 실패했다. 그 후 제2차 전국종합개발계획에서도 무쓰오가와라(むつ小川原), 사카타, 후쿠이, 슈난, 시부시(志布志) 등에서 한 지역에서 한 나라의 생산능력을 가질 만큼 거대 콤비나트의 건설이 계획되었지만, 주민의 반대와 산업구조의 변화 때문에 모두 실패하고, 석유비축기지 또는 핵연료폐기물 처리장이 되고 있다. 그런 의미에서는 자본과 시장의 논리가 작동하는 사회에서는 이익을 올리는 대도시권과 달리, 과소지역은 자본이 입지하기 어렵다는 것을 분명하게 보여준다.

　외래형 개발에 의해 콤비나트 유치에 성공한 지역에서는 욧카이치(四日)

시 공해를 비롯해서 모든 지역에서 환경파괴나 공해가 심각해졌다. 만약 초기에 콤비나트가 벽지(僻地)에 계획적으로 입지되었다면 공해는 비교적 적게 발생했을지도 모르지만, 집적이익을 구하는 기업은 인구가 집중된 대도시권에 입지했기 때문에 심각한 피해가 생겼던 것이다. 그것만이 아니다. 일반의 상식에 반해서 거점개발은 지역의 경제발전에 대한 효과가 대단히 결여되어 있었다는 것이 분명해졌다. 그것은 오늘날 중화학공업이 쇠퇴산업으로 되었다는 것만이 아니라 가장 번성했을 때에도 지역에 대한 경제효과는 작았던 것이다. 이것은 이미 1960년대 중반에 욧카이치 시 콤비나트에 대해서 지적되었다. 그 후 필자를 책임자로 하는 약 20명의 팀에 의한 5년간의 학제적 연구성과인 『대도시와 콤비나트 · 오사카(大都市とコンビナート · 大阪)』의 출판으로 완전히 실증되었고, 그 후에도 똑같은 방법으로 수행되었던 각지의 거점개발 결산서 만들기에서 확인되었다. 이 결론의 일부는 외국에서도 소개되어 있다.[3] 거점개발의 실패는 객관적으로 밝혀지고 있음에도 발전도상국에서는 아주 똑같은 지역개발이 진행 중이다. 또한 국내에서도 유치하는 핵심 산업을 소재공급형 산업에서 하이테크 산업이나 리조트 레저 산업으로 대체했을 뿐이며 전혀 똑같은 발상의 외래형 개발이 전국적으로 진행되었다. 그러므로 이하에서는 이미 결론이 나온 거점개발 방식 결산서의 일부를 소개하고, 여전히 외래형 개발을 추진하고 있는 내외의 개발당국자에게 경고를 해두고자 한다.

① 외래형 개발은 진출하는 기업의 자원이용이 우선하기 때문에 지역주민을 주체로 한 환경보전이나 공해방지계획은 뒷전으로 밀린다. 욧카이치 시나 사카이 · 센호쿠의 콤비나트 용지는 해수욕장을 매립한 것이었다. 사카다나 후쿠이의 임해 공업예정지는 매립은 아니지만 사구지(砂丘地)를 파괴했다. 즉 방풍림으로서 300년 이상을 거친 수십만 본의 소나무 숲을 벌채하고 사구(모래언덕)를 파내 버리고 항만을 만들었던 것이다. 모든 임해 공업지대

는 공장에 의해 해변(water front)이 독점되었다. 이 때문에 주민은 해안 접근권을 빼앗기고 해수욕, 낚시, 해안 산보 등을 할 수 없게 되었다. 해안 접근권이나 물 접근권[親水權]은 이처럼 기업에 의한 자연해안의 파괴나 해안의 독점에 대한 주민의 자그마한 저항 또는 요구라고 할 수 있다.

② 전후 임해 공업지대는 3대 도시권과 세토우치에 집중되었다. 즉 고도성장을 달성했던 1979년 현재의 생산능력으로 보면 이 지역에 조강(철강) 95.3%, 석유 88.2%, 석유화학 100%의 생산설비가 집중되었다. 이러한 소재공급형 산업들은 본래 생산에서 오염물이 많이 발생되는 산업이다. 거기에 이 지역에는 일본 인구의 절반 이상이 밀집되어 있다. 세계 최고의 인구밀도를 갖는 도쿄, 오사카를 비롯한 대도시나 중소도시가 존재한다. 일본의 콤비나트는 제IV부에서 서술했듯이 핀란드의 콤비나트와 다르며, 한 공장의 규모가 크고 게다가 좁은 지역에 단기간에 집적되었다. 이 때문에 조업 초기부터 대량의 오염물을 게다가 콤비나트이기 때문에 복합해서 배출했다. 교통량도 과밀해지고 자동차 공해가 복합되었다. 공해대책이 지체된 1960년대에 3대 도시권의 공해가 세계에서 가장 심각해졌다는 것은 당연하다고 할 수 있다. 대기오염 인정 환자의 대부분이 이 지역에 거주하고 있다. 1970년대 후반 이후는 이 공장에 의한 오염보다도 자동차에 의한 오염의 기여도가 높아지고 있지만, 환자가 발병한 연월을 보면 고정발생원의 기여도가 크다.

③ 외래형 개발의 실패는 절대적 손실이 발생하고, 사회적 손실이 크다는 점만이 아니라 그것에 비해서 해당 지역에 기여하는 사회적 편익이 적다는 점이다. 〈표 V-1〉은 사카이·센호쿠와 욧카이치 시 두 개의 임해 공업지대에 대해서 지역개발의 대차대조표(balance sheet) 일부를 소개한 것이다. 우선 양자에 공통적으로 말할 수 있는 것은 두 개의 공업지대는 그 지역의 전체공업 중에서 환경오염이나 자원소비의 주역으로 되어 있지만 그것에 비해서 경제적인 효과는 놀랄 만큼 적다는 점이다. 사카이·센호쿠 콤비나트를 예로

〈표 V-1〉 콤비나트 개발의 대차대조표

	오염 물량 NOx	전력 사용량	공업용수 사용량	부지 면적	제조품 출하액	부가가 치액	고용량	사업세
오사카 부 공업에서 차지하는 사카이·센호쿠 공업지대의 기여도	41.8	41.4	2.3	17.1	11.2	7.3	1.7	1.6
북(北)이세지구에서 차지하는 욧카이치 시 콤비나트의 기여도	(79.5)	57.8	76.2	37.9	37.7	30.9	12.4	(4.7)

주 1) 사카이·센호쿠 공업지대의 통계는 1974년이지만 NOx는 1972년, 전력은 1970년, 부지 면적은 1973년이다.

주 2) 욧카이치 시 콤비나트의 통계는 1977년이며, NOx는 욧카이치 시 공해방지지구에서 차지하는 비중, 사업세는 미쓰비시 현 수입에 대한 비중(1966~1977년 평균)이다.

자료) 宮本憲一, 『大都市とコンビナート·大阪』(筑摩書房, 1977); 遠藤宏一, 『地域開発の財政学』(大月書店, 1985).

들면 오염물에서는 오사카 부(府) 안에 있는 공업의 42%를 차지하고 있다. 오사카는 제2차 세계대전 전부터 '굴뚝 도시'로 불리고 있었지만, 만약 사카이·센호쿠 임해 콤비나트를 만들지 않았으면 공해대책은 쉬웠을 것이다. 제2차 세계대전 전에는 경제의 오사카, 정치의 도쿄라고 불렸지만 전쟁 통제경제 이후 경제와 정치의 연계가 강해지고 오사카권은 도쿄권에 비해서 소재공급형 산업이 부족하다고 생각해서 사카이·센호쿠 지역 약 1700ha를 매립해서 여기에 신일철(新日鐵: 신일본제철), 두 개의 석유화학 콤비나트 등 백 수십 개의 회사를 유치하고, 이와 연계해서 오사카의 산업을 고도화하려고 했다. 이를 위해 임해부에 항만, 도로, 공업용수 기타 사회자본을 정비하고 배후지에는 종업원의 주택단지 등을 조성했다. 이 최고의 입지조건을 갖는 공업용지를 1m²당 평균 6321만 엔(최저 1600만 엔부터 최고 1만 4650만 엔)의 값싸게 매각했던 것이다.

그 결과는 〈표 V-1〉에서 밝혀지듯이 사회적 손실에 비해 경제적 효과가 빈약했다. 소재공급형 산업은 가공형 산업에 비해서 자원소비나 사회자본의 필요량은 크지만 부가가치(소득)는 대단히 낮다. 자동화(automation)공장 때문에 제조품 출하액에 비해서 고용도 작다. 이 때문에 사업세 등 소득 관련 조세 수입도 작아지는 것이다. 욧카이치 시의 경우에는 소득 중 이윤은 도쿄나 오사카에 있는 본사로 유출해버린다. 엔도 히로이치(遠藤宏一)의 추계에서는 적어도 소득의 5분의 1이 유출되고 있다고 한다. 이윤이야말로 자본·자산의 증가분이기 때문에 이것이 누출되면 지역개발 효과는 작아진다고 할 수 있다.

④ 거점개발은 국가나 부현(府縣)을 중심으로 해서 이루어졌지만 주역은 민간기업이다. 민간기업은 지역개발의 전체 계획에 따르는 것이 아니라 국제·국내의 입지전략하에서 자사의 이익 극대화를 고려해서 입지를 결정한다. 전술했듯이 오사카 부나 간사이(関西) 재계는 진출기업과 지역산업의 연관을 고려하지 않았다. 이 때문에 모처럼 오사카권이라는 배후지에 거대한 가공산업을 갖고 있는 지역에 입지하면서도 각 회사가 창출한 소재는 그 지역에 공급되지 않았다. 예를 들면 1970년대에는 신일철이 생산하는 소재는 토건용인 H강 등이 중심을 이루고 있었다. 신일철의 생산물은 대부분 수출되어 그 지역에 공급되지 않았다. 오사카권에서 필요한 철강은 스미토모(住友) 금속 등 다른 현에서 생산한 생산물로 충당되고 있었다. 두 개의 석유 콤비나트는 농업관계의 생산물을 주체로 했기 때문에 1970년대에는 이 지역에 공급되는 것은 7% 정도였다. 사카이 상공회의소의 조사에 따르면 진출한 대기업의 하청은 대부분 각 회사가 데리고 오기 때문에 이 지역의 중소기업에 관련된 것은 100개 회사 이하이고, 그것도 토건, 운수, 수리와 청소 등 잡업 분야였다. 즉 소재공급형 산업의 유치에 의해서 산업의 고도화를 꾀하려는 것은 실패로 끝나고 콤비나트만이 가능했던 것이다.

지역개발이 산업정책으로서 성공하는 것은 산업 연관이 복잡하고 가능한 한 부가가치가 그 지역에 떨어지는 경우이다. 예를 들면 콤비나트의 얇은 철판으로 자동차가 만들어지고 또한 석유화학의 원료가 도시형 공업에서 가공되는 등의 연관이 점점 확산되어갈 때 고용도 소득도 증가해가는 것이다. 그런데 대도시권에 있는 사카이·센호쿠 콤비나트조차 이러한 산업 연관이 결여된 상황이기 때문에 욧카이치 시를 비롯한 다른 지방의 콤비나트에서는 원료는 해외로부터 오고 제품은 바로 역외로 이출(移出)·수출되는 상황이다. 그러면 소득도 고용도 기여도가 작아지는 것은 당연하다. 그것만이 아니라 역내에서 원료나 생산물이 순환하면 수송량이 적게 끝나지만 대부분이 역외로 수송되지 않으면 안 되기 때문에 쓸데없는 교통이 팽창하고, 이것이 또한 공해의 원인이 되며, 대형 트럭이나 탱크로리 등에 의한 교통혼잡을 초래하게 된다.

지역개발이 특정한 업종의 유치에 치우치면 산업구조의 변동에 의해 지역경제가 큰 피해를 입게 된다. 사카타(酒田) 북쪽 항구 지역에는 알루미늄 정련·압연을 축으로 한 콤비나트가 구상되었다. 이 구상은 공해 면에서 문제가 많았으며, 에너지 비용 면에서도 당초부터 필자를 비롯해 여러 비판이 있었다. 그럼에도 다나카 가쿠에이(田中角栄) 수상의 압력도 있고 해서 스미토모계의 알루미늄 정련회사가 새로 건설되었다. 그러나 조업 후 바로 석유 위기가 발생하자 알루미늄 정련은 다른 나라에 비해 비용이 높아졌고 회사는 폐쇄되었다.

소재공급형 산업의 불황 때문에 〈표 I-3〉(103쪽)에 있듯이 실적은 GDP 이외에 국토계획의 1985년도 목표를 대폭 하회하는 상황이 벌어졌다. 1980년대 이후 전국의 콤비나트는 기업의 정리 또는 조업단축을 실시하고 있다. 신일철은 사카이·야하타·가마이시(釜石)·무로란(室蘭) 등에서 고로(高爐) 5기를 휴업하고, 다른 제철회사도 합리화를 추진하고 있다. 석유화학 콤비나트는 통산성(通産省)의 지도하에 낡은 설비를 폐기하고 생산설비를 3분의 1

로 축소했다. 이러한 산업들은 중국의 고도성장 속에서 되살아났다고는 하지만 이제 투자의 중점은 외국에 있고, 고도성장기로 돌아갈 수는 없다. 각 지역 모두 거품붕괴 시에 대규모 인원정리가 실시되었고 이런 고용문제는 장기적인 과제로 남아 있다.

⑤ 지역개발은 지역의 경제발전만이 아니라 정치의 민주화, 사회의 근대화, 문화의 발전, 나아가서는 지역복지의 향상을 가져오는 것을 목적으로 한다. 그러나 외래형 개발은 이런 면에서도 실패로 끝나고 있다. 그것은 계획에서 실행에 이르기까지 진출기업이나 국가가 주도권을 갖고 있기 때문에 민주주의-지방자치의 발전이 보이지 않는다. 예를 들면 임해 콤비나트에 온 대기업의 관리직원은 임시로 와 있는 것이기 때문에 그 지역으로 가족을 데려오지 않고 혼자 부임한다. 과거 오하라 소이치로(大原総一郎) 구라시키(倉敷) 레이온 사장은 오카야마(岡山)의 미즈시마 콤비나트 유치 실태를 보고, 이것은 '식민지개발'이라고 명명했다. 아주 지당한 말이다. 콤비나트는 '조계(租界)'로서 그 지역 중소기업과의 거래 또는 인간관계는 적다. 주민은 공장 내에 자유롭게 들어갈 수 없고, 바다에 가까이 갈 수도 없다. 이 구역은 그 지역 자치단체(市·町·村)의 도시계획을 비롯한 토지이용계획의 틀 밖에 놓여 있다. 따라서 오늘날처럼 불황이 되어 유휴화되어도 해당 지역 자치단체가 토지이용을 변경하는 것이 어렵다.

콤비나트가 '조계'로 되고 있음을 분명하게 보여준 사례를 들어보자. 1970년에 사카이 시민이 공해반대를 위해서 콤비나트 확장을 저지하려고 서명운동을 시 전체로 전개하고 있던 참에 사카이 상공회의소 요시다 히사히로(吉田久博) 회장은 시민운동을 지지하고 '공해발생형 중화학공업 유치 반대, 이미 진출한 기업의 증설의 원칙적 금지 등'의 요청서를 오사카 부(府)에 제출했다. 이것은 지역기업이 콤비나트 기업과 관계가 없고 오히려 공해에 시달리며 게다가 공해대책 강화의 여파로 작은 오염원에 지나지 않은 지역기업에게까지 엄격한 규제가 가해지고 있는 것에 대한 불만이 어떻게 폭발했는가를 보여주는 사례이다.

외래형 개발은 이렇게 해서 지역사회를 분열시켜 버린다고 할 수 있다. 국제적으로도 이와 동일한 문제가 일어나고 있다. 이미 서술했던 인도의 보팔(Bhopal)에서 일어났던 다국적 기업의 대형사고와 그 후 지역주민의 인권을 경시했던 대책 등은 외래형 개발의 실패를 분명하게 보여준다. 그럼에도 여전히 발전도상국, 구미(歐美)에서도 외국기업을 요구하고 있다. 또한 일본에서는 후진농촌지역일수록 외래형 개발에 목숨을 걸고 있다. 그중에는 발전소나 미군기지 유치처럼 보조금의 효과와 공사 과정에서의 고용증대가 주를 이루며, 그 후의 지역개발 효과가 결여된 개발에까지 과도하게 기대를 거는 상황이 이어지고 있다. 그것은 계속 수모를 당하는 꼴이나 마찬가지인데 왜 이런 실패한 '외래형 개발'이 반복되는 것일까?

넉시(R. Nurkse)는 과거에 『후진국의 자본형성(Problems of Capital Formation in Underdeveloped Countries)』이라는 책에서 '빈곤의 악순환'이라는 이론을 제시했다.[4] 즉 발전도상지역이 왜 빈곤한가를 살펴보면 그 이유는 바로 빈곤하기 때문이라는 것이다. 이것을 일본의 경험에서 살펴보면, 개발을 자주적 자발적으로 실행할 수 있는 사람과 기술·지식과 자본이 없는 지역은 빈곤으로부터 탈출할 수 없다는 것이다. 일본의 경우는 발전도상국과 달리 자본은 얼마라도 있지만 문제는 개발주체이다. 자치단체, 기업, NPO와 같은 조직과 특히 그곳에 유능한 '사람'이 있느냐 없느냐가 '외래형 개발'의 실패를 극복하고 빈곤으로부터 탈피해서 영속적인 발전을 할 수 있느냐 없느냐를 가늠하는 열쇠를 쥐고 있다.

♟ 일본에서의 내발적 발전

　지역의 기업·노동조합·협동조합·NPO·주민조직 등의 단체나 개인이 자발적인 학습에 의해 계획을 세우고 자주적인 기술개발을 바탕으로 하며 지역의 환경을 보전하면서 자원을 합리적으로 이용하고, 그 문화에 뿌리를 둔 경제발전을 하면서 지방자치단체의 손으로 주민복지를 향상시켜가려는 지역개발을 '내발적 발전(endogenous development)'이라고 불러두자. 필자가 제창하는 내발적 발전은 외래형 개발에 대치되는 것이지만, 외래의 자본이나 기술을 모두 거부하는 것이 아니다. 지역의 기업·노조·협동조합·NPO 등의 조직, 개인, 자치단체를 주체로 하고, 그 자주적인 결정과 노력 위에서라면 선진지역의 자본, 기술이나 인재를 보완적으로 도입하는 것을 거부하는 것은 아니다. 이러한 내발적 발전은 국제적으로는 구미사회를 뒤쫓아 따라잡으려고 하는 종래의 경제성장방식과는 다른 대체적(alternative) 방식으로서 발전도상국이 모색하고 있는 것이다. 지구환경을 보전하는 미래계획도 외래형 개발이 내발적 발전으로 대체될 때 실현될 가능성이 보일 것이다. 그렇지만 다국적 기업이 지배하는 세계경제하에서는 내발적 발전이 미래의 개발방식으로 될 수 있다고 단언하는 것은 이상주의(utopia)적이지만, 그 실험이 각국에서 시작되고 있는 것은 중요하다. 학계는 그것을 소개하고 충분히 평가를 해서 각국에 확산시켜나가는 노력을 하지 않으면 안 된다.

　일본에서 내발적 발전은 제2차 세계대전 이전까지로 소급할 수도 있지만 1970년대에 들어와 마을 만들기나 시골 살리기라는 말로 표현되듯이 사회적으로 정착해왔다고 할 수 있다. 내발적 발전은 고도성장기의 외래형 개발에서 뒤처져 있거나 또는 그 실패의 영향을 받았던 지역 중에서 대안적인 방식으로 시작된 것이다. 전국적으로 유명해졌던 것은 홋카이도(北海道)의 이케다 정(池田町)이나 오이타 현의 유후인 정(湯布院町)(시·정·촌 합병에 의해 유후 시로 되었지만 여기에서는 옛 명칭으로 설명한다)이나 히타 시(日田市) 오야먀 정(大山町)의 예일 것이다. 이러한 성공사례들에 대해서는 많이 소개되었기 때문에 여기에서 다시 쓸 필요는 없을 것이다.[5] 그 후 대도시에서는 고베 시 마노(真野) 지구처럼 쇠퇴하는 주공(住工: 주택과 공장) 혼합지구의 재생에 성 공해서 도심(inner city) 정책이 내발적 발전이 아니면 안 된다는 것을 보여주 었다. 또 한편 농촌에서는 추고쿠산지(中国山地)의 '과소(過疎)를 되돌리는 모 임'처럼 폭설지역에서 자원도 아무것도 없고 고령자사회로 과소화만이 특질 로 되어 있는 지역에서 독창적인 재생방책을 생각하고 노력한 사례, 또한 미 야자키 현 아야(綾) 정처럼 삼림자원을 살리는 것 같은 사례가 있다.[6] 정부도 이러한 지방의 움직임을 보고 테크노폴리스 구상이나 '4전종(4全総: 제4차 전 국종합개발계획)', 하이테크 산업이나 리조트 기지 개발만으로는 지역의 발전 이 어렵다는 것을 인정하고 지장(地場) 산업[7]의 발전 등 내발적 진흥이나 지 역 활성화를 제창하기에 이르렀다. 1988년 다케시타(竹下) 수상은 '고향창생 (故郷創生: 고향 살리기)'을 제창해서 각 시·정·촌에 1억 엔의 교부금을 배부 했다. 이제 마을 만들기·시골 살리기에는 정부 각 부처가 이것에 몰두하고 있다. 자치성의 '마을 만들기 특별대책사업 추진 요강'에 기초해서 지방공공 단체가 보조금을 받기 위해 계획한 '마을 만들기 특별대책사업'을 보면 대부 분의 시·정·촌이 관여하고 있다. 그러나 그 내용을 보면 환경을 보전하는 공원·녹화사업, 역 앞 정비 등의 거리정비, 스포츠·관광시설의 정비, 지역 산업진흥, 교육문화진흥 등이 제각기 기획되고 있다. 이래서는 과거에 자치 단체가 추진하던 사업을 보조금을 받기 위해서 바꾼 것에 다름 아니다.

또한 오이타 현은 유후인 정이나 오야먀 정이 전국적으로 평가를 받게 되 면서, 이것을 모든 현에 확산시키기 위해서 '1촌 1품(1村1品: 마을마다 한 가지 상품을 발굴하는 것)' 운동을 제창했다. 이것은 알기 쉬운 슬로건이기도 해서 전국으로 확산되고, 홋카이도 등에서는 도청만이 아니라 세이부(西武) 자본이 편승해서 특산품 만들기를 했지만 실패하였다. 그러나 전국 시장을 목표로 한 1촌 1품은 잘못된 것이며, 성공사례는 지역시장을 제1차 대상으로 하는 1촌 다품(多品)인 것이다. 1촌 1품 운동에 따라 '표고버섯'만 또는 '소주(술)'에만 특화한 마을은 경쟁상대가 다수 나와서 그 생산물이 팔리지 않게 되면 마을 전체가 위기에 빠져버리게 된다. 이처럼 내발적 발전이 아니라 중앙정부의 보조금사업이나 현 주도형 정신작흥적(精神作興的)인 '특산품' 만들기는 제2차 세계대전 전부터 추진해온 농촌정책의 반복에 지나지 않는다.

그러므로 보조금을 받기 위한 유행으로서의 시골 살리기나 마을 만들기가 아니라, 중앙정부나 대기업의 조성을 받지 않고 고군분투하면서 독창적인 성과를 얻고 있는 지역에서 분명하게 드러난 내발적 발전의 원칙을 보여주고 싶다.

첫째는 지역개발이 대기업이나 정부의 사업으로가 아니라 지역의 기술·산업·문화를 토대로 하여 지역 내의 시장을 주된 대상으로 해서 지역의 주민이 학습하고 계획하고 경영하는 것이라는 점이다. 내발적 발전은 무언가 반체제적 또는 반정부적인 운동을 계기로 하고 있다. 예를 들면 유후인 정이나 오야마 정의 경우는 오이타 현의 신산업 도시계획에 반역하는 것이었다. 오이타 현은 오이타 - 쓰루사키(鶴崎) 지구를 매립해서 거기에 철강·석유 콤비나트를 조성하는 거점개발 방식을 택하고, 현(縣) 재정을 쏟아 부어 공공투자를 집중했다. 이 계획은 다른 선진 거점개발이 중화학공업 편중이었다는 비판에 따라서 '농공양전(農工兩全)'을 주장했다. 그렇지만 임해 공업지대의 조성에는 거대한 자금이 필요하기 때문에, 도시와 농촌을 평등하게 개발한다는 것이 아니라 임해부에 공장이 유치될 수 있다면 그 파급효과로 반드시 배후지인 농촌의 소득이나 고용도 증대한다는 것이었다. 오이타 현은 신산업도시의 우등생이라고 말해지듯이 콤비나트 유치에 성공했지만 배후지인 농촌부는 일본에서 유명한 과소지대가 되어버렸다. 이런 개발에 대해서 국가나 현은 믿을 바가 못 된다고 보고 스스로의 힘으로 농촌의 탕치장(湯治場)[8]이었던 온천을 농업과 결부시켜 주변 산줄기의 자연환경을 살리고, 인공이 아니라 자연의 식품에 의한 요리를 제공하는 방식으로 미조쿠치(溝口薫平)나 나카다니(中谷健太郎)가 중심이 되어 발전시켰던 것이 유후인 정의 온천사업이다. 또한 정부의 획일적인 농업정책에 반대해서 쌀농사를 그만두고 복숭아, 밤이나 감 등을 농사짓는 산촌농업으로 전환하고, 농산물을 가공해 부가가치를 창출하는 1.5차 산업을 제창했던 것이 오야마 정이다. 그런 의미에서 반체제적이라고 자칭할 정도의 자발적인 에너지가 없으면 조건이 나쁜 과소지역에서 개발에 성공할 수 없다.

그렇지만 내발적 발전은 지역주의는 아니다. 오늘날은 놀랄 만한 정보사회이고, 국제화라고 이야기하듯이 국내 국제적으로 분업이 진전되고 있는 시대이기 때문에 지역 독자의 자주성(autonomy)이 존재하는 것은 아니다. 과소지역의 자치단체일수록 정부의 보조금에 의존하지 않을 수 없게 되어 있다. 따라서 대도시권이나 중앙정부와의 관련을 무시하고 지역이 자립할 수는 없다. 전술한 '과소를 되돌리는 모임'의 10훈(訓)이라는 것을 살펴보면 '대도시와 합동한다'는 항목이 있다. 이 모임의 사무국이 있는 히로시마 현 소료(總領) 정에서는 폐교된 초등학교를 이용해서 이벤트를 하고 있는데, 거기에는 에이 로쿠스케(永六輔)[9]나 나카무라 하치다이(中村八大)[10]가 협력하고 있다. 지방에서 전국적인 이벤트를 한다는 것은 유후인 정의 유후인 온천이 고안했던 '일본영화제'가 처음일 것이다. 이것은 '오봉(7월 백중)'[11] 시기의 여름 더운 시절에 손님을 끈다는 목적과 영화관이 없는 지역의 청년들에게 영화의 묘미를 전달해주고 싶다는 목적이 결합해서 시행되었던 것이다. 이제는 오히려 동경의 영화인이 이 축제에서 받는 자극을 즐긴다고 하는 전국행사로 되어 있다. 도야마 현 도가 촌(利賀村)의 국제연극제 등도 이와 같은 의미를 갖고 있다. 이러한 시도는 흥행자본이 흥행의 장을 지방에서 구하는 것이 아니라 지역의 자치단체나 산업조합이 주체가 되어 대도시의 문화인과 합동으로 하기 때문에 성공했던 것이다.

둘째는 환경보전의 틀 안에서 개발을 생각하고 자연의 보전이나 아름다운 거리를 만든다는 어메니티를 중심 목적으로 삼고, 복지나 문화가 향상되도록 무엇보다도 지역주민의 인권 확립을 추구하는 종합목적을 갖고 있는 것이다. 내발적 발전은 공해반대운동이나 환경보전의 주민운동을 출발점으로 하는 사례가 많다. 고베 시 마노 지구의 경우는 정(町) 공장의 공해반대가 출발점이었다. 그러나 공해방지를 위해 공장이 이전하면 정 전체가 쇠퇴하고 중소기업과 그 종업원에게 불이익이 되는 줄 알았던 주민이 공해를 제거하고 환경을 아름답게 바꾸면서 정 공장과 주민이 공생할 수 있는 길을 찾았던 것이다. 이 성과는 한신아와지(阪神淡路) 대지진 때 피해를 최소한으로 방지하고 가장 먼저 부흥했다는 것으로 드러났다.

유후인 정의 경우는 주변의 자연을 지키기 위해 댐 건설 반대를 비롯해서 산마루 고속도로를 반대하는 주민운동이 출발점이 되었고, 그 위에 아름다운 농촌환경을 살리는 시골 살리기는 불가능한지를 생각했던 것이다. 오야마 정의 경우는 추코쿠 도후쿠(中国東北)에서 뽑혀 와서 촌장이 되었던 야하타(矢幡春美)가 산촌의 농민이 휴일도 없고 문화도 향수할 수 없는 현실을 개선하고 '농민에게 휴일을, 주부에게 문화를'이라는 생각으로 종래의 쌀농사를 중심으로 했던 농업경영을 개선했다는 점이다. 즉 1.5차 산업 등의 개혁은 단지 농민의 소득을 향상시키려는 것이 아니라 농민의 기본적 인권 확립이 목적이었던 것이다. 이러한 정신에서 젊은이를 해외에 여행시키고 그 후 이스라엘의 키부츠(Qibbutz)에서 배워온 젊은이가 테니스장이나 수영장을 갖도록 집락(集落) 재편성을 계획했다.

'노인의료 무료화'로 유명한 이와테 현 에키나이(駅内) 촌은 폭설, 빈곤, 질병에 도전했다. 이곳은 오타(太田祖電) 전 촌장이 이런 소기의 과제 해결에 성공하여 복지촌으로 유명했지만, 설국(雪国) 문화연구소를 만드는 등 시골[村]의 산업 발전에 힘을 쏟고 있다. 그 기본은 시골의 아름다운 자연환경과 일체가 된 산업정책이자 복지에 있다고 말하고 있다.

셋째는 산업개발을 특정업종에 한정하지 않고 복잡한 산업부문에 걸치도록 해서 부가가치가 모든 단계에서 지역에 귀속되도록 지역산업 연관을 꾀하는 것이다. 유후인 온천의 숙박업소의 토산품 매장에 있는 것은 대도시가 생산하는 양갱 등의 과자나 공예품이 아니라 농민의 수제품인 잼, 장아찌, 목제품이나 죽제품이다. 또한 요리의 재료도 농민이 부업으로 사육하는 나고야 코친[12]이고 자연산 참마나 수제품 튀김두부 등이다. 관광업과 농업이 연결됨으로써 부가가치의 대부분이 지역에 떨어지고 있다.

이 점에서는 농촌보다도 도시의 개발이 명확하다. 호쿠리쿠(北陸)[13] 지방에서는 외래형 개발의 전형이 도야마 - 다카오카이고, 내발적 발전의 전형이 가나자와(金沢)이다. 도야마 현은 쇼와(昭和) 초기 이래 값싼 전력을 이용해서 일본의 대표적인 화학공업이나 전기제강을 유치했다. 전후에는 신산업도시 그리고 테크노폴리스로 국가의 계획에 딱 맞게 지역을 맞춰왔다. 이 때문에 이 현의 제조출하액은 동해 연안에서 첫째이고 얼핏 보면 경제적 수준은 높아 보인다. 이에 대해서 가나자와 시는 장(長) 섬유공업에서 출발하여 자동직기의 발명에 의해 기계산업을 발전시켜, 양자를 축으로 하면서 금속·봉제·인쇄 등 복잡한 도시형 공업을 지역 중소기업의 손으로 발전시켰다. 최근에는 하이테크를 구사한 자동 병마개 기계, 공작 기계나 전기산업 등이 전국시장에서 유명해지고 있다. 가나자와는 조카마치(城下町)[14]라고 불리지만 마쓰에(松江) 시와 달리 일본 유수의 내륙공업지역이다. 가나자와 시의 특징은 섬유공업이 번성할 때에 산겐(産元) 상사라 불리는 그 지역 상사가 있었던 점이다. 이러한 도매 기능은 다른 부문에 대해서도 있고 이런 경제적 중추기능은 다른 현청소재지에서 예를 찾아보기 어려울 정도로 크다. 도야마 시와 비교하면 전쟁 피해를 입지 않았던 점도 있고, 역사적 유산이 많고 교육이나 문화의 축적량(stock)이 풍부하다. 따라서 최근에는 국내·국제적인 관광지 또는 컨벤션 도시가 되어 있다.[15]

가나자와 시는 도야마 시처럼 중앙의 대기업의 공장은 없고 지역의 중소기업의 사업소뿐이다. 그러나 제2차 산업의 고용인구는 많아서, 인구가 2배 정도나 큰 센다이 시와 비슷한 수준이다. 즉 산업의 균형이 잘 되어 있다. 공업만이 아니라 상업이나 서비스업도 지역자본이 중심이기 때문에 모든 단계의 부가가치가 지역에 귀속하는 경향이 강하다. 이에 대해서 도야마 - 다카오카 지역의 경우는, 공업의 이윤이나 다른 부문의 부가가치는 도쿄나 나고야 등의 대도시로 유출된다. 제조품의 출하액이 많고, 종업원 1인당 생산액에서는 도야마 - 다카오카 지역은 가나자와 시를 넘고 있지만 1인당 분배소득에서는 반대로 가나자와가 높다. 도야마 - 다카오카 지역은 공해 백화점이라고 불리듯이 한때는 심각한 공해문제가 발생했다. 이에 대해서 가나자와 시는 내륙공업지대였던 것이 다행이어서 공해는 거의 없었다고 해도 좋다. 쾌적함이나 문화 면에서는 가나자와 시가 전국 유수의 도시일 것이다.

요즘은 산업의 도시를 만드는 시대는 끝나고 도시가 산업을 만드는 시대이다. 쾌적함이 있는 도시, '도시품격'이 높은 거리에서 산업은 육성되고 있다고 할 수 있다. 도야마 현은 신산업도시로 지정되었지만 콤비나트 유치에 실패하고 조성된 공업용지는 남아돌아, 그것을 30% 할인해서 팔았지만 그다지 살 사람이 없었다. 테크노폴리스로도 지정되었지만 하이테크 산업의 진출은 지정을 받지 못했던 이시카와 현 쪽이 활발하다고도 알려져 있다.

가나자와 시와 똑같이 문화의 역사를 자랑하는 나가사키(長崎) 시의 경우는 경제적으로는 전혀 이질적이다. 미쓰비시(三菱) 자본의 성시(城市)이기 때문에 미쓰비시 중공업의 조선업이 불황에 빠지면 도시 전체의 경제가 쇠퇴한다. 게다가 이러한 기업 성시에서는 도매업도 소매업도 미쓰비시의 영향으로 독자적인 발전을 하지 못한다. 이 때문에 산업의 균형이 이루어지지 않으므로 산업구조의 전환에 약점이 많다고 할 수 있다. 이를 미쓰비시라는 어미 거북 등 위에 나가사키 시라는 새끼 거북이 올라타고 있는 모습으로 설명할 수 있다. 어미 거북이 넘어지면 새끼거북은 홀랑 뒤집어지는 것이다.16)

　이렇게 살펴보면 내발적 발전은 단지 환경을 보전하는 것만이 아니라 장기적으로 보면 경제적으로도 안정된 발전을 하게 될 것이다. 미리 말해두지만 가나자와 시민은 꼭 스스로를 내발적 발전의 전형적인 사례라고 자각하고 있지 않았다. 어떤 점에서는 전통의 무게와 자부심으로 운 좋게 자각하지 못한 채로 외래형 개발을 거부해왔다는 쪽이 옳을지도 모른다. 지역의 중소기업가 일부에서는 이 내발적 발전을 현재만이 아니라 미래의 전략으로 삼으려는 움직임이 있다. 그러나 원전이 노토(能登)에 유치되고, 가나자와 시내의 토지가 도쿄 자본에 의해 매점되며, 상업·서비스업에 대기업이 진출하고, 외래자본에 의한 도시형재개발이 진행되어 거리나 경관이 파괴되면서, 이제까지의 가나자와 시와 다른 체질로 바뀌는 움직임이 진행되고 있다. 지역의 유력자만이 아니라 시민이 어느 정도 내발적 발전을 이해하고 이것을 계승해서 가나자와 시의 발전에 자발적으로 참가할 것이냐가 이후 갈림길이라고 말할 수 있다.

　넷째로 주민참가의 제도를 만들고, 자치단체가 주민의 의사를 바탕으로 해서 그 계획에 따르도록 자본이나 토지이용을 규제할 수 있는 자치권을 갖는 것이다. 전술한 후쿠오카 현 야나기카와(柳川) 시의 호리와리(堀割) 재생의 이야기는 주민의 봉사로 환경을 개선하고 그것이 지역경제의 발전으로 이어진 전형적인 사례이다.

　똑같은 물 접근권에 의한 내발적 발전이 오타루(小樽) 운하 보존운동이고, 신지코(宍道湖) 호와 나카우미(中海) 호의 간척·담수화를 반대하는 운동이다. 이미 구미의 도시에서 워터프런트에 있는 오랜 건물을 이용한 도시의 재생은 성공을 보고 있다. 오타루 시의 경우 운하보존 운동은 12년에 걸쳐 진행되었지만[17] 보존이야말로 지역의 재생으로 된다는 이념을 시민, 특히 재계인이 이해하기에 이른 것은 운동의 종말에 가까웠던 시기였다. 이 때문에 운동은 완전한 성공을 보지 못하고 운하의 절반, 그것도 창고군에 가까운 측을 매립해서 도로로 만들어버렸다. 이것은 창고군과 운하의 풍경을 일체화해서 정서가 있는 거리를 만드는 계획에서 보면 불완전한 사업이자 시의 폭거라고 할 수 있다. 그래도 이 '불완전 재생' 덕택에 오타루 시에는 관광객이 쇄도하고 있다. 주민운동의 덕택으로 쇠퇴하고 있는 오타루의 어디를 중심으로 해서 재생하면 좋을지는 분명해졌다. 어떻게 경관이 중요한지, 그리고 거리를 만드는 것은 정·재계인이 아니라 시민이라는 것을 일반에게 알려주었다는 점에서는 오타루 운하 보존운동은 역사에 남을 것이다.

이에 대해서 신지코 호와 나카우미 호의 보존운동은 670억 엔을 투입해서 완성일보 직전에 국가의 대형 프로젝트를 중지시키는 획기적인 승리를 거두었다. 전후 간척·담수화 사업은 식량생산이나 용수공급을 고려해서 물 환경의 보전이나 경관을 무시한 것이었기 때문에 하치로가타(八郞潟)·가호쿠가타(河北潟)·가스미가우라(霞ヶ浦)[18] 등에서 사업의 실패가 지적되어왔다. 감반(減反) 정책[19]이 실시되고 있는 때이므로 논농사 이외에는 문제가 많은 간척지가 높은 가격으로 팔려나가도 가격의 절반 가까이 보조금을 받지 않는 한 농업은 어렵다. 가호쿠가타 등에서는 이미 3할 가까운 농가가 그만둬 버렸다. 다른 용도(예를 들면 택지)로 전환하기 위해서는 관련 사회자본의 투입이 필요하다. 가호쿠가타는 가나자와 시에서 정말 아름다운 호수였다. 지금 이것이 남아 있다면 가나자와 시의 가치는 훨씬 높아졌을 것이다. 그러나 매립된 호수는 본래대로 돌아가지 못한다. 또한 이바라키(茨城) 현의 가스미가우라에서는 주민의 반대를 누르고 해수의 유입을 멈춰버렸기 때문에 생태계가 바뀌어 수질은 오염되고 녹조현상이 발생하여 경관이 사라졌다. 지금은 주민의 손으로 자연재생이 추진되고 있다.

이러한 과거의 실패에 대해서 객관적인 분석도 하지 않고서 농림수산성은 간척사업을 계속했던 것이다. 바로 이것이야말로 전형적인 '정부의 실패'이다. 다행히도 시마네(島根) 대학의 호보 다케히코(保母武彦)를 중심으로 한 연구자가 이 사업에 의문을 갖고 문제를 제기한 결과, 담수화에 의해 타격을 받은 바지라기(가막조개)업자의 어업협동조합을 중심으로 해서 반대운동이 일어났다. 마쓰에 시의 관광업에도 큰 영향이 나올 뿐 아니라 물의 도시의 경관이 사라진 것을 알게 된 시민의 대다수가 반대로 돌아섰다. 이탈리아의「갈라소법」에서 교시를 받아 주민단체는 경관보전 조례의 주민청구를 실행했다. 이것이 유권자의 40%의 서명을 받았던 것에서 정·재계도 사업의 중지를 고려하지 않을 수 없었던 것이다. 이 운동은 환경보전을 통해서 지역의 발전을 고찰하고 자치권을 이용해서 운동한 결과 성공했던 것이다.[20]

이러한 성공사례가 있지만 아직도 일본에서는 내발적 발전은 환경보전보다도 경제적인 발전을 중심으로 생각하고 있고, 또한 주민의 참가제도나 자치단체의 힘이 약하다. 그러므로 여기에서는 다음으로 이탈리아의 경험을 살펴보고자 한다.

♟ '보존은 혁명' —— 볼로냐 방식

이탈리아에서는 중세에 만들어진 아름다운 도시가 많다. 이탈리아 통일 이후의 자본주의의 발전에 의해 공업화와 도시화가 진행되면 일체성을 갖고 구성되어 있던 도심은 사무소 공간으로 개조되고, 주거지역이나 새로운 도시기능은 교외로 확장되어갔다. 도시 당국은 이 경향을 조장하려는 듯이 뉴타운을 교외에 만들어왔다. 그 결과 도심의 아름다운 역사적 거리는 어울리지 않는 건물로 조각조각 파괴되고, 교회는 농지나 삼림이 파괴되어 전체적으로 환경의 가치가 상실되어왔던 것이다.

문화적인 가치를 인정하고 역사적 거리를 보존하려는 정책은 19세기 후반부터 시작된다. 그 보존이 건축적 차원에서 건축물 하나에 그치지 않고 인간의 환경을 유지하는 도시정책으로서 지구 전체의 보존으로 바뀐 것은 이탈리아의 기적이라고 불린 경제발전기인 1950년대 후반의 일이다. 이 시대는 환경파괴의 시기이고, 그것에 대항하려고 이탈리아 최대의 환경보전단체 '노스트라(Nostra)'(1955년 결성)가 탄생되었다. 역사적 거리의 보전은 문화적 관점에서 시작되어 곧 제3차 산업의 발전과 함께 관광산업적 관점에서 수행되었다. 당초 베네치아의 보존은 세계적인 문화재·관광재로서의 가치를 유지하기 위해 추진되었다. 이로 인해 베네치아 시의 역사적 거리는 그대로 보전될 수 있었다. 그런데 낡은 건축물을 그대로 유지하려고 하면 냉난방 설치나 부엌 등의 개조는 불가능하고 현대적인 시민생활을 영위하는 데 불편하다. 이 때문에 젊은 세대를 중심으로 주민은 본토 쪽 신시가지로 이주하고, 인구는 격감했다. 베네치아 시는 시민부재의 관광객의 거리로 변해버릴 위기에 직면했던 것이다.

역사적 거리의 보존 목적은 문화재·관광재 보존만이 아니라 시민의 생활환경의 회복을 포함한 도시의 재생으로까지 발전시킨 것이 볼로냐 시이다. 볼로냐 시는 인구 44만 명, 이탈리아를 대표하는 직인(職人)을 중심으로 한 중소기업의 상공업도시이고, 주변의 농산물의 집산지이다. 여기는 제2차 세계대전 전부터 공산당과 사회당에 의한 혁신 자치체가 최근까지 이어지고, 나치 점령하의 레지스탕스가 격렬하게 이루어졌던 역사를 갖고 있는 혁신적인 거리이기도 하다. 전후 급성장기에 볼로냐 시는 단게 겐조(丹下健三)에게 의뢰해서 교외에 뉴타운을 만들고, 시의 기능분산을 꾀했다. 그러나 그 후 유럽에서 공통적으로 나타난 도시의 인구정체기에 들어가 교외의 건설이 재정적으로 부담이 지나치게 커지면서 1969년에 도시정책의 대전환을 이루어,

역사적 거리를 보존·재생하는 쪽으로 용단을 내렸다. 진나이 히데노부(陣內 秀信)는 이 볼로냐 시가 역사적 거리보존의 박람회에 제출했던 문서를 소개하고 있다. 이것은 이 마을 만들기의 역사적 전환이 이루어진 이유를 열정적으로 말해주고 있기 때문에 인용해본다.

오랜 도시는 단지 사람들이 집합해서 생활하는 장일 뿐 아니라 주민의 소유물이기도 했다. 도시 속에는 여러 가지 사회계급이 통합되면서 존재하고, 조화를 이룬 공동의 사용과 소비가 나타났다. 그런데 자본주의의 도래에 의해 비로소 이제까지 생각하지 못했던 차원에서 토지의 상품화가 생기고, 공유재산이 사유물화되어 인간적 가치에 대한 무관심이 생겨나게 되었다. 역사지구는 부동산 투기행위의 대상으로서 매매되고, 본디부터 살고 있던 주민은 교외로 쫓겨나고, 그 사회적 활동이 배제되어왔다. 그리하여 팽창하는 도시는 혼란에 빠지고 전통적 인간관계와 생활형태가 사라지기 시작했다. 그러므로 이제 공공의 재화여야 하는 역사지구를 자본 측으로부터 주민 측으로 재탈환하는 것을 계획하지 않으면 안 된다. 이것이야말로 보존의 의미이다. 보존은 도시의 사회적인 재점탈(再占奪)이고, 따라서 보존은 혁명인 것이다. 21)

세상에서 볼로냐 방식이라고 부르는 것은 역사적 거리의 보존 속에서 현대시민생활을 재생시키려는 것이다. 즉 우선 첫째로 10년간의 연구조사에 의해 거리 모습을 점검하고 그 경관을 보전하면서 문화적 가치가 낮고 개조해도 좋은 건물에 대해서는 그 내부를 개조했다. 시는 공영주택을 교외 도시에 만드는 것을 그만두고 이 역사적 거리 안에 건설한다. 이미 500호의 저비용 공영주택을 건설했다. 필자가 그 일부를 견학해보니 외측은 오랜 거리 모습이지만 내부는 완전히 현대화되고, 또한 앞뒤 정원은 역사적 형태로 복원되어 살기 좋은 위생적인 주택으로 탈바꿈했다. 둘째는 그것에 부수해서 현대생활에 필요한 문화적 사회적 공공서비스시설을 정비했다. 이를 위해 이미 사용되지 않고 있던 수도원 등을 개조하여 복지시설이나 집회시설 등으로 바꾸었다.

볼로냐 방식을 고안하고 실행했던 중심인물인 베네치아 공과대학 교수(전 볼로냐 시 도시계획국장) 체르벨라티(P. L. Cervellati)는 다음과 같이 말했다.

우리의 최선의 목표는 종래부터 역사적 거리 안에서 살고 있던 주민이 더 좋은 조건으로 같은 장소에 계속 사는 데 있습니다. 우리의 공공적 개입이 없으면 주민은 지구와 주택의 노후화를 감내할 수 없고 도시의 교외로 나가버렸겠지요.[22]

본래 도심은 직장이나 사회적·문화적 시설 등 도시기능이 집적되어 있다. 또한 거리 모습도 아름답다. 따라서 만약 여기가 재개발되어 현대시민생활이 유지될 수 있다면 누구도 불편한 교외로 나갈 필요가 없다. 그뿐 아니라 교외의 주민이 도심에 돌아오기 시작한다. 볼로냐 방식의 성공은 도심 재생에 대한 민간자본의 참가를 낳았다. 시의 방침에 따라 거리 모습을 보존하면서 내부를 재개조한 민간주택이 약 4000호 생겼다. 볼로냐 시의 전체 세대는 19만 호, 역사적 거리의 세대 수는 2만 5000호(주택보유율 60%)이기 때문에 공사(公私)의 개조주택 수를 합치면 약 5분의 1에 달하는 대단한 수량이다.

도심의 개조는 뉴욕 시에서 볼 수 있듯이 젠트리피케이션(gentrification)을 야기한다. 시 당국은 이것에 대항해서 전체 바닥 면적의 30%의 주거가 재생 전의 임대료로 같은 주민에게 대여해준다는 내규를 만들어 도심이 중산계급 이상의 부자들에게 점유되는 것을 막았다.

체르벨라티에 따르면, 볼로냐 방식은 공업화 시대로부터 탈공업화 시대로의 과도기에서 장래 도시주거의 바람직한 방향을 생각하는 실험이다. 재정적으로 보면, 보전을 하면서 개조하면 신축에 비해 비용이 많이 들 것으로 생각하지만 사실은 그렇지 않고, 오히려 값이 싸다고 한다.[23] 즉 역사적 구역에는 학교, 상하수도 등 기존의 하부구조(infrastructure)를 비롯해 공공시설이 있고, 그 관리비용도 절약할 수 있으며, 교외지와 도심을 연결하는 수송수단을 만들 필요도 없다. 교외의 경우에는 새로운 하부구조의 건설 위에 개발에 의해 파괴된 환경의 회복비용이나 새로운 행정서비스의 필요가 생긴다. 물론 오랜 시가지의 재생은 수복할 때 막대한 비용이 드는 경우도 있다. "또한 역사적 시가지에서는 오랜 동안 권리가 폭주해왔기 때문에 권리조정에 시간과 노동을 요구한다. 그런데 이러한 것들을 고려해도 여전히 보존재생수법 쪽이 경제적으로 더 우수하다."[24] 볼로냐 방식을 직접적으로 추진했던 것은 시 당국이지만 이 계획이 성공한 것은 주민참가가 이루어졌기 때문이다. 다음 절에서 소개하듯이 볼로냐 시는 지구주민평의회를 갖고 있으며 여기에서 계획이 심의되고 시민의 합의가 형성되었던 것이다.

　1986년, 필자는 볼로냐 시의 조사를 수행하고, 여기에서 산업정책에서도 보존하면서 혁신하는 볼로냐 방식을 찾아볼 수 있었다. 당시 시는 '미래의 공장 볼로냐'라는 구호를 내걸었다. 피렌체 시는 스스로를 '유럽의 문화수도'라고 말하고 있었지만, 이 볼로냐 시의 표어는 이해를 초월하는 것이었다. 1984년 가나자와 시에서 뉴욕시립대학 도시연구센터 소장 네처(D. Netzer)가, 21세기에는 대도시가 쇠퇴하고 중도시를 중심으로 해서 발전하며 이후 각 도시의 경제순환은 국민경제의 그것과 달라서 독자적인 것으로 될 것이라는 주목할 만한 발언을 했다.[25] 그리고 기자단의 질문에 답하면서 그러한 미래 도시의 대표로 직인기업과 하이테크 기술을 연결시켜서 발전하는 볼로냐 시를 열거했다. 또한 애덤 스미스 이래의 경제학에 반역해서 '도시로부터 농촌이 생겨났다'는 독자적인 도시경제론을 쓴 미국의 제이콥스(J. Jacops)는, 현대로부터 미래로 향하는 세계상은 중세처럼 현대의 국민국가의 연합이 아니라 도시(또는 지역)의 연합으로 된다는 견해를 적고, 오늘날 스태그플레이션 등 경제의 장벽은 국민경제가 장벽에 부딪쳐 있는 것이 아니라 이미 미래 사회의 경제구조의 서곡과 관련해서 도시(지역)경제가 장벽에 부딪쳐 있다는 새로운 견해를 표출했다. 그 위에서 현재 제2의 기적이라고 불리는 이탈리아의 경제발전을 들어올리고, 그 원인을 볼로냐 시를 중심으로 해서 베네치아로부터 피렌체 등을 포함한 이탈리아 중부의 직인기업의 경제에서 구했다.[26] 이런 의미에서는 볼로냐 시가 이탈리아인 특유의 과대한 수식어로서 '미래의 공장 볼로냐'라고 했던 것이 아니라 대표적인 도시경제론자가 그것을 인정했었던 것이다. 필자의 현지조사에서는 다음 사실을 알 수 있었다.

볼로냐 시는 금속공업, 섬유공업, 포장공업 등 직인기업의 도시이다. 서비스 부문(예를 들면 이발사나 관광업자)를 포함한 직인은 2만 8000명으로서, 직인기업이라는 것은 기업주가 직인으로서 그 개인 또는 가족이 경영관리를 담당하고, 20인 이내의 직인과 노동자를 고용하고 있는 조직을 가리킨다. 볼로냐 시는 산업정책의 중심에 직인기업의 진흥을 두고 도시계획에 의해 교회에 농지주변의 가격으로 구입한 두 개의 단지에 직인공업단지를 만들었다. 이 단지에 싼 가격으로 땅을 빌린 직인기업이 입지하고, 서로 연합해서 자주적 관리를 하는 직인공동체를 만들어 단지의 사회자본을 운영하고 있다.

이 직인기업은 역사적으로 전통 있는 직인기술을 양성하고 합리화할 수 있는 데에는 자동화(factory automation: FA)를 도입하고 있다. 필자는 유럽에서도 유명한 스프링과 펌프를 만들고 있는 공장을 견학했는데, 여기에서는 일본 최고의 자동화기계인 모리정기(森精機)나 무라타(村田) 제작소 등의 제품이 사용되고 있었다. 한편 사무에 대해서도 사무자동화(office automation: OA)가 도입되어 있다. 현대와 같이 대기업의 시장을 지배하고 있는 경제하에서는 직인기업이 단독으로 생존하는 것은 어렵다. 그러므로 직인기업은 부문마다 협동조합을 만들고 나아가 그것이 연합해서 국민직인연합(CNA)을 만들고 있다. 볼로냐 시의 CNA 건물은 단게 겐조가 설계한 원형의 쌍둥이 빌딩으로, 이 내부는 OA화되고, 닥터 직함을 가진 전문가가 직원으로 들어와 경영하고 있다.

이것은 대기업이 지배하는 일본사회와 대조적이다. 이탈리아인은 일본인의 사고와 다르기 때문에 어디까지 이론과 현실이 일치하는지를 확인하는 것은 어렵지만, 이 직인기업은 그들이 드높이 주장하듯이 확실히 미래를 암시하는 것이었다. 즉 오늘날 수요는 다양화되어 고품질 소량생산이 아니면 현실에 맞추기 어렵다. 이탈리아의 직인기업은 섬유로 유명한 베네통도 그렇지만 바로 이러한 다품종소량생산·판매의 사회에 적합하다. 아시아의 국가들은 대기업의 획일적 상품의 대량생산·판매를 실행하고 있지만 미래의 필요(needs)가 바뀌면 이러한 규모의 이익, 넓게는 집적의 이익을 추구하는 방법은 파탄할지도 모른다. 볼로냐 시의 산업정책——내발적 발전——은 일본의 가나자와 시와 비슷하고, 중도시의 존재가치를 보여주고 있다. 또한 거기에는 혁신자치단체의 선견지명이 있었다고 알려져 있다. 이것은 앞의 유명한 도시계획과 함께 산업계획의 볼로냐 방식이라고 해도 좋을지 모른다. 이러한 내발적 발전은 다음 장에서 서술하는 지구주민평의회에 직인참가와 그 정치적 혁신성과도 연결되어 미래를 보여준다. 그러나 21세기에 들어와 세계화의 진전은 볼로냐 방식이 계속되는 데 큰 그림자를 드리우고 있다. 이제 볼로냐 시의 동향은 유지 가능한 발전이 나아갈 앞으로의 방향에 큰 영향을 미칠 것이다.[27]

유 지 가 능 한 사 회 로

1. 유지 가능한 발전과 정치경제학

♟ 유지 가능한 발전(SD)의 규정을 둘러싸고

리우 회의에서 유지 가능한 발전(Sustainable Development: 이하 SD로 약칭함)은 인류의 공통의 과제로 되고, 많은 내용을 갖는 의제(Agenda) 21이 채택되었다. 오늘날 환경과 개발을 논하는 것은 그 최종 결론에서 반드시 이 SD 개념으로 매듭짓는다. 마치 그것은 불교의 진종(眞宗)[28] 문도가 나무아미타불이라고 부르면 극락정토에 도달한다는 것처럼 주문 같은 역할을 수행하고 있다. 이만큼 많이 사용되는 개념은 없을지도 모르지만, 구체적 내용은 확정되어 있다고 할 수 없다. 이 개념을 비판하는 사람은 SD는 '잔혹한 친절'이라고 말하는 것처럼 논리모순이라고 한다. 분명히 이 개념은 과학적 연구의 산물이라기보다는 지구환경의 한계와 현대문명의 기저에 있는 자본주의 경제와의 모순을 회피하기 위한 정치적 타협으로서 등장한 것이다. 과학적 검증을 거쳤다기보다는 미래사회에 대한 바람을 표현한 것이다. 이 바람이 작동해서 논리적 현실적으로 성립할 수 있느냐 없느냐는 앞으로의 연구나 정책실천, 특히 후자에 달려 있다고 할 수 있다. 연구자로서는 매력적이고 중대한 도전장을 내밀었다고 해도 좋다.

스톡홀름과 리우 두 회의의 사무총장을 역임했던 스트롱(M. Strong)은, SD 에는 ① 사회적 형평(social equity), ② 환경상의 분별(environmental prudence), ③ 경제적 효율(economic efficiency)이라는 세 개의 기본이념이 포함되어 있다고 한다.

세계은행의 정의는 이것과 똑같이 경제성장, 사회개발, 환경보전 각각의 유지 가능성의 총합을 SD로 규정하고 있다. 쓰루 시게토와 필자는, 이러한 세 가지가 지속적으로 발전한다고 생각하는 것은 지구환경이라는 객체의 한계를 자각하지 못한 주관주의로서, SD는 환경의 유지 가능한 범위 안에서 경제·사회의 발전을 고찰하는 개념이라고 생각하고 있다. 그러므로 주체적인 '지속 가능한 발전'이 아니라 '유지 가능한 발전'이라는 번역어로 바꾸어 쓰고 있다. 겐시 에이이치로(原子栄一郎)는 SD에 대해서 다음 두 가지 유형의 이해가 있다고 한다. 즉 '과학기술적 유지 가능성'과 '생태계적 유지 가능성'이다. 전자는 '현행 사회경제체제를 근본적으로 변혁시키지 않고 과학기술과 경제의 수단에 의해서 경제성장을 유지하면서 사회구조를 환경에 배려하는 것으로 개선하는 개량주의적 입장'이다. 후자는 '현행 사회경제체제의 근본적 개혁을 추구한다는 점에서 혁명적'이다.[29]

겐시 에이이치로의 '생태계적 유지 가능성'이 어떠한 내용인가는 분명치 않지만, 경제·사회·환경을 모두 유지 가능하게 만들기 위해 조정할 수 있다고 생각하는 경제학자가 많다. 경제학자의 대부분은 오늘날의 시장제도, 특히 다국적 기업이 지배하는 세계자본주의 체제를 전제로 해서 경제적 수단을 사용하고, 자원절약, 재활용(recycling)이나 재생 가능한 대체물자·에너지로의 전환 등 기술개발을 추진하면 유지 가능한 발전은 가능하다고 생각하고 있다. 그러기 위해서 이제까지의 경제지표를 대체하는 지표를 제창하고 있다. 그 이론적 대표는 「피어스 보고서(Pearce report)」일 것이다.

♟ 환경경제가치──「피어스 보고서」 등

피어스(D. W. Pearce)는 이 견해를 두 사람의 연구자와 함께 『녹색경제 청사진(Blueprint for a Green Economy)』이라는 책으로 출판했다. 피어스는 "유지 가능한 발전이란 1인당 효용 또는 복지에 기여하는 이전 세대로부터 받았던 인공자산과 환경자산으로 구성되는 부의 축적량(stock)을 자신이 계속 받아왔던 때를 하회하지 않도록 다음 세대에게 인계해야 하는 것"이라고 한다. 이것을 경제적으로 평가하기 위해서는 환경에 가치를 부여해서 인공자본과 자연자본의 지속 가능성을 구체화하려고 한다. 이를 위해서 다음과 같은 지속 가능한 소득 Ys, 즉 녹색(green) GNP를 제창하고 있다.[30]

$$Ys = Y - Hd - P - Kd - Ed(Bd + Rd + Dd)$$

Hd : 방어적 가계지출, P : 잔류오염물자의 화폐적 가치, Kd : 인공자본의 감가상각, Ed : 환경자본의 감가상각, Bd : 생태계기능의 감가상각, Rd : 재생 가능 자원의 감가상각, Dd : 고갈성자원의 감가상각

이처럼 종래의 시장가격과 다른 원리에 의해서 신가격제도를 채용한다는 안은 이 밖에도 제IV부에서 서술한 바이츠제커(E. U. von Weizsäcker)가 제창하는 에너지 가격제 또는 블레크(F. Schmidt-Bleek)의 『요소 10(Factor 10)』처럼 동일효용을 창출하는 자원의 효율성을 가격에 반영시키는 등의 제언이 있다.[31] 녹색 GNP, 에너지가격이나 자원효율가격에 의한 자원배분의 적정화, 또는 할인율의 도입에 의한 비용편익분석에 의해서 종래의 GNP에 의한 경제성장정책을 시정하는 것은 계몽적인 의미에서 의의가 있다고 생각한다.

그러나 이러한 것들은 정책판단의 지침은 되어도 자동적으로 시장가격을 변경할 수 있는 것은 아니다.

경제·사회·환경이라는 삼위일체 속에서 신고전파 경제학은 경제가 지속적으로 성장하는 가운데 환경파괴나 빈곤은 해결할 수 있다고 생각하고 있다. 이는 따라서 경제성장의 틀 안에서 환경보전을 지속한다는 이론이고, 전술한 서머스(L. Summers)로 대표되는 세계은행의 전략도 그것에 기초하고 있다. 이에 대해서 정면으로 이 전략을 비판하고 환경보전의 틀에서 경제·사회의 지속성을 설파한 것이 데일리(H. E. Daly)의『지속 가능한 발전의 경제학(Beyond Growth: The Economics of Sustainable Development)』이다.

♟ 데일리의 SD의 경제학

데일리는 경제학자의 공통된 의견은 다음 두 가지라고 하고 그것을 비판하고 있다.

① GNP로 측정되는 경제성장은 대단히 좋은 것이며, ② 자유무역에 의한 세계적인 경제통합은 경쟁, 더 값싼 생산물, 세계평화, 그리고 특히 GNP의 증가에 기여하기 때문에 이론의 여지가 없다고 하는 두 가지 주장이다. 정통파 경제학의 (개념적으로 무오류로 서로 관련이 있는) 이 두 가지 신조를 기초로 하는 정책은 지구의 생명부양력을 감퇴시키고 그것에 의해 문자 그대로 세계를 죽여가고 있다.[32]

데일리는 이것에 대해서 GNP의 영원한 성장은 없다고 하면서 거시경제의 최적규모의 전망을 서술하고 있다.

최적규모의 필요조건은 경제의 처리량(throughput: 원료의 투입으로 시작하고 이어서 원료의 재화로의 전환이 이루어지고, 마지막으로 폐기물이라는 산출로 끝나는 흐름)이 생태계의 재생력과 흡수력의 범위 안에서 수습되는 것이다. 지속 가능한 발전의 대략적인 생각은, 경제라는 하위체제가 그것을 포함하는 생태계에 의해서 항구적으로 유지 내지 부양될 수 있는 규모를 넘어서 성장하는 것은 불가능하다는 점이다.[33]

다른 표현으로 다음과 같이 말한다. "지속 가능한 발전이란 흡수력이나 재생력이라는 환경의 제약 안에서 생활하는 것을 의미한다."[34] 그리고 물질의 흡수 내지 증대에 의한 물리적 크기의 양적 증가를 추구하는 '성장'과 질적 변화, 가능성의 실현, 더 충분한 또는 더 좋은 상태로의 전환을 의미하는 '발전'을 구별해야 한다고 한다. 그리고 이미 선진국은 성장이 아니라 발전의 단계에 들어와 있다고 한다.

지속 가능한 발전, 즉 성장 없는 발전은 경제학의 종언을 의미하지 않는다. 어느 쪽이냐 하면 경제학은 더욱 중요해진다. 그러나 그것은 유지, 질적 개선, 공유, 검약, 자연의 한계에 대한 적응에 관한 미묘하고 복잡한 경제학이다.[35]

데일리는 자본을 인공자본과 자연자본으로 나누고, 자연자본을 다시 재생 가능한 자본과 재생 불가능한 자본으로 나누고 있다. 복지란 인공자본과 자연자본의 양자의 축적량에 의해서 제공된다. 이 경우 자연자본은 일정하고 자본과 노동의 산물이 아니다. 그러므로 '지속 가능한 소득'은 자연자본의 감모분을 말한다. 그리고 또 하나는 방위적 지출을 고려하지 않으면 안 된다. 방위적 지출이란 환경보호활동의 비용, 도시화에 수반하는 통근비 등의 사회적 비용, 범죄·사고로부터의 보호비용, 자동차의 사회적 비용, 약물·알코올·담배 등의 불건전한 소비 등이다. 데일리는 '지속 가능한 사회적 국민순생산(SSNNP)'은 국민순생산(NNP)에서 방위적 지출(DE)과 자연자본의 감모분(DNC)을 뺀 것이라고 한다.

$$SSNNP = NNP - DE - DNC$$

이것은 전술한 GPI에 대한 견해와 비슷하다. 선진국의 SSNNP는 NNP 또는 GDP가 보여주듯이 성장하고 있다고 할 수 없다.

이러한 견해는 지구규모로 확대한 경우 데일리는 투자와 무역의 자유화를 추진하는 경제의 세계화(globalization)를 비판한다.

세계주의적인 글로벌리즘(globalism)은 한편에서는 국경과 국민공동체나 지구공동체를 무력화하고, 다른 한편에서는 다국적 기업의 상대적인 힘을 강화시킨다. 세계적인 자본을 세계적인 이익을 위해 규제할 수 있는 세계정부는 존재하지 않기 때문에, 또한 세계정부의 희망과 가능성 모두 기대하기 어렵기 때문에, 자본을 세계적인 것이 아니라 국민적으로 하는 것이 필요할 것이다. 오늘날에는 이것이 쓸모없는 견해라는 것을 나는 알고 있지만, 이것을 하나의 예언으로 생각해두자. 지금부터 10년 후에 흔한 문구나 유행하는 개념이 될 것은 '자본의 재국민화(renationalization)'나 '국민경제나 지역경제의 발전을 위한 자본의 공동체로의 정착'일지도 모른다.[36]

데일리의 이 예언은 중국이나 인도의 열광적인 경제성장정책에 의해 밀려나 있지만, 그가 자유무역에 대해서 서술한 다음의 말은 현실에서 진행되고 있다.

자유무역은 각국이 외부비용(환경보호 등 —— 인용자 주)을 내부화하는 것을 어렵게 만듦으로써 배분의 효율성에 반하고 있다. 자유무역은 고임금국가에서의 노동과 자본의 격차를 확대함으로써 분배의 공평에 반하고 있다. 자유무역은 더 큰 이동성을 요구하고 또한 소유와 지배를 더 한층 분리시킴으로써 공동체(의 이익)에 반하고 있다. 자유무역은 거시경제의 안정성에 반하고 있다. 마지막으로 자유무역은 더 미묘한 방법으로 지속 가능한 규모의 기준에 반하고 있다.[37]

그는 스스로의 SD론에 따라서 세계은행에 다음 네 가지 제안을 한다.[38]

① 자연자본의 소비를 소득으로서 계산하는 것을 멈출 것.
② 노동과 소득에는 더 작게 과세하고, 자원의 처리량(throughput)에 더 많이 과세할 것.
③ 단기적으로는 자연자본의 생산성을 최대화하고, 장기적으로는 그 공급량의 증가에 투자할 것.
④ 자유무역, 자유로운 자본이동, 수출주도형 성장에 의한 세계적인 경제적 통합이라는 이데올로기로부터 탈각해서 대단히 효율적인 것이 분명한 경우에 한해 국제무역에 맡기면서, 가장 중요한 선택지로서 국내시장 지향의 국내 생산을 발전시키려고 하는 더 국민주의적인 방향을 추구할 것.

이러한 제안을 세계화가 당연한 흐름이라고 생각하고 있는 현실 속에서는 비현실적 또는 보수적이라고 취급될지도 모른다. 그러나 데일리의 지적처럼 세계정부는 없다. 브레턴우즈 체제가 의거하는 국제적 공동체모형은 보완원칙하에서 세계적인 문제를 해결하기 위해 협력한다. 국민공동체의 국제적인 연합이다. 데일리가 지적하듯이 "이 모형은 국민국가에 의한 중개 없이 단일의 통합된 세계공동체에서 직접적인 세계시민권을 가진다는 세계주의적 모형이 아니다".

오늘날 미국이 제국주의적인 모습을 취하며 미국화(Americanization)를 세계화(Globalization)로 살짝 바꿔 밀고 나가, 그것이 세계를 위기에 빠뜨릴 때 데일리의 제언은 대단히 '현실적'으로 보일 것이다.

2. 정상상태의 경제학

SD를 실현하는 사회의 경제는 현대 자본주의처럼 GNP의 무한한 성장을 추구하는 경제가 아니다. 데일리가 말하듯이 성장이라는 양적 확대는 하지 않지만 질적 개선이라는 발전을 할 수 있는 경제라고 할 수 있다. 고전파 경제학을 집대성한 밀(J. S. Mill)은 『경제학원리(Principles of Political Economy, with Some of Their Applications to Social Philosophy)』속에서 이것을 '정상상태(stationary state)'라고 하고 산업적 진보의 종점이라고 했다.

♟ J.S. 밀의 '정상상태'

밀은 수확체감의 법칙에 의해 이윤은 최저한으로 향하고 자본이 정지상태로 향하는 경향에 대해서 서술한 뒤에 「정상상태(stationary state)에 대하여」라는 장을 만들어 다음과 같이 적고 있다.[39]

본래 부의 증가라는 것이 무한한 것이 아니라는 점, 그리고 경제학자들이 진보적 상태라고 명명하고 있는 것의 종점에는 정상상태가 존재한다는 점, 부의 일체의 증대는 오로지 이것을 지연시키는 것에 불과하다는 점, 앞으로 나아가는 한걸음 한걸음은 이것에 다가가는 것이라는 점, 이러한 것들은 경제학자들에 따라 조금 더 또는 조금 덜 명료하기는 하지만, 어쨌든 항상 인정되었던 것이다.

밀은 궁극적으로 이 정상상태를 피하는 것이 불가능하다는 점이 매컬록(J.R. McCulloch) 같은 경제학자들에게는 분명히 매우 불쾌하고, 오히려 실망스러운 전망이라고 적고 있다. 그러나 밀은 다음과 같이 적고 있다. "나는 자본 및 부의 정상상태에 대해 구(舊)학파에 속하는 경제학자들이 그것에 대해 저렇게 일반적으로 드러내는 노골적인 혐오감을 갖고 생각할 수는 없다. 나는 오히려 그것은 대체로 우리들의 현재 상태에 매우 괄목할 만한 개선을 가져올 것이라고 믿고 싶다."

밀은 전쟁보다는 경제경쟁 쪽이 낫지만 서로 사람을 짓밟고 넘어뜨리고 밀어내고 내고 부유계급이 되는 그러한 경제적 진보는 기뻐해야 할 것이 아니라고 한다. 또한 부와 인구의 무제한의 증가를 위해서 "자연의 자발적 활동을 위한 여지를 전혀 남기지 않는 세계를 상상하는 것은 결코 크게 만족스러운 것은 아니다"라고 적었다. 그리고 "나는 후세 사람들을 때문에 절망한다. 그들이 필요에 의해 강제적으로 정상상태로 들어가기 전에 스스로 좋아서 정상상태로 들어가는 것을".

밀은 이 정상상태를 진전시키는 이유를 다음과 같이 결론 맺는다.

자본과 인구의 정상상태가 반드시 인간적 진보의 정지상태를 의미하는 것은 아니라는 것은 다시 말할 필요도 없다. 정상상태에 있어서도 종래와 같이 모든 종류의 정신적 문화나 도덕적 사회적 진보를 위한 여지도 있으며, 또한 '인간적 기술'을 개선할 여지도 종래와 달라진 것이 없을 것이다. 그리고 기술이 개선될 가능성은 인간의 마음이 처세술에 빠져들지 않을 때 훨씬 커질 것이다. 산업상의 기술조차도 종래와 똑같이 열심히 그리고 성공적으로 개발되고, 그 경우에 있어서 유일한 차이라면 산업상의 개량이 부의 증대라는 목적에만 봉사하지 않고 노동을 절약시키는 본래의 효과를 창출한다는 것뿐일 것이다.

♟ 쓰루 시게토의 '생활의 예술화(Art of Living)'

밀이 후세에 절망한 '정상상태'의 실현은 많은 경제학자나 기업가에게는 되돌아볼 것 없이 오늘날 지구환경의 위기를 맞이했다. 쓰루 시게토는 『공해의 정치경제학』을 발전시켜 그 생애 최후의 영문으로 된 업적인 『환경의 정치경제학(The Political Economy of Environment)』을 완성시켰다. 쓰루는 이 책에서 밀의 '정상상태'의 예언을 계승하여, 그 마지막 장에서 '생활의 예술화'에 의한 새로운 삶의 방식(lifestyle)의 창조를 제창하고 있다. 쓰루는 오늘날 환경위기의 해결책이 대량생산·유통·소비·폐기라는 삶의 방식을 변혁하는 것 이외에는 없지만 그것은 이제까지의 성장주의의 GNP 경제학이 소멸되는 것밖에는 방법이 없다고 한다. 이를 위해서는 생활수준을 1인당 GNP의 양과 같은 하나의 가치개념으로 평가할 것이 아니라 소재적 개념, 센(A. Sen)이 말하는 기능주의적 잠재적 가능성이 있는 개념으로 평가해야 한다고 하고 다음 네 가지 면을 검토한다.[40]

첫째는, 미샨(E. J. Mishan)이 말하듯이 우리 지구자원의 희소성과 자연미, 또는 카슨(A. Carson)이 말하는 지구와 물이라는 주요 요소가 만나는 장소로서의 해안처럼, 일반적으로 시장의 평가에서 무시되고 있는 소비 대상이나 문화의 향기와 같은 것을 적극적으로 계정에 포함시킨다. 바꾸어 말하면 '부엌을 확장하기 위해 정원을 희생하는' 것 같은 과거의 정책을 바꾸는 것이다.

둘째로, 더 합리적인 도시계획에 의해 삭감할 수 있는 통근비용처럼 제도적인 재건에 의해 현재비용을 인하할 가능성, 또는 일본에서 특히 볼 수 있는 정규과목 이외의 주입식 교실(사설 학원)처럼 수많은 '제도화된 낭비'를 삭감하는 것이다.

셋째, 갤브레이스(J. K. Galbraith)가 지적했듯이 완성품이 아니라 개조에 개조를 거듭하며 신형상품을 차례로 생산해서 수요를 자유롭게 재량하여 소비지출을 증대시키려는 행위, 또는 모리스(W. Morris)가 말하는 상업의 야만적인 순환으로 수요를 확대하려는 행위를 줄이는 것이다.

넷째, 어떤 규범적인 사려로 우선권을 부여하기 위해서 일반적으로 받아들여지고 있는 생산성을 역행시키는 기술을 숙고하는 것이다.

이상의 검토 중에서 쓰루 시게토가 특히 이 넷째 과제에 대해서는 슈마허 (E. F. Schumacher)의 『작은 것이 아름답다(Small is Beautiful)』를 인용해서 기술 그리고 노동의 본연의 모습을 바꿀 것을 제안하고 있다. 슈마허는 "근대기술은 가장 즐겁게 창조적으로 손과 머리를 사용하는 일을 인간에게서 빼앗고, 조금도 즐겁지 않은 단편적인 일을 많이 부여한다고 말할 수도 있다"고 하고 인간의 얼굴을 한 기술=중간기술을 제창하고 있다. 슈마허에 따르면 물건을 만드는 작업이 기술에 의해 절약되었기 때문에 실제 생산에 사용되는 총사회시간은 전체의 3.5% 정도가 되어, 나머지는 수면이나 식사나 텔레비전 시청 또는 직접생산에 관계없는 일에 소비되고 있다. 그리하여 인간은 전혀 무의미하고 실체가 없는 시간을 보내고, 통상의 인간의 즐거움과 만족을 얻는 일이 없어지고 실질생산은 비인간적 잡용으로 되었다. 그러므로 그는 목적을 반대의 방향, 즉 직접생산시간을 6배인 20%로 하고 손이나 머리를 자연의 우수한 도구로 사용하는 방향으로 바꾸면, 인간은 대부분 좋은 일을 선택하고 자신도 즐겁고 질이 높은 것을 생산하며 그것을 아름다운 것으로 만들 수 있지 않느냐고 말한다.

슈마허는 "이것은 낭만적이고 공상적인 환상이라고 말할지도 모른다. 전적으로 그렇다"고 적고 있다. 그러나 그는 오늘날의 근대산업사회는 확실히 낭만적이지도 않지만 공상적이지도 않고, 깊은 고뇌 속에 있으며, 살아남을 희망도 없다. 그러므로 "우리가 살아남아 아이들에게 생존의 기회를 부여하려고 생각한다면 곧 꿈을 꿀 용기를 갖지 않으면 안 된다"고 글을 맺는다.[41]

쓰루는 이 슈마허의 제안을 그대로 인용해서 "인간 본래의 진정한 필요에 적합하고 우리를 둘러싼 자연의 건강과 세계가 부여하는 새로운 생활양식을 개발하자"고 썼다. 그리고 새로운 삶의 방식은 생활을 예술화하는 것이고 그러기 위해서 '루비콘 강을 건너자'라고 말한다. 쓰루는 공해 등의 일본의 쓰라린 경험에서 얻은 교훈으로서 유지 가능한 발전을 위해 생활의 예술화라는 혁신을 실현할 것을 희망한다고 결론짓고 있다.

♟ 노동(labor)에서 일(work)로

공해나 지구환경 문제에서는 삶의 방식을 바꾸라는 제언이 무수히 많다. 그 대부분은 소비의 방향을 바꾸라는 것이다. 에너지를 절약하고 폐기물을 줄이고, 분리수거를 통해 재활용에 협력하고, 가능한 한 자가용차를 타지 않고 공공교통기관을 타라는 것이 환경교육의 상식으로 되어 있다. 이에 대해서 노동을 바꿔야 한다는 것은 엉뚱한 제안으로 보일지도 모른다. 그러나 자본주의 사회의 기본은 자본 대 노동이고, 시민이 대부분 노동자 또는 직인으로서 노동을 하며 생활하고 있다. 신고전파 경제학에서는 기업, 국가, 가계로 경제 부문을 셋으로 분할해서 소비자주권으로 경제문제를 분석하기 때문에 삶의 방식이 소비로 환원되지만 이것은 일면적인 동시에 경제분석에서는 표면적인 결론이 된다. 이 사회에서는 생활은 노동(또는 일)을 기축으로 하고 있다. 슈마허도 서술했듯이 노동의 양태가 삶의 방식을 결정하기 때문에 여가 또는 그 일면인 소비는 부차적인 것이다.

쓰루는 「성장이 아니라 노동의 인간화를!(成長ではなく 労働の人間化を!)」이라는 논문에서 소득을 위한 노동(Labor)을 사는 보람이나 아름다움을 위한 일(Work)로 바꿈으로써 GNP주의에서 벗어나는 것을 추구한다. 이제까지 경제학이 산출물(output)의 크기에 주목한 반면 이 논문에서는 어떤 노동이나 생산요소를 투입할 것인가라는 투입물(input)의 본연의 모습에 주목하고 있다. 즉 노동의 방향이 바뀌면 제로(0)성장 또는 음(−)의 성장이라도 사람들은 만족하고 생활의 풍요를 달성할 수 있다는 것이다.[42]

자본주의 사회에서 노동의 소외로부터 해방된다는 것은 빈곤으로부터의 탈각과 양립하는 명제이다. 이제까지 이 명제에 대해서는 기계제 대공장의 진전(Automation과 Computerization)에 의해 노동시간이 단축되어 여가가 증가하면 인간성이 회복된다고 생각했다. 노동조합의 요구는 임금인상과 함께 노동시간의 단축 및 여가의 증대이다. '오후 5시 반 이후의 인생'이라는 말처럼 노동시간 내에서는 인간이 소외되어 인간성이 상실되고 있기 때문에 일에서 해방되어야 비로소 자유가 있다는 것이다. 분명히 현실의 일본의 대다수의 노동자의 생활은 그럴 것이다.

이에 대해서 사회주의의 사상 속에는 모리스처럼 노동을 자본의 구속으로부터 해방시켜 일 그 자체를 기쁨으로 바꾸자는 견해도 있다. 슈마허도 인간이 손이나 머리를 자연의 우수한 도구로서 사용하면 일과 여가의 차이는 느낄 수 없게 된다고 한다. 쓰루의 제언은 러스킨(J. Ruskin), 모리스, 슈마허의 견해를 현대의 삶의 방식을 개혁하는 쪽으로 발전시키려는 것이다.

바이츠제커는 『지구환경정책(Erdpolitik: Ökologische Realpolitik an der Schwelle zum Jahrhundert der Umwelt)』에서 전술했듯이 환경적(ecological) 세제개혁이나 에너지 가격제를 제창하고 있지만, 동시에 시장제도에 대한 신앙은 5년 내에 식어버릴 것이라고 하고, 노동의 변화를 통한 체제의 개혁을 제안하고 있다. 바이츠제커는 고용되어 소득을 얻으려고 행하는 노동

(Arbeit)과 가사노동이나 환경보전의 자원봉사활동처럼 자발적으로 하는 일 (Eigenwerk)를 나누어, 후자가 증대하는 '환경의 세기'를 목표로 하고 있다. 43) 확실히 독일에서는 생활시간 중 기업에 고용되어 소득을 얻기 위한 노동시간 은 감소하고, 자원봉사(Volunteer)로 사회활동을 하거나 시민 농원에서 스스 로를 위해 즐거운 일을 하는 시간이 증가하고 있다. 유럽에서 에코투어리즘 (Ecotourism)의 유행은 단순히 관광이 아니라 농업노동을 함으로써 자연과 인간의 관계의 재생을 목표로 하고 있다.

후기포드주의(Post-Fordism) 속에서 대량생산의 기계제 대공업보다는 이 탈리아의 직인기업과 같은 생산방식이 가치의 다양화나 문화적 욕구와 함께 중시되고 있다. 직인기업은 분권적 시장제도와 지역민주주의의 결합이라는 현대민주주의의 경제적 토대라고 할 수 있을지도 모른다. 노동으로부터 일 로의 변화에 의해 정상상태, 나아가 유지 가능한 사회를 만드는 길은 전혀 공 상의 산물이 아니다. 그러나 현재 중국·인도 등 발전도상국이 구미·일본형 근대화를 급속하게 추진하고 이로 인해 다국적 기업이 저임금에 의한 대량생 산방식을 수행하고 있다. 그것이 본국에서도 영향을 미쳐 노동자의 고용형 태와 노동조건이 악화하고 있다. '노동에서 일로'라는 삶의 방식 전환은 정말 로 곤란한 상황에 놓여 있다. 그러나 그럴 경우 아무리 소비단계에서 환경정 책을 강화해도 삶의 방식은 바뀌지 않고 지구환경의 위기는 해소되지 않을 것이다.

♟ 수요(demands)로부터 필요(needs)의 경제로

생산을 바꾸는 동시에 소비를 어떻게 바꿀 것인가. 사회학자 미타 무네스 케(見田宗介)는『현대 사회의 이론(現代社會の理論)』속에서 소비＝욕망의 자 유로운 변화 속에 SD의 실현을 추구하는 길이 있다고 한다. 미타에 따르면 현대 사회는 환경문제와 남북문제에 직면하고 있으며, 오늘날의 관리·정보 사회라는 것은 공업사회에 비해서 자원소비량은 적어지고 자유로운 욕망에 의해 자발적으로 시장을 확대시켜 상품서비스의 선택을 하기 때문에 유효수요의 한계나 생산력의 무정부성은 없어졌다고 한다. 그리고 그는 바타이유 (G. Bataille)의 견해에 따라서 사람들이 대량소비의 한계에 멈춰 서서 아침노을의 아름다움을 선택하도록 욕망이 바뀐다면 미래사회는 멸망이 아니라 유지 가능해진다고 한다.[44]

분명히 사람들의 욕망에 변화가 나타나고 자연과의 공생이나 환경중시의 경향이 나타난다. 그러나 사람들은 미타가 말하듯이 자유로운 소비의 선택권을 갖고 있지 않다. 갤브레이스의 의존효과처럼 대량의 광고·선전에 의존해서 수요가 만들어지고 있다. 정보사회는 개인에 대해서 정보의 선택도를 크게 만들어 쓸데없는 일을 없애주는 것처럼 보이지만 사회 전체에서는 대량의 정보유통이라는 쓸데없는 일을 야기하고 있다. 개인용 컴퓨터, 특히 휴대전화에 의존하는 젊은이를 보고 있으면 슈마허가 비판했던 '물건'의 생산으로부터의 소외에 더하여 '정신(마음)'의 소외가 진행되고, 결과적으로 이 상황이 유지 가능한 사회를 만들 수 있을지 의문이 든다.

오늘날 필요한 것은 필요(needs)와 수요(demands)의 간격을 없애고 필요에 바탕을 둔 정치경제체제를 만드는 것이다. 사회적 필요는 시장에서 수요가 되지는 않는 것이 포함되어 있다. 교육·연구·복지·의료·환경 등의 사회서비스는 부분적으로 민영화되어 시장의 수요가 되어 있지만, 바이츠제커가 『민영화의 한계(Limits to Privatization)』에서 썼듯이 사회서비스 부문에는 시장과 관계가 없는 공공서비스에 맡기는 쪽이 좋은 분야가 많다.[45] 광고·선전을 전혀 하지 않는 공공서비스에는 의존효과가 작동하지 않는다. 민영화된 경우에는, 고등교육을 예로 들어보면 사립대학에서 알 수 있듯이 수업료가 대단히 높아지고 교원의 노동시간이 길어지며 교육연구기관으로서의 사회적 효율은 꼭 높지는 않다. 학술연구나 교육에는 공적 보조금이나 자원봉사활동이 어찌하든 필요한 것이다. 시장원리주의의 미국에서조차 고등교육에 대한 공적지출이 GDP에서 차지하는 비중은 1%를 넘고, 일본의 0.5%의 2배 이상이다. 쓰루가 지적하듯이 사설 학사(学舍) 교육에 대한 지출의 크기와 비교하면 일본의 교육에 대한 공적지출의 빈곤은 이상한 것이다.

대량소비생활양식을 개혁하려면 소비＝욕망을 바꾸지 않으면 안 되며, 그것은 자발적인 힘만으로는 한계가 있다. 과잉의 대량생산·서비스의 구조를 개혁하고 환경교육을 추진하고 공공서비스를 충실하게 하는 것이 요구된다.

♟ 사회적 사용가치―새로운 척도

기술의 발전과 경제성장의 '종점'에 대해서 밀보다 마르크스가 명쾌한 예언을 하고 있다. 마르크스는 대공업의 발전은 노동시간과 지출노동량에 의존하기보다는 노동시간 중에 동원되는 생산수단의 힘에 의존하게 되며, 그 생산수단은 그 생산에 필요한 직접적 노동시간에는 비례하지 않고 과학·기술이 생산과정에서 응용되는 것에 의존한다고 다음과 같이 충격적인 예언을 하고 있다.

노동자는 생산과정의 주된 작용요소가 아니라 생산과정의 말하자면 외측에 서게 된다. 이러한 전환이 이루어지면 생산이나 부의 주축은 인간 자신이 행하는 직접노동이 아니면 그가 노동하는 시간도 아니다. 그것은 인간 자신의 일반적 생산력의 자기환원, 즉 인간이 사회적 존재로서 스스로의 것으로 체득한 지식과 자연의 지배라는 의미에서의 일반적 생산력의 자기환원, 한마디로 말하면 사회적 개체의 발전을 그 내용으로 하게 된다. ……직접적 형태에서의 노동이 부의 위대한 원천이기를 그만둬버리면 노동시간은 부의 척도이기를 그만두고,

또한 그만두지 않을 수 없는 것이며, 따라서 또한 교환가치는 사용가치의 척도이기를 그만두고 또한 그만두지 않을 수 없는 것이다. 그렇게 되면 대중의 잉여노동이 사회적 부의 발전이라는 사태는 끝나고, 마찬가지로 또한 소수자가 노동을 면제받음으로써 인간의 일반적인 지적 능력을 발전시키는 사태는 끝난다. 그리고 그와 동시에 교환가치에 입각한 생산양식은 붕괴한다.[46]

이러한 단계가 지금 완전히 실현되고 있는 것은 아니며, 물적 생산부문의 노동자가 전 산업노동자의 20~30%로 크게 줄어들고 공공부문이 확대되는 현대에는 마르크스가 말하듯이 교환가치에 입각한 생산양식의 붕괴가 진행되고 있다고 할 수 있다. 이 경우에 교환가치를 대신하는 새로운 척도는 무엇일까. 환경경제학이 추구하는 새로운 척도는 아닐까. 그것은 필자가 공공부문의 경제학에서 제창해온 '사회적 사용가치'일 것이다.[47] 환경 중에서 사회적 환경은 공공부문에 들어가지만 자연적 환경은 인간으로부터 자립한 존재이다. 인간이 자연적 환경을 이용하고 보전하는 경우에 생기는 사회적 사용가치를 평가하는 것이 앞으로 연구의 새로운 분야일 것이다.

3. 유지 가능한 사회를 발밑부터

♟ 유지 가능한 사회

SD는 환경보전을 틀로 한 경제발전의 방법을 보여주고 있지만, 그러면 그것이 추구하는 사회가 어떤 사회인가에 대해서는 국제·국내 논쟁이 진행되었다. 1994년 3월 환경 관련 NGO가 공동으로 제1회 '유지 가능한 사회(sustainable society) 전국연구교류집회'를 개최하여 필자가 실행위원장으로서 유지 가능한 사회(이하 'SS'로 약칭)의 정의를 기술했다.[48] 그 후 약간 수정하여, 필자는 다음 다섯 가지를 인류의 과제로 생각하고 있다.

① 평화를 유지한다. 특히 핵전쟁을 방지한다.
② 환경과 자원을 보전·재생하고, 지구를 인간을 포함한 다양한 생태계의 환경으로서 유지·개선한다.
③ 절대적 빈곤을 극복하고 사회적 경제적 불공정을 제거한다.
④ 민주주의를 국제·국내적으로 확립한다.
⑤ 기본적 인권과 사상·표현의 자유를 달성하고, 다양한 문화의 공생을 추진한다.

이러한 과제들을 종합적으로 실현하는 사회를 SS라고 부른다. 이러한 것들은 얼핏 보면 대단히 상식적 제언으로 읽힐지도 모른다. 일본인이라면 이 것은 일본국 헌법정신이어서 아무런 혁명적인 이념이 아니라고 할지도 모른다. WTO나 정상회의 등 시장 원리에 의한 경제의 세계화를 추진하는 기관에 대해 격렬하게 반대운동을 하고 있는 국제글로벌문화포럼(International Forum on Globalization)은 SS를 위한 10원칙을 발표하였다. 항목을 열거하면 ⓐ 신민주주의(생명계민주주의), ⓑ 지방주권주의(subsidiarity), ⓒ 지속 가능한 환경, ⓓ 공유재산(Commons)의 관리, ⓔ 문화·경제·생물다양성, ⓕ 인권, ⓖ 일, 삶, 고용의 권리, ⓗ 먹거리의 안정공급과 안전성, ⓘ 공정(경제·성·지역의 격차시정), ⓙ 예방원칙. 국제글로벌문화포럼은 이것은 이제까지의 기업의 세계화원칙과 반대의 것으로 이러한 것들을 세계화하고 싶다고 말하고 있다. 이 원칙도 혁명적이라기보다는 상식(common sense)이라고 할 수 있다.[49] 10원칙이란 수는 많지만 필자의 제안 쪽이 종합적 포괄적일 것이다.

상식적으로 말했지만 현실은 전혀 반대 방향으로 향하고 있고, SS의 실현은 정말로 어려움이 많다. 그중에서도 인류가 역사 속에서 실현할 수 없었던 것은 평화, 환경보전 그리고 경제적 공평이다. 냉전이 끝났을 때에는 이제 제3차 세계대전은 회피할 수 있다고 생각했던 사람들이 많았을 것이지만, 그 후 억지력이 없어진 미국 정부와 군부는 테러대책이라는 명목으로 이라크 전쟁을 시작했다. 미국의 행위는 국제법에 반하며, 일본이 중국을 침략했던 것과 똑같이 반도덕적인 제국주의 침략이다. 이것과 관련되면서 핵전쟁의 위기도 조장되고 있다. 환경보전에 대해서도 이미 서술한 것처럼 발전도상국의 공해, 일본의 쾌적성 상실, 지구환경의 위기에서 볼 수 있듯이 유지 불가능한 상황이 계속되고 있다. 특히 이제까지 역사상 보기 드물게 평화국가로 주목받아왔던 일본이 미일 군사동맹의 강화를 위해서 헌법 개정을 준비하기 시작했다는 것은, 일본인에게는 스스로 유지 불가능한 사회로 되돌아간다는 위기감을 안겨주고 있다. 다시 일본인은 유지 가능한 사회를 만들기 위해 헌법체제 실현과 미일동맹이 아니라 국제협조를 추진해야 하는 것은 아닐까.

미국의 세계전략은 국내 반대세력의 압력 또는 EU의 압력 등에 의해 억제되거나 개선될 가능성이 있다. 이미 지구 온난화 대책에 대해서는 국제협조로 바뀔 조짐이 보인다. SS의 실현에는 발전도상국, 특히 중국·인도 등 아시아 국가의 경제성장이라는 문제가 있다. 그것은 다국적 기업의 세계화와 보조를 맞추어 급속한 환경파괴와 자원낭비를 통해 빈부·지역 격차를 확대시키고 있다. 절대적 빈곤으로부터의 탈각을 추구하고 있다고는 해도 이대로는 SS의 국제적 국내적 실현은 곤란해진다. 성장 속도를 줄이고 경제성장의 방향을 바꿀 필요가 있는 것이다. 만약 아시아가 유럽·미국·일본의 근대화노선과 다른 길을 보여줄 수 있다면 SS는 현실화하게 된다. 모든 아시아의 사상가가 구미를 뒤쫓아 따라잡을 수 있다고 동일한 근대화의 사상을 갖고 있던 것은 아니다. 도대체 어떤 아시아의 길을 생각하고 있었던 것일까.

♟ 대안적인 내발적 발전의 길

인도의 간디(M. K. Ghandi)는 『힌두 스와라지(Hind Swaraj)』에서, 인도 독립의 미래상을 다음과 같이 적고 있다. "영국의 번영은 세계의 절반을 개발해서 얻어진 것이지만 만약 인도가 똑같은 일을 한다면 지구가 몇 개 있어도 부족하다. 만약 인도가 영국 국민을 모방한다면 인도는 파멸해버릴 것이라고 생각한다. 그것은 영국인들의——아니 유럽의—— 근대문명의 결함이다. 그 문명은 비문명이고, 그것으로 유럽 국민은 파멸하려 하고 있다." 그리고 간디는 "근대화로 생긴 대도시는 쓸모없고 성가신 존재로 사람들은 행복해지지 않는다. 거기에서는 도적단이나 사창가가 만연하고 가난한 사람들은 부자들에게 약탈당한다"고 하며, 독립 후의 인도 사회는 작은 마을을 단위로 해서 자급자족의 지역을 망(network)으로 연결시키는 사회를 이상으로 생각하고 물레를 돌리며 그 생각을 스스로 실천했던 것이다.[50]

이 간디가 제창했던 내발적 발전의 길은 실현되지 않았다. 독립 후 네루와 간디(네루의 딸) 정권은 간디의 유훈을 지켜 헌법은 사회주의의 실현을 내걸고 있었다. 그러나 1990년대에 들어와 인도의 정권은 이러한 간디의 유훈을 완전히 포기하고, 급속한 시장경제화를 추진하고 있다. 이미 중국에 대해 서술했던 것처럼 이제 아시아는 SS로부터 멀어지고 있으며, 이대로는 사회문제가 심각해질 것이다. 간디의 제언을 그대로 받아들이는 것은 어렵지만 유럽·미국·일본과는 다른 내발적 발전의 길을 창조하는 것이 국내정치 속에서도 지구정치 속에서도 요구되는 것은 아닐까.

♟ 세계환경기구(WEO) 또는 유엔환경기구(UNEO)

SS는 어떤 체제를 요구하는가. 현대 자본주의 체제, 특히 현재의 다국적 기업 주도의 세계화에서는 실현될 수 없다. 그렇다고 해서 소련형 사회주의처럼 중앙지령형 계획경제에서는 일당독재에 의한 관료지배에 의해 민주주의나 자유가 제한되고 SS와는 먼 사회가 된다. 당장 민간부문에서는 시장경제제도를 기초로 하면서 어떻게 해서 공공부문에 의한 민주주의적 계획과 규제를 추진해갈 것인가라는 문제가 제기된다. 미래의 정치경제체제에 대해서는 아직 말할 수 없지만 SS를 만들 수 있는 체제를 선택하게 될 것이다.

그것은 먼 길이며 당장은 전부터 제안되어왔던 WEO 또는 UNEP를 개조해서 UNEO를 만드는 것이 요구되고 있다. 특히 2003년 9월에 프랑스의 시라크 대통령이 지구환경 문제를 다루기 위해 국제연합개혁으로서 UNEO를 제안한 이래 구체적인 토의가 계획되고 있다. 2004년 9월 독일의 연방 외교국에서 '국제환경기구를 지향하며(Toward and International Environmental Organization)'라는 전문가 심포지엄이 열렸다. 그 안에서 뮬러(K. Mueller)연방외교장관은 UNEO의 필요성을 현재의 국제환경기구에 세 가지 결함이 있기 때문이라고 서술하였다.[51]

그 첫째는 리우 회의로부터 12년이 지나고 있지만 '의제 21'의 대부분은 발전이 미흡한 점이다. 그 이상의 노력이 요구되고 있다.

둘째는 SD 추진에서의 불공평한 제도적 결함이다. 경제나 사회 분야의 강한 조직으로 WTO, IMF 그리고 세계은행이나 ILO가 있는 것에 비하면 환경분야에는 똑같은 제도가 없다. UNEP는 유능한 디렉터가 있지만 유엔을 움직이는 역할을 수행하는 조직은 아니다.

셋째는 연대 면에서의 결함이다. 국제환경기구는 끊임없이 증가해가는 국제환경협정과 함께 환경 분야에서의 제도 만들기를 해나가야 한다. 특히 소국에게는 그것을 달성하기 위한 분쟁이 있다. 우리는 공동(共同)과 합의를 위한 더 좋은 조직을 만들어야 한다.

또한 바이츠제커는 현재 상황을 다음과 같이 말하고 있다.[52] "냉전의 종결은 자유의 복권과 제3차 세계대전의 공포로부터 해방이며, 민주주의를 구가하게 되었다. 경제정세도 인플레이션의 완화나 주식시장의 발전 등 좋은 소식이 들어와 있다. 그런데 그 후에 세계화로 인해 쇠퇴하기 시작했다. 냉전시대에는 자본은 각국 정부와 의회의 합의를 얻으려고 노력했다. 이것은 각국의 주체성에 따라서 자본의 규제가 가능하고, 환경정책을 추진할 수 있었다. 그러나 냉전 후에는 합의 없이 비용경쟁에 들어가고, 기업은 정부에게 압력을 가해 법인세를 완화시켰다. OECD의 법인세의 평균세율은 1996년에 37.6%에서 2004년에 29.0%로 감소했다. 똑같이 부유한 개인에 대한 소득세는 감세되고 그 대신에 기본적 공공서비스로 향하는 소비세가 인상되었다. 중국을 포함한 세계 모든 나라의 빈부의 격차가 증대했다. 국가는 빈자와 환경의 이익을 옹호하는 일에 있어서 더 약체화되어가고 있다. 세계 속의 사람들은 이제는 정부가 부의 재분배, 공공재의 보전, 민주적 다수파의 희망에 관심을 기울이는 것 등에 대해서 실패하고 있다고 느끼고 있다. 많은 나라에서는 민주주의는 지지가 약해지고 있다.

이러한 때에 UNEO는 무엇을 이룰 수 있다는 것인가. 분명히 그것이 시장의 세계화를 뒷받침하는 것은 바람직하지도 않고 또한 불가능하다. 바이츠제커는 이러한 현상의 비관적인 상황을 서술한 뒤에 그러나 모든 사람들이 관계하는 지구의 원칙(rule)을 요구할 수 있다고 하고, 환경정책의 필요성을 설파하고 있다. 그리고 환경정책의 세계적 협치(global governance)를 위해서는 우선 지역의 협치의 확립에서 시작해야 한다고 하고, 이제까지의 EU의 적극적인 경험과 제도를 유엔에 강하게 반영할 것을 요구하고 있다.

바이츠제커의 의견처럼, 오늘날 다국적 기업 주도 경제의 세계화를 방치해두고는 UNEO를 만들어도 빈곤문제나 지구환경의 위기를 해소할 수는 없다. 그러나 WTO 등에 대항하는 WEO 또는 UNEO의 설립은 필요할 것이다.

UNEO가 가능해졌다고 해도 UN은 대국이 주도한다. 국민국가는 프랑스혁명 이래 민주주의제도를 만들고 발전시켜왔다. 그러나 국제정치의 민주주의의 방향은 아직은 불명확하다고 할 수 있다. 프랑스와 독일 주도로 추진되고 있는 UNEO를 미국 등이 동의할 것인지, 동의해서 설립한다고 해도 대국 주도가 아니며 또한 선진국 우선이 아니라 소국이나 도상국의 의견도 공평하게 받아들여지는 원칙이 가능할 것인지, 교토 회의 이후 지구 온난화 대책의 동향을 보더라도 낙관은 어렵다. 필자는 바이츠제커와 마찬가지로 SS는 우선 발밑의 지역에서부터 환경 협치를 확립하는 것이라고 생각하고 있다.

♟ 유럽연합(EU)의 유지 가능한 도시(Sustainable Cities) 전략

EU는 경제의 국제화, 나아가 세계화의 첨단을 달리지만, 경제 목적이 중심이 아니다. 국가통합은 전쟁포기·평화, 유럽문화의 유지·보전과 민주주의가 기저를 이루고 있다. 정보사회에 의해 국민국가나 이데올로기에 의한 통일국가가 황혼기에 접어들고 있지만 그것은 동시에 시민혁명에 의해서 만들어진 기본적 인권, 민주주의와 지역 독자의 문화나 생활관습 등과 같이 존속할 것인가라는 과제를 낳고 있다. 1985년 EU는 '유럽지방자치헌장'을 만들고 이것을 각국에 비준시킴으로써 그 과제에 대응하려고 했다. 즉 이 헌장에서는 근접성과 보완성의 원칙에 기초해서 내정의 근간을 기초적 자치단체에 맡기고, 광역자치단체(주, 도 등)는 그것을 보완하는 체제를 제창했다. 이에 따라서, 중앙집권체제를 취하던 프랑스나 이탈리아는 행정과 함께 재원을 자치단체에게 이양했다. 이 헌장은 신자유주의의 '작은 정부'론에 의한 공공부문의 축소 - 효율성보다도 주민참가라는 민주주의를 기본으로 하며, 국민국가 변용 후의 공공부문의 재편성의 원칙을 보여주고 있다.

앞 장에서 서술한 것처럼 EU는 환경정책을 위해 농업·농촌의 개혁을 추진해왔지만, 시민운동의 압력에 의해 1993년과 1996년에 유지 가능한 도시

(Sustainable City, 이하 SC로 약칭)의 프로그램을 발표했다. 1996년의 "유럽의 지속 가능한 도시(European Sustainable Cities)"의 제언과 그 후 동종의 정책을 정리해보면 다음 다섯 가지 과제가 도시정책의 기둥으로 되어 있다. [53]

첫째는 자연자원의 유지 가능한 관리이다. 배출구(end of pipe)에서 오염물을 처리할 뿐 아니라 도시 안에서 자원의 폐쇄된 순환을 고려한다. 자연에너지의 보급이나 폐기물의 재활용을 수행하는 폐쇄형 시스템(closed system)을 만든다.

둘째는 도시경제와 사회체제의 정책이다. 이를 위해서 시 당국은 비즈니스에 대해 다음과 같은 경제관리를 수행한다. ① 환경비즈니스의 촉진, 예를 들면 규제, 과세, 보조정책 및 기타 경제적 수단을 통해 환경제품이나 환경보전서비스의 시장을 창출한다. ② 제품의 안전성이나 경제과정에서 환경기준을 개선한다. ③ 환경관리의 수단을 통해 환경산업을 일으키고, 고용을 확대하는 방법을 탐구한다. 나아가 법률이나 정책을 통해서 건강의 개선을 추진한다.

셋째는 유지 가능한 교통정책이다. 여기에서는 특히 자동차교통의 억제·공공수송기관의 충실을 들 수 있다. 자동차교통 억제를 위해 도시전철이나 트롤리 버스를 유효하게 사용하고, 보행이나 자전거의 이용을 촉진한다. 자동차의 연료과세나 도로통행료를 부과해서 수요관리를 한다. 그리고 식주(食住) 근접으로 교통을 절약하고 여행의 필요를 감소시키도록 도시를 만든다.

넷째로 공간계획이다. 공간계획체제는 유지 가능한 도시에 대해 필요불가결하다. 도시를 밀집형(compact)으로 만들고, 근교 농촌의 농지·삼림 등의 녹지를 보전한다. 주변 농·산·어촌의 식료 등 농림어업산물을 가능한 한 도시에서 소비함으로써 도시와 농촌의 공생을 꾀한다.

다섯째, 환경문제의 관리 및 도시의 조직화에 관련한 의사결정과정에서 주민참가를 보증할 것. 참가는 주민에 자료와 정보를 제공함으로써 촉진되어야 한다.

볼로냐 시는 이 SC의 전형이며, 스트라스부르 시나 바르셀로나 시 등 많은 유럽의 도시에서 진행되고 있다.

특히 군사기지가 있는 도시에서 참고로 할 것은 프라이부르크 시 보반 (Vauban) 지구의 재생일 것이다. 독일연방공화국의 남서부에 있는 인구 20만 명의 프라이부르크 시는 '환경도시'로서 유명하며, 이 도시의 한컨에 있는 보반 지구는 해방된 프랑스군 기지가 있던 지역을 환경(ecology)지구로 재생했다. 1996년 이래 약 10년의 건설계획으로 약 5000명의 주택지구가 철저한 친환경계획(ecological program)으로 건설되었다. 여기에서는 우선 첫째로 자동차가 없는 마을 만들기가 수행되었다. 일반주거지구는 대부분 무주차 지역이고, 화물을 운반할 때 이외의 승용차의 진입은 불가능하며, 자동차 공해는 방지되고, 도로는 보행자 중심으로 어린이 놀이터가 되어 있다. 이와 함께 버스와 도시전철이 이 지구까지 연장되었다. 둘째는 태양에너지 등 자연에너지의 이용, 자연광이 창으로 들어오고, 난방이 절약될 수 있도록 방 배치 등 철저한 에너지절약형 주거가 만들어지고 있다. 셋째는 빗물 이용, 하수처리 및 재활용 등에 대해 환경적 대응이 이루어지고 있다.

이 지구의 건설이 성공한 것은 '포럼 보반'이라는 NPO가 거주예정자에게 철저한 환경교육을 하고 있는 데 있다. 즉 환경적인 생활을 강제하는 것이 아니라 주민이 학습하고 자발적으로 생활을 개선하고 있는 것이 성공의 비결이라고 이야기한다.[54]

♟ 일본의 유지 가능한 지역 만들기

일본에서는 유럽에서 배워 도시재생을 시행하고 있지만 야하기 히로시(矢作弘) 등이 비판하고 있듯이 대규모 부동산개발 의존형이다.[55] 도쿄나 오사카 등의 대도시가 세계도시를 추구해서 실패하고, 지방도시가 「지역진흥 관련법」에 편승해서 교외개발을 해서 실패한 것처럼 일본에서는 SC를 열거한 다면 전쟁피해를 입지 않았던 교토 시나 가나자와 시의 내발적 발전이 전형적 예이다. 두 시의 유지 가능성은 다음과 같은 점에 있다.

첫째, 두 시가 모두 풍요한 자연을 갖고 있다는 점이다. 두 시는 중앙부를 흐르는 두 개의 강과 숲의 구릉지에 둘러싸여 있다. 가나자와 시는 호수, 사구(砂丘)와 동해에 면해 있고 일본 유수의 쌀 생산지대로서 식량자원도 풍부하다. 교토도 도시농업이 유지되고 있다.

둘째, 전쟁피해를 입지 않았기 때문에 고대, 중세나 근대의 도시계획에 의한 일본적인 아름다운 목조주택의 거리모습이 남아 있다. 사찰의 불상이나 건물, 성의 흔적 등 역사적 축적이 많이 있다. 교토 시는 국보·중요문화재가 1693건(전국의 약 20%) 있고, 나라(奈良) 시와 나란히 일본 제1의 역사적 세계유산도시이다. 마치슈(町衆: 전통상인)의 마치야(町家: 전통가옥)가 중심부에 산재해 있다. 가나자와는 에도에 이어서 일본 제2의 봉건영주의 큰 번(藩)의 성시였다. 이 때문에 성곽, 겐로쿠엔(兼六園)56)을 비롯한 근세의 무사가옥부지나 상공인의 집이 남아 있고, 독자적인 경관을 이루고 있다.

셋째는 다양한 산업연관을 갖는 복잡하고 내발적인 산업구조를 갖고 있으며, 독자적인 높은 기술을 전승하고 있다는 점이다. 두 시는 스스로 산업혁명을 이룩해 제조업이 발달했고, 그리고 현재는 전자공학이나 신소재 공업이 중심을 이루어 농밀한 산업연관을 갖는 이출형(移出型) 산업이 발달해 있다.

두 시는 전통적인 공업생산, 염직(西陣, 加賀友禅), 도자기(淸水燒, 九谷燒 등), 칠기, 주조, 일본과자 등 많은 종류의 가치가 높은 작품을 생산하고 있다. 이 전통적인 공예의 직인의 기술이 현대의 전자공학(electronics)과 결합되어 있다. 교세라·무라타제작소·호리바제작소, 가나자와의 쓰다코마(津田駒)·시부야(渋谷)공업 등이 전형적인 사례이다.

가장 중요한 것은 이러한 산업들이 모두 도쿄에 본사를 둔 과점적 대기업이 아니라 지역에 본사를 둔 기업이라는 점이다. 이 때문에 사회적 잉여가 지역에 배분되기 때문에 소득수준이 높고 또한 복지, 의료, 교육이나 문화 등이 다른 도시보다도 발달해 있다.

넷째는 교육과 문화수준이 높다는 점이다. 교토 시는 인구 당 대학생 수가 일본 제일이다. 가나자와 시도 중도시 제일의 대학이 집적해 있다. 또한 시민의 문화의 향수능력도 높다. 두 시는 전문적인 교향악단 등 서구형의 문화집단을 갖고 있는 동시에 다수의 일본적 예능집단을 갖고 있어 시민이 일상생활 속에서 자동차를 사용하지 않고도 외출할 수 있는 문화시설을 갖고 있다.

이렇게 두 시는 유지 가능한 도시로서 세계에 자랑할 수 있는 것이지만 시민들은 그것을 꼭 자각하고 있다고는 할 수 없다. 그 증거는 교토 시는 대략 2007년에 경관조례를 제정했지만 상점가(町屋)의 대부분은 파괴되었다. 가나자와 시는 전술했듯이 가호쿠가타(河北潟)[57]를 메우고 또한 도심에서 현청이나 대학을 분산시켰다. 이러한 실패를 거듭하고 있지만 이후 일본형 유지 가능한 도시 만들기가 이 두 시의 손에서 시작되기를 기대하고 싶다.

♟ 유지 가능한 농촌 만들기

유지 가능한 도시보다도 곤란을 겪고 있는 것은 농촌의 유지일 것이다. 그러나 객관적으로 보면 도시보다도 농촌 쪽이 유지 가능한 환경과 자원의 잠재력을 더 갖고 있다. 문제는 농림업이 쇠퇴하고 인재가 희소해지고 있다는 점이다. 유지 가능한 일본을 만들려고 하면 소재 면에서는 식량과 에너지의 자급이 최대의 과제일 것이다. 일본은 농업이 적다고는 해도 휴경지가 많다. 또한 국토의 3분의 2를 차지하는 삼림은 충분히 활용되지 않고, 황폐해 있다. 해외의 목재가격의 상승과 함께 국내의 목재거래도 부활할 가능성이 있다.

〈그림 V-3〉 유채꽃 프로젝트

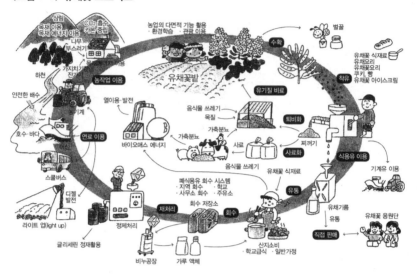

그러나 일시적인 시황에 좌우되지 않고 삼림업이 유지되려면 어떻게 하면 좋을까. 그것은 휴경전을 안고 있는 농가와 함께 이후의 중요한 과제이다.

시가(滋賀) 현의 아이토(愛東) 정[현 히가시오미(東近江) 시]에서 시가 현 환경생활협동조합이 시작한 '유채꽃 프로젝트'는 일본에서 농촌부의 완전순환형 사회를 만드는 선구자(pioneer)이다. 이것은 〈그림 V-3〉처럼 쌀의 생산제한으로 휴경했던 농지에 유채꽃을 재배하고, 그것으로 채취한 기름을 학교급식 등의 식용으로 사용하고, 그 폐유로 비누를 만들고, 나아가 자동차, 농경기, 선박 등의 엔진을 움직이는 디젤연료를 만드는 완전순환 방식이다. 이 유채꽃 프로젝트는 전국 200개소에 보급되고 있다. 지구 온난화 방지에도 공헌하는 동시에 농촌부에 새로운 사업고용을 창출한다는 점에서도 주목해야 한다. 다만 이 사업의 문제점은 바이오디젤 연료로서의 가격과 수요에 있다. 최근 석유가격의 상승과 자치단체의 이용증대에 의해서 사업으로서 궤도에 오를 가능성이 나오고 있다. 그러나 수요가 증가하면 이제까지와 같은 자원봉사자에 의한 폐유의 회수로는 부족하다. 요리점, 호텔 등 큰손 사업자의 폐유의 회수사업이 필요하다. 그러나 너무 시장화되면 지역성이 없어지고, 대기업이 전국시장의 통일을 고려하면 유지 가능한 농촌 만들기와는 모순된 사태가 생길지도 모른다.[58]

미국이나 브라질의 옥수수나 사탕수수에서 에탄올 생산의 증대와 함께 일본에서도 휴경지에 쌀농사를 부활시켜 쌀의 에탄올화가 계획되고 있다. 그러나 식료의 연료화에 의해서 식료품의 가격이 상승하는 것은 사회적으로는 문제가 있다. 시민의 식료를 왜 자동차의 연료로 만들어야 하는가. 중국 등의 발전도상국의 경제성장에 수반하여 식료의 부족과 가격상승이 문제로 되기 시작했을 때 식품식물의 연료화는 검토의 여지가 있다. 이것에 비교하면 유채꽃 프로젝트는 연료문제의 해결을 위해서는 기여도가 작을지도 모르지만 훨씬 친환경적이라고 할 수 있다.

이후 목재의 연료화 등 에너지의 자급이 시작될 것이다. 산촌의 재생에는 이것도 하나의 해결책이다. 황폐해지고 있는 시골 산의 목재를 연료화하는 것이 시작되고 있지만, 이것을 사업화하려면 자금과 인재가 필요하다. 나아가 식목 계획이 없으면 자원은 고갈된다. 이처럼 농림업이 에너지산업으로서 변신할 경우 공업과 다른 장기적인 전략과 지역성의 고려가 없으면 실패할 가능성이 크다. 일시적인 생각이 아니라 농림업과 농촌을 국토와 지구의 환경정책으로 어떻게 재생시킬 것인가 종합적인 검토가 필요하다.

주 민 자 치 와 환 경 교 육

1. 인민주권형성으로서의 주민운동

♟ 주민운동의 성격과 역할

환경문제는 공공적 개입 없이는 해결되지 않으며, 현대 기업사회의 '정부의 실패'에 의해 중요한 과제일수록 정부가 자발적으로 개입하는 예는 적고, 개입하더라도 불충분한 해결로 끝나곤 한다. 대부분의 경우 주민의 여론과 운동에 의해 처음으로 공공적 개입은 이루어지고, 또한 그러한 것들의 후원에 의해 정책은 유효하게 될 수 있다. 따라서 정치경제학으로서의 환경경제학은 주민운동을 시야에 넣지 않을 수 없다. 주민운동이 환경정책의 주체라는 것은 이론에서만이 아니라 경험적으로도 말할 수 있다. 바이트너(H. Weidner)는 유럽에서의 공해방지에 대해 환경보호단체의 역할이 이제까지 대단히 중요하고, 활발하지 않은 환경정책을 역동적인 것으로 바꾸어가기 위해서도 이 단체가 환경정책의 결정의 장에 추가될 필요가 있다는 점을 다음과 같이 적고 있다.[59]

국제적, 특히 국가적 차원에서 환경보호단체는 책임 있는 정부기관에 대해서 환경문제에 대한 주의를 가장 먼저 호소했고, 이에 대한 대응책을 촉진해오고 있다. 많은 나라에서 이러한 단체들이 종종 재계의 강력한 저항에 직면하면서도, 대중적인 항의를 포함한 다양한 활동을 통해 환경에 유해한 프로젝트에 대해 엄격한 환경규제를 가하도록 만들어왔다. 이러한 단체들의 활동이 없으면 유럽의 대기오염은 지금보다 심각해졌으리라는 것은 의심의 여지가 없다.

과거에 그러한 단체의 요구가 채용된 사례도 다수 있고, 그것이 비합리적이었던 사례는 거의 찾아볼 수 없다. 역으로 재계의 영향에 의한 환경문제 경시에 의해 피해를 입었던 비합리적인 환경정책은 그 사례가 수없이 많다. 환경보호단체의 생태계에 대한 책임 있는 태도는 환경보전에 관한 앞으로의 국제회의에서 더 인정되어야 한다고 생각한다. 그것은 환경보호단체를 정책결정과정, 예를 들면 국제조직이나 책임 있는 EC 기관에 참가시키고, 또는 발언할 권리를 정식으로 부여함으로써 달성될 것으로 여겨진다.

일본에서는 환경성 등의 정부는 재계와는 대화하지만 주민운동단체와 적극적으로 대화하거나 그 도움을 요청하는 자세는 1970년대 전반을 제외하면 거의 없었다. 중앙공해대책심의회에 재계 관계자는 들어가 있지만, 피해자 조직의 대표, 또는 주민단체가 추천하는 연구자는 적다. 미국에서는 연방 환경보호청 직원이 환경보호단체에 속하여 활약하고 있다. 일본에서는 환경성 직원이 주민단체에 속해도 은밀하게 밖에 활동할 수 없다. 그런데 바이트너의 지적처럼 환경정책의 전진은 주민의 여론과 운동 이외에는 없다.

주민운동, 특히 환경보호운동은 사회운동이지만 노동운동과는 다르고, 기본적으로는 경제적인 이익을 목적으로 하지 않는다. 예를 들면 맨션 건설에 반대해서 숲을 지켜도 본래의 환경을 유지한 것에 지나지 않는다. 그것에 의해서 어메니티를 유지했기 때문에 지가가 올라가는 경우도 있을지도 모르지만, 맨션 건설로 주민이 증가하고 상업상 가치가 커지는 쪽이 지가상승의 원인이 되기 때문에 승리를 얻은 쪽이 경제적으로는 손실을 보는 경우도 있다. 공해의 보상투쟁의 경우에는 승리를 얻는 경우 보상금이라는 이익이 얻어지지만 피해자에게는 돈보다도 공해의 방지나 질병의 고통을 없애주어서 이전처럼 건강하게 일하고, 가족과 단란하게 살 수 있는 쪽이 좋은 것이다. 그런 의미에서는 공해반대나 환경보전의 주민운동은 '현대적 빈곤'을 해결하는 운동이며, '고전적 빈곤' 대책의 사회운동과는 다르고, 경제적으로 보상받지 못하든가 또는 보상받는 것이 작다.

따라서 주민운동은 노동운동처럼 경제적 기초가 없고, 항상적으로 사무국에서 전문 서기를 고용하는 것은 어렵다. 미국처럼 재단·교회 등의 민간조직이 반체제적인 시민단체나 연구소에 기부 또는 연구비를 내주는 시민사회적인 관습이 없는 나라, 예를 들면 일본이나 발전도상국에서는 공해반대주민운동이나 환경보호단체·연구기관이 장기간 또는 반영구적으로 존속하는 것은 어렵다. 이러한 나라들에서 환경단체들이 존속하기 위해 정부, 재단이나 노조로부터 자금원조를 받으면 대부분의 경우는 비판의 빌미를 제공해서 독자성을 상실해버린다.

어찌되었든 주민운동은 자원봉사자의 운동이다. 일본처럼 남성노동자가 장시간 노동을 하고, 통근에 시간이 많이 걸리고, 게다가 기업주의의 그물코 안에 있어서 기업의 공해를 비판하는 것이 곤란한 경우에는 주민운동은 노동자가족, 즉 주부와 고령자 또는 지역에 뿌리내린 자유업자(의사, 변호사, 종교인), 교사, 그리고 농어민, 영세 상공업자 등의 구(舊)중간층으로 구성되는 경우가 많아진다. 주민운동에 노조가 협력하면 자금이나 노동력 면에서도 큰 힘이 되지만, 공무원노동조합을 빼면 민간노조는 가해기업의 이익만을 생각하고, 대부분의 경우 참가하지 않는다. 또는 일본의 노조는 정당별로 분류되어 있기 때문에 주민단체를 걸핏하면 구분하는 이 좁은 정치주의 때문에 함께 투쟁하지 않는 경우가 있다. 즉 일본에서는 노동조합 자체가 시민사회 또는 자치단체의 일원이 아니라 지역으로부터 소외되어 있다. 이러한 조건들 속에서 일본의 주민단체는 자원봉사만으로 구성되어 있기 때문에 자금 면에서나 노동력 면에서나 항상(恒常)조직으로 되기는 어려워 당초의 목적이 끝나면 소실되는 경우가 많다.

일본의 주민단체가 행정에 대해서 그 힘을 발휘할 수 있는 것은 신문·잡지나 텔레비전 등 대중매체가 지지하고 보도해주는 경우이다. 1960년대부터 1970년대의 공해반대 주민운동의 전진은 그 좋은 예이다. 또한 오늘날의 주민운동은 경제와 똑같이 국제적이고 다른 나라의 운동의 영향을 받고 또한 상대방도 영향을 받는다.

1970년대 말부터 일본의 주민운동은 정체되고, 어메니티를 요구하는 여론과 운동의 발전에 비교해서 공해반대의 여론과 운동은 후퇴하고 있다. 신자유주의·신보수주의하에서 주민운동의 정체가 진행되면 환경정책이 후퇴하고, 그것에 더하여 대중매체(mass-media)의 보수화도 뒤따라 주민운동 전체가 정체되는 상승효과를 초래하고 있다.

주민운동은 각각의 나라의 노동자가 놓여 있는 조건이나 사회운동의 실태에 따라서 달라지고 있다. 그것은 노동시간, 여성의 직장 진출, 도시화에 의한 통근시간 변화, 노동자의 재산소득자화에 수반하는 보수주의적인 경향 등에 의해 규정되어 성쇠가 있다. 그러나 신자유주의의 폐해가 빈곤의 누적, 주택난, 지가상승, 환경파괴 등으로 표출되어온 오늘날에 주민운동의 재생이 국제적으로 시작되고 있다고 할 수 있다.

유럽에서는 환경보호운동의 오랜 역사가 있는데, 그 성격이 다른 두 가지 대표적인 예를 소개해보자. 하나는 이른바 시장경제에 준하는 매입에 의한 자연보호를 하고 있는 영국의 '국민신탁(national trust) 제도'이고, 다른 하나는 정부에 규제를 비롯한 공공정책을 추진시키는 '이탈리아 노스트라'이다.

영국에서는 제2차 울타리치기(enclosure, 1820년이 정점)로 농지의 합병과 자연의 사유재산화가 시작되는 속에서 접근(access)권(사유화된 산이나 바다에 가까이 갈 권리)을 요구하는 주민운동이 일어나고, 곧 귀중한 자연의 일부를 공동재산으로서 구입함으로써 보호하려는 내셔널 트러스트가 탄생했다. 이 단체는 이미 영국 내에서 104만 명의 회원, 46만 에이커의 토지를 보유하고 있다. 영국의 내셔널 트러스트는 스스로 토지를 구입할 뿐 아니라 그것은 고리로 해서 공공단체에게 보전을 수행하게 만들고 있다.[60] 일본에서도 좀 더 공공단체의 책임을 요구해야 할 것이다.

한편 이탈리아에서는 전술했듯이 거리모습보존 등을 목적으로 해서 1955년에 이탈리아 노스트라라는 환경보전단체가 생겼다. 현재 이탈리아 전국에 150개 지부, 회원 약 2만 명, 또한 유럽 10개국에 60개의 노스트라가 생겼다. 이 단체는 약 20년간의 운동 끝에 로마 교외의 압피아 가도(Via Appia Antica)[61]를 따라서 실로 2000ha에 걸친 토지를 로마의 유일한 대규모 녹지대로서 또한 고대의 풍경을 보존하기 위해서 정부에게 지정시켜 일체의 개발을 금지시키는 데 성공했다. 경제적으로 보면 고대 로마의 성벽의 바로 외측에 있고, 절호의 주택지 또는 사업소용지로 될 곳을 남겼던 것이다. 또한 뒤에 기술하는 밀라노의 숲처럼 지방자치단체로부터 땅을 빌려서 숲을 창조하고 있다. 이 환경보전단체는 여러 당파연합이라고 할 수 있지만 정부의 환경정책에는 강한 영향력을 갖고 있다.[62]

일본에서는 이러한 두 단체와 같은 재정력과 정치력을 갖는 것은 아니지만 장래는 이러한 시민단체를 만들지 않으면 안 될 것이다. 그 경우에는 지가가 비싼 일본에서는 내셔널 트러스트보다는 이탈리아 노스트라 쪽이 일본의 전형(model)이 되리라고 생각한다.

♟ 일본의 주민운동의 역사적 교훈

전후 일본의 공해반대 주민운동이 재판투쟁과 자치단체 개혁을 통해서 환경정책을 전진시켰다는 것은 이제까지 여러 차례 서술했다. 주민운동의 역사는 아시오(足尾) 구리중독 사건 이래 대도시와 농촌의 양쪽에서 제2차 세계대전 전에는 수많은 경험을 갖고 있다. 전국적은 아니었지만 각각의 지역에서는 오늘날 운동과 똑같은 성과를 얻었다. 이 주민운동을 배경으로 해서 공해대책 쪽에서도, 기업들은 스미토모(住友) 금속광산 시사카지마(四阪島) 제련소나 일본광업 히타치(日立) 광산처럼 당시로서는 세계 최고의 대책을 세우고, 또한 오사카 시는 다이쇼 시대부터 대기오염을 관측하고 '굴뚝 도시'의 오명을 바로 세우는 노력을 기울였다. 그러나 주민운동은 중일전쟁 이후 점차 힘을 잃고, 또한 전쟁 중에 오사카 시 등의 행정도 대책을 세우지 못하게 되었다.

제2차 세계대전 전 주민운동은 농어민이 중심으로서 자본의 시초 축적에 대한 저항을 그 특징으로 한다고 할 수 있다. 지주 등의 지방 유력자를 지도자로 해서 마을 전체가 달려들어 기업에 보상 또는 생산정비·조업단축을 요구하는 것이었다. 지조(地租) 개정에 의해 토지소유권이 지주에 인정되고 지주에 대해서는 공민권 등의 특권이 부여되었지만, 자본주의의 급속한 발전 특히 공업화와 도시화 때문에 지주의 권리는 침해되고, 자·소작인의 생활도 침해되었다. 거기에서 그들의 재산권이나 영업권의 옹호를 위해서 공해반대 운동이 실시되었다고 해도 좋다. 광공업자본과 똑같이 재산권이나 영업권이라고 해도 농어민의 그것은 지역에 뿌리를 둔 생활권이라고 할 수 있다. 자본은 그것을 짓밟고 발전했던 것이다. 그렇지만 다이쇼 시대까지는 일본의 산업의 주역은 농업이고, 도시는 농촌이라는 바다 속에 떠있는 섬 같은 존재였기 때문에 농·공 간의 역학관계는 오늘과는 달라서 농업의 정치경제적 역능은 강했다. 그러므로 농민을 주체로 하는 공해반대운동은 일정한 성과를 거두었다고 할 수 있다.

전후 공해반대 주민운동의 특징은 제2차 세계대전 전의 농어민운동과 똑같은 성격을 갖는 것이지만 분명하게 도시화 공업화의 발전의 차이가 있다. 즉 피해는 대도시권과 지방공업도시에 집중되었다. 반대운동의 주체는 시민이고, 노동자(본인이 아니라도 가족)이다. 그리고 시민과 농어민이 연대했을 때 승리를 거두고 있다. 따라서 공해반대운동은 재산권이나 영업권의 침해 배제를 요구하고 있는 경우도 있지만, 대부분은 건강장해나 생활환경침해의 배제를 요구하는 인격권이나 생활권의 옹호운동이 되고 있다.

전후 일본의 주민운동의 특징은 구미(歐美)처럼 환경보전과 쾌적성을 요구하는 운동이 아니라 공해반대운동이었다는 점일 것이다. 그 운동은 피해 또는 피해가 예상되는 주민을 중심으로 해서 그것을 지원하는 저소득 노동자 가족(주부나 고령자를 실제 활동가로 했다)이나 지방의 자유업자, 농어민과 영세상공업자이다. 구미의 경우 공해반대운동이 약한 점도 있어서 자연보호 · 거리모습보전운동의 주체는 중간층이다. 미국의 농약 키폰에 의한 노동재해와 공해사건을 조사했을 때 피해자로부터 우선 첫째로 들었던 것은 어떻게 해서 일본에서는 피해자가 고립되지 않고 주민의 지지를 받고 있었느냐는 점이었다. 일본의 경우도 민주주의가 약한 미나마타 시의 경우에는 1990년대까지 피해자는 고립되어 있었다. 재판을 시행했던 니가타 미나마타병 환자가 연대를 위해 응원에 참여하지 않았으며 그리고 욧카이치 시 공해문제를 실마리로 해서 대도시권에 확산된 공해반대여론과 운동이 없었으면 미나마타병 환자는 칫소와 정부에 의해 비틀려버렸을지도 모른다. 즉 일본의 경우는 공해가 심각했었다는 점, 더욱이 대중언론매체의 덕택에 정보가 전국에 유포되고 일하는 시민 사이에서 피해자로서의 연대감이 있었다는 점이 미국과 달랐던 점일 것이다.

또한 일본의 공해반대운동에는 과학자·변호사·의사가 무보수로 봉사하며 전문적 지식을 제공하고 있다는 데에 특징이 있다. 앞의 키폰 사건에서는 지역의 의사는 모두 오염원의 고용 의사(company doctor)와 같았었다. 만약 타이완(대만)에서 왔을 뿐이며 지역의 나쁜 풍조에 물들지 않은 의사가 없었더라면 이 사건은 틀림없이 늦게 공개되었을 것이다. 제III부에서 서술했던 캐나다 미나마타병 사건은 결국 재판이 유야무야로 끝나고 결국 오염의 책임도 밝혀지지 않았으며, 정부가 거류지 전체에 대한 재생자금을 지출하는 것으로 종결되었다. 그 이유는 펄프 회사와 주 정부의 책임이지만, 동시에 빈곤한 인디언을 돕는 변호사나 과학자가 없었기 때문이기도 하다. 필자는 영문 논문을 써서 지원자를 요청했지만 무보수로 인디언을 응원하는 집단은 투쟁을 계속할 수 없었다. 1985년 일본환경회의 미나마타 집회에 출석했던 캐나다의 변호사 J. 오르시스는 일본변호사연합회가 인권헌장을 갖고 피해자 측에 서 있는 것에 경의를 표하면서도 놀라워했다. 그에 따르면 캐나다의 변호사는 회사 측에 서는 경우가 잦다고 한다. 중립의 경우에도 정당한 보수가 없으면 피해자의 변호는 계속되지 않는다는 것이다. 또한 똑같이 공해재판의 과학자 증인에게는 높은 보수를 주지 않으면 안 되기 때문에 빈곤자는 입증이 곤란하다고 진술하였다. 일본에서는 일본환경회의에 결집해 있는 연구자·의사·변호사가 400명에 달하고, 그 대부분은 이제까지 무상 또는 그것에 가까운 보수로 피해자를 위해 운동하거나 또는 재판에서 증인으로 서왔던 것이다. 이것은 일본 주민운동의 특징이라고 할 수 있다.

전후 공해반대 주민운동의 계기가 된 것은 일본 최초의 콤비나트 도시 욧카이치 시의 공해사건이다. 이 콤비나트는 전후 기술혁신을 멋지게 이뤄내 고도성장의 기수이며 석탄 콤비나트와 달리 공해는 없다고 알려져 있었다. 조업개시와 동시에 사전예측과 반대로 피해가 발생했지만 그 후 계속해서 콤비나트가 만들어지기도 해서 전국적으로 대단히 큰 충격을 주었다. 모든 면에서 볼 때 욧카이치 시 공해는 전후 일본경제를 상징하는 전형적 공해사건이었다.

제IV부에서 기술한 것처럼 이 사건은 그 의미가 정부·자치단체나 재계에 대해서 중대했던 만큼 당초에는 비밀에 부쳐졌다. 욧카이치 시 공해의 실태와 원인은 1961년의 자치연 전국집회의 '지역개발의 꿈과 현실'이라는 주제의 분과회에서 미쓰비시 현 자치노조가 용기를 갖고 조사를 공개함으로써 욧카이치 시에 대규모의 공해가 발생하고 있다는 것이 밝혀지게 되었다. 그 이후 나를 비롯한 연구자가 조사에 들어가고 신문이나 텔레비전도 공해를 다루게 되었던 것이다. 일본의 노동조합은 공해반대운동에 적극적으로 참가하지는 않지만 적어도 전후 공해반대운동의 도화선을 댕긴 것은 자치단체의 노동조합이다. 욧카이치 시의 피해자는 재판의 원고로 좀처럼 되려고 하지 않았다는 것을 보더라도 알 수 있듯이 고립되어 있고, 독자적으로 문제를 해결하는 힘은 당초에 없었던 것이다.

1963~1964년 시즈오카 현 미시마(三島)·누마즈(沼津)·시미즈(清水) 2시 1정에서 '욧카이치 시의 전철'을 밟지 말자는 구호하에 석유 콤비나트 유치 반대운동이 일어났다. 뒤에는 미시마·누마즈형이라고 불리듯이 주민의 체험에 의한 실태조사와 학습회를 거듭하고, 모든 에너지를 자치단체의 정책전환에 집중하는 방법이 성공해서 콤비나트 유치를 저지했다. 기업은 본래 통산성이나 시즈오카 현은 유치를 위해 전력을 투입하고 사상 처음 환경평가까지 했지만, 주민단체의 평가를 뒤집지 못하고 패배했다. 콤비나트 유치를 처음으로 저지했던 것은 니시노미야(西宮)이다. 그러나 이것은 주로 주조업자의 운동이고, 운동의 방법의 독자성, 정부와의 투쟁의 격렬함과 성과의 크기라는 점에서는 미시마·누마즈형 주민운동이 최초라고 할 수 있고, 전국적으로 큰 영향을 미쳤다. 그 이후 공해나 도시문제에 고생하는 주민이 미시마·누마즈에서 배워 전국적으로 운동을 전개하게 되고, 1960년대 후반에는 주

민운동은 정치에서 큰 역할을 갖게 되었다. 제 I 부에서 서술한 것처럼 주민운동을 배경으로 해서 이제까지 침묵시켜왔던 미나마타병이나 이타이이타이병의 환자가 일어서게 되었다. 공해반대의 주민여론과 운동은 대중언론매체나 국제여론의 응원을 얻어서 환경정책, 특히 공해건강피해보상제도를 중심으로 한 공해대책이 진전되는 동시에 당연하지만 공해반대 주민운동은 퇴조했다. 그 대신에 1970년대 중엽부터 쾌적성을 요구하는 환경보전 주민운동이 활발해졌다. 이 점에서는 구미의 주민운동과 반대의 흐름을 걷고 있다. 환경보전 주민운동은 1980년대 중반에 전기가 왔다고 할 수 있다. 그것은 당초 동호인(Circle)적 또는 문화적인 운동에서 정치운동으로 변화했기 때문이다. 즉 즈시(逗子) 시나 미야케(三宅) 시의 자연보호처럼 미일(美日) 안보체제와 관련된 것, 고치 현 구보카와(窪川) 정 원자력발전 반대처럼 국가의 에너지정책과 관련 있는 것 등이 줄줄이 나왔다.

　그중에서 상징적인 것은 1988년의 시마네·돗토리 두 현의 신지코 호와 나카우미(中海) 호의 간척·담수화 저지 운동의 성과일 것이다. 아마도 이것은 1960년대의 미시마·누마즈·시미즈의 주민운동에 필적하는 영향을 가지며, 그 교훈을 잘 살리면 새로운 시대가 열릴지도 모른다. 주민운동이 성공을 거둔 것은 그 지역에서 다수파가 된 데 있으며, 그 성공의 원인은 다음과 같은 점에 있다.

　첫째로 운동의 요구가 정당하고 합리성이 있는 것이다. 미시마·누마즈 지역의 경우 아름다운 후지 산록의 산과 바다의 경관을 남길 것, 또는 마쓰에 시의 경우 신지코 호의 생태계와 경관을 남겨두는 것이 모든 경제행위에 우선하는 것은 그 지역의 주민만이 아니라 누구라도 인정하는 바일 것이다. 그것만이 아니라 환경이나 자원을 포함한 새로운 경제학의 입장에서 보더라도 콤비나트를 유치하거나 간척·담수화사업을 추진하기보다는 지역산업을 살린 내발적 발전 쪽이 유리하다는 것이 분명해졌다. 구보카와 정의 경우 반대운동의 중심은 모범 농가들로서, 최근 약초재배가 성공한 경험도 있고 원자력발전에 의존하는 외래형 개발보다도 농업의 발전에 의한 내발적 발전에 자신감을 갖고 있었던 것이다. 외래형 개발을 선택한 지역은 생업에 자신감을 잃고 어장·농지나 삼림을 팔려고 하는 농어민이나 장래정이 없는 중소기업가의 거리이다. 공해반대나 환경보전에 성공하는 주민운동은 바로 '유지 가능한 발전'의 구현자이고, 그 정의의 높은 이념과 자신감이 주민운동을 지속시키고 키웠던 것이다. 성공한 주민운동에서는 지역의 농·어협, 청년회의소나 상공회의소 등의 경제단체가 협력하고 있는 사례가 있으며, 이것은 '유지 가능한 발전'이 이해되었기 때문이다.

둘째는 성공한 주민운동은 여러 당파의 연대이고, 여러 계층이 각각 자신있어 하는 운동방법을 분업해서 그것을 능숙하게 협업했다. 일부 주민운동가는 무당파가 아니면 주민운동이 아니라고 말하지만, 현실에서는 무당파만으로 성공한 사례는 없다. 특정한 정당이 선거에 이용하려고 해서 운동하거나 또는 참가자를 정당 색깔로 구분한다면 주민운동은 실패한다. 그러나 특정 정당, 특히 혁신정당을 배제하면 이것도 실패한다. 또한 종래의 좌익적인 사회운동에서 흔히 있는 단점을 다투는 것이 아니라 장점을 서로 이용한 경우에는 성공했다고 할 수 있다. 예를 들면 궐기형의 폭발적 에너지를 갖지만 동요가 많은 농어민과 계획적으로 지속적인 운동을 자신 있게 하는 노동자가 역할을 잘 분담했던 것이 미시마·누마즈나 신지코 호의 운동이 그것이다. 성공한 운동에서는 이제까지 '풀뿌리 보수주의'가 주체로 되었던 자치회, 의사회, 기타 경제단체가 참가하고 있다. 이것은 보수당의 기반을 뒤흔들게 되었던 것이다.

셋째는 과학적 운동이었다는 점이다. 미시마·누마즈형이라고 불리는 것은 학습모임을 통해 주민의 지적 연대를 만든 방법이다. 환경문제는 과학적 지식이 필요하다. 환경을 파괴하는 측도 과학을 이용하기 때문에 그것을 비

판하는 것이 불가능하면 운동은 진전되지 않는다. 성공한 운동에는 반드시 지역을 중심으로 한 과학자 집단이 있다. 지역이 과학자의 조사결과가 객관적이고 정당하다면 신지코 호 담수화 문제처럼 큰 효과를 갖는다. 그런데 과학자만으로는 운동이 되지 않는다. 참가한 주민이 과학의 지식을 체험하지 않으면 안 된다. 담수화에 의해서 녹조가 발생한다는 것도 당시 가스미가우라(霞ヶ浦)나 고시마(児島) 만 등에서 실제로 폐쇄수면의 오염을 보면 구체적으로 이해할 수 있다. 누마즈의 주민운동에서는 기류의 관측을 위해 시 전체 지역에 잉어등[鯉幟]을 세우고, 역전층(inversion layer)의 관측을 위해 시민이 철야로 차를 이용해서 산을 오르내렸다. 이러한 과학교육이 성공의 열쇠가 되고 있다. 이러한 현지조사를 바탕으로 슬라이드나 비디오 등의 시청각교육을 이용해서 학습회를 수백 회나 거듭함으로써 주민은 감성적인 거부감에서 이성적인 반대론으로 바뀌었던 것이다. 주민은 돈도 권력도 갖고 있지 않다. 그 힘은 지혜화 에너지에 있다. 미시마·누마즈형 주민운동의 핵심은 학습회에 있다고 할 수 있다. 멈포드가 말하는 '주민의 지적 참가'야말로 지역개발이라고 한다면 환경보전운동은 지역개발이었다.[63]

넷째는 지방자치단체운동이었다는 점이다. 일본처럼 중앙집권국가에서는 중앙정부나 기업본사에 운동의 에너지를 집중하는 것이 필요한 것처럼 보일 수 있다. 그러나 지방의 주민이 가령 큰 자금을 들여 수만 명의 시위를 도쿄에서 실시해도 대도시 안에서는 일상적 다반사로서 그 효과는 거품처럼 사라져버린다. 또한 이러한 대규모 시위나 교섭은 현실에서 불가능한 것이다. 그러나 1964년의 누마즈 집회처럼 유권자의 3분의 1에 달하는 3만 5000명의 주민이 지역에서 시위를 하면 이것은 결정적인 의미를 갖고 있다.

성공한 운동은 중앙교섭도 하고 있지만 대부분의 에너지를 지역의 부·현이나 시·정·촌의 정당을 바꾸는 데 집중한다. 이를 위해 제2차 세계대전 후 헌법에서 인정되었던 주민의 권리를 최대한 이용하고 있다. 전술했듯이 이탈리아의 「갈라소법」에서 배워 신지코 호 주변의 경관조례를 만들고, 이 조례 제정에 관한 직접 청구의 서명운동에서 현 주민 40%의 서명을 모았던 것이 담수화 연기에 결정적이었다. 또는 돗토리 현의 경우에는 간척·담수화의 결정을 구보카와 정이 경우에는 원자력발전 유치의 가부를 주민투표로 묻는 청구를 해서 '촉진파'의 움직임을 누를 수 있었다.

전후 자치단체는 개발에 관한 권한을 갖고 있다. 즈시(逗子) 시에서는 미군 주택지 건설에 관련된 하천개수 등의 공공사업에 허가를 내주지 못하게 하여 착공을 연기시켜왔다. 즈시 시나 미야케지마 섬의 경우는 미일 안보조약에 의해 자치단체의 권한은 제약을 받고 있다고는 하지만 자치단체가 거부하면 강제착공은 어렵다. 더군다나 통상의 지역개발에서는 자치단체가 주민운동의 의견에 따라가면 기업도 정부도 강행할 수 없다. 그런 의미에서 지역에 에너지를 집중하고, 다수파로 되는 것은 운동의 성공의 열쇠라고 할 수 있다. 이 점에서는 제2차 세계대전 전의 천황제 아래에서 아시오 구리중독 사건처럼 다나카 쇼조(田中正造)가 제국의회를 무대로 해서 주민이 도쿄로 달려와 수차례 중앙 청원 시위를 한 경우와는 다르다. 많은 실패사례는 지역에서 다수파가 되지 못했기 때문에 외부의 원조를 얻는 데 힘을 쏟고, 얼핏 전국적으로 여론을 환기시키는 것처럼 보여도 좌절하는 예가 대부분이다. 전후 사회운동의 교훈은 지방자치에 있다고 할 수 있다.

2. 환경자치의 시스템과 환경교육

♣ 분권·참가와 자치 시스템의 창조

현대경제학의 과제는 '시장의 결함'과 '정부의 결함'의 쌍방을 검토하고 양자를 극복하는 '제3의 시스템'과 방향을 밝히는 것이다.

이제까지 살펴본 것처럼 '정부의 결함'을 시장 원리에 의해서 수정하려고 하면 바로 '시장의 결함'이 나온다. 오늘날처럼 정치의 개입과 관료주의에 의해서 비효율적으로 된 공공부문, 특히 국영기업에 시장 원리로서의 경쟁을 도입해서 활성화시킨다는 것의 의의를 부정하는 것은 아니다. 그러나 오늘날처럼 무원칙하게 민영화나 자본과 토지소유자에 대한 규제완화가 진행되면 인류의 역사를 반세기 뒤로 역전시켜 대내적으로는 빈곤, 환경파괴나 도시문제·과소문제가 발생하고, 대외적으로는 무역마찰이나 정치적 긴장이 높아진다고 할 수 있다.

공·사 양 부문의 배분을 어떤 원리로 수행할 것인가라는 문제에 대해서는 따로 책을 쓰고 싶지만, 적어도 이제까지의 사실로 알 수 있듯이 공해를 방지하고 환경보전을 추진하고 내발적 발전을 추진하려면 주민의 여론과 운동에 의해 공공적 개입을 수행하게 만드는 방법 이외에는 없다. 환경은 분명히 공공의 분야에 속한다. 환경정책 중에는 과징금, 환경세, 배출권거래와 같이 시장 원리를 응용하는 것도 있지만, 이것은 환경기준처럼 공공정책을 전제로 해서 성립하는 것이므로 시장 원리는 아니다. 경제학에 대해 환경보전의 틀안에서 경제발전이나 관리의 시스템·방법을 창조하는 것은 마지막 해법에 다가가는 것이며, 경제학의 제3의 길을 찾기 위한 중심적인 분야일 것이다.

공해방지나 환경보전을 위한 공공부문의 활동이 '정부의 실패'에 빠지지 않으려면 분권·참가와 자치의 시스템이 확립되지 않으면 안 된다. 이러한 시스템은 환경정책 분야에만 필요한 것이 아니라 미래사회의 공공부문 전체의 성격으로 되지 않으면 안 되며, 환경문제로부터 생각하는 것이 가장 알기 쉬울 것이다.

일본의 환경정책은 자치단체에 의해 선취되어 만들어졌다고 해도 좋다. 환경성이 선취해서 수행했던 것은 환경 사전영향평가제도지만 오랜 기간 실현되지 않았던 것처럼, 환경정책은 자치단체의 창의노력과 지지가 없으면 발전하지 못한다. 그것은 환경이 지역 고유재이고 환경문제가 지역문제이며 환경정책이 지역개발과 관련된 지역정책이기 때문이다. 이른바 환경이야말로 지역주민이 그 질을 결정하는 자격을 갖는 '환경자치권'이라고 해도 좋다. 주민은 환경을 가장 첫째로 자치단체에게 신탁하고 있다.

자치단체가 환경정책을 수행할 수 있으려면 내정의 분권이 이루어지고, 특히 공간이용규제권을 갖지 않으면 안 된다. 이 경우 공간이란 토지를 중심으로 해서 공중과 지하의 모든 환경을 포함하고 있다. 지방자치의 전통이 있는 유럽 국가들과 비교해서 일본의 자치단체는 자본과 지주에 대한 토지이용의 규제권이 대단히 약하다. 서독의 자치단체는 토지의 선매권을 갖고 있다. 기업이나 개인이 토지를 매매할 경우 우선 자치단체가 그 토지이용을 고려해서 필요하다면 적정한 가격으로 매입할 권한을 갖고 있다. 이탈리아의 경우도 똑같아서 매입의 기준가격은 교외의 경우에는 택지가 아니라 농지의 가격으로 싸게 취득할 수 있는 권한을 갖고 있다.

경관보전에는 전술한 이탈리아의 「갈라소법」처럼 토지 이용 규제가 가능하다는 획기적인 권한이 확립되어 있다. 도쿄나 오사카에는 경관과는 관계없이 고층빌딩이 난립해 있다. 함부르크 시에서는 시민이 아스타 호수의 경관을 조망할 수 있도록 해안에 수목보다 높은 건물을 세우는 것을 금지하는 반면 일본에서는 이러한 문제가 완전히 방치되어 있다. 비와 호의 오미 8경(近江八景)의 경관보전에 대한 논의가 충분하게 이루어지지 않은 채로 호텔이 호수 안에 들어서 버렸다. 「갈라소법」처럼 경관보전의 상세계획이 없으면 개발을 금지하는 것이 바람직하다.

토지정책은 토지의 공유화, 토지이용의 규제, 토지세제라는 세 가지 수단이 있지만, 그 목적에 따라 모순되는 경우가 있다. 예를 들면 일본에서는 토지정책이 환경정책의 시점을 결여하고 있다. 도쿄권에서는 단기적인 지가의 인하와 택지공급을 목적으로 하여 바다를 메우고 농지나 산림을 택지화하고 있다. 세제 면에서는 농지의 택지화를 위해 시가화구역의 농지를 택지로 간주하여 고정자산세를 부과하고(택지와 동등한 과세는 농지의 경우의 수십 배에 달하고, 농민은 납세를 위해서 토지를 팔지 않으면 안 된다), 또한 농지를 매매한 경우 토지양도소득세를 경감해준다. 즉 일본의 토지세제는 택지공급을 촉진해서 부동산업의 발전을 꾀하는 것을 목적으로 한 토지정책이다. 이런 토지정책은 환경보전을 목적으로 하여 전환되지 않으면 안 된다. 장기적으로 보면 환경보전을 위해서 이 이상의 매립을 금지하고 가능한 한 숲과 농지를 보전하게 하는 토지이용계획이 필요할 것이다. 그리고 기회 있을 때마다 공유지를 증가시키는 도시계획을 추진하지 않으면 안 된다. 세제에 대해서도 농민이 영농하는 한 고정자산세는 농지로서 과세하고, 이것을 도시의 녹지대 또는 재해피난지 등 열린 공간(open space)으로 만든다. 상속세 때문에 산림이나 집주변 숲이 매각되고 있으므로 이러한 것들이 택지화되지 않는 경우에는 상속세를 경감함으로써 보존을 꾀해야 할 것이다. 반대로 토지의 양도소득에 대해서는 종합과세로 중과세하고 부당한 토지 투기를 억제해야 할 것이다. 이처럼 토지정책은 환경정책의 관점에서 재구성할 필요가 있다. 일본에서는 도시계획의 권한이 도·도·부·현 지사에게 있지만 이것은 시·정·촌에 위임되어야 할 것이다. 그러나 공해대책에 대해서는 현상 그대로 대기오염이나 수질오염의 방지책에 대해서는 도·도·부·현의 책임으로 하며, 국가가 정하는 환경기준은 최소한(minimum)으로 하고, 그보다도 엄격한 기준을 더 높이거나(기준 강화) 국가가 정하지 않은 오염물의 기준을 정하는 것(기준 확대)을 인정해야 한다.

다음으로 내발적 발전을 위해서는 자치단체의 재정권의 확립이 이루어져야 한다. 이탈리아는 지방세가 없었지만 자치단체의 권한이 크다. 일본은 지방세가 있고 재정적으로는 자치권이 있는 것처럼 보이지만, 세입 면에서는 교부금·보조금이나 지방채 등에 의해서, 세출 면에서도 중앙통제를 받고 있다. 그중에서도 용도가 정해진 국고지출금이나 교부금이 크고, 중요한 사업은 보조금·교부금사업으로 결정되기 때문에 지방자치단체의 독자성이 상실되어 있다. 시골일수록 국고지출금에 대한 의존이 높다. 고이즈미 내각의 삼위일체 개혁으로 인해 국세 소득세에서 지방세로 3조 엔의 세원이 이양되고 국고보조금이 4조 엔 삭감되었다. 동시에 국가재정재건을 위해 지방교부세가 5조 엔 감액되었기 때문에 지방자치단체에는 재정위기가 생기고 있다. 환경정책의 분권을 추진하기 위해서는 분권을 실현할 수 있는 재정제도가 필요하다. 일본은 도쿄 일극집중에서 드러나듯이 지역경제에 현저한 격차가 있고, 이 때문에 지방재원의 격차가 크다. 국세를 이양해도 인구 30만 명의 중도시 이상 도시나 대도시권의 도·부·현 이외에는 재정자립이 어렵다. 그러므로 국가의 지방교부세 교부금을 지속시키고 그것이 중앙통제의 도구가 되지 않도록 제도개혁이 필요하다.

미국에서는 「지역사회(community) 개발법」에 의해 은행은 예금의 일부를 반드시 그 입지하고 있는 지역사회의 개발에 융자하고 있느냐 아니냐를 공표하지 않으면 안 된다. 이것은 중요한 것으로, 일본의 대은행은 많은 지점을 보유하고 있지만 그것은 예금망이어서 지방의 예금을 그 지역사회의 개발에 어느 정도 환원·융자했느냐라는 사실은 업적판정이 되지 않는다. 이후 지역의 시민운동이나 자원봉사활동이 증가할 경우 이 활동자금을 모두 재정에서의 보조금에 의존하는 것은 어렵다. 그 대신에 은행 등 금융기관이 그 사회적 책임으로서 지역단체에 융자하고 지역개발에 봉사하도록 금융제도의 개혁이 필요하게 될 것이다.

지방자치단체로 분권화, 특히 공간이용규제권이나 재정권이 확립되어 자치단체가 자유롭게 환경보전이나 지역개발을 수행할 수 있게 되었다 해도 그것만으로는 개혁되지 않는다. 지방자치의 발전에는 두 가지 요인이 더 필요하다.

♟ 주민참가의 제도화

첫째는 자치단체직원이 행정능력을 갖고 전문가로서 환경행정이나 내발적 발전을 수행할 수 있느냐는 것이다. 자치단체 직원은 노동자로서의 권리를 확립하고 유지하는 것만으로는 불충분하다. 공무원으로서 주민의 여론이나 운동의 필요에 따라 특정한 개인이나 재계에 봉사하는 관료가 아니라, 주민의 입장에 서서 그 필요를 행정으로서 구체화하는 조정자(coordinator)가 되어야 한다. 그러기 위해 공무원은 자기연수를 하고 공무원으로서의 자각과 규율을 높이는 제도를 확립하는 것이다. 과거의 욧카이치 시의 공해문제처럼 공해를 고발할 수 있는 자유를 공무원노동조합이 갖는다. 현재 정부는 재정절약과 민영화를 위해 행정기구를 시·정·촌 합병으로 통합하고, 공무원의 삭감을 추진하고 있다. 이 때문에 복지나 공·재해방지 같은 안전분야의 사회서비스의 손이 부족하다.

둘째는 주민이 일상적으로 입법, 사업, 행정 특히 행정에 참가하는 것이다. 주민이 행정을 감시하고 민주화하는 제도가 확립되어 있느냐 여부이다. 특히 이 주민참가제도는 '정부의 실패'를 시정하기 위한 결정적인 수단이 될 수 있다. 이것은 오늘날 의회가 행정기구와 유착하고 또는 주민의 필요와 동떨어져 있기 때문에 민주적 개혁이 필요해지고 있는 것과 관련되어 있다. 종래 의회 이외에 심의회나 공청회 등으로 주민참가제도가 있었다. 그러나 이러한 것들도 권한이 한정되어 있기 때문에 형해화(形骸化)하는 경향이 있었다. 특히 일본에서는 심의회는 의회의 반대가 생기지 않도록 정당의 세력에 따라 위원을 선출하고, 또한 위원의 독자적인 조사나 계획을 인정하지 않으며, 행정당국의 제안을 용인하는 경향이 있다. 또한 공청회의 경우 구미에서는 회를 거듭해서 반대의견을 존중하지만 일본에서는 행정당국의 제안을 승인하는 사전의 의식으로 되어 있고, 반대파 중에서 지명된 자가 의견을 말하고 그것을 '들어주는 모임'으로 되어 있다.

이후 환경정책이나 내발적 발전을 추진하기 위해서 주목해야 할 주민참가 제도를 다음 두 가지 예를 통해 소개하고자 한다.

(1) 뉴욕 시의 지역사회위원회(community board)

뉴욕 시는 1975년의 재정위기 시기에 주민투표를 통해 헌장을 개정하여 지역사회위원회를 설치할 것을 결정하고 1977년부터 시행했다. 이 위원회는 전체 시에 59개가 있고, 각 위원회는 구장(區長)이 입후보자 중에서 선임한 무급 위원 50명으로 구성되어 있다. 이 위원회는 전문 사무국장을 고용하기 위해서 시에서 보조를 받고 있다. 뉴욕 시는 다섯 개의 특별구로 구성되기 때문에 그것보다도 좁은 지역의 59구(평균인구 12~13만 명)로 주민참가제도를 만들었던 것이다.

이 위원회의 권한은 첫째로, 도시계획이나 토지이용규제에 대해서 사전에 시에서 정보를 받아서 협의를 하고 의견을 제출한다. 위원회는 용도지구 (zoning)나 랜드마크(landmark, 역사적 건조물 보존)에 관한 소위원회를 갖고 있다. 뉴욕 시는 1980년대에 대규모 도시재개발을 수행하였다. 예를 들면 맨해튼 42번가의 재개발이 대표적이다. 이러한 경우 당국(뉴욕 주 도시개발공사) 은 700쪽에 달하는 방대한 평가(assessment)결과를 제출하고, 이 정보를 지역 사회위원회에 제공해서 이 위원회와 상시 협의를 하고 있다. 위원회는 위원 만으로 협의하는 것이 아니라 시의 매뉴얼에 따르면 가능한 한 소수민족의 의견을 반영할 것, 지구 내 모든 주민단체의 참가를 요구할 것으로 되어 있기 때문에 공청회를 열어서 이러한 단체들의 의견을 듣는 것이다. 통상 60일간 에 의견을 제출하도록 되어 있지만, 대형프로젝트의 경우에는 꼭 이 기간으 로는 되지 않는다. 앞의 42번가 프로젝트를 보면 1981년 계획을 세우는 시기 부터 주민집단과의 협의가 시작되고 평가가 제출된 것이 3년 후인 1984년으로, 이때부터 지역사회위원회의 정식협의가 시작되고 있다.

지역사회위원회는 결정권을 갖고 있지 않지만 시 도시계획위원회는 지역사회위원회의 의견의 90% 이상을 채용하고 있다. 예를 들면 랜드마크가 있는 그리니치 빌리지에서는 전체 거리모습과 조화되도록 건축을 변경시킨다거나 소호(SoHo) 지구에서는 카바레의 진출을 저지하거나 하고 있다. 민간기업의 입지에 대한 환경정책상의 규제는 이 위원회의 힘이 강하다.

지역사회위원회는 그 밖에도 "Community District Needs"를 정리해서 발행하고 지구 내 예산의 우선순위를 결정할 수 있다. 예를 들면 첫째가 학교건설, 둘째가 치안이라는 것처럼 예산배분을 요구한다. 예산편성의 매뉴얼에 따르면 시 예산당국을 중심으로 각 부서는 예산편성 전 7월부터 9월에 걸쳐 위원회와 협의를 하지 않으면 안 된다. 이 의견청취 뒤에 1월에 예산안을 위원회에 보여주고 여기에서 공청회가 열려 의견이 진술된다. 즉 시 당국은 시의회에서 심의하기 이전에 지역사회위원회의 심사를 받지 않으면 안 되기 때문이다. 1984년의 조사에서는 위원회의 요구의 약 40%가 채택되고 있다. 채택할 수 없었던 것에 대해서는 시는 그 이유의 설명을 해야 한다. 이것은 예산당국자로부터 보면 600회에 달하는 교섭을 필요로 하고, 대단히 번잡한 것이 된다. 또한 시의 방침과 지역사회위원회의 의견이 심각하게 대립할 경우가 있다. 시는 산업진흥을 위해서 1980년대에 들어와 노후화하고 있는 사회자본의 재건을 우선하여, 예를 들면 웨스트사이드의 고속도로 건설을 결정했지만 지역사회위원회는 환경보전으로부터 반대하고 동의를 받기까지 오랜 시간이 걸렸다. 이러한 데에서 당국자는 위원회에 대해 비판적이었지만 전체로서 보면 이 주민참가제도야말로 뉴욕 시가 단순한 다국적 기업이나 관광의 중심지로 되지 않고 뉴욕 시민이 생활하는 거리로서의 환경을 보유할 수 있는 장치로 되었다고 할 수 있다.

전체 시의 위원회 구성은 분명하지 않지만, 앞의 42번가의 어느 제4위원회는 교원, 의사, 배우 등 저급중간층(low middle class)의 위원으로 구성되어 있었다. 직업인으로 구성되어 있기 때문에 위원회는 통상 밤에 열린다고 한다.[64]

(2) 볼로냐 시의 지구주민평의회

볼로냐 시는 1964년에 주민참가제도로서 지구주민평의회를 만들었다. 1977년 헌법 개정에 의해 이 제도가 헌법상의 기관으로서 인정되고, 전국으로 확대되었다. 이 평의회는 당초는 뉴욕 시의 지역사회위원회와 똑같이 권고 또는 의견 진정의 기관이었지만, 현재는 결정기관으로 되어 있다. 지구주민평의회의 원조라고 할 수 있는 볼로냐 시는 1984년까지는 18개의 지구평의회(평균인구 1~4.5만 명)를 갖고 있었지만 1985년에는 이것을 통합해서 9개 지구로 재편성했다. 재편성한 이유는 도쿄 도의 특별구처럼 행정기구를 가지게 되었기 때문이며 행정효율을 고려해서 통합했던 것이다.

지구주민평의회의 위원은 당초 시 의회 내 정당의 세력분야에 따라 배분되고 있었다. 그러나 정당에 속하지 않은 주민의 소리도 반영시키는 것이 지구평의회의 역할이라는 주장도 있고 해서 1980년에는 직접선거로 바꿨다. 이것은 피렌체 시도 똑같다. 지구평의회의 심의권은 사회보장(고령자에 대한 서비스 포함), 문화, 체육, 교육기관에 미치고 있다. 이 사회보장은 확대하는 경향이 있고, 필자가 조사한 인구 7만 명의 나바레 지구에서는 의료서비스도 그 대상으로 되어 있었다. 또한 환경정책에 대해서도 최종결정권은 없지만 조사하고 의견을 시 의회에 제출하는 권한을 갖고 있다. 뉴타운인 나바레 지구에는 입지계획이 많지만, 민간기업의 사업소, 국가의 기술센터·전매공장, 시의 청소공장·하수처리장, 나아가 버스 차고 등의 입지에 대해서도 평가를 검토하고 의견을 진술하고, 그중에는 버스 차고의 입지에 반대해서 이것을 녹지공원으로 바꾸거나 전매공장 등에 대해서도 입지조건을 바꾸게 하고 있다. 전체적으로 평의회는 토지이용계획에 대해 발언권이 크다.

볼로냐 시는 다른 이탈리아의 도시와 똑같이 대기오염 등의 공해대책은 뒤처져 있지만 숲 보전에는 열심이며, 시역(市城: 시의 관할구역)에서는 사유지 내에서도 수목의 벌채는 시의 허가가 필요하다. 현재는 1인당 4.29m²의 녹지, 3.46m²의 스포츠 시설 등 합계 7.75m²를 갖고 있지만 이것을 20m²로 할 계획이다. 1959년에는 정원·녹지가 70ha였지만 630ha까지 증가하고 있다. 이후의 문제는 숲의 질로서, 볼로냐 시의 경관에 적합한 수목을 심기 위해 묘목 밭을 만들고 있다. 또한 환경보전을 위해 농지가 중요하기 때문에 농지의 보전에 노력하고 일부는 시민 농원으로서 관리하고 있다. 시역 내에서는 농약 사용을 일체 금지하고 있다. 이러한 녹지보존정책에 대해 지구평의회는 항상 모니터링을 하고 의견을 제출하고 있다.

볼로냐 시의 각 지구주민평의회 위원은 15~24명으로 구성된다. 나바레 지구에서는 교수 2명, 연금생활자 2명, 민간대기업 봉급생활자 2명, 대학생 2명, 기타 직인이나 공무원 등으로 구성되어 있다. 일반노동자는 한 사람도 없다. 학력은 대학 출신이 4명, 중졸 3명, 그 이외는 고졸이며 남성은 21명, 여성이 3명이다. 스테파노 지구에서는 평의원 18명으로 중도좌파(좌익민주당 등) 7명, 반대파 11명이었다. 위원은 임기가 5년이며 무급으로, 회의 때에는 1회 3만 리라의 교통비가 지급될 뿐이다. 평의회는 평균 주 1회, 저녁이나 밤에 개최된다. 이는 헌법상 인정되기 때문에 평의회에 출석할 경우 직장 일은 면제받게 되어 있지만, 기업은 공무결근을 제한하고 있기 때문에 주간에 열리기는 어렵다. 볼로냐 시의 경우 경제 면에서도 직인처럼 중간층이 중심으로 되어 있지만 정치 면에서도 신구중간층이 풀뿌리의 혁신을 담당한다. 이 신구중간층이 혁신정당을 지지해서 풀뿌리 정치에 참가함으로써 파시즘의 위기를 회피하고 민주주의를 창출하는 힘이 되고 있다. 최근에 보수당의 흐름 속에서 지구주민평의회의 공동화(空洞化)가 문제시되고 있지만, 이 평의회에 의한 주민참가야말로 이탈리아 민주주의의 기반인 것은 말할 필요도 없다.[65]

♟ 환경권 확립

각국 모두 주민참가제도는 추진하고 있지만 이 제도가 환경보전에 실행성을 갖기 위해서는 환경권이 인정되지 않으면 안 된다. 그렇지 않으면 주민은 의견을 진술할 뿐이며 권리를 주장할 수 없다. 주민이 환경의 질에 대해 자주적인 결정권을 가져야 한다. 그 경우 주민은 상시 환경의 질을 감시하고 개발계획을 검토하며 오염을 측정하도록 기술이나 여가를 갖지 못하기 때문에 그 권리의 일부를 행정체, 특히 자치단체에 신탁하고 있다. 따라서 자치단체나 국가는 주민의 환경경권이 기업 등에 의해 침해되는 것을 미연에 예방하고 침해가 생긴 경우에는 그 원인을 조사해서 대책을 세울 책무가 있다. 행정이 책무를 태만히 한 경우 주민은 환경권에 기초해서 행정단체를 사법의 장에 고발하고 배상 또는 중지시킬 수 있고, 또는 주민은 환경권에 의해서 직접적으로 기업 등의 오염원의 침해행위를 예방 또는 중지 또는 배상받을 수 있는 권리를 가져야 할 것이다. 그런 의미에서는 환경보전을 위한 자치권이나 주민참가의 기초가 되는 것은 환경권의 확립이다.

건강하고 쾌적한 환경을 향수할 권리가 기본적 인권이라는 생각은 사상으로서는 옛날부터이다. 일본 헌법 제25조나 제13조는 환경권을 인정하는 생각을 보여준다. 그러나 구체적으로 법제상의 규정으로 된 것은 국제적으로 볼 때 1960년대의 일이다. 즉 1969년의 미국의 NEPA, 일본의 도쿄 도 공해방지조례, 1970년의 동독의 「국토문화법」이 그 첫걸음이고 그 후 프랑스, 동유럽 국가들이나 한국 등에서 헌법이나 「자연보호법」에 환경권이 명문화되었다. 특히 일본에서는 제Ⅰ부에서 소개했던 1970년의 국제사회과학평의회의 다음 제창이 환경권 확립을 여론화했다고 할 수 있다.[66]

특히 중요한 것은 사람 된 자 누구라도 건강이나 복지를 침해하는 요인에 불행을 당하지 않을 환경을 향수할 권리와 장래세대에게 현재의 세대가 남겨줘야 할 유산인바, 자연미를 포함한 자연자원에 참여할 권리를 기본적 인권의 일종으로서 가진다는 법원칙을 법체계 속에 확립하도록 우리가 요청하는 것이다.

　오늘날 선진공업국에서는 기본적 인권으로서, 이러한 환경권은 거의 인정되고 있다고 할 수 있다. 더 나아가 이 환경권이 재산권과 똑같이 배타적인 사권으로서 인정된다고 하면 강한 힘이 될 것이다. 특히 환경파괴의 예방이나 중지에 큰 힘을 갖는다. 그러나 현상에서는 대부분 사권으로서 인격권이나 재산권과 동격의 것으로는 인정받고 있지 않다. 또한 공법상의 인권으로서 인정되었다고 해도 환경의 범위에 대해서는 정해져 있지 않다. 이미 서술한 것처럼 환경은 자연적·물리적 환경, 사회적·인공적 환경, 문화적·정신적 환경 등의 풍부한 내용으로 이루어져 있지만, 아와지 다케히사(淡路剛久)가 말하듯이 풍부한 내용을 가지면 법기술적으로 현실 적용성을 잃는다. 그러므로 환경권의 범위를 자연적·물리적 환경으로서 제1차적으로 규정해두자. 그러나 이 자연적·물리적 한경에 한정했다고 하더라도 그것이 침해되는 것이 예상되는 경우나 침해된 경우에 그 제어를 태만히 한 행정기관을 제소하는 것은 어렵다. 미국에서는 항고소송 또는 취소소송과 같은 시민소송이 인정되고 있고, 또한 프랑스나 이탈리아에서는 환경보전의 주민단체의 일부가 노동조합처럼 법적으로 인정되기 때문에 집단소송을 할 수 있다.[67] 그러나 일본에서는 환경권에 의한 행정소송은 원고로서 적격인가 아닌가가 대단히 엄격하게 심사받는다. 에히메(愛媛) 현 이요나가하마(伊予長浜) 환경권 소송에서는 해안보전을 위해 어항 건설에 반대했던 주민에 대해서 해안은 국유재산이고 주민에게는 권리가 없으며 해수욕이나 낚시 등의 기존 이익은 반사적 이익에 지나지 않는다고 하여 환경권(이 경우는 해안입장권)은 인정되지 않았다. 필자의 경험으로도, 지역사회의 숲이 파괴되고 맨션이 건설되어 부근의 주민의 환경은 악화되고 경우에 따라서는 지가가 내려가는 것이 분명해도 고층주택을 금지했던 제1종 전용주택지구가 아닌 한 도시계획법이나 택지개발지도요강 상으로는 주민이 건축금지·숲 보전의 행정소송을 제기하는 것이 어렵다. 즉 계획행정의 법제에서조차 소유권이 환경권보다도 절대적으로 우선시되고 있다. 시가 토지를 매입해서 소유하지 않는 한 현실에서는 환경권만으로 규제는 불가능하다. 더군다나 일본에서는 환경권을 이유로 민사소송에 의해 금지시키는 것은 어렵다. 공공사업과 같은 경우에는 공공성론이 들어와 부당한 비교형량이 이루어지고 주민에게 사망이나 중증환자가 발생하는 절대적 손실이 나오고 그 인과관계가 명백하지 않는 한 중지는 어렵다. 그러나 환경권을 제창하는 의의는 금지(정지)에 있다. 환경권이 침해된 뒤에 아무리 배상을 시켜도 파괴된 환경은 복원이 어렵거나 불가능하다. 숲의 소유자가 아니어도 주변 주민에게 숲이 사라지면 거주환경이 결정적으로 변질되는 것이기 때문에 그 경우에 소유권을 갖지 않은 주민이라도 환경의 침해를 배제할 수 있는 권한을 갖는 것이 중요한 것이다.

그러므로 다음과 같은 개혁이 필요하다. 우선 기본적 인권으로서의 환경권을 공법상 확정하고 그것에 수반해서 환경을 신탁 받은 공공단체가 환경보전이나 공해방지의 책무를 수행하도록 제도를 정비한다. 이를 위해 지방자치단체에게 권한을 맡기고 환경정보를 공개하며, 환경보전단체를 공인하고 환경을 중심으로 도시계획(넓게는 공간이용계획)에 주민참가를 허용해준다. 지방자치단체가 그 책무를 태만히 할 가능성이 있는 경우 또는 태만히 한 경우 환경권에 의한 주민소송을 제기할 권리를 인정한다. 이러한 공법상의 조치들이 우선 실행되어야 할 것이다. 다음으로 사법(私法)으로서의 환경권의 범위는 지금 바로 전체상을 분명히 하기는 어렵더라도 원칙적으로 환경권을 인정하고 사건에 따라 그 권리의 범위를 결정해가는 것이 필요할 것이다.

환경권이 제창된 이래 약 40년, 일본에서는 재판에 의해 환경권이 인정되었던 것은 긴데쓰(近鉄) 조명시설(light) 소송의 가처분 등으로 사례가 적다. 이 사건도 결국 다시 긴데쓰가 소송을 제기하여 조명시설이 설치되었다. 법제상은 인정되지 않은 한편에서 환경문제는 심각해지고, 최근에는 환경권의 일부로서의 해안입장권·물 접근권[親水權]·경관향수권 등이 제창되고 있다. 주민운동이 제기했던 물 접근권은 행정기관도 받아들이지 않을 수 없고, 최근에는 친수(親水) 도시 만들기 등을 정부가 제창하고 있다. 기업은 이러한 주민의 환경권에 대한 필요를 존중하고, 사법은 가능한 것부터 적극적으로 권리를 인정해가야 할 것이다. 또한 행정기관은 공법상의 권리로서 환경권을 인정하고, 그에 의해 환경보전의 의무를 추진해야 한다. 그렇지 않으면 도쿄 만(灣)이나 오사카 만 등은 제어장치 없이 파괴될 것이다.

♟ 자치능력육성과 환경교육

자치권과 환경권이 확립되고 주민참가가 제도화되었다 해도 이러한 권리나 제도에 의해 환경의 질을 유지·향상시킬 수 있느냐 여부는 인민의 문화수준(인간의 '질' 또는 인격이라고 해도 좋다)과 자치능력(지역의 정치나 경제를 관리할 능력)에 달려 있다. 높은 문화수준이나 자치능력이 생성되는 것은 교육에 크게 영향을 받는다. 대부분의 환경보호단체나 주민운동은 환경교육을 중시하고 있다. 우수한 조직은 구성원의 의식을 높이기 위해서 교육을 운동의 수단으로 삼는 동시에 교육에 의한 구성원의 자치능력의 향상을 운동의 최종목표로 생각하고 있다.

환경교육은 영국의 경우 게데스(P. Geddes)까지 소급할 수 있다고 말하지만, 각국 모두 오랜 역사가 있다. 학교교육에서도 생물교육, 지학교육이나 지리교육 등은 항상 환경을 대상으로 해왔다고 할 수 있다. 그러나 환경파괴를 방지하고 지역환경, 나아가 지구의 환경을 보전하는 것을 목표로 해서 학교나 사회 속에서 의식적인 교육이나 학습을 시작한 것은 각국 모두 1960년대의 일이다.

　일본에서는 1963~1964년 미시마, 누마즈, 시미즈 2시(市) 1정(町)의 운동의 충격이 환경교육을 탄생시켰다고 해도 과언이 아닐 것이다. 이미 서술한 것처럼 이 운동은 시청각교육과 주민에 의한 조사를 토대로 한 학습운동이었다. 주민운동을 조직해가는 수단으로서만이 아니라 사회교육, 나아가 학교교육에도 영향을 미쳤다. 일본에서의 사회교육은 제2차 세계대전 전, 특히 나가노 현 등의 농촌부에서 생활학습으로서 전개되고 있었지만, 제2차 세계대전 후에는 공민관을 중심으로 하는 지역학습으로서 각지에서 지역 민주화에 큰 역할을 수행하고 있었다. 이 지역학습의 전통과 미시마·누마즈 주민운동에서 시작된 주민교육이 결합해서 환경교육이 진전되었다고 할 수 있다.

　전후 교원의 조합은 교육연구활동을 수행하고 지역에서의 부모와 교사의 제휴라는 독자적인 사회교육을 전개하고 있었지만, 이 분야에서도 환경교육이 영향을 미쳤다. 교사집단이 '공해와 교육' 연구회를 만들고 미시마·누마즈의 환경학습에서 배워 현장을 조사하고 걷는 것을 전제로 한 독자적인 환경교육운동을 시작했던 것이다.

　재야의 움직임에 비교하면 학교교육에서의 환경교육은 지체되었다. 1960년대 말부터 1970년대에 걸쳐 일부 자치단체에서 계통적인 환경교육이 시도되었다. 예를 들면 1970년의 광화학 스모그의 충격을 받은 뒤에 도쿄 도는 그 원인인 자동차 공해를 없애는 속성법은 없고 결국은 공해교육에 해결책이 있다고 보고, 교육위원회는 시청각교육에 의한 체계적인 부교재를 만들었다. 이러한 다른 나라의 유례가 없는 체계적 '공해교육'은 공해문제의 심각성의 반영이지만, 중요한 효과를 가져왔다. 현재 초등·중등교육에서는 공해방지나 환경보전이 교과과정에 들어가 있고, 종합학습에서는 가장 오랜 시간이 할애되고 있다. 공민 교과서나 사회 교과서에서도 4대 공해재판이나 환경정책에 대해 상당한 분량을 할애하여 서술하고 있다. 그럼에도 이런 교육은 성공하고 있지 못하다. 그것은 수험공부를 실태로 하는 중등교육에서는 학생이 환경문제를 지식으로서 배우는 데 그치기 때문이다. 책상에서가 아니라 공해의 현장을 보는 체험학습, 자연관찰 또는 식물재배와 같은 스스로 땀을 흘리는 현장학습(Field work)을 하지 않으면 환경이 갖는 의미는 알 수 없다.

그것에 덧붙여 환경문제는 학제적 분야이고, 이과나 사회과의 교사가 협동해서 가르쳐야 하는 것이며, 그러한 체제를 갖고 있는 학교는 적다. 환경문제는 각각의 과목에서 나눠져 있고, 지식으로서 가르치고 있다. 폴란드의 환경교육의 여름학교처럼 학생이 합숙해서 학제적인 강의를 듣고 현지조사를 하는 것과 같은 제도가 필요할 것이다.

대학에서의 환경교육은 1970년대에 보급되지만, 대부분은 교양과정에서의 학제적인 강의로서 이루어진다. 그러나 그 교과과정(curriculum)에 정형화된 틀이 있지는 않으며 대학에 따라 제각각이다. 일본의 대학은 학부강좌제로 되어 있기 때문에 학제적인 연구·교육은 대단히 어렵다. 또한 문과계에는 「환경법」이나 환경경제학 강의가 있으며 이과계에서는 더 체계적으로 환경학부나 환경공학과 등이 설치되어 있다. 일본에서 최초의 공해연구의 학제적 집단 공해연구회가 생길 당시 환경에 관심을 가진 경제학자는 세 사람이었지만, 2007년에 환경경제·정책학회는 1400명을 넘고 있다.

학교교육에 비하면 사회교육은 다양한 형태로 진행되고 있다. 특히 중요한 것은 최근 세계의 환경교육이 세 가지 면에서 큰 변화를 보여준다는 점일 것이다. 첫째는 단지 공해나 자연환경보전에 대한 조사나 학습을 하는 것이 아니라 지역이나 도시 전체의 개발과 관련시키고 있는 것이다. 전술한 내발적 발전이나 유지 가능한 도시(sustainable city)의 사례들은 그것을 보여준다. 유럽에서의 환경교육은 도시·지역계획에 대한 지적 참가이다.

둘째는 단지 자연이나 거리모습을 관찰하고 학습하는 것이 아니라 스스로 창조하고 있는 점이다. 예를 들면 전술했듯이 이탈리아 노스트라는 밀라노 시에서 당초 35ha의 토지를 빌렸지만 지금은 500ha의 '밀라노의 숲'을 만들 었다. 자주적인 시민집단, 각종학교, 지역의 도서관을 중심으로 한 집단 (group)이 참가해서 나무를 심었다. 이 숲에는 환경학교가 설치되어 있다. 초 등학교의 교사는 전문가에게 단기 집중적으로 나무심기와 숲에 대해서 지도 를 받고, 학교교육의 일부로서 이 숲에 아동을 데리고 가서 식물의 이야기를 나눈다. 처음에는 식물학의 기초지식을 배우고, 숲속에서 수목이나 풀과 꽃 을 접촉하고 그 이름과 특징을 오감으로 기억해간다. 그리고 환경의 인식을 음악이나 춤으로 표현하는 방법도 사용하고 있다. 현재는 나무심기가 진행 되고 모습이 다른 지역의 특징이 생기고 자생하는 풀과 꽃도 생기고, 완전히 숲의 모습으로 변했다. 초등학교에 들어가기 전의 3세나 4세 어린이에게는 초등학생 이상처럼 자연의 과학적 관찰을 하는 것은 어렵기 때문에 환상적 (fantasy) 교육을 하고 있다. 아동극단 등 배우의 힘을 빌려 어린이에게 촌극 이나 유희를 통해 자연환경의 아름다움을 교육하는 것이다. 오늘날에는 이 숲과 그 주변에서 기른 묘목이 주변의 공원에 배분되고 있다. 일본에서도 전 술한 유채꽃프로젝트의 농촌재생이나 공해지역의 재생이라는 운동은 환경 교육의 새로운 방향이다.

셋째는 환경교육의 국제교류이다. 1980년대에 들어와 환경연구에 대해 학술단체의 교류나 시민단체의 교류가 활발해지고 있다. 일본환경회의는 1991년에 아시아 환경회의를 발족시키고, 이미 국제대회를 7회 시행했으며 2년마다 『아시아 환경백서』(일어 영문)를 간행하고 있다.

환경문제의 국제화에 대한 교토 의정서를 비롯한 지구환경정책은, 국가주 의(nationalism)가 원인이 되어 잘 진전되지 않는 상황에서 민중 차원의 국제 적인 환경교육과 환경운동의 전진에 미래사회에 대한 기대가 달려 있다고 할 수 있다.

◆ 주

1) K. E. Boulding, "The Economics of Knowledge and the Knowledge of Economics", *American Economic Review*, Papers and Proceedings 56, 1966.

2) 中野桂・吉川英治,「Genuine Progress Indicatorsとその可能性」,≪彦根論叢≫ 第357号, 2007年 1月; 滋賀県,「GPIによる滋賀県の計測可能性等に関する調査研究」, 2005年.

3) 宮本憲一 訳,『大都市とコンビナート大阪』(講座『地域開発と自治体』第1巻), 筑摩書房, 1977年; K. Miyamoto, "Balance Sheet of Development through the Industrial Complex", *Alternative*, Vol. VII, No. 4, 1981; Miyamoto, "Indsutriepolitik: Zentralismus und Gigantomanie zu Lasten von Umwelt und Gesundheit", In S. Tsuru u. H. Weidner hersg., *Ein Modell Fuer uns : Die Erfolge der Japanishen Umweltpolitik*, Koeln: Verlag Kipenheuer & Witsh, 1985.

4) R. Nurkse, *Problems of Capital Formation in Underdeveloped Countries*, Oxford: B. Blackwell, 1953(土屋六郎 訳,『後進諸国の資本形成』補訂版, 嚴松堂出版, 1960年).

5) 宮本憲一,『現代の都市と農村——地域経済の再生を追求めて』, 日本放送出版協会, 1982年. 이 내발적 발전은 쓰루미 가즈코(鶴見和子)를 중심으로 해서 국제연합대학의 원조를 받아 시작된 공동연구 속에서 공부한 개념을 일본의 지역개발에 적용하여 독자적으로 만든 것이다. 필자의 개념과 다르지만 내발적 발전론의 원천에 대해서는 鶴見和子・川田侃 訳,『内発発展論』(東京大学出版会, 1989年)을 참조하라. 또한 그 이후 일본 농촌의 내발적 발전론에 대해서는 保母武彦,『内発発展論と日本の農・山村』(岩波書店, 1996年)을 참조하라.

6) 현재는 과거만큼의 힘은 없어졌지만, 오늘날도 아직 그 이념에서 배우는 사람들이 있다. 指田志惠子,『過疎を逆手選択する——中国産地からのまちづくりニュー・ウェーブ』, あけび書房, 1985年.

7) (옮긴이 주) 지장(地場) 산업이란 그 지역에 뿌리를 내려 지역의 특성을 강하게 반영하고 있는 중소기업군을 말한다.

8) (옮긴이 주) 탕치장(湯治場)이란 병을 고치려고 온천 목욕하는 곳을 말한다.

9) (옮긴이 주) 에이 로쿠스케(永六輔)는 일본의 유명한 방송작가로,『大往生』(岩波書店, 1994)라는 베스트셀러로 잘 알려져 있다. 노인문제를 잘 표현하여 많은 사람들에게 회자되고 있다.

10) (옮긴이 주) 나카무라 하치다이(中村八大)는 일본의 대중가요 작곡가이다.

11) (옮긴이 주) 일본의 오봉(お盆)이라는 시기는 한국에서는 음력 7월 보름의 백중맞이에 해당한다.

12) (옮긴이 주) 나고야 코친이란 메이지 초기에 토종닭과 중국에서 수입한 '버프 코친'을 교배해 만든 닭의 품종이며, 알을 잘 낳고 고기도 맛있어서 일본에서는 닭고기의 브랜

드처럼 인식된다.

13) (옮긴이 주) 호코리쿠(北陸) 지방은 혼슈(本州) 중앙부에 위치하는 중부지방 중 동해 연안 쪽에 있는 지역을 가리키며, 통상 니카타(新潟)·도야마(富山)·이시카와(石川)· 후쿠이(福井) 현 등 4현을 포함한다.

14) (옮긴이 주) 조카마치(城下町)란 성시(城市)를 뜻한다. 봉건영주의 거대한 성을 중심 으로 해서 그 주변에 상가들이 발달한 도시로서, 특히 일본의 주요 도시 대부분은 근 세의 조카마치에서 출발하였다.

15) 호보 다케히코(保母武彦)가 농·산촌의 내발적 발전론을 전개했던 것에 반해서 나카 무라 고지로(中村剛治郞)는 가나자와를 예로 들어 도시의 내발적 발전론을 전개하고 있다. 中村剛治郞, 「地方都市の内発的発展をもとぬて」, 柴田德衛 編, 『21世紀への大 都市像―現状と課題』, 東京大学出版会, 1986年. 나카무라는 나아가 지역경제학의 체 계 속에 내발적 발전이나 진보적 도시혁신을 수행하고 있는 내외의 도시 실태를 분석 하여 도시(지역)론의 새로운 시야를 제시하고 있다. 中村剛治郞, 『地域政治経済学』, 有 斐閣, 2004年.

16) (옮긴이 주) 일본에서 어려운 말 빨리 외우기에 쓰이는 문구 중에 '거북이 4대(代)가 서 로 올라타고 맨 밑의 어미거북이 구르니 거북이 4대가 모두 굴렀다'는 이야기를 차용 해서 표현한 것이다.

17) 「小樽運河問題」を考える会 訳, 『小樽運河保存の運動』, 全2卷, 「小樽運河保存の運動」 刊行会, 1986年.

18) (옮긴이 주) 가스미가우라(霞ヶ浦)는 일본에서 두 번째로 큰 호수로, 각종 개발로 오염 되어 생물이 살 수 없는 죽음의 호수였다가 17만여 명의 주민이 노랑어리연꽃을 심는 환경운동을 전개하여 호수를 되살린 것으로 유명하다.

19) (옮긴이 주) 일본에서는 식생활의 서양화 등으로 쌀의 수요가 감소하면서 쌀의 과잉생 산을 막기 위해, 1971년부터 경작면적을 줄여 생산량을 조정하는 감반 정책을 실시해 왔으며, 2004년에 시행된 개정 「식량법」에 의해 2008년도까지 국가주도 감반 정책에 서 생산자에 의한 자주적 생산조정으로 바뀌고 있다.

20) 保母武彦, 『公共事業をどう変えるか』, 岩波書店, 2001年, 第3章.

21) 陣内秀信, 『都市のルネサンス―― イタリア建築の現在』, 中公新書, 1978年, p.171.

22) 篠塚昭次 他 訳, 『都市の風景―― 日本とヨーロッパの緑農比較』, 三省堂, 1987年.

23) 교외지구의 서민주택건설은 1인당 780만 리라가 드는 반면, 역사적 거리 수복의 경우 는 630만 리라가 든다. 교외지구에서는 이 이외에 교통시설·상하수도나 학교, 기타 사회적 공동소비의 비용이 든다.

24) P. L. Cervellati, *Intervento di Bologna: La Nuova Cultura della Citta*, Milano: Anolodo Mondadori, 1977(加藤晃規 監編訳, 『ボローニャの試み―― 新しい都市の文 化』, 香匠庵, 1986年, p.37).

25) D. ネッツァー,「欧米諸国での20世紀後半の都市像」, 宮本憲一・山村勝郎 他, 『環日本海地域の都市問題と都市政策』, 大和書房, 1985年.

26) J. Jacobs, *Cities and the Wealth of Nations : Principles of Economic Life*, N.Y.; Random House, 1984(中村達也, 谷口文子 訳, 『都市の経済学 —— 発展と衰退のダイナミクス』, TBSブリタニカ, 1986年, pp. 46~47.

27) 1980년대의 조사의 전후부터 볼로냐 시에 대한 일본 연구자의 관심은 이상할 정도로 높았다. 사사키 마사유키(佐佐木雅幸)는 이것을 창조도시의 전형이라고 했다. 佐佐木雅幸, 『創造都市の経済学』, 勁草書房, 1997年. 필자는 1998년에 볼로냐 시를 재조사했으며, 세계화의 영향을 받아서 내발적 발전에 그늘이 보이는 것을 느꼈다. 볼로냐 방식의 창립자 체르벨라티 교수는 시의 정책에 사회정책의 색채가 부족하기 때문에 볼로냐 시는 위기라고 적고 있다. 宮本憲一, 『都市政策の思想と現実』, 有斐閣, 1999年, pp. 370~371. 볼로냐 시가 전기를 맞고 있는 것은 분명하며, 여기에서는 신자유주의·신보수주의에 의한 세계화하에서 지역산업의 내발적 발전과 도시민주주의를 유지한다는 이탈리아 사회의 향후 바람직한 방향이 모색되고 있다. 梅原浩次郎, 『イタリア社会と自治体の挑戦 —— ボローニャ市の再生に向けて』(かもがわ出版, 2006年) 참조.

28) (옮긴이 주) 일본 불교의 한 종파인 정토진종(淨土眞宗)을 일컫는 말이다.

29) 原子榮一浪, 『サスチイナブル・デベロップメントについて』, 藤岡貞彦 編, 『〈環境と開発〉の教育学』, 同時代社, 1998年.

30) D. W. Pearse, A. Markandya and E. B. Barbier, *Blueprint for Green Economy*, London: Earthscan, 1994(和田憲昌 訳, 『新しい環境経済学—持続可能な発展の理論』, ダイヤモンド社, 1994年).

31) F. Schmidt-Bleek, *Wieviel Umwelt braucht der Mensch?*: Das Mass fuer Oekologiches Wirtschaften, Berlin: Birkhaeuser Verlag, 1994(佐佐木建 訳, 『ファクター 10 - エコ効率革命を実現する』, シュプリソガー・フェアラグ東京: 1997年).

32) H. E. Daly, *Beyond Growth: The Economics of Sustainable Development*, Boston; Beacon Press, 1996.(新田功・蔵本忍・大森正之 訳, 『持続可能な発展への経済学』, みすず書房, 2005年, p. 203). 데일리 학설의 소개와 평가는 桂木健次, 『環境経済学の研究 — 環境勘定研究の学的道程』(松香堂書店, 1996年) 참조.

33) 같은 책(번역서), p. 77.

34) 같은 책(번역서), p. 232.

35) 같은 책(번역서), p. 235.

36) 같은 책(번역서), p. 135.

37) 같은 책(번역서), p. 231~232.

38) 같은 책(번역서), p. 127~135.

39) 이하 밀의 인용은 쪽수를 예시하지 않지만, 다음의 저서에 따르고 있다. J. S. Mill,

Principles of Political Economy, With Some of Their Applications to Social Philosophy (London: George Routledge and Sons Limited., 1891), Book IV, Ch. VI, pp. 494-498(末永茂喜 訳, 『経済学原理』, 第4分冊, 岩波文庫, 1961年, pp. 101~111). 인용에 있어서 스에나가 시게키(末永茂喜)의 번역에서 '정지상태'라고 표현되어 있는 곳을 '정상상태'로 했지만 최후의 인용부분은 분명히 '정지상태'라는 번역어가 적합한 것 같다는 생각이 든다.

40) S. Tsuru, *The Political Economy of the Environment*(Athlone Press, 1999), p. 235.

41) E. F. Schumacher, *Small is Beautiful: A Study of Economics as If People Matered*, Blond & Briggs Ltd., 1973, ch. 10, "Technology with a Human Face", pp. 122~133 (小島慶三・酒井懋 訳, 『スモール・イズ・ビューテイフル —— 人間中心の経済学』, 講談社 学術文庫, 1986年)을 쓰루는 소개하고 있다.

42) 都留重人, 「「成長」ではなく, 「労働の人間化」を!」, 《世界》, 1994年 4月号.

43) E. U. von Weizsaecker, *Erdpolitik: Oekologische Realpolitik an der Schwelle zum Jahrhundert der Umwelt*, Darmstadt: Wissenschaftliche Buchgesellschaft, 1990(宮本憲一・楠田貢典・佐佐木建 監訳, 『地球環境政策 —— 地球サミットから環境の21世紀へ』, 有斐閣, 1994年, 第17章).

44) 見田宗介, 『現代社会の理論 —— 情報化・消費化社会の現在と未来』, 岩波新書, 1996年.

45) E. U. von Weizsaecker, O. R. Young and M. Finger(eds.), *Limits to Privatization: How to Avoid too Much of Good Thing*, London: Earthscan, 2005, p. 3.

46) K. Marx, *Grundrisse der Kritik der Politischen Oekonomie*, Dietz Verlag, 1953(高木幸二郎 監訳, 『経済学批判要綱』, 大月書店, 1961年, 第3分冊, pp. 653~654).

47) 宮本憲一, 『現代資本主義と国家』, 岩波書店, 1981年, pp. 366~367, 또한 宮本憲一, 『公共政策の方向』(有斐閣, 1998年) 참조.

48) サステイナブル・ソサイエティ全国研究交流集会実行委員会, 『第1回サステイナブル・ソサイエティ全国研究交流集会記念論文集』, 1994年, 영문번역으로는 *Proceedings on International Conference on a Sustainable Society*.

49) The International Forum on Globalization, *Alternatives to Economic Globalization: A Better World is Possible*, San Francisco: Berrett-Koehler Publisher, 2004(翻訳グループ 「虹」 訳, 『ポストグローバル社会の可能性』, 緑風出版, 2006年, pp. 130~165). 경제의 세계화(globalization)는 저지할 수 있는 것이 아니라 진행한다. 이 다국적 기업에 의한 세계화와 WTO에서 나타나는 자유투자・무역주의에 대한 비판적 연구서는 많이 나와 있다. 예를 들면 런던의 같은 출판사로부터 2001년에 연이어서 출판된 다음의 저서가 대표적일 것이다. J. Petras and H. Veltmeyer, *Globalization Unmasked: Imperialism in the 21st Century*, London: Zed Books, 2001; V. Bennholdt- Thomson, N. G. Faraclas and C. von Werlhof eds., *There is an*

Alternative: Subsistence and Worldwide Resistance to Corporate Globalization; F. Houtart and F. Polet, *The Other Davos: The Globalization of Resistance to the World Economic System*, Colin C. Williams, *A Commodified World? Mapping the Limits of Capitalism*, 2005. 다국적 기업이 국제성을 갖고 다보스에서처럼 연대하고 있는 데 반해서 그것에 대항할 수 있는 국제적 노동운동이 약체이다. 시민의 NGO가 국제회의에서 활약하는 데 그치고 있다. 결국 환경정책 등은 각국 정부의 행동에 기대할 수밖에 없는 것이 현실일 것이다.

50) M. K. Gandhi, Hind Swaraj, 1910(田中敏雄 訳, 『真の独立への道』, 岩波文庫, 2001年). 한편 여기에서는 전술한 '지속 가능한 사회 전국연구교류집회(サステイナブル・ソサイエティ全国研究交流集会)'에 출석해서, 간디 사상을 소개했던 현대의 간디라고 불리는 바후구나(Sunder Lal Bahuguna)의 생각이 혼합되어 있다.

51) K. Mueller, "Towards an International Environment Organization", A. Rechkemmer ed., *UNEO-Towards and International Environment Organization: Approaches to a Sustainable Reform of Global Environmental Governance*, Baden-Baden: Nomos Verlagsgesellschaft, 2005. pp. 43~44.

52) E. U. von Weizsaecker, "UNEO may Serve to Balance Public and Private Goods", *op. cit.*, pp. 39~42.

53) Commission of the European Communities, *European Sustainable Cities*, Luxemburg; EU, 1996, アルマソド・モンタナーリ/佐無田光 訳, 「サステイナブル・シチイの経験と挑戦 —— 欧州連合におけるその役割」, 《環境と公害》 第33巻 第3号, 2004年 1月. 이 논문은 제22회 일본환경회의 시가(滋賀) 대회에서 보고된 것이다. 몬타내리(A. Montanari) 교수는 유럽의 환경NGO연합체 EEB(European Environment Bureau)의 위원장을 맡아, EU의 SC의 제언에 참가하고 있다. 이 논문에서는 1991년의 SC에 관한 유럽위원회의 원칙은 7원칙이라고 한다. 취지는 여기에서 기술한 다섯 가지 핵심과 같다.

54) 喜多川進, 「軍用地のエコロジカルなコミュニテイへの転換 —— フライブルク市ヴォバーソ地区における試み」, 《環境と公害》 第29巻 第2号, 1999年 10月.

55) 福川裕一・矢作弘・岡部明子, 『持続可能な都市 —— 欧米の試みから何を学ぶか』, 岩波書店, 2005年.

56) (옮긴이 주) 에도(江戸) 시대에 조성된 겐로쿠엔(兼六園)은 일본 3대 정원의 하나로, 10만 m²에 이르는 넓은 정원이다. 중국 송나라 이격비의 책 『낙양명원기(洛陽名園記)』에 나오는 '광대(宏大), 유수(幽邃), 인력(人力), 창고(蒼古), 수천(水泉), 조망(眺望)'의 육승(六勝)을 고루 갖췄다고 해서 붙여진 이름이라고 한다.

57) (옮긴이 주) 가호쿠가타(河北潟)는 이시카와 현에 있는 모래언덕으로 만들어진 호수로 간척이 이루어졌다.

58) 藤井絢子・菜の花プロジェクトネットワーク 編著,『菜の花エコ革命』, 創森社, 2004年.

59) H. Weidner, *Clean Air Policy in Europe: A Survey of 17 Countries,* Berlin: Wissenschaftzentrum Berlin fuer Sozialforschung, 1987, p.36.

60) 宇都宮深志,『環境創造の行政学研究』, 東海大学出版会, 1984年; 木原啓吉,『ナショナル・トラスト』, 三省堂, 1984年.

61) 옮긴이 주 압피아 가도(Via Appia Antica)는 로마에서 카푸아를 거쳐 부룬디시움까지 약 570km에 이르는 길이다. B.C. 312년에 감찰관인 아피우스 클라우디우스 카에쿠스가 건설했기 때문에 그의 이름을 따서 명명되었다. 도로의 폭은 4m밖에 되지 않았지만 로마 시대에는 현무암으로 포장된 중요한 군사·산업 도로였다.

62) 篠塚昭次 他 訳,『都市の風景── 日本とヨーロッパの緑農比較』, 三省堂, 1987年 참조.

63) 宮本憲一 編,『沼津住民運動の歩み』, 日本放送出版協会, 1979年.

64) 최근의 지역사회위원회에 대해서는 宮本憲一,『都市政策の思想と現実』, 有斐閣, 1999年, pp.342~345.

65) 미국의 정치학자 퍼트넘(R. D. Putnam)은 이탈리아의 북부와 중부를 비교하여, 북부에서의 지역의 연대가 생성되고 그것이 경제발전과 민주주의의 기반이 되고 있음을 보고 'Social Capital'이라는 개념을 만들었다. 이 Social Capital이야말로 경제·문화를 발전시킨다는 것이다. 지구주민평의회는 이 Social Capital의 중핵이다. 이 지역연대의 중요성과 이탈리아북부의 상황인식에 대해서 동의하지만, 경제학자로서는 자본주의경제의 가장 중요한 개념인 자본(Capital)이 사회문화의 개념으로 되는 것에는 이의가 있다. 다르게 명명하고 싶다. Social Capital은 경제학에서는 이미 사회자본으로서 정착된 개념이다. 이 때문에 일본어 번역은 사회자본과는 구별해서 사회관계자본으로 번역하고 있다. 그렇다고 해도 자본 개념의 무원칙한 확장은 분석을 그르칠 수 있다. R. D. Putnam, *Making Democracy Work: Civic Traditions in Modern Italy,* Princeton: Princeton Univ. Press, 1993(河田潤一 訳,『哲学する民主主義── 伝統と改革の市民的構造』NTT出版, 2001年). N. Lin, K. Cook, R. S. Burd eds., *Social Capital Theory and Research*, New York; Aldine de Gruyter, 2001.

66) S. Tsuru ed., *Environmental Disruption: Proceedings of International Symposium, March, 1970, Tokyo*, Tokyo: Asahi Evening News, 1970, pp.319~320.

67) 淡路剛久,『環境法の法理と裁判』(有斐閣, 1980年); 大阪弁護士会・環境権研究会 編,『環境権』(日本評論社, 1973年) 참조.

♟ 『그릇의 경제학』 원론의 최종편

이 책은 「소리 없이 다가오는 공해(しのびよる公害)」(《세계(世界)》, 1962년 12월호)와 『가공할 공해(恐るべき公害)』(庄司光 共著, 岩波新書, 1964년) 이래 환경문제연구이론의 종합이며, 동시에 공동사회적 조건의 정치경제학에 대한 최종편이다. 나는 이제까지 경제학이 외부성으로서 이론의 틀 밖에 두어왔던 사회자본, 도시, 국가, 환경을 정치경제학의 틀 안에 설정하는 것을 평생 작업으로 해왔다. 근대경제학이나 마르크스 경제학이나를 불문하고 경제학의 체계가 상품경제 시장경제 또는 자본의 운동의 해명에 국한해왔던 것이 현대 사회에서 경제학이 생명력을 잃어버린 원인의 하나라고 할 수 있다. 사회자본, 도시, 국가, 환경(지구)는 인간이 공동으로 사회를 형성·유지·관리해가는 기초조건이다. 예를 들어보면 상품경제 또는 자본주의 경제가 운동하는 그릇[容器]인 것이며, 이러한 것들의 내용은 그릇에 의해 결정되고, 또는 내용이 그릇을 변화시키려고 하는 것이다. 그릇이라고 했지만 그것은 '하드(hard)'만이 아니라 '소프트(soft)'를 포함하고 있다. 예를 들면 도시론은 도시

시설만이 아니라 자치단체 등의 시민의 사회조직을 대상으로 한다. 이러한 그릇은 모두가 역사적인 산물이다. 따라서 시장 원리 또는 자본주의 법칙만으로 해명할 수 없다. 역사를 관통하는 것으로 독자적인 소재로서의 성격을 지니고 있다. 도시라는 그릇의 성격에 반해서 경제활동이 수행되면 공해 등의 도시문제가 발생한다. 그중에서도 환경문제는 지구라는 인류 공동사회의 한계를 돌파하려고 하는 경제활동의 모순을 나타내고 있다. 이러한 분야들은 모두 대상영역의 중요성에 반해서 연구가 지체되어 있다. 그것은 소재 면의 연구나 학제적인 공동연구가 필요한 분야라는 것도 그 원인일 것이다. 나는 이제까지 『사회자본론(社会資本論)』(有斐閣, 1967년), 『도시경제론(都市経済論)』(筑摩書房, 1980년), 『현대 자본주의와 국가(現代資本主義と国家)』(岩波書店, 1981년) 등의 저작에서 공동사회적 조건의 정치경제학의 체계화를 추진해왔으며, 이 책의 구판(1989년)은 그 원론의 최종편이었다.

나는 일을 음악에 비유해서 논문집을 소나타라고 하고, 체계를 세워서 쓴 것을 교향곡에 비유하지만, 구판은 제5교향곡이었다. 따라서 이 완성품을 수정할 예정은 없었다. 구판은 일본에서는 환경경제학이라는 주제의 최초 출판물로서 연구서로서만이 아니라 대학의 교과서나 시민의 학습회의 교재로서 사용되고, 한국·대만·중국에서도 번역되었다. 이처럼 예상 이상으로 사용되면 어찌하든 내용의 사례 등이 낡게 되고, 개정의 요망도 나왔다. 약 20년 사이에 환경문제만큼 극적인 전개를 보이고, 또한 일반의 관심도 높아진 사회문제는 없을 것이다. 요 사이에 나는 이것을 보충하는 환경문제의 논문이나 저서도 출판했지만, 체계적은 아니다. 그러므로 과감하게 개정하기로 했다. 일단 개정하기로 하면 구판의 체계를 바꾸지 않고서 고쳐 쓰는 것은 쉽지 않았다. 제I부, 제IV부를 비롯해 거의 전체에 걸쳐서 새로 쓰는 것에 가까운 작업을 하지 않을 수 없었다.

♟ 개정의 내용 등

　최근 20년 사이에 소련, 동유럽의 사회주의 체제가 붕괴하고 냉전이 종결되었다. 구판에서는 사회주의의 공해문제를 소개하고, 이 체제가 현대 자본주의를 넘어선 미래의 체제가 아니라는 것을 적었지만, 이 정도로 취약한 형태로 전면 붕괴한 것은 예상을 넘는 사건이었다. 냉전이 종결된 결과 인류의 공통과제로서 지구환경 문제가 국제정치의 중심과제로 되었다. 1992년 유엔 환경개발회의(리우 회의)는 문자 그대로 역사에 남는 성과로서 '유지 가능한 발전'을 인류의 공통과제로서 승인했다. 그러나 이 성과가 실현을 향해 가는 것은 쉬운 일은 아니었다. 1970년대 말부터 시작된 다국적 기업에 의한 경제의 세계화는 환경문제와 함께 국내 국제적인 빈곤문제를 심각하게 만들었다. 특히 미국 정부는 환경문제의 근원의 하나인 대량생산·소비의 국내경제를 수정할 의사는 없고 국외에 대해서는 제국주의적이라고 해도 좋은 군사력에 의한 패권을 추진해왔다. 이것에 반발하는 발전도상국의 일부의 과격파가 테러를 자행하고, 그것에 대해서 미군을 중심으로 다국적군을 개입시킴으로써 진흙탕 같은 전쟁이 계속되고 있다. 한편 21세기의 경제성장의 주역은 아시아나 중남미로, 특히 중국·인도·브라질 등으로 옮겨가고, 이러한 국가들이 구미나 일본과 똑같은 근대화의 길을 걷고 있기 때문에 공해·환경문제는 해결되기는커녕 더욱 심각해지고 있다. 이러한 변화를 개정판에서는 정면으로 마주하고 고찰하지 않으면 안 되었다.

　이론적으로는 구판에서 수행했던 소재로부터 '중간시스템 그리고 체제로'라는 방법론은 바뀌지 않았다. 이미 구판에서 가장 이론의 비판으로 중시했던 신자유주의 비판으로서의 '시장의 결함'과 함께 '정부의 결함'을 환경문제의 핵심개념으로 삼은 것도 바뀌지 않았다. 그 사이에 환경경제학을 비롯한 환경문제의 출판물이 책방의 서가를 채울 만큼 나오고 있지만, 기본적인 이론의 틀은 변함이 없다고 생각한다. 제I부는 이러한 이론의 바탕에 서서 새로운 사례를 분석하기 위해 대폭적인 증보를 했다. 그리고 독자의 요망이 있었던 중간시스템의 구체적인 설명을 했다.

제II부의 환경, 제III부의 환경문제의 기본개념에 대해서는 변경은 없지만, 그 후의 석면(Asvesto) 재해와 같은 복합형 축적성(stock) 공해, 경관 등의 어메니티 문제, 국제적 환경문제 특히 지구환경 문제에 대해서는 장을 만들어서 그 이론적인 성격을 분석했다.

최근 환경문제의 연구성과에서 특히 추가해야 하는 분야는 환경정책이다. 이제까지의 환경정책의 경제학적 원칙이었던 PPP(오염자 부담 원칙)은 답습하지만, 축적성 공해처럼 오염자가 소멸되거나 원인이 다양한 경우에는 간단하게 오염자를 확정해서 이 원칙을 적용할 수 없다. 어메니티나 지구환경 문제에서는 정부나 자치단체의 책임이 커지고 있고, '공공성' 이론이 중요해진다. 즉 개별기업의 책임에서 체제적인 책임으로 확대되고 있는 것이다.

한편 신자유주의와 신보수주의의 조류 속에서는 환경정책의 주체와 수단에 큰 변화가 나타나고 있다. 정부나 자치단체의 행정보다는 기업·민간조직의 자기책임, 직접규제보다는 경제적 수단으로의 이행이 진행되고 있다. 특히 배출권거래처럼 bads에 소유권을 설정한다는 시장 원리의 극치와 같은 수단이 도입되고 있다. bads를 상품 또는 자본화한다는 것은 시장경제의 결정적인 수단일지도 모르지만, bads의 항상화를 초래하여 이 공동사회의 목숨을 앗아갈지도 모른다. 그러한 것들을 평가하기 위해서 제IV부는 크게 개정하고 증보했다. 또한 여기에서는 구미보다 20년 늦게 시작되고 있는 어메니티 정책을 다면적으로 검토하였다.

♟ 발밑부터 '유지 가능한 사회'의 정치경제학을

리우 회의에 의해서 '유지 가능한 발전'이 제창되었지만, 그러면 어떤 사회를 만들면 좋은가가 다음 과제로 제기되고 있다. 나는 '유지 가능한 사회'는 환경보전만으로 구성되는 것이 아니라 본문에서 서술했듯이 가장 넓게 평화, 절대적 빈곤의 극복, 국제적 국내적 민주주의, 사상표현의 자유, 다양한 문화의 공생과 같은 과제를 종합해야 한다고 생각해왔다. 그러면 이러한 '유지 가능한 사회'는 자본주의 체제에서 확립될 수 있는 것인가. 현재는 중국, 인도처럼 발전도상국이 근대화되는 덕택에 선진국은 과잉생산이라는 문제점이 있음에도 지금 단계에서는 자본주의의 시장문제가 해결되고 있다. 그러나 발전도상국의 생산력이 무계획적이고 급격하게 증대되어, 과잉자본의 투기에 의한 금융공황이 발생하면 세계대공황이 발생하지 않는다고 말할 수 없다. 과거 중국도 인도도 사회주의를 표방해왔다. 사회주의 국가들이 시장의 세계화를 뒷받침하고 있는 것은 실로 역설적인 변증법이지만, 이대로는 지구환경 문제는 파멸의 시간을 맞는다. 이러한 국가들이 자본주의적 근대화라는 상이한 유지 가능한 내발적 발전의 길을 선택하지 않으면 안 되는 것은 아닐까. 말할 필요도 없지만 지금의 지구환경 문제의 기본적인 원인은 발전도상국이 아니라 산업혁명 이래 300년 이상의 선진자본주의 국가에 의한 축적(stock)공해인 것이다. 지구환경 문제의 제1의 책임은 선진자본주의 국가에 있다.

그러면 어떤 체제를 선택하면 좋을까. 이미 30년을 거친 신자유주의 개혁에서 환경 문제, 빈부격차, 국내·국제적 지역불균등 발전이 심각해지고 있는 것은 거의 분명해졌다. 만약 인류에게 이성과 용기가 있다면 다음 30년은 무언가 수정을 해야 할 것이다. 그 과정에서 다음의 체제가 선택되지 않을까. '유지 가능한 사회'는 지금 이상향(utopia)처럼 보이지만, 이것을 향해 나아가지 않는 한 환경 문제는 해결할 수 없을 것이다. 그것은 국제회의에 맡겨서는 불가능하고, 주민자치에 의해 발밑에서부터 창조하지 않으면 안 된다. 이것이 제Ⅴ부의 새로운 결론이다.

♟ 감사의 말씀

내가 공해 연구를 시작한 지 약 50년이 된다. 반세기 전에는 이 문제에 관심을 갖는 연구자가 드물었다. 1963년에 고 쓰루 시케토 교수의 호소로 공해 연구위원회가 결성되었다. 내가 욧카이치(四日市) 시 재판에서 처음으로 원고 측의 과학자 증인으로 법정에 섰을 당시, 공해를 고발하는 것은 경제성장이라는 국시에 반대하는 비국민이라는 듯 암살을 예고하는 칼 종류를 소포로 받았고, 이는 대학 사무실을 공포에 떨게 만든 사건이었다. 그러나 일본인은 양식이 있고, 곧 공해반대의 여론이나 운동이 일어나게 되었다. 게다가 오늘날에는 환경문제 연구에 반대는커녕 그것은 학계의 인기 있는 분야가 되었고 환경경제·정책학회에는 가입 인원이 1500명이며 매년 다수의 젊은 연구자가 가입하고 있다.

그렇다고 해서 공해·환경문제가 해결되고 있느냐 하면, 본문에서 서술했듯이 점점 곤란한 상황을 맞고 있다. 여기에는 연구자의 자세에도 문제가 있을지 모른다. 공해는 끝났다고 하며 착실한 피해조사 등이 이루어지지 않고, 기성의 이론을 사용하며 추상적인 모형에 의해 문제가 해결될 것 같은 착각에 빠져 있지는 않은지. 과거의 공해론 연구자처럼 현장으로 가서 조사를 하며 이론과 정책을 지향하는 노고가 필요한 것은 아닌지.

이 책은 공해로부터 지구환경 문제까지를 종합적으로 다루었다. 그리고 국제·국내의 사례는 가능한 한 현장에 가서 조사했던 것을 소개했다. 이것은 지금도 계속되며, 《환경과 공해(環境と公害)》라는 기관지를 내며 세계에

서도 가장 역사가 깊은 공해연구위원회의 연구방법이다. 이 위원회가 학제적으로 현실을 확인하는 연구방법을 지속할 수 있었던 것은 2006년에 돌아가신 쓰루 시게토 선생의 지도 덕택이다. 구판은 쓰루 선생에게 바쳤는데 신판도 선생의 영전에 바치고자 한다.

도표 작성이나 원고를 컴퓨터 자료로 만드는 것은 중앙농업종합연구센터 연구원 구로사와 미유키(黑沢美幸) 씨의 도움을 받았다. 감사드린다.

구판은 고 야스에 료스케(安江良介) 전 이와나미서점(岩波書店) 사장에 의해 출판되었다. 그는 나의 뛰어난 제자이고 연구 특히 환경연구를 추진하는 데 큰 후원자였다. 신판을 보지 못하는 것이 유감이다. 신판은 《세계(世界)》 편집부 이래 도움을 받아온 야마구치 아키오(山口昭男) 사장의 도움을 받았다.

『환경과 공해』의 편집 이래 우리의 환경연구의 전진에 마음을 쓰며 졸저 『유지 가능한 사회를 향하여(維持可能な社会に向かって)』(2006)에 이어 이번의 전면개정이라는 성가신 일을 해주신 시마무라 유코(島村裕子) 씨에게 마음으로부터 감사를 드린다.

2007년 10월

미야모토 겐이치(宮本憲一)

찾아보기_ 용어

저자 및 역자 소개

지은이

미야모토 겐이치(宮本憲一)

- 1930년생. 나고야 대학 경제학부 졸업
- 가나자와 대학 조교수, 오사카 시립대학 교수, 리츠메이칸 대학 교수, 시가 대학 학장 역임
- 현재 오사카 시립대학 명예교수, 시가 대학 명예교수, 리츠메이칸 대학 객원교수
- 전공: 재정학, 환경경제학
- 주요 저서

  『恐るべき公害』(共著, 岩波新書, 1964), 『社会資本論』(有斐閣, 1967), 『日本社会の可能性』(岩波書店, 2000), 『維持可能な社会に向かって』(岩波書店, 2006), 『戦後日本公害史論』(岩波書店, 2014)』외

옮긴이

이재은(李載殷)

- 성균관대학교 경제학과(학사, 석사, 박사)
- 경기대학교 경제학과 교수, 경기대학교 국제대학원장·대학원장·부총장 역임
- 한국재정학회·한국지방재정학회 회장, 환경운동연합 시민환경정보센터 소장, 희망제작소 자치재정연구소장, 경기지역사회연구회 회장 등 역임
- 현재 경기대학교 명예교수, 수원시정연구원장
- 전공: 재정학

• 주요 저서

『재정학개론』(공저, 법문사, 1986), 『재정학』(공저, 법문사, 1999), 『한국재정론』(공저, 법문사, 1994), 『한국경제의 구조』(공저, 한울, 1993), 『한국경제』(공저, 한울, 1998), 『분권화와 지방세제개혁』(한국지방세협회, 2010) 외

김순식 (金淳植)

• 서울대학교 자연과학부 졸업, 리츠메이칸 대학 대학원 정책과학연구과(정책과학 박사)

• 일본학술진흥회 특별연구원, 리츠메이칸 대학, 오사카 시립대학 강사, 한국감정원 부동산연구원 연구위원 역임

• 현재 후쿠야마 시립대학 도시경영학부 교수

• 전공: 도시정책론

• 주요 저서

『関西再生への選択—サステイナブル社会と自治の展望』(共著, 自治体研究社, 2003), International Encyclopedia of Housing and Home (공저, Elsevier, 2012), 『アメリカのコミュニティ開発—都市再生ファイナンスの新局面』(共著, ミネルヴァ書房, 2012) 외

한울아카데미 1878

환 경 경 제 학

지은이 ┃ 미야모토 겐이치
옮긴이 ┃ 이재은 · 김순식
펴낸이 ┃ 김종수
펴낸곳 ┃ 한울엠플러스(주)
책임편집 ┃ 조수임

초판 1쇄 인쇄 ┃ 2016년 2월 25일
초판 1쇄 발행 ┃ 2016년 3월 10일

주소 ┃ 10881 경기도 파주시 광인사길 153 한울시소빌딩 3층
전화 ┃ 031-955-0655
팩스 ┃ 031-955-0656
홈페이지 ┃ www.hanulmplus.kr
등록 ┃ 제406-2015-000143호

Printed in Korea.
ISBN   978-89-460-5878-1 93320 (양장)
          978-89-460-6136-1 93320 (학생판)

* 책값은 겉표지에 표시되어 있습니다.
* 이 책은 강의를 위한 학생판 교재를 따로 준비했습니다.
   강의 교재로 사용하실 때는 본사로 연락해주십시오.